비잔티움 제국사
324-1453

게오르크 오스트로고르스키
한정숙, 김경연 옮김

까치

BYZANTINISCHE GESCHICHTE 324-1453

by Georg Ostrogorsky, 2nd ed. 2006

비잔티움 제국사 324-1453

저자 / 게오르크 오스트로고르스키
역자 / 한정숙, 김경연
발행처 / 까치글방
발행인 / 박후영
주소 / 서울시 용산구 서빙고로 67, 파크타워 103동 1003호
전화 / 02 · 735 · 8998, 736 · 7768
팩시밀리 / 02 · 723 · 4591
홈페이지 / www.kachibooks.co.kr
전자우편 / kachibooks@gmail.com
등록번호 / 1-528
등록일 / 1977. 8. 5
초판 1쇄 발행일 / 1999. 12. 30
5쇄 발행일 / 2024. 3. 20

값 / 뒤표지에 쓰여 있음

ISBN 978-89-7291-479-2 03920

서문

이 책은 『비잔티움 국가의 역사(*Geschichte des byzantinischen Staates*)』의 최신판을 기초로 한 별쇄판이다. 『비잔티움 국가의 역사』는 "고대학(古代學) 개론" 총서 가운데 한 권으로 출간된 "비잔티움 개론서"로서, 그 책에는 본문 서술 외에 수많은 전거(典據)와 참고 문헌들이 소개되어 있으며 비잔티움 연구의 발전 상황이 개괄되어 있다. 또 개개 장(章)마다 비교적 상세하게 참고 문헌들이 개관되어 있다. 여기 별쇄판에서는 개론서의 이러한 학술적 장치는 포기되었으나, 본문 서술은 거의 변화되지 않았다.

『비잔티움 국가의 역사』는 비잔티움 제국의 변화무쌍한 운명을 기술하면서, 대외정치적 사건을 내부 변화들과 관련시키고, 비잔티움이 발전하게 되는 경제적, 사회적 토대를 제시하며, 국가제도 및 법제도 그리고 그때그때의 행정조직에 대해서 보다 명확한 상을 전달하고자 시도한다. 아울러 비잔티움의 주변 세계에도 비교적 큰 관심을 쏟는데, 그중에서도 특히, 당시 부상을 꾀하고 있던 인근 슬라브 국가들과의 관계에 관심을 둔다. 중세 유럽의 정치적, 정신적 발전에서 비잔티움 제국이 차지하는 비길 데 없는 중요성을 역사학이 분명하게 인식하게 된 것은 비교적 최근에 이르러서이다. 근래의 비잔티움 연구들은 더욱 괄목할 만한 발전을 이루고 있으며, 오랫동안 소홀히 했던 비잔티움 역사에 대한 일반의 관심 역시 오늘날에 와서 점점 더 강해지고 있는 듯이 보인다. 고대학 개론 총서의 하나로 출간된 『비잔티움 국가의 역사』는 이미 제3판이 나와 있고, 여러 언어들로 번역되었으며, 지금도 또다른 언어들로 번역되고 있는데, 이런 상황은 바로 이처럼 비잔티움 역사에 대한 일반의 관심이 증대하고 있는 신호로 평가할 수 있을 것이다. 저자로서는 별쇄판을 통해서 보다 넓은 독자층에게 다가가려는 C. H. 베크 출판사의 의도를 환영하지 않을 수 없다. 이 별쇄판을 출간하면서 출판사가 보여준 세심함과 온갖 노고에 대하여 진심으로 고마움을 표명해야 하는 것은 저자에게 주어진 유쾌한 의무이다. 또한 별쇄판을 준비하는 데에 도움을 준 E. 부흐너 박사(뮌헨)께도 특별한 사의를 표하고 싶다.

1965년 7월 베오그라드에서

게오르크 오스트로고르스키

차례

지도 차례

일러두기

1. 이 책은 게오르크 오스트로고르스키의 『비잔티움 국가의 역사(*Geschichte des byzantinischen Staates*)』 제3판(1963)의 별쇄판인 *Byzantinische Geschite 324–1453* (C.H. Beck, 1965)을 번역의 대본으로 삼았다.
2. 이 책에서는 "byzantinische Kaiserreich"를 통례적인 "비잔틴 제국"이라고 하지 않고 "비잔티움 제국"으로 부르기로 했다. 이는 우리가 로만 제국이나 러시안 제국이라는 표현을 쓰지 않는 것과 마찬가지로, "비잔틴"이라는 영어 형용사형의 관행적 사용에는 문제가 있음을 고려해서이다.
3. 비잔티움 제국사에 등장하는 수많은 인명, 지명 등의 라틴어/그리스어 표기 문제는 다음과 같이 처리했다.
   ㄱ. 비잔티움 초기 곧 후기 로마 시대로 평가되는 7세기 초반까지는 라틴어 발음으로, 비잔티움의 그리스화가 진행되고 본격적인 그리스 공용어 시기로 볼 수 있는 7세기 중반 헤라클레이오스 황제 시대 이후부터는 그리스어 발음으로 표기했다.
   ㄴ. 이에 따라서 동일한 이름인 경우에도 예를 들면 콘스탄티누스 대제(1세)는 라틴어 발음으로, 콘스탄티노스 3세 이후부터는 그리스어 발음으로 표기했다.
   ㄷ. 그밖의 주변국들의 고유명사 표기는 해당 지역의 원음 표기를 대원칙으로 삼았다.

1

초기 비잔티움 국가발전의 기본 특징 (324-610)

1) 기독교화한 로마 제국

비잔티움 발전의 주된 원천은 로마의 국가제도와 그리스 문화 그리고 기독교 신앙이다. 이 세 요소들 가운데 어느 하나를 제외한다면 비잔티움의 본질은 생각할 수 없다. 우리가 흔히 비잔티움 제국*이라고 부르는 역사적 구조물은 헬레니즘 문화와 기독교라는 종교 그리고 로마의 국가형태가 종합되면서 비로소 성립했다. 이러한 종합은 기원후 3세기의 위기시대에 이르러 로마 제국의 무게중심이 동방으로 이동함으로써 가능해졌으며, 로마 제국이 기독교화하고 보스포루스 해협 기슭에 새로운 수도가 건설되는 데에서 가장 가시적으로 표현되었다. 기독교가 승리하고 국가의 중심이 그리스화된 동방으로 최종적으로 이동했다고 하는 이 두 사건은 비잔티움 시대의 시작을 상징한다.

비잔티움의 역사는 그 최초의 단계에서는 로마 역사의 한 새로운 시대에 불과하며, 비잔티움 국가는 옛 로마 제국의 연속에 불과하다. "비잔티움적(비잔틴)"이라는 형용사형이 내포하고 있는 뜻들은 후대에 얻어진 것으로, 이른바 비잔티움인들은 그 말을 알지 못했다. 그들은 언제나 스스로를 로마인으로 자처했고, 그들의 황제는 자신을 로마의 통치자, 즉 옛 로마 황제의 후계자이자 상속자로 여겼다. 제국이 존속하는 마지막 날까지 로마라는 이름은 비잔티움

* 여기서는 Imperium Romanum과 관련된 Imperium과 그것의 독일어 역어인 Kaiserreich를 다 같이 제국(帝國)으로 옮긴다. 비잔티움 제국은 흔히 비잔틴 제국으로 불린다. 그러나 비잔틴(Byzantine)은 비잔티움(Byzantium)의 형용사형이다. Roman Empire를 로만 제국이라고 부르지 않듯이, Byzatine Empire를 비잔틴 제국이라고 부르는 것도 재고되어야 하겠다.

인들을 매혹했고, 로마의 국가전통들은 끝까지 그들의 정치적 사상과 의지를 지배했다. 비잔티움 제국은 이질적인 인종들로 이루어진 제국이었으나, 로마의 국가사상을 통해서 통합되었고, 로마의 보편사상을 통해서 주변 세계에 대한 자신의 위치를 규정했다.

비잔티움은 로마 제국의 상속자로서 이 지상에서 유일한 제국이기를 바랐다. 말하자면 일찍이 로마권에 속했고 지금은 기독교 세계의 일부가 된 모든 국가들에 대해서 지배권을 주장한 것이다. 이러한 주장은 냉혹한 현실에 의해서 점점 부정되었지만, 로마-비잔티움 제국과 나란히 옛 로마 제국의 지반 위에서 형성된 여타 기독교권 국가들이 법적으로나 이념적으로 비잔티움과 동일한 층위에 자리한 것은 아니다. 비잔티움의 군주가 로마 황제이자 기독교 세계의 수장으로서 정점에 서 있는 복합적인 국가간 위계가 발전되었던 것이다. 초기 비잔티움 시대의 제국정치는 로마 제국의 영역을 직접적으로 지배하기 위한 투쟁이 주축이지만, 중기 및 후기 비잔티움 시대에는 이 이념적 지상권(至上權)의 유지가 회전축이 된다.

그러나 비잔티움이 제아무리 고대 로마와의 결속을 의식하고 있었고, 또 권력정치적 이유에서뿐만 아니라 이념적 이유에서 아무리 집요하게 로마적 유산을 고집하고 있었더라도, 이 사회는 시간이 흐름에 따라서 원래의 로마적인 토대로부터 점점 더 멀어지게 되었다. 문화와 언어에서 성공적으로 그리스화가 이루어졌고, 동시에 비잔티움의 실생활에서 교회의 지배력이 점점 더 강화되는 동안, 경제적, 사회적, 정치적 영역에서도 발전의 방향은 새로운 경제 및 사회질서가 형성되는 쪽으로 나아갈 수밖에 없었다. 그리하여 이미 중세 초기에 본질적으로 새로운 행정체제를 갖춘 새로운 국가체제가 나타나게 되었다. 예전의 일반적인 의견과는 반대로, 비잔티움 국가는 아주 강력한 역동성에 의해서 발전했다. 모든 것이 이 도도한 흐름 속에 용해되고, 끊임없는 개조와 신축을 경험했으며, 그 역사적 발전의 마지막 국면에 이르러서는 비잔티움인들의 제국도 로마라는 이름과, 실현될 수 없는 것들을 요구하는 전통들을 빼고는 옛 로마 제국과 아무런 상관이 없게 되었다.

그에 반해서 초기 비잔티움 시대의 제국은 사실상 여전히 로마 제국으로 남아 있었으며, 전체 생활은 로마적 요소들로 관철되어 있었다. 초기 비잔티움 시대라고도 부르고 후기 로마 시대라고도 부를 수 있는 이 시대는 비잔티움의 발전과정에 속하기도 하지만 로마의 발전과정에 속하기도 한다. 비잔티움 역사의 처음 300년은 로마 역사의 마지막 300년을 포괄하는 것이다. 이 시기는 로마 제국으로부터 중세적 비잔티움 제국으로 이행하는 전형적인 과도기로서, 고대 로마의 생활양식들이 점차로 소멸하고 새로운 비잔티움의 생활양식이 점점 더 강력하게 관철되는 시기이다.

비잔티움의 발전과정은 3세기의 위기에서 보듯이 로마 제국을 출발점으로 한다. 위기시대의 경제적인 몰락은 특히 로마 제국의 서부에서 파괴적인 작용을 미쳤으나, 동부는 이에 대해서 비교적 큰 저항력을 보여주었다. 이는 향후의 발전 방향을 결정한 상황이며, 로마 제국의 "비잔티움화"를 설명해준다. 그렇기는 하지만 동부도 서부와 똑같이 후기 로마의 국가체제와 쇠약한 경제 및 사회질서가 겪은 일반적인 위기를 두루 거쳤다. 제국의 동반부 역시 경제적 붕괴를 벗어나지 못했고, 이 상황에는 심대한 사회적, 정치적 동요가 수반되었다. 동반부에서도 인구가 눈에 띄게 줄긴 했지만, 그로 인한 압박이 덜했고, 도시생활 및 도시경제가 서부에서처럼 아주 절망적으로 몰락한 것은 결코 아니었다. 그래도 노동력의 부족은 제국 전체의 경제생활을 좀먹는 곤궁을 의미했으며, 제국 전체에서 상업 및 공업이 눈에 띄게 후퇴했다. 아무래도 역시 3세기의 위기는 고대 도시문화의 붕괴를 뜻했던 것이다. 또 하나의 일반적인 현상은 라티푼디움(latifundium)이 계속해서 팽창하는 것이었다. 제국의 전 영토에서 소규모 자영지와 국유지를 희생시키며 사유지들이 끊임없이 성장하고 있었다. 소규모 자영지가 몰락한 결과, 농민들은 계속해서 땅에 붙들려 있게 되었는데, 이는 노동력의 심각한 부족으로 인해서 한층 가속화되었다. 후기 로마 제국은 3세기의 위기시대 이래 주민들을 직업에 강제적으로 묶어놓는 작업을 체계적으로 추진해왔으므로, 농민의 예속은 어쨌든 일반적으로 진행된 강제적 구속의 특정한 경우에 불과하다. 강제경제는 강제국가의 바탕인 것이다.

로마의 원수정(principatus)은 위기시대의 혼란 속에서 몰락하고, 디오클레티아누스의 절대군주정(dominatus)으로 교체되었다. 비잔티움의 전제정(專制政)은 여기서 발전했다. 로마 도시들의 옛 도시공동체 제도는 완전히 몰락하고, 전체 국가행정은 황제와 관료기구의 수중에 집중되었다. 이 관료기구는 대규모로 확대되어 비잔티움 강제국가의 중추가 되었다. 로마의 관직체제는 비잔티움의 관료제도에 자리를 양보했다. 황제직은 이제 최고위 관직이 아니라 전제권력이 되었고, 이 권력을 뒷받침하는 토대는 세속의 권위가 아니라 신의 의지가 되었다. 힘든 시련과 고초가 함께하는 위기의 시대는 신앙심의 시대, 피안(彼岸)에 관심을 쏟는 시대를 출범시켰기 때문이다.

물론 인민주권이라는 개념이 완전히 사멸한 것은 아니었다. 원로원, 데모스(Demos)*로 조직된 도시주민 그리고 군대는 특히 초기 비잔티움 시대에 황제의 권력을 대폭 제한하는 정치세력들이었다. 그러나 황제가 전능한 권한을 지님으로써 로마의 과거에 토대를 둔 이런 요인들이 차지하는 의미는 점차 사라졌다. 역으로, 시간이 흐름에 따라 교회가 기독교 국가의 정신적 잠재력으로서 점점 더 중요한 비중을 차지하게 되었다. 초기 비잔티움 시대만 해도 황제는 거의 제한 없이 교회를 지배했다. 로마의 원칙에 따라서 신민들의 종교를 공법(ius publicum)의 일부로 취급했기 때문이다. 그러나 중세에는 비잔티움에서도 교회가 중요한 권력 요인으로서 스스로의 지위를 관철하고, 황제권은 아주 강력한 제한을 받게 되었다. 그리하여 비잔티움에서도 드물지 않게 세속권력과 성직권력 사이에 충돌이 일어났지만, 이때 황제측이 언제나 승자가 되는 것은 아니었다. 그렇지만 비잔티움에 특징적인 것은 황제권(imperium)과 교권(sacerdotium) 사이의 긴장이 아니라, 국가와 교회의 밀접하고 긴밀한 결합이다. 다시 말해서 정통 국가와 정통 교회가 광범위한 결속을 유지하면서 단일한 국가-교회 조직체로 성장해갔던 것이다. 이해관계가 얽혀 있는 두 권력이 서로 연합하여, 황제에 대한 안팎의 반대자들이건 혹은 교회에 적대적인 이단들의 파괴적인 세력이건 간에, 신이 의도하는 세계질서를 위태롭게 하는 모든 것들에 대해서 분명한 목적의식을 가지고 대항하고자 했던 것이 일반적 특징이다. 그러나 그러한 필요성으로 인해서 교회는 불가피하게 강력한 황제권의 비호를 필요로 했다. 그리하여 비잔티움의 전 시대에 걸쳐 교권에 대한 황제권의 우위가 전형적이며 이른바 정상적인 관계로 지속되었다.

---

* 복수형은 데모이이다. 원래는 행정구역을 의미하지만, 여기에서는 일종의 정당(政黨)인 세력 집단들을 의미한다.

황제는 군대의 최고 통수권자이자, 최고 재판관이며, 유일한 입법자일 뿐만 아니라, 교회와 올바른 신앙의 보호자이기도 했다. 황제는 신에게 선택받은 자였으며, 그렇기 때문에 군주이자 통치자이고, 신이 그에게 맡긴 기독교 제국의 살아 있는 상징이기도 했다. 그는 흡사 지상의 인간세계를 벗어나 있는 존재인 양, 신과 직접적으로 관계하고, 정치적으로나 종교적으로나 특별한 숭배의 대상이 되었다. 이러한 숭배는 인상적인 예식들로 매일같이 황궁에서 연출되었으며, 여기에는 교회와 전 궁정이 참여했다. 그리스도를 사랑하는 군주를 그린 모든 그림에서도, 성스러운 그 개인을 둘러싸고 있는 모든 물건에서도, 그가 친히 행하거나 청취하는 모든 공적인 연설에서도 황제 숭배가 표현되었다. 신민들은 그의 노예였다. 그의 용안을 알현해도 좋다는 허락을 받으면, 아무리 높은 지위에 있는 사람이라도 예외 없이 부복하여, 곧 바닥에 넓죽 엎드려 인사를 올렸다. 그러나 비잔티움의 호화찬란한 궁정의식과 거기서 표현되는 황제의 전능한 권력은 로마-헬레니즘 세계에서 이미 정착된 것이었다. 이미 오리엔트적 요소들의 심층적 영향을 받고 있던 이와 같은 발전과정으로부터 비잔티움 황실의 특유한 화려함과 비잔티움 제국의 그 수많은 오리엔트풍 생활양식들이 성장해 나오게 되었다. 이들 오리엔트풍의 생활양식들은 오리엔트, 즉 사산 왕조에서 직접 도입되었고, 나중에는 아랍인들의 칼리프국으로부터 도입되면서 한층 강화되었다.

비잔티움 문명은 발생적으로뿐 아니라 본질적 특성에서도 헬레니즘과 깊이 결부되어 있었다. 비잔티니즘의 정신 역시 헬레니즘과 마찬가지로 통합하고 균형을 잡는 힘이다. 둘 다 아류적이고 절충적인 특징을 가지고 있는데, 비잔티니즘이 헬레니즘보다 한층 정도가 강하다. 양쪽 다 더욱 크고 창조적인 문화의 상속자로서 살아가며, 자신의 독창성보다는 종합에서 역사적 성취를 이룬다. 헬레니즘 시대인과 마찬가지로 비잔티움인 역시 문화적 유형으로 보아서 수집가이다. 이러한 수집 성향에는 진정한 정신적 신선함이 결여되어 있는 것이 사실이라고 하더라도, 또 모방이라는 것이 그 본보기가 되는 것의 의미와 내용을 천박하게 하고 형태의 원래적 아름다움을 종종 공허한 관습적 수사로 변질시키는 것이 틀림없다고 하더라도, 고대 문화재를 살뜰하게 보존하고 로마 법과 그리스 교양을 보호한 것은 실로 비잔티움의 위대한 역사적 공헌이

아닐 수 없다. 고대의 두 정점인 동시에 양 극단인 그리스 문화와 로마 문화가 비잔티움의 토양 위에서 함께 성장하면서, 그들의 가장 지고한 성과인 로마 국가제도와 그리스 문화가 새로운 종합으로 합일되었으며, 한때 고대 국가와 고대 문명에 의해서 가장 강력하게 부정되었던 기독교와 뗄 수 없이 결합되었던 것이다. 그러나 비잔티움은 기독교를 받아들였다고 해서 이교적 예술이나 이교적 지식을 혐오하지는 않았다. 전 시대에 걸쳐 로마 법이 비잔티움인들의 법제도와 법의식의 바탕이 되어주었듯이, 그리스 문화 역시 전 시대에 걸쳐 그들 정신생활의 바탕이 되었다. 그리스의 과학과 철학, 그리스의 역사서술과 문학은 가장 신심 깊은 비잔티움인들의 정신적 재산이었다. 비잔티움 교회 자체도 고대 철학의 사상적 재산을 자기 것으로 만들었고, 기독교 교리를 발달시키는 데에 그 자신의 개념장치를 이용했다.

비잔티움 제국의 특수한 힘의 원천은 고대 전통의 고수였다. 그리스 문화의 전통을 바탕으로 비잔티움은 수세기 동안 세계에서 가장 중요한 문화 및 교양의 중심지로 존재했고, 국가제도 면에서도 로마의 국가전통을 바탕으로 중세 세계에서 탁월한 지위를 고수했다. 비잔티움 국가는 잘 훈련된 여러 갈래의 관료기구를 지닌 독특한 행정 메커니즘을 이용했고, 탁월한 전술과 뛰어난 법제도, 고도로 발전된 경제 및 금융제도를 갖추고 있었다. 이 나라는 거대한 부(富)를 다스렸고, 국가경제에서는 화폐경제의 기초가 점점 더 강화되었다. 이 점에서 비잔티움 국가는 원시적인 자연경제에 머문 고대 후기 및 중세의 다른 나라들과 근본적으로 구별된다. 무엇보다도 비잔티움의 세력과 명망은 화폐의 부를 기초로 수립되었으며 전성기 비잔티움의 지불 능력은 거의 마르지 않는 것처럼 보일 정도였다. 물론 그 이면에는 모든 것을 재정적 필요에 종속시키는 이 국가 특유의 냉혹한 국고주의(國庫主義)가 있었다. 뛰어난 행정기구는 가장 가차없는 착취의 도구이기도 했다. 비잔티움의 극히 노련한 간부급 관리들, 즉 관료국가의 뼈대인 이들은 가장 지독하게 부패해 있었다. 비잔티움의 관리들이 얼마나 뇌물을 밝히고 탐욕스러웠는지는 그들의 행태가 속담이 되었을 정도라는 데서도 알 수 있다. 그만큼 그들의 탐욕은 주민들에게 언제나 가장 무서운 재앙이었다. 국가의 부와 수준 높은 문명은 인민 대중의 궁핍과 권리 및 자유의 박탈을 대가로 해서 얻어진 것이었다.

3세기의 위기시대가 초래한 새로운 상황은 디오클레티아누스의 거대한 개혁작업으로 표현되었다. 디오클레티아누스는 앞선 발전과정을 결산하고 이미 시작된 변화들을 하나의 체계로 종합하면서, 제국의 행정 전체를 철저하게 재조직했다. 디오클레티아누스의 개혁은 콘스탄티누스 대제(1세)에 의해서 발전, 완성되었고, 이로써 비잔티움 체제의 시작을 알리는 새로운 행정조직이 성립했다. 디오클레티아누스와 콘스탄티누스의 정비작업은 초기 비잔티움 시대 전반에 걸쳐 모든 중요한 부문에서 계속되었으며, 그 주요 원칙들, 즉 황제권의 전제성, 국가체제의 중앙집권화 및 관료화 등은 비잔티움 국가가 존속하는 한 계속 남아 있었다.

의심할 여지 없이 디오클레티아누스와 콘스탄티누스의 모든 조치에는 혼란기에 동요된 황제의 권위를 다지고 황제의 권력을 높이려는 의도가 깔려 있었다. 따라서 그들의 모든 조치는 원로원의 영향과 과거 로마 공화제에서 수립된 여타 요소들의 영향을 제한하고, 개개 행정부서의 권한을 엄밀하게 확정함으로써 더 큰 권력의 집중을 막으려는 노력인 것이다. 민사 및 군사 행정, 중앙 및 지방의 행정이 세심하게 구분되었고, 개개 행정부문들은 황제 개인에 의해서 통합성을 유지했다. 황제는 위계적 국가제도의 정점으로서, 중앙으로부터 전체 국가기구를 조종했다.

그렇지만 제국의 거대한 크기를 고려하여 황제의 통치를 가장 효율적으로 보장하기 위해서 영토와 통치권의 분할이 시도되었다. 이미 제정시대 초기부터 알려져 있던 공동통치 제도에 의거하여 디오클레티아누스는 두 명의 황제, 즉 아우구스투스(augustus)와 두 명의 부황제, 즉 카이사르(caesar)로 이루어진 4두지배 체제를 만들었다. 두 명의 아우구스투스 가운데 한 사람은 제국의 동반부를, 다른 한 사람은 서반부를 다스리며, 이들은 각각 한 명의 카이사르를 곁에 두었다. 카이사르는 아우구스투스와 혈연관계가 아닌 양자(養子) 관계로 묶여져 있었으며, 개인적인 능력을 고려하여 선택되었다. 아우구스투스가 물러난 후에는 카이사르가 그 자리를 대신하는데, 이때 새로운 카이사르가 지명됨으로써 4두의 충원이 이루어졌다. 이렇게 4두체제는 극도로 논리적인 의도에서 창안된 것이었지만, 그 결과는 끝없는 내전의 연속이었다. 피비린내 나는 투쟁에서 승리하고 유일 통치자가 되는 데에 성공한 콘스탄티누스 대제는 과두 공동통치 체제를 재수립하고 영토를 새롭게 분할했다. 물론 그는 디오클레티아누스의 인위적인 선발원칙을 포기하고, 자신의 후손들에게 제국을 분배했다. 그러나 콘스탄티누스의 아들들에 의한 통치 역시 거센 유혈분규로 나아갔다. 그렇더라도 그들은 제국의 분할체제를 고집했고, 과두통치 역시 계속 규칙으로 남았다.

디오클레티아누스가 시도한 지방행정 체제의 개편은 이탈리아의 특수한 지위에 종지부를 찍고, 황제령 속주(provincia)와 원로원령 속주 사이의 무의미한 구별을 없애는 것이었다. 이후 전체 속주행정은 황제에게만 종속되었고, 한때 종주국이었던 이탈리아 역시 제국의 다른 지역들과 마찬가지로 속주들로 분할되어 조세의무를 지게 되었다. 비교적 큰 속주들이 더 작은 단위로 쪼개진 것은 이에 못지 않게 특기할 만한 일이었다. 그리하여 속주의 수가 현저히 증가했다. 디오클레티아누스 이래 로마 제국에는 약 100개의 속주가 있었으며, 5세기에는 그 수가 120개를 넘었다. 나아가 디오클레티아누스는 제국의 영토를 12개 관구(diocese)로 나누었는데, 4세기 말에는 그 수가 14개로 증가했다. 콘스탄티누스 치하에 와서 제국은 총독부(praefectura)로 분할되었다. 각 총독부마다 여러 개의 관구가 있었고, 각 관구마다 다수의 속주를 포괄했다. 속주는 관구의 하위 단위이고, 관구는 총독부의 하위 단위였으니, 이로써 중앙집권적이고 위계적인 행정체계가 형성되었다. 총독부의 범위와 수는 처음에는 유동적이다가 4세기 말부터야 비로소 그 경계가 확정되었다.

거대한 오리엔트 총독부(praefectura praetorio per Orientem)는 다섯 개의 관구, 즉 아이깁투스, 오리엔스, 폰투스, 아시아나, 트라키아로 이루어져 있었고, 여기에는 오늘날의 이집트와 리비아(키레나이카), 서아시아,* 트라키아 지방이 포함되었다. 다음으로 일리리쿰 총독부(praefectura praetorio per Illyricum)는 다키아 관구와 마케도니아 관구로 이루어져 있었는데, 이것은 곧 그리스와 발칸 중부에 해당된다. 이탈리아 총독부(praefectura praetorio Illyrici, Italiae et Africae)에는 이탈리아 이외에 한쪽에는 라틴 아프리카 대부분이, 다른 한쪽에는 달마티아, 판노니아, 노리쿰, 라이티아가 속해 있었다.

* 아나톨리아 및 레반트가 여기에 해당된다.

갈리아 총독부(praefectura praetorio Galliarum)는 로마령 브리타니아, 갈리아, 이베리아 반도 그리고 이 반도 맞은편에 위치한 마우레타니아 서부로 이루어졌다. 이렇듯 각 총독부의 범위는 근대의 여러 국가에 걸쳐 있었다. 각 총독부의 정상에는 한 명의 총독이 있었는데, 때로는 두 명의 총독이 서로 직무를 나누어 맡기도 했다. 오리엔트 총독부 총독(콘스탄티노플에 거주)과 이탈리아 총독부 총독은 제국에서 제일 높은 관리였다. 그들 다음이 테살로니카에 있는 일리리아 총독부 총독이었고, 그 다음이 갈리아 총독부 총독이었다.

디오클레티아누스-콘스탄티누스 행정조직의 가장 중요한 특징은 군사권력과 민간권력의 철저한 분리이다. 속주의 민간행정은 이제부터는 오직 속주 행정장관에게 맡겨져 있었고, 군사행정은 둑스(dux)에게 맡겨졌다. 둑스는 하나 또는 여러 속주에서 지휘권을 가졌다. 이 원칙은 전체 지방행정에서 세심하게 지켜졌다. 총독부 총독은 디오클레티아누스 치하에서는 민간행정과 군사행정의 권한을 아우른 유일한 통치기관이었으나, 콘스탄티누스 치하에서는 종전의 군사적 성격을 완전히 상실하고 민간행정만을 관할하게 되었다. 그렇기는 해도 총독부 총독은 비잔티움 초기 내내 유례 없이 광범위한 전권을 소유했다.

총독부 총독은 황제직속 행정장관으로서 전권을 지니고 있었으며, 자신의 권력을 한층 더 강화하기 위해서 중앙 행정기구들과 노골적인 경쟁을 벌였다. 이러한 전권은 초기 비잔티움 행정조직의 두드러진 특징이었으며, 이것이 어느 정도는 체제 전체에 특별한 성격을 부여하기도 했다. 다른 한편 황제 권력은 총독부 총독의 권력을 제한하려고 거듭 애를 썼다. 황제들은 그들의 영향권을 제한하고, 부총독이나 관구 지사들을 그들과 반목시킴으로써 어부지리를 얻으려고 했으며, 무엇보다도 특정한 중앙 행정기구의 권한을 확대시켰다. 바로 이러한 개개 통치기구들 사이의 내부 투쟁 속에 초기 비잔티움 행정체제가 발전하는 역동적인 계기가 있는 것이다.

로마와 콘스탄티노플은 총독부 총독의 영향권으로부터 벗어나 있었고, 독자적인 시 총독인 에파르코스(eparchos, 라틴어로는 praefectus)가 다스렸다. 이들은 제국의 전체 관리 가운데 총독부 총독들 다음으로 가장 높은 서열이었다. 시 총독은 원로원의 최고 대표자로 간주되었으며, 어떤 의미에서는 아직 도시생활에 남아 있던 고대 공화제 전통의 화신이었다. 시 총독은 제국의 관리들 가운데 유일하게 군복이 아닌 로마 시민의 의상, 토가를 입었다. 콘스탄티노플의 총독은 초기 비잔티움 시대뿐만 아니라 후대에도 비잔티움의 수도에서 지도적인 역할을 맡았다. 그는 콘스탄티노플의 재판을 관장하고, 치안과 질서를 유지하며, 생활필수품을 조달해야 했다. 다시 말해서 상공업 등 도시의 전체 경제생활이 그의 통제하에 있었다.

콘스탄티노플과 로마의 독자적인 행정만 하더라도 벌써 총독부 총독의 전권을 크게 제한한다는 뜻을 지니고 있었는데, 콘스탄티누스 대제 밑에서 중앙 행정부가 확대됨에 따라서 총독부 총독의 전권은 한층 더 제한을 받았다. 중앙행정부에서 가장 영향력 있는 관리는 이제 마기스테르 오피키오룸(magister officiorum)이었다. 이 직책은 창설 당시에는 조촐했지만 곧 큰 권력으로 부상했는데, 이는 무엇보다도 총독부의 행정권을 잠식하면서 이루어진 것이었다. 다시 말해서 이 관직자는 총독부까지 포함하여 사실상 제국 전체의 행정을 관장했으므로, 제국의 전 오피키움(officium, 복수형은 officia)이 그의 감독 아래에 있게 되었다. 오피키움이란 개개 행정부서와 그 관리들을 통칭하는 말인데 이것이야말로 관료제 행정기구를 움직이는 진정한 바퀴들이었다. 게다가 마기스테르 오피키오룸은 아겐테스 인 레부스(agentes in rebus)라는 독자적 오피키움들을 거느리고 있었는데, 이들은 황제의 급사(急使)이자 국가 대리인으로서 속주들을 여행했으며, 관리 및 신민들의 활동과 성향을 탐문하는 쿠리오시(curiosi)의 직책을 맡아 일종의 정보원 역할을 수행했다. 쿠리오시는 아주 많은 인원으로 구성되어 있었고, 5세기 중반에는 비잔티움 제국에서만 1,200명이 넘었다. 황제 개인의 안전도 마기스테르 오피키오룸에게 맡겨져 있었기 때문에 이 관직자는 친위대인 스콜라이 팔라티나이(scholae palatinae)에 대한 명령권도 쥐고 있었다. 또한 마기스테르 오피키오룸은 최고 의전관으로서 황궁의 전체 의식을 감독했고, 여기서 외국 사절단을 응접하고 나아가 외국과의 교류를 총괄하는 등, 국가적으로 중요한 또 하나의 기능을 맡게 되었다. 마지막으로 4세기 말부터는 이 관직자가 원래 총독부 총독이 맡고 있던 제국의 우편제도(cursus publicus)를 이끌게 되었다.

콘스탄티누스 대제 이후 마기스테르 오피키오룸 이외에 가장 중요한 중앙 행정관리는 쿠아이스토르 사크리 팔라티이(quaestor sacri palatii)였다. 그는 사법기구를 관장하고, 법안을 작성했으며, 황제의 교서에 부서(附書)했다. 재무행정의 장(長)들은 국고, 즉 피스쿠스(fiscus)와 황실재산, 즉 레스 프리바타이(res privatae)의 감독관들로, 이 두 우두머리들은 콘스탄티누스 이후부터는 국가재정 총감, 즉 코메스 사크라룸 라르기티오눔(comes sacrarum largitionum)과 황실재산 총감, 즉 코메스 레룸 프리바타룸(comes rerum privatarum)이라고 불렸다. 다만 이들의 중요성은 점점 더 강력한 제한을 받게 되었는데, 그것은 제국 속주들의 가장 중요한 현물세, 즉 안노나(annona)가 총독부 총독에게로 직접 들어갔기 때문이다.

황제 개인을 둘러싼 모든 것의 중요성이 높아짐에 따라서 황제의 사적인 살림을 관장하는 사크룸 쿠비쿨룸(sacrum cubiculum)의 중요성도 증대했는데, 이 궁정직의 관할 범위에 속하는 것 가운데 특히 중요한 것에는 황제 의상실(sacra vestis)을 돌보는 일이 있었다. 황제 침실 담당관, 곧 프라이포시투스 사크리 쿠비쿨리(praepositus sacri cubiculi)는 가장 높고 영향력 있는 고위관직이었다. 사실 허약한 통치자가 통치권을 쥐고 있을 때면 종종 그의 "침실"을 관장하는 우두머리가 제국에서 가장 막강한 권력자가 되었다. 오리엔트 풍속의 영향을 받아 프라이포시투스 사크리 쿠비쿨리는 거의 예외 없이 환관이었고, 그들 밑에 있는 황제의 시종들 역시 대부분 환관들로 조직되어 있었다.

이미 콘스탄티누스 치하에서 구성된 콘스탄티노플의 원로원은 무엇보다도 자문기관이었다. 이미 로마 시대에 황제의 절대권이 증대함에 따라서 힘을 잃고 예전에 지녔던 중요성을 대폭 상실했던 원로원은 비잔티움 시대에 와서 활동범위가 훨씬 더 축소되었다. 그러나 이 기구가 제헌 및 입법 기능을 완전히 상실한 것은 아니며 그것도 빠른 시일 안에 상실하지는 않았다. 한때의 영광이 완전히 소멸할 때까지는 오랜 세월이 걸렸다.

콘스탄티노플의 원로원(synkletos)은 비록 고대 로마 원로원의 그림자에 불과했다고는 하더라도, 여러 세기 동안 비잔티움의 국정에서 괄목할 만한 역할을 수행했다. 모든 점에서 황제의 의지가 결정적이기는 했지만 원로원은 입법과정에 자문기관으로 참여했고, 때로는 법을 공포하는 장소가 되기도 했다. 또한 황제가 보기에 원로원이 제시한 제안들(세나투스 콘술타[senatus consulta])이 마땅하다 싶으면 이 제안에 법으로서의 효력이 부여되었다. 많은 법률이 포고에 앞서서 원로원에서 낭독되었다. 원로원은 또한 황제의 명령에 따라 최고 법정으로 활동할 수 있었다. 그러나 가장 중요한 사실은 정부가 바뀔 때 원로원이 새 황제의 선거권과 승인권을 가진다는 점이다. 따라서 원로원은 황제가 재위하고 있는 상황에서라면 그다지 중요하지 않았지만, 황제의 공위(空位)시에는 그만큼 큰 중요성을 띠었던 것이다. 물론 제위가 바뀔 때마다 원로원의 목소리가 비중을 지녔던 것은 아니다. 황제가 미리 제위계승자를 지명해놓았거나 공동황제로 임명해놓은 경우에는 원로원의 승인은 형식에 불과했다. 그러나 후계자가 지명되지 않았거나 황실의 대표자(남자든 여자든)가 후계자를 지명할 수 없는 상황에서 제위에 공백이 생기면 제위계승에 관한 결정권은 원로원과 군 지도부에 맡겨졌다.

콘스탄티노플 원로원은 일단 세습권리에 따라서 로마 원로원 가문의 후예들로 구성되기로 정해져 있었다. 콘스탄티노플 원로원과 로마 원로원이 법적으로 대등한 위치가 된 것은 콘스탄티우스 2세 치하에 와서였지만, 이미 그전에 콘스탄티누스 대제는 고대 로마의 원로원 귀족의 대표자들을 대다수 콘스탄티노플로 끌어들일 수 있었다. 그러나 기회는 다른 사람들에게도 주어졌으며, 그중에서도 특히 일루스트레스(illustres), 스펙타빌레스(spectabiles), 클라리시미(clarissimi) 등 세 고위계층 출신의 제국관리들은 로마 원로원 가문의 후예가 아니면서도 비잔티움의 원로원에 들어갈 수 있는 대표적인 인물들이었다. 대체로 원로원 의원들은 오랜 혈통을 지닌 귀족의 후예이건 새로운 관료 귀족의 후예이건 간에 부유한 지주들이었다. 이 최고위 사회계층이 그토록 큰 비중을 차지했던 이유는 이들이 바로 부유한 지주들이며 황제를 섬기는 지위에 있었기 때문이지, 원로원의 구성원이기 때문은 아니었다. 원로원 의원들의 수는 4세기 중반 약 2,000명에 달했는데, 그들 대부분은 자신들의 영지에서 생활하는 것을 더 좋아했다. 원로원 구성원들 가운데 활동적이었던 이들은 사실상 제국 최고 관리의 하나인 일루스트레스 집단의 대표자들뿐이었다. 원로원의 실제적인 활동은 지위가 가장 높기는 하지만 수적으로는 가장 적은 집단에서 이루어졌던 것이다.

6세기 중반부터 최고위 관직자들에게 글로리오시(gloriosi)라는 새로운 칭호가 부여되었다. 황제들은 점점 더 아낌없이 칭호들을 베풀었고, 그 결과 시간이 흐름에 따라서 칭호들이 지녔던 원래적 가치는 떨어지게 되었다. 점점 더 자주 그리고 점점 더 광범위하게 클라리시미의 칭호가 주어졌기 때문에 원래 그 칭호를 가지고 있던 사람들은 스펙타빌레스의 서열로 올라갔고, 스펙타빌레스의 칭호를 가지고 있던 사람들은 다시금 일루스트레스의 서열로 격상되었다. 그리하여 이제까지 일루스트레스의 칭호를 가지고 있던 사람들은 보다 높은 글로리오시라는 새로운 칭호를 받아야 했던 것이다. 이는 칭호의 가치가 떨어진 전형적인 예로서, 이 현상은 나중에 비잔티움 후기 시대에 다시 광범위하게 나타났다.

원로원 이외에 황제의 측근 자문기관으로서 이전의 콘실리움 프린키피스(consilium principis)를 개편한 사크룸 콘시스토리움(sacrum consistorium)이 있었다. 이 기구의 상임 구성원인 코미테스 콘시스토리이(comites consistorii)는 중앙행정 최고위 관리들의 서열에서 나왔다. 그러나 때로는 콘시스토리움에 속하지 않는 원로원 의원들도 자문회의에 불려나왔다. 반면에 원래 황제자문회의의 가장 중요한 구성원들이었던 총독부 총독들은 여기서 제외되었다. 황제자문회의가 새로운 이름을 얻게 된 것은 이 회의의 구성원들이 황제 앞에서 있어야(콘시스테레[consistere]) 했기 때문이었다. 황제에 대한 자문회의의 관계는 이 모임이 침묵, 곧 실렌티움(silentium)이라고 불리거나 혹은 원로원 의원들도 "좌석"에 참여하는 경우에는 침묵하는 모임, 곧 실렌티움 에트 콘벤투스(silentium et conventus)라고 불렸다는 사실에서 한층 독특한 색채를 부여받는다. 이 의미심장한 명칭은 후대에 황제자문회의를 지칭하는 정식 명칭이 되었다. 물론 후대의 실렌티온(silention)은 상설 기구가 아니라, 비교적 중요한 국가 및 교회의 현안들을 결정해야 할 때 경우에 따라서 황제가 소집하는 것이기는 했지만 말이다. 그에 반해서 중세 비잔티움의 콘시스토리온(konsistorion)은 황실 축제가 있을 때 고위 관리들이 순전히 의전 격식을 갖추어 등장하는 것을 뜻했다.

디오클레티아누스와 콘스탄티누스의 개혁을 통해서 국가제도가 재정비되고 국가의 권력이 확고해지는 듯이 보이는 동안, 광범한 주민층의 상황은 예나 지금이나 똑같이 곤궁했다. 대다수 농민들은 소작농(colonus)이었다. 그들은 농촌에서 후기 로마 제국의 생산과정의 주력을 이루고 있었지만, 점점 더 세습적인 농노(servus)의 신분으로 떨어졌다. 이러한 과정은 디오클레티아누스의 조세법을 통해서 한층 강화되고 가속화되었다. 옛 금납세(金納稅)는 화폐가치가 떨어짐에 따라서 의미를 상실했다. 따라서 물납(物納)의 중요성이 높아졌다. 위기시대의 이러한 긴급 과세를 아예 지속적인 제도로 만든 사람은 디오클레티아누스였다. 이렇게 발생한 안노나(annona)는 계속해서 로마의 가장 중요한 조세이자 주된 재원이 되었다. 그러나 그 부담은 오로지 농촌 주민들에게 지워졌다. 디오클레티아누스의 카피타티오-유가티오(capitatio-iugatio) 체제에 따라서 인두세와 토지세가 안노나의 주된 구성요소가 되었다. 조세 단위는 일정 크기와 가치를 지닌 땅(유굼〔iugum〕)과 그것을 경작하는 사람(카푸트〔caput〕)이었다. 세액을 사정할 때 유굼과 카푸트가 따로 계산되기는 했지만, 유굼은 이에 상응하는 카푸트가 없으면 과세대상이 될 수 없었다. 마찬가지로 디오클레티아누스 체제에 따르면 카푸트 역시 상응하는 유굼이 있을 때에만 안노나의 부세(負稅) 대상이 되었다. 따라서 국고(國庫)는 유굼과 카푸트 사이에 균형을 수립하고자 노력할 수밖에 없었다. 다시 말해서 국가측은 이용 가능한 각각의 유굼에 대해서 하나의 카푸트를 찾아내려고 애를 썼다. 그러나 제국의 인구가 크게 감소했을 뿐 아니라 농민들은 기근과 불안정한 상황으로 이리저리 떠돌아다니게 되었기 때문에, 그것은 결코 쉬운 일이 아니었다. 그리하여 국가기관은 카푸트를 찾아내어 그에게 할당되었던 유굼에 묶어두고자 온갖 노력을 쏟았다. 이리하여 디오클레티아누스의 카피타티오-유가티오 체제로 인해서 점점 더 광범위한 계층의 농촌 주민들이 이주의 자유를 상실하게 되었다. 토지를 소유하지 않은 도시 주민들은 안노나의 부담을 면했으므로 처음에는 아주 유리한 위치에 있었다. 그러나 이미 콘스탄티누스 시대부터 도시 상공업 종사 주민들에게도 마찬가지로 억압적인 조세, 다시 말해서 정기 금납세인 아우리 루스트랄리스 콜라티오(auri lustralis collatio)가 부과되었다.

농업 노동력의 부족은 또한 비잔티움의 조세제도에 아주 중요한 유휴지 부가세, 곧 에피볼레(epibole) 체제(아디엑티오 스테릴리움〔adiectio sterilium〕)를 등장케 했다. 이는 이집트에서 발생한 제도였는데, 이집트에서는 이미 프톨레마이오스 왕조 시대에 경작되지 않고 놀고 있는 국유지를 사유지 소유자들에게 강제적으로 할당하고, 이의 수용자에게는 부가된 토지에 대해서 납세의 의무를 부과했다. 이 제도는 3세기 말부터 로마 제국 전역에 적용되었고, 향후 국유지뿐만 아니라 황폐해진 사유지에도 해당되었다.

로마의 화폐제도는 3세기에 완전히 붕괴되었다. 그 결과로 급격한 가격 상승이 초래되었을 뿐만 아니라, 물물교환 및 현물경제로의 광범위한 이행이 일어나게 되었다. 서부에서는 모종의 화폐경제적 요소들이 아직 오랫동안 유지되기는 했지만, 향후 현물경제가 판을 휩쓸게 되었고, 이제부터 새로운 중세 국가들에서 현물경제가 지배적인 경제형식이 되었다. 그러나 보다 경제력이 강한 동부에서는 비록 현물경제 형식이 비교적 오랫동안 존속하기는 했지만, 곧 다시 화폐경제가 우월한 위치를 차지했다. 비잔티움 제국의 영토에서 화폐경제의 강화는 특히 안노나를 비롯한 여타 물납세들이 점점 더 금납으로 변화되는 데에서 분명하게 나타났다. 이미 콘스탄티누스 대제는 새로운, 아주 견실한 화폐본위 체계를 창출할 수 있었다. 이 화폐본위 체계의 토대를 이루는 것이 솔리두스(solidus) 금화였다. 솔리두스의 정상 금 함유량은 4.48그램에 달했다. 그러므로 1파운드의 금은 72솔리두스가 되었다. 이와 나란히 사용된 것이 셀리쿠아(seliqua) 은화였다. 이는 2.24그램으로 ── 금과 은의 가치가 1 : 12의 비율인 한 ── 솔리두스의 24분의 1을 나타냈다. 이 주화체계는 유례없는 지속성을 보여주었다. 콘스탄티누스 대제가 제정한 솔리두스(그리스어로는 노미스마〔nomisma〕, 후에는 히페르피론〔hyperpyron〕)는 1,000년에 걸쳐 비잔티움 화폐제도의 기초였고 여러 세기 동안 세계무역에서 가장 큰 명망을 누렸다. 그러나 제국이 몰락하기 시작했을 때는 이 화폐도 위기를 벗어날 수 없었고, 11세기 중반경에는 그 가치가 현저하게 떨어지기 시작했다.

군사제도 역시 디오클레티아누스와 콘스탄티누스 시대에 근본적으로 새로운 편성을 경험했다. 이전 황제 시대의 군대는 사실 본질적으로 국경군대였다. 거의 전체 전투력이 요새 수비대로서 무한히 긴 로마 국경선을 따라서 배치되었다. 제국 내부에는 동원군도 없었고 비교적 강력한 예비군도 없었다. 그런 역할을 하는 것은 원래 로마 황제의 근위대뿐이었다. 그러나 이런 군사체제로는 높아지는 군사적 요구들을 충족시킬 수 없다는 것이 이미 오랫동안 명백한 사실이었고, 또 이 체제는 3세기의 위기시대를 겪으며 완전히 와해되었다. 디오클레티아누스는 우선 국경군을 현저하게 강화시켰다. 그러나 무엇보다도, 제국 내부에서 동원할 수 있는 강력한 군사력을 창출하는 일이 군사적으로뿐 아니라 정치적으로도 불가피했다. 이는 외적의 침입에 대한 예비군으로서 소용될 뿐만 아니라 제국 내부의 모든 전복세력에 대항하여 황제의 권력을 뒷받침하는 지주로서 쓰일 수 있었다. 그리고 바로 디오클레티아누스 치하에서 창설되고 콘스탄티누스 치하에서 강화된 친위대, 곧 엑세르키투스 코미타텐시스(exercitus comitatensis)가 이 이중의 과제를 실현하게 된다. 코미타텐시스 부대는 옛 로마 황제근위대와는 완전히 다른 의미와 중요성을 지녔다. 로마 황제근위대는 믿을 수 없는 존재인데다가 잘 알려져 있듯이 제위계승 요구자들을 추종하는 경향이 있었다. 그래서 이미 디오클레티아누스는 그들의 세력을 빼앗았고, 콘스탄티누스는 밀비우스 다리 전투 후에 이들을 결정적으로 해체했다. 곧 새로운 "친위대"가 로마 군대의 진정한 핵심이 되었는데, 이는 콘스탄티누스가 코미타텐시스에 힘을 실어주기 위해서 일찍이 디오클레티아누스가 강화했던 국경수비대를 서슴없이 다시 상당 규모 감축했기 때문이다. 그러나 이로 인해서 엑세르키투스 코미타텐시스는 본연의 친위대적 성격을 상실했다. 엑세르키투스 코미타텐시스의 가장 뛰어난 연대가 팔라티니(palatini)*라는 칭호로 특기되기는 했지만 진정한 친위대는 마기스테르 오피키오룸의 명령을 받는 스콜라이 팔라티나이로 이루어졌다.

군사 지휘권은 콘스탄티누스 때부터 군부총감, 곧 마기스테르 밀리툼(magister militum)의 수중에 들어갔다. 즉 처음에는 전체 보병이 보병총감, 곧 마기스테르 페디툼(magister peditum)의 밑에 있었고, 기병은 기병총감, 곧 마기스테르 에쿠이툼(magister equitum) 밑에 있었다. 이런 식의 명령권 분할은 의심할 여지 없이 두 군대 가운데 어느 한 쪽의 명령권자만으로는 황제의 힘을 위태롭게 할 수 없으리라는 고려에서 나온 것이었다. 그렇지만 이러한 독특한 분할은 곧 포기되었다. 동-서 제국 황제의 각 궁정에 서로 동등한 지위를 가진 두 명의 총사령관이 배치되는 것으로 충분히 안전장치가 되었다고 보았기 때문이다. 이들은 똑같이 보병 및 기병총감, 즉 마기스테르 에쿠이툼 에트 페디툼 프라이센탈리스(magister equitum et peditum praesen-

* '황제 소속의'라는 의미.

talis)라는 칭호를 지녔다. 그와 나란히 제국 동부에서는 지역적으로 제한된 지휘권을 가진 세 명의 사령관이 나타났다. 오리엔트의 마기스테르 밀리툼, 트라키아의 마기스테르 밀리툼, 일리리아의 마기스테르 밀리툼이 그들이다. 이들은 관할 구역에 주둔하는 부대들(코미타텐시스)에 대한 명령권을 가졌는데, 개개 속주들의 국경부대 명령권자인 둑스들도 그들 휘하에 놓였다. 반면 두 명의 마기스테르 밀리툼 프라이센탈리스는 궁전 군대를 지휘했다. 그리하여 비잔티움 제국에서는 다섯 명의 사령권자가 권한을 나누어 가졌다. 그들은 모두 최고 통수권의 화신인 황제에게만 직접 종속되었다.

코미타텐시스라는 강력한 동원형 군대가 창설되고부터 리미타네이(limitanei), 즉 국경군 역시 특히 변경 수비의 목적에 복무하는 특별한 군대 범주로서 중요성을 얻었다. 국경 누벽에 주둔하는 변경 수비병들은 수비 근무에 대한 보수로서 자신의 토지를 소유했다. 이들은 그러니까 정착농민들로 이루어진 민병대였던 것이다. 그들은 토지에서 나오는 수익으로 생활하면서 국경의 수비를 맡았다. 이는 비잔티움 제국에서 장구한 앞날을 약속받은 제도였다.

또 하나의 특징으로 꼽을 수 있는 일은 로마-비잔티움 군대가 점점 더 '만족(barbaroi)'화된 것이다. 가장 유능하고 가장 높이 평가받는 제국 군대를 이룬 요소는 '만족', 특히 게르만인들과 제국 신민들 가운데 일리리아인들이었다. 외국인 용병의 수는 지속적으로 증가했으며, 4세기부터는 뛰어난 '만족' 출신이 장교단에 진입하는 빈도가 높아졌다. 나아가 로마-비잔티움 군대에서 기병의 중요성이 증가한 것도 특기할 만하다. 이는 특히 제국이 새로운 사산 왕조 페르시아의 전쟁방식에 적응해야 했던 것과 관련이 있다. 사산 왕조의 군사력은 주로 기병에 의지했기 때문이다.

제국의 무게중심이 동쪽으로 이동한 것은 한편으로는 특히 보다 부유한 주민들이 살고 있는 제국 동반부가 보다 큰 경제력을 가지고 있기 때문이기도 하지만, 다른 한편으로는 제국 동부에서 새로운 군사적 과제가 증대했기 때문이기도 했다. 도나우 강 하류지역에서는 북쪽으로부터 '만족들'이 밀고 들어오고, 서아시아에서는 사산 왕조의 새로운 페르시아 제국의 압력이 점점 더 강해지는 것을 느낄 수 있었다. 사산 왕조 페르시아는 파르티아 제국을 몰아내고 들어섰지만 파르티아 제국보다 훨씬 위험한 상대였다. 비잔티움 황제가 자신을 로마 황제의 상속자로 여겼듯이, 사산 왕조의 왕들은 스스로를 고대 아케메네스 왕조의 상속자로 여기며 옛 페르시아 제국에 속했던 모든 지역을 자기 것이라고 주장했다. 이미 비잔티움 이전 시대, 그러니까 3세기 중반부터 시작하여 초기 비잔티움 시대 내내, 페르시아의 위험은 줄곧 이 제국을 짓누르는 부담이었다. 페르시아 대왕들과의 투쟁은 비잔티움 국가에 가장 중요한 정치적, 군사적 과제 가운데 하나가 되었다.

디오클레티아누스는 제국의 동반부를 장악하고 대부분의 시간을 소아시아의 니코메디아에서 거주했는데, 공동황제 막시미아누스에게 서반부를 맡길 때 그는 이미 변화된 상황을 계산에 넣고 있었다. 그러나 제국의 동부에 처음으로 확고한 국가 중심을 부여한 사람은 콘스탄티누스 대제였다. 그는 보스포루스 해협에 위치한 옛 그리스 식민지 비잔티움(그리스어로는 비잔티온)을 증축하고 제국의 수도로 승격시켰다. 이곳은 콘스탄티누스가 리키니우스를 물리치고 동쪽 지역까지 세력을 확장시킨 직후인 324년 11월에 건설이 시작되었고, 330년 5월 11일에 이미 새로운 수도로서 성대하게 출범했다. 세계사에서 이에 맞먹을 만큼 중요한 도시 건설의 예는 찾아보기 힘들다. 이 장소는 천재적인 혜안(慧眼)으로 선택되었다. 두 대륙의 경계에 놓인 이 새로운 수도 콘스탄티노플은 동쪽으로는 보스포루스 해협, 북쪽으로는 골든 혼(Golden Horn) 만(灣),* 남쪽으로는 마르마라 해의 파도에 씻기며, 육로로는 오직 한 방향으로부터만 다다를 수 있는 곳으로, 비할 데 없는 전략적 위치를 점하고 있었다. 게다가 유럽과 아시아 사이의 교역뿐 아니라 에게 해에서 흑해로 가는 해로를 지배했기 때문에, 곧 당시 세계의 가장 중요한 상업 및 교통의 중심지가 되었다. 콘스탄티노플은 천년 동안 비잔티움 제국의 국가적, 경제적, 군사적 중심지로서뿐 아니라 정신적, 교회적 중심지로서 국제정치와 인류문화 발전에 가장 강력한 영향을 끼치게 된다.

* 골든 혼은 보스포루스 해협에서 갈라져들어가 콘스탄티노플(현재의 이스탄불)의 북쪽 경계를 이루면서 좁고 길게 형성된 만으로서, 비잔티움 시대에는 크리소케라스라고 불렸고 현재 터키어로는 할리치라고 불린다.

로마의 중요성과 인구가 지속적으로 감퇴하는 동안 이 새로운 수도는 부단히 성장했다. 창건한 지 100년이 채 안 되어 콘스탄티노플은 로마보다 인구가 많아졌고, 6세기에는 거의 50만의 인구를 헤아렸다. 콘스탄티노플은 옛 로마가 물러난 자리에 등장하여 새로운 통치 중심지로서 옛 로마를 대신할 '새로운 로마'였다. 이 새로운 수도는 건설계획 자체에서도 모든 면에서 옛 수도를 모델로 삼았고, 옛 로마와 연결되었던 모든 전통들을 넘겨받았다. 로마가 소유하고 있던 특권들 역시 콘스탄티노플에 주어졌다. 이미 콘스탄티누스 대제는 새로운 수도의 영광과 부를 높이기 위해서라면 그 어느 것도 단념하지 않았다. 그는 장려한 건축물들과 제국 각처에서 모아온 예술 기념비들로 도시를 장식했다. 특히 열렬하게 추진된 작업은 교회 건축이었다. 콘스탄티노플은 처음부터 기독교적 색채를 지니고 있었다. 또한 처음부터 주민의 대부분은 언어로 보아서 그리스인들이었다. 제국을 기독교화하고 보스포루스에 새로운 수도를 건설함으로써, 콘스탄티누스는 이중의 의미에서 동쪽의 역사적 승리를 강조했다.

콘스탄티누스와 기독교 신앙의 관계에 대한 물음만큼 역사학에서 빈번히 그리고 열심히 토론되고 또 다양한 대답이 이루어진 질문도 많지 않다. 어떤 이들은 콘스탄티누스가 종교적으로 무관심했고 오로지 정치적 이유에서 기독교를 지지했을 뿐이라고 여기는 반면, 다른 이들은 그의 개종을 믿으면서 그로 인해서 제국의 종교정책이 대전환을 맞게 되었다고 생각한다. 양쪽 다 자신들의 명제를 입증할 숱한 논거들을 내놓았다. 그리고 실제로 콘스탄티누스의 기독교적 입장을 긍정하는 논거들도 많고, 그가 옛 이교도 전통을 고수했음을 알려주는 논거들도 많으며, 또 그 양쪽 모두를 긍정하는 논거들도 많다. 물론 콘스탄티누스에게는 정치적인 고려가 결정적이었을 것이다. 디오클레티아누스의 기독교 박해 정책이 실패했음은 누구에게나 분명한 사실로서 그의 가장 충실한 조력자였던 갈레리우스조차 그것을 분명히 알고 있었다. 또한 정치적 무게중심을 동쪽으로 이동하면서 기독교에 대해서 적대적인 입장을 고수할 수는 없었다는 것 역시 의심할 수 없는 일이었다. 그러나 콘스탄티누스의 생애에서 종교적 체험(기독교적 체험이든 비기독교적 또는 기독교 이전적 체험이든)이 극히 풍부했다는 것 역시 마찬가지로 확실한 사실이다. 따라서 비난하기 위해서이건 찬양하기 위해서이건 간에, 그가 종교적으로 무관심했다고 주장하는 것은 분명히 부당하다. 어쨌든 그가 속했던 종교적인 격동기는 종교적 혼합의 시대였음을 잊어서는 안 될 것이다. 이러한 시대에는 여러 다른 문화에 대한 동시적인 신봉이 아주 자연스럽게 여겨졌다. 콘스탄티누스가 늦어도 312년부터 기독교도의 신을 보호했고, 그때부터 확고하고 또 점점 더 단호하게 기독교를 장려했다고 해도, 이는 그가 전적으로 기독교에 귀의하고 다른 모든 이교도 전통들과 궁극적으로 관계를 끊었다는 뜻은 아니다. 그는 훗날 그의 비잔티움 후계자들이 그러했던 것과 같은 의미에서 기독교인이 된 것은 아니다. 잘 알려져 있듯이 그는 이교도적 신앙관습들을 뒷받침하는 일도 거부하지 않았다. 심지어는 자신이 이 관습들 가운데 많은 것에 호의를 가지고 있었고, 특히 태양 숭배를 보아란 듯이 고수한 것은 그다지 쉽게 넘겨버릴 수 없다. 기독교의 특징은 종교적 배타성이지만, 종교적 혼합의 시대에는 이 배타성보다 더 낯설고 이해할 수 없는 일도 없었다. 종교적 배타성은 "최초의 기독교도 황제" 콘스탄티누스에게도 역시 낯선 것이었다. 종교적 독점성의 정신이 승리하고 기독교만이 절대진리를 소유했다고 생각하며 다른 모든 교리들을 이단으로 배제하는 종교관이 로마 세계에서도 관철되기까지는 비교적 오랜 시간이 걸렸다. 물론 콘스탄티누스로부터 비롯된 종교정치적 방향은 로마-비잔티움 제국에서 기독교 신앙이 결국 독점적 위치에 다다를 수밖에 없는 결과를 낳았다. 그러나 주지하다시피 그렇게까지 된 것은 훨씬 후대에 이르러서이다(34쪽 참조). 콘스탄티누스 자신뿐만 아니라, 379년에 이르기까지 그의 후계자들 역시 최고위 사제, 즉 폰티펙스 막시무스(pontifex maximus)라는 옛 로마식 칭호를 유지했다.

콘스탄티누스 시대의 기독교화가 가장 강력하고 역사적으로 가장 중요하게 천명된 사건은 니케아 공의회(325년)였다. 니케아 공의회는 기독교 교회의 교조 및 법령의 기초를 놓은 공의회들 가운데 최초의 것이었다. 황제는 몸소 이 공의회를 소집하고 토론을 이끌었으며, 또 그 결정사항에도 대단히 강력한 영향력을 행사했다. 비록 공식적으로는 아직 기독교로 개종하지 않았다고 하더라도 ── 그는 임종의 자리에서야 겨우 세례를 받았다 ── 그는 이미 교회의 사실상의 지도자였다. 이 점에서도 그는 비잔티움의 제위에 올랐던 그의 후계자들의 모범이었다. 니케아 공의회의 쟁점은 알렉산드리아의 장로 아리우스의 교리였다. 아리우스는 유일신론자로서 아버지(성부)와 아들(성자)의 동등성을 인정할 수 없다고 생각했고, 따라서 그리스도의 신성(神性)을 부인했다. 아리우스 교리는 이단으로 판결받았고, 성자와 성부는 본질적으로 동등하다(호모우시오스[homoúsios])는 교조가 확립되었다. 이리하여 천명된 신앙고백은 제2회 공의회인 제1차 콘스탄티노플 공의회(381년)에서 보완되어 기독교 교회에서 공인받는 유일한 신앙고백이 되었다.

콘스탄티누스가 초석을 놓은 국가와 교회 간의 동맹은 그 두 동반자에게 다 같이 대단히 큰 소득을 가져다주었지만, 또한 양쪽 모두에 전혀 새로운 어려움도 안겨주었다. 로마-비잔티움 국가는 기독교에서 강력한 정신적 통합력을 발견했고, 황제의 절대주의는 강력한 도덕적 지주를 발견했다. 교회는 국가로부터 풍부한 물질적 수단을 얻었으며, 선교활동에서뿐 아니라 반(反)교회적 조류들과의 투쟁에서도 지원을 받았다. 그러나 바로 이로 인해서 교회는 국가의 감독 아래 놓이게 되었다. 국가는 국가대로 교회와 운명을 함께하게 되면서 모든 면에서 교회 당파들의 끝없는 대립에 휩쓸려들어갔다. 신앙투쟁은 이제 교회 내부의 일로만 머무르지 않고 정치적 계기들로 복잡해지면서 교회발전뿐만 아니라 국가발전에도 중요한 구성요소가 되었다. 이때 국가적 목표가 교회의 목표와 언제나 일치하는 것은 아니었으며 교회와 국가의 협력은 종종 두 세력 사이의 대립으로 반전되기도 했다. 국가가 교회분쟁에 관여하는 것, 정치적 목표와 종교적 목표의 맞물림, 교회와 국가의 협력과 대립, 이 모든 계기들은 콘스탄티누스 시대에 이미 나타났다. 니케아 공의회의 판결이 있었다고는 하지만 아리우스주의는 세상에서 근절되지 않았다. 처음에는 아리우스 반대파를 지지했던 것처럼 보였던 황제가 전술을 바꾸어 아리우스를 교회 공동체에 다시 받아들이도록 강요했다. 그러나 그로 인해서 그는 정통파 성직자들, 특히 328년부터 알렉산드리아 주교직을 맡았던 아타나시우스와 갈등에 빠졌다. 이 위대한 성직자는 이 추방지에서 저 추방지로 끌려다니며 생을 마감할 때(373년)까지 정통 교리를 위해서 투쟁했다.

신앙 문제로 인해서 콘스탄티누스 대제의 아들들 사이의 반목도 더욱 날카로워졌고, 동시에 제국의 동반부와 서반부 사이의 대립도 심화되었다. 제국의 동부를 통치하던 콘스탄티우스 2세는 아리우스주의를 지지했다. 일찍 세상을 떠난 콘스탄티누스 2세(340년 사망)와 서쪽을 지배하던 젊은 콘스탄스 1세는 니케아 신앙을 지지했다. 343년 가을, 제국 동반부와 서반부의 경계에 있는 사르디카에서 종교회의가 개최되었으나 어떠한 타협도 이끌어낼 수 없었다. 그러나 이제 서쪽 전체를 다스리게 된 동생의 세력이 우세했으므로 콘스탄티우스 2세는 동생에게 양보할 수밖에 없었다. 그는 쫓겨났던 정통파 주교들을 다시 임명해야 했다. 여기서 정치적으로 패배한 아리우스파는 두 진영으로 분열되었다. 이른바 반(半)아리우스파는 아버지와 아들의 본질적 동등성(호모우시오스)을 받아들이지는 않았지만 본질적 유사성(호모이우시오스[homoiúsios])은 받아들였다. 반면 에우노미우스를 중심으로 한 보다 극단적인 아리우스파는 예나 지금이나 완전한 본질적 차이를 주장했다. 그러던 중에 콘스탄스가 이교도 찬탈자 마그누스 마그넨티우스와의 싸움에서 죽고(350년), 콘스탄티우스 2세가 극도로 피비린내 나는 전투에서 이 찬탈자를 제압하자(351년), 국면은 일변했다.

동쪽 황제의 승리는 제국 동반부의 중요성을 회복시켰다. 콘스탄티우스는 아버지의 예를 따라서 콘스탄티노플이 로마와 법제적으로 동등한 위치를 가지게 하도록 노력했다. 이는 사실상 절반은 이교적인 옛 로마가 기독교적인 새로운 수도에 밀려난 것을 의미했다. 콘스탄티우스는 로마를 방문했는데, 이 방문에서 구세계의 몰락을 상징하는 의식이 치러졌다. 로마 원로원의 회의장에서 승리의 여신 빅토리아의 제단을 치우게 한 것이다. 그러나 콘스탄티우스의 승리는 동시에 아리우스주의의 승리를 의미하는 것이기도 했다. 황제의 의지는 국가에서와 마찬가지로 교회에서도 무제한의 결정권을 가지게 될 것이었다. 그는 알렉산드리아의 아타나시우스를 선두로 자신에게 대립했던 반대세력을 굴복시켰고, 시르미움과 리미니의 종교회의에서 아리우스주의를 국교로 선포하게 했다(359년). 이제 반(半)아리우스파에서도 분열이 일어났다. 그들 가운데 보다 온건한 사람들은 황제반대파에 가담했고, 그때부터 점점 더 니케아파에 가까워졌다. 남은 사람들은 에우노미우스파와 결합하여 황제의 지휘 아래 지배당이 되었다. 로마-비잔티움 제국에서 아리우스파가 거둔 일시적인 승리보다 더 큰 중요성을 지니는 것이 있는데, 그것은 아리우스 교리가 우세했던 시대에 고트족이 기독교를 받아들이기 시작했고 그에 따라 게르만 부족들이 아리우스주의의 특징을 지닌 새로운 신앙을 받아들였다는 사실이다. 성서번역자 울필라스는 343년에 아리우스파인 니코메디아의 에우세비우스에 의하여 주교에 임명되었고, 비잔티움에서 아리우스주의가 붕괴한 후에도 오랫동안 대부분의 게르만 부족들은 아리우스파의 교의를 고수했다.

콘스탄티우스 2세 치하의 종교적 동요는 율리아누스(재위 361-363년) 치하에서는 이교적 반동으로 대체되었다. 비잔티움의 문화발전에서 핵심 문제 가운데 하나인 옛 문화와 새로운 신앙의 공생 문제가 첨예한 위기국면에 들어서게 된 것이다. 죽어가고 있는 세계의 마법적 매력과 또 바로 그 세계의 예술, 교양, 지혜에 대한 열정적인 사랑으로 말미암아 콘스탄티누스 가문의 마지막 대표자 율리아누스는 새로운 신앙에 대해서 전쟁을 선포했다. 기독교 교파들의 무익한 반목은 그의 시도에 성공을 약속하는 듯이 보였다. 수적으로는 이교도들이 여전히 강세였다. 무엇보다도 제국의 서반부에서, 특히 로마에서는 군대 구성원들 역시 대부분이 이교도였다. 군대의 주류를 이룬 것이 '만족'이었으니 그럴 수밖에 없었다. 이제 기독교에서 다시 떨어져나가는 사람들의 수도 적지 않았다. 그러나 율리아누스의 기독교 적대는 힘찬 운동으로 나아갈 수 없었다. 그는 새로운 신앙에 대항하는 투쟁에서 무엇보다도 교양 있는 이교도 상층의 대변자로 시종일관했다. 이들은 신(新)플라톤주의 철학자들과 수사학자들인데 율리아누스 자신도 이 무리 가운데 한 사람이었다. 제국의 동부에서, 특히 그가 거주지로 택했던 안티오키아에서도 역시 황제는 쓰라린 실망만을 체험했다. 그의 반동 시도의 내부적 무력함은 그가 새로운 이교도 성직자들을 조직할 때 기독교 교회조직을 그대로 답습한 데서도 극명히 드러났다. 그는 열성적으로 옛 이교적 예배의식을 부활시키려고 노력했고, 친히 신들에게 제물 짐승들을 바쳤다. 이러한 열성은 기독교도들 사이에서만 불쾌감 어린 조소를 불러일으킨 것은 아니었다. 옛 것이라는 이유로 옛 것에 열광하고 새 것이라는 이유로 새 것과 싸우려는 모든 반동이 그렇듯이, 그의 시도는 좌절될 수밖에 없었다. 그가 페르시아에 대한 대담한 원정에서 창에 맞아 치명상을 입고 야영지에서 세상을 떠났을 때, 그의 업적도 함께 무덤 속으로 가라앉았다. 그의 급속한 패배는 결국 역사적 필연성이 기독교의 승리에 있었음을 입증할 뿐이다.

2) 민족 대이동과 그리스도론 논쟁의 시대

종교투쟁 그리고 로마 군대의 피를 흐르게 한 빈번한 내전으로 인해서 제국은 대외적인 위치가 흔들렸다. 콘스탄티우스 치하에 이미 메소포타미아 지역에서는 페르시아인들이 현저한 우위를 차지했다. 율리아누스의 원정이 비극적인 결과로 끝난 후 요비아누스(재위 363-364년)는 페르시아와 평화조약을 체결했다. 요비아누스는 마지막 이교도 로마 군주였던 율리아누스의 후계자로 대단히 기독교적이었다. 페르시아와의 평화조약으로 제국은 아르메니아에서의 우선권을 포기하게 되었고, 메소포타미아에서는 쓰라릴 만큼 영토가 상실되었다.

그런데 민족 대이동이 시작되면서 제국에는 그 영향력을 간과할 수 없는 새로운 문제들이 자라기 시작했다. 이제는 제국 동반부의 북쪽 국경 역시 지속적인 투쟁의 무대가 된 것이다. 이중(二重) 전선의 소모적인 투쟁이 시작되었다. 이 투쟁은 이제 비잔티움 제국이 존속하는 한 그치지 않을 것이었다. 그때부터 그리고 전체 역사가 흘러가는 동안, 비잔티움은 동쪽에서 흥기하는 대제국들 및 북쪽과 서쪽에서 새로운 상대로 등장하는 민족들에 대항하여 거의 끊임없이 이중으로 싸우지 않을 수 없었다.

파국적인 이중 전선 투쟁을 이끌었다가 패배한 최초의 황제는 아리우스파인 발렌스였다. 콘스탄티우스 2세와 콘스탄스가 그랬듯이, 발렌티니아누스 1세(재위 364-375년)와 발렌스(재위 364-378년) 형제는 상반되는 방향의 두 종교세력을 대표했다. 서쪽을 통치하던 발렌티니아누스 1세는 니케아 신앙고백의 추종자였고, 동쪽을 통치하던 발렌스는 아리우스주의를 지지했다. 사실 제국의 동반부와 서반부 사이의 관련성은 점점 더 느슨해졌다. 이제는 어쨌건 화급한 대외정치적 과제들이 다른 문제들을 밀쳐냈던 것이다. 색슨족과 에이레인들이 로마령 브리타니아에 침공한 것, 라인 강변과 네카르 강변에서 알레마니족과 치른 격렬한 전투, 도나우 강 유역에서 사르마트족 및 콰디족과 벌인 격전, 이 사건들은 도나우 강변에 서고트족이 출현함으로써 야기될 큰 위기의 전조에 불과했다. 트라키아 관구에 살고 있던 서고트족은 제국의 땅을 약탈하기 시작했다. 그 뒤를 이어서 동고트족과 훈족이 그들에 가세했고, 곧 전 트라키아는 '만족들'로 넘쳐나게 되었다. 발렌스는 황급히 페르시아 전쟁의 무대로부터 콘스탄티노플로 건너와, 아드리아노플에서 적과 대치했다. 여기서 378년 8월 9일, 기억할 만한 전투가 벌어졌다. 이 전투에서 서고트족은 동고트족의 지원을 받아 로마 군대를 절멸시켰고, 황제 자신도 목숨을 잃었다.

이 파국의 결과들은 헤아릴 수 없을 정도로 엄청났다. 제국 동반부는 그때부터 전면에 부각된 게르만족 문제와 꼬박 한 세기 동안 싸웠고, 서반부는 그로 인해서 몰락하고 말았다. 고트족을 군사적으로 정복하는 것은 가망이 없는 듯이 보였다. 제국의 발목을 붙든 절망적인 상황에서는 평화적인 화해 외에는 다른 탈출구가 존재하지 않았다. 그리하여 테오도시우스 1세는 정책의 방향을 평화적인 화해로 잡고, 발렌티니아누스 1세의 아들이자 후계자인 그라티아누스(재위 375-383년)로부터 379년 1월 19일, 황제로 추대받고 제국 동반부의 통치를 위임받았다.

고트족이 발칸 산맥 뒤로 물러간 후 황제들은 그들과 협정(foedus)을 체결했다. 동고트족은 판노니아로, 서고트족은 트라키아 관구의 북쪽 지역으로 이주했다. 그들은 완전한 자율성을 얻었고, 세금은 면제받았으며, 높은 급료를 지불받으며 동맹자(foederati)로서 제국의 군대에 복무하게 될 터였다. 직접 황제에게 복무하는 사람도 여럿이었다. 이로써 게르만족이 무력으로 제국 전역을 휩쓸 위험은 우선 당분간은 피하게 되었고, 오히려 침입자들로 하여금 제국을 위해서 복무하도록 만들 수 있었다. 당시 인원이 심각하게 감소되었던 로마 군대는 게르만족 동맹자들이 들어옴으로써 크게 증강되었다. 물론 이러한 해결은 게르만족의 적대적인 침입이 평화적인 침입으로 바뀌었음을 의미하는 것에 불과했다. 그렇지 않아도 증가일로를 걷고 있던 군대의 게르만화는 이제 정점에 달하여, 군 부대원의 대다수가 게르만인이었고, 사령권을 지닌 가장 중요한 직위들 역시 곧 게르만인들의 수중에 들어갔다. 테오도시우스의 대(對) 고트족 정책의 또다른 이면은 국가 지출이 크게 증대하고, 또 그와 아울러 재정적인 부담이 높아진 것이었다. 주민들의 곤궁은 점점 커져갔고, 제국의 도처에서 보호제(patrocinium) 추세가 점점 극성스럽게 퍼져갔다. 테오도시우스의 선임자들도 이미 이러한 보호제에 대항했었지만 허사로 그쳤다. 경제적으로 파산하고, 무거운 채무에 얽혀들고, 제국 관리들의 자의와 횡포에 무방비 상태로 내맡겨진 농민들은 강력한 대토지 소유자의 보호 아래 들어갔고, 많은 괴로움을 수반할 뿐인 자유를 포기함으로써 보호 영주의 예속적 농민이 되었다. 그리하여 4세기에서 5세기로 넘어갈 무렵에 제국 전역에서는 소작농들이 토지에 완전히 묶이는 현상이 나타났다.

발렌스의 몰락은 또한 아리우스주의의 궁극적인 붕괴를 초래했다. 정통파 신앙의 승리를 확증한 것은 콘스탄티노플에서 열린 제2회 공의회(381년)였다. 콘스탄티노플 공의회는 니케아 공의회의 결정들을 확인하고 보완하면서 기독교 교의에 최종적인 틀을 부여했다. 니케아 교조의 열렬한 추종자였던 테오도시우스 1세는 온 힘을 다해서 정통 교리를 장려했고, 이교뿐만 아니라 기독교의 이단적 종파들에 대해서도 가차없이 투쟁했다. 그의 통치하에서 비로소 제국의 기독교화가 완성되었다. 정통파 기독교는 국교로서의 독점적 위치를 획득했고, 다른 모든 종교들과 신앙은 생존권을 빼앗겼다.

제국의 서부에서 오랫동안 내전을 치른 후, 테오도시우스는 죽기 직전에 전 제국을 다시 한번 자신의 지배권 아래 통일시켰다. 그러나 그는 힘겹게 통일한 나라를 임종의 자리에서 새로 분할했는데, 이때 황제는 극서(極西) 출신임에도 불구하고 동부의 중요성을 극명하게 표현해주었다. 예전에 콘스탄티누스 대제는 맏아들에게 브리타니아, 갈리아, 히스파니아의 지배권을 넘겨주었었고, 발렌티니아누스 1세만 하더라도 제국의 서부를 자신의 수중에 남겨두고 동생에게 동부를 양도했었다. 그러나 테오도시우스는 395년에 큰아들 아르카디우스를 동부에, 작은아들 호노리우스를 서부에 앉혀놓았고, 그후 곧 논란의 대상이었던 다키아 관구와 마케도니아 관구를 동부에 속하는 것으로 인정해주었다. 이들 관구는 테살로니카에 중심을 둔 일리리아 총독부로 한데 묶였다. 일리리아 영토 가운데 서쪽에 남아 있는 것이라고는 판노니아 관구뿐이었는데, 그때부터 이 판노니아 관구를 보통 일리리아 관구로 부르게 되었다. 이로써

서(西)와 동(東) 사이에 역사적인 경계가 그어졌다. 이는 시간이 흐르면서 서부의 로마 문화권과 동부의 비잔티움 문화권을 점점 더 첨예하게 분리하는 구분선이 되었다.

테오도시우스에 의해서 시도된 분할은 그 자체로는 전혀 새로운 일이 아니었다. 그러나 이렇게 분할된 뒤부터 서로마 제국이 몰락할 때까지 계속해서 제국이 두 부분으로 나뉜 채로 머물렀다는 점은 중요하다. 물론 제국의 통일성에 대한 이념은 계속해서 존속했다. 즉 두 개의 제국이 존재하는 것이 아니라, 한 제국의 두 개 부분만이 존재하고, 이들을 두 명의 황제가 다스렸던 것이다. 때때로 두 황제의 이름으로 법들이 공포되었으며, 한 황제가 법을 반포하고 다른 황제에게 공포하라고 보낸 경우 그것은 전 제국에서 효력을 지녔다. 한 황제가 물러나는 경우에는 그의 후계자를 임명할 권리를 다른 황제가 가지고 있었다. 그러나 제국의 동반부와 서반부 사이의 연관성은 사실상 점점 더 느슨해졌다. 이는 동서관계가 전혀 대등치 않았고, 일반적으로 두 정부 사이의 관계가 전혀 우호적인 것이 아니었던 만큼 더욱 그러했다. 이미 테오도시우스의 아들들이 통치할 무렵부터, 허약한 아르카디우스 대신에 통치를 맡았으나 급속히 교체되곤 하던 동부의 섭정들과, 어린 호노리우스의 이름으로 10년 이상 서부를 지배했던 막강한 게르만인 스틸리코 사이에는 쉴 새 없는 경합이 벌어졌던 것을 보더라도 이를 알 수 있다.

테오도시우스의 고트족 정책은 심대한 위기를 체험했다. 서고트족이 알라릭의 지휘 아래 반란을 일으켜서 콘스탄티노플 성벽의 코앞부터 그리스의 남단에 이르는 전 발칸 반도를 유린했던 것이다. 두 로마 정부 사이의 반목은 이에 대한 대응책을 마비시켰고, 결국은 동로마 정부가 알라릭을 제국의 마기스테르 밀리툼 페르 일리리쿰*으로 임명함으로써 평화를 사들일 수 있었다. 고트족 출신인 가이나스는 마기스테르 밀리툼 프라이센탈리스의 직책을 얻고서 군대를 이끌고 콘스탄티노플로 진입했다. 그러는 사이에 비잔티움의 수도에서는 반게르만적 반동이 점점 더 강해졌고, 세기의 전환기에는 이러한 경향이 지배적이 되었다. 게르만인들은 군대에서 제외되었고, 로마 방위력의 근본적인 재편성이 일어났다. 물론 로마 정부는 곧 다시 상당수의 게르만인들을 편

* 일리리아의 마기스테르 밀리툼.

입시킬 수밖에 없었고, 그들은 7세기까지 제국 군대에서 가장 중요하고 귀중한 요소를 이루었다. 그렇지만 이들은 그때부터는 용병으로서 개별적으로 모집되었고 제국 장교들의 명령을 받았다. 이에 반해서 테오도시우스 치하의 고트족 동맹군들은 자기 민족 출신으로만 구성된 자율적인 집단이었고 자기 민족 출신 지도자들의 지휘를 받았던 것이다. 서부에서는 이러한 상황이 존속되었고, 결국 서로마 제국은 게르만족의 홍수 속에서 몰락으로 나아갔다. 동부에서는 반게르만 반동이 그 목적을 성취했지만, 서부에서는 반게르만적 소요가 빈번하게 일어났어도 줄곧 성공을 거두지 못했다. 이런 차이는 제국 동서부의 상황을 상이하게 만들었으며, 그들의 향후 운명에도 결정적 영향을 끼쳤다. 제국의 동부는 곧 알라릭으로부터도 해방되었다. 알라릭은 군대를 이끌고 이탈리아로 갔고, 세 차례의 포위공격 후 410년에 로마를 함락시켰다. 서부의 상황은 점점 더 절망적이 되었지만, 그에 반해서 동부에서는 5세기 초부터 평온기가 찾아왔고 이는 비교적 오랫동안 계속되었다.

상대적인 안정기 동안 콘스탄티노플 대학이 창설되었고 『테오도시우스 법전(*Codex Theodosianus*)』이 편찬되었다. 무력한 황제 테오도시우스 2세(재위 408-450년)는 처음에는 그의 정력적인 누이 풀케리아의 후견을 받았지만, 후에는 아내 아테나이스-에우도키아의 영향 밑에 있었다. 아테네의 이교도 수사학 교수의 딸로서, 전 생애에 걸쳐 아버지의 도시 아테네의 교양이상(敎養理想)에 충실했으며, 동시에 진실한 열정으로 새로운 신앙을 추종했고, 세속적인 시뿐만 아니라 찬송가도 썼던 이 황후의 인물됨이야말로 기독교와 고대 문화의 비잔티움적 공생을 말해주는 생생한 예이다. 콘스탄티누스 대제 시대에 콘스탄티노플에 세워졌던 단과대학이 재조직되고 확대되어 425년에 새로운 종합대학이 창건된 것은 그녀의 영향 덕택이라고 할 수 있다. 제국의 가장 중요한 교육 중심지가 된 이 새로운 대학에서는 열 명의 그리스어 문법학자와 열 명의 라틴어 문법학자, 다섯 명의 그리스어 수사학자와 세 명의 라틴어 수사학자 그리고 한 명의 철학자와 두 명의 법학자가 강의를 했다.

문화발전 면에서 고등교육 제도의 재조직이 그러했던 것과 마찬가지로, 제국의 법 발전에서는 『테오도시우스 법전』의 발간이 획기적인 일이었다. 438년에 편찬된 『테오도시우스 법전』은 콘스탄티누스 대제 때부터 공포된 황제의 칙령들을 당국에서 수집한 법령집으로서, 유스티니아누스의 『로마 법 대전(*Corpus Juris Civilis*)』 이전에 이루어진 법전 편찬 가운데 가장 중요한 업적이다. 이 새로운 법전은 제국의 법을 보다 확고한 기초 위에 올려놓았고, 공적인 법령집이 없는 데서 야기되는 법적 불확실성을 제거했다. 『테오도시우스 법전』에서는 제국의 통일성 이념이 강하게 강조되었다. 이 법전이 동쪽과 서쪽에서 두 황제, 테오도시우스 2세와 발렌티니아누스 3세의 이름으로 공포되었던 것도 이를 말해준다. 그렇지만 현실적으로 제국의 통일성은 점점 모호해졌고, 이는 자연히 법의 영역에도 영향을 끼쳤다. 『테오도시우스 법전』이 편찬된 후 동로마 황제들이 서쪽에 자신의 법들을 보내는 경우는 아주 드물었으며, 서로마 황제의 법들은 아예 동쪽에 이르른 적이 없다는 점은 특기할 만하다. 동쪽 정부에 의해서 서쪽의 황제로 임명되었던 발렌티니아누스 3세(재위 425-455년)가 등극한 후, 제국의 두 부분 사이에 비교적 오랫동안 원만한 평화가 지배적이기는 했지만, 서로간의 소원함은 점점 더 뚜렷해져갔다. 제국의 동반부와 서반부는 정치적으로 별개의 존재였고, 시간이 지날수록 문화적으로도 더욱더 강하게 분리되었다. 이렇듯 제국 양쪽의 삶이 따로따로였던 데에서 비롯된 아주 중요하고 현저한 특징은 언어적 분리의 심화이다. 서쪽에서는 그리스어의 지식이 거의 완전히 사라졌던 데 반해서, 동쪽에서는 비록 라틴어가 예나 지금이나 전 제국의 관청어이고 또 그렇기 때문에 인위적으로 장려되기는 했지만, 그럼에도 점점 더 걷잡을 수 없이 그리스어에 밀려났다. 동쪽의 그리스화는 부단히 계속되었는데 이 추세는 황제 테오도시우스 2세와 황후 아테나이스-에우도키아 시대에 특히 강화되었다. 심지어는 새로운 대학에서조차 그리스어로 가르치는 교수들이 라틴어로 가르치는 교수들보다 약간의 수적 우세를 보였다.

같은 시기에 이웃한 아르메니아에서도 민족 문화와 기독교 문화가 발생하고, 아르메니아 문자가 발명되었으며, 성서가 아르메니아어로 번역되었다. 테오도시우스 1세 이래 그 땅의 일부는 비잔티움의 지배하에 있었으나, 대부분의 땅은 페르시아의 지배 아래 남아 있었다. 비잔티움은 페르시아에서 박해받는 기독교인들을 옹호한 것과 마찬가지로, 이웃 기독교 민족의 민족의식과 기독교 의식의 강화를 지원했다. 이는 두 대국 사이의 새로운 충돌을 야기했다.

그렇지만 전쟁으로 인한 영토상의 변화는 없었고, 422년 평화조약이 체결되었다. 조약은 100년 동안 효력을 가질 예정이었지만, 현실적으로는 20년도 지속되지 않았다.

440년대에 동쪽 제국은 다시 중대한 대외정치적 위기를 겪었는데, 이는 아틸라가 이끄는 훈 왕국으로부터 야기된 것이었다. 훈족의 약탈적 습격은 일시적인 평화협정들로 교대되었다. 평화협정이 한 번씩 체결될 때마다 점점 더 심각하고 굴욕적인 조건들이 제국에 부과되었다. 동쪽 제국을 재정적으로도 남김없이 쥐어짜낸 아틸라가 마침내 서쪽을 향해서 떠났을 무렵, 전 발칸 반도는 이미 황폐해지고 남김없이 약탈당한 상태였다. 갈리아 지방을 습격한 아틸라는 카탈라우눔 평원 전투에서 서로마의 장군 아이티우스에게 패배했다(451년). 그 이듬해, 이탈리아는 훈족으로부터 끔찍한 시련을 겪었다. 그러나 453년에 아틸라가 갑작스럽게 죽으면서, 곧바로 그의 거대한 왕국은 붕괴되었다. 그러나 훈족의 위험에서 해방되었다고 해서 내적으로 쇠약해진 제국 서부의 상황이 개선된 것은 아니었다. 상황은 눈에 띄게 암울해졌다. 아이티우스가 살해되고(454년), 발렌티니아누스 3세마저 살해된 후(455년), 이탈리아는 혼돈의 상태에 빠졌다. 이탈리아 외부의 가장 중요한 지역들은 게르만족의 수중에 있었다. 게르만족은 ── 아프리카의 반달족, 갈리아와 히스파니아의 서고트족처럼 ── 그곳에 차례차례 자신의 나라들을 건설했다.

그러나 서로마 제국을 휩싸고 있던 혼돈으로부터, '만족들'의 투기장이 된 옛 황도(皇都)로 하여금 또다시 세계의 정신적 중심이 되게 하는 세력이 솟아올랐다. 바로 로마 교회였다. 훈족의 침략이 위세를 떨치고 반달족이 로마를 약탈하던 시기에, 그러니까 국가의 절망적인 혼란과 가장 끔찍한 몰락의 와중에서, 레오 1세 대교황(재위 440-461년)은 로마 교회의 수위권을 강조했다. 이는 그 이전의 누구도 할 수 없었던 일이었다. 5세기의 교조투쟁 ── 이는 동시에 교회의 지휘권을 둘러싼 교회 중심부들의 세력투쟁이기도 했다 ── 속에서 로마는 두드러진 역할을 담당했다.

5세기에 비잔티움 제국은 아리우스주의 논쟁의 시대보다 더 결정적으로 종교논쟁의 영향을 받았던 것으로 보인다. 아리우스주의에 대한 투쟁에서 아들(성자)의 완전한 신성과 아버지(성부)와의 본질적 동일성이 교조로서 받아들

여겼던 데 반해서, 이제는 그리스도의 신적인 원리와 인간적 원리의 관계에 대한 물음이 제기되었다. 안티오키아 신학파의 학설에 따르면 그리스도 안에는 두 개의 분리된 본성이 나란히 공존했다. 신성은 마리아에 의해서 태어난 인간 그리스도를 그릇으로 선택했다. 따라서 마리아는 신을 낳은 여인(테오토코스[theotokos])이 아니라 단지 그리스도를 낳은 여인(크리스토토코스[christotokos])으로 일컬어져야 한다고도 주장되었다. 신성과 인성은 신인(神人)에서 하나로 합해졌다는 알렉산드리아의 신비주의적 신인설은 이러한 합리주의적 견해와 거세게 대립했다. 428년에 안티오키아파의 대표자인 네스토리우스가 콘스탄티노플의 주교 자리에 올랐고, 그는 이 높은 망루에서 안티오키아파의 그리스도론을 선전하기 시작했다. 그런 그에게 대적(大敵)이 나타났으니 그가 바로 알렉산드리아의 총대주교 키릴루스였다. 키릴루스는 신학자로서나 정치가로서나 네스토리우스보다 우월했다. 키릴루스 뒤에는 그에게 충성스러우며 강력한 세력을 대표하는 이집트 수사들이 철벽같이 버티고 있었고, 로마 역시 알렉산드리아파를 지지했다. 네스토리우스는 황제 정부의 지지를 받기는 했지만, 에페소스에서 개최된 제3회 공의회(431년)에서 패배하여 이단이라는 판결을 받았다. 키릴루스는 막강한 승리를 얻었다. 그는 수도의 총대주교에게 승리했고, 그 뒤에 서 있는 황제 정부에게도 승리했다. 키릴루스는 동방교회의 지도자로 뛰어올랐을 뿐 아니라 이집트에서 그가 누리게 된 세속적 권세도 현지의 황제 대리인들의 권세를 누를 정도였다. 대(大)아타나시우스 때부터 그 명망이 상승일로에 있던 알렉산드리아의 총대주교 자리는 키릴루스에 와서 세력의 절정에 도달했다.

키릴루스(444년 사망)의 후계자 디오스코루스 밑에서 알렉산드리아는 처음에는 여전히 우세한 지위를 유지했다. 황제 정부는 자신들의 패배를 받아들이고 전적으로 알렉산드리아의 뜻에 따랐다. 콘스탄티노플의 알렉산드리아파 대표자인 수도원장 에우티케스는 궁정에서 전능한 존재였다. 그러나 이제 콘스탄티노플과 로마의 주교좌들은 극도로 강해진 알렉산드리아파에 합동으로 대항했다. 교회정치적으로 디오스코루스와 에우티케스는 키릴루스의 가장 충실한 제자였다. 그러나 에우티케스는 그리스도가 육화(肉化)됨에 따라서 그의 두 본성은 하나의 신적 본성으로 단일화되었다는 주장을 폄으로써 교리상 키릴루스의 학설을 한층 더 밀고 나갔다. 네스토리우스의 경우에는 그리스도의 신적 원리가 낮게 평가되었듯이, 에우티케스의 경우에는 인간적 원리가 낮게 평가되었다. 네스토리우스 학설에 대한 방어로서 단성론적 이단이 태어난 것이다. 콘스탄티노플에서 열린 총대주교 주재의 상설 종교회의에서 에우티케스는 이단이라는 판결을 받았고, 교황 레오 1세는 그의 유명한 교서 『공한(*Tome*)』에서 그리스도라는 인물 안에서는 육화된 후에도 두 개의 완전한 본성을 구별할 수 있다는 근본 명제를 제기함으로써 콘스탄티노플의 총대주교와 같은 견해임을 선언했다. 그리하여 로마는 콘스탄티노플과 함께 알렉산드리아의 우세에 대항했다. 물론 알렉산드리아파는 이른바 에페소스의 도둑 종교회의(449년)에서 다시 한번 승리하기는 했다. 이 회의는 디오스코루스가 의장을 맡은 가운데 반대파를 폭력적으로 누르고 그들로 하여금 단성론(單性論, monophysitism)을 믿는다는 고백을 하게 했다. 그러나 그 다음에는 상황이 급격하게 돌변했다. 이렇게 된 데에는 테오도시우스 2세가 죽은 후인 450년, 유능한 장교 마르키아누스가 그의 선임자의 정력적인 누이인 아우구스타(augusta) 풀케리아와 결혼하고 통치권을 넘겨받게 된 사건이 적잖은 기여를 했다.

새로운 황제 마르키아누스(재위 450-457년)는 451년 칼케돈에서 공의회를 소집했다. 기독교 교회의 이 제4회 공의회는 그리스도가 완전하고 분리할 수 없는, 그러나 또한 뒤섞일 수도 없는 두 가지 본성을 가지고 있다고 공식적으로 천명했다. 단성론자들뿐만 아니라 네스토리우스파 역시 이단의 판결을 받았다. 교리에 관한 칼케돈의 공식 명제는 두 파 사이에서 어느 정도의 중용을 지켰다. 왜냐하면 구세주가 완전한 신일 뿐만 아니라 또한 완전한 인간이기도 할 때에만 구원이 확실한 것으로 여겨졌기 때문이다.

콘스탄티노플의 교회정치적 승리는 교조적 승리보다 작은 일이 아니었다. 동방교회에서 제기된 새로운 로마의 지도적인 위치에 대한 주장은 이미 381년 제2회 공의회에서 공식화되었다. 제2회 공의회의 교회법 제3항에 따르면 콘스탄티노플의 주교에게 기독교 교회 내에서 로마 교황 다음으로 가장 높은 자리가 주어질 것이었다. 그리고 이 주장은 콘스탄티노플이 로마와의 동맹에 힘입어 알렉산드리아에 대해서 승리를 쟁취한 후 실현되었다. 그런데 이제 콘스탄티노플은 한걸음 더 나아갔다. 이는 동맹 동지였던 로마에게서 공동의 승리에 대한 기쁨을 철저하게 박살내놓는 일이었다. 칼케돈 공의회의 저 유명한 교회법 제28항은 교황에게 최고 서열을 인정하긴 했지만, 그밖에는 새로운 로마와 옛 로마의 주교가 완전히 동등한 위치에 있음을 규정했다. 이로써 두 교회 중심지들 사이의 경합이 목전에 임박했음이 예고되었다. 그러나 칼케돈의 결정으로 가장 먼저 초래된 결과는 비잔티움의 중앙부와 제국의 오리엔트 속주들 사이의 간극 심화였다. 이집트뿐만 아니라, 한때 네스토리우스파 이단의 피난처였던 시리아도 단성론을 지지하며 칼케돈의 교조에 반대했다. 양성론(兩性論, dyophysitism)을 지지하는 비잔티움 교회와 단성론을 지지하는 오리엔트 교회의 대립은 그때부터 초기 비잔티움 제국의 가장 격렬한 교회정치 및 국가정치상의 문제들 가운데 하나가 되었다. 단성론은 이집트와 시리아의 정치적 분리주의 노력의 분출구가 되었다. 즉 단성론은 비잔티움의 지배에 대항한 투쟁에서 콥트인과 시리아인의 표어로 이용된 것이다.

5세기에 로마 제국의 삶에서, 다시 말해서 서로마 제국뿐 아니라 동부 비잔티움 제국의 삶에서도 점점 더 강력하게 역사발전의 전면에 등장한 요소로는 종교적 논쟁들 외에도 민족 대이동으로 인해서 초래된 혼란이 있었다. 물론 제국의 동반부에서는 급박한 인종적 위기가 400년 무렵에는 이미 모두 극복된 듯이 보였다. 그러나 훈족의 대왕국이 몰락한 후 여기서도 게르만족의 새로운 유입이 시작되었고, 그로 인해서 비잔티움의 국가제도 및 군사제도에서 다시 게르만적 요소의 영향이 커지게 되었다. 서로마 제국이 마지막 투쟁을 하던 시대에 비잔티움 역시 다시 한번 게르만족 문제에 직면했다. 이미 5세기 중반에, 알라니족 출신인 아스파르는 콘스탄티노플의 국가 지도부에 결정적인 영향력을 행사했다. 마르키아누스와 무엇보다도 그의 후계자인 레오 1세(재위 457-474년)가 제위를 차지한 것은 바로 이 아스파르의 덕택이었다.

레오 1세는 콘스탄티노플 총대주교의 손으로 제관을 쓴 최초의 황제이다. 그의 선임자들은 기독교를 받아들였더라도 모두 로마의 전통에 따라서 고위직 군인 혹은 관리로부터 제관을 받고 방패 위에 태워져 군대와 백성과 원로원의 갈채를 받는 데에 만족했다. 콘스탄티노플 주교좌가 가장 최근에 열린 공의회에서 얻어낸 강력한 지위를 고려할 때, 457년의 개혁은 주목할 가치가 있다.

그후 비잔티움의 모든 황제는 제국 수도의 총대주교의 손으로부터 제관을 받아 썼고, 따라서 대관식은 종교적 예식의 중요성을 얻었다. 군사적 성격을 띤 세속적인 황제대관식에 덧붙여지는 형식으로 시작되었던 종교적 대관식은 시간이 지나면서 고대 로마의 대관식 방식을 완전히 몰아내게 되었고 중세에는 그 자체가 대관식의 본령으로 여겨지기에 이르렀다.

아스파르와 동고트족의 후견으로부터 해방되기 위해서 레오 1세는 호전적인 이사우리아족의 지원을 요청키로 했다. 그리하여 그들의 우두머리 타라시코디사가 강력한 수행군을 이끌고 제국의 수도에 나타났다. 그는 그리스식 이름 제논으로 개명하고 황제의 맏딸 아리아드네와 결혼했다(466년). 그때까지 알라니족의 영향을 받아 서로마 정부의 원조 요청을 모두 귓등으로 넘겨듣던 동쪽 정부는 아스파르가 물러나자 태도를 바꿔서, 468년 아프리카의 반달 왕국에 대항하는 대규모 원정대를 파견했다. 그러나 이 시도는 반달족의 대왕 가이세릭의 노련함과 레오 1세의 처남 가운데 한 명인 제국군 사령관 바실리스쿠스의 완전한 무능력 때문에, 비잔티움인들의 막강한 군사적 우위에도 불구하고 13만 파운드의 금을 지출하고도 비참한 실패로 끝났다.

그후 다시 한번 아스파르의 별이 빛을 발했다. 그의 아들 파트리키우스는 황제의 둘째딸과 결혼하여, 출신민족도 다르고 아리우스주의를 믿는 데에도 불구하고 제위계승 예정자로서 카이사르의 칭호를 얻었다. 그러나 곧 다시 콘스탄티노플에서 반(反)게르만 운동이 시작되었고, 471년에 아스파르와 그의 아들 아르다부르는 암살음모의 제물이 되었다. 여기서 중상을 입고 도망친 파트리키우스는 황제의 딸과 헤어지고 카이사르의 직위를 박탈당했다. 이제 제논이 정부를 지배했고, 이사우리아족의 파도가 게르만족의 파도를 밀어내고 몰아닥쳤다. 레오 1세가 474년 초에 죽고 그의 손자 레오 2세, 즉 제논과 아리아드네의 아들이 제위를 계승하자 제논은 어린 아들의 공동황제가 되었다. 같은 해 가을에 어린 아들이 죽자, 이 이사우리아인은 단독 군주로서 콘스탄티노플의 제위에 올랐다.

문화적으로 이사우리아족은 그리스-로마 교양의 소중한 부를 일찍 깨달은 고트족보다 의심할 여지 없이 훨씬 저급한 단계에 있었다. 그 반면 게르만족과는 반대로 그들은 제국의 신민이었으므로 그리스-로마적 의미에서 '만족'

부류에 넣어지지는 않았다. 그럼에도 불구하고 그들은 비잔티움 국민에게는 이국인으로 느껴졌고, 이사우리아인의 지배는 아스파르 시대 때인 게르만의 지배에 못지 않은 반감을 불러일으켰다. 이미 475년 1월에 반란이 일어나서 제논으로부터 제관을 빼앗았다. 그러나 모반자들은 468년의 수치스러운 대(對) 반달 전을 이끌었던 바실리스쿠스보다 더 나은 제위 후보자를 발견할 수 없었다. 그리하여 제논은 20개월 후에 다시 한번 최고 권력을 장악하게 되었고, 무수한 모반과 심각한 내전들에도 불구하고 만 15년 동안(476-491년) 그 권력을 보전했다.

제논의 복위는 서로마 제국이 끝나가던 시대에 이루어졌다. 콘스탄티노플 정부로서는 이미 끝난 사실을 받아들이는 수밖에 다른 도리가 없었다. 이런 콘스탄티노플 정부의 마음을 가볍게 한 것은 오도아케르의 유화적인 태도였다. 오도아케르는 동로마 황제의 종주권을 분명하게 인정했다. 그리하여 이 이탈리아의 새로운 지배자는 제국의 마기스테르 밀리툼 페르 이탈리암*으로 임명되었고 이를테면 황제의 전권 위임자로서 이 땅을 다스리게 되었다. 겉보기로는 그렇게 계속되었지만, 그러나 사실상 제국으로서는 이탈리아를 잃은 셈이었고 제국의 서반부 거의 전체가 그러했던 것과 마찬가지로 이탈리아는 게르만족의 지배를 받게 되었다.

그에 반해서 제국의 동반부는 완전히 게르만족으로부터 벗어나게 될 터였다. 아스파르의 제거는 단지 그 첫걸음이었을 따름인데, 왜냐하면 발칸 반도에는 강력한 동고트족 병력이 여전히 남아 있었기 때문이다. 즉 트라키아에는 테오도릭 스트라보가 있었고, 모이시아에는 아말족의 테오도릭이 있었다. 게르만족 우두머리들은 제국에 복무하여 제국의 가장 높은 군사적 직위를 얻기도 했고, 제국 정부에 반항하며 그들의 군대로 제국의 땅을 유린하기도 했다. 그들은 제국의 모든 내전과 당파 싸움에 관여했고, 종종 결정권을 장악했다. 테오도릭 스트라보의 죽음으로 제국은 그에게서 해방되었다(481년). 비잔티움 정부는 488년 아말족의 테오도릭이 서쪽으로 철수하도록 결정을 내리게 할 수 있었다. 테오도릭이 제국 정부와 불화하게 된 오도아케르를 제거하고 그 대신에 이탈리아의 통치를 넘겨받기로 한 것이다. 게르만족 왕

* 이탈리아의 마기스테르 밀리툼.

들 사이의 격전은 테오도릭의 승리로 끝났다. 그는 자신의 상대를 직접 자기 손으로 죽이고 이탈리아의 군주가 되었다(493년). 이리하여 이탈리아에 테오도릭 대왕의 왕국이 탄생했다. 비잔티움은 오도아케르와 직접 상대할 필요가 없어졌을뿐더러, 불안한 동고트족으로부터도 벗어날 수 있었다. 동쪽 제국에서는 알라릭 시대의 위기와 마찬가지로 이 마지막 게르만족의 위기 역시 고트족이 서쪽으로 철수함으로써 끝났다. 그리하여 서쪽이 게르만족에게 완전히 넘어간 시대에 동쪽은 게르만족으로부터 궁극적으로 벗어나게 되었다.

그렇지만 이사우리아족이 제국을 지배하는 한, 게르만족으로부터의 해방은 인종 문제의 진정한 해결을 의미하지는 않았다. 게르만족의 압박에 시달리며 구원의 수단을 모색하던 제국은 이사우리아라는 독을 해독제로 취했던 것이다. 그 약은 효과가 있기는 했지만 너무 강해서, 이번에는 이 독이 국가조직을 파괴하기 시작했다. 제국은 이사우리아족 우두머리들 사이의 피비린내 나는 담판의 무대로 변했다. 그 우두머리들 가운데 하나는 황제의 관을 썼고, 다른 우두머리들은 그것을 얻으려고 노력했다. 여러 해 동안 제논은 그의 전직 사령관 일루스와 대립황제로 자처하는 그의 동향인 레온티우스에 대항하여 본격적인 전쟁을 치렀다.

종교적인 문제 역시 미해결인 채로 남아 있었다. 칼케돈에서 이단 판결을 받은 단성론은 동쪽 지역에서 점점 더 큰 영향력을 얻었다. 그에 따라서 제국의 핵심지역들과 오리엔트 속주들 사이의 불화도 점점 커졌다. 바실리스쿠스는 곧 단성론의 품속으로 들어갔고, 자신의 전권으로 칼케돈의 결정사항들과 레오의 교서 『공한』을 탄핵하는 황제의 회문(回文)을 돌렸다. 그렇지만 이 조처는 정통파 비잔티움인들에게서 대단한 분노를 불러일으켰고, 그의 몰락을 가속화시켰을 뿐이다. 그에 반해서 제논은 타협이라는 방법으로 오리엔트 단성론자들과 양성론적 비잔티움 백성들 사이에 화해를 이끌어내려고 했다. 482년에 그는 콘스탄티노플의 총대주교 아카키우스의 동의를 얻어서 이른바 『헤노티콘(*Henotikon*)』을 공포했다. 이는 처음 세 차례 공의회들의 결정들을 지지하면서도, "두 가지 본성"과 "한 가지 본성"이라는 표현을 피함으로써 쟁점 자체를 우회하려고 시도한 연합칙령이었다. 그렇지만 종교적 지반에서는 타협이 불가능하다는 것이 이내 드러났다. 이해할 만한 일이지만, 『헤노티콘』은 칼케돈의 추종자들도 단성론자들도 만족시킬 수 없었던 것이다. 그리하여 이제는 두 개의 파가 아니라 세 개의 파가 반목하게 되었다. 단호한 단성론자와 단호한 양성론자에다가 두 진영에서 나온 온건파가 그들이다. 이 온건파는 황제의 신앙고백문을 지지했다. 교황은 『헤노티콘』을 단호하게 거부했고, 콘스탄티노플 총대주교에 대해서 파문 판결을 내렸다. 이에 맞서서 콘스탄티노플 총대주교는 교황의 이름을 상아 제단화(diptychos)*의 명문(銘文)에서 삭제했다. 그리하여 로마와 콘스탄티노플은 분열되기에 이르렀고, 이 분열은 30년 이상 지속될 것이었다.

제논이 491년에 죽고 새로운 황제를 선출할 때 백성들은 미망인이 된 황후 아리아드네에게 "제국을 정통파 황제에게 주시오! 제국을 로마 황제에게 주시오!"라고 외쳤다. 아직도 해결을 기다리고 있는 이 시대의 가장 격렬한 문제, 즉 인종 문제와 종교 문제가 모두의 눈앞에 있었다. 콘스탄티노플 사람들은 이제 이민족 출신의 벼락 출세꾼들과 이단자들의 통치를 받으려고 하지 않았다. 선거의 결과, 나이 지긋한 궁내관 아나스타시우스(재위 491-518년)가 뽑혔다. 그는 유능한 행정관임을 입증했는데, 특히 재정 분야에서 공로가 컸다. 아나스타시우스는 콘스탄티누스 대제가 만든 주화제도를 개선하여, 환시세가 매우 불안정한 폴리스(follis) 동화가 금화와 대비하여 고정된 가치를 지닐 수 있게 하려고 노력했다. 그러나 무엇보다도 그는 징세제도에 새로운 질서를 부여했다. 그리하여 도시들에 대한 세금징수 책임을, 빈곤해지고 무력화된 시평의회 의원, 곧 쿠리알리스(curialis)로부터 총독부 총독 휘하의 감독관, 곧 빈덱스(vindex)에게 넘겼다. 나아가 아나스타시우스는 상공업에 종사하는 도시 주민들에게 부담시켰던 옛 아우리 루스트랄리스 콜라티오, 즉 이른바 크리사르기론(chrysargyron)을 폐지했다. 도시 주민들을 크게 기쁘게 한 이 조치는 도시 상공업 부문에 대한 괄목할 만한 수혜를 뜻했다. 그에 반해서 농촌

* 그리스 교회는 제단 뒤편이나 위쪽을 회화나 평판조각 작품들로 장식하는 것이 일반적이었는데, 이들 작품은 대개 상아판에 만들어졌다. 두 폭(diptychos) 상아판이라는 말에서 이 "상아 제단화"라는 말이 유래했지만 세 폭짜리 평판도 있었다. 이 두 가지를 모두 딥티코스라고 불렀다.

주민들은 즐거워할 이유가 거의 없었다. 국가가 이제 안노나를 현물이 아니라 오로지 화폐로만 징수함으로써 크리사르기론의 폐지로 말미암은 손실을 메꾸게 되었기 때문이다. 토지세의 근본적인 금납화는 농업 자체가 점점 더 화폐경제로 바뀌는 명확한 신호이다. 그러나 동시에 국가가 필요로 하는 현물 생산물에 대한 수요는 생필품을 국가가 정한 낮은 가격으로 강제 판매케 하는 이른바 코엠프티오(coemptio) 제도를 적용함으로써 충족되었다. 그리하여 상공업에 종사하는 사람들의 부담은 매우 가벼워진 데에 반해서, 농촌 주민들의 부담은 현저하게 높아졌다. 이는 아나스타시우스 1세 치하에서도 소요와 주민 봉기들이 빈번하게 일어났던 데에서 분명하게 드러난다. 그러나 황제의 엄격한 국고주의는 성과가 있어서, 그가 죽을 당시 국고에는 32만 파운드의 금이라는 거대한 재산이 축적되어 있었다.

아나스타시우스 1세의 등극은 이사우리아족 지배의 종말을 뜻했다. 그러나 황제는 비교적 오랫동안 이사우리아족에 대항하여 본격적인 전쟁을 치른 후에야 비로소 그들의 저항을 좌절시킬 수 있었다(498년). 그후 이사우리아인들은 비교적 대규모로 그들의 고향으로부터 트라키아로 이주해야 했다. 그들의 세력은 무너지고 마침내 비잔티움의 인종적 위기는 극복되었다. 그 반면 종교적 위기는 더욱 심각해져만 갔다. 비록 아나스타시우스가 제위에 오르면서 총대주교의 요구에 따라서 정통파를 믿는다고 선언하기는 했지만, 그는 단성론의 열렬한 신봉자였다. 그는 처음에는 『헤노티콘』의 지반 위에 서 있었지만, 차츰 교회정책을 점점 더 엄격한 단성론적 방향으로 잡았고, 마침내는 완전히 단성론으로 옮겨갔다. 단성론을 지지하던 콥트인들과 시리아인들은 크게 만족했지만, 그만큼 정통파 비잔티움인들은 크게 언짢아했다. 아나스타시우스의 치세기에는 혁명과 내전들이 연쇄적으로 일어났다. 특히 억압적인 통치방법 역시 불만을 키우는 좋은 자양분이 되었다. 백성들은 끊임없이 분노했고, 일종의 정당인 데모스 사이의 투쟁은 상궤를 넘어서 치열해졌다.

비잔티움의 청색당과 녹색당은 단순히 스포츠 조직이 아니라 정치조직이기도 했다. 물론 그들은 옛 그리스-로마의 원형경기장 히포드롬(hippodrom)의 응원단에서 유래하는 옛 당파들을 계승한 것이고, 그들이 내세운 색과 당명 또한 옛 당파들의 그것을 그대로 이어받은 것이기는 했다. 하지만 콘스탄티노플의 히포드롬은 로마의 포룸(forum)이나 아테네의 아고라(agora)와 마찬가지로, 민중의 정치적 노력의 진정한 표현장소였다. 청색당과 녹색당의 대표자는 정부에 의해서 임명되었는데, 이 두 민중 정당은 도시의 민병대로 복무하고 성벽 건설에 참여함으로써 중요한 공적 기능을 수행키도 했다. 데모스의 핵심을 이룬 것은 시의 민병으로 조직된 시민들이었던 것으로 보인다. 이 핵심을 중심으로, 보다 광범위한 도시주민 대중이 양쪽 당에 모여들었다. 그들은 청색당 혹은 녹색당을 신봉하면서 자신의 당을 보호하고 다른 쪽 당과 투쟁했다. 그리하여 청색당과 녹색당은 제국의 모든 비교적 큰 도시들에서 인민의 정치적 노력들을 표현하는 동시에 대표하는 아주 중요한 역할을 했다. 두 당 모두 대부분의 구성원은 보다 광범위한 주민 대중이었지만, 청색당의 경우 지도층은 무엇보다도 대토지 소유자인 옛 그리스-로마 원로원 귀족계급의 대표자들로 이루어진 것으로 보이며, 녹색당의 경우에는 상공업자 신분 대표자들과 궁정에서 복무하거나 재무행정을 맡다가 출세한 부류들로 이루어져 있었다. 따라서 이들은 주로 제국의 오리엔트 지역 출신이었다. 그렇기 때문에 청색당은 그리스의 정통파 교리를 지지했고, 반면 녹색당은 단성론을 비롯한 동쪽의 이단들을 지지했다. 두 당 사이의 적대관계는 격렬하고 빈번한 투쟁으로 표현되었다. 5세기 중반부터 제국의 정치생활은 청색당과 녹색당 사이의 끊임없는 투쟁을 특징으로 했다. 중앙권력은 정치권력의 요인인 데모스를 고려하지 않을 수 없었고, 녹색당이든 청색당이든 어느 한쪽 당을 비호해야 했다. 그리하여 보통 두 당 가운데 어느 한 당이 정부의 지지를 받았고, 그에 반해서 정부의 지지를 받지 못하는 당은 반정부적인 조류를 형성했다. 그러나 때로는 중앙권력의 절대주의에 반대하고 자유를 향한 자신들의 노력들을 옹호하기 위해서, 양쪽 데모스가 힘을 합해 황제 정부에 공동으로 대항하기도 했다. 데모스 조직에서는 고대 도시들의 자유라는 전통이 계속 살아 있었기 때문이다.

황제 아나스타시우스 1세는 상공업을 보호하는 경제정책을 폈고, 종교정책에서는 공개적으로 단성론을 지지했기 때문에, 녹색당의 친구였다. 그 결과 청색당은 그에게 반대했다. 공공건물이 거듭 화염에 휩싸였으며, 황제의 동상들이 넘어뜨려져 거리로 질질 끌려다녔다. 히포드롬에서는, 신성한 존재로 떠받들리는 황제에 반대하는 적대적인 시위들이 여러 번 일어났다. 백발이 성성한 지배자는 모욕을 당했고, 심지어는 돌멩이 세례를 받기도 했다. 트리사기온(Trisagion : 기도문 가운데 "거룩하도다"가 세 번 되풀이되는 부분)을 단성론적인 문구로 보충했다는 이유로 512년 콘스탄티노플에서 폭동이 일어났고, 이로 인해서 아나스타시우스는 제위를 빼앗길 뻔했다. 그러나 위기의 정점은 트라키아의 군사령관 비탈리아누스의 봉기였다. 그는 513년부터 세 번에 걸쳐 군대와 함선을 이끌고 콘스탄티노플의 성벽 앞까지 돌격했다. 가장 위험한 순간들마다 양보의 결정을 내렸던 황제는 매번 긴장이 해소되자마자 옛 정책으로 되돌아갔고, 그리하여 제국은 열병의 상태에서 빠져나오지 못했다. 물론 비탈리아누스의 봉기는 단지 종교적 이유 때문에만 일어난 것은 아니었고, 종교적 이유가 봉기에서 일차적 의미를 가지는 것조차 아니었다. 그러나 그가 단성론을 지지하는 황제에 대항하여 정통파 신앙을 옹호하는 투사로서 등장했다는 사실은 그의 시도에 특별한 추진력을 더해주었다. 아나스타시우스의 통치는 단성론적 교회정책이 막다른 골목에 이르렀다는 증거가 되었다. 먼 곳에 있는 이집트인들과 시리아인들을 만족시키려던 노력은 실상 그 효과의 지속성조차 대단히 의심쩍은 것이었는데도, 이 같은 노력 때문에 황제 정부는 제국의 핵심지역들을 끊임없는 소요의 상태로 몰아넣는 대가를 치러야 했다.

3) 유스티니아누스의 복고작업과 그 와해

경제력이 보다 강하고 인구가 보다 조밀했던 제국 동부의 보다 건강한 몸체는 로마 제국의 서부를 멸망시킨 위기를 극복했다. 그러나 제국의 동부 역시 동일한 위기를 겪었고, 민족 대이동의 모든 공포를 체험했으며, 꼬박 100년 동안 국가제도 및 군사제도가 '만족'에게 장악당하는 위험과 싸웠다. 민족 대이동이라는 거대한 파도가 서쪽을 뒤엎던 시기에 비잔티움 자신은 온 팔다리가 불구가 되었고, 감히 수동적인 방관자의 역할을 벗어나보려는 시도를 했던 적은 아주 드물었다. 그러나 동부는 5세기에서 6세기로 전환되는 시기에 인종적 위기를 최종적으로 극복했다. 이제 비잔티움은 보다 적극적인 정책을 통해서 잃어버린 서쪽 영토를 회복하기 위한 시도를 감행할 수 있는 듯이 보였다. 과거에 제국 동반부와 서반부의 행정이 분리되어 있었음에도 불구하고 제국의 통일성 이념이 존속할 수 있었듯이, 지금은 게르만족이 서부를 점령한 상태였지만 로마 제국의 보편성 이념은 여전히 살아남아 있었다. 예나 지금이나 로마 황제는 전 로마권과 기독교 세계의 수장으로 간주되었다. 한때 로마 제국에 속했던 지역들은 게르만족 왕들의 통치를 받고 있는 경우라고 하더라도 영원히 그리고 변경할 수 없이 로마 제국의 소유로 간주되었다. 우선 적어도 게르만족 왕들 스스로가 로마 황제의 종주권을 인정하면서 단지 황제로부터 위임받은 권력만을 행사했다. 로마의 유산을 복구하는 것은 로마 황제의 당연한 권리였다. 제국의 옛 경계선을 재확립하여 유일한 로마 제국인 정통파 기독교 제국을 이룩하기 위해서, 로마의 땅을 이민족인 '만족'과 아리우스파 이단들로부터 해방시키는 것은 황제의 성스러운 사명이었다. 그리고 이 사명에 복무한 것이 유스티니아누스 1세(재위 527-565년)의 정책이었다.

사실 유스티니아누스는 이미 그의 숙부 유스티누스 1세(재위 518-527년)가 다스릴 때부터 제국의 정치를 지배했다. 유스티누스 1세는 타우레시움(아마도 나이수스 지역에 있는 마을일 것이다)에서 태어났으며, 제국 군대에 들어가서 장교가 된 후, 친위대(excubitores)의 사령관으로 승격했고, 아나스타시우스 1세가 죽은 후에는 마침내 황제로 선출되었다. 그러나 아나스타시우스 1세의 단성론 정책에 결별을 고한 것은 유스티니아누스 1세였다. 유스티니아누스의 또 하나의 업적은 로마 교회와의 공동체를 재건한 것이었다. 로마 교회와의 관계 회복은 서부에서 정치적으로 중대한 과제들을 실현하기 위해서도 필수적인 전제였다. 발칸 속주에서 농부의 아들로 태어난 유스티니아누스가 자신이 생존한 세기의 가장 교양 있고 박식한 인물이 된 것은 비잔티움의 수도가 가지고 있던 문명의 힘이 얼마나 컸던가를 보여주는 가장 강력한 증거일 것이다. 그러나 유스티니아누스라는 인물 자신이 워낙 탁월한 존재였음을 알려주는 명명백백한 증거는 세계적인 폭을 지닌 그의 정치적 목표와 유례 없이 다양했던 그의 활동에서 찾을 수 있다. 사실 그의 성격에는 상당히 유쾌하지 못한 약점들이 수없이 많았지만, 이런 약점들도 모든 것을 포괄하는 그의 정신의 힘 앞에서는 빛을 잃었다. 물론 대대적인 정복전쟁을 이끈 인물은 그가 아니라 벨리사리우스였고, 또 그와 나란히 나르세스였다. 거대한 법전 편찬을 완수한 인물은 그가 아니라 트리보니아누스였고, 가장 중요한 행정조치들을 강구한 인물은 그가 아니라 총독부 총독이었던 카파도키아의 요한네스였다. 그러나 그의 위대한 시대에 이루어진 모든 위대한 업적들을 고취시킨 인물은 바로 유스티니아누스였다. 로마 보편제국의 재건은 비잔티움인들의 영원한 동경이었다. 이러한 동경은 그의 복고정책에서 가장 웅장하게 표현되었다. 그렇기 때문에 비록 복고작업이 영속되지 못했고 그 와해가 제국에 극히 심대한 결과를 초래했다고 하더라도, 그의 정책은 후세에 숭고한 예로서 간주되었다.

533년, 벨리사리우스는 모두 합해서 약 1만8,000명의 소규모 병력을 이끌고 아프리카로 건너갔다. 가이세릭 왕 밑에서 반달족이 누리던 권력의 시대들은 지나갔다. 468년의 대규모 원정은 비참한 실패로 돌아갔었지만(42쪽 참조), 벨리사리우스는 순식간에 반달 왕국을 제압했다. 반달족의 왕 겔리메르는 데키뭄과 트리카마룸에서 결정적으로 패배하고 항복하지 않을 수 없었다. 534년, 벨리사리우스는 승자로서 축하를 받으며 콘스탄티노플로 입성했다. 물론 현지 무어인들과의 사이에 소모적인 소전투들이 계속되기는 했다. 무어인들은 오랜 세월에 걸쳐(548년까지) 비잔티움 지배에 대해서 완고한 저항으로 맞섰다. 그러나 이미 535년에 벨리사리우스는 동고트 왕국에 대한 원정길에 올랐다. 이 전쟁 역시 처음에는 개선행렬과 같았다. 비잔티움의 군대가 달마티아로 들어가는 동안 벨리사리우스는 시칠리아를 점령하고 이탈리아로 밀고 들어갔다. 나폴리가 함락되고 연이어 로마가 함락되었다. 그러나 그 다음에는 격전이 벌어졌다. 벨리사리우스는 로마에서 오랫동안 포위공격을 견더내야 했다. 그는 아주 어렵사리 북쪽으로 돌파하여 라벤나를 점령하고, 용맹한 고트족 왕 비티게스에게 승리할 수 있었다. 벨리사리우스는 전에 반달 왕국의 겔리메르에게 했듯이 비티게스를 포로로 잡아 콘스탄티노플로 끌고 왔다(540년). 그러나 동고트족은 토틸라의 정력 넘치는 지휘 아래 다시 일어섰고, 전 이탈리아에서 비잔티움의 지배에 대항하는 격렬한 전쟁이 시작되었다. 이 상황은 이제까지의 그 어느 때보다 더 심각했다. 벨리사리우스는 여러 차례 패배했고, 그가 이전에 거둔 성공의 결실들은 사라져갔다. 천재적인 전략가이자 노회한 외교관인 나르세스가 오랫동안의 끈질긴 투쟁을 벌인 끝에 비로소 이탈리아에서의 저항은 힘이 꺾였다. 20년 동안의 변화무쌍한 투쟁 끝에 이제 이탈리아 땅은 유스티니아누스의 발 밑에 놓이게 되었다(555년). 비잔티움 권력의 부흥과 함께 옛 사회적 경제적 관계들이 재건되었으며, 대토지 소유 귀족들은 동고트족에게 빼앗겼던 그들의 재산과 특권을 되찾았다.

이러한 대규모 정복들은 스페인에서 일어난 대(對) 서고트족 전쟁으로 종결되었다. 여기서도 비잔티움은 현지 권력자들의 싸움에 개입하면서, 군대를 스페인에 상륙시키고 이베리아 반도의 남동부 구석을 점령할 수 있었다(554년). 옛 제국이 부활한 것처럼 보였다. 물론 왕년의 로마 제국 영토 가운데 적지 않은 부분이 빠져 있긴 했지만, 이탈리아, 북아프리카의 대부분, 스페인의 일부와 지중해의 섬들은 게르만족으로부터 탈환되어 콘스탄티노플의 로마 황제의 지배하에 놓였다. 지중해는 다시 제국의 내해(內海)가 되었다.

이렇게 큰 성과를 거두었지만, 곧 그 대가의 영향들이 나타났다. 서쪽에서 벌인 전쟁들로 말미암아 제국은 도나우 강 경계지역들을 상실했고, 페르시아에 대한 제국의 방어력 역시 마비되었다. 아나스타시우스 1세 때 벌써 마르티로폴리스, 테오도시오폴리스, 아미다, 니시비스 등이 일시적으로 페르시아인들의 수중에 떨어졌다. 532년에 유스티니아누스는 페르시아 대왕 호스로우 1세 아누시르반(재위 531-579년)과 "영구" 평화를 체결하고, 페르시아 제국에 조공을 지불하는 대가로 서쪽에서의 이동의 자유를 얻었다. 그러나 540년에 이미 호스로우는 영구 평화를 깨뜨리면서, 시리아를 습격하고, 안티오키아를 파괴하고 해안까지 밀고 들어왔다. 북쪽에서는 페르시아인들이 아르메니아와 이베리아를 황폐화시켰으며, 흑해 동해안의 라지카 지역을 점령했다. 유스티니아누스는 조공액수를 높임으로써 5년 동안의 휴전을 확보했다. 이 휴전은 두 번 연장되었다가, 562년에 와서야 비로소 50년 동안의 확실한 평화조약으로 전환되었다. 그 대가는 조공액수를 다시 높이는 것이었다. 그러나 비잔티움의 황제는 적어도 라지카에서 페르시아인들을 소개(疏開)시킬 수는 있었다. 페르시아 세력의 거대한 비약이 시작되면서, 비잔티움은 서아시아에서 공공연히 뒷전으로 밀려났다.

발칸에서 일어난 사건들은 훨씬 심각한 결과를 초래했다. 게르만족의 대이동이 끝나자마자, 새로운 민족들이 제국의 국경지대에 나타났다. 특히 중요한 사건은 슬라브족의 돌진이었다. 유스티누스 1세 때에도 이미 안타이족이 제국에 대한 공격을 시도했었다. 그러나 유스티니아누스의 통치가 시작되면서부터는 슬라브족은 불가르족과 동맹을 맺고 끊임없이 발칸 지역을 습격해댔다. 아프리카와 이탈리아에서의 대대적인 정복전쟁들로 제국은 발칸 지역을 방어할 힘을 상실했다. 물론 유스티니아누스는 아시아에서와 마찬가지로 유럽에서도 국경지대에 막강한 요새체제를 수립해놓았다. 발칸 반도에는 도나우 강변의 요새선 뒤에도 막강한 내륙 요새들이 띠처럼 이어져 있었다. 그러나 아무리 막강한 방어시설도 필요한 군대가 부족할 때에는 그다지 도움이 되지 못했다. 슬라브족은 전 발칸 반도를 지나서 아드리아 해, 코린트 만 그리고 에게 해안까지 쏟아져 들어왔다. 그리하여 멀리 서쪽에서 비잔티움의 군대가 승리를 축하하고 있는 동안 제국의 핵심지역들은 황폐화되었다. 물론 침입자인 '만족' 무리들은 처음에는 지방을 약탈하는 것으로 만족하고, 노획물을 가지고 도나우 강 뒤로 후퇴했다. 그러나 홍수처럼 밀려오는 슬라브족의 물결은 이미 제국의 땅으로 넓게 퍼져서 그들이 발칸 반도에 확고히 정주하기 시작할 날도 얼마 멀지 않았다.

대외적 위험에 겹쳐서 내부적인 불안까지 심각해졌다. 전제적 중앙권력과 민중의 정치조직들 사이에 격렬한 투쟁이 불타올랐다. 이미 532년 1월, 콘스탄티노플에서는 끔찍한 니카(Nika) 반란이 일어났다. 유스티누스 1세가 통치하는 동안 유스티니아누스는 아나스타시우스의 총애를 받던 녹색당 대신에 청색당을 비호했고, 청색당은 유스티니아누스의 국가정책 및 교회정책을 지지했다. 그러나 유스티니아누스는 일단 통치권을 장악하자 데모스의 영향으로부터 완전히 벗어나려는 시도를 했고, 정부기관들로 하여금 소란스러운 민중 정당들에 대하여 단호한 탄압조치를 취하게 했다. 청색당이나 녹색당 모두에 해당되는 형사조치들로 말미암아 양쪽 다 황제의 적이 되었다. 그의 거대한 과제들과 관련된 정책들이 주민들에게 극심한 희생을 요구했기 때문에 더욱 그랬다. 양쪽 데모스는 중앙권력에 대항하여 함께 투쟁하기로 의견을 모았다. 히포드롬에서 이례적인 외침이 울려퍼졌다. "자비로운 녹색당과 청색당이여, 부디 영속하라." 이 반란의 규모는 엄청났다. 수도는 화염에 휩싸였고, 아나스타시우스 1세의 조카가 황제로 포고되어 히포드롬에서 자줏빛 도포*를 입었다. 유스티니아누스는 모든 것을 잃었다고 생각하고 일찌감치 도망칠 준비를 했다. 그러나 황후 테오도라의 침착함 덕분에 그는 도망을 가지 않을 수 있었고, 또한 벨리사리우스의 단호함과 나르세스의 노련함이 그의 제위를 구해주었다. 나르세스는 청색당과 담판을 벌임으로써 봉기자들의 통일전선을 분열시켰고, 벨리사리우스는 황제에게 충실한 병단을 이끌고 히포드롬을 기습공격하여 허를 찔린 반도들을 베어넘겼다. 수천 명의 목숨을 희생시킨 끔찍한 학살로 폭동에는 종지부가 찍혔다. 비잔티움 귀족들이 데모스가 구현하고 있던 도시들의 자유투쟁에 대해서 승리했던 것이다. 인민의 요구로 파면시켜야 했던 황제의 가장 중요한 협력자들이 다시 등용되었고, 하기아 소피아(Hagia Sophia)**는 새로운 광휘를 발하며 부활했다. 타버린 옛 성전의 자리에 유스티니아누스의 찬란한 둥근 지붕의 건축물이 솟아올랐다. 이는 기독교 건축예술의 발전에서 획기적인 작품이었다. 그렇지만 이 반란의 진압으로 긴장이 풀린 것은 외견상의 일에 불과했다. 유스티니아누스의 정책이 주민들에게 부과한 부담들은 점점 더 무거워졌고, 황제의 대규모 전쟁 시도들과 극도로 활발한 건축활동 때문에 그 부담은 헤아릴 수 없을 정도로 높아졌다. 유스티니아누스 시기의 정복들은 전 국토의 완전한 재정적 고갈을 대가로 한 것이다.

총독부 총독 카파도키아의 요한네스는 주민들의 격렬한 증오를 받게 되었다. 그는 군주의 값비싼 시도들에 들어가는 자금을 조달해야 하는 달갑지 않은 임무를 맡고 있었기 때문이다. 그러나 유스티니아누스 시대에 행해진 적극적인 행정업무 역시 그의 업적이었다. 유스티니아누스의 「신칙법」은 대부분이 요한네스의 공로이며, 그의 노력 덕분에 유스티니아누스 정부는 대토지 소유 귀족들의 과도한 힘에 맞서서 강력한 조치들을 취할 수 있었다. 물론 이러한 조치들은 성과가 없었다. 비교적 소규모의 사유지뿐만 아니라 국유지까지 잠식하면서, 대토지 소유는 계속 증대했다. 유스티니아누스의 행정조치들은 행정체제의 엄격화와 매관매직의 근절, 무엇보다도 확실한 조세수입을 목표로

---

* 황제의 의복을 말한다.

** "성스러운 예지"라는 뜻의 비잔티움의 대표적 건축물. 성 소피아 사원이라고도 한다. 콘스탄티누스 대제 때의 구당(舊堂)을 유스티니아누스 1세가 오늘날의 규모로 재건했다.

했다. 속주들에서 군과 민의 권력을 엄격히 분리시킨다는 디오클레티아누스-콘스탄티누스의 원칙은 포기되었다. 그렇지만 군과 민, 이 두 세력의 일원화는 특정 지역들에서만 시행되었으며, 그것도 어떤 지위는 군의 세력이 우위를 차지하고 어떤 지위는 민의 세력이 우위를 차지하게 하는 식으로 시행되었다. 유스티니아누스의 행정개혁은 일반적인 명료한 방침도 가지고 있지 않았고, 옛 행정제도를 근본적으로 새로 규정할 수도 없었다. 유스티니아누스의 행정제도는 명료한 디오클레티아누스-콘스탄티누스 체제로부터 그와는 상반되지만 똑같이 명료한 헤라클레이오스의 행정체제로 이행하는 혼합 형태에 불과했다.

경제정책 면에서 유스티니아누스 정부는 상공업을 크게 장려했다. 콘스탄티노플은 아시아-유럽 무역의 자연스러운 중심지로서 두 대륙간의 상품 교환을 지배했다. 지중해 상업은 그리스 상인들과 시리아 상인들이 완전히 장악하고 있었다. 그러나 비잔티움 제국에서 주된 역할을 한 것은 서쪽에 있는 가난한 나라들과의 경제교류가 아니라, 오히려 동양, 곧 중국 및 인도와의 무역이었다. 그렇지만 동양과의 무역은 수동적이었다. 왜냐하면 비록 비잔티움이 시리아의 공장들에서 만든 옷감과 그릇을 동양에 수출하기는 했지만, 이 수출은 동양의 사치품들, 특히 비단에 대한 비잔티움인들의 수요에 비하면 훨씬 뒤처지는 규모였기 때문이다. 그러나 그보다 훨씬 중요한 사실이 있다. 중국과의 무역은 페르시아의 중개에 의존했는데, 이는 평화로운 시대에조차 불필요한 비용을 야기했고, 제국으로부터 많은 양의 금을 유출시켰다. 사산 왕조 페르시아 제국과 빈번한 적대관계에 있는 동안에는 그나마 이루어지던 비단 수입도 중단되었다. 중국으로 향하는 육로는 페르시아 영토를 통과했고, 인도양에서의 해상무역 역시 페르시아 상인들이 지배했다. 페르시아 상인들은 페르시아 만으로부터 타프로바네(실론)까지 배를 타고 가서 거기서 중국으로부터 흘러나온 상품들을 받았다.

유스티니아누스 정부는 이제 크림 반도의 거점인 케르손과 보스포루스를 거쳐, 카프카스 지방의 라지카를 지나는 우회로를 통해서 중국과 관계를 맺으려고 했다. 여기서 비잔티움인들은 폰투스 북쪽의 유목민족들과도 활발한 무역을 유지하면서, 그들에게 직물과 장신구, 포도주를 제공하고 그들로부터 모피, 가죽, 노예들을 들여왔다. 그렇기 때문에 비잔티움으로서는 크림 지역과 카프카스 지역에 대한 영향력을 강화시키는 일이 매우 중요했다. 비단 무역의 문제로 비잔티움인들은 처음으로 투르크인들과 접촉하게 되었다. 당시 투르크인들은 북쪽 카프카스까지 지배를 확장했고, 비잔티움인들과 마찬가지로 비단 무역 때문에 페르시아인들과 불화하게 되었다. 유스티니아누스의 후계자 유스티누스 2세 때 비잔티움인들은 투르크인들과 동맹을 맺고 함께 페르시아 제국에 대항했다.

다른 한편, 유스티니아누스 정부는 홍해를 지나서 인도양으로 가는 해로를 확보하고자 노력했다. 그들은 동방과의 직접적인 해상무역을 강화하려고 시도했고, 에티오피아의 악숨 왕국과도 관계를 맺었다. 그렇지만 비잔티움 상인들이나 에티오피아 상인들이나 인도양의 지배권을 놓고 페르시아인들과 겨룰 수는 없었다. 또한 흑해 해안으로부터 아시아 내륙으로 가는 육로는 힘들고 위험했다. 그렇기 때문에 제국의 밀정들이 비단 생산의 비밀을 알아내고 누에를 비잔티움으로 밀수입하는 데에 성공한 것은 제국에 다행한 일이었다. 비잔티움의 비단 생산은 곧 크게 꽃피었다. 특히 콘스탄티노플이 그랬고, 안티오키아, 티레, 베이루트, 나중에는 테베에서도 그랬다. 비단 생산은 비잔티움의 산업에서 가장 중요한 분야 가운데 하나가 되었고, 국가독점 산업으로서 비잔티움 제국의 가장 중요한 수입원 가운데 하나가 되었다.

유스티니아누스 시대의 가장 위대하고 지속적인 업적은 로마 법의 법전 편찬이었다. 트리보니아누스의 지휘 아래 이 사업은 놀랄 만큼 짧은 시일 안에 완성되었다. 처음에는 『테오도시우스 법전』과 디오클레티아누스 치세 때 나온 사적 개인들이 편찬한 법령집들, 『그레고리아누스 법전(*Codex Gregorianus*)』과 『헤르모게니아누스 법전(*Codex Hermogenianus*)』의 도움을 받아 하드리아누스 시대 이래 효력을 발휘한 제국의 칙령들이 집대성되었다. 이 법령집은 529년에 유스티니아누스 황제의 「칙법휘찬(*Codex Constitutionum*)」으로 출판되었고, 5년 후 그 증보판이 나타났다. 이보다 훨씬 더 큰 성과는 533년에 출판된 「학설휘찬(*Digesta* 또는 *Pandectae*)」이었다. 「학설휘찬」은 고전적인 로마 법 학자들의 글을 모은 것으로, 제국의 법과 나란히 유효한 제2군의 법들이었다. 「칙법휘찬」은 이전에 나온 법전들을 훨씬 능가하기는 했지만,

그래도 전대의 예비작업들을 근거로 한 것이었다. 이에 반해서 「학설휘찬」은 완전히 새로운 업적이었다. 로마 법 학자들의 무수히 많은, 흔히 서로 상반되는 판정들에 정리된 체계를 부여한 것은 처음 있는 일이었다. 이들 외에도, 이 두 주저의 선집인 「법학제요(*Institutiones*)」가 있는데, 이는 법학 공부를 위한 입문서로 여겨졌다. 유스티니아누스의 『로마 법 대전(*Corpus Juris Civilis*)』을 완결시킨 것은 「신칙법(*Novellae Constitutiones Post Codicem*)」이었다. 이 「신칙법」에는 「칙법휘찬」이 출판된 후에 공포된 칙법들이 수용되어 있다. 「칙법휘찬」, 「학설휘찬」, 「법학제요」는 라틴어로 출판되었고, 「신칙법」의 대부분은 이미 그리스어로 출판되었으며, 곧 『대전』의 주요 부분들에 대해서도 그리스어 번역본과 축약본, 주석집들이 나타났다.

로마 법의 법전 편찬으로 중앙집권제 국가에 통일적인 법 토대가 마련되었다. 비잔티움의 법학자들에 의해서 제공된 로마 법은 추종을 불허하는 사상적 명료함과 정확성을 갖추고 공사(公私) 전반의 생활을 규정했고, 국가와 개인 및 그 가족의 생활, 시민들 상호간의 관계, 그들의 상거래 및 소유관계를 규정했다. 물론 『로마 법 대전』은 고대 로마 법의 기계적인 재현이 아니며, 따라서 완전히 충실한 재현도 아니다. 유스티니아누스의 법학자들은 법에 관련된 로마의 고전적인 저작들을 요약하는 시도를 했을 뿐만 아니라, 이 저작들에 많은 수정을 감행했다. 이는 법을 법전화하면서 자기네 시대의 사회질서를 비롯한 여러 관계에 맞추고, 기독교 도덕의 계율 및 그리스화된 동부의 관습법들과 조화를 이루도록 하기 위해서였다. 기독교의 영향을 받아서 법 해석은 여러 가지 면에서 보다 인간적인 방향으로 나아가게 되었는데 이러한 경향은 특히 가족법에서 두드러졌다. 그러나 다른 한편 기독교의 교조적 배타성으로 말미암아 다른 신앙을 가진 자들에 대한 그 어떤 법적 보호도 거부되는 결과가 빚어지기도 했다. 따라서 유스티니아누스의 법률작업이 모든 인간의 자유와 동등성을 선언하고는 있지만, 그렇다고 해서 이 높은 이념들의 실제 효과를 과대 평가해서는 안 된다. 유스티니아누스의 법에서는 노예들의 처지가 보다 완화되고 그들의 해방이 보다 용이해지고 심지어는 권장되기도 했지만, 이것이 전적으로 이 숭고한 원칙들과 기독교적 견해의 소산이기만 했던 것은 아니다. 더 중요한 사실은 6세기의 경제생활에서, 특히 농업에서 노예노동이 이제는 단지 부차적인 역할을 하는 데에 불과했다는 점이다. 이미 오래 전부터 생산과정의 주력을 담당하고 있었던 것은 소작농들이었는데 이들에 대해서는 유스티니아누스 법은 관대하게 봐주지 않았다. 소작농들은 가혹할 정도로 엄격하게 토지에 결박되었다. 따라서 대다수 농민의 예속이 다시 한번 법적으로 확실하게 규정되었다.

유스티니아누스 입법의 두드러진 특징은 황제절대주의를 강력하게 강조한 것이다. 군주의 권력에 법적인 근거를 제공함으로써 『로마 법 대전』은 비잔티움뿐만 아니라 서방 국가들의 정치적 이념이 발전하는 데에 지속적인 영향을 끼쳤다. 비잔티움 전 시대에 걸쳐 법생활의 기초를 이룬 것은 로마 법이다. 유스티니아누스의 『대전』은 향후 비잔티움 제국의 전체적인 법 발전의 기초가 된다. 그에 반해서 서방에서 로마 법을 다시 찾게 된 것은 12세기에 와서이다. 서방은 유스티니아누스의 『로마 법 대전』을 연구함으로써 로마 법을 수용하게 되는데, 바로 이 로마 법 수용이야말로 서방의 법적, 정치적 견해들이 형성되는 데에 극히 큰 역할을 했으며 그 이후 가장 최근까지 유스티니아누스의 법학자들에 의해서 틀이 짜여진 로마 법은 전 유럽의 법 발전에서 주된 요소를 이루었다.

유스티니아누스는 비잔티움 황제이기도 했던 마지막 로마 황제였으며, 동시에 그의 황제권에 부여된 신의 은총을 강렬하게 의식했던 기독교 군주이기도 했다. 그의 보편주의적 노력은 로마적일 뿐만 아니라 기독교적인 기초를 지니고 있었다. 로마 제국의 개념은 그에게는 기독교 세계와 동일한 것이었고, 기독교의 승리는 로마 세력의 재건과 똑같이 성스러운 과제였다. 테오도시우스 1세 이래, 유스티니아누스만큼 제국의 기독교화와 이교도의 근절을 위해서 노력한 군주는 없었다. 당시 이교도의 층이 얇았다고는 해도 학문과 교양에서는 여전히 이교의 영향력이 강했다. 유스티니아누스는 이교도들에게서 가르칠 권리를 박탈했고, 529년에는 이교적 신(新)플라톤주의의 온상인 아테네의 아카데미아를 폐지했다. 쫓겨난 학자들은 페르시아 대왕의 궁정으로 향했고, 페르시아로 그리스 문화의 열매들을 가져갔다. 비잔티움에서는 고대 종교가 고사(枯死)했고, 이로써 인류 역사의 거대한 한 장이 막을 내렸다.

기독교 교회는 유스티니아누스라는 인물이 교회의 열렬한 보호자일 뿐 아니라 지배자이기도 하다는 사실을 깨달았다. 유스티니아누스는 기독교인이면서도 여전히 로마인이어서, 종교 영역의 자율성은 그에게는 완전히 낯선 사상이었다. 그는 교황과 총대주교들을 자신의 종복으로 여기고 또 그렇게 대우했다. 국가제도를 이끌었던 것과 똑같은 방식으로 그는 교회제도 하나하나에 직접 간섭하면서 교회생활 역시 감독했다. 신앙 및 의식절차의 문제들에 대해서조차 자신이 결정권을 쥐고 있었고, 그 스스로가 교회의 회합들을 이끌었으며, 신학적 논문들을 저술했고, 찬송가를 지었다. 역사적으로 교회와 국가의 관계에서 유스티니아누스 시대는 교회에 대한 황제의 영향력이 정점에 달한 시대를 나타낸다. 유스티니아누스만큼 그렇게 무제한적으로 교회를 다스렸던 비잔티움 황제는 그전에도 그후에도 없었다.

가장 격렬한 교회정치적 문제는 예나 지금이나 단성론에 대한 관계였다. 서부에서의 정복정치로 말미암아 로마 교회와의 협화(協和)가 요구되었고, 따라서 반(反)단성론적 입장이 요구되었다. 그렇지만 이것은 이집트와 시리아가 비잔티움 중앙정부에 대해서 품었던 예전의 반감을 심화시켰고, 분리주의적인 콥트 및 시리아 세력들에게 새로운 자양분을 주었다. 서방 교회와의 평화라는 것도 동방에서의 대립의 심화를 감수하고서야 비로소 얻을 수 있는 것이었지만, 역으로 시리아와 이집트의 단성론적 교회들을 향한 접근 또한 그것대로 서방과의 불화뿐 아니라 비잔티움 핵심지역 주민들과의 불화를 대가로 해서만 가능했다. 유스티니아누스는 균형을 모색했지만 헛일이었다. 그가 제5회 공의회인 제2차 콘스탄티노플 공의회(553년)에서 이른바 세 장(章)——신(新)네스토리우스파의 혐의를 받은 모프수에스티아의 테오도루스, 키루스의 테오도레투스, 에데사의 이바스의 글들——을 이단으로 판정하게 한 것은 새로운 논쟁을 불러일으켰을 뿐, 단성론자들을 만족시키지도 못했고, 단성론에 접근하려는 그의 계속적인 노력 역시 제국에서의 대립들을 첨예화시켰을 뿐이다.

이 모든 결함에도 불구하고 유스티니아누스의 제국은 논란할 여지 없이 막강한 권세를 보여준다. 다시 한번 모든 면에서 빛을 발하려는 듯이 노(老)제국은 전체 역량을 펼쳤고, 정치적으로나 문화적으로나 마지막으로 크게 비상했다. 영토 확장 면에서 제국은 전 지중해 세계를 포괄하면서 다시 한번 정점에 달했다. 문학과 예술에서 고대 문화는 기독교라는 외피를 쓴 채 유례 없는 번영을 누렸다. 그러나 그 이후 곧 문화적 쇠퇴의 긴 기간이 이어질 운명이었다. 유스티니아누스 시대는 그가 원했듯이 새로운 시대의 시작이 아니라 사라져가는 위대한 시대의 끝을 의미했다. 제국의 쇄신은 하늘로부터 유스티니아누스에게 주어진 몫이 아니었다. 그는 단지 외적으로만, 그것도 짧은 기간 동안만 제국을 부흥시킬 수 있었다. 노쇠한 후기 로마의 국가제도는 그의 치세 때 내적인 재생을 경험하지 못했다. 그렇기 때문에 영토 복고에는 확고한 기초가 결여되어 있었고, 그렇기 때문에 유스티니아누스의 복고작업이 급격하게 와해되었을 때 그 결과들은 두 배로 심각했다. 모든 웅대한 성과들을 거둔 후, 유스티니아누스는 내적으로 기력이 소진되고 경제적으로나 재정적으로나 완전히 문란해진 제국을 후계자들에게 남겨주었다. 후계자들은 이제 이 위대한 황제의 큰 실책들을 만회해야 했다. 아직 구할 수 있는 것은 구하기 위해서.

제국이 가장 혹독한 타격을 입은 것은 복고된 제국의 가장 중요한 지역인 이탈리아에서였다. 제국은 이탈리아의 재정복에서 가장 크게 힘을 낭비했고 가장 심각한 희생을 치렀다. 이미 568년에 롬바르드족이 이곳에 침입했고, 단시일에 이 땅의 대부분이 그들의 손에 떨어졌다. 스페인에서는 서고트족의 반격이 시작되었다. 제국은 비잔티움의 가장 중요한 근거지 코르도바를 572년에 일단 재점령했지만, 584년에는 결국 영원히 상실하고 말았다. 그리고 40년 후에는 유스티니아누스의 남부 스페인 정복지 가운데 마지막까지 남아 있던 곳들 역시 서고트족의 수중에 돌아갔다. 물론 북아프리카에서는, 비록 무어인들과 지속적으로 소모적인 국지전을 치르기는 했어도, 아랍인들의 대침입이 있기까지 제국은 자신의 세력을 지킬 수 있었다. 또한 이탈리아 본토에서도 어쨌거나 중요한 지역들은 향후 수백 년 동안 제국의 소유로 남아 있었다. 유스티니아누스의 복고작업이 와해되었어도 이 잔재들은 후대에 비잔티움이 서방에서 우세한 지위를 유지할 수 있는 바탕이 되었다. 그러나 유스티니아누스가 추구했던 보편권력은 소멸되고 없었다.

비잔티움의 정치적 무게중심은 필연적으로 다시 동쪽으로 이동했다. 유스티니아누스의 후계자들에게는 서아시아에서 흔들린 제국의 지위를 강화할 필요성이 최우선이었기 때문이다. 페르시아 제국에 대한 확고한 태도는 다음 수십 년 동안 비잔티움 대외정책의 주된 특징이다. 내부적으로 제국의 기력이 소진되었음에도 불구하고 유스티니아누스의 조카이자 후계자인 유스티누스 2세(재위 565-578년)는 페르시아 대왕에게 바쳐야 할 조공의 지불을 서슴없이 거절했다. 그리하여 유스티니아누스가 그토록 열심히 애써서 체결했던 평화조약은 깨어지고, 격렬하고 지루한 전쟁이 일어났다. 무엇보다도 아르메니아가 문제였다. 전략적으로나 무역정치적으로나 극히 중요한 땅이었던 아르메니아는 옛날부터 두 강대국 사이에서 불화의 씨앗이었다. 아르메니아 지방의 소유는 이 시대 비잔티움에 그 어느 때보다 더 중요했다. 한때 게르만인들이 몰려와서 제국을 어려운 위기로 몰아갔듯이, 게르만인들이 서쪽으로 물러간 것 역시 격심한 위기를 불러일으켰다. 비잔티움은 용병 수요를 채울 수 없었기 때문이다. 이제 비잔티움은 더 강력하게 토착 주민들을 징집하는 방향으로 나아가야 했고, 또 전투에 능한 아르메니아 민족에게 시선을 돌려야 했다. 유스티누스 2세, 티베리우스 콘스탄티누스(재위 578-582년), 마우리키우스(재위 582-602년) 황제는 만 20년 동안 전쟁을 치렀고 전력을 다해서 싸웠지만, 성패가 교차했다. 페르시아 제국에서 일어난 혼란으로 행운의 전환점을 맞고 황제 마우리키우스의 힘찬 에너지가 비잔티움에 유리한 결정을 안겨줄 때까지 전쟁은 계속되었다. 대(大)호스로우의 손자 호스로우 2세 파르비즈는 마우리키우스의 지원을 받아 제위를 소유할 수 있었고, 이어서 비잔티움 제국과 평화조약을 체결했다. 그에 따라서 대부분의 페르시아령 아르메니아는 비잔티움인들에게 넘어갔다(591년).

마우리키우스는 가장 뛰어난 비잔티움 군주 가운데 한 사람이다. 그의 치세기는 노쇠한 로마 후기적 국가제도에서 중세적 비잔티움 제국의 새로운 원기찬 질서로 발전해가는 중요한 시기를 이룬다. 제국이 관심을 동쪽으로 돌리고 유스티니아누스 밑에서 합병된 서부지역 대부분을 어쩔 수 없이 포기한다고 해서, 서부에서의 이해관계를 원칙적으로 포기한다는 뜻은 결코 아니었다. 마우리키우스는 획기적인 조직상의 조치를 통해서 제국의 서부 영토 가운데 적어도 일부를 비교적 오랫동안 안전하게 지켰다. 그는 유스티니아누스의 남은 세력권을 한군데로 모으면서 라벤나 총독관구와 카르타고 총독관구를 만들고, 엄격한 군사조직을 통해서 이들 지역의 방어력을 확보하고자 했다. 북아프리카 지역과 롬바르드족의 점령지로 둘러싸인 라벤나 지역을 군사적 총독 관할로 조직하고, 이 총독들의 세력이 미치는 지역 내에서는 군사행정뿐 아니라 전체 민사행정까지도 그들의 관할 아래 두었다. 두 총독관구는 서부에서 비잔티움 세력의 전초기지가 되었다. 그뿐 아니라 그들의 조직은 비잔티움 행정의 군사화 시대를 열었고, 후대의 테마(thema) 제도의 선례가 되었다.

마우리키우스가 어느 정도로 서쪽의 점령지역들을 포기하고 싶어하지 않았는지는, 그가 중병에 걸려서 597년에 쓴 유언장에서도 확인된다. 그의 유언에 따르면 맏아들 테오도시우스는 콘스탄티노플에서 동부지역을 다스리며, 둘째 아들 티베리우스는 로마에서 이탈리아와 서쪽 섬들을 지배하되, 로마는 제국의 제2수도로서 다시 황제의 도시가 되어야 했다. 보편제국의 이념은 포기되지 않았다. 또한 로마 제국의 다두지배 체제와 분할의 전통 역시 살아남아 있었다.

아시아에서는 비록 일시적이기는 하지만 평화가 수립되었고, 서쪽에서는 유스티니아누스의 자랑스러운 업적들이 가능한 대로 구출되었다. 그러나 발칸에서의 상황은 점점 더 위험해졌다. 슬라브족의 습격이 있고부터 이곳을 지배했던 혼란은 아바르족의 중유럽 침입이 있은 후에는 한층 더 고조되었으며, 판노니아 평원에서는 강력한 민족연합이 형성되었다. 이후 비잔티움은 도나우 강 중류 유역에서 아바르족의 압력을 받았을 뿐 아니라 아바르족에 종속된 슬라브족으로부터도 점점 심한 압력을 받았다. 곧이어 사바 강과 도나우 강을 건너는 통로들을 지키는 비잔티움의 국경요새들을 둘러싸고 격렬한 싸움이 터졌다. 오랫동안의 거센 포위공격 끝에 아바르족의 카간(khagan)인 바얀은 582년, 시르미움으로 진입했다. 비잔티움의 방어체제에는 구멍이 뚫렸고, 이제 아바르족과 슬라브족의 홍수는 전 발칸 반도를 뒤덮었다. 동시에 아바르족에 종속되지 않은 슬라브족 역시 도나우 강 하류로부터 비잔티움 속주들로 점점 더 깊이 진입했다. 당시 처음으로 슬라브족과 아바르-슬라브족 연합세력이 테살로니카를 공격했다(584년, 586년). 그러나 가장 중요한 사실은 580년대부터 슬라브족이 발칸 반도에 정착하기 시작했다는 것이다. 슬라브족은 더 이상 약탈에 만족하지 않고, 비잔티움의 지반 위에 눌러앉아 정식으로 땅을 소유하게 되었다.

비잔티움 초기의 주요 대외정치적 사건들 가운데 향후 제국의 발전을 결정짓는 데에 슬라브족의 발칸 침입만큼 중요한 사건은 없었다. 당시 제국이 당했던 다른 모든 '만족'의 습격은 일시적인 성격을 띤 것이었고, 게르만족의 대이동 자체도 물론 비잔티움의 발전에 그토록 깊은 영향을 미쳤다고는 하나 결과적으로는 동(東)제국을 스쳐지나갔을 뿐이다. 그러나 슬라브족은 줄곧 발칸에 머물렀다. 그들이 토지를 인수하면서부터, 나중에 비잔티움의 지반 위에서 독립 슬라브 국가들이 발생하게 되는 과정이 시작되었다.

유스티니아누스가 서부에서 이끈 정복전쟁들과 그의 후계자들이 이끈 페르시아와의 지속적인 투쟁들로 말미암아 비잔티움은 발칸 반도에서 수세에 처할 수밖에 없었다. 페르시아 전쟁들이 승리로 끝나고 나서야 비로소 도나우 강 유역에서 슬라브족에 대한 대공세가 가능해졌다. 사실 도나우 강 건너편에 있는 슬라브족 본거지에 대한 작전이 좀더 성공을 거두어야만 앞으로 제국의 북쪽 경계지역들을 적들의 습격으로부터 지키고 발칸 반도에 대한 제국의 영유권을 확실히 할 수 있는 것처럼 보였다. 그리하여 592년, 발칸 반도의 운명을 결정지을 싸움이 시작되었다. 처음에는 비잔티움인들에게 유리하게 싸움이 진행되는 것처럼 보였다. 그들은 거듭 도나우 강을 건너가 슬라브족과 아바르족에게 여러 차례 승리를 거두었다. 그러나 그런 개별적인 성과들이 있기는 했지만 강력한 슬라브족 대중에 미친 영향은 미미하기만 했다. 투쟁은 장기화되었다. 이처럼 멀리 떨어진 지역에서의 전투는 어려웠으며, 군대의 사기는 눈에 띄게 떨어졌다.

유스티니아누스의 복고작업이 실패하고부터 정부의 권위는 크게 실추되었다. 유스티니아누스의 절대주의에 대한 자연스러운 반동으로서, 원로원의 정치적 중요성이 더욱 커졌을 뿐 아니라 자유를 향한 민중의 열렬한 추구도 더욱 강화되었다. 6세기에서 7세기로 넘어가는 위기시대에 데메의 행동력은 새로운 정점에 도달했다. 계속 심화되어가고 있던 사회적, 종교적 대립의 결과로 제국의 모든 비교적 큰 도시들에서 청색당과 녹색당 사이에 내부 투쟁과 빈번한 충돌이 폭발했다. 군은 기강이 크게 떨어졌다. 종종 군 내부에서 공개적으로 불만이 토로되었는데, 이는 특히 긴축재정을 취하지 않을 수 없는 정부가 급료의 지불을 아꼈기 때문에 일어난 일이었다. 또한 제국을 뒤덮고 있던 깊은 불안이, 지쳐 있는데다가 전망 없는 전쟁으로 가뜩이나 사기가 떨어진 군을 사로잡았다. 602년, 또다시 도나우 강 저편의 진영에서 겨울을 지내라는 명령을 받은 군은 공개적으로 분노를 터뜨렸다. '만족'의 피가 절반 섞인 하급 장교 포카스가 황제로 포고되어 방패 위에 들려졌다. 그는 선봉에서 반란군을 이끌고 콘스탄티노플을 향해 나아갔다. 이제는 수도에서도 반란이 터졌다. 경쟁하고 있던 두 당은 황제 정부에 대항하는 투쟁에 들어섰다. 마우리키우스는 실각했고 포카스는 원로원의 동의를 받아 황제로 포고되었다.

10년 동안 헛된 전쟁을 벌인 후, 도나우 원정은 실패로 돌아갔다. 이로 말미암아 발칸 반도의 운명은 이제 더 이상 돌이킬 수 없이 슬라브족의 손에 맡겨지게 되었지만 도나우 원정 실패의 결과는 그것만이 아니었다. 제국 내부에서도 오랫동안 억눌려 있던 내적 위기가 고개를 들었다. 포카스(재위 602-610년)가 콘스탄티노플을 다스리던 시기에 노쇠하고 시들어버린 후기 로마 국가는 최후의 사투를 벌였다. 포카스의 공포정치라는 외적인 틀 뒤에서 후기 로마의 국가질서 및 사회질서의 완전한 몰락이 이루어졌다.

제국은 방자한 공포정치와 극심한 내부 투쟁 속에서 터진 열병상태에 사로잡혀 있었다. 실각한 마우리키우스와 그의 아들들이 살해된 데 이어서 대규모 처형의 파도가 몰아닥쳤다. 그의 아들들은 아버지의 눈앞에서 학살되었다. 무엇보다도 최고 명문가들의 대표자들이 테러를 당했다. 따라서 우선적으로 그들의 저항의식이 일깨워졌다. 귀족들은 정부의 공포정치에 잇따른 모반으로 답했고, 이 모반은 매번 새로운 처형으로 끝났다.

포카스는 단 한 곳에서 동조자를 발견했다. 바로 로마였다. 이미 6세기 말에 콘스탄티노플과 로마 사이에는 열띤 논란이 벌어졌었다. 콘스탄티노플의 총대주교들은 이미 약 100년 동안 "전 기독교 세계의 총대주교"로 자칭해왔는데, 교황 그레고리우스 1세가 이에 대해서 불같이 항의했기 때문이었다. 마우리키우스가 그레고리우스 1세의 항의에 대해서 조심스럽지만 냉정하게 답했던 반면, 포카스는 기꺼이 양보했다. 로마를 기쁘게 하는 것에 역점을 둔 그의 정책은 607년 교황 보니파키우스 3세에게 성 베드로 사도 교회를 모든 교회의 으뜸으로 인정하는 교서를 보내는 데에서 정점에 달했다. 포카스는 로마에서 특별한 총애를 누렸고, 이를 기념하여 로마의 포룸에 비잔티움 전제군주를 찬양하는 문장이 새겨진 기둥들이 세워졌다.

비잔티움 자체에서는 포카스에 대한 증오가 점점 격렬해졌다. 특히 서아시아 사람들이 그를 증오했는데, 그의 정통파 교회정책 때문에 단성론자들과 유대인들이 피비린내 나는 박해를 당했기 때문이다. 처음에는 포카스와 함께 보조를 맞추었던 녹색당조차 그에게 극심한 반감을 표명하는 바람에 이 당의 대표자들은 관직 임용을 철저하게 거부당할 정도였다. 반면 이제 청색당은 그의 공포지배에 복무했다. 데메들의 투쟁은 격심해졌다. 전 제국에 내전의 불길이 번졌다.

이때 또다시 밖으로부터 재앙이 터졌다. 이 재앙을 피하는 것이 앞으로 몇십 년 동안 이어지는 모든 힘겨운 투쟁들의 목적이었다. 발칸 반도에서와 마찬가지로 아시아에서도 비잔티움 군대는 완전히 궤멸했다. 살해된 마우리키우스의 복수를 하겠다며 페르시아의 왕 호스로우 2세가 비잔티움에 대해서 대규모 공세를 시작했던 것이다. 내적으로 붕괴된 제국의 방어력과 저항력은 해가 갈수록 떨어졌다. 전쟁 초기에만 하더라도 싸움이 그야말로 지난했던 것은 사실이지만, 그렇다고 해서 비잔티움측이 언제나 밀리기만 했던 것은 아니다. 그러나 페르시아 군대는 국경지역에서의 저항을 물리치고 605년 다라 요새를 함락시킨 후, 급속히 비잔티움령 서아시아로 진입했고, 소아시아로 돌진하여 카이사레아를 점령했다. 페르시아의 한 대대는 심지어 길케돈까지 돌진했다. 게다가 발칸 지역은 슬라브족과 아바르족의 홍수에 덮여 있었다. 포카스가 604년 아바르족의 카간에게 조공액수를 높여준 것도 별 도움이 되지 않았다. 얼마 안 있어서 발칸 반도는 막강한 슬라브족의 무리로 뒤덮이게 되었고 제국은 몰락의 가장자리에 서 있었다.

제국을 구원한 것은 주변 세력들이었다. 카르타고의 총독 헤라클레이오스가 포카스의 공포통치에 반기를 들었다. 이집트인들 역시 그에게 가세했다. 그는 같은 이름의 아들 헤라클레이오스를 함대의 선두에 세워서 콘스탄티노플로 떠나보냈다. 아들 헤라클레이오스는 함대가 지나가는 길목에 있는 섬과 항구들에서 주민들로부터, 특히 녹색당으로부터 열렬한 환영을 받았다. 610년 10월 3일, 그의 전투함대가 콘스탄티노플 앞에 나타났다. 그는 여기서도 구원자로서 환영을 받았다. 아들 헤라클레이오스는 포카스의 공포통치에 급속한 종말을 고하게 했고, 10월 5일 총대주교의 손으로부터 황제의 관을 받았다. 비잔티움인들은 실각한 전제군주를 처형한 후, 기억을 없앤다는 상징으로 히포드롬에 있는 그의 동상을 넘어뜨리고 공개적으로 불에 태웠다. 사람들은 그와 함께 청색당의 당기도 불에 태워버렸다.

포카스 치하의 무정부 시대는 후기 로마 제국의 역사에 종지부를 찍는 시기였다. 여기서 후기 로마 또는 초기 비잔티움 시대가 끝난다. 위기로부터 출범한, 본질적으로 새로운 구조물로서의 비잔티움은 썩은 로마 후기적 국가제도의 유산으로부터 해방되고 새로운 힘들을 통해서 강화된다. 이리하여 진정한 의미에서의 비잔티움 역사, 중세적 그리스 제국의 역사가 시작되는 것이다.

2

비잔티움 국가의 생존투쟁과 쇄신 (610-711)

1) 페르시아 전쟁 및 아바르 전쟁과 헤라클레이오스의 개혁작업

비잔티움의 역사에서 가장 위대한 군주 가운데 한 사람인 헤라클레이오스(재위 610-641년)가 통치를 시작할 무렵 제국은 폐허가 되어 있었다. 경제적으로나 재정적으로나 이 나라는 황폐해진 상태였다. 노쇠해진 행정기구는 말을 듣지 않았으며, 용병에 기초를 둔 군사조직은 더 이상 제대로 기능하지 못했다. 돈도 없었고, 인력을 조달하던 옛 원천들도 고갈되어 있었기 때문이다. 제국의 핵심지역들은 적들에게 점령되어 있었다. 발칸 반도에는 아바르족과 슬라브족이 살고 있었으며, 소아시아의 심장부에는 페르시아인들이 있었다. 오직 내적인 재생만이 제국을 몰락으로부터 구할 수 있었다.

비잔티움이 자기 내부에서 사회적, 정치적, 문화적으로 심층적인 쇄신을 할 수 있는 힘을 발견했을 때 구원은 찾아왔다. 그러나 처음에는 힘도 없고 가난했기 때문에 제국은 적들의 돌격에 무력했다. 심지어 헤라클레이오스는 한동안 자신의 거처를 카르타고로 옮길 생각까지 했다. 예전에 거기서 포카스의 공포정치에 대항하여 돌격을 시작했던 것처럼 그는 그곳에서 반격대를 조직할 생각이었던 것이다. 이 결정은 콘스탄티노플의 주민들 사이에 깊은 낙담을 불러일으켰을 뿐만 아니라 총대주교 세르기오스로부터도 반대를 받았기 때문에 황제는 계획을 중단했다. 그러나 그러한 계획이 나올 수 있었다는 것 자체가 동쪽에서의 상황이 극히 어려웠다는 증거일 뿐만 아니라 비잔티움 제국이 서부지역을 높이 평가했다는 증거도 된다.

슬라브인들은 이미 6세기 말에 발칸 반도에 개별적으로 정주하게 되었다.

그리고 7세기 초부터, 그러니까 마우리키우스의 도나우 원정이 실패하고부터는 대규모로 정착하여 땅을 소유하기 시작했다. 엄청나게 많은 슬라브인과 아바르인들이 떼를 지어서 서쪽으로는 아드리아 해안에 이르고, 남쪽과 동쪽으로는 에게 해안에 이르기까지 전 발칸 반도로 쏟아져 들어왔다. 혹독한 약탈과 파괴를 자행한 후 아바르족은 대부분 다시 도나우 강 건너편으로 물러갔지만, 슬라브족은 발칸 반도에 정착하여 토지를 소유했다. 발칸에서의 비잔티움의 지배는 와해되었다. 도나우 강 유역 속주들뿐만 아니라 전 마케도니아 역시 강력한 슬라브족 무리에게 점령되었고, 트라키아는 콘스탄티노플 성벽에 이르기까지 황폐해지고 말았다. 특히 격렬했던 것은 테살로니카에 대한 공격이었다. 테살로니카는 다시금 무수한 아바르족 및 슬라브족 무리에게 포위되고 습격당했다. 도시는 버티고 서 있었지만, 주변 전역은 슬라브족의 수중에 떨어졌고, 슬라브족과 아바르족의 파도는 테살리아를 지나서 중부 그리스와 펠로폰네소스 반도를 향해 계속 전진했다. 또한 항해에 능한 슬라브족은 여기서 그리스의 섬들로 건너가 크레타에 상륙하기도 했다. 달마티아에서의 공격도 이에 못지 않게 거세었다. 614년, 달마티아 지방에서 로마-비잔티움 행정의 중심지인 살로나가 파괴되었으며, 그리하여 발칸 반도 서부지역에서도 로마-비잔티움 지배 및 그 문화의 몰락이 기정사실화되었다. 살로나를 비롯한 달마티아의 다른 많은 도시들처럼 이 시기에 신기두눔(베오그라드), 비미나키움(코스톨라치), 나이수스(니슈), 사르디카(소피아)와 같은 발칸 반도 내륙의 가장 중요한 대부분의 도시들이 함락되었다. 발칸 반도에서 비잔티움의 세력권 내에 남아 있는 주요 기지로는 콘스탄티노플 자체 이외에, 한편으로는 무엇보다도 테살로니카가 있었고, 다른 한편으로는 북쪽의 야데르(자다르, 자라)와 트라구리움(트로기르), 남쪽의 부투아(부드바), 스코드라(슈코더르), 리수스(리예슈)와 같은 아드리아 해안의 몇 안 되는 도시들이 있었다.

전 발칸 반도에 거센 인종적 변혁이 일어났다. 특히 슬라브족의 쇄도가 계속되었기 때문에 더 그러했다. 반도 전체가 최남단에 이르기까지 슬라브인들로 뒤덮였다. 그렇다고 물론 그리스 지역이 남김없이 궁극적으로 슬라브화되기에 이르렀다는 뜻은 아니다. 펠로폰네소스 반도 자체도 2세기 이상 슬라브족의 지배를 받기는 했다. 그러나 차츰 비잔티움의 행정은 그리스를 비롯하여 다른 해안지역에서도 다시 한번 보다 확고한 위치를 차지할 수 있었고, 그리하여 이 지역들은 자신들의 그리스적 성격을 유지하거나 되찾았다. 밀려오는 슬라브족의 압력을 받게 된 도처에서 옛 주민들의 일부는 해안지역이나 인근 섬들로 밀려갔다. 이 과정으로 인해서 남쪽과 동쪽 해안지방에서 그리스적인 요소가 다시 강화되고, 서쪽 해안지방에서는 로마적인 요소가 다시 강화되면서, 점차 슬라브적 요소들에 대하여 우세해졌다. 그렇기는 하지만 이 지역들 자체에도 슬라브족이 침투했다. 게다가 발칸 반도의 대부분과 전 내륙지방은 개개 슬라브 부족들의 수중에 들어가면서, 점점 더 철저하게 슬라브의 땅이 되었다. 비잔티움의 발칸은 다수의 "스클라비니아(sclavinia)"로 쪼개졌다. 그리하여 향후 비잔티움의 사료에서는 슬라브족에게 귀속된 지역들을 스클라비니아라고 부르게 되었다. 이 지역들에서 비잔티움의 세력은 사실상 더 이상 존재하지 않았다.

동시에 비잔티움령 서아시아에서는 페르시아의 정복활동이 전개되었다. 비록 카이사레이아에서는 적을 강제로 소개(疎開)시키는 데에 성공했지만(611년), 아르메니아와 시리아에서의 비잔티움의 반격 시도는 완전히 실패했다. 613년, 제국 군대는 안티오케이아에서 막심한 패배를 겪었고, 이어서 도처에서 페르시아인들이 급속도로 진군해왔다. 페르시아인들은 남쪽으로 전진하면서 다마스코스를 점령했다. 북쪽에서는 킬리키아를 향해 길을 잡았고, 가장 중요한 요새 타르소스를 점령했다. 동시에 비잔티움인들은 아르메니아에서 쫓겨났다. 성스러운 도시 예루살렘이 3주 동안의 포위공격을 당한 후 614년, 페르시아인들의 손에 떨어졌다. 그로 말미암아 기독교인들은 도덕감에 특히 심대한 타격을 입었다. 정복된 도시에서는 여러 날 동안 살인과 방화가 난무했고, 콘스탄티누스 대제가 세운 성묘 교회는 화염에 휩싸였다. 비잔티움인들이 받은 충격은 엄청난 것이었다. 모든 성유물들 가운데 가장 귀중한 유물인 성십자가마저 정복자의 손에 들어갔고, 크테시폰으로 끌려갔던 것이다. 615년에 소아시아에서 새로운 습격이 시작되었다. 페르시아 군의 한 대대가 다시 보스포루스까지 밀고 왔다. 동쪽에서는 페르시아인들이, 남쪽에서는 아바르족과 슬라브족이 양쪽에서 비잔티움의 수도로 접근했다. 하마터면 황제 자신도 617년 6월, 헤라클레이아에서 아바르의 카간과 만나는 동안 배신자들의 음모에 희생될 뻔했다. 619년 봄, 이집트 정복이 시작되었다. 제국은 곧 이 가장 부유한 속주마저 상실하게 되었고, 이제 비잔티움의 수도는 곡물을 제대로 공급받을지조차 불확실해졌다.

이리하여 거의 전 서아시아가 페르시아의 지배 아래 들어갔다. 옛날 유스티니아누스 밑에서 고대 로마 제국이 부활했듯이, 페르시아 밑에서 옛 아케메네스 왕조의 제국이 부활하는 듯이 보였다. 그러나 새로운 페르시아에 대한 반격은 훨씬 빨리 왔고 그 붕괴는 더욱 걷잡을 수 없었다. 슬라브족과 아바르족이 발칸 반도를 휩쓸고 페르시아가 제국의 오리엔트 속주들에 쇄도하던 가장 끔찍한 시기에, 비잔티움에서는 축적과 내적 강화의 과정이 시작되었다. 전거들이 빈약하기 때문에 우리는 당시 비잔티움 제국의 내적 발전에서 일어난 깊은 변화의 주된 윤곽밖에는 알아차릴 수 없다. 모든 징후들을 볼 때, 바로 이 위기의 시기에 비잔티움의 군사 및 행정 질서가 근본적인 변혁을 체험했고 테마(thema) 제도의 확대가 시작되었다. 아직 적으로부터 무사한 소아시아 지역이 군사지역 —— 테마 —— 으로 편입되는데, 이로써 수백 년 동안 중세 비잔티움 국가의 지방행정을 특징짓게 될 체계의 초석이 놓이게 되었다. 테마 제도는 디오클레티아누스-콘스탄티누스의 질서를 완성한 것이며, 총독관구의 조직으로 시작된 발전을 실행에 옮긴 것이다. 라벤나와 카르타고의 총독관구와 마찬가지로, 소아시아의 테마들 역시 명백히 군사적 행정단위들이다. 테마의 선봉에, 그들 지역에서 최고의 군사권과 민사권을 행사하는 사령관인 스트라테고스(strategos)가 있다. 물론 테마들이 조직되는 것은 지루한 과정으로서, 이 조직은 겨우 하나씩 하나씩 발전하면서 그 궁극적인 형태를 얻어갔다. 테마를 창설한다고 해도 이전의 속주 분할 형태가 폐지되지는 않았고, 오히려 비교적 오랫동안 옛 속주들이 테마 내에 존속했다. 테마 스트라테고스와 나란히 처음에는 민간행정의 장으로서 테마 프로콘술(proconsul)이 있었다. 그렇지만 스트라테고스가 처음부터 우위에 있었다. 더욱이 하나의 테마는 옛 속주들 여럿을 포괄했다.

테마라는 말은 하나의 군단을 뜻하다가 다음에는 새로운 군사지역을 이름하게 되었다. 여기서 새로운 질서가 어떻게 발생했는지가 분명히 드러난다. 소아시아 지역에 군대, 즉 "테마"가 주둔함으로써 새로운 질서가 형성되었고,

바로 그렇기 때문에 이 지역 자체를 테마라고 부르게 된 것이다. 즉 테마는 행정단위를 나타낼 뿐만 아니라 군단의 주둔지역을 나타내기도 했다. 세습적인 군복무 의무를 진 병사들에게는 세습적으로 소유할 수 있는 토지가 할당되었다. 이 토지를 후대의 사료들은 스트라티오티카 크테마타(stratiotika ktemata) 곧 둔전(屯田)이라고 부르게 된다. 그리하여 테마 조직은 국경누벽(limes) 지역에 정주하는 병사들, 즉 리미타네이(limitanei)의 옛 제도와 연결된다. 국경방어 체제는 적들의 침입을 받아서 붕괴되었고, 국경누벽 지역의 군단들은 내륙 소아시아까지 물러나, 비잔티움의 지배하에 남아 있는 지역으로 이주하게 되었다. 국경누벽 지역에서 온 병사들과 나란히 비잔티움의 정예군들 역시 소아시아에 이주하게 되었다. 그리하여 이미 헤라클레이오스 치세 때 옵시키온, 아르메니아콘, 아나톨리콘 테마들이 생겼고, 소아시아 남해안에 카라비시아노이의 해군 테마 역시 당시에 생겼을 가능성이 있다.

주목할 만한 사실은 테마 조직의 확대가 이 첫 단계에는 소아시아 지역에 한정되었다는 점이다. 발칸 반도에서는 당시 테마 조직의 도입이 가능하지 않았던 것으로 보인다. 이런 상황은 발칸 지역에서 비잔티움이 겪은 파국의 정도를 극명하게 드러내보여줄 따름이다. 상당히 후에 시간이 지난 뒤에야 비로소 비잔티움의 행정과 아울러 테마 제도 역시 발칸의 특정 지역, 특히 해안지역에 발을 붙일 수 있었는데 그것도 점차로 이루어진 일이었다(102쪽과 153쪽 참조).

테마의 조직은 강력한 토착군대가 발생하는 토대를 제공했고, 그 덕분에 제국은 늘 신뢰성에 문제가 있는데다가 항시 충분한 인원만큼 이용할 수도 없는 '만족' 용병을 값비싸게 모집하지 않아도 되게 되었다. 국경군대의 병사들과 나란히, 무엇보다도 전투에 능한 소아시아인 및 카프카스인들로 보충된 비잔티움 정예군들과 나란히, 비잔티움의 농민들도 물론 둔전을 받음으로써 군복무의 의무를 지게 되었다. 여기에 대규모의 슬라브인들이 가세했다. 이들은 나중에 비잔티움 정부가 소아시아로 이주시켜서 그곳 테마에서 스트라티오타이(stratiotai), 곧 둔전병으로 정착시킨 사람들이었다(88쪽과 101쪽 이하 참조). 비잔티움의 군대는 용병체제 아래서는 불안정할 수밖에 없었고 또 그 때문에 이미 제국을 자주 큰 위험으로 몰고 가곤 했었으나, 이제 이렇듯 새로운 병력이 유입됨으로써 새롭고 보다 튼튼한 군사 및 행정 체제의 틀 속에서 강력한 증원을 이룰 수 있었다. 새로운 테마 군대는 토착 군인-농부들로 이루어졌고, 이들은 둔전으로부터 생계와 무장에 필요한 수단을 창출했다. 후대의 사료에서 보듯이, 둔전병들은 소집이 있을 경우 무장을 하고 말을 타고 군대에 출두할 의무가 있었다. 물론 그들은 아주 근소하긴 하지만 급료도 받았다. 그리하여 새로운 체제 덕분에 국가의 지출은 크게 감소했다. 그밖에도 둔전들을 만들었다는 것은 자유민 소토지 소유의 강화를 뜻하기도 했다(103쪽 이하 참조).

지방행정에서와 마찬가지로 중앙행정에서도 이 시기에 비잔티움 국가에 지속적인 중요성을 지니는 심층적인 변화가 진행되었으며, 이로써 초기 비잔티움 시대의 행정제도에는 종지부가 찍혔다. 초기 비잔티움 국가제도의 주된 특징인 총독부 총독의 세력이 종말을 고하는 것이다. 통치기구로서 총독부는 이제 유명무실한 존재가 되었다. 테마 제도가 그것의 지반을 앗아갔기 때문이기도 하지만, 테마 조직이 아직 도입되지 않은 지역들에서는 적들의 습격 때문에 질서 있는 행정이 사실 더 이상 존속하지 않았기 때문이다. 비잔티움 정부가 차츰 다시 이 지역들에 보다 확실하게 발을 붙이는 경우에는 역시 테마 제도가 도입되었고, 결국 총독부의 유명무실한 존재도 끝나게 되었다(102쪽과 153쪽 이하 참조). 총독부의 광범위한 재무행정은 붕괴되고, 다수의 독립된 재무부처들이 그 자리를 대신했다. 그리하여 비잔티움 중앙행정의 발전에서 어떻게 보면 후퇴적 과정이 시작되었다. 지난 몇 세기 동안 총독부 총독직이 크게 성장함으로써(17쪽 참조) 과거에 재무행정의 중심 직책들이었던 국가재정 총감, 즉 코미티바 사크라룸 라르기티오눔(comitiva sacrarum largitionum)과 황실재산 총감, 즉 코미티바 레룸 프리바타룸(comitiva rerum privatarum)의 성장이 중지되었기 때문이다. 자신의 증대하는 재정적 필요를 충족시킬 수 있기 위해서 총독부는 레스 프리바타이(res privatae)의 수입과 특히 라르기티오네스(largitiones)의 수입을 가로챘다. 가난해진 코미티바 사크라룸 라르기티오눔은 줄곧 황제의 개인재산인 사켈리온(sakellion)에서 나오는 수입으로 먹고살아야 했고, 그 결과 7세기 초에 사켈리온의 관리인 사켈라리오스(sakellarios)는 완전히 코메스 사크라룸 라르기티오눔을 대신하게 되었으며, 외견상으로는 코미티바 레룸 프리바타룸에 속하는 임무도 떠맡게 되었다. 이어서 곧 과도하게 팽창된 총독부의 재무행정이 붕괴되었다. 총독부의 재무부처들은 독립적인 기구들이 되었고, 이 기구의 왕년의 장(長)들은 스트라티오티콘(stratiotikon), 게니콘(genikon), 이디콘(idikon)의 로고테테(logothete)로서 새로운 재무부처들의 우두머리가 되었다. 재정을 맡은 로고테테들과 나란히 나중에는 드로모스(dromos) 곧 역참부의 로고테테가 등장했다. 드로모스의 로고테테는 본질적으로 왕년의 마기스테르 오피키오룸에 속하는 임무를 맡으면서 점차 제국의 지도적인 관리가 되었다.

지방행정에서 테마가 그러했던 것과 마찬가지로 중앙행정에서는 로고테테들이 수세기에 걸쳐 비잔티움 국가의 특징이 되었다. 군사 및 행정 제도의 재조직이 지닌 중요성은 차후 일어난 사건들에서 읽어볼 수 있다. 620년대에 페르시아와 비잔티움의 투쟁에서 전면적인 격변이 일어났다. 기적이라고나 할 수 있는 승리들이 지난 시대의 패배들을 대신했다. 쓰러졌던 제국이 일어서고, 그때까지 우세하던 적에게 막강한 승리를 획득했다.

이러한 성공에 적지 않게 기여한 것은 막강한 교회의 지원이었다. 목전의 투쟁을 앞두고 교회는 가지고 있던 보물을 가난해진 국가에 내어놓았다. 그 이전의 시대는 알지 못했던 종교적 흥분의 분위기에서 전쟁이 시작되었다. 그것은 후대의 십자군 출정을 연상시키는 최초의 전형적인 중세적 전쟁이었다. 헤라클레이오스 황제가 몸소 군대의 선봉에 섰고, 그가 수도에 없는 동안 아직 성년이 안 된 아들을 위해서 총대주교 세르기오스와 귀족 보노스에게 섭정을 맡겼다. 다른 여러 점에서와 마찬가지로 이 점에서도, 그는 아바르족에 대한 원정을 몸소 지휘했던 마우리키우스 황제의 예를 따랐다. 이런 처신은 그리 흔한 일이 아니었다. 옛날 마우리키우스와 마찬가지로 헤라클레이오스 역시 처음에는 조언자들의 게센 반대에 부딪쳤다. 테오도시우스 1세 이래 황제가 친히 전장에 나가는 일은 없었기 때문이다.

우선 헤라클레이오스는 높은 금액을 지불하고 아바르족의 카간과 평화조약을 맺었다(619년). 그에 따라서 그는 군대를 유럽에서 아시아로 이동시킬 수 있었다. 부활절 다음날, 그러니까 622년 4월 5일, 그는 엄숙한 예배를 마친 후 수도를 떠났다. 소아시아에 도착한 황제는 "테마 지역"으로 들어갔다. 여기서 그는 군대를 모아 여름 내내 새로운 군대를 훈련시켰다. 헤라클레이오스는 아주 집중적으로 군사학에 몰두했고 새로운 전술을 완성했다. 비잔티움 군대에서는 기병이 점점 더 중요해지고 있었는데 헤라클레이오스는 그중에서도 경무장 기병 궁수들에게 특별한 중요성을 부여한 듯하다. 가을이 되어서야 비로소 본격적인 원정이 시작되었다. 황제는 노련한 용병술을 써서 아르메니아로 가는 길을 뚫었다. 페르시아인들은 소아시아 산악로에 있는 진지들을 포기하고, "마치 사슬에 묶인 개처럼" 제국의 군대를 좇아가지 않을 수 없었다. 아르메니아 땅에서 벌어진 두 군대의 충돌은 위대한 페르시아 사령관 샤르바라즈에 대한 비잔티움인들의 빛나는 승리로 끝났다. 첫번째 목표는 달성되었다. 다시 말해서 소아시아에서는 적들이 소탕되었다.

그후 황제는 아바르족 카간의 위협적인 태도로 말미암아 콘스탄티노플로 돌아갔다. 당시 비잔티움측은 아바르족에게 지불비용을 높이고, 황제의 가까운 친척들을 카간에게 인질로 보냈을 것이다. 그리하여 헤라클레이오스는 이미 623년 3월에 페르시아인들과의 전쟁을 재개할 수 있었다. 한 해 전에 겪은 패배에도 불구하고 호스로우 2세는 평화협정에 전혀 귀를 기울이려고 하지 않았다. 그는 기독교 신앙에 대해서 극히 모욕적이고 불경한 표현을 곁들여 황제에게 편지를 써보냈다. 헤라클레이오스는 카파도키아를 거쳐 다시 아르메니아로 갔다. 드빈이 공략당하여 파괴되었고, 다른 여러 도시들도 똑같은 운명을 당했다. 그 다음, 황제는 남쪽으로 돌진하여 사산 왕조의 창시자 아르다시르의 거주지인 동시에 페르시아인들의 중요한 종교적 중심지인 간자크로 향했다. 호스로우는 도시에서 도망쳐야 했고 도시는 비잔티움인들의 손에 떨어졌다. 예루살렘을 약탈한 데 대한 보복으로 페르시아인들의 가장 큰 성소인 조로아스터의 불의 신전이 파괴되었다. 겨울 동안 황제는 수많은 포로와 함께 아락세스 강 건너로 물러나, 여기서 기독교도 카프카스인들과 함께 봄을 맞았고, 라지인, 아바스기인, 이베리아인들의 원병들로 전력을 강화했다. 그런데도 상황은 여전히 어려웠다. 공격해오는 페르시아인들과의 소모전들로 아르메니아 지역에서 한 해가 지나갔다. 페르시아로의 돌파는 성공하지 못했다. 625년, 헤라클레이오스는 킬리키아를 경유하는 우회로를 통해서 적의 땅으로 들어가려고 했다. 그러나 이번에도 결정적인 성과는 없었다. 몇 차례 승리를 거두기는 했지만 겨울이 시작되는 바람에 황제는 세바스테이아를 지나 폰토스 지역으로 물러났다.

이제 페르시아인들은 심지어 공격까지 감행했다. 626년, 콘스탄티노플은 페르시아인과 아바르족이 이중으로 습격하는 무서운 위험을 겪었다. 이것이야말로 헤라클레이오스가 늘 두려워했던 위험이었다. 그래서 그는 그전에 아바르족의 카간에게 굴욕적인 양보를 함으로써 이 위험을 예방하려고 했던 것이다. 비교적 대규모의 군대를 진두지휘하며 샤르바라즈가 소아시아를 통과하여 칼케돈을 점령하고, 보스포루스에 진을 쳤다. 그후 곧(7월 27일) 아바르족의 카간이 엄청난 수의 아바르족, 슬라브족, 불가르족, 게피다이족 무리를 이끌고 콘스탄티노플 앞에 나타나서 육지와 바다에서 도시를 포위했다. 총대주교 세르기오스는 설교와 철야기도, 엄숙한 교회의식을 통해서 주민들의 종교적인 열광을 계속 고취시켰다. 게다가 유능한 수비대는 적들의 모든 공격을 물리쳤다. 마침내 바다에서의 비잔티움인들의 우세가 사태를 결정지었다. 8월 10일, 결정적인 습격을 당한 슬라브족의 전함들은 비잔티움 함대와의 싸움에서 몰락했다. 아바르족은 포위를 풀고 크나큰 혼란 속에서 퇴각에 들어섰다. 더욱이 아바르족 카간의 패전은 페르시아의 공격계획이 실패로 돌아가는 것을 의미하기도 했다. 샤르바라즈는 칼케돈을 비워주고 군대와 함께 시리아로 돌아갔다. 페르시아 군의 제2사령관 샤힌에게는 황제의 동생 테오도로스가 무거운 패배를 안겨주었다. 위기의 순간은 극복되었다. 이제 비잔티움은 대대적인 공격을 시작할 수 있었다.

비잔티움의 수도가 죽음의 위험 속에서 흔들리던 시기에 헤라클레이오스는 군대와 함께 멀리 떨어진 라지카에 머무르고 있었다. 그는 그전에 카프카스 지역의 부족들과 이미 그러했던 것과 마찬가지로, 이 당시에는 하자르 제국과 관계를 맺었다. 여기서 비잔티움과 하자르 간의 협력이 시작되는데, 이는 시간이 흐름에 따라서 비잔티움의 동방 정책의 주요 지주가 되었다. 황제 군대와 연합하여 하자르인들은 카프카스와 아르메니아 지역에서 페르시아인들에 대항했다. 627년 가을, 황제는 남쪽을 향해서 대대적인 진군을 시작했다. 적지 내부로의 진군이 시작된 것이다. 이때 그는 자국의 힘에 의존할 수밖에 없었다. 하자르인들이 원정의 어려움을 견디지 못하고 고향으로 돌아갔기 때문이다. 그런데도 헤라클레이오스는 이미 12월 초에 니니베 앞에 서 있었다. 여기서 그야말로 치열한 격전이 벌어졌다. 이 전투는 페르시아와 비잔티움의 싸움을 결판내는 중요한 것이었다. 페르시아 군대는 절멸에 이르는 타격을 입었다. 비잔티움은 전승(戰勝)을 거두었다. 비잔티움인들의 승승장구하는 진군이 이어졌고, 이미 628년 1월 초에 비잔티움 군은 호스로우가 즐겨 거주하던 다스타게르드로 진입했다. 대왕은 이 도시를 버리고 도망쳤다. 그후 628년 초봄에는 싸움을 더 이상 계속할 필요가 없게 하는 사건들이 페르시아 제국에서 일어났다. 호스로우가 실각하고 살해되었던 것이다. 그의 아들 카바드 2세 셰로에가 왕좌에 올랐다. 그는 즉시 비잔티움의 황제와 평화조약을 체결했다. 비잔티움이 위대한 승리를 거두고 페르시아의 세력이 몰락한 결과, 한때 비잔티움 제국에 속했던 모든 지역이 탈환되었다. 이로써 아르메니아, 로마령 메소포타미아, 시리아, 팔레스티나와 이집트가 비잔티움 황제의 휘하에 다시 돌아갔다. 몇달 후 셰로에는 임종의 자리에서 비잔티움 황제를 자기 아들의 후견인으로 정했다. 그리고 한때 호스로우 2세가 황제를 그의 노예라고 불렀던 데 반해서, 이제 셰로에는 자신의 아들이자 왕위계승자를 비잔티움 군주의 노예라고 불렀다.

6년 동안의 부재 끝에 헤라클레이오스는 자신의 수도로 돌아왔다. 그의 아들 콘스탄티노스와 총대주교 세르기오스, 성직자들, 원로원, 백성들은 소아시아 해안의 히에레이아 궁전에서 올리브 가지와 타오르는 양초를 들고 승리의 환호성과 함께 찬송가를 부르며 그리스도의 적을 제압한 영광스러운 승리자를 맞았다. 페르시아인들이 로마 속주들을 비우고 떠나는 동안, 헤라클레이오스는 630년 이른 봄, 예루살렘으로 갔고 백성들의 환호성이 울려퍼지는 가운데 3월 21일, 페르시아인들로부터 돌려받은 성십자가를 이곳에 다시 세웠다. 이 장엄한 의식은 기독교 시대 최초의 대종교전쟁이 승리로 막을 내렸음을 상징했다.

한때 비잔티움을 두려움에 떨게 했던 두 적들이 이제 무릎을 꿇었다. 니니베에서의 전투가 페르시아 세력을 뒤흔든 것과 마찬가지로, 콘스탄티노플에서의 전투는 아바르족의 세력을 근본까지 뒤흔들었던 것이다. 아바르족의 패배는 멀리 비잔티움 제국의 국경지역 너머에까지 영향을 미쳤다. 그때까지 아바르족 카간의 지배하에 있던 민족집단들, 특히 수많은 슬라브 부족들에게 그것은 아바르족의 질곡으로부터의 해방과 그들에게 대항하는 봉기의 신호가 되었다. 이 시기의 아바르족에 대항하는 투쟁에서 서슬라브족은 사모의 지휘 아래 최초의 슬라브 대국가를 건설했다. 몇년 후에는 영주 쿠브라트가 이끄는 불가르족 동맹도 흑해와 카스피 해 북쪽에서 아바르족의 지배로부터 해방되었다. 아바르족에 대한 투쟁에서 쿠브라트는 비잔티움의 지원을 받았다. 쿠브라트는 헤라클레이오스 황제와 동맹을 체결했으며 황제로부터 귀족, 곧 파트리키오스의 칭호를 얻고 콘스탄티노플에서 세례를 받았다. 민족의 이동은 변화를 수반하게 되는데, 이러한 민족 이동의 테두리 안에서 세르비아인들과 크로아티아인들의 이동도 일어났다. 이에 대해서 우리에게 상세한 보고를 남겨놓은 사람은 콘스탄티노스 7세 포르피로게네토스 황제이다. 세르비아인들과 크로아티아인들의 경우에도 한편으로는 비잔티움과 협화하고 다른 한편으로는 동요하는 아바르족 세력에 대해서 투쟁하는 가운데 민족의 이동이 이루어졌다. 크로아티아인과 세르비아인들은 카르파티아 산맥 저편에 있던 옛 고향을 떠나, 헤라클레이오스 황제의 동의를 얻어 발칸 반도에 나타났다. 아바르족에게 승리한 크로아티아인들은 반도의 북서부에서 권리를 주장했고, 남동부에 인접한 지역은 세르비아인들이 소유권을 얻었다. 그리하여 발칸 반도에는 슬라브족이라는 요소가 새로 현저히 증대했다. 황제 콘스탄티노스 7세는 발칸 반도에 이르른 세르비아인과 크로아티아인들이 비잔티움 황제의 종주권을 인정했다는 점을 지치지 않고 반복하게 된다. 비잔티움이 아바르족과 페르시아인들에게 승리를 거둔 후의 사태를 볼 때, 그것은 있을 수 없는 일은 아니다. 그러나 그들이 비잔티움 황제의 종주권을 인정했다고 해서, 그 중요성을 과대 평가하고 비잔티움이 사실상 다시 발칸 지역을 지배하게 되었다고 보아서는 결코 안 될 것이다. 어쨌거나 무서운 아바르족의 공격은 영원히 종식된 것이므로, 비잔티움의 입장에서도 발칸 지역의 부담을 상당히 덜게 된 셈이었다.

그러나 헤라클레이오스의 군사적 승리가 아무리 빛나는 것이었다고 해도, 그의 시대의 위대성과 중요성이 대외정치적 성과에 있는 것은 아니다. 동쪽의 정복지역들은 몇년 지나지 않아서 아랍인들에게 잃어버렸다. 그러나 새로운 군사 및 행정 질서는 그대로 남아 있었다. 다음 몇 세기 동안 비잔티움 세력의 기초는 바로 그 질서였고, 이 질서가 몰락하면서 비잔티움 국가제도의 몰락이 시작된다. 헤라클레이오스가 초석으로 삼았던 테마 제도는 중세 비잔티움 국가의 척추이다.

더욱이 헤라클레이오스 시대는 동방 제국에서 정치적으로뿐 아니라 문화적으로도 전환기를 의미한다. 그것은 로마 시대를 마감하고 진정한 의미에서 비잔티움 시대를 여는 것이었다. 궁극적인 그리스화와 전체 공공생활의 강력한 교회화로 제국은 면모를 일신했다. 초기 비잔티움은 놀라울 정도로 완강하게 라틴어를 공용어로 고수했다. 그러다가 결정적인 전환의 결단을 내리지 않고, 단지 서서히 그리고 망설이면서 제국의 그리스화에 굴복했다. 정부와 백성의 2개 언어 사용은 초기 비잔티움의 특징이었다. 그 시기에는 전체 제국의 행정에서도, 군에서도, 동방 주민의 대다수는 이해하지 못하는 공적인 라틴어가 지배했었다. 이러한 상황이 이제 종말을 맞았다. 이제 비잔티움 제국의 공용어는 그리스어가 되었다. 백성과 교회의 언어가 또한 국가의 언어가 된 것이다. 인위적으로 저지되어왔던 그리스화 과정은 이제 아주 급속도의 진전을 이루게 되었다. 다음 세대가 되면 이미 라틴어 지식은 교양 있는 비잔티움인들에게서도 드문 일이 되었다.

비잔티움 국가의 그리스화는 지배자의 칭호에도 중요한 변화를 초래한 동시에 이를 본질적으로 단순화시켰다. 헤라클레이오스는 복잡한 라틴어식 황제 칭호를 계속 달고 다니기를 포기하고, 대중적인 그리스어식 칭호인 바실레우스(basileus)를 자칭했다. 로마의 황제 칭호, 즉 임페라토르, 카이사르, 아우구스투스 대신에 고대 그리스 왕의 칭호를 쓴 것이다. 그때까지는 단지 비공식적인 경우에 한해서만 비잔티움 황제를 이 칭호로 일컬어왔으나, 이제 바실레우스는 비잔티움 군주의 공식 칭호가 되었고, 그때부터 비잔티움 고유의 황제 칭호로 간주되었다. 헤라클레이오스는 똑같은 칭호를 아들이자 공동 통치자인 헤라클레이오스 네오스 콘스탄티노스에게 부여했으며, 나중에는 둘째아들 헤라클로나스도 같은 칭호로 불렀다. 그때부터 제국이 몰락할 때까지 모든 비잔티움의 황제 및 공동황제들은 바실레우스라는 칭호를 썼다. 반면 카이사르 칭호는 황제적 성격을 결정적으로 상실했다.

비잔티움에서 공동통치 제도는 무엇보다도 제위계승자를 규정하는 데에 쓰였다. 이를 규정하는 법이 비잔티움에도 로마에도 존재하지 않았으므로, 제위계승자로 지목된 사람은 지배자의 생전에 제위에 올라 그때부터 공동황제로서 제관을 쓰고 황제의 칭호를 지니게 되는데, 비공식적으로는 "제2의" 바실레우스 혹은 "소(小)" 바실레우스라고 불렸다. 공동황제는 대개는 주화 위에 주(主) 황제와 나란히 초상이 새겨지고, 법에서도 종종 나란히 거명되었다. 주황제가 죽으면 소바실레우스가 지배권을 넘겨받고 완전한 황제권을 소유했다. 그리하여 황제 가족 내에서 제관을 물려줄 수 있게 되었고 왕조가 생길 수 있었다. 그렇지만 군주제적 제위계승 질서가 궁극적으로 관철되기까지는 비교적 오랜 시일이 걸렸다. 헤라클레이오스 자신도 맏아들과 나란히 둘째아들까지 공동황제로 추대하고 제위계승자로 지명함으로써, 스스로 이 제도에 애매한 측면을 도입했다.

제국은 오리엔트 속주들을 재획득함으로써 또다시 단성론의 문제와 대면하게 되었다. 이 문제의 심각성을 특히 명료하게 인식한 사람은 총대주교 세르기오스였다. 그는 교회의 평화를 수립하고자 부단히 노력했다. 그의 노력은 제국의 동쪽 속주들에서 발생한 그리스도의 하나의 현실태(energeia) 설에서 뒷받침을 찾았다. 그리스도가 두 가지 본성을 가지되 단 하나의 작용방식(에네르게이아)을 통해서만 작용한다는 가정은 칼케돈의 교조와 단성론을 잇는 다리가 되는 듯이 보였다. 세르기오스는 단일현실태론을 지지하며 오리엔트 교회의 대표자들과 협상에 들어갔다. 총대주교의 노력은 정치적 사건들을 근거로 정당화되는 듯이 보였다. 왜냐하면 콘스탄티노플과 단성론을 지지하는 동방 주민들 사이에 신앙 문제를 둘러싸고 벌어졌던 오랜 갈등 때문에 페르시아가 훨씬 쉽게 비잔티움 영토에 대한 정복사업을 전개할 수 있었다는 깨달음을 무시해버릴 수는 없었기 때문이다. 그리하여 헤라클레이오스 자신도 단일현실태론을 지지했다. 그는 이미 동방 원정 동안 특히 아르메니아에서 교회통합에 대하여 그 지역 성직자들과 협상했다. 단성론을 지지해오던 속주들을 다시 얻은 후, 협상들은 보다 큰 규모로 또 보다 활기차게 속개되었다. 이제 그 어느 때보다도 더 단성론자들과의 화해가 필요했기 때문이다. 그 시작은 좋아 보였다. 아르메니아에서도, 시리아와 이집트에서도, 의견의 통일이 이루어지는 듯이 보였다. 631년에 알렉산드리아 총대주교의 자리에 오른 키로스가 대단한 열성을 보이며 앞장섰던 것이다. 교황 호노리우스 1세 역시 세르기오스와 키로스가 변호하는 교회정책에 동의를 표했다.

그러나 오래지 않아 실망이 찾아왔다. 시리아와 특히 이집트에서는 강권을 동원하고서야 의견 통일을 끌어낼 수 있었다. 단성론 쪽에서도 정통파 쪽에서도 반대의견이 점차 커졌다. 정통파측 대변자는 능변으로 유명한 수도승 소프로니오스였다. 634년에 예루살렘 총대주교의 자리에 올랐던 그는 새로운 학설을 단성론의 변종이자 칼케돈의 정통 교조의 위조물이라고 혹독하게 질타했다. 이러한 거센 반대도 있었을뿐더러 교황 호노리우스도 현실태설에 대해서 조심스러운 의견을 표명했기 때문에, 이를 고려하여 세르기오스는 그리스도 안의 하나의 의지설을 주장하면서 자신의 이론을 수정했다. 그는 현실태설을 후퇴시켰지만, 그리스도 안에는 하나의 의지(thelema)를 가정할 수 있다고 가르쳤다. 이 새로운 단일의지론(monotheletism)이 그가 구상한 칙령의 기초가 된다. 638년 황제는 이를 『엑테시스(*Ekthesis*)』라는 이름 아래 공표하고, 하기아 소피아의 배랑(拜廊)에 붙이게 했다. 국가와 교회의 지도자들은 단일의지론을 고수했고, 638년 12월 9일 총대주교 세르기오스가 죽은 후 열렬한 단일의지론자 피로스가 콘스탄티노플의 총대주교 자리에 오르게 되었다. 그렇지만 곧 『엑테시스』는 물에 대고 찔러대기나 다름없다는 것이 드러났다. 정통론자도 단성론자도 그리고 로마의 호노리우스의 후계자들도 『엑테시스』를 강력히 거부했다. 단일의지론은 지난 세기들의 교회정치적 타협 시도들과 마찬가지로 화해를 이끌어내지는 못했다. 단일의지론은 앞선 시도들과 마찬가지로 새로운 논쟁을 불러일으키고 혼란을 가중시켰을 뿐이다. 게다가 638년에는 시리아와 팔레스타인이 이미 아랍의 지배를 받게 되었고, 이집트 역시 바야흐로 피할 길 없이 같은 운명에 처하게 될 참이었다. 단일의지론은 정치적 목적을 달성하지 못한 것이다. 아니 그 정도가 아니라, 동쪽 속주들에서 일어난 종교적인 소요는 과거에 페르시아의 정복을 방조했듯이, 이제는 아랍인들의 정복을 방조하고 있었다.

2) 아랍인들의 침략의 시대

비잔티움 제국이 페르시아에 승리를 거두기 시작한 해는 아랍인들의 헤지라(hejira)*와 일치한다. 헤라클레이오스가 페르시아 제국에 승리한 시기에 무함마드(마호메트)는 아랍인들의 종교적, 정치적 통일에 초석을 놓았다. 무함마드의 활동은 비록 정신적인 면에서는 빈약하고 채 발전되지 않은 모습을 보여주었으나, 다른 면에서는 야생적인 에너지로 충만해 있었고, 막강한 추진력을 가지고 있었다. 이미 예언자가 죽은 후 몇년 지나지 않아 아랍인들의 거대한 이동이 시작되었다. 아랍인들은 불가항력에 사로잡혀서 불모의 고향을 두고 떠나갔다. 그들의 목적은 타민족들을 새로운 신앙으로 개종시키는 것이라기보다는 새로운 땅을 자신들에게 종속시키고 비신자들을 지배하는 것이었다. 그들의 정복 충동의 첫번째 희생자는 이웃의 양 강대국이었다. 페르시아는 아랍인들의 첫번째 돌격에서 몰락했고, 비잔티움은 예언자가 죽은 지 정확히 10년 후에 동쪽 속주들을 상실했다. 두 제국은 서로간의 막무가내식 전쟁으로 함께 약화되었고 이로써 아랍인들의 정복에 탄탄대로를 내주었다. 패배한 페르시아에서는 일대 혼란이 지배했고, 왕위 찬탈이 이어졌다. 사산 왕조의 등뼈는 부러졌다. 승리한 비잔티움 역시 오랫동안의 힘든 싸움으로 기력이 소진되어 있었다. 게다가 콘스탄티노플과 오리엔트 속주들 사이의 손쓸 도리 없는 종교적 반목으로 양쪽 사이에는 증오의 벽이 세워졌고, 시리아인들과 콥트인들 사이에서는 분리주의 노력이 강화되었다. 이로 말미암아 그들의 방어 의지는 궁극적으로 기초부터 위태로워졌다. 특히 군사조직의 폐해와 지방 대토지 소유의 우세로 크게 흔들린 비잔티움 행정의 폐해에 힘입어 정복자들은 이집트에서 자신들의 과제를 손쉽게 달성할 수 있었다.

이미 634년에 아랍인들은 위대한 정복자인 칼리프(caliph) 우마르의 지휘 아래 제국의 영토를 침입했다. 그들은 빠른 개선행렬로 최근에 비잔티움이 페르시아 제국으로부터 탈환한 속주들을 지나갔다. 야르무크 강에서 벌어진 저 유명한 전투에서 아랍인들은 636년 8월 20일, 비잔티움 군대에 압도적인 승리

* 회교 기원의 해로서, 무함마드가 메카에서 메디나로 옮겨간 서력 622년에 해당한다.

를 거두었다. 이로써 비잔티움의 저항은 무너졌고 시리아를 둘러싼 전쟁은 종결되었다. 시리아의 거대도시 안티오케이아를 비롯한 대부분의 도시들은 승리를 구가하는 적에게 싸움도 하지 않고 투항했다. 팔레스티나는 보다 강하게 저항했다. 예루살렘은 총대주교 소프로니오스의 지휘 아래 오랫동안 적에게 맞서 싸웠다. 그러나 혹독한 포위공격으로 말미암아 결국 이 성스러운 도시 역시 어쩔 수 없이 칼리프 우마르에게 성문을 열어주어야 했다(638년). 그 사이에 페르시아 제국이 항복했고, 그후 비잔티움령 메소포타미아도 함락되었다(639/640년). 아랍인들은 메소포타미아에서 아르메니아로 진입하여 그곳의 가장 강력한 아르메니아 요새 드빈을 함락시켰다(640년 10월). 동시에 아랍인들의 이집트 정복이 시작되었다.

헤라클레이오스는 페르시아에 대한 모든 원정을 몸소 지휘했었다. 그런 그가 이상하게도 아랍인들과의 투쟁에 대해서는 가져 마땅한 관심을 보이지 않았다. 처음에는 안티오케이아에서 작전 지휘를 해보려고 했지만, 야르무크 강 전투 후에는 모든 것을 잃어버린 것으로 생각하고 완전히 뒤로 물러섰다. 그의 눈앞에서 자신이 이룬 위업들이 무너졌다. 페르시아에 대한 영웅적인 투쟁은 이제 아무 쓸모가 없었던 것처럼 보였다. 페르시아 제국이 몰락함으로써, 그는 단지 아랍인들의 사업에 기초를 닦아준 셈이었다. 그가 필설로 다 표현할 수 없을 만큼 지난한 전투 끝에 사산 왕조로부터 빼앗아냈던 지역들 위를 이제는 마치 자연재해와도 같이 아랍인들의 물결이 휩쓸었다. 그가 기독교도들을 위해서 구해내주었다고 생각했던 성스러운 땅은 다시 이교도들의 수중으로 들어갔다. 이 잔인한 운명은 노쇠한 군주를 정신적으로나 육체적으로 파멸시켰다. 시리아에서 돌아오는 길에 그는 비교적 오랫동안 소아시아 해안의 히에레이아 궁전에서 머물렀다. 그에게는 바다를 보는 것조차 견딜 수 없을 정도였으니, 배를 타고 콘스탄티노플로 건너가는 일이 끔직했던 것이다. 콘스탄티노플에서 반란이 발각되고 나서야 비로소 그는 정신을 추스렸다. 그는 두려움을 억누르고 모래와 나뭇잎으로 위장한 배다리〔船橋〕로 보스포루스 해협을 건너 수도로 들어갔다.

헤라클레이오스의 가족사 역시 비극적인 것이었다. 황제의 관을 쓰던 날, 그는 파비아-에우도키아와 결혼했다. 그녀는 그에게 딸과 아들을 하나씩 낳아주었다. 아들은 헤라클레이오스 네오스 콘스탄티노스였다. 그러나 간질을 앓던 그녀는 아들이 태어난 지 몇달 후에 죽었다(612년). 1년 후 황제는 조카딸 마르티나와 결혼했다. 이 결혼은 아주 큰 화를 불러일으켰다. 교회와 백성이 이 결혼을 근친상간으로 여겼던 것이다. 사실상 그러한 근친적인 결합은 교회법의 규정뿐만 아니라 국법에도 위반됨을 뜻했다. 마르티나는 콘스탄티노플 사람들의 미움을 받았다. 그러나 신민들이 아무리 미워해도 황제는 두번째 아내에게 큰 애정으로 매달렸고, 그녀는 가장 어려운 원정들에도 그와 동행하며 기쁨과 슬픔을 함께 나누었다. 그렇지만 마르티나가 그에게 낳아준 아홉 자식들 가운데 네 명은 어린 나이에 죽었고, 제일 위의 두 아들은 불구자로 세상에 태어났다. 이것은 황제에게 냉혹한 시련을 뜻했으며, 일반의 견해에 따르면 신이 분노하고 있다는 명백한 표시였다. 마르티나에 대한 백성들의 적대감은 이 야심찬 여인이 에우도키아의 아들을 무시하고 자신의 후예에게 제위계승권을 확보해주려고 했을 때 그만큼 더 커졌다. 여기서 일어난 가족간의 갈등은 그렇지 않아도 가뜩이나 비통한 말년을 맞고 있던 황제의 심기를 더욱 어둡게 했다. 그가 죽은 후 제국은 심한 혼란상태에 떨어졌다. 641년 2월 11일, 헤라클레이오스는 중병을 앓다가 죽었다.

헤라클레이오스는 제국을 그의 두 큰아들에게 맡겼다. 그것은 맏아들 콘스탄티노스로부터 제권을 빼앗지 않으면서 마르티나의 후예에게 지배의 몫을 확보해주려는 노력에서 나온 결과였다. 당시 콘스탄티노스는 28세였고, 마르티나의 아들 헤라클로나스는 겨우 15세였다. 이처럼 상당한 나이차에도 불구하고 두 이복형제는 분명하게 표명된 헤라클레이오스의 의지에 따라서 동등한 권리를 지닌 군주로서 공동 통치를 해야 되는 것이었다. 이것은 로마-비잔티움 황제들의 역사에서 알려진 공동 통치의 가장 분명한 예 가운데 하나이다. 더욱이 헤라클레이오스는 마르티나에게도 통치업무에 대한 직접적인 영향력을 보장해주기 위해서 유언장에 두 통치자들은 그녀를 "어머니이자 여제(女帝)"로 간주하라고 지시했다.

그러나 마르티나가 고인이 된 남편의 유언을 알리자, 강한 반발이 일어났다. 황태후 개인에 대한 오랜 증오 외에도, 일반적이며 국가법적인 중요성을 가지는 견해들이 표명되었다. 백성들은 헤라클레이오스의 두 아들이자 이제까지의 공동황제들을 지배자로 이의 없이 환영했지만, 마르티나가 통치에 관여한다는 데에 대해서는 이야기조차 들으려고 하지 않았다. 그들은 여자인 그녀가 로마 제국을 대표할 수는 없으며 외국의 사신을 접견할 수 없다는 이유를 들어서 그녀를 거부했다.

마르티나는 물러서지 않을 수 없었으나 아직 게임에서 졌다고 생각하지는 않았다. 황가의 두 계보 사이의 갈등은 눈에 띄게 격렬해졌다. 콘스탄티노스를 지지하는 당과 마르티나와 헤라클로나스를 지지하는 당이 서로 적대적으로 대립했다. 물론 콘스탄티노스 3세가 더 강력한 지지를 받았다. 그러나 그는 중병(아마도 폐결핵인 것으로 짐작된다)을 앓고 있었고 같은 해 5월 25일에 죽었다. 정확히 3개월 동안 통치를 한 것이다.

이제 어린 헤라클로나스에게 단독 통치권이 떨어졌다. 사실상으로는 마르티나가 통치의 고삐를 쥔 셈이었다. 반면 죽은 콘스탄티노스의 지지자들 가운데 지도적 인물들은 추방의 길을 떠나야 했다. 마르티나와 함께 총대주교 피로스 역시 새로운 영향력을 얻었다. 이것은 콘스탄티노스 3세가 포기하려고 했던 단일의지론적 교회정치의 부활을 뜻했다. 이제 열렬한 단일의지론자 키로스도 알렉산드리아의 주교직으로 돌아갔다. 그의 많은 선임자들처럼 키로스 역시 이집트 땅의 교회와 국정을 이끄는 지도자가 되었다. 새 정부는 아랍인들에 대한 투쟁을 계속해봤자 전망이 없다고 여겼다. 키로스는 이러한 새 정부의 위임을 받아서, 승리를 구가하던 정복자들과 협상을 개시했고, 사실상 전 이집트를 그들에게 양도하는 평화조약을 맺었다. 오랫동안의 협상을 필요로 했던 이 평화조약이 실현된 것은 마르티나와 헤라클로나스가 실각한 이후인 641년 11월 초였다.

마르티나와 헤라클로나스의 머리 위에는 처음부터 암운이 드리워져 있었다. 제국의 상부 계층들, 원로원 귀족들, 군사 지휘관, 정통파 성직자 계급들은 그들의 통치에 반대했다. 백성들 역시 황태후와 단일의지론을 옹호하는 총대주교 피로스를 변함없이 증오하고 있었다. 콘스탄티노스 3세의 때이른 죽음을 사람들은 마르티나와 피로스의 독살이라고 여겼고, 콘스탄티노스의 어린 아들이 왕위에 오를 것을 주장했다. 콘스탄티노스 3세의 지지자 중 한 사람인 아르메니아인 발렌티노스 아르사키도스(아르샤쿠니)는 소아시아 군대를 선동하여 마르티나와 헤라클로나스에 대항하게 했고, 직접 선봉에 서서 칼케돈에 나타났다. 헤라클로나스는 이 압력에 항복하여 콘스탄티노스 3세의 아들을 공동황제로 등극시켰다. 그런데도 641년 9월 말에 쿠데타가 일어났다. 원로원은 마르티나와 헤라클로나스의 폐위를 결정했고, 이 결정은 마르티나의 혀와 헤라클로나스의 코를 절단하는 것으로 확증되었다. 여기서 우리는 코를 절단하여 불구자로 만드는 오리엔트의 풍습이 처음으로 비잔티움에 나타나는 것을 보게 된다. 절단 풍습은 절단된 자의 직무 무능력을 나타내는 표시로 간주되었다. 모자는 로도스 섬으로 추방되었다. 총대주교 피로스 역시 추방의 길에 올라야 했다. 반면 이제까지 하기아 소피아의 집사였던 파울로스가 총대주교의 자리에 올랐다.

원로원은 콘스탄티노스 3세의 아들에게 지배권을 맡겼다. 당시 열한 살이었던 그는 아버지와 마찬가지로 헤라클레이오스라는 이름으로 세례를 받았다. 그러나 제위에 오를 때는 콘스탄티노스라는 이름을 유지했고, 백성들은 그를 콘스탄스라고 불렀다. 헤라클로나스가 헤라클레이오스의 축약형인 것과 마찬가지로 콘스탄스는 콘스탄티노스의 축약형이다. 그러나 나중에 사람들은 그에게 "포고나토스(털보)"라는 별칭을 부여했다. 그가 성년이 된 후에 특별히 길고 무성한 수염을 기르고 있었기 때문이다.

원로원의 힘은 마르티나와 헤라클로나스의 폐위를 결정하는 데에서 분명하게 드러났을 뿐만 아니라, 또한 젊은 황제 콘스탄스 2세가 처음에는 원로원의 후견을 받은 데서도 나타났다. 황제로 취임할 때 원로원 의원들 앞에서 낭독한 취임연설문에서 콘스탄스는 마르티나와 헤라클로나스의 폐위가 "원로원이 신의 도움을 받아서 내린 결정"에 따른 것이었음을 강조했다. 원로원 의원들은 "잘 알려져 있다시피 특별히 경건한 사람들이기 때문에 로마인들의 제국에서 자행되는 무법성을 참을 수 없었다"는 것이었다. 또한 그는 앞으로도 원로원 의원들이 "신민들의 공익을 위한 조언자이자 옹호자"가 되어주기를 부탁했다. 물론 이 말들은 원로원 의원들이 어린 황제에게 시킨 것이었다. 그렇지만 이 같은 사실도 당시 비잔티움 원로원이 고수할 수 있었던 높은 지위와 중요성을 조금도 떨어뜨리지 않는다.

유스티니아누스의 절대주의 때문에 한참 뒷전으로 밀려났던 콘스탄티노플의 원로원은 곧 다시 보다 큰 중요성을 얻었고 7세기부터는 특별한 번영기를 맞게 되었다. 헤라클레이오스 왕조 밑에서 원로원은 황제자문회의로서, 또 최고 법정으로서 중요한 기능을 수행했다(91쪽 참조). 황제권이 교체되면서 원로원의 역할은 자연히 매우 강력해졌다(19쪽 참조). 어린 콘스탄스가 처음에 원로원 의원들의 보호와 지도를 받아야 했음은 놀라운 일이 아니다. 물론 콘스탄스는 지나치게 오랫동안 이런 식의 후견을 받지는 않았다. 헤라클레이오스 가문의 대부분의 대표자들과 마찬가지로 그도 두드러진 지배자 기질을 가지고 있었고, 성인이 되었을 때는 지나치게 제 고집이 많아졌다.

제국의 대외정치적 상황은 예나 지금이나 아랍인들의 돌진으로 특징지어졌다. 마르티나의 지시에 따라서 알렉산드리아 총대주교 키로스가 아랍인들과 체결한 조약에 따르면 비잔티움인들이 이 땅에서 물러나기까지 일정한 유예기간이 있었다. 비잔티움의 군대는 조약의 결정사항들을 이행하면서 642년 9월 12일, 알렉산드리아를 떠나 로도스 섬으로 뱃머리를 향했다. 이어서 승자인 아랍 군 사령관 암르 이븐 알-아스가 9월 29일 알렉산드로스 대왕의 도시 알렉산드리아에 입성했고, 여기서 북아프리카 해안을 따라 아랍 세력을 확장시켰다. 암르는 펜타폴리스를 복속시키고, 643년 시르티스 만(灣)에 있는 트리폴리스 시를 접수했다. 그렇지만 644년 11월, 우마르가 죽자 새 칼리프가 된 우스만은 암르를 소환했다. 이 사건은 비잔티움인들에게 반격을 시도할 용기를 주었다. 비잔티움의 사령관 마누엘은 강력한 함대의 선봉에 서서 이집트로 향했다. 그는 아랍 군 점령지를 기습하고 알렉산드리아를 접수하는 데에 성공했다. 그렇지만 이 성공은 오래가지 못했다. 암르가 재빨리 이집트로 파견되어, 마누엘의 군대를 니키우에서 격퇴하고, 그 기세를 몰아 646년 다시 알렉산드리아로 밀고 들어왔기 때문이다. 마누엘은 콘스탄티노플로 도망쳐야 했다. 그동안 알렉산드리아의 콥트인들은 단성론을 지지하는 총대주교 베니아민을 선두로 자진해서 아랍인들에게 항복했고, 그들의 항복을 조약으로 확인했다. 이를 통해서 그들은 비잔티움인들의 멍에보다는 아랍인들의 멍에를 더 좋아한다는 것을 다시 한번 증명했다. 이렇게 알렉산드리아가 재점령된 후 이집트인들은 궁극적으로 무슬림의 지배 아래 머물게 되었고, 비잔티움 제국은 여러 속주들 가운데 가장 부유하고 경제적으로 가장 의미 있는 속주를 영원히 잃게 되었다.

암르보다 더 위대한 사령관은 당시 시리아의 총독이던 무아위야였다. 시리아와 메소포타미아의 점령이 확실하게 보장된 후, 아랍인들의 표적은 아르메니아와 소아시아가 되었다. 이미 642/643년, 아랍인들은 아르메니아 지역에 새로운 습격을 감행했다. 647년, 무아위야는 카파도키아로 침입하여 카이사레이아를 점령했고, 여기서 프리지아로 향했다. 비록 방어시설이 강력한 도시 아모리온을 점령하려는 시도는 성공하지 못했지만, 무아위야는 이 비옥한 속주를 휩쓸며 풍부한 전리품과 많은 수의 포로를 이끌고 다마스코스로 돌아왔다.

지중해의 해안으로 돌진하는 아랍인들은 해군력을 건설해야 될 필요성과 직면하게 되었다. 사막 주민들에게 함대는 완전히 새로운 문제였다. 위대한 정복자 우마르 자신도 함대의 중요성에 대한 이해가 전혀 부족했다. 무아위야는 강력한 함대 없이 비잔티움에 대한 투쟁을 이끌어갈 수 없다는 것을 통찰한 최초의 아랍 정치인이었다. 우마르가 죽은 직후, 무아위야는 함대 건설에 착수했고, 649년에 최초의 해군 원정대가 바다로 나아갔다. 무아위야가 친히 지휘하는 가운데 아랍 함대는 키프로스 해안을 건너가 키프로스 섬의 수도 콘스탄티아를 습격했다. 비잔티움 정부는 상당한 금액을 치르고 3년간의 휴전을 얻어냈다. 그러나 그것은 아무 도움도 되지 않았다. 무아위야는 휴전기를 이용하여 함대를 증강했고, 약정된 유효기간이 흐른 후 새로운 힘으로 해상작전을 감행했다. 654년, 무아위야는 로도스 섬을 황폐화시켰다. 기원전 225년에 지진으로 쓰러졌으면서도 여전히 세계 7대 불가사의 가운데 하나로 여겨지던 저 유명한 헬리오스의 거상은 에데사 출신의 한 유대인 상인에게 팔렸다. 그는 이 청동 덩어리를 900마리의 낙타에 실어 운반하게 했다. 그후 곧 코스 섬도 아랍인들의 손에 떨어졌고, 크레타 섬은 약탈이 자행되도록 방치되었다. 이미 당시에 무아위야의 본래 목적이 콘스탄티노플이었음은 의심할 여지가 없었다. 키프로스, 로도스, 코스의 경로는 이를 아주 극명하게 보여준다. 비잔티움은 이러한 목적으로 감행되는 돌진을 바라보고만 있을 수는 없었다. 콘스탄스 2세는 655년, 리키아 해안에서 몸소 비잔티움 함대를 지휘하며 아랍인들과 일전을 벌였다. 비잔티움과 아랍 간에 벌어진 이 최초의 대규모 해상전투는 비잔티움인들의 완전한 패배로 끝났다. 황제 자신도 커다란 위험에 빠졌다. 한 젊은 비잔티움 영웅의 희생적 용기가 없었더라면 그는 구출되지 못했을 것이다.

바다에서 비잔티움이 누리던 헤게모니는 뒤흔들렸다. 그러나 아랍인들이 거둔 위대한 승리는 칼리프국 내부의 혼란 때문에 직접적인 결과들을 초래하지는 못했다. 이미 우스만의 통치 말기에 아랍 제국을 지배하던 불안은 그가 살해된 후(656년 6월 17일) 점점 더 높아졌다. 시리아에서 칼리프로 포고된 무아위야와 메디나에서 등극한 정통 칼리프이자 무함마드의 사위인 알리 사이에 거센 내전이 터졌고, 이 전쟁은 661년 알리가 암살됨으로써 겨우 끝이 났다. 이러한 상황에서 무아위야는 비잔티움인들과 좋은 관계를 유지해야 했다. 그는 비잔티움인들과 평화조약을 체결했고(659년), 심지어 제국에 조공 지불을 약속했다. 아르메니아에서도 분위기가 바뀌었다. 가장 명망 있는 아르메니아 가문들이 다시 비잔티움과의 결속을 받아들였다.

제국의 동부가 위험으로부터 벗어나면서 콘스탄스 황제는 유럽 지역으로 관심을 돌릴 수 있었다. 658년에 그는 슬라브인들이 차지하고 있던 발칸 지역으로 원정을 감행했다. 그는 "스클라비니아"를 향해 나아가 "많은 사람들을 포로로 잡고 그의 발 아래 굴복시켰다." 이 짧은 보고만 가지고는 콘스탄스 2세의 돌격이 어느 정도의 효과를 거두었는지 자세히 알 수 없다. 그러나 콘스탄스 2세가 일부 슬라브인들에게 ── 짐작컨대 마케도니아에서 ── 비잔티움의 종주권을 인정하지 않을 수 없게 한 것만큼은 확실한 것 같다. 이 원정은 마우리키우스의 시대 이래 비잔티움이 슬라브인들에게 처음으로 감행할 수 있었던 비교적 대규모의 반격이었다. 아울러 콘스탄스 2세의 원정으로 비교적 대규모의 슬라브인들이 소아시아로 이주당한 것으로 보인다. 이 시대부터 우리는 소아시아에 사는 슬라브인들이라든가 제국에 복무하는 슬라브인 병사들의 이야기를 들을 수 있다. 665년, 병력이 5,000명이나 되는 한 슬라브인 부대가 아랍인들에게 넘어갔고, 아랍인들은 그들을 시리아로 이주시켰다.

발칸에서 성공적으로 원정을 마친 콘스탄스 2세는 더 멀리 서쪽에 있는 지역으로 주의를 돌렸다. 이곳 상황은 대단히 혼란스러웠는데, 그 중요한 원인

가운데 하나는 단일의지론으로 야기된 교회간의 분쟁이었다. 무엇보다도 라틴 아프리카의 종교논쟁에서 비롯된 결과들이 치명적이었다. 라틴 아프리카는 이집트가 정복된 후 가장 위태로워 보였다. 비잔티움에 대한 시리아와 이집트 단성론자들의 격분이 아랍인들로 하여금 오리엔트 속주들을 쉽게 정복할 수 있게 해주었듯이, 이제는 서쪽 정통파 주민들의 노여움이 라틴 아프리카에 동일한 운명을 마련해줄 것만 같았다. 당시 북아프리카는 단일의지론에 대항하여 투쟁하는 정통파의 본거지였다. 여기서는 오랜 세월 동안 정통파의 지도자가 영향력을 발휘했으니, 바로 당대의 가장 중요한 신학자인 '신앙고백자' 막시모스가 그 사람이었다. 막시모스의 고무에 따라서 646년 초에 북아프리카의 여러 도시에서 종교회의가 열렸고, 여기서 비잔티움 정부가 장려하던 단일의지론적 학설이 만장일치로 이단의 판결을 받았다.

비잔티움 중앙권력에 대한 이러한 반대는 곧 정치적으로 위험한 결과를 가져왔다. 황제로 자칭하고 나선 카르타고의 총독 그레고리오스는 북아프리카의 제국 주민들뿐만 아니라 인접한 무어인들로부터도 지지를 받았다. 비잔티움 정부가 여기서 초래될 수 있었을 위험들로부터 벗어난 것은 어쨌든 아랍인들 덕택이었다. 아랍인들은 이집트에서 세력을 확고히 굳힌 후에 647년, 북아프리카 총독관구에 대한 습격을 감행했고, 대립황제 그레고리오스는 그들과의 싸움에서 죽음을 맞았다. 아랍인들은 대립황제가 거주했던 도시 수페툴라를 약탈하고 넉넉한 공물을 얻은 다음 물러갔다.

이리하여 카르타고의 총독관구는 비잔티움 제국의 소유로 남게 되었다. 그러나 여기서 연출되었던 사건들은 심각한 경고를 의미했다. 이 사건들이 로마에서 거센 반향을 불러일으켰기 때문에 더욱 그러했다. 콘스탄스 황제는 종교적 화해의 필요불가결성을 뚜렷이 인식했다. 그는 화해적인 해결을 위하여 노력하면서 648년에 저 유명한 칙령 『티포스(*Typos*)』를 발표했다. 『티포스』는 하기아 소피아의 배랑에서 『엑테시스』를 떼어낼 것을 규정했지만, 헤라클레이오스의 칙령과 마찬가지로, 아니 그보다 더 분명하게, 진정한 논제를 우회하려고 시도하는 것이었다. 그리스도의 현실태 문제뿐만 아니라 의지 문제에 대해서도 모든 논쟁을 금지하고 이를 어길 때는 처벌하겠다고 했던 것이다. 그리하여 그리스도의 현실태 문제와 의지 문제는 제논 황제의 『헤노티콘』이 공표되었을 때, 그러니까 한 세기 반도 더 전에, 그리스도의 본성의 문제(44쪽 참조)가 처해 있던 바로 그 지점으로 돌아가고 말았다. 『티포스』는 정통론의 확신에 찬 지지자들도, 확신에 찬 단일의지론자들도 만족시킬 수 없었기 때문에, 옛날 『헤노티콘』과 마찬가지로 의견 통일의 토대로서 이용될 수 없었다. 진정한 문제를 무시하고 강압적으로 침묵시킴으로써 종교적 견해차를 해결하려는 시도는 관철될 수 없다는 것이 금방 드러났다.

비잔티움 제국 총독의 승인을 구하지 않고 649년 7월 5일에 교황의 자리에 오른 마르티누스 1세는 같은 해 10월, 로마의 라테란 궁전에 있는 구세주 교회에서 대규모 종교회의를 열었다. 여기 참여한 105명의 주교들은 대부분 로마 대주교구에 속해 있었지만, 라테란 종교회의는 신학적으로 보아서 완전히 그리스 영향 아래 있었고, 전체 조처에서 비잔티움의 공의회를 모범으로 삼았다. 라테란 종교회의는 『엑테시스』뿐만 아니라 『티포스』에도 유죄판결을 내렸다. 그러나 정치적 고려에서 그 책임을 황제 정부에게가 아니라 총대주교 세르기오스와 파울로스에게 지웠다. 이 두 사람은 피로스와 마찬가지로 파문을 당했고, 기독교 교회의 전 주교들과 성직자들에게 교황의 회장(回章)이 보내졌다. 그리고 아주 단정하게 써내려간 회의록이 그리스어 번역본과 함께 황제에게 보내졌다.

그렇지만 마르티누스의 도전적인 등극방식만으로도 콘스탄스 2세의 신속하고 전제적인 개입을 야기하기에 충분했다. 라벤나의 총독 올림피오스는 황제가 인정하지 않은 교황을 체포하고 또 이탈리아의 전 주교들에게 『티포스』에 서명할 것을 강요하기 위해서 로마로 떠나야 했다. 그러나 라테란 종교회의가 끝나기 전에 로마에 도착한 올림피오스는 자신에게 부과된 임무를 수행하기에 이곳 분위기가 얼마나 불리한지를 금방 알아차렸다. 그는 황제의 임무를 실행하는 대신, 콘스탄티노플에 대한 로마의 언짢은 분위기를 이용하여 이탈리아를 제국으로부터 빼앗아 자신의 지배 아래 두기로 결심했다. 비잔티움 정부의 교회정책으로 말미암아 북아프리카에서와 마찬가지로 이탈리아에서도 지방 최고 권력자들이 콘스탄티노플 중앙권력에 대항하게 되었다. 찬탈자는 군대를 이끌고 시칠리아로 갔지만, 비잔티움 정부는 그에 맞서서 아무런 조처도 취하지 않았던 듯이 보인다. 당시는 무아위야가 최초의 해군 원정을 감행했던 때였으므로 비잔티움 정부로서는 동쪽에 전력을 쏟아야 했던 것이 분명히 그 이유일 것이다. 이 반란은 올림피오스의 죽음과 함께 652년에 자연스럽게 끝을 맺었다.

1년 후에야 비로소 제국은 교황 마르티누스와 결산을 하기에 이르렀다. 신임 총독이 653년 6월 15일, 군대의 선봉에 서서 로마에 나타나 중병을 앓고 있던 교황을 체포했고, 밤을 타서 그를 격앙된 도시에서 데리고 나갔다. 마르티누스는 콘스탄티노플로 압송되었고, 12월 말 원로원 앞에 끌려갔다. 이 재판은 명백히 정치적 성격을 띤 것이었다. 마르티누스의 죄목은 대역죄였다. 아마도 전혀 근거가 없는 이야기는 아니었겠지만 그는 올림피오스를 지지했다는 혐의로 고발되었기 때문이다. 그에 반해서 종교적인 문제는 완전히 뒷전으로 물러났다. 교황은 『티포스』를 논제로 삼으려고 했지만, 심판관들은 그의 시도를 매정하게 묵살했다. 중병의 노인은 애초에는 사형 선고를 받았지만, 그후 황제의 어명에 따라서 공개적으로 모욕을 당한 다음, 멀리 떨어진 케르손으로 추방되었다. 여기서 그는 배고픔과 궁핍에 시달리며 656년 4월, 생을 마감했다. 마르티누스가 판결을 받은 직후, 막시모스는 죄수로서 이탈리아에서 콘스탄티노플로 송환되어 마찬가지로 비잔티움 제국 수도의 원로원에게서 심문을 받았다. 마르티누스가 올림피오스와 연결되었듯이, 막시모스에게도 반란을 꾀한 북아프리카 총독 그레고리오스를 지지했으며 무엇보다도 황제의 『티포스』를 인정하지 않는다는 죄가 씌어졌다. 정부는 교황 마르티누스의 경우 그의 종교적 신념에 관심을 두지 않고 간단하게 처리했던 반면, 정통파 그리스인들의 정신적인 지도자 막시모스의 경우에는 그의 의견을 바꾸기 위해서 온갖 시도를 다했다. 그렇지만 어떤 노력도 허사로 끝났다. 막시모스는 여러 해 동안 이 추방지에서 저 추방지로 끌려다니며 가장 혹독한 모욕을 당했다. 그의 마지막 추방지는 라지카의 셰마리온 요새(오늘날의 무리 근처)였으며, 여기서 그는 여든 살의 노인으로 662년 8월 13일에 세상을 떴다.

교조 논쟁은 교회정치적으로 황제의 권력에 대한 교회의 예속화를 막으려는 노력에 효과를 미쳤다. 막시모스는 속인인 황제에게는 신앙 문제를 결정할 권리가 없으며 신앙 문제는 오로지 교회의 문제라는 원칙을 포고했다. 이 생각은 그 자체로 새로운 것은 아니었고, 이미 초기 비잔티움 시대의 교부(敎父)

들에게서도 만나볼 수 있었다. 그러나 교회의 독립성을 위해서 그처럼 대담하게 싸운 사람은 아직 아무도 없었다. 막시모스는 비잔티움 최초의 진정한 중세적 교부로서, 교회 내부의 유사-디오니시오스(pseudo-Dionysios) 신비주의를 정당화시키고, 고대의 개념들에 교회정치적으로도 새로운 중세적 이해를 도입했다. 황제 콘스탄스와 수도사 막시모스라는 두 인물에게서 두 개의 세계가 맞부딪쳤다. 막시모스는 황제의 전능에 패했지만, 그가 투쟁한 이념들은 다음 수세기에 걸쳐 이어지는 신앙투쟁에서 다시 부활한다.

20년 동안 보스포루스를 지배한 황제 콘스탄스는 콘스탄티노플을 떠나 그의 거처를 서쪽으로 옮기려는 놀라운 결심을 했다. 그가 제국의 동쪽 지역을 잃었다고 생각했기 때문은 아니었다. 그는 동부에서 격렬한 투쟁이 벌어지는 동안에는 자기 위치를 고수했고, 첨예한 위험이 지나가고서야 비로소 옛 비잔티움 수도를 떠났다. 그가 서쪽으로 출발한 데서 비잔티움 제국이 그 시대까지만 해도 서쪽 영토의 유지를 얼마나 중시했는지가 드러난다. 콘스탄스 2세의 결정을 옛 황제 마우리키우스 및 헤라클레이오스의 계획들(60쪽과 67쪽 참조)과 함께 종합해보면, 그들의 정치적 의지가 주목할 만한 연속성을 지니고 있음을 알 수 있다. 이는 당시 비잔티움인들 사이에는 동쪽 세력을 보다 강하게 결속시키기 위해서 이를테면 ―― 다음 세기에 행해지듯이 ―― 서쪽을 포기하고 자신들의 영역을 동쪽에 한정할 생각은 전혀 없었다는 것을 명백하게 인식시켜준다.

그러나 황제가 그의 계획을 실현하게끔 마지막 자극을 준 동기는 따로 있었던 것 같은데, 즉 우리가 가진 사료들에 의거해볼 때 황제로 하여금 서쪽으로 떠나게 한 유일하고 진정한 동인이 있어서, 바로 이것이 그의 계획 수행을 촉진했던 것으로 보인다. 그는 교회정책으로 말미암아, 또 마르티누스 및 막시모스와의 잔혹한 결산으로 말미암아, 정통파 비잔티움 주민들의 지지를 잃고 말았다. 그뿐 아니라 그는 660년, 동생 테오도시오스를 강제로 사제로 임명한 다음 이른바 대역죄에 해당하는 음모를 꾀했다는 이유로 사형에 처했다. 그러나 사실은 그 당시의 일반적 견해도 말해주듯이 황제의 동생이 ―― 헤라클레이오스의 아들들이나 나중에 콘스탄스 자신의 아들들의 경우가 그러했던 것처럼 ―― 공동 지배를 요구했던 것이 그 이유였을 것이다. 하지만 콘스탄스는 자신의 지배권력이 그렇게 축소되는 것을 용인하려고 하지 않았다. 콘스탄스와 테오도시오스가 반목하게 된 직접적인 원인은 아마도 콘스탄스가 큰아들 콘스탄티노스 4세를 이미 654년 부활절에 공동 통치자로 임명하고도 다시 659년에 그의 두 어린 아들, 헤라클레이오스와 티베리오스에게 황제의 제위를 부여함으로써, 다시 한번 동생을 건너뛰었기 때문일 것이다. 이 싸움이 유혈사태로 끝나자 비잔티움 주민들은 크게 격분했다. 황제는 백성들이 자신을 카인이라고 부르며 증오하는 것을 보았다. 수도 주민들과의 이런 특이한 갈등으로 콘스탄스는 콘스탄티노플을 떠나려는 결심을 굳혔을 것이다. 또한 황제가 서쪽으로 떠나는 것은 옛 거처와의 결별이라는 성격도 포함하고 있다는 점도 작용했을 것이다.

콘스탄스는 제국의 유럽 영토에서 가장 중요한 지점들을 방문할 생각이 있었던 듯이 보인다. 그는 우선 테살로니카에 머무른 다음, 비교적 오랫동안 아테네에 머물렀고, 663년에야 비로소 타란토로 들어갔다. 여기서 그는 롬바르드족과 전쟁을 시작했다. 처음에는 많은 성과를 기록했고, 여러 도시들은 그에게 저항 없이 성문을 열어주었다. 그리고는 베네벤토의 포위공격에 들어갔다. 그렇지만 이탈리아 신민들을 가혹하게 쥐어짰음에도 불구하고, 장기적인 전쟁을 수행하기에는 황제의 군사적 수단도 재정적 수단도 충분하지 않았다. 콘스탄스는 포위공격을 중지하고 나폴리로 물러갈 수밖에 없었다. 그리하여 이탈리아에서 롬바르드족을 일소하려던 시도는 처음의 성과에도 불구하고 실패로 끝났다.

콘스탄스는 나폴리에서 로마로 향했다. 교황 비탈리아누스는 선임 교황 마르티누스를 고문하여 죽음에 이르게 했던 군주를 맞기 위하여, 앞장서서 로마 성직자들을 거느리고 시벽에서 6마일이나 떨어진 곳까지 마중을 나왔고, 성대한 예를 갖추어 그를 옛 수도로 안내했다. 한때 위대했던 옛 수도는 이제는 추억만을 간직하고 있었다. 콘스탄스는 서로마 제국이 몰락한 후 그곳을 방문한 최초의 황제였다. 물론 그의 로마 체류는 방문 이상은 아니었다. 그는 로마에 단지 열이틀 동안 머물렀고 공식활동도 의식과 예배에 한정했다. 663년 7월 17일, 콘스탄스는 '영원한 도시' 로마를 떠나 곧 나폴리에서 배를 타고, 아랍인들의 공격으로부터 보호할 필요가 있는 시칠리아 섬으로 향했다. 그는 이곳의 시라쿠사에 새로운 거처를 세웠다. 심지어는 가족 ── 아내와 아들들 ── 을 시칠리아로 데려올 생각도 했으나 콘스탄티노플이 이에 반대했다. 콘스탄티노플이 황제의 거처를 서쪽으로 옮기려는 계획에 찬성하지 않은 것은 이해할 만한 일이다.

이 새로운 거처는 탁월한 선택이었다. 찬탈자 올림피오스도 당시 시칠리아를 자기 권력의 중심지로 골랐었다. 이제 이곳에서 황제는 롬바르드족의 위협을 받는 이탈리아 지역과 아랍인들의 공격에 맡겨진 북아프리카 사이에서 전략적으로 중요한 거점을 확보한 셈이었다. 콘스탄스 2세가 시라쿠사를 어떻게 통치했는지는 거의 알려져 있지 않다. 다만, 궁정과 황제군대의 유지가 제국의 서쪽 지역에는 무거운 부담을 의미했으며, 황제의 제멋대로식 전제주의가 여기서도 곧 모두의 반발을 샀다는 것이 확인될 뿐이다. 콘스탄스의 시라쿠사 체류를 끝장나게 한 파국의 원인도 바로 여기에 있었다. 그의 측근 가운데서 모반이 일어났고, 668년 9월 15일 그는 욕실에서 한 시종에게 살해당했다. 이 모반에는 비잔티움과 아르메니아의 여러 명문가들이 참여했다. 콘스탄스가 살해된 후 군에 의해서 황제로 선포된 메제지오스 역시 아르메니아인이었다. 그러나 이 반란은 669년 초, 라벤나 총독의 군대에 진압되었다. 찬탈자와 여러 반란 지도자들이 처형되었다. 황제의 시신은 콘스탄티노플로 운구되어 사도 교회에 안치되었다.

3) 콘스탄티노플의 구출과 신질서의 완성

콘스탄스 2세가 죽은 후 그의 젊디젊은 아들 콘스탄티노스 4세(재위 668-685년)가 콘스탄티노플의 왕좌에 올랐다. 이제 비잔티움 역사에서 세계사적으로 가장 중요한 통치기 가운데 하나가 시작되었다. 콘스탄티노스 4세의 통치는 비잔티움과 아랍인들 사이의 투쟁을 결판지었던 것이다.

콘스탄스 2세가 서쪽에 체류하고 있는 동안 무아위야는 칼리프 좌에서 일어난 혼란을 제거한 후 비잔티움 제국에 대한 투쟁을 재개했다. 663년에 아랍인들은 다시 소아시아에 나타났고, 그때부터 그들의 습격이 해마다 반복되었다. 땅은 이르는 곳마다 황폐해졌고, 주민들은 포로가 되어 끌려갔다. 아랍인들은 칼케돈까지 진격하여 흔히 겨울 동안에도 제국 영토에 머물렀다. 그러나 콘스탄티노플을 둘러싼, 또 비잔티움 제국의 생존을 둘러싼 결정적인 투쟁이 벌어진 것은 해상에서였다. 옛날 시리아 총독으로 있을 때부터 정복계획에 사로잡혀 있던 칼리프 무아위야는 자신이 10여 년 전에 작전을 중단해야 했던 바로 그 지점에서 다시 행동을 개시했다. 당시 점령했던 섬들, 즉 키프로스-로도스-코스를 잇는 선이 키오스를 접수함으로써 완성되었고, 무아위야의 한 장군은 670년, 키지코스 반도를 점령했다. 키지코스는 비잔티움의 수도와 가까운 곳에 있었으므로, 이제 콘스탄티노플에 대해서 보다 안전하게 작전을 펼 수 있는 기지가 마련되었다. 그러는 사이, 비잔티움 국가 중심지에 대한 대대적인 습격이 성공을 거두기 전인 672년에 칼리프의 함대가 스미르나를 점령했고, 그동안 다른 함대는 킬리키아 해안을 공격했다.

674년 초, 본격적인 행동이 개시되었다. 막강한 분함대가 콘스탄티노플의 성벽 앞에 나타났다. 싸움은 여름 내내 지속되었다. 가을에 아랍 함대는 키지코스로 돌아갔다. 이듬해 초, 그들은 다시 나타났다. 비잔티움의 수도는 다시 한번 여름 내내 포위공격에 시달렸다. 똑같은 장면이 다음 몇년 동안 되풀이되었다. 그렇지만 당시 세계 최강의 요새를 습격하려던 아랍인들의 그 모든 시도는 어떠한 성과도 거두지 못했다. 그들은 콘스탄티노플의 성벽 앞에서 벌어진 해전에서 큰 손실을 겪은 후, 싸움을 포기하고 678년에 비잔티움의 해역을 떠났다. 당시 이 전투에서 처음으로 저 유명한 "그리스의 불", 곧 그리스 화약이 사용되었다. 그때부터 그리스 화약은 비잔티움인들에게 특별히 큰 공을 세웠다. 시리아에서 비잔티움으로 이주한 그리스인 건축가 칼리니코스의 발명품이었던 그리스 화약은 일종의 폭발물로서, 그 제조법은 비잔티움인들만 알고 있었다. 이 물질은 이른바 사이펀의 도움을 받아 아주 먼 거리에서도 적선들을 향해 투척될 수 있었고, 거센 화염을 일으켰다. 아랍 함대는 퇴각하면서 더욱 큰 손실을 입었다. 팜필리아 해안에서 그들을 좇아온 폭풍 때문이었다. 동시에 아랍 군대는 소아시아에서도 심각한 패배를 겪었다. 백발의 무아위야는 비잔티움과 30년간의 평화조약을 체결하지 않을 수 없었다. 또한 그는 황제에게 해마다 3,000개의 금괴를 지불하고 덧붙여 50명의 포로와 50필의 말을 주기로 약속했다.

아랍인들의 대공격의 실패는 비잔티움 제국의 경계선 저 너머에도 큰 영향을 주었다. 발칸 반도의 아바르족의 카간과 슬라브족의 족장들은 콘스탄티노플에 사신을 보냈다. 그들은 비잔티움의 황제에게 충성을 표시하고, 평화와 우호를 청했으며 비잔티움 제국의 종주권을 인정했다. 테오파네스는 자신의 보고를 이렇게 끝맺었다. "그리하여 동쪽에도 서쪽에도 원만한 평화가 들어섰다."

사실 678년의 비잔티움의 승리가 지니는 의미는 아무리 높이 평가해도 지나치지 않다. 처음으로 아랍인들의 돌진이 제지되었다. 그때까지 거의 아무런 저항도 받지 않고, 산사태처럼 앞으로 밀고 나아가던 아랍인들은 처음으로 강력한 반격을 받았다. 아랍인들의 돌진에 대한 유럽의 대대적인 방위전에서 콘스탄티노스 4세가 거둔 승리는 보다 뒤인 718년에 레온 3세가 이룩한 승리와 732년 카를 마르텔이 당시 세계의 다른 쪽 끝인 푸아티에에서 아랍인들에게 거둔 승리와 마찬가지로 세계사적인 의미를 지니는 전환점이었다. 유럽을 이슬람의 범람으로부터 구했던 이 세 차례 승리 가운데 콘스탄티노스 4세의 승리는 최초의 승리였을 뿐만 아니라 가장 큰 승리이기도 했다. 당시 아랍인들의 콘스탄티노플 습격은 의심할 여지 없이 기독교 세계가 아랍인들에게 당한 습격 가운데 가장 강력한 것이었다. 콘스탄티노플은 당시 아랍인들의 침략에 맞서는 마지막 제방이었다. 이 마지막 제방을 지켰다는 것은 비잔티움 제국만이 아니라 전체 유럽 문화를 구출한 것이었다.

그러나 제국은 발칸 반도에 투르크계 불가르족이 침입함으로써 새로운 큰 어려움에 직면하게 되었다. 헤라클레이오스 치하의 비잔티움과 우호적인 관계를 유지했던 불가리아 또는 오노구르-불가리아 대왕국은 7세기 중엽 서쪽으로 몰려오는 하자르족의 압력으로 붕괴되었다. 그 불가르족의 일부가 하자르족에게 복속하기도 했지만 몇몇 불가르족은 그때까지 살던 곳을 떠났다. 비교적 큰 무리가 아스파루흐(고대 불가리아 통치자 계보상으로는 이스페리히)의 지휘 아래 서쪽으로 이동했고, 70년대에 도나우 강 어귀에 나타났다. 콘스탄티노스 4세는 이 호전적 민족이 제국의 북쪽 경계에 나타난 것이 비잔티움 국가에 어떤 위험을 뜻하는지를 정확히 판단했다. 아랍인들과 평화조약을 맺은 후, 그는 즉시 불가르족에 대한 원정 준비를 시작했고, 이미 680년에 전쟁이 시작되었다. 황제가 친히 지휘하는 가운데 상당히 대규모의 함대가 흑해를 가로질러서 도나우 강 어귀 북쪽에 상륙했다. 동시에 비잔티움 기병들도 소아시아에서 트라키아를 지나 도나우 강을 건넜다. 그렇지만 이곳은 늪이 많은 지역이라 비잔티움인들이 전쟁을 수행하기가 아주 어려웠다. 반면에 불가르족으로서는 우세한 적과의 그 어떤 심각한 충돌도 피할 수 있는 조건이 되었다. 비잔티움 군대는 아무 성과도 거두지 못하고 기력이 소진했고, 결국 황제 자신이 병이 들어 군대를 떠나지 않을 수 없게 되자 후퇴에 들어섰다. 도나우 강을 건널 때 그들은 불가르족의 기습으로 심한 손실을 입었다. 불가르족은 퇴각하는 적을 쫓아 도나우 강을 건너서 바르나 지역으로 밀고 들어왔다. 그리하여 콘스탄티노스 4세의 원정은 미리 막으려던 화를 자초하며 적의 결정적인 발걸음을 가볍게 해주었을 따름이다.

불가르족이 습격한 땅은 당시 널리 슬라브화되어 있었다. 거기에는 세베르족말고도 다른 일곱 슬라브족이 살고 있었다. 이들은 불가르족에게 조공을 약속했고, 그들과 함께 비잔티움인들에 대항하는 투쟁에 들어서는 듯이 보였다. 도나우 강과 발칸 산맥 사이에 있는 옛 속주 모이시아 지역에 슬라브-불가리아 왕국이 탄생했다. 이렇게 불가르족의 침입은 슬라브족이 점령하고 있던 발칸 반도 북부에 국가가 형성되는 과정을 촉진했고, 여기서 최초의 남슬라브인들의 왕국이 탄생하게 되었다. 물론 불가르족과 슬라브족은 처음에는 서로 다른 두 개의 민족집단이었다. 또한 비잔티움의 원전들도 비교적 오랫동안 그들을 뚜렷이 구별했다. 그러나 불가르족은 차츰 슬라브 대중 속에 완전히 동화되어갔다.

비잔티움의 황제는 공식적인 평화조약을 체결함으로써 이 새로운 상황을 인정해야 했다. 심지어는 "로마의 이름에는 아주 욕되게도" 신생 불가리아 왕국에 해마다 조공의 지불을 약속했다. 그리하여 옛 비잔티움 영토에 처음으로 비잔티움 제국에 의해서 독립국가임을 인정받는 왕국이 등장했다. 불가르족의 정복으로 인해서 비잔티움 제국이 겪었던 실질적인 손실이 과대 평가되어서는 안 될뿐더러, 불가리아인들이 정복한 지방은 슬라브족이 이주하고부터 사실상 비잔티움 세력권에서 벗어나 있었던 지역임도 고려해야 되지만, 그래도 이 사실은 아주 중요하다.

동쪽에서 전개된 사태로 인해서 비잔티움 정부는 교회정치적 입장을 바꾸지 않을 수 없게 되었다. 아랍인들의 수중에 떨어진 오리엔트 속주들의 반환은 더 이상 고려될 수 없음이 분명했기 때문에, 단일의지론을 계속 고집한다는 것은 맹목에 불과한 듯이 보였다. 단일의지론 정책은 동부의 기독교 주민과 종교적으로 화해하는 수단이 되지 못한다는 것이 드러났고, 서부와 비잔티움 자체에서도 유해한 혼란을 초래했다. 콘스탄티노스 4세는 로마의 동의를 얻어서 콘스탄티노플에서 공의회를 소집했다. 여기서 단일의지론에 종지부를 찍게 될 터였다. 열여덟 번이라는 유례 없이 빈번한 회합을 거치며 680년 11월 7일에서 681년 9월 16일까지 열린 이 제6회 공의회는 얼마 전까지 금지되어 있던 두 가지 현실태론과 두 가지 의지론을 교조로 끌어올렸다. 단일의지론은 이단 판결을 받았고, 단일의지론파의 지도자들과 왕년의 선구자들 —— 그 가운데는 총대주교 세르기오스, 피로스, 키로스, 교황 호노리우스도 있다 —— 역시 파문을 당했다. 황제는 공의회의 토론에 대단히 강력한 관심을 보였다. 그는 처음 열한 번의 대단히 중요한 회의에 참석했을 뿐만 아니라 마지막 회의에도 참석하여 회의를 주도하며 신학논쟁을 이끌었다. 성대하게 개최된 마지막 회의에서 공의회의 결정들에 서명을 한 그는 환호성과 함께 올바른 신앙의 수호자, 해석자로서 교회 청중의 환영을 받았다. "황제여, 만수무강하소서! 당신은 그리스도 본성들의 본질을 논증하셨습니다. 주여, 세계의 등불을 지키소서! 새로운 마르키아누스이신 콘스탄티노스를 영원히 기억하라! 새로운 유스티니아누스이신 콘스탄티노스를 영원히 기억하라! 당신은 모든 이단을 쫓아버렸나이다!"

공의회 직후, 황실에서는 선대인 콘스탄스 2세와 그의 동생 테오도시오스 사이에 벌어졌던 혈전을 되풀이하는 듯이 보이는 심각한 갈등이 터졌다. 콘스탄스 2세와 마찬가지로 콘스탄티노스 4세 역시 무제한의 일인통치를 꾀했고, 아버지의 생전에 이미 황제의 관을 썼던 동생들 헤라클레이오스와 티베리오스에게서 모든 황제권을 박탈하기로 결정했다. 이때 그는 원로원에서뿐만 아니라 군에서도 거센 반대에 부딪쳤다. 군은 이제까지의 지배질서를 지지하면서 이 질서에 기독교적-신비주의적 의미를 지닌 독특한 새로운 해석을 부여했다.

아나톨리콘 테마의 군사들은 황제의 조치에 대해서 다음과 같은 표현으로 항의했다. “우리는 삼위일체를 믿는다. 우리는 세 (군주가) 왕관을 쓰고 있는 모습을 보고 싶다.” 그렇지만 반대가 있다고 해서 콘스탄티노스 4세의 마음이 흔들리지는 않았다. 우선 그는 동생들에게 주어진 군주의 칭호를 박탈했고, 681년에는 두 불행한 왕자들의 코를 베게 했다. 황제의 의도가 실행되는 것을 막으려던 아나톨리콘 테마의 대표자들은 처형당했다.

콘스탄티노스 4세의 쿠데타는 다음에 이어지는 발전에 중요한 결과들을 초래했다. 여러 세대에 걸쳐 형제간의 유혈 반목이 있은 후 이제 일인지배가 확고히 자리를 잡은 듯이 보인다. 이는 군주의 장자에게 제위계승권이 한정되는 군주제적 제위계승 원칙이 결정적인 진보를 이루었음을 뜻한다. 제위계승을 안정시키는 수단으로서 공동황제 제도는 여전히 큰 중요성을 지니고 있기는 했다. 그러나 이때부터 주 황제가 성숙하고 통치력이 있는 한 공동황제는 군주권의 행사에 참여하지 못하게 되었고, 전체 권력이 전제군주, 즉 주 황제의 수중에 놓이게 되었다.

콘스탄티노스 4세는 비잔티움 제국의 대내정치적 역사에서뿐만 아니라 대외정치적 역사에서도, 또한 교회발전에서뿐만 아니라 국가발전에서도 깊은 자취를 남기며 17년 동안 제국을 다스리고 685년 9월에 세상을 떴다. 그때 그의 나이는 겨우 33세였다. 일찍 세상을 떠난 황제의 뒤를 이어서 아들 유스티니아노스 2세(재위 685-696년, 705-711년)가 제위에 올랐다. 아버지와 마찬가지로 그도 통치를 맡았을 때는 16세가 채 안 되는 나이였다. 그러나 그는 참된 정치인의 특징인 현명한 사려분별력과 균형감각을 갖추고 있지 않았다. 열정적이며 충동적인 성격의 소유자로서 그는 영혼의 특질로 볼 때 차라리 할아버지와 비슷했다. 헤라클레이오스 왕조의 모든 대표자들이 지배 의지를 가지고 있긴 했지만, 그에게서는 이 의지가 콘스탄스 2세와 마찬가지로 어떠한 방해나 고려도 알지 못하는 저돌적인 전제주의로 나타났다. 게다가 그는 막중한 책임감을 부담시키는, 그러나 또한 큰 유혹이 담겨 있는 이름을 달고 있었다. 유스티니아누스 1세의 모범을 보며 젊고, 성숙하지 못하고, 균형감각도 없는 이 군주는 제위의 숭고성에 대한 감정에 벅차서, 종종 불타는 듯한 야심과 그치지 않는 명예욕에 사로잡혔다. 거침없는 전제주의와 극도로 화를 잘 내는 성격 때문에 그의 행동은 종종 당대인과 후손들로부터 나쁜 소리를 듣게 되었고, 근대 역사가들 역시 그의 치세의 중요성을 간과했다. 그렇기는 하지만 유스티니아노스 2세는 헤라클레이오스 가문의 진정한 대표자였으며, 국가가 필요로 하는 바를 명료하게 볼 수 있는 높은 재능을 지닌 군주였다.

콘스탄티노스 4세의 결정적인 승리에 힘입어 제국의 동쪽 상황은 아주 유리해졌다. 그러나 거꾸로 칼리프 좌는 무아위야가 죽은 후 내적 혼란으로 마비된 듯이 보였다. 유스티니아노스 2세가 비잔티움에서 지배권을 넘겨받았던 해와 같은 해에 칼리프의 자리에 오른 압둘-말리크는 비잔티움과 새로운 평화조약을 맺음으로써 관계를 안정시키고자 노력했다. 이 조약은 제국에게 상당한 이익을 안겨주었다. 아랍인들이 콘스탄티노스 4세에게 약속한 조공액수가 높아졌을 뿐만 아니라, 또한 한 편으로는 키프로스로부터, 다른 편으로는 아르메니아와 이베리아로부터 들어오는 수입이 두 계약 체결 당사자들 사이에 분배되었던 것이다. 그때부터 키프로스는 수백 년 동안 두 세력의 공동 통치를 받게 되었다.

동쪽에서의 평화는 유스티니아노스 2세에게 발칸으로 향할 수 있는 기회를 주었다. 이미 687/688년 유스티니아노스 2세는 소아시아에서 트라키아로 기병대를 이동시켰다. 이는 테오파네스가 말하듯이 "불가리아인과 스클라비니아들을 복속시키기" 위해서였다. 황제는 이 군대의 선봉에 서서 688/689년에 특히 슬라브족을 겨냥한 대규모 원정을 감행했다. 불가리아인들의 협조 아래 그는 테살로니카로 밀고 나아갔고, "대규모의 슬라브족을 복속시켰다." 이 원정의 경로는 당시 발칸의 상황을 명약관화하게 밝혀준다. 콘스탄티노플에서 테살로니카에 이르기 위하여 황제는 특별히 이 목적을 위해서 편성된 보다 강력한 병력을 조달하여 슬라브족이 점령하고 있는 땅을 돌파해야 했다. 테살로니카를 향한 유스티니아노스 2세의 돌파는 전쟁의 큰 성과로 간주되었다. 위풍당당하게 도시에 입성한 그는 테살로니카의 수호자인 성 데메트리오스 교회에 선물을 헌납함으로써 승리를 축하했다. 유스티니아노스는 항복한 슬라브족을 소아시아로 데려가서 옵시키온 테마에 둔전병으로 정착하게 했다. 슬라브족을 소아시아에 이주시키는 일은 이미 콘스탄스 2세 치하에서 시작되었지만, 이번의 식민은 훨씬 대규모였다. 옵시키온에 정착한 슬라브인들은 3만 명의 군사를 제공해야 했다. 새로운 병력의 유입은 비잔티움 군의 상당한 증강을 뜻할 뿐만 아니라, 적의 습격으로 황폐화된 이 지역의 경제적인 부흥에도 확실한 기여가 되었다.

유스티니아노스 2세에 의한 슬라브족의 소아시아 이주는 가장 중요한 사민정책(徙民政策)이기는 했지만, 이것이 이 시대에 유일한 사민정책이었던 것은 아니다. 아마노스 지역에 살면서 옛날 아랍인들과의 투쟁에서 비잔티움인들에게 잘 복무하다가 차츰 아랍인들 편으로 넘어가기 시작한 마르다이트족은 기독교를 신봉하는 약탈 종족이었는데, 이들 역시 제국으로 소환되어 펠로폰네소스 반도와 케팔레니아 섬, 에피로스의 항구도시 니코폴리스 그리고 또 소아시아 남해안의 아탈레이아 지역에서 선원으로 살게 되었다. 마지막으로 유스티니아노스 2세는 키프로스의 주민들을 키지코스로 이주시켰다. 콘스탄티노플이 포위공격을 받는 동안 심한 괴로움을 당했던 키지코스는 특별히 노련한 선원들이 필요했던 것이다.

키프로스인들의 이주는 칼리프국의 이해관계를 제법 민감하게 건드렸다. 유스티니아노스 2세가 자신의 우세를 의식하며 칼리프를 얕잡아보고 그의 항의를 물리쳤기 때문에, 양쪽은 691/692년 전쟁으로 대결하기에 이르렀다. 그런데 새로운 슬라브족 군사들이 적의 편으로 넘어갔다. 그 결과, 비잔티움인들은 아르메니아의 세바스토폴리스(오늘날의 술루-사라이)에서 막심한 패배를 겪었고, 아르메니아의 비잔티움 영토는 다시 칼리프 밑으로 들어갔다. 아랍인들은 비잔티움의 예를 따라서 투항한 슬라브족을 시리아로 이주시켜 이어지는 대(對) 비잔티움 전쟁에서 전투원으로 이용했다. 그렇다고 해서 유스티니아노스 2세가 복수심에서 모든 슬라브인들을 비티니아에서 학살케 했다는 테오파네스의 보고를 믿어서는 물론 안 된다. 마찬가지로 마르다이트족에 대한 사민정책이 아무 의미 없이 비잔티움의 동쪽 경계를 노출시킨 셈이고, 키프로스인들의 이주는 완전히 실패했으며, 대부분의 이주민들이 가는 도중에 죽임을 당했다는 주장 역시 진지하게 받아들여서는 안 된다. 실제로 키프로스인들은 후일 고향으로 돌아가는 것으로 보이기는 하지만, 그래도 10세기에도 옵시키온 테마에서 슬라브족을 만날 수 있었고, 키비라이오톤 테마에서, 또 그리스에서도 마르다이트족을 만날 수 있었다. 키비라이오톤 테마에서 마르다이트족의 사령관은 키비라이오톤 자체의 스트라테고스와 나란히 중요한 위치를 차지했고, 그리스에는 5,087명 또는 4,087명의 유효병력이 있었다. 그러니까 유스티니아노스 2세의 사민정책은 성공적이었음이 입증된 셈이다. 사민정책이 비록 당사자들에게는 대단히 가혹한 것이었다고 해도, 이는 비잔티움 국가의 중차대한 필요에 상응한 것이었다. 제국은 헤라클레이오스가 테마에 둔전병들을 이주시키면서 다시 소생하기 시작했다. 그의 후계자들은 이 작업을 이어받아, 빈혈상태에 있는 제국령 지역들에 이주자들을 투입하고 이들을 병사 겸 농부로 정착시킴으로써 제국을 다시 젊어지게 하는 과정에 새로 박차를 가했다.

테마 제도의 확장은 중세 초기의 비잔티움의 발전에서 가장 중요한 문제 가운데 하나이다. 비록 비잔티움의 역사서들은 이 문제에 대해서 상세하게 다루고 있지 않지만, 7세기 후반부터는 점점 더 빈번하게 테마에 대해서 언급하고 있다. 이는 비잔티움 제국이 점점 더 확고하게 테마 조직을 고유의 제도로 받아들였다는 증거이다. 687년 2월 17일, 유스티니아노스 2세의 기록은 이탈리아와 아프리카의 두 총독과 나란히 옵시키온, 아나톨리콘, 아르메니아콘, 카라비시아노이 해군 테마, 트라키아 테마, 이렇게 다섯 테마의 스트라테고스들을 거론한다. 소아시아 테마가 헤라클레이오스 시대로 거슬러올라가는 반면, 트라키아 테마는 불가리아인들을 막기 위해서 콘스탄티노스 4세 때 창설되었다. 다음 유스티니아노스 2세 치하에서는 중부 그리스에 헬라스 테마가 생겼다. 유스티니아노스 2세는 스트리몬 강 유역에도 다시금 슬라브족 둔전병들을 이주시킴으로써, 이 군사적-행정적 조직을 형성할 수 있는 일정한 요소들을 마련해낸 것으로 보인다. 그러나 발칸 반도의 거의 대부분은 비잔티움 국가권력의 영향권 바깥에 있으면서 불가리아인과 개개 슬라브족의 수중에 머물러 있었다. 옛 일리리아 총독부의 세력은 사실상 테살로니카와 그 부근에 한정되었다. 공식적으로 완전히 폐지된 것은 아니었지만, 일리리아 총독부는 점점 소멸되어갔고, 일리리아 총독은 테살로니카의 시 총독이 되었다.

테마 조직은 소아시아에서 점점 더 강력하게 발전하고 또 발칸 반도의 일부 지역에서도 점차 뿌리를 내리면서, 비잔티움 제국의 부흥을 완성하는 틀을 이루었다. 비교적 오랜 시일에 걸쳐 비잔티움 정부는 뚜렷한 지속성을 가지고, 가능한 한 많은 슬라브족을 제국의 영토로 유입시켜서 그들을 새로 창설된 테마의 둔전병과 농부로 정착시키려고 노력했다. 이는 제국의 전력을 증대시키고 나라를 경제적으로 강화시키기 위해서였다. 7세기 이래 비잔티움 제국이 체험한 내적 쇄신은 무엇보다도 강력한 농민계급의 부상과 새로운 둔전병 군대의 형성을 본질로 한다. 다시 말해서 소토지 소유가 강화되는 것이다. 토지에 정주하는 둔전병 역시 소토지 소유자이기 때문이다. 둔전병의 군복무 의무는 보통 맏아들이 이어받으며, 그는 군복무 의무가 부과된 "병사" 토지도 함께 이어받는다. 그러나 그밖의 후손들은 자유로운 농민 노동력의 잉여현상을 야기시켰다. 경작되지 않는 잉여토지는 자연히 그들에게 활동의 장을 제공했다. 마찬가지로 농민 역시 둔전병 신분에 편입될 수 있었다. 자유농민과 둔전병들은 한 계급에 속했고, 이 계급이 이제 비잔티움 제국을 짊어지고 나아가는 주력이 되었다.

초기 비잔티움 시대의 사회상을 지배하던 대토지 소유는 6세기에서 7세기로 넘어가던 위기시대부터 현저히 후퇴했고, 그뒤에는 적의 습격들로 심한 시달림을 받았다. 한편으로는 아바르족과 슬라브족의 공격을 받고, 다른 한편으로는 페르시아인들의 공격 및 이어지는 아랍인들의 습격을 당한 후, 옛 지주들의 상당수가 살아남을 수 없었다는 것은 이해할 수 있는 일이다. 우리가 알기로, 그들은 사실상 대부분 몰락했고, 대신 소토지 소유자, 즉 경작하지 않고 내버려둔 토지를 소유하게 된 자유농민과 새로운 테마 군대의 둔전병들이 등장한다.

이렇게 비잔티움의 농촌지역에서 제국의 사회구조를 새로운 토대 위에 세우고 새로운 발전의 길로 들어서게 하는 변혁이 일어났다. 그에 비해서 비잔티움의 국가제도는 강한 지속성을 보여준다. 서부에서와는 달리 비잔티움에서는 도시생활이 중단되지 않았다. 물론, 특히 발칸에서, 수많은 도시들이 적의 습격으로 파괴되었던 것은 사실이다. 그리하여 비잔티움 세력권을 벗어나 있던 발칸 반도 대부분의 지역에서는 도시생활이 오랫동안 중단되었다. 그에 반해서 비잔티움의 지배하에 머물러 있던 소아시아에서는 도시들이 존속하고, 그 수치는 어떤 특기할 만한 감소를 보여주지 않는다. 중세 초기 비잔티움 제국의 도시생활에 대한 정보가 아무리 부족하다고 해도, 여러 비잔티움 도시들이 상공업 중심지로서의 중요성을 유지했다는 것을 의심할 수는 없다. 비잔티움에서 화폐경제가 계속 지배적이었던 사실 또한 이로써 설명된다. 도시생활은 비잔티움의 발전에서 연속성을 이루는 고유한 요소이다. 그것은 전통적인 국가형식의 존속과 고대의 정신적, 물질적 문화의 존속을 보장하는 것이었다.

비잔티움 제국 촌락의 새로운 상황은 저 유명한 농민법(노모스 게오르기코스〔nomos georgikos〕)에서 가장 분명하게 반영된다. 이 법은 중세 초기의 비잔티움 농민층이 영위했던 일상생활의 상을 전달해준다. 노모스 게오르기코스는 무엇보다도 황폐해진 농촌에 주민을 정착시키는 정책을 통해서 형성된 새로운 정주지들을 염두에 두고 있는 것처럼 보일 수도 있다. 우리는 새로운 정주 촌락들이 삼림지역에 있다는 인상을 받기도 한다. 왜냐하면 숲의 개간이라든가 경작되지 않고 버려진 토지의 개간이 거듭해서 언급되기 때문이다. 이 법은 농부들을 독립적 토지소유자로 규정하고 있다. 농부들은 지주에게가 아니라 국가에게만 납세의무를 졌다. 그들의 이주의 자유는 무한정하게 허용되었다. 그렇다고 이 시대에 예속적 농민층이 전혀 존재하지 않았다는 뜻은 물론 아니다. 다만 독립 농민층이 넓은 층을 이루고 있었고, 또 당시 농민(게오르고이〔georgoi〕)이라는 단어는 무엇보다도 독립적 토지소유자로 이해되었다는 뜻이다. 이 농민법이 그들을 재산과 토지의 소유자로 일컫고 있는 것은 괄목할 만하다. 그밖에도 그들은 토지와 가축을 소유할 뿐만 아니라, 아울러 비잔티움 농업에서 여전히 작지 않은 역할을 맡고 있던 노예도 소유했다. 농민법은 특히 개개인의 자주점유*의 보호를 염두에 두고 있었다.

그렇기는 하지만 마을 주민들은 공동체를 이루었다. 공동체의 협력관계는 여러 방식으로 나타났다. 농지, 포도원, 과수원, 야채밭 등은 농민 또는 농민 가족의 완전한 개인소유였다. 아울러 삼림 역시 경우에 따라서는 개개인의 소유가 되기도 했다. 그렇지만 이 특별 소유는 원래 마을 공동체 소유의 땅을 분할하는 데서 출발했기 때문에, 필요한 경우 보충적으로 새로운 분할이 일어날 수 있었다. 그러나 마을 소유지의 특정 부분들은 분할되지 않고 부락 공동의 소유로 머물렀다. 목초지들은 공동으로 이용되었다. 마을의 가축떼는 공동체로부터 급료를 받는 목동들이 지켰다.

국가는 이 촌락 공동체를 행정적-재정적 단위로 간주했다. 공동체 구성원

* 법률에서, 소유의 의사를 가지고 하는 점유.

들은 조세의 정확한 수령을 보증해야 하며, 지불 능력이 없는 이웃의 조세를 책임져야 했다. 수확 능력이 있는 토지의 소유자에게 황무지를 강제로 떠맡기며, 아울러 맡긴 토지에 대해서 조세의무도 부과했던(22-23쪽 참조) 후기 로마의 에피볼레 체제를 변형하여, 이제 황폐해진 토지에 대한 세금이 이웃 주민에게 부과되었던 것이다. 그에 따라 세금을 부과받은 이웃 주민은 해당 토지를 이용할 수 있는 권리를 가지게 되었다. 우리는 이 농민법에서 세입(稅入)을 위해서 연대 배상 의무를 지우는 새로운 질서 ── 이는 나중에 알렐렌기온(allelengyon)이라는 명칭으로 나타난다 ── 를 처음으로 만나게 된다. 그 일차적인 계기는 이제 토지위탁이 아니라 납세위탁이다. 토지소유자는 납세자이기 때문에, 토지위탁은 오히려 납세위탁의 자연스러운 결과 현상에 불과하다. 토지소유자가 납세자라는 비잔티움의 저 유명한 공리가 이제 완전한 인정을 받기에 이른 것이다.

7세기 말경에는 주요 조세의 평가체계도 중요한 변화를 겪은 듯이 보인다. 디오클레티아누스 황제가 도입한 카피타티오-유가티오 체제의 근간이 되었고 유스티니아노스 2세의 치세 초기에도 존속했던 인두세와 토지세의 결합은 해체되었다. 인두세는 이제 토지세로부터 분리되어, 모든 납세자들에게 차별 없이 적용되었다. 따라서 인두세를 부과한다고 하여 토지 정착이 전제되지는 않는 것이다. 초기 비잔티움 국가는 당시 조세 질서를 고려하면서 노동력이 부족했던 시기의 세입을 확실히 하기 위하여 제도적으로 납세자를 토지에 묶어놓았지만(22쪽 이하 참조), 이제는 납세자를 토지에 묶어놓는 중요한 근거가 없어진 것이다. 그리하여 조세제도의 변화 역시 농민의 자유로운 이주를 촉진하는 데에 기여했다.

교회와 수도원의 토지 소유 역시, 모든 계층의 경건한 비잔티움인들이 교회와 수도원에 토지를 증여함으로써 계속 새로운 자양분을 공급받으면서 끊임없이 증대했다. 수도사들이 끊임없이 증가하고 있었던 것도 마찬가지 의미이지만, 소유 토지의 증가과정도 역시 교회의 힘이 강화되고 있음을 알려주는 표지였다. 당시 비잔티움에 수도원 제도가 얼마나 넓게 퍼져 있었는지는 훗날 11세기 말에 안티오케이아의 총대주교 요안네스의 입에서 나온 증언을 통해서 상상해볼 수 있다. 그의 증언은 명백한 과장이기는 하지만 당시 상황의 특징을 충분히 말해주는 듯이 보인다. 동쪽의 성직자층을 대표하고 수도원 재산의 불가침성을 단호하게 옹호했던 이 고위 성직자의 주장에 따르면, 성상 파괴 논쟁이 터지기 전 비잔티움 제국의 주민들은 똑같은 규모의 두 개 집단, 즉 수도사 집단과 평신도 집단으로 나뉘었다고 한다. 나아가 수도원과 수도사 수의 증가는 수도원의 토지 소유의 증가와도 상응했다.

유스티니아노스 2세는 믿음이 매우 깊은 군주였다. 주화에 새겨진 글을 보면 그는 자신을 세르부스 크리스티, 곧 그리스도의 종(從)이라고 불렀고, 비잔티움 황제 가운데 제일 처음으로 주화 뒷면에 그리스도의 상을 새기게 했다. 바로 그의 치세 때 또 한번의 공의회가 열렸으니, 그것은 지난 마지막 두 공의회, 그러니까 553년의 제5회 공의회와 680-681년의 제6회 공의회에서 내려진 교조에 관한 규정들을 보완하는 대단한 분량의 교회법들을 내놓았으며 그 덕분에 퀴니섹스툼(Quinisextum), 곧 '제5-6회 보완 공의회'라는 이름으로 알려지게 된 공의회였다. 이 교회회의는 모임이 열린 황궁의 원형 홀인 트룰로 실(室)의 이름을 따서 트룰로 공의회라고 불리기도 한다. 이 공의회에서 공표된 102개 조항 교회법은 교회행정 및 의식의 여러 문제들을 규정하는 것이었으며, 특히 일반 인민과 성직자들의 기독교 도덕을 장려하고 확고히 할 것을 강조하는 내용을 담고 있었다. 이 교회법들은 일부는 이교에 기원을 두고 있다는 이유에서, 또 일부는 도덕적인 이유에서 여러 관습과 풍습들을 비난하는데, 여기서 우리는 그 시대 민중생활에 대한 흥미로운 관찰을 할 수 있다. 당시까지도 그 옛날의 이교도적인 축제가 이어져 내려왔음이 분명하다. 예컨대 브루말리아 축제에서는 변장을 하고 가면을 쓴 남자와 여자들이 거리를 돌아다니기도 했고, 사람들이 포도를 따면서 디오니소스를 찬미하는 노래를 부르기도 했으며, 초승달이 떴을 때 집 앞에 장작더미를 쌓아놓고 젊은이들이 불 위를 뛰어넘는 놀이를 하기도 했다. 이런 풍속들을 비롯하여 이교 시대에서 유래하는 수많은 풍속들이 이제 부정되었다. 특히 콘스탄티노플 대학의 학생들에게 연극적 여흥 행사의 개최가 금지되었다. 그러나 뭐니뭐니 해도 퀴니섹스툼 공의회의 규정들 가운데 가장 큰 역사적 의미가 부여되는 것은 동방교회와 서방교회의 상반되는 견해들이 드러나는 규정들이다. 이를테면 사제의 결혼을 허용한다거나 로마의 안식일 단식을 명백하게 배척하는 규정 같은 것이 그러한 것이다. 그리하여 제6회 공의회에서 교조에 관한 합의를 이룬 것이 겨우 10년 전 일이었는데 이제 다시 로마와 비잔티움 사이에서는 새로운 대립이 터져나오게 되었다. 이번에는 신앙 문제들 때문은 아니었고, 두 세계 중심지들의 분리된 생활방식을 뚜렷이 드러내는 문제들 때문이었다.

교황이 퀴니섹스툼 공의회의 결정들을 거부한 것은 놀라운 일이 아니다. 유스티니아노스 2세는 자신이 할아버지의 예를 따른다면 이 갈등을 빨리 종결지을 수 있으리라고 믿었다. 그는 로마로 대리인을 파견하여 교황을 콘스탄티노플로 잡아오도록 했다. 그를 황제의 법정에 세울 생각이었다. 그러나 마르티누스 시대 이후 상황은 변했다. 이탈리아에서 황제의 권위는 옛날과 같지 않았고, 교황의 위치는 확고했다. 로마의 국민군도 그러했지만 특히 라벤나의 국민군도 황제의 사신의 뜻을 너무나 단호하게 거부했기 때문에 사신은 한낱 비루한 목숨이라도 구하기 위해서 교황의 아량을 구하지 않을 수 없을 정도였다. 그것은 교황이 40년 전에 비잔티움 황제에게 당했던 굴욕에 대한 보복이었다. 그러나 이번에 황제가 경험한 굴욕에 대해서는 끝내 복수를 할 수 없었다. 유스티니아노스 2세는 그 직후 실각했기 때문이다.

헤라클레이오스 왕조는 둔전병과 자유농민의 소토지 소유 정책을 제국의 주요 지주로 삼았다. 비잔티움 제국의 귀족들은 그 정책을 마음에 들어하지 않았다. 유스티니아노스 2세의 통치정책은 특히 강한 반(反)귀족주의 성향을 띠었다. 거침없이 폭력을 휘두르는 젊은 황제의 거칠고 도전적인 방식은 이 대립을 극단으로 몰아갔다. 정통한 오리엔트 전거들이 증언하고 있듯이, 유스티니아노스의 조처는 귀족층을 완전히 말살하려는 위협이 되었다. 그런데다 그의 조치들 가운데는 보다 넓은 주민층의 호감을 얻기에 적합하지 않은 것이 있었다. 예를 들면 사민정책이 그것으로, 이 정책이 아무리 국가의 필요에 상응하는 것이었다고 하더라도 당사자들에게는 대단히 가혹한 조치였다. 왜냐하면 그것은 사람을 강압적으로 고향에서 떠나게 하여 알지도 못하고 사람도 살지 않던 지역으로 내던지는 것이기 때문이었다. 그밖에도 유스티니아노스 2세의 통치는 신민들에게 심한 재정적 부담을 뜻했다. 특히 황제는 자신과 같은 이름을 지녔던 위대한 선임자를 본받으려고 노력하면서, 건설사업에 낭비성 짙은 열정을 퍼부었기 때문이다. 가혹한 국고주의로 말미암아 주민들은 재정 분야의 책임을 맡은 관리들에 대한 자심한 분노로 가득 찼다. 사켈라리오스인 스테파노스와 게니콘의 로고테테인 테오도토스가 그들이다. 그들은 유난히 거칠고 무자비한 관리들이었던 것 같다. 695년 말, 유스티니아노스 2세의 정부에 대항하는 봉기가 일어났다. 청색당은 신설된 헬라스 테마의 스트라테고스로 지명된 레온티오스를 황제로 추대했다. 유스티니아노스의 두 주요 조력자였던 사켈라리오스 스테파노스와 로고테테 테오도토스는 군중의 분노에 희생되었고, 유스티니아노스 자신은 코를 베이는 처벌을 받았다. 제위에서 실각한 황제 유스티니아노스는 그 옛날 마르티누스 교황이 추방되어 생을 마감했던 케르손으로 압송되었다.

4) 헤라클레이오스 왕조의 몰락

695년의 혁명으로 비잔티움은 균형을 잃었다. 20년 이상 계속될 혼란의 시대가 시작되었다. 이 내적 파괴의 시대에 제국은 새로운 위험에 직면하게 되었고, 다시금 혹독한 손실을 입었다. 최초의 중요한 손실은 북아프리카 해안의 상실이었다. 카르타고 총독구에 대한 아랍인들의 공격은 비교적 오랫동안 잠잠했지만, 제국의 서부지역을 방어하는 효과적인 수단을 찾으려던 콘스탄스 2세의 계획이 실패한 후, 이곳의 몰락은 시간문제였다. 697년, 아랍인들은 라틴 아프리카에 침입하여 빠른 개선행렬로 카르타고를 점령했다. 황제 레온티오스(재위 695-698년)가 재빨리 아프리카로 함대를 파견한 덕분에, 비잔티움 함대는 어쨌거나 다시 한번 상황의 주인이 될 수 있었다. 그러나 이듬해 초, 강화된 아랍 전투력이 바다와 육지에 도착했을 때 비잔티움인들은 적의 우세에 굴복하여 땅을 내주어야 했다. 이러한 패배의 결과, 비잔티움 함대는 레온티오스에게 반란을 일으키고, 키비라이오톤 테마의 드룬가리오스(drungarios)이던 압시마르를 황제로 포고했다. 녹색당에 속한 도시 민병대의 지원을 받아 압시마르는 손쉽게 수도를 점령하고 티베리오스 2세(재위 698-705년)로서 황제로 등극했다. 그의 선임자들이 청색당의 지지를 얻어서 황제로 포고되었던 반면, 그가 녹색당의 지지에 의해서 황제로 포고되었음은 특기할 만한 일이다. 실각한 레온티오스는 3년 전 그에게 실각당한 유스티니아노스와 꼭 마찬가지로 코가 베인 후 수도원에 감금되었다.

티베리오스 2세 정부는 잃어버린 카르타고의 총독관구를 되찾으려는 시도를 하지 않았다. 심지어는 아프리카에서 아랍인들이 그 이상 진출하지 못하도록 대응하는 일조차 하지 않았다. 아랍인들은 이주를 계속하면서 단지 토착민인 무어인들하고만 싸우면 되었다. 그들은 이미 8세기 초에 대서양 해안에 다다랐으며 제국의 서쪽 전초기지인 아프리카 해안의 셉템(오늘날 지브롤터 해협의 세우타)에서 처음으로 약간 거센 저항에 부딪쳤다. 711년에 셉템 요새가 함락된 후 아랍인들은 전 북아프리카 해안을 장악했고, 동시에 스페인 정복을 시작했다. 그들은 몇년 지나지 않아 스페인에서 서고트족의 지배를 몰아냈다. 그리하여 콘스탄티노플의 강력한 성벽 때문에 동쪽에서 길이 막힌 아랍인들은 이렇게 아프리카를 거치는 식으로 우회하여 서쪽으로부터 유럽으로 진출했다.

그러는 동안 헤라클레이오스 왕조는 유스티니아노스 2세라는 인물을 통해서 다시 한번 지배권을 장악하게 되어 있었다. 잔인하게 코를 베어버린 것으로도, 멀리 떨어진 케르손으로 추방을 시켜버린 것으로도, 유스티니아노스의 쉬지 않는 정신을 제어할 수는 없었다. 유스티니아노스는 운명에 만족하지 않았다. 그는 돌아가서 복수할 것을 다짐했다. 특히 698년의 황제권 교체가 그의 용기를 북돋워주었던 것으로 보인다. 유스티니아노스의 태도는 갈수록 수상쩍어졌다. 그리하여 케르손의 지방 당국은 그를 콘스탄티노플 정부에 인도하기로 결정했다. 적시에 경고를 받은 유스티니아노스는 하자르 제국으로 도망쳤다. 하자르족의 카간은 그를 정중히 맞아들였고, 그를 자신의 누이와 결혼시켰다. 누이는 기독교로 개종하여 유스티니아누스 1세의 아내의 이름인 테오도라라는 이름을 얻었다. 콘스탄티노플은 유스티니아노스의 행동을 점점 더 크게 우려했다. 하자르 궁정에 티베리오스 황제의 사신이 찾아와 유스티니아노스의 인도를 요구했다. 비잔티움과의 좋은 관계를 흐리지 않기 위해서, 카간은 비잔티움 정부의 요청을 따르기로 결정했다. 자신에게 닥친 위험을 적시에 알게 된 유스티니아노스는 다시 도망을 쳤고, 여러 모험을 거치며 흑해 서안에 이르렀다. 여기서 그는 불가리아인들의 칸(khan)인 테르벨과 접촉하여 지원을 보장받았다. 705년 가을, 그는 테르벨과 함께 상당한 규모의 불가르-

슬라브족 군대의 선봉에 서서 콘스탄티노플 앞에 나타났다. 그렇지만 이 군대는 비잔티움 수도의 성벽들에 대해서 힘을 쓸 수 없었다. 아무 성과 없이 3일이 경과했고, 제위를 요구하는 유스티니아노스는 조롱과 조소의 답을 받았다. 그는 몇몇 용감한 수행원들과 함께 밤에 수도관(水道管)을 타고 콘스탄티노플로 잠입했다. 기습을 당한 도시에는 공포가 일어났고, 티베리오스는 대담한 적에게 전장을 비워주고 도망쳤다. 유스티니아노스는 콘스탄티노플에서 적뿐만 아니라 지지자들도 발견한 것 같다. 그는 블라케르나이 궁전을 점령하고, 10년 동안의 모험으로 가득 찬 추방시절을 끝낸 후 선조들의 제위에 복귀했다. 이제 보스포루스 해안의 세계도시에서는 6년 동안(705-711년) "코를 베인" 황제, 즉 "리노트메토스(Rhinotmetos)"가 지배했다. 그는 잔인한 신체 절단과 그것을 통해서 상징되는 자격 박탈을 뛰어넘었던 것이다. 그의 권력의지는 7세기에 그토록 자주 이용되었던 이런 식의 자격 박탈은 충분한 효과가 없음을 증명했다. 그때부터 신체 절단형은 제위를 노린 자에게도 제위를 박탈당한 황제에게도 쓰이지 않게 되었다. 유스티니아노스는 그의 아내 테오도라와 제위를 공유했다. 그는 제위 회복에 성공한 후 아내를 하자르 왕국에서 콘스탄티노플로 데려왔는데, 그녀는 그 사이에 낳은 아들을 데려왔다. 이 아들은 티베리오스라는 이름을 얻고 공동황제로 추대되었다.

유스티니아노스의 친구들 및 조력자들이 얻은 보상과 그의 적들에게 베풀어진 복수는 양쪽 다 보통이 넘었다. 불가리아는 콘스탄티노스 4세 치하에서 제국이 약속했던 조공을 지불받았을 뿐 아니라, 불가리아의 칸 테르벨은 특별한 예우로 카이사르의 칭호를 얻었다. 물론 이 칭호는 예전의 의미를 상실했지만(78쪽 이하 참조), 그래도 비잔티움에서 황제의 지위 다음으로는 여전히 가장 높고 또 영예로운 칭호였다. 외국의 군주가 이 영광스러운 칭호를 얻은 것은 처음 있는 일이었다. 그 칭호를 지닌 사람은 황제의 권력에 관여하지는 못했지만, 황제의 영예는 함께 공유했다. 테르벨이 많은 선물과 함께 자기 나라로 물러나기 전, 그는 카이사르의 품위를 가진 자로서 비잔티움 백성으로부터 충성의 맹세를 받았다. 그는 황제와 나란히 옥좌에 앉을 수 있었다. 그에 반해서 도망치다가 잡힌 티베리오스-압시마르와 7년 전에 실각하여 코가 잘린 레온티오스는 공개적인 모욕을 당한 다음 처형되었다. 여러 고위급 장교들은 콘스탄티노플의 성벽에 매달려 처형되었다. 총대주교 칼리니코스에게는 레온티오스에게 대관식을 올려준 책임을 물어 그의 두 눈을 도려냈다. 그러나 이런 일들은 황제가 모든 적을 절멸시키기 위해서 자행한 체계적인 공포정치 가운데 최초의 희생에 불과했다. 유스티니아노스는 동시대인과 후손들로부터 피에 굶주린 폭군이라는 명성을 얻었다. 이 악명은 순전히 두번째 치세기에 벌어들인 것이었다. 그는 진정시킬 수 없는 복수욕에 눈이 멀어서 가장 절박한 국가의 과제를 망각하고 제국의 적들과의 전쟁을 소홀히 한 채, 내부에서 그의 적들과 싸우는 것으로 온 힘을 소모했다.

여기서 이득을 본 것은 아랍인들었다. 709년, 그들은 카파도키아 국경지역에서 가장 중요한 요새 가운데 하나인 티아나를 포위공격했다. 비잔티움 군대는 그들에게 맞섰지만 역부족이었다. 가장 유능한 인물들이 공포정치의 희생물이 되었으므로 훌륭한 지휘관도 남아 있지 않았다. 비잔티움 군대는 패배했다. 이에 따라 오랫동안의 포위공격에 지치고 원군에 대한 모든 가망도 날아간 티아나는 적에게 항복했다. 710년과 711년의 킬리키아 습격에서 아랍인들은 전혀 저항을 받지 않고 여러 요새들을 점령할 수 있었다. 비교적 소규모의 아랍인 부대들은 크리소폴리스까지 진격을 감행했다.

그런데도 황제는 비잔티움에서 대규모 처형을 벌인 데에 만족하지 않고, 라벤나로 징벌 원정을 떠나라는 명령을 신민들에게 내렸다. 라벤나의 시민들이 그의 첫번째 치세 때 그에게 적대적인 태도를 취한 데 대한 복수였다. 이 도시는 난폭한 약탈을 당해야 했고, 가장 명망 있는 시민들은 포박을 당한 채 콘스탄티노플로 끌려가 처형당했으며, 그들의 주교는 눈알이 도려내졌다. 그러나 퀴니섹스툼 공의회의 결정 때문에 일어난 로마와의 갈등은 평화로운 방식으로 조정되었다. 710년 말, 교황 콘스탄티누스 1세는 황제의 초청으로 콘스탄티노플로 가서 최고의 예우를 받았다.

709년에 라벤나에서 처벌 원정이 있은 후 이미 710년 말 혹은 711년 초에 봉기가 일어났음에도 불구하고, 유스티니아노스는 곧 비슷한 원정대를 그의 옛 추방지 케르손으로 파견했다. 이곳에서의 결산은 라벤나에서보다 더 잔혹했다. 그러나 그 대가로 유스티니아노스는 목숨을 잃었다. 처음에는 케르손의 주민들이 반란을 일으켰고 그 다음에는 황제의 군대와 함대들도 반란을 일으켰다. 이들의 사령관들은 단 한번만 실패하더라도 당장 의심 많은 군주로부터 복수를 당해야 할 처지였으니 그럴 만도 했다. 그 사이에 크림 반도까지 지배권을 확장한 하자르족이 그들의 폭동을 지원했다. 아르메니아인 바르다네스(곧 필리피코스)가 황제로 포고되었다. 그가 711년 초에 함대를 이끌고 콘스탄티노플 앞에 도착했을 때 수도는 그에게 성문을 열어주었다. 이제 유스티니아노스를 옹호하는 사람은 아무도 없었다. 실각한 황제는 그의 사관 가운데 한 사람의 손에 죽음을 맞았다. 그의 머리는 로마와 라벤나로 보내져 구경거리가 되었으며, 그의 어린 아들이자 제위계승자인 티베리오스 역시 살해되었다. 이리하여 헤라클레이오스의 영광스러운 왕조는 피와 공포 속에서 몰락했다.

엄밀한 의미에서 비잔티움 제국 최초의 왕조였던 헤라클레이오스 가문은 만 100년에 걸쳐 다섯 세대의 대표자들이 제국을 지배한 왕조였다. 우리가 이 비범한 가문의 역사를 볼 때면, 진정한 정치인으로서의 위대함과 독특한 병적인 극단이 짝을 이루는 일련의 인물들이 우리 눈앞을 지나간다. 제국을 개혁한 위대한 헤라클레이오스, 그는 군대의 선봉에 서서 성전(聖戰)을 이끌고 막강한 페르시아 제국에 대한 전설적인 승리를 축하했다. 그러나 그후에는 지치고 쇠약해져 아무런 행동도 취하지 않은 채 아랍인들의 돌진을 관망하고 무거운 정신적 혼미 속에서 목숨을 마감했다. 콘스탄스 2세, 결핵에 걸린 약골의 아들이었던 그는 피비린내 나는 가족간의 불화를 기억하며 어린 나이로 황제의 자리에 올라 고집스럽고 무모한 모습을 보여주다가 위대한, 그러나 현실과는 거리가 먼 이념에 희생되었다. 아랍인들을 영웅적으로 제압한 콘스탄티노스 4세, 그는 처음에는 그의 증조부 다음으로 그 누구보다도 제국의 구원자라는 칭호를 받아 마땅한 위대한 사령관이자 정치인이었다. 그러나 33세의 나이에 너무 일찍 삶과 결별했다. 탁월한 재능을 지닌 군주 유스티니아노스 2세, 그는 다른 어떤 사람과도 달리 새로운 국가조직을 확충하는 데에 기여했다. 그러나 자신의 무제한한 전제정으로 인해서, 자제력 없고 비인간적인, 거의 병적인 잔인성으로 인해서 비극적인 운명을 준비했고 왕조의 몰락을 초래했다.

헤라클레이오스 왕조의 창조적 세기는 유스티니아노스 2세의 첫번째 치세와 함께 종말을 맞았다. 그러나 헤라클레이오스가 통치를 시작하여 유스티니아노스가 처음 실각할 때까지의 시기는 비잔티움 국가가 지금까지 견뎌내야 했던 것 가운데 가장 극심한 생존투쟁의 시기였다. 또한 지금까지 겪었던 것 가운데 가장 큰 내적 변화의 시기이기도 했다. 비잔티움은 페르시아인들과 아바르족을 이겼으나, 아랍인들에게 광대하고 풍요로운 지역을 넘겨주고 물러서야 했다. 그러나 핵심이 되는 땅들은 거센 투쟁 끝에 지켰고, 그로써 무슬림이 유럽으로 가는 길을 막아냈다. 뿐만 아니라 비잔티움은 대국으로서의 자신의 존재를 확실하게 했다. 제국의 규모는 크게 축소되었지만, 그 반면에 비잔티움은 새로운 경계 안에서 내적으로 더 응집되고 더 견고하게 존재하게 되었다. 심층적인 내적 개혁을 통해서 그리고 신선한 젊은 피들을 외부로부터 끌어들여 보충함을 통해서 노쇠한 후기 로마 국가제도에는 새로운 생명이 불어넣어졌다. 제국은 엄격하고 통일적인 군사행정 제도를 유지하고, 토착 둔전병들의 힘에 기반을 둔 새로운 군대조직을 지켜나갔다. 또한 강력한 자유농민 신분이 등장했다. 이들은 새로운 땅을 경작지로 만들었고, 납세자로서 국가경제의 가장 확실한 지주를 이루었다. 향후 비잔티움 제국의 국력은 이렇게 7세기에 마련된 토대를 근거로 하게 되었다. 헤라클레이오스 왕조의 개혁에 힘입어 비잔티움은 아랍인들과 불가리아인들에 대한 방어전을 견더낼 수 있었고, 마침내 아시아와 발칸 반도에서 결정적이며 승리에 찬 공격으로 넘어갈 수 있게 되었다.

그러나 이 시기는 영웅적 투쟁은 그토록 풍부했는지 몰라도, 문화적 창조성은 그만큼 빈약했던 시기이다. 옛 귀족층의 사멸과 함께 그들로 대표되었던 옛 문화도 사라졌다. 문학과 예술의 영광과 풍요로움에 빛나던 유스티니아누스 시대에 이어서 7세기부터 문화적 고갈의 시대가 뒤따르고, 그로 인해서 이 시대는 암울한 인상을 띠게 되었다. 특히 오리엔트의 그야말로 조야한 풍속들이 비잔티움에 들어왔기 때문에 더욱 그러했다. 조형예술은 빈약하고, 세속문학 및 학문은 침묵했다. 새로운 신앙논쟁들을 통해서 신학이 학문의 대표가 되었고 교회는 점점 더 큰 비중을 얻었다. 비잔티움의 생활은 신비주의적-금욕주의적 특징을 지니게 되었다. 황제들 자신이 신비주의자였다. "성지의 해방자" 헤라클레이오스가 그러했으며, "정통파 신앙의 등불" 콘스탄티노스가 그러했고, "그리스도의 종" 유스티니아노스가 그러했다.

로마 보편제국은 이제 과거지사에 속하게 되었다. 서쪽에서 게르만족 왕국들이 형성되는 동안, 비잔티움은 제아무리 로마의 국가이념과 전승들을 고수한다고 했어도, 종래에는 중세 그리스 제국으로 변모해갔다. 초기 비잔티움 제국의 과도기에는 인위적으로 로마 문화가 배양되었지만, 결국 동부에서는 그리스 문화와 언어가 궁극적인 승리를 획득했다. 비잔티움 제국은 그리스 문화와 언어를 통해서 독자적인 특징을 얻으며 새로운 방향으로 발전해가게 된 것이다.

3

성상 파괴 위기의 시대 (711-843)

1) 제위의 혼란

성상(icon) 논쟁 시대에 비잔티움을 덮친 큰 위기는 필리피코스 바르다네스의 치세 때 이미 예고된 것이었다. 바로 여기에 그의 짧고 불운한 치세의 역사적 중요성이 있다. 필리피코스는 그리스도론 논쟁을 부활시켰을 뿐만 아니라, 성상을 둘러싼 유례 없는 투쟁도 부채질했기 때문이다. 그것은 비록 아직은 성상 숭배 자체에 직접 관련된 투쟁은 아니었지만, 그러나 형상의 상징성을 논쟁의 수단으로 이용하는 까닭에, 다가오는 시대에 대대적인 성상 논쟁이 벌어질 전조를 보여주는 투쟁이었다.

필리피코스 바르다네스는 아르메니아인이었으므로, 어느 모로나 단성론에 경도되었던 것으로 보인다. 그는 이 이단을 인정하라고 촉구하는 데까지 나아가지는 않았지만, 30년 전 제6회 공의회에서 이단 판결을 받았던 단일의지론을 단호하게 옹호했다. 그는 자신의 절대권력으로 제6회 공의회의 결정을 비난하는 칙령을 내렸고, 단일의지론이 유일하게 믿을 만한 교리임을 선언했다. 황제의 궁전에서는 제6회 공의회를 묘사한 그림이 파괴되었다. 이 회의를 기념하여 궁전 앞 밀리온 문에 장식되었된 각명(刻銘)들이 제거되고, 그 대신 황제와 총대주교 세르기오스의 초상들이 설치되었다. 이는 상황의 급변을 상징하는 장면들이었다. 성상 파괴를 옹호한 후대의 황제들도 이와 마찬가지로 종교적 내용을 담은 형상들을 치워버리고, 황제의 초상들을 널리 보급했다. 필리피코스는 단일의지론을 관철시키지 못했으며, 또 그의 교회정책은 강한 반대를 불러일으키며 그의 실각을 가속화했다. 그런데도 비잔티움 고위 성직자들 가운데는 그를 지지하거나 그에게 동조하는 인물들이 많았다. 나중에 총대주교가 된 게르마노스도 그중 한 사람이었다. 나아가 다시금 단성론적 목소리들도 들려왔다. 이 모든 것은 단성론적-단일의지론적 이단들이 아직 비잔티움에서 완전히 극복되지 못했음을 증거한다.

가장 최근에 열린 공의회에서 이단으로 배척받은 교리에 대해서 황제가 공개적인 신앙고백을 했다는 사건이 로마에서 격렬한 반대에 부딪쳤음은 당연한 일이다. 그런데 이 반대는 상당히 독특한 표현으로 나타났다. 필리피코스는 교황 콘스탄티누스 1세에게 자신이 통치자가 되었음을 통고하면서 단일의지론적 정신에서 행해진 신앙고백과 아울러 자신의 초상을 보냈었다. 로마는 이 이단적인 황제의 초상을 거절하고, 주화에도 새기지 못하게 하는 한편, 교회의 기도에서도 그리고 공공 문서의 작성일자 기록에서도 그의 이름을 언급하지 않았다. 콘스탄티노플 황제의 궁전에서 제6회 공의회를 묘사하는 그림이 치워진 데 대해서, 교황은 지난 여섯 차례의 모든 공의회들을 그린 그림으로 성 베드로 대성당을 장식하게 하는 식으로 응답했다. 이리하여 대대적인 성상 논쟁이 터지기 직전에, 이단적인 황제와 교황 사이에 독특한 대결이 벌어졌다. 말하자면 형상이 투쟁무기가 되어, 특정한 상징의 표현을 받아들이느냐 거부하느냐에 따라서 두 당의 성향이 표현되는 식의 대결이었다.

이렇게 해서 시작된 혼란은 대외적인 격변들로 인하여 더욱 심화되었다. 아랍인들은 새로운 정권교체가 비잔티움에 불러일으킨 불안을 이용하여 제국의 영토를 습격했다. 그러나 무엇보다도 불가르족의 칸 테르벨은 이 기회를 놓치지 않고, 옛 동맹자 유스티니아노스 2세의 복수를 하겠다며 그를 살해한 새로운 비잔티움 황제에 대해서 전쟁을 일으켰다. 테르벨은 콘스탄티노플의 성벽 앞까지 진격했고, 수도의 인근 지역들을 황폐화시켰다. 신분이 높은 비잔티움 인사들이 여름을 보내곤 하던 도시 외곽의 부유한 별장과 농장들은 불가르족 군대에게 약탈당하고 황폐화되었다. 테르빌이 방해를 받지 않고 전 트라키아를 휩쓸며 비잔티움 수도의 성벽 앞까지 진격할 수 있었다는 사실은 유럽 지역의 비잔티움 제국 군사력이 얼마나 약했는지를 보여준다. 이 상황을 만회하기 위해서 제국은 보스포루스 해협 건너편의 옵시키온 테마에서 군사들을 불러와야 했다. 그렇지만 옵시키온 군대들은 필리피코스에 대항하여 반란을 일으켰고, 713년에 그는 왕좌에서 실각하고 두 눈을 잃었다.

반란의 움직임은 비록 군에서 시작되었지만 황제가 된 사람은 한 문관(文官), 즉 프로토아세크레티스(protoasekretis)인 아르테미오스였다. 그는 황제로 즉위하면서 아나스타시오스 2세라는 이름을 얻었다. 5세기에서 6세기로 넘어가는 전환기에 같은 이름의 황제가 있었는데, 그 역시 제관을 쓰기 전에는 문관이었고 황제가 되었을 때 재무행정 분야에서 특별한 능력을 보여주었다. 새 황제의 첫번째 조처는 선임자의 단일의지론적 조처들을 철회하고 제6회 공의회를 엄숙하게 인정하는 것이었다. 필리피코스가 없애게 했던 이 공의회의 그림을 복구했고, 반면에 필리피코스와 총대주교 세르기오스의 초상들은 제거하게 했다. 나아가 그는 콘스탄티노플 공격을 준비하고 있는 듯이 보이는 아랍인들의 습격 여부에 관심을 쏟았다. 아나스타시오스 2세는 그동안 소홀히 다루어져왔던 일들을 만회하고자 열정적으로 시도했다. 수도를 방어하고 수도에 양식을 공급하는 여러 조치들을 내리고, 가장 유능한 사령관들을 사령탑에 배치했으며, 마침내 적들에 선수를 쳐서 아직 전쟁준비를 채 끝내지 못한 아랍 함대를 선제 공격함으로써 적들을 놀래주기로 결정했다. 비잔티움 군대의 집결지는 로도스 섬으로 정해졌다. 그러나 옵시키온인들은 이곳에 이르자마자 다시 반란의 깃발을 높이 들고 대륙으로 돌아가서, 테오도시오스라는 이름의 그들 속주의 한 징세관을 황제로 포고했다. 테오도시오스는 뜻밖의 위험천만한 영예를 피하기 위해서 도망을 쳤으나 다시 잡혀와서 억지로 황제의 관을 받았다. 아랍인들과 싸우는 대신 새로운 내전이 터졌다. 내전이 만 6개월 동안 계속되다가 마침내 옵시키온인들은 그리스화된 동고트족, 즉 민족 대이동 시기 이래 계속해서 이 당시 옵시키온 테마로 편성되어 있던 속주지역들에 거주해온 "고토그리스인들(gothograikoi)"의 지원을 받아 715년 말, 그들이 추대한 황제를 콘스탄티노플의 옥좌에 앉힐 수 있었다. 한편 아나스타시오스는 수도사의 옷을 입고 테살로니카로 물러갔다.

억지로 황제가 된 테오도시오스 3세의 통치기간은 그의 선임자보다도 더 짧았다. 그뒤 전개되는 사건들에서 중심이 된 인물은 그가 아니라 아나톨리콘 테마의 스트라테고스인 레온 3세였다. 비천한 출신에서 벼락 출세한 레온은 북시리아 출신이나, 유스티니아노스 2세의 첫 통치기에 시행된 사민정책으로

부모와 함께 트라키아로 옮겨갔던 인물이다. 그것은 그에게 전화위복의 기회가 되었다. 왜냐하면 "코가 베인 황제"가 10년 동안의 추방을 끝내고 선조들의 옥좌를 되찾기 위해서 705년 트라키아를 지나갈 때, 이 젊은 둔전병은 그를 섬기겠다고 나섰기 때문이다. 그는 스파르타리오스(spartharios), 곧 시종으로 임명되었고, 그때부터 그의 출세가 시작되었다. 레온은 처음에는 유스티니아노스 2세를 섬겼고, 그 다음에는 빠르게 교체되는 그의 후계자들을 섬겼다. 카프카스 지역에서의 지루하고 위험천만한 원정은 그에게 군사능력과 외교능력을 증명할 수 있는 기회를 주었다. 가장 유능한 사령관들에게 사령탑을 맡기고자 했던 아나스타시오스 2세는 그를 아나톨리콘 테마의 스트라테고스로 지명했고, 이로써 그는 비잔티움에서 가장 크고 중요한 속주 가운데 하나의 우두머리가 되었다. 레온은 이 자리를 제관을 차지하기 위한 발판으로 삼았다. 아나스타시오스가 실각한 후 허약한 테오도시오스에게 반기를 든 것이다. 그는 아르메니아콘 테마의 스트라테고스인 아르타바스도스와 동맹을 맺고, 그에게 자기 딸과 쿠로팔라테스(curopalates)라는 높은 명예직을 약속했다. 허약한 황제와 원기에 찬 찬탈자 사이에 벌어진 투쟁이 어떤 결과로 끝날지는 불을 보듯 뻔했다. 레온의 군사력이 더 컸기 때문에 더욱 그러했다. 실제로 이 투쟁은 아나톨리콘과 아르메니아콘, 두 테마가 테오도시오스 3세의 뒤에 있는 옵시키온 테마에 대항한 투쟁이었다. 레온은 옵시키온 지역을 통과하여 니코메데이아에서 황제의 아들과 호종(扈從)들을 포로로 잡고, 크리소폴리스까지 돌격했다. 이어서 협상이 시작되었다. 테오도시오스는 자신과 아들을 위해서 필요한 안전을 보장받은 뒤, 제관을 내려놓고 에페소스에서 수도사가 되어 생을 마감했다.

717년 3월 25일, 레온은 콘스탄티노플에 입성하여 하기아 소피아에서 황제의 관을 썼고, 이것으로 제위 혼란의 시대는 끝이 났다. 20년 동안 일곱 번이나 정부가 교체되는 일을 겪었던 제국은 레온 3세(재위 717-741년)에 이르러 마침내 확고하고 지속적인 치세를 수립하고 새로운 왕조를 건설할 지배자를 발견했다.

2) 성상 파괴와 아랍 전쟁 : 레온 3세

새 황제가 제일 먼저 처리해야 할 가장 절박한 과제는 아랍인들의 위협을 막는 일이었다. 아랍인들은 점점 가까이 접근해오면서 다시 제국의 생존을 위태롭게 하는 듯이 보였다. 아나스타시오스 2세 때 시도되었던 비잔티움 제국 측의 반격은 내부 혼란으로 좌절되었지만, 이제 다시 한번 비잔티움 수도의 성벽 밑에서 대결이 벌어졌다. 레온 3세는 아나스타시오스 2세가 현명한 선견지명에서 시작했던 방어작업들에 재착수함으로써, 목전에 닥친 수도의 포위공격에 대단히 신속하게 대처했다. 717년 8월, 칼리프의 동생 마슬라마가 군대와 함대를 이끌고 콘스탄티노플 앞에 나타났다. 콘스탄티노스 4세 때와 마찬가지로 비잔티움 제국이 생존하느냐 몰락하느냐를 결정짓게 될 격전이 다시 시작되었다. 그러나 40년 전과 마찬가지로 이번에도 비잔티움은 결정적인 싸움에서 승리했다. 비잔티움인들은 그리스 화약의 도움을 받아 적의 함대를 궤멸시킬 수 있었다. 그에 반해서 콘스탄티노플을 습격하려던 아랍인들의 시도는 튼튼한 성벽 때문에 실패로 돌아갔다. 게다가 717/718년의 겨울은 유난히 혹독했으므로, 많은 아랍인들이 얼어 죽고 말았다. 연이어서 아랍 진영에는 참을 수 없는 굶주림이 찾아들었고, 그로 인해서 아랍인들은 더 많은 희생을 치러야 했다. 게다가 아랍 군대는 불가리아인들의 공격을 받고 심한 손실을 입었다. 718년 8월 15일, 포위공격이 시작된 지 꼭 1년 후, 아랍인들은 공격을 포기했고 그들의 배들은 비잔티움 해역을 떠났다. 이리하여 아랍인들의 습격은 유럽의 문지방인 비잔티움 수도의 성벽에 막혀서 두번째로 좌절되고 말았다.

그렇지만 육상에서는 곧 다시 혹독한 전쟁이 재개되었다. 726년부터 아랍인들은 해마다 소아시아를 침입하여, 카이사레이아를 점령하고 니카이아를 포위했다. 레온 3세는 740년, 아모리온에서 멀지 않은 아크로이논에서 큰 승리를 거두었고, 그제서야 이 고난도 끝이 났다. 제국에는 하자르족과의 전통적인 우호관계가 큰 힘이 되었다. 하자르족은 칼리프국에 대한 적대감에서 비잔티움인들에게 동조하고 있었다. 그들은 카프카스와 아르메니아 지역에서 습격을 감행함으로써 아랍인들을 힘들게 했다. 하자르 왕국과의 동맹은 레온 3세가 733년에 아들이자 후계자인 콘스탄티노스를 하자르족 카간의 딸과 혼인시킴으로써 더욱 강화되었다.

콘스탄티노플이 해방되고 소아시아가 숙정됨으로써, 비잔티움 제국과 아랍인들 간의 투쟁에서 중요한 한 단계가 막을 내렸다. 비록 그후에도 아랍인들의 공격이 제국에 거듭해서 큰 피해를 주기는 했지만, 비잔티움의 생존 자체는 이제 더 이상 문제가 되지 않았다. 콘스탄티노플은 다시는 아랍인들의 포위공격을 겪지 않았다. 소아시아는 테마 조직의 덕택으로 보다 큰 저항력을 가지게 되었고, 많은 변전(變轉)이 있기는 했지만, 계속해서 제국의 견고한 구성요소가 되어주었다.

레온 3세는 새로 행정질서를 개편하면서 과도하게 큰 아나톨리콘 테마의 분할을 시도했다. 이 조처는 우선적으로 근자에 습관처럼 되어버린 제위 찬탈을 예방하려는 목적을 지니고 있었다. 그만한 영토가 한 명의 스트라테고스의 손에 들어 있다는 것이 제위소유자에게 어떤 결과를 초래할 수 있는지를 레온보다 잘 알고 있는 사람은 없었다. 그리하여 아나톨리아 지역의 서부가 독립된 테마로 분리되었다. 원래 아나톨리콘 테마의 한 기병대(turma)를 이루었던 유럽 연대가 한때 이곳에 주둔했는데, 바로 그들 연대의 이름에 따라 새 지역은 트라케시온 테마라는 이름을 얻었다. 여기서 테마 조직의 발생이 잘 조명된다. 그러나 아나톨리콘 테마보다 더 크지는 않더라도 적어도 같은 크기는 되었던 옵시키온 테마는 분할되지 않았다. 레온은 옵시키온의 사령권을 사위 아르타바스도스에게 맡기는 것으로 충분하다고 생각했다. 그가 얼마나 잘못 생각했는지는 그의 아들이자 후계자가 알게 될 것이었다. 그의 아들은 운명의 새로운 경고에 따라서 이 거대한 옵시키온 영토를 반으로 나누어 동부를 독립된 테마로 격상시켰다. 이 테마는 이곳으로 이주했던 옛 부켈라리이족의 이름을 따서 부켈라리온 테마라는 명칭을 얻었다. 그에 반해서 원래 제국 속주들의 전 해군력을 포괄했던 카라비시아노이 해군 테마는 아나스타시오스 2세 때 아니면 레온 3세 때, 그러니까 710년에서 732년 사이에 분할되었다. 이 분할로 그때까지 그곳의 스트라테고스 밑에 있던 두 하위직 드룬가리오스의 관할구가 독립된 단위로 변모했다. 그때부터 소아시아 해안과 인접한 섬들은 키비라이오톤 테마를 이루고, 에게 해 섬들은 아이가이온 펠라고스의 드룬가리오스 관할구를 이루었다. 아이가이온 펠라고스는 나중에 테마로 승격되고 또 한 번 분할을 겪었다. 대략 이와 비슷한 시기에 크레타 역시 테마로 승격되었을 것이다. 과도하게 큰 테마들에 대해서 단행된 7세기의 분할은 의심할 여지 없이 행정기술적인 의미도 가지고 있었다. 테마 분할은 행정기구의 유연성에 기여했고, 이 점에서 또한 체제의 완성에 기여했다. 8세기의 황제들은 헤라클레이오스 왕조의 위대한 업적을 비록 약소하지만 조금 더 진보시켰다. 그러나 테마 체제의 더욱 원대한 발전은 다음 세기의 일로 미루어졌다.

레온 3세는 726년, 자신과 아들의 이름으로 법전을 편찬하게 했다. 이는 비잔티움 법전 편찬의 역사에서 획기적인 일이었다. 황제 레온과 콘스탄티노스의 『에클로가(*Ecloga*)』는 민사법과 형법에서 가장 중요하게 여겨지는 규범들을 선택하여 보여준다. 여기서는 가족법과 상속법에 특별한 관심이 기울여진 데 반해서 재산법은 뒤로 물러나 있다. 『에클로가』의 편찬은 우선적으로 범위와 자료에서 실제 필요에 맞는 법전을 재판관의 손에 쥐어주려는 실천적인 목적을 지녔다. 말하자면 너무 포괄적이고 게다가 접근하기도 어려운 유스티니아누스 1세의 법전을 보충하려는 목적으로 편찬된 것이었다. 이 『에클로가』는 유스티니아누스의 『로마 법 대전』에 적힌 대로, 예나 지금이나 비잔티움 법생활의 기초를 이루고 있던 로마 법에서 출발했다. 그러나 이 법전은 옛 법들을 발췌하는 데에 만족하지 않고, "보다 큰 인도주의"라는 의미에서 수정을 가하고자 한 것이다. 사실 이 『에클로가』는 유스티니아누스의 법과 상당한 편차를 보여주는데, 이런 편차가 생긴 원인은 한편으로는 교회법의 영향에서 그리고 다른 한편으로는 동방 관습법의 영향에서 찾아볼 수 있다. 그리하여 파트리아 포테스타스(patria potestas) 곧 가부장권은 강력하게 제한되는 반면, 부인과 아이들의 권리는 상당히 확대되고, 혼인관계는 크게 보호받게 되었다. 특히 형법의 변화는 주목할 가치가 있다. 물론 이 변화들은 기독교적 인도주의의 정신에서 나온 것은 아니다. 이 『에클로가』는 코 베기, 혀 자르기, 손 절단하기, 눈 멀게 하기, 머리카락 자르고 태우기 등과 같이, 유스티니아누스의 법전에는 전혀 등장하지 않았던 체형(體刑)들의 모든 체계를 제공하고 있었다. 이 끔찍한 체형들은 사형을 대신하는 경우도 있었지만, 유스티니아누스 법의 벌금형을 대신하기도 했다. 로마 법과는 반대로 이 『에클로가』가 보여주는, 걸핏하면 몸을 절단하는 잔인한 신체적 징벌은 그야말로 오리엔트적인 습속이기는 하지만 비잔티움에서도 전혀 새로운 일은 아니었다. 7세기의 역사는 이에 대하여 수많은 예를 제공한다. 유스티니아누스 법을 벗어나는 부분에서 바로 이 『에클로가』는 7세기에 비잔티움에서 형성되었던 관습법을 보여주고 있는 것이다. 여기서 유스티니아누스 이래 비잔티움의 법생활 및 법의식이 경험했던 변화들이 드러나는데, 이 변화들이 일어난 까닭은 일부 기독교적 견해가 깊이 침투한 탓이기도 하지만, 오리엔트의 영향을 받아 풍습이 거칠어진 탓이기도 할 것이다.

새로우면서 쉽게 접근할 수 있고 누구나 이해할 수 있는 법전의 편찬은 의심할 여지 없이 법제도 및 사법제도의 장려를 의미했다. 『에클로가』 서문에 표명된 황제의 결단은 주목할 만한 가치가 있다. 황제는 법조계의 매수를 저지하기 위해서, 밑으로는 검찰관(quaestor)에서 시작하여 모든 재판관들에게 국가가 급료를 지불하기로 결정했다. 후대에 이 『에클로가』는 성상 파괴자 레온과 콘스탄티노스의 업적이라고 해서 그리 좋은 평판을 얻지는 못했다. 그러나 어쨌든 이 법전은 비잔티움의 향후 입법에 큰 영향을 미쳤고, 비잔티움 제국의 경계를 넘어서 슬라브족 국가들의 법 발전에도 큰 영향을 끼쳤다(186쪽 이하 참조).

성상 파괴 운동은 비잔티움 역사에서 새로운 독특한 장을 열었다. 성상 숭배에 반대하는 레온 3세의 입장 표명은 큰 위기를 불러일으켰다. 그리하여 이 시대는 위기의 시대로 특징지어지게 되었고, 그로 말미암아 제국은 100년 이상 심각한 내부 투쟁의 무대가 되었다. 이 위기는 오래갔다. 그것이 성상 논쟁의 형식을 취하고 있었던 것은 비잔티움인들이 형상에 내재하고 있다고 생각한 특별한 상징적 의미 때문이었다. 그리스 교회에서는 최근 세기에, 특히 유스티니아노스 이후 시대에 성상 숭배가 점점 더 넓게 보급되었고, 비잔티움의 경건한 심성을 표현하는 가장 중요한 형식 가운데 하나가 되었다. 다른 한편, 교회 내부에도 성상에 대해서 적대적인 분위기가 없지 않았다. 이 방향의 옹호자들에게는 순전히 정신적인 종교로서의 기독교는 성상 숭배를 배척하는 듯이 보였다. 이러한 분위기가 특히 강한 곳은 제국의 동부지역들이었다. 이 지역은 종교적 갈등의 오랜 온상으로서, 상당히 많은 단성론자들이 여전히 남아 있었고, 모든 교회의식에 적대적인 바울로파(Paulicians)가 점점 더 널리 퍼지고 있었다. 이렇게 서서히 달아오르던 성상 적대적 분위기는 아랍 세계와의 접촉으로 비로소 활활 타오르게 되었다.

레온 3세의 성상 적대적 성향을 그의 적들은 유대인들의 혹은 아랍인들의 영향 탓으로 돌렸다. 레온 3세는 유대인들을 박해하고 그들로 하여금 강제로 기독교의 세례를 받게 하기는 했지만 그렇다고 해서 그가 엄격하게 성상을 금지하는 유대교의 영향을 받지 말란 법은 없었다. 이와 마찬가지로, 황제는 아랍인들과 전쟁을 치르기는 했지만 이것도 그가 아랍 문화의 영향을 받아들이는 것을 가로막았던 것은 아니다. 비잔티움 제국의 역사에서 유대인 박해는 비교적 드문 일이었고, 레온 3세 때의 유대인 박해는 그 드문 예 가운데 하나이다. 그리고 그것은 오히려 이 시대에 유대인의 영향력이 강했음을 알려주는 표시이다. 비잔티움의 신학 관계 문헌에는 7세기부터 유대인들의 기독교 공격과 대결하는 논쟁적인 글들이 다수 등장한다. 그러나 훨씬 더 중요한 것은 레온의 친(親)아랍 성향을 시사하는 대목으로, 당대인들은 레온을 "사라센인들처럼 생각하는 자", 즉 사라케노프론(Sarakenophron)이라고 불렀다. 수십 년 전부터 소아시아 지역을 배회하던 아랍인들은 비잔티움에 무기뿐만 아니라 자신들의 문화도 가져다주었으며, 아울러 인간 용모의 모사(模寫)를 꺼리는 이슬람교 특유의 사상도 가져다주었다. 그리하여 성상 적대적인 분파주의자들의 교리를 내세워서 순수 정신성을 추구하는 기독교 신앙과 옛 그리스도론 이단들의 견해 그리고 유대교와 특히 이슬람교 같은 기독교 이외 종교들의 영향이 서로 교차하면서 제국 동쪽 지역에서 성상 파괴 운동이 탄생했다. 오리엔트의 군사적 습격을 극복한 후, 몰려오는 오리엔트 문화의 영향과 대결하는 과정이 성상 논쟁의 형식으로 시작된 것이다. 그 선구자는 콘스탄티노플의 성문 앞까지 돌진한 아랍인들의 정복 대열을 물리쳤던 바로 그 황제였다.

성상 숭배에 처음으로 도전한 것은 우마이야 왕조 치하의 이슬람 제국이었다. 우마이야 왕조는 비잔티움에서 성상 파괴가 시작되기 여러 해 전에 성상 파괴 조처들을 취했다. 동시에 영향력 있는 성상 파괴파가 결성되어 있던 비잔티움령 소아시아에서 성상 적대적인 흐름이 강화되었다. 그 선봉에 선 것은 소아시아 성직자들의 고위직 대표자들로서, 클라우디오폴리스의 수도대주교(metropolitan)인 토마스와 니콜레이아의 주교인 콘스탄티노스였다. 콘스탄티노스 주교는 비잔티움 성상 파괴 운동의 진정한 정신적 원조로서, 정통파 비잔티움인들은 그를 "이단의 총수"라고 불렀다. 이제 제국의 동부 출신인데다가 동부 국경지역에서 여러 해를 보냈고, 아나톨리콘의 스트라테고스로서 아랍인들과 상당히 밀접한 관계를 맺었던 레온 3세도 성상 적대 운동에 동참하겠다고 나섰다. 그리하여 잠재적인 성상 적대 성향은 공개적인 성상 파괴 운동으로 화했다.

726년, 레온 3세는 처음으로 공개적으로 성상 숭배에 대한 반대 의사를 표명했다. 이는 그 직전에 수도에 체류했던 소아시아의 성상 적대적 주교들의 영향을 받아 일어난 일이었다. 그러나 황제에게 결정적인 자극을 준 것은 무서운 지진이었던 것으로 보인다. 그는 이 지진을 성상 숭배 습속에 대한 신의 노여움으로 간주했다. 처음에 레온은 백성들에게 성상 숭배의 사악성을 설득시키려는 설교를 했다. 이 설교에서 신이 부과한 지배자의 소임에 대한 그의 견해가 드러난다. 나중에 교황에게 쓴 편지에서도 나타나지만, 그는 자신을 황제일 뿐만 아니라 동시에 대사제라고 여겼다. 그는 생각을 곧 행동으로 옮겨서 그의 사관들 가운데 한 사람을 시켜 황궁의 청동 대문 위의 그리스도 상을 철거하게 했다. 레온 3세가 이 행동으로 수도 주민들의 분위기를 시험하려고 한 것이라면, 그 결과는 그다지 고무적인 것이 아니었다. 분격한 인민들은 황제의 명령을 수행하는 자를 그 자리에서 때려 죽였다. 그러나 이 거리 폭동보다 더 중요한 사건은 황제의 성상 적대적 소행에 대한 소식이 그리스에서 불러일으킨 반란이었다. 헬라스 테마는 대립황제를 내세워서 함대를 이끌고 콘스탄티노플로 돌격해왔다. 처음부터 제국령 유럽 지역들의 성상 우호적 입장이 드러났다. 이런 입장은 성상 논쟁이 계속 진행되는 동안에도 점점 더 명백해졌다. 황제는 이 반란을 조기에 진압할 수 있었다. 그렇기는 하지만 한 속주가 온통 들고 일어났다는 것은 심각한 경고를 뜻했다.

레온은 광신적으로 성상 파괴론을 추종했으나, 처음에는 아주 조심스럽게 행동에 착수했다. 그는 통치에 들어선 지 10년째 되던 해에야 비로소 공개적으로 성상에 반대하는 조치를 취하기로 결정했고, 최종 결단이 내려지기까지는 또 여러 해가 지났다. 그동안의 세월은 온건한 교회인사들과의 협상에 바쳐졌다. 일을 보다 확실하게 하기 위하여 레온은 교황과 콘스탄티노플 총대주교의 동의를 얻고자 했다. 그렇지만 백발의 총대주교 게르마노스는 그의 계획을 단호하게 거부했고, 레온 황제가 교황 그레고리우스 2세와 주고받은 편지 역시 그 결과는 완전히 부정적이었다. 그런데 그레고리우스 2세는 황제의 성상 적대적인 의사 표명을 아주 준엄한 어조로 물리치기는 했지만 비잔티움과의 관계가 깨어지는 것은 피하려고 했다. 아니 그 이상이었다. 그레고리우스 2세는 당시 이탈리아에서 거듭 터져나오던 반(反)황제적 움직임들을 조정하려고 애썼다. 그는 종교적 문제를 정치적 문제와 분리시키면서, 비잔티움 황제에게 완전한 충성을 지켰다. 이는 당시 교황권이 롬바르드족의 위협을 막는 데에 비잔티움 황제의 보호가 필요했기 때문이다.

총대주교 게르마노스와 교황 그레고리우스 2세 외에도 황제에게는 가장 중요한 반대자가 나타났다. 다마스코스의 요안네스가 바로 그 인물이다. 요안네스는 다마스코스의 칼리프 궁정에서 높은 관직에 있다가 나중에 수도사가 되어 예루살렘의 안식일파 수도원에 들어갔던 그리스 사람으로, 그의 세기의 가장 위대한 신학자였다. 이 다마스코스인의 저술 가운데, 가장 유명한 것은 아니지만 가장 독창적이고 예술적으로도 완성도가 가장 높은 것은 성상을 옹호하는 세 연설문이다. 요안네스는 성상 숭배가 곧 이교적 우상 숭배의 부활이라는 비판을 막아내면서, 독특한 성상론을 전개했다. 여기서 그는 신플라톤주의적 의미에서 성상을 상징과 매개자로 설명하고, 그리스도의 성상을 육화(肉化)라는 교조로써 정당화시키면서, 성상 문제를 구원론과 연결시켰다. 이 다마스코스인의 체계는 앞으로 성상 우호적인 이론들이 발전하는 데에 지침이 되었다.

모든 면에서 협상이 실패로 돌아간 후 계획을 관철하기 위해서 레온 3세에게 남은 길이라고는 강압밖에 없었다. 일이 이렇게 되자 황제 자신도 모든 성상들을 파괴하라는 칙령을 반포함으로써 바로 이 강압의 길로 들어섰다. 그렇지만 황제는 외견상으로는 합법성을 유지하려고 애썼다. 730년 1월 17일, 그는 황궁에서 최고위 관직자와 성직자들의 회합 곧 이른바 침묵회의(silention)를 열고, 자신이 포고할 예정으로 있는 칙령을 제출하면서 이를 받아들이게 했다. 그러나 총대주교 게르마노스는 서명을 거부했으므로 파면당했고, 이미 1월 22일에는 황제의 지시를 아무런 이의 없이 따를 준비가 되어 있던 그의 옛 신켈로스인 아나스타시오스가 총대주교의 자리에 올랐다. 성상 파괴 칙령이 발표되면서 성상 적대적 교조들이 법적인 효력을 얻었다. 이제 성상 파괴가 시작되었다. 황제 정부가 성상들을 파괴하고, 그것을 숭배하는 사람들을 박해하기 시작한 것이다.

황제는 멀리 떨어진 이탈리아에까지 성상 파괴를 강요할 수는 없었다. 그러나 비잔티움에서 터진 성상 파괴는 콘스탄티노플과 로마의 관계에 심각한 결과를 초래했다. 성상 적대적 교조를 제국의 공식적인 국가이론 및 교회이론으로 승격시킨 성상 파괴 칙령이 발표되자, 오랫동안 억제되어왔던 결렬을 더 이상 피할 수 없게 되었다. 그레고리우스 2세의 후계자인 교황 그레고리우스 3세는 비잔티움의 성상 파괴주의를 종교회의에서 파문하지 않을 수 없다고 보았다. 황제를 개종시키려는 기대가 어긋난 교황과 마찬가지로, 교황을 자기편으로 얻으려던 기대가 어긋난 레온 3세는 그레고리우스 3세가 보낸 사절을 투옥시켰다. 종교적인 불화에 이어서 정치적인 불화가 뒤따랐다. 성상 논쟁 최초의 정치적 결과로서, 콘스탄티노플과 로마 사이의 간극이 심화되고, 이탈리아에서 비잔티움의 위치가 눈에 띄게 약화되었다.

3) 성상 파괴와 불가리아 전쟁 : 콘스탄티노스 5세

레온 3세가 아랍인들을 몰아낸 전승 군주로서 아무리 큰 명성을 누렸을지라도, 이 성상 파괴자의 월권은 결국 자신의 인기를 끌어내리고 말았다. 레온이 죽은 후 지배권은 아들 콘스탄티노스 5세(재위 741－775년)에게 귀속되었다. 의심할 여지 없이 이 젊은 군주는 황제의 자리에 앉을 권리가 있었다. 그는 두 살이 되던 720년 부활절에 아버지의 손에서 공동황제이자 제위계승자로서 황제의 관을 받아, 벌써 20년 넘게 그 관을 쓰고 있었던 것이다. 그러나 그가 통치를 맡은 지 1년 만에 대립황제가 일어나서 한동안 제관을 차지했다. 이 대립황제는 다름 아닌 아르타바스도스였다. 아르타바스도스는 아르메니아콘 테마의 스트라테고스로 있을 때 레온 3세가 제위에 오를 수 있도록 도와준 인물로, 레온은 감사의 표시로 그에게 자신의 딸을 아내로 주었다. 아르타바스도스는 쿠로팔라테스의 칭호를 달고 옵시키온 테마의 지휘관(코메스)으로 승진했다. 그는 이 가장 크고 가장 중요한 군사지역의 전 병력을 지휘하는 사령관이었기에 젊은 처남에 반대하여 찬탈을 감행할 수 있었다. 그가 성공한 결정적인 이유는 그가 성상 숭배의 지지자로 나섰다는 것이었다. 그리하여 이 대립황제와 합법적인 황제 사이에 이 시대 전체의 특징인 성상 논쟁의 성격을 띤 투쟁이 벌어졌다. 742년 6월, 아랍인들에 대한 원정에 나선 콘스탄티노스는 군대를 이끌고 아르타바스도스의 옵시키온 테마를 통과하다가 기습을 당하여 패배했다. 이어서 아르타바스도스는 자신을 황제로 포고하고, 콘스탄티노스가 콘스탄티노플에 섭정으로 남겨두었던 테오파네스 모누테스와 협상에 들어섰다. 테오파네스는 곧 대립황제측에 가담했고, 수도의 다른 여러 고위 관리들도 똑같은 행동을 취했다. 이는 성상 적대적 정책이 황제의 최측근들에게서조차 완전한 공감을 얻지 못했다는 것을 분명하게 드러낸다. 아르타바스도스는 군대를 이끌고 콘스탄티노플로 진입하여, 다시 한번 편을 바꾼 총대주교 아나스타시오스의 손으로 황제의 관을 받았다. 아르타바스도스는 큰아들 니케포로스를 공동황제로 추대했고, 작은아들 니케타스는 군의 최고 사령관으로 지명하여 아르메니아콘 테마로 파견했다. 콘스탄티노플에 성상들이 다시 세워졌고, 성상 파괴의 시대는 지나간 듯이 보였다.

그 사이에 아모리온으로 도망친 콘스탄티노스 5세는 예전에 아버지가 사령권을 쥐고 있던 아나톨리콘 테마의 중심지인 이 도시에서 열광적인 환영을 받았다. 가장 최근에 아나톨리콘 테마에서 분리된 트라케시온 테마 역시 젊은 성상 파괴자의 편에 섰다. 그에 반해서 성상 옹호자 아르타바스도스는 유럽지역의 트라키아 테마에서 가장 중요한 지지를 발견했다. 트라키아 테마의 스트라테고스는 저 테오파테스 모누테스의 아들로서 제국 수도의 방어를 맡았다. 소아시아에서는 옵시키온 테마와 아르메니아콘 테마가 아르타바스도스를 지지했다. 이 두 테마는 그의 옛 사령지역으로 그와 개인적으로 가까운 관계에 있었다. 그러나 그의 성상 우호적 정책은 이 지역들에서도 상당히 냉담하게 받아들여졌다. 이는 탁월한 야전사령관으로서의 콘스탄티노스의 재능과 함께 투쟁을 결정짓는 요인이 되었다. 아르타바스도스의 옵시키온 군대가 트라케시온 테마에 들어서자마자, 니케타스가 미처 아르메니아콘 테마의 병력을 이끌고 아버지를 도우러 오기도 전에 콘스탄티노스는 743년 5월, 사르데스에서 대립황제에게 혹독한 패배를 안겨주었다. 그 다음 콘스탄티노스는 니케타스를 향해 돌진하여 8월, 모드리나에서 아르타바스도스의 군대를 궤멸시켰다. 그리하여 콘스탄티노스는 결정적인 승리를 확보했고, 이미 9월에 콘스탄티노플 성벽 아래 서 있었다. 잠깐 동안의 포위공격 후 그는 11월 2일, 수도로의 입성을 자축했다. 여기서 잔인한 형사재판이 열렸다. 아르타바스도스와 그의 두 아들, 그러니까 황제 콘스탄티노스의 조카들은 공개적인 모욕을 당한 후 히포드롬에서 눈이 멀게 되었고, 그들을 도와준 사람들은 일부 처형되고, 일부는 장님이 되거나 손과 발이 절단되었다. 배신자로 규정된 총대주교 아나스타시오스는 나귀에 실려 히포드롬을 끌려다녔지만, 이런 모욕을 당한 후에는 그대로 직무를 계속해도 좋다는 허락을 받았다. 이는 의심할 여지 없이 총대주교라는 최고위 성직에 대한 의도적인 폄하를 뜻했다. 만 16개월 동안 황제의 관을 쓰고 로마에서도 황제로 인정받았던 아르타바스도스의 치세는 이렇게 끝을 맺었다.

콘스탄티노스 5세는 아버지보다 더 위대한 사령관이었고 더 열정적인 성상적대자였다. 육체적, 정신적 성향으로 보면 그는 레온 3세처럼 억센 군인은 아니었으며, 중병에 시달리며 신경질적이었고 건강에 나쁜 열정에 사로잡히곤 하는 복잡하고 분열적인 성격의 소유자였다. 그가 종교적인 적들을 박해하고 괴롭힐 때 한없이 잔인해진 이유는 야만적인 거친 성격 때문이 아니라 병적인 과도한 긴장 때문이었다. 그가 아랍인들과 불가리아인들에 대항하여 빛나는 승리를 거둘 수 있었던 것은 즉흥적인 저돌성 때문이 아니라 시야가 넓은데다 탁월한 개인적 용기까지 겸비한 전략가로서의 그 자신의 뛰어난 명민함 덕분이었다. 이 승리로 콘스탄티노스 5세는 병사들의 우상이 되었다.

동쪽에서의 상황은 비잔티움 제국측에 유리한 전환점이 되었다. 아랍인들은 레온 3세 때의 전쟁뿐만 아니라 심각한 내부적 위기로 말미암아 세력이 크게 동요되었다. 영광스러운 우마이야 왕조는 종말을 향해가고 있었으며, 오랜 내전 끝에 750년, 새로운 아바스 왕조로 교체되었다. 왕조 교체가 이루어지면서 국가 중심지도 다마스코스에서 멀리 떨어진 바그다드로 이동했다. 이쪽의 압력이 늦추어지자 비잔티움 제국은 공세로 넘어갈 수 있었다. 이미 746년, 콘스탄티노스 5세는 북(北)시리아에 침입하여 선조들의 고향인 게르마니케이아시를 점령했다. 정평 있는 비잔티움식 사민정책에 따라서 그는 수많은 포로들을 멀리 떨어진 트라키아로 이주시켰다. 트라키아는 9세기까지도 시리아 단성론자들의 식민지로 남아 있었다. 해상에서도 비잔티움 제국은 괄목할 만한 승리를 거두었다. 비잔티움의 해군 사령관직을 맡고 있었던 것은 키비라이오톤의 스트라테고스였는데 그는 알렉산드리아에서 파견된 아랍 함대를 키프로스에서 궤멸시켰다(747년). 황제가 752년, 아르메니아와 메소포타미아 지역에서 감행한 원정은 보다 큰 성공을 거두었다. 중요한 두 국경 요새, 테오도시오폴리스와 멜리테네가 비잔티움인들의 손에 떨어졌다. 포로들은 다시금 트라키아로 이주당했다. 황제는 이곳에 요새를 설치하여 불가리아와의 국경지역을 지키게 했다. 물론 이런 성과들을 거두었다고 해서 제국이 영토상으로 지속적인 이득을 얻었던 것은 아니다. 점령했던 요새들이 곧 다시 아랍인들의 손에 떨어졌기 때문이다. 그러나 콘스탄티노스 5세가 동쪽 국경지역에서 얻은 승리들은 비잔티움이 생존을 위해서 싸워야 하는 시대가 지나갔음을 보여주는 큰 징후적 의미를 띠고 있었다. 비잔티움과 아랍인들 사이에 벌어진 이 투쟁은 국경전의 성격을 띠고 있었고, 여기에서는 일시적이나마 비잔티움 황제가 주도권을 쥐기까지 했다. 즉 동부에서 비잔티움은 이제 공격을 당하는 것이 아니라 공격을 하는 위치에 서게 된 것이다.

아랍인들의 위험이 심각성을 상실하는 동안, 불가리아인들의 문제가 위협적으로 전면에 들어섰다. 트라키아를 사수하기 위해서 콘스탄티노스 5세가 취한 조치를 보면, 비잔티움 정부는 이제 불가리아와의 국경에서 평화상태가 계속되기를 기대할 수 없었다는 것을 알 수 있다. 불가리아인들은 비잔티움측이 자신들의 국경지대에 요새를 설치하는 데에 대해서 제국 영토를 습격하는 것으로 답했다(756년). 이로써 비잔티움과 불가리아 사이에 대대적인 무력대결의 시대가 시작되었다. 콘스탄티노스 5세는 불가리아가 제국의 주된 적임을 일찌감치 간파했다. 그의 치세기에 가장 큰 군사행동들의 대상은 불가리아인들이어서 황제는 불가리아 왕국에 대항하여 아홉 번 이상 원정을 나갔다. 공격적인 반(反)비잔티움파의 대표자인 텔레츠가 762년에 비교적 오랜 동안의 내부 투쟁을 끝내고 불가리아를 지배하기 시작했을 때, 긴장은 절정에 달했다. 불가리아 왕국에서는 슬라브족 주민 대중이라는 한 세력과 자신들의 지배적인 위치를 유지하려는 옛 불가리아 귀족들, 특히 텔레츠와 함께 권력을 장악하게 된 비타협적인 보야르(boyar)* 일파라는 또 한 세력 사이에 여전히 불화가 계속되고 있었다. 텔레츠가 왕좌에 오른 후 대단히 많은 수의 슬라브인들이 불가리아 지역에서 비잔티움 제국 영내로 이주했다. 비잔티움 황제는 그들로 하여금 비티니아에서 살게 했다. 이곳은 그의 선임자들이 대규모의 슬라브족을 이주시킨 곳이었다(88쪽과 100쪽 이하 참조). 그로 인해서 소아시아의 테마들에서 슬라브적 요소가 새로 강력하게 증대했다.

불가리아 칸의 트라키아 습격에 대해서 콘스탄티노스 5세는 대규모 원정으로 답했다. 그는 함대를 파견하여 도나우 강 어귀에 상당한 병력의 비잔티움 기병대를 집결시키고, 자신은 군대를 이끌고 트라키아를 지나서 적지로 침입했다. 도나우 강변에서 남쪽으로 돌진하는 기병대는 트라키아에서 북쪽으로 돌격하는 황제의 군대와 흑해 연안의 안키알로스에서 합류했다. 여기서 763년 6월 30일, 아침 동이 틀 때부터 저녁 땅거미가 내릴 때까지 계속된 혈전이 벌어졌다. 이 전투는 불가리아의 완전한 패배로 끝났다. 이 승리는 콘스탄티노스 5세가 그의 치세기에 거둔 가장 큰 승리였다. 그는 개선행렬을 지어서 콘스탄티노플로 입성하여 히포드롬에서 축하연을 벌임으로써 이 대승리를 자축했다. 게다가 텔레츠는 반란의 희생이 되었고, 이어서 불가리아는 여러 해 동안 끊임없는 반란과 왕권 교체의 무대가 되었다. 친(親)비잔티움 세력이 권력을 장악하는가 하면, 곧 반(反)비잔티움 세력이 지배권을 손에 쥐었다. 그러나 최종 결정권은 비잔티움 황제에게 있었다. 황제는 불가리아 내부 상황을 결정지을 권리를 가지고 있으면서 상황이 자신에게 불리하게 돌아갈 때는 무력으로 개입했다. 772년, 유능한 텔레리그가 권력을 잡고서야 비로소 불가리아는 자신을 추스리고 다시 예전의 투쟁력을 되찾았다. 그에 대해서 콘스탄티노스 5세는 773년 이른 봄에 대규모 출정을 감행했고, 763년과 같은 양동작전을 폄으로써 불가리아로 하여금 평화협상을 받아들이게 했다. 같은 해 10월, 마케

* 러시아와 불가리아의 구(舊) 혈통귀족들을 일컫는 말.

도니아로 돌격하려던 텔레리그의 시도 역시 제국 군대에 의해서 금방 실패로 돌아갔다. 그러나 비잔티움 황제가 아무리 우세하다고 해도, 불가리아인들에게 지속적인 평화를 강제할 수는 없었다. 콘스탄티노스 5세는 세상을 뜰 때까지 그들과 전쟁을 치러야 했다. 그는 불가리아에 대한 한 원정에서 775년 9월 14일에 전사했다.

비잔티움과의 잇따른 전쟁은 불가리아 왕국을 상당히 약화시켰다. 군사력은 흔들렸고, 국가조직은 마비되었다. 용맹한 텔레리그조차 국내에서 일어난 소요들 때문에 콘스탄티노스 5세의 후계자의 궁정으로 피신해야 했다. 비잔티움 제국이 발칸 반도에서 차지한 우세는 확고한 듯이 보였다. 그렇지만 불가리아가 비잔티움에 대해서 불구대천지간으로 돌아섰다는 사실은 제국의 미래를 생각할 때 무시할 수 있는 일이 아니었다. 그것은 비잔티움의 대외정책에서 새로운 요인이 되었으며, 지난하기 짝이 없는 이중 전선 투쟁의 부담을 제국에 부과했다.

콘스탄티노스 5세가 아랍인들 및 불가리아인들과의 전쟁에서 거둔 큰 성과들은 특히 대외정책을 동부에 한정시킴으로써 얻어진 것이었다. 콘스탄티노스가 동쪽에서 승리를 축하하고 있는 동안 비잔티움이 과거에 이탈리아에서 누려왔던 지배력은 완전히 붕괴되었다. 보스포루스 해안에서 통치하는 성상 파괴적 황제와 로마와의 관계는 점점 더 소원해졌다. 그러나 교황이 롬바르드족의 쇄도에 대해서 비잔티움 제국의 도움을 기대할 수 있다고 생각하는 한, 또한 비잔티움을 대체할 수 있는 다른 세력이 없는 한, 로마는 종교적인 불화를 무시하고 비잔티움 황제에게 충성을 지켰다. 그러나 751년, 북부 및 중부 이탈리아에서 비잔티움의 지배권을 종결시키고 비잔티움 황제의 원조에 대한 교황의 마지막 기대를 묻어버리는 사건이 일어났다. 라벤나가 롬바르드족의 손에 떨어졌고, 라벤나 총독관구가 없어졌다. 동시에 로마의 지평선에 롬바르드족에 대항하여 보다 효과적인 도움을 약속해줄뿐더러, 로마 교회로서는 여러 견지에서 이단적인 비잔티움보다 더 편안한 새로운 세력이 나타났다. 바로 신생 프랑크 왕국이었다. 교황 스테파누스 2세는 개인적으로 알프스를 넘어 754년 1월 6일에 폰티온에서 피핀 왕과 만났다. 이 기억할 만한 만남으로 로마와 프랑크 왕국의 동반관계가 시작되었고, 로마 교황령의 건설이 이루어지게 되었다. 교황은 비잔티움 황제에게 등을 돌리고 프랑크 왕과 동맹을 맺었다. 이로부터 반세기가 채 지나기 전에 서부 제국이 출현하게 된다.

그러나 비잔티움은 서쪽에서 심각한 일격을 체험한 대신에 동쪽과 남쪽에서 확고한 위치를 차지했다. 로마와의 긴장된 관계를 겪으며 성상 파괴적 비잔티움 정부는 효과가 풍부한 개입조치를 취하게 되었다. 황제는 그리스화된 남부 이탈리아 속주들인 칼라브리아, 시칠리아 그리고 그때까지 로마 교구에 속했던 일리리아를 로마로부터 분리시켜 콘스탄티노플 총대주교구 아래 두었다. 로마는 거듭 항의를 했지만 아무 효과가 없었다. 두 교회 중심지들 사이에 새로 그어진 경계선은 그리스적 동방과 라틴적 서방을 가르는 경계선과 일치했다. 이는 역사적 발전으로 말미암아 저절로 생겨난 것과 마찬가지였다. 콘스탄티노플 교구가 일리리아의 발칸 속주들과 그리스화된 남부 이탈리아로 확대됨으로써, 위대한 성상 파괴자는 비잔티움 교회가 성상 파괴의 위기를 극복한 후 체험하게 될 도약의 토대를 마련했다. 슬라브족이 대종을 이루는 발칸 국가들에서 장차 비잔티움 교회와 비잔티움 문화의 영향이 힘차게 빛을 발하게 될 토대가 마련된 것이다.

이렇게 비잔티움의 성상 파괴주의는 두 세계 중심지 사이의 간극을 심화시켰다. 그로 말미암아 결국 로마는 그리스적인 동방으로부터 쫓겨나고, 비잔티움은 라틴적인 서방으로부터 쫓겨나게 되었다. 이는 비잔티움 황제권의 보편주의뿐만 아니라 로마 교회의 보편주의 역시 발판을 상실하기 시작했음을 뜻한다.

이 사건들이 시기적으로 비잔티움에서 성상 파괴가 고조되기 시작한 때와 맞물린다는 것은 단순한 우연의 일치 이상의 일이다. 콘스탄티노스 5세 치하에서 성상 파괴 운동은 절정에 달했다. 물론 초기의 국면은 달라서, 아르타바스도스의 반란이 제국의 유럽 지역과 특히 수도 자체에서 얻었던 큰 반향은 성상 파괴자들에게는 조심해서 행동하라는 경고나 마찬가지였다. 아버지와 마찬가지로 콘스탄티노스 5세는 기다릴 줄을 알았다. 50년대에 와서야 비로소 그는 계획들을 실현시키기 시작했다. 레온 3세가 황제자문회의를 통해서 성상 금지령을 내리게 했던 데 반해서, 이번에 콘스탄티노스 5세는 종교회의를 통해서 성상 파괴를 재가하게 했다. 구성원의 단결을 확보하기 위해서 황제는 주교좌들에 자신과 보조를 같이하는 사람들을 앉혔고, 나아가 새로운 주교좌들을 창설하여, 성상 파괴론의 지지자들이 이 자리에 오르도록 했다. 이러한 조직적인 조치들 이외에도 열렬한 선전 및 저술활동이 나왔다. 여러 다른 장소에서 성상 파괴파의 지도급 인물들이 백성에게 연설하는 회합이 열렸다. 아울러 성상 적대자와 성상 옹호자 사이에 활발한 토론도 벌어졌다. 그렇지만 종교회의가 열릴 때 방해가 없도록, 용감한 반대자들은 토론이 끝난 후 체포되었다.

저술활동에는 황제 자신이 지도적인 몫을 했다. 그는 열세 편 가량의 신학 논문을 저술했는데, 그중 두 편만이 단편적으로 남아 있다. 그러나 둘 다 대단히 중요한 저술로 보인다. 콘스탄티노스 5세의 저술들은 눈앞에 두고 있는 종교회의의 결의사항에 원칙을 부여했으며, 성상 파괴론을 본질적으로 심화시키는 데에 기여했다. 형상과 원형을 근본적으로 구별하고 형상을 신플라톤주의적 의미에서 상징으로 파악하는 성상 지지자들과는 반대로, 콘스탄티노스 5세는 마술적-오리엔트적 개념에서 출발하여 형상과 모사 대상의 완전한 동일성, 즉 본질적인 통일성을 주장했다. 그렇기는 하지만 그는 무엇보다도 그리스도론적 논구의 지반에 입각하여 그리스도의 형상 묘사를 거부했다. 구세대 성상 파괴자들은 성상 숭배가 무엇보다도 우상 숭배의 부활이라는 이유로 이에 맞서 싸웠던 데 반해서 콘스탄티노스 5세는 그리스도론에 바탕을 둠으로써 그들의 논거를 한 차원 넘어서 나아갔다. 총대주교 게르마노스와 특히 다마스코스의 요안네스처럼 성상을 옹호하는 사람들은 그리스도의 육화를 근거로 그리스도 성상의 타당성을 규명하면서 인간적 자태로 표현된 구세주를 그의 육화의 현실성을 증거하는 것으로 간주한 반면, 콘스탄티노스는 그리스도의 신성(神性)을 근거로 들어서 그리스도의 진정한 재현이 가능하다는 견해를 논박했다. 그리하여 성상 문제는 양쪽에서 그리스도론적 교조들과 연결되었다. 성상 논쟁은 옛날 그리스도론 논쟁을 새로운 형식으로 계승하는 것이었다. 성상 파괴주의는 가장 급진적인 형태로 표현되면 단성론과 겹치는데, 바로 성상 적대파 중에서도 가장 급진적인 진영을 대표하는 콘스탄티노스 5세의 글들이야말로 오해할 여지 없이 단성론적 경향을 드러낸다. 단성론이 시리아와 아르메니아의 비잔티움 국경지역에서 우세했을 뿐만 아니라, 필리피코스 치하에서 전개된 단일의지론적 반동이 보여주었듯이(116쪽 참조) 제국 자체 내에도 존속하고 있었음을 생각하면 그런 경향은 놀랍게 받아들일 일이 아니다.

754년 2월 10일, 면밀하게 준비된 종교회의가 보스포루스의 소아시아쪽 해안에 있는 히에레이아 궁에서 시작되었고 그 마지막 회의는 8월 8일, 콘스탄티노플의 블라케르나이 교회에서 열렸다. 황제 정부의 조치들은 목적을 달성했다. 338명이나 되는 주교들이 모였는데, 모두들 성상 파괴주의를 신봉한다고 고백했던 것이다. 회의를 이끈 사람은 옛 황제 티베리오스-압시마르의 아들인 에페소스의 주교 테오도시오스였다. 총대주교 아나스타시오스가 753년 말에 죽었고, 교황도 오리엔트의 총대주교들도 대표자들을 보내지 않았기 때문이다. 이를 두고 정통파 쪽에서는 이 모임에 "머리 없는 종교회의"라는 비아냥거리는 별칭을 붙였지만, 그러한 사정에도 불구하고 이 회의는 공의회로서 간주될 것을 주장했다. 이 종교회의는 황제의 강령적 저술들을 출발점으로 결의들을 이끌어냈고, 동시에 그리스도론 문제를 중점적으로 규명했다. 그렇지만 일체의 부주의한 명제화를 피했으며, 특히 콘스탄티노스의 글에서 나타났던 모든 단성론적 화법을 피했다. 이 종교회의는 그리스도의 모사 불가능성이라는 명제를 다루었지만, 그러나 이전의 기독교 공의회의 결정들과 대립하지 않도록 조심했다. 아니 심지어는 성상 옹호자들조차 어쩔 수 없이 단성론적 이단에 빠지거나 네스토리우스파 이단에 빠진다는 점을 대단히 교묘하게 정리했다. 성상 옹호자들은 성상에서 단지 그리스도의 인간적 본성만을 묘사함으로써 분리 불가능한 그리스도의 본성들을 네스토리우스파 식으로 분리해버리거나, 그렇지 않으면 그리스도의 신적 본성을 (성상에서) 모사된 본성들과 뒤섞어버림으로써 마치 단성론자들처럼 혼합될 수 없는 그리스도의 본성들을 한데 섞어버리거나 할 수밖에 없다는 것이 그 이유였다. 성서와 교부신학의 문헌에서 대단히 많은 인용문을 끌어들여 일체의 성상과 성상 숭배를 가장 철저하게 거부하는 데에서 이 논박은 절정을 이루었다. 자신을 교회의 주인이라고 생각한 황제는 그전에 자신이 스스로의 절대권력으로 임명했던 실라이온의 주교 콘스탄티노스를 이 종교회의의 마지막 회합에서 신임 총대주교로 소개했고, 출석한 주교들은 그에게 그들의 새로운 최고 목자로서 갈채를 보냈다. 그후 8월 29일, 콘스탄티노플 광장에서 종교회의의 결의사항들이 포고되었다. 그에 따라서 성상 숭배가 아주 엄격하게 금지되었고, 모든 숭배 형상들을 파괴하라는 명령이 내려졌으며, 정통파의 선구자들, 특히 총대주교 게르마노스와 다마스코스의 요안네스는 파문을 당했다. 그러나 황제에게는 사도들과 동등하다는 최고의 찬사가 바쳐졌다.

이제 황제가 할 일은 종교회의의 결정사항들을 행동으로 옮기는 것이었다. 도처에서 성상들이 파괴되고 그 자리가 세속화(世俗畫)로 대치되었다. 동물과 식물을 소재로 하는 장식품들도 등장했지만, 무엇보다도 황제의 초상들과 그의 전쟁 및 사냥 장면, 마차 경주와 연극 등을 묘사하며 황제를 기리는 그림들이 세속의 건물뿐만 아니라 교회도 장식해야 했다. 세속예술은 비잔티움의 전 시대에 걸쳐 교회예술과 나란히 존속했고, 사람들이 일반적으로 생각하는 것보다 더 큰 역할을 담당했다. 이제 바로 이 예술, 즉 무엇보다도 황제를 기리고 황제로 대표되는 제국을 기리는 데에 봉사하는 예술만이 장려될 터였다. 성상 파괴자들은 예술 자체를 배척한 것이 아니라, 단지 종교적인 예술과 그 숭배를 배척했을 뿐이다. 이런 예술과 숭배를 근절시키는 것이 이제 황제의 과제가 되었다. 자기 생각에는 기독교 공의회임에 틀림없어 보이는 저 교회회의에서 내려진 규정들을 근거로 콘스탄티노스 5세는 불과 검으로 이 과제를 수행하기 시작했다.

그러나 그의 광신적인 파괴의지에 대항하여, 그에 전혀 못지 않게 자신들의 신앙에 광신적으로 헌신하는 반대세력이 등장했다. 격렬한 투쟁이 불타올랐고, 이는 760년대에 절정에 달했다. 성상 옹호적인 반대파는 아욱센티오스 산에 있는 수도원장 스테파노스 네오스라는 인물 주위에 모여들었다. 백성들의 모든 계층에서 점점 더 많은 지지자들이 그에게 몰려왔다. 황제는 반대파의 지도자로 하여금 저항을 포기하게 만들고자 했으나, 아무 결실도 없었다. 767년 11월에 스테파노스는 사주를 받은 군중에 의해서 콘스탄티노플의 거리에서 아주 잔인한 방법으로 죽임을 당했다. 그렇지만 반대세력은 꺾이지 않았다. 콘스탄티노스 5세의 통치에 불만을 품은 사람들의 범위가 얼마나 넓었는지는 그가 열아홉 명이나 되는 고위 관리들과 장교들을 처형해야 했다는 사실에서 드러난다. 그 가운데는 그의 마부장(馬夫長) 곧 프로토스트라토르, 드로모스의 로고테테, 황실근위대의 사령관인 도메스티코스, 옵시키온 테마의 사령관, 트라키아와 시칠리아의 스트라테고스들이 있었다. 그러나 성상 적대 정책에 가장 강력하게 반대한 것은 수도사들이었다. 그들과의 결산은 특히 가혹했다. 성상 숭배자들에 대한 박해는 시간이 흐름에 따라서 점점 더 수도사 집단 자체를 공격대상으로 삼는 원정의 성격을 띠어갔다. 이 반(反)수도사적인 방향은 소아시아에서, 특히 소아시아 군대에서 지지를 얻었으며, 또한 수도 주민의 일부 사이에서도 공감을 얻었던 것으로 보인다. 이제 수도사들은 그들의 성상 옹호적 입장 때문만이 아니라, 단순히 수도사 신분에 속한다는 이유로도 박해를 받았으며, 수도사 생활을 포기하도록 강요받았다. 수도원들은 폐쇄되거나 병영이라든가 목욕시설 혹은 여타의 공공건물로 바뀌었다. 그들의 광대한 소유 토지는 황제에게 몰수되었다. 이리하여 성상 파괴주의가 그 절정기에 이르렀을 때 이 운동은 막강한 비잔티움 수도사 계급과 수도원의 토지 소유에 대항하는 투쟁이 되었다.

콘스탄티노스 5세의 정부가 얼마나 단호하게 이 투쟁을 전개했는지는 트라케시온의 스트라테고스인 미카일 라카노드라콘이 취한 조치에서 드러난다. 그는 황제의 가장 열성적인 조력자 가운데 한 사람으로, 자신의 관할 테마의 수도사들로 하여금 수사복을 벗고 아내를 취하거나 아니면 눈이 먼 채 추방되거나, 양자 택일을 하게 했다. 수도사들의 대대적인 이주가 시작되었다. 그들은 특히 남부 이탈리아로 향하여 그곳에 수도원과 학교들을 세움으로써 그리스 문화의 새로운 중심지를 만들었다. 비잔티움에서는 성상 파괴의 파고가 점점 더 높아졌다. 황제의 급진주의는 754년의 종교회의에서 결정된 사항들보다 훨씬 도를 넘었고, 심지어는 그것들과 모순을 이루게 되었다. 그는 성상과 성유물들에 반대했을 뿐만 아니라, 성자 숭배와 마리아 숭배도 엄금했다. 콘스탄티노스 5세의 급진정책이 그의 죽음으로 와해되지 않았더라면, 비잔티움 제국의 생활은 완전히 바뀌었을 것이다.

콘스탄티노스 5세의 강압적 통치는 가장 잔혹한 공포시대로서 후대에 기억되고 있다. 수세기에 걸쳐 맹렬한 증오가 콘스탄티노스 "코프로니모스(Kopronimos)"('이름을 더럽힌 자'라는 뜻)의 기억을 뒤쫓았다. 그의 시신은 정통파가 재건된 후 사도 교회로부터 다른 곳으로 옮겨졌다. 그렇지만 그의 무공과 영웅적 행동에 대한 기억 역시 그 개인보다 오래 살아남았다. 비잔티움이 9세기 초 불가리아인들에게 패배했을 때, 백성들은 그의 무덤가에 모여서, 무덤에서 올라와 제국을 치욕으로부터 구해달라고 죽은 군주에게 간구했다.

4) 성상 파괴 운동의 후퇴와 성상 숭배의 재건

레온 4세(재위 775-780년)의 짧은 통치는 성상 파괴 운동이 만개하던 콘스탄티노스 5세 시대에서 성상 숭배가 재건되는 이레네 여제 시대로 넘어가는 과도기를 이룬다. 콘스탄티노스 5세가 하자르족 공주와의 결혼에서 얻은 아들 레온 4세는 투쟁적인 성격이 아니었다. 성모 마리아 숭배에 대한 공격이 중지되었고, 콘스탄티노스 5세가 치세 후반기에 택한 수도사에 대한 적대적 노선도 포기되었다. 새 황제는 주저하지 않고 가장 중요한 주교좌들을 수도사들에게 맡겼다. 그렇지만 그는 전통적으로 성상 적대적인 방향을 고수했으며, 심지어 성상을 숭배하는 여러 궁정 관리들을 공개적으로 매질하고 감옥에 보냈다(780년). 그것은 콘스탄티노스 5세의 방법과 비교해볼 때 상당히 온건한 형벌이었으며, 더욱이 레온 4세 시대에 성상 숭배자들을 박해한 사례로 전해지는 유일한 경우이다. 레온 4세 치하에서 성상 파괴주의가 완곡해진 것은 콘스탄티노스 5세의 극단에 대한 자연스러운 반동이었다. 게다가 레온 4세의 정력적인 아내 이레네 황후의 영향도 있었다. 그녀는 성상을 비호하는 아테네 출신이었고 성상 숭배에 호의를 가진 인물이었던 것이다.

황제의 형제 니케포로스와 크리스토포로스는 이미 769년에 부황제 즉 카이사르의 품위를 얻었고, 니케타스와 안티모스 역시 이미 콘스탄티노스 5세 치세 때 노빌리시모스(nobilissimos) 곧 '지극히 고귀한 자'의 칭호를 지니고 있었다. 레온 4세 때는 가장 어린 동생 에우도키모스 역시 이 칭호를 얻었다. 그런데도 불구하고, 이들 카이사르 가운데 누구도 레온 4세의 공동황제이자 후계자로 추대되지 않았다. 이 지위에 추대된 사람은 그의 어린 아들 콘스탄티노스였다. 이렇게 된 이유는 특기할 만하다. 즉 군대가 황제에게 아들의 즉위를 명백하게 요청했던 것이다. 황제는 원로원 의원들, 수도 및 지방 군대의 대표자들, 도시 신분회의 대표자들에게 새로 왕관을 쓴 사람을 유일한 제위계승자로 여기고 그에 대한 충성을 지키겠다는 서면 서약을 하게 한 다음, 776년 4월 24일 외견상으로 신민들의 희망에 따라서 아들에게 황제 대관식을 거행해 주었다. 이 시대는 이처럼 보통 때도 민중의 의지를 뒷받침으로 삼고자 노력했는데, 이는 아마도 레온 3세와 콘스탄티노스 5세의 전제적 통치에 대한 반동으로 간주될 수 있을 것이다. 비잔티움에서 새 황제 혹은 공동황제를 임명할 때는, 보통 새로 황제의 관을 쓴 사람에 대하여 추후에 백성과 군이 동의를 보내주는 식으로 신민들의 참여가 표현되었다. 반면 레온 4세는 이미 제위계승자의 임명 자체부터 민중적 의지의 작용에 의한 것으로 내세우고자 했다. 이때 통상적인 구성요소들 ── 원로원, 민중, 군 ── 과 나란히 콘스탄티노플의 상공업 대표자들 역시 발언할 기회를 얻었다는 점도 특기할 만하다. 물론 군대가 레온 4세의 아들에게 관을 씌우라고 촉구한 것은 황제 자신이 보낸 신호에 따른 것이었다. 그럼에도 불구하고 콘스탄티노스 4세 시대부터 지배권에 대한 비잔티움 군부의 이해가 크게 변화되었다는 점은 부정할 수 없다. 정확히 일백 년 전만 하더라도 다름 아닌 이 군부는 황제의 형제들을 제위계승에서 배제하는 데에 대해서 불같이 항의했었다(98쪽 이하 참조). 제위계승권을 통치자의 맏아들에게 한정시키는 단독통치 원칙은 크게 진보했지만, 이 체계는 비잔티움인들에게 아직 당연한 것이 아니었다. 그렇지 않았다면 군부의 시위적인 입장 천명도 문서에 의한 서약의 제출도 제위계승자를 위해서 반드시 필요하지는 않았을 것이다. 사실, 카이사르 니케포로스를 위한 반대의 음모도 없지는 않았다. 그렇지만 이 모반은 적시에 발각되었고 죄인들은 케르손으로 추방되었다. 이 경우에도 레온 4세는 신민들의 의사표현에 따르고자 했다. 그 구체적 방법으로서 그는 마그나우라 궁전에서 침묵회의를 소집하여, 모인 사람들에게 안건을 제출하고 그들에게 모반자들에 대한 판결을 물었다.

레온 4세의 때이른 죽음(780년 9월 8일)으로 아들 콘스탄티노스 6세는 열 살의 나이로 제위에 오르게 되었다. 황태후 이레네가 섭정을 맡음으로써 공식적으로도 연소한 아들과 옥좌를 나누었다. 다시 카이사르 니케포로스를 위해서 정부를 전복하려는 시도가 일어났다. 그렇지만 정력적인 황태후는 성상 적대파 세력들이 도모한 것으로 보이며 여러 명망 있는 관리들이 가담해 있던 정부전복 운동을 재빨리 분쇄했다. 그리고 죽은 남편의 형제들에게 성직으로 들어설 것을 강요했다. 이레네가 국사를 맡으면서 성상 숭배가 결정적으로 부활했다. 그렇지만 성상 숭배의 부활은 천천히 그리고 아주 신중하게 준비되었다. 사실 교회정치의 급속한 변화는 가능하지 않았다. 성상 적대적인 체제가 반세기 동안 지배권을 주장해왔기 때문이다. 가장 중요한 관직과 성직들은, 신념에서이건 상황에 순응해서이건, 성상 파괴를 지지하는 사람들이 차지하고 있었다. 명성 높은 황제 콘스탄티노스 5세에게 변치 않는 충성을 지키고 있던 군부의 대부분은 성상 파괴를 지지했다.

정부의 계획들은 레온 4세 치하에서 총대주교가 되었던 파울로스를 사임시키는 데에 성공하고 나서야(784년 8월 31일) 비로소 알려지게 되었으니, 그것은 784년 말의 일이었다. 이레네는 새로운 총대주교의 임명에 인민선거의 형식을 부여했다. 그녀는 "전 인민"을 마그나우라 궁전 앞에 모이게 했다. 그리하여 그때까지 황태후의 비서였던 타라시오스가 총대주교로 선출되었다. 그는 좋은 신학교육을 받았고 정치적 시야가 명쾌한 교양 있는 세속인이었다. 784년 12월 25일에 타라시오스가 총대주교로 임명을 받은 후, 공의회가 준비되기 시작했다. 여기서 754년에 열렸던 성상 파괴 종교회의의 결정사항들이 취소되고 성상 숭배가 재건될 예정이었다. 비잔티움 정부는 로마와 오리엔트 총대주교들에게 연락을 하기 시작했고, 그들은 이러한 선회를 환영하며 종교회의에 대표자들을 파견했다.

786년 7월 31일, 콘스탄티노플의 사도 교회에서 종교회의가 열렸다. 그러나 협상이 시작되자마자, 종교회의를 준비하는 과정에서 이레네와 타라시오스가 보여주었던 것보다 더 큰 신중함이 필요했었음을 알려주는 사건이 일어났다. 콘스탄티노스 5세의 엄명을 마음에 간직한 수도 수비대의 병사들이 검을 번쩍이며 교회로 쳐들어와 종교회의에 모인 일부 주교들의 열광적인 기쁨의 환호 아래 종교회의를 해산시켰다. 그렇지만 황태후의 용기는 이런 실패를 겪었다고 해서 꺾이지는 않았다. 그녀는 성상 파괴파 군부대들을 이른바 아랍인들에 대한 원정을 핑계로 소아시아로 이동배치해버렸다. 반면 성상 옹호적 군대들을 트라키아에서 데려와 그들에게 수도의 수비를 맡겼다. 787년 5월, 새로운 종교회의의 초대장이 보내졌다. 이번에는 니카이아(니케아)에서 모인다고 했다. 그리하여 제7회 공의회 ── 동방교회가 인정한 마지막 공의회 ── 가 콘스탄티누스 대제 치하에서 최초의 공의회가 열렸던 바로 그 도시에서 열리게 되었다.

총대주교 타라시오스가 의장을 맡고 약 350명의 주교들과 많은 수의 수도사들이 참석한 가운데 콘스탄티노플에서 9월 24일부터 10월 13일까지 빠른 간격으로 일곱 번의 회의가 열렸다. 이는 공의회의 준비가 철저했음을 증거한다. 교회정치적으로 중요한 결정을 내리기에 앞서서 공의회는 성상 파괴적인 활동을 했던 주교들의 문제를 제기했다. 하기야 그들도 앞선 세 통치자 치하에서는 다른 방식으로 활동하기 어렵기도 했을 것이다. 그들 가운데 한 사람이 말했듯이 그들은 "이단 속에서 태어나서 자라고 교육을 받았던" 것이다. 이 공의회는 현명하게도 이런 사실을 헤아렸고, 예전의 성상 파괴파로 하여금 공의회 참가 회중 앞에서 이단을 버리겠다고 맹세하게 한 후, 그들을 교회 공동체에 받아들였다. 그렇지만 이런 관용적인 태도는 수도사 신분 대표자들의 찬동을 받지 못했다. 이는 그야말로 열띤 대결을 불러왔다. 여기서 처음으로, 향후 비잔티움 교회사 전체를 통해서 계속될 내부 분열이 일어났다. 이것은 절대적으로 엄격하게 교회법 규정들을 준수하고 모든 협상을 원칙적으로 거부하는 급진적 수도사들의 파, 이른바 열심파와, 국가의 필연성에 순응하여 정치적 상황에 적응할 줄 알며 세속권력이 정통파 신앙을 고수해주기만 한다면 그 권력과 기꺼이 협력하고 모종의 양보도 마다하지 않는 이른바 정치파로 이루어진 온건파 사이의 분열이다. 787년의 니케아 공의회에서는 이 온건파가 승리했다.

그에 반해서 신앙 문제에서는 공의회의 정통파적 다수가 완전한 의견의 일치를 보았다. 성서와 교부들의 저작물들에서 따온 일련의 긴 인용문들로 성상 숭배를 증거하며, 한편으로는 754년의 성상 파괴적 종교회의에서 내려진 결의들을 낭독하고, 다른 한편으로는 이 결의사항들에 대해서 총대주교 타라시오스가 쓴 것으로 보이는 상세한 반박문들을 낭독한 후, 이 공의회는 성상 적대를 이단으로 판결하고 성상 적대적인 글들을 파괴하라고 지시하여 성상 숭배를 다시 수립했다. 다마스코스의 요안네스를 따라서 이 공의회는 성상 문제를 구원론과 연결지었고, 숭배의 대상은 성상이 아니라 성상으로 모사된 성스러운 존재이므로 성상 숭배는 오로지 신만이 받아 마땅한 경배와는 공통되는 바가 없다는 원칙을 강조했다. 10월 23일, 콘스탄티노플의 마그나우라 궁전에서 열린 엄숙한 마지막 회의는 황태후와 어린 황제가 서명한 공의회의 결정들을 확인했다.

그렇지만 성상 적대적 세력이 궁극적으로 극복된 것은 아니었다. 이 세력의 존속은 황태후 이레네와 아들 사이에 갈등이 불거졌을 때 아주 분명하게 드러났다. 이는 이 무익한 반목을 역사적으로 특별히 흥미 있는 것으로 만들어주는 상황이다. 콘스탄티노스 6세가 이미 통치 능력이 있는 연령에 도달했음에도 불구하고 야심찬 황태후는 권력을 내놓으려고 하지 않았다. 젊은 황제는 그에게 부과된 후견을 거부하고, 점차 어머니와 그녀의 조언자인 환관 스타우라키오스와 날카롭게 대립하게 되었다. 자연히 그의 주위에는 이레네의 성상 옹호적 정책에 만족할 수 없는 반대파가 모여들게 되었다. 콘스탄티노스 6세의 신임을 얻은 최측근 가운데 한 명은 열렬한 성상 파괴주의자 미카일 라카노드라콘이었다. 그렇지만 정력적인 황태후는 790년 초에 일어난 모반의 싹을 진압시킬 수 있었다. 이제 그녀는 이제까지 사실상 우월한 것이었을 뿐인 자신의 지위를 공식적으로 합법화시키기에 스스로 충분히 강하다고 생각하기에 이르렀다. 황태후는 자신에게 지배권을 양도하고 자신을 제1인자로, 콘스탄티노스 6세를 그녀의 공동 통치자인 제2인자로 인정하겠다는 서약을 하라고 군부에 요구했다. 당시 수도의 군대는 유럽에서 파견된 군대들로 이루어져 있었으므로 모두 이의 없이 요구받은 대로 서약을 했다. 그에 반해서 성상 우호적인 황태후에게 거의 호의를 가지고 있지 않은 아르메니아콘 테마의 군대는 이레네의 계획에 거세게 저항했다. 이제 반대운동이 시작되었고, 다른 소아시아 테마들도 이에 가세했다. 이 반대운동은 군부가 왕조의 권한을 대표하여, 야심찬 황태후의 요구들을 물리치고 콘스탄티노스 6세가 단독 지배자임을 포고하는 것으로 귀결되었다(790년 10월).

이레네는 게임에서 졌고 황궁을 떠나야만 했다. 그렇지만 이번에는 황태후의 지지자들이 가만히 있지 않았다. 그들은 콘스탄티노스 6세로부터 그녀가 복귀해도 좋다는 허락을 얻어내고 말았다. 그리하여 792년 1월부터 다시 콘스탄티노스와 이레네라는 옛 공식이 통용되었다. 젊은 황제의 나약함은 그의 지지자들에게 환멸을 불러일으켰다. 게다가 콘스탄티노스 6세가 792년 7월 불가리아 전쟁에서 보여준 명예롭지 못한 행동으로 말미암아 불만이 더해졌다(144쪽 참조). 다시 카이사르 니케포로스에게 유리한 움직임이 대두했다. 반대파들은 니케포로스를 콘스탄티노스 5세의 후예 가운데 생존하는 최연장자로서 존중했다. 이제 콘스탄티노스 6세는 재빨리 손을 써서 숙부의 눈을 찔러 멀게 하고, 아버지의 다른 네 형제들의 혀를 자르게 했다. 아르메니아콘의 스트라테고스인 알렉시오스 역시 장님이 되었다. 그는 과거에 콘스탄티노스를 위해서 이레네에게 반대 행동을 취했던 사람이었다. 이제 아르메니아콘 테마에서 거센 폭동이 터졌다. 콘스탄티노스 6세는 그의 옛 지지자들을 적으로 삼아 정식 원정을 감행해야 했다(793년 초). 이 반란은 대단히 잔인하게 진압되었다. 그러나 그 대가로 한때 이곳에서 젊은 황제가 누렸던 공감은 그를 향한 통렬한 적대감으로 바뀌었다.

곧이어서 그는 정통파와도 완전히 사이가 벌어지게 할 일을 저질렀다. 795년 1월, 그는 7년 전에 어머니의 희망에 따라서 결혼했던 아름다운 파플라고니아 여인 마리아를 쫓아내고, 자신의 정부인 궁녀 테오도테를 아내로 맞아서 황후 즉 아우구스타(augusta)의 관을 씌우고 엄청나게 호화로운 결혼 축하연을 벌였다. 그로 인해서 당연히 여론이 악화되었다. 모든 교회 율법에 반대되는 콘스탄티노스 6세의 행동방식은 정통파 인사들 사이에서 대단한 분노를 일으켰다. 열심파의 급진적 수도사들이 부정한 황제에게 특히 격렬하게 반대를 하고 나섰다. 그들의 지도자는 저 유명한 사쿠디온의 수도원장 플라톤과 그보다 더 유명한 조카 테오도로스였다. 황제는 용감한 열심파 지도자들을 추방했다. 그러나 그것으로 일이 끝난 것은 결코 아니었다. 이른바 간통(moikheia) 논쟁은 앞으로 오랫동안 비잔티움인들을 몰두하게 하고 그들 사이에서 심각한 갈등을 야기하게 된다. 그것은 열심파와 총대주교 타라시오스 사이의 불화를 극도로 첨예화시켰다. 왜냐하면 열심파들은 간통한 황제에 대한 총대주교의 기회주의적인 태도를 비난하고 있었는데 그러다가 결국 그들의 분노가 극에 달하여 교회 성원들과 그와의 관계가 단절되었기 때문이다. 비잔티움의 수도사들은 정통파가 승리한 후에도 계속해서 심기가 편치 않은 상태에 있었고, 심지어는 종종 국가 및 교회 지도부와 대립관계에 있는 것이 눈에 띈다. 이 사실은 정통파의 승리가 수도사들이 기대했던 만큼의 상처달래기와 원상 회복을 가져다주지 못했으며, 이레네의 단독 통치조차도 그들에게는 단지 일시적이고 불완전한 보상을 제공했을 뿐임을 명백하게 보여준다.

분별 없는 행동과 악의적인 잔인성으로 말미암아 지배적인 정통파뿐만 아니라 성상 파괴적인 반대파에게서도 모든 지지를 잃은 콘스탄티노스 6세는 이제 제거되어도 좋았다. 그를 위해서 복수의 손을 들어주는 사람은 없었다. 797년 8월 15일, 그는 27년 전 자기가 태어났던 바로 그 자줏빛 방에서 어머니의 명령에 의해서 장님이 되었다. 이레네는 목적을 달성했다. 그녀는 비잔티움 제국의 단독 통치자가 되었다.

이레네는 미성년 혹은 통치 능력이 없는 황제를 대신한 섭정의 자격으로서가 아니라 자신의 이름으로 직접 제국을 다스린 최초의 여인이었다. 로마 전통에 따라서 황제의 직무가 최고 군지휘자의 기능과 불가분의 관계가 있는 것으로 여겨지던 이 시대에, 여자가 이런 직무를 수행할 권리가 있는가에 대해서는 의문의 여지가 있었다. 이레네가 법적으로 황제 신분임을 나타낼 때 자신을 여성을 뜻하는 바실리사(basilissa)가 아니라 남성을 뜻하는 바실레우스(basileus)로 지칭했던 것은 주목할 가치가 있다.

이레네의 통치방법들은 거의 성공을 거두지 못했다. 궁정에는 숨막히는 음모의 분위기가 지배했고, 여기서 여제의 두 최측근 고문이었던 환관 스타우라키오스와 아이티오스가 서로 우세를 다투었다. 백성들의 사라져가는 공감을 붙들어두기 위해서, 여제는 국가예산의 필요는 고려하지도 않고 주민들의 재정적 부담을 아주 인심 후하게 줄여주었다. 무엇보다도 이런 경감조치는 수도원들과 수도 주민들을 대상으로 하는 것이었다. 수도원들의 호의는 이레네의 인기의 초석이었고, 자리 보전이 불안한 정부의 운명은 수도 주민들의 분위기에 크게 좌우되었기 때문이다. 그동안 콘스탄티노플 주민들이 지불해야 했으며 실제로 아주 고율이었던 것으로 보이는 도시세가 폐지되었다. 콘스탄티노플로 들어오는 입구에 위치한 항구들인 아비도스와 히에로스에서 징수해오던 것으로 비잔티움 국가의 중요한 수입원이던 수출입 관세 역시 크게 낮추어졌다. 수도 주민들은 이 조치들을 열광적으로 지지했다. 스투디오스의 테오도로스 역시 여제의 너그러움을 높이 찬양했다. 그러나 비잔티움 권력의 주요 토대를 이루던 비잔티움 국가의 재정제도는 이러한 너그러운 조치들 때문에 큰 혼란에 빠졌다.

제국의 대외정치적 상황은 지난 20년 동안에 상당히 악화되어 있었다. 물론 그 중요한 정황조건 가운데 하나는 당시 아바스 왕조 칼리프국이 전성기를 누리고 있었다는 사실이다. 이미 781년에 아랍인들이 제국의 영토 깊숙이 침입하여 트라케시온 테마 지역에서 큰 혈전을 벌였는데, 이 전쟁에서는 아랍인들이 승리했다. 이에 따라 비잔티움 정부는 그들과 평화조약을 체결하고 칼리프에게 조공의 지불을 약속했다. 그러나 이런 굴욕적인 의무를 받아들였음에도 불구하고 제국은 오랫동안 평화를 확보할 수 없었다. 곧 다시 소아시아에서 아랍인들의 침입이 시작되었다. 789년에는 불가리아 국경에서 전쟁이 시작되어 황제 콘스탄티노스 6세가 군대를 이끌었으나 이 전쟁들 역시 거의 성과가 없었다. 792년 여름, 비잔티움인들은 국경 요새 마르켈라이에서 패배했다. 이 전쟁은 황제가 도망치고 명망 있는 비잔티움 사령관들이 잡히는 바람에 특히 굴욕적으로 끝났다. 다시금 비잔티움 정부는 조공의 지불을 감수해야 했다. 그러나 이번에도 평화는 오래가지 않았다. 곧 불가리아인들이 조공액수를 높일 것을 요구했기 때문이다. 비잔티움은 두 중요한 적들에게 패배당하고 조공을 지불해야 했다. 콘스탄티노스 5세 치하에서 당당한 위치에 있었던 후라, 이런 상황은 더욱 비참했다.

5) 비잔티움과 샤를마뉴

아시아와 발칸에서 겪었던 모든 군사적 실패보다 역사적으로 훨씬 중요한 사건은 서쪽에서의 사태 전개로 말미암아 비잔티움이 겪게 된 이념적 권위의 상실이었다. 중세의 가장 위대한 군주 가운데 한 사람이 프랑크 왕국의 수장으로 있던 시기에, 나라의 운명이 여자와 환관의 수중에 놓여 있었다는 것은 노(老)제국의 비극이었다. 샤를마뉴는 바이에른을 합병하고, 작센을 기독교화하여 자국 영토로 편입시켰으며, 동쪽에서는 슬라브족을 희생시키며 영토를 팽창했고, 아바르 왕국을 분쇄하고 롬바르드 왕국을 진압하고 병합함으로써, 자신의 왕국을 당시 기독교 세계의 최강국으로 만들어놓았다. 롬바르드족을 굴복시키면서 샤를마뉴는 비잔티움이 실현할 수 없었던 과제를 실현했고, 비잔티움 제국은 그 과제를 실현시키지 못함으로써 로마에서의 권위를 상실했다. 그에 따라서 로마 교회는 프랑크 왕국과 더욱 가까워졌고, 그만큼 더 결정적으로 비잔티움에 등을 돌렸다. 니케아 공의회에서 콘스탄티노플과 로마 사이에 종교적 갈등이 해결되고, 정통파로 돌아간 비잔티움이 그 어느 때보다도 더 열렬하게 성상 숭배를 공언하게 되었어도, 이 같은 사실을 변화시킬 수는 없었다. 니케아 공의회는 두 세계 중심지의 진정한 화해를 가져다주지 않았다. 로마는 비잔티움이 성상 파괴 시대의 종교적인 조치들뿐 아니라 교회정치적인 조치들까지 모두 철회하기를 기대했다. 로마는 원상(status quo)의 완전한 복구를 기대했다. 무엇보다도 남부 이탈리아와 일리리아에서 로마의 사법권이 회복되기를 기대했다. 그러나 콘스탄티노플은 그점에 대해서는 일말의 고려도 기울이려고 들지 않았다. 이 문제는 니케아 공의회에서 한번도 제기되지 않았다. 교황 하드리아누스 1세가 비잔티움 군주에게 보낸 서한 가운데 이와 관련된 부분은 공의회에서의 낭독을 위하여 그리스어로 번역되는 과정에서 아예 누락되어버렸다. 교황이 교회법에 따르지 않은 총대주교 타라시오스의 취임에 항의하고 그가 "기독교 세계의 총대주교"라는 칭호를 쓰는 데에 대해서 항의한 부분들도 마찬가지로 삭제되었다. 그러나 특히 중요한 사안은 따로 있었으니, 즉 교황의 서한 가운데 수많은 부분들, 무엇보다도 로마의 수위권 혹은 성 베드로의 수위권을 이야기한 부분들이 용의주도하게 건너뛰어졌던 것이다. 교황권은 동부 제국에서 사실상 배제되었다. 마찬가지로 비잔티움의 황제권도 서부에서 배제되었다. 로마 교회가 비잔티움과 당대에 가장 시급한 신앙 문제들에 대해서 합의한 것처럼 보였을지 몰라도, 콘스탄티노플과 보조를 맞추는 것은 로마 교회에 이제 아무런 이득을 가져다줄 수 없었다. 그와는 반대로 비록 성상 문제에서는 프랑크 왕의 이해를 구하는 것이 어려워 보이기도 하고 또 큰 양보를 요하는 일이기도 했지만, 그래도 롬바르드족을 몰아낸 이 위대한 정복자와 함께 가는 편이 훨씬 전도가 유망했다.

샤를마뉴는 콘스탄티노스 5세가 개최한 종교회의의 성상 적대적인 입장을 비난했을 뿐만 아니라 콘스탄티노스 6세와 이레네의 성상 옹호적 입장도 맹렬하게 비난했다. 이 격렬한 논쟁의 결론적 입장을 명시하여 정리한 것이 『샤를마뉴의 책(*Libri Carolini*)』이다. 이 책은 비잔티움에 대한 프랑크 왕국의 종교적 독립성을 강조하는 사명을 띠고 있었으며 그 진정한 목적은 무엇보다도 정치적인 것이었다. 그런 점에서 『샤를마뉴의 책』이 실제 논제를 회피하고 있다는 것은 그리 중요하지 않은 일이며, 샤를마뉴에게 제출된 니케아 공의회 회의록의 라틴어 번역이 범하고 있는 명백한 언어상의 오류와 오해로 말미암아 니케아 결정들의 진정한 의미가 왜곡되어 있는 것도 사소한 일이다. 게다가 샤를마뉴의 입장 역시 니케아 공의회의 진정한 입장과도 일치하지 않았다. 샤를마뉴의 입장은 오히려 성상 파괴도 성상 숭배도 거부한 그레고리우스 대교황의 옛날 견해와 일치한다. 프랑크의 왕은 교황 하드리아누스 1세가 그에게 보낸 온갖 경고와 교화에도 불구하고 자신의 입장을 고집했다. 마침내 양보해야 했던 쪽은 교황이었다. 787년의 니케아 공의회가 하드리아누스 1세에 의해서 파견된 두 사절의 동의를 얻어 모든 경건한 기독교인의 의무로 요구했던 성상 숭배는 794년 프랑크푸르트 종교회의에서 같은 교황의 다른 두 대표자들이 참석한 가운데 이단 판결을 받았다. 비록 서방교회에서는 성상 문제가 비잔티움에서처럼 중요한 것이 아니었고, 성상 문제를 구원론과 연결시키는 비잔티움 고유의 사고방식이 서방으로서는 여전히 낯설고 이해되지 않는 일이긴 했지만, 교황의 양보는 프랑크 왕국과의 동맹이 교황의 정치적 초석이 되었음을 분명하게 보여주었다. 하드리아누스 1세는 교황 스테파누스 2세 치하에서 시작된, 부인할 수 없이 성공적인 노선을 철저하게 이어갔고, 모든 의심을 무시하면서 프랑크 왕과의 동맹을 고수했다. 이어서 그의 후계자인 교황 레오 3세는 이 노선을 철저하게 계승하면서, 목적이 확실한 8세기 로마 교회의 정책을 종결짓는, 본질적으로 혁명적인 대담한 결정을 내렸다. 그는 800년 12월 25일, 로마의 성 베드로 대성당에서 샤를마뉴에게 황제의 관을 씌워주었다.

샤를마뉴의 제국 건설은 나중에 종교적 영역에서 일어난 교회의 분열과 마찬가지로 정치적 영역에서 혁명적인 중요성을 가진다. 세계에는 단 하나의 제국만이 존재할 수 있으며, 마찬가지로 단 하나의 기독교 교회만이 존재할 수 있다는 것은 당시 세계에서 하나의 공리였다. 샤를마뉴의 황제 즉위는 이 모든 개념을 뒤집어놓았고, 비잔티움의 이해관계를 대단히 손상시켰다. 그때까지 비잔티움, 그러니까 '새로운 로마'는 논란의 여지 없이 옛 로마 제국의 유산을 이어받는 유일한 제국으로 간주되었기 때문이다. 자신의 황제권을 생각할 때 비잔티움은 샤를마뉴의 황제 즉위를 찬탈로 간주할 수밖에 없었다. 그렇지만 로마 교회측도 역시 단일 제국이라는 사상에서 출발했기 때문에, 비잔티움과 공존하는 제2의 제국을 이룩할 의도는 전혀 없었고, 오히려 로마 교회 자신이 새로 만들어낸 제국이 옛 비잔티움 제국을 대신하게끔 할 작정이었다. 그들은 합법적인 황제 콘스탄티노스 6세가 폐위된 후 콘스탄티노플의 제위를 공석으로 간주할 수 있다고 생각했다. 로마든 비잔티움이든, 그들이 생각할 수 있는 유일한 세계질서는 전 기독교 세계를 포괄하고 하나의 제국을 정점으로 하는 국가위계였다. 그럼에도 불구하고 현실적으로는, 800년부터 동제국과 서제국, 이렇게 두 개의 제국이 대립하게 되었다. 수백 년 동안의 사태 전개에 의해서 준비되고, 성상 논쟁의 시대에 손에 잡힐 듯이 분명하게 현상으로 드러난 동방과 서방의 분리가 이제 정치적 영역에서도 완성된 것이다. 기독교 세계는 언어적, 문화적, 정치적, 종교적으로 분리된 두 개 부분으로 쪼개졌다.

성 베드로 대성당에서 거행된 황제 대관식은 교황권의 작품이었지 프랑크 왕의 작품은 아니었지만, 그럼에도 불구하고 일단 막중한 결과를 초래할 걸음을 내딛은 샤를마뉴는 그로 인해서 야기된 문제들과 대결하지 않으면 안 되었다. 그는 비잔티움으로부터 인정을 받아야 했다. 비잔티움의 인정을 받지 않고는 그의 황제권은 법적으로 허공에 떠 있는 셈이었다. 콘스탄티노플의 제위를 한 여인이 소유하고 있는 한 그것은 공석에 불과하다는 앙상한 주장이라든가 혹은 『샤를마뉴의 책』이 시도한 논쟁에서 내세워졌듯이 비잔티움이 이단에 빠졌다는 식의 공허한 주장만으로는 분명히 더 이상 앞으로 나아갈 수 없었다. 802년, 샤를마뉴와 교황이 보낸 사절들이 콘스탄티노플에 들어섰다. 그들은 “동과 서가 다시 합일되도록” 비잔티움의 여제에게 그들 군주의 청혼서를 건네주기로 되어 있었다. 그러나 그들이 도착한 직후, 궁정에서 혁명이 일어나 이레네가 제위에서 쫓겨나는 바람에(802년 10월 31일), 이 문제의 해결은 연기되었다. 제국의 고위 관리들과 장교들에게서 시작된 이 반란으로 인하여 그때까지 게니콘의 로고테테였던 니케포로스가 제위를 얻게 되었다. 이레네는 처음에는 왕자의 섬으로, 다음에는 레스보스 섬으로 추방되었고 얼마 안 있어 이곳에서 사망했다.

6) 니케포로스 1세의 개혁과 대외정치적 위험 : 비잔티움과 크룸

니케포로스 1세(재위 802-811년)가 제위에 오름으로써 능력 있는 군주가 다시 제국의 정상에 올랐다. 테오파네스는 그의 즉위가 슬픔과 당혹감을 불러일으켰다고 주장했는데, 이 주장은 다만 급진적 수도사들의 분위기만을 보여주는 것이다. 테오파네스는 황제 니케포로스 1세에 대해서 불타는 증오감을 품고 있었는데, 이 증오가 정통파 비잔티움 인사들에게도 일반적이었다고 믿어서는 안 된다. 니케포로스 1세는 교회의 인물이 아니었다. 그는 성직자들에게 황제의 권력에 종속할 것을 요구했다. 그렇지만 그는 철저히 정통파적이었고, 근본적으로 성상 숭배를 고수했다. 그는 아들이자 후계자인 스타우라키오스를 이레네의 친척인 아테네 여인 테오파노와 결혼시킴으로써, 선임 정부의 성상 옹호적 방향을 엄수하려는 그의 결단을 강조했다. 그러나 니케포로스 1세 치하에서 정부 및 교회 지도부와 급진적 수도사들과의 관계는 또다시 악화되었다. 특히 타라시오스가 죽은 후(806년 2월 25일), 황제가 박식한 역사가 니케포로스를 총대주교의 자리에 임명했기 때문에 더욱 그러했다. 타라시오스와 마찬가지로 니케포로스도 세속학문뿐만 아니라 신학에도 정통했고, 역사가로서뿐 아니라 후대에는 성상 숭배를 옹호하는 수많은 글들을 쓴 저술가로서도 출중한 인물이었다. 하지만 타라시오스와 마찬가지로 그 역시 총대주교의 자리에 오르기 전에는 고위 정부관리였고, 교회정치적으로 똑같이 온건한 방향을 대표했다. 열심파는 스투디오스 수도원의 테오도로스가 그들의 지도자로 선출되리라고 기대했던 것으로 보이기에, 총대주교의 자리를 속인이 차지한 것은 그들을 그만큼 더 크게 격분시켰다. 그런데 그것으로도 전부가 아니었다. 황제 니케포로스가 다시 간통사건을 끄집어내었던 것이다. 그것은 이를 계기로 황제는 교회법의 구속을 받지 않는다는 원칙을 확립하기 위해서였다. 그는 성직자 대표들과 속인 대표들로 구성된 종교회의에서 콘스탄티노스 6세와 테오도테의 결혼을 인정하게 하고, 이 혼인을 맺게 했던 사제 요세포스를 교회 공동체에 다시 받아들였다(809년 1월). 이 사건은 스투디오스 수도사들과의 명백한 단절을 초래하여, 이들은 다시 공식적인 교회 지도부와 결별하고 국가권력의 박해를 받게 되었다.

그러나 무엇보다도 황제의 과제는 국가의 경제상황을 정리하고, 선임 정부의 경솔한 조치 때문에 와해되었던 재무제도의 균형을 잡는 일이었다. 전직 고위 재무행정관이었던 그로서는 이 과제를 위해서 탁월한 준비가 되어 있었다. 그는 일련의 중요하고 현명한 조치들을 내렸다. 그를 통렬하게 적대시하던 테오파네스는 수많은 비방 및 탄식과 함께 이 조치들을 니케포로스 황제의 "열 가지 악행"으로 묘사하고 있다. 우선 니케포로스는 이레네 치하에서 보증되었던 조세 경감을 폐지했다. 그 다음에는 모든 신민들의 세액을 새로 사정(査定)하게 했다. 이때 평가된 세액들은 이전 수준과 비교해서 높아졌고, 게다가 징세부 등록을 위해서 $8\frac{1}{3}$퍼센트의 수수료를 요구했던 것 같다. 수도원과 교회의 예속적 소작인, 즉 파로이코이(paroikoi)에게는 비잔티움에서 수많은 자선기관들의 파로이코이의 경우와 마찬가지로 화덕세(kapnikon)가 부과되었다. 화덕세는 의미상 가정을 단위로 하여 징수되는 인두세와 같은 것으로, 이 시점에서 처음으로 비잔티움의 원전에 등장한다. 화덕세는 토지세와 나란히 중기 비잔티움 시대에 가장 중요한 조세를 이룬다. 화덕세는 니케포로스가 처음으로 도입한 것이 아니라 오히려 당시에 이미 잘 알려진 조세방식이었던 것으로 보인다. 다만, 그것이 지금까지는 과세대상에서 제외되어 있던 농민들의 범주에도 적용되게 되었다는 점이 중요하다. 그러나 추측컨대 그러한 면세혜택은 기껏해야 이레네 때부터 적용된 것에 불과할 것이다. 왜냐하면 비잔티움에서 교회와 수도원의 소유토지들은 원칙적으로 언제나 조세의무를 지고 있었기 때문이다. 따라서 이 경우에도 니케포로스는 혁신을 도입한 것이 아니라, 다만 옛 질서를 복구했을 뿐이다. 다른 원전들이 보여주듯이, 화덕세는 820년대에 2밀리아레시온(miliaresion)에 달했고, 농촌의 모든 납세의무자들은 이를 납부했다. 국고의 손실을 막고 세입을 확보하기 위해서 니케포로스는 납세자들에게 연대책임을 지워놓았다. 촌락 공동체에게 일정한 총부담액을 부과하고, 마을의 전 주민들에게 이를 지불할 책임을 지웠다. 불이행된 지불에 대해서는 불이행자의 이웃들이 배상을 해야 했다. 이러한 질서 역시 새로운 것은 아니었다. 비록 기술적인 용어가 이 자리에서 처음으로 등장하기는 하지만, 이것은 이미 농민법(노모스 게오르기코스)에서 적용되었던 알렐렌기온 체제인 것이다(105쪽 참조).

니케포로스는 일정한 교회재산을 황제 직영지 행정 밑에 두었다. 그러면서 줄어든 소유지에 대해서 조세의무는 경감시켜주지 않았다. 이 조처도 이레네 여제가 하사한 것들을 다시 거두어들이는 의미를 가진 것이었다고 생각해도 좋을 것이다. 상속과 습득물에 대한 세금 징수는 더욱 엄격해져야 했다. 가난하다가 갑작스럽게 부자가 된 사람들과 보물을 찾아 벼락부자가 된 사람들 역시 과세 대상이었다. 아비도스의 관세지역 외부, 특히 도데카니소스 제도에서 매입된 노예들에 대해서는 매입가의 약 10퍼센트의 관세가 부과되었다. 나아가 황제는 신민들에게 이자를 금지하고 그리하여 이자를 받는 권리를 국가에 제한하면서, 콘스탄티노플의 부유한 선주들에게 국가가 강제로 12파운드의 금을 빌려주고 16.66퍼센트의 이자를 내게 했다. 이자 징수가 중세의 도덕감정에 모순되는 것이었다고는 하지만, 그래도 니케포로스와 후대의 바실레이오스 1세가 공포한 이자금지령은 비잔티움에서 아주 드문 일이었다. 고도로 발전한 비잔티움 화폐경제의 요구 때문에 도덕적 규범들은 무시되었고, 비잔티움에서는 금전대부업이 모든 시대에 걸쳐 아주 널리 퍼져 있었다. 대단히 냉철한 정치가였던 니케포로스의 이자금지령도 물론 이념적인 성찰에서 나온 것은 아니었다. 그는 개인의 주도권을 차단함으로써 금전대부업을 국가가 독점하게 만들었고, 유례 없이 높은 이율을 확정함으로써 국고의 증대를 위한 새로운 원천을 찾아내었던 것이다.

또한 니케포로스 황제는 제국의 수비체계를 안정시키기 위해서 아주 중요한 지시를 내렸다. 7세기부터 비잔티움 수비체계의 주요 토대는 토지에 정착한 둔전병들이었다. 10세기의 문헌이 알려주는 바에 따르면, 둔전병들의 경제적 생활토대를 이루는 군인토지는 적어도 금 4파운드의 가치를 가지고 있어야 했다. 둔전병이 군에 소집될 때 말을 타고 완전 무장을 갖추어서 나타나야 했기 때문이다. 아마도 그만한 재산을 소유하고 있다고 부를 수 있는 군인-농민들의 수가 충분하지 않다고 보아서였겠지만, 니케포로스는 그보다 더 가난한 농민들도 군역에 포함시켰다. 그들의 무장비용은 마을 공동체가 부담해야 되었다. 어떤 둔전병이 가난해져서 자신의 무장비용을 더 이상 스스로 감당할 수 없게 된 경우에도 마을 주민들이 재정적 부담을 나누어 지게 할 수 있었는데, 이는 국가로서는 병력의 손실을 막을 수 있는 확실한 보장이 되었다. 알렐렌기온 질서가 세입의 안정을 위한 것이었다면, 이 체제는 병력의 안정된 확보를 위한 것으로서 비슷한 의미를 가지고 있었다.

10세기의 보고에 따르면 육군 병사들과 마찬가지로 해군 병사들도 자신들의 경제적 토대로 쓸 수 있는 토지를 소유했다. 아마도,이러한 토지를 마련하려는 목적에서 테오파네스가 니케포로스의 아홉번째 악행으로 거론하는 조치가 나왔을 것이다. 황제는 해안지역, 특히 소아시아에 거주하고 있던 농사 경험 없는 선원들로 하여금 국가가 수용한 토지를 황제령으로 책정한 가격을 물고 사들이게 했다. 분명히 여기서 최초의 해군 토지들이 건설되었을 것이다. 이는 비잔티움 해군에 아주 중요한 조치로서, 우선적으로 키비라이오톤 테마의 해병들에게 적용되었다.

나아가 니케포로스는 특히 위험한 지역들을 보호할 목적을 지닌 사민정책적 조치들을 내렸다. 그 일환으로 그는 소아시아 지역 테마들의 주민들로 하여금 그들의 소유지를 양도하게 하고 그들을 "스클라비니아", 그러니까 슬라브화된 발칸 반도 지역으로 이주시켰다. 이곳에 이주한 주민들은 당연히 새로운 땅들을 받아 둔전병의 신분으로 병역을 수행해야 했다. 테오파네스가 특별히 탄식하는 이 조치는 앞선 두 세기의 사민정책적 조치들을 선례로 삼은 것이었다. 니케포로스의 활동은 전혀 혁명적인 것은 아니었다. 무엇보다도 그는 선임자들이 놓치거나 소홀히 한 것들을 회복함으로써 상황을 철저하게 정리했던 것이다. 그가 새로운 규정을 내렸다고 하더라도, 그것은 철두철미 비잔티움 국가의 전통적인 정책의 테두리 내에서 움직이는 규정들이었다. 그는 깊은 통찰에서 우선 비잔티움 국가의 두 기본 지주인 재정과 군대의 강화에 주안점을 두었다. 비록 상당히 강압적인 수단을 쓰기는 했지만 그는 의심할 여지 없이 제국의 재정능력을 현저히 향상시켰다. 이 분야에서 그가 펼친 다면적인 활동을 통해서 우리는 비잔티움의 재무행정 방법을 들여다볼 수 있으며, 가장 극심한 어둠에 싸여 있는 중세 초기에 어떻게 비잔티움의 화폐경제가 고도로 발전하게 되었는지를 알 수 있다. 의심할 여지 없이 그는 제국의 군대도 대폭 강화시켰다. 전직 재무장관의 가장 독창적이고 영향력 큰 조치들은 바로 군에 내려졌던 것이다.

발칸 반도의 슬라브화된 지역들, 특히 트라키아와 동부 마케도니아의 불가리아 인접 지역들에 대해서 취해진 니케포로스의 사민정책적 조치들은 특별히 중요하다. 6세기와 7세기의 대규모 슬라브족 이주로 말미암아 비잔티움 제국은 전 발칸 반도에서 자신의 위치를 계속 포기할 수밖에 없었다. 그때부터 밀물처럼 밀려드는 슬라브족의 물결은 지속적으로 확산되고 있었다. 콘스탄티노스 포르피로게네토스 황제의 말에 따르면 8세기 중반의 펠로폰네소스 반도는 슬라브족과 '만족'의 땅이었다. 그렇지만 8세기 말에서 9세기 초부터 비잔티움인들은 느리기는 하지만 지속적으로 세력 재강화 작업에 들어갔다. 이레네 여제 시대에 비잔티움은 그리스의 슬라브족에 대해서 대규모 원정을 감행했다. 783년 로고테테인 스타우라키오스는 강력한 군대를 이끌고 테살로니카 지역으로 갔다. 그후 그리스와 펠로폰네소스로 향한 그는 그곳 슬라브족에게 비잔티움의 종주권을 받아들이고 조공 납부의 의무를 인정하게 했다. 원정을 성공적으로 마치고 돌아온 스타우라키오스는 히포드롬에서 승리를 축하할 수 있었다. 그가 그리스에서 슬라브족에게 거둔 승리에 대해서 비잔티움이 부여한 의미는 그만큼 컸던 것이다. 그렇지만 8세기 말에 이미 그리스의 슬라브족은 벨지티족 집정관의 지휘 아래, 아테네에 포로로 잡혀 있는 콘스탄티노스 5세의 아들들을 위해서 이레네 여제에게 대항하는 반란에 가담했고, 9세기 초에는 펠로폰네소스의 슬라브족이 비교적 큰 규모의 봉기를 일으켰다. 그들은 인근 지역을 약탈하고 그후 805년에는 파트라스에 맹렬한 공격을 감행했다. 이 도시에 대한 포위공격은 극히 거세었으나 결국 슬라브족의 패배로 끝났다. 예전에 테살로니카가 성 데메트리오스의 도움에 힘입어 구원되었다고 여겨졌듯이, 파트라스의 주민들은 사도 안드레아의 기적적인 개입에 감사해야 한다고 생각했다. 그리하여 황제는 전체 전리품들뿐만 아니라 항복한 슬라브인들과 그 가족들을 성 안드레아 교회에 농노로 할당해주었다. 이러한 조치를 당하게 된 슬라브인들은 독립성뿐만 아니라 사회적 자유도 상실하게 되었다. 물론 펠로폰네소스의 슬라브인들은 비잔티움 정부를 계속해서 꽤나 귀찮게 해주었고, 타이게토스의 멜링기족과 에제리타이족 같은 경우에는 심지어 13세기에 프랑스인들의 싸움 상대가 되기까지 하여 그들로 하여금 고전을 면치 못하게 했을 뿐 아니라 투르크인들의 지배기에 이르기까지 자신들의 민속을 지켰다. 그렇지만 파트라스에서 슬라브족이 겪은 패배는 남부 그리스가 다시 그리스화되는 과정에서 중요한 단계를 뜻했다. 이 사건은 어쨌건 비잔티움인들 자신에게는 펠로폰네소스에서 200여 년 동안 슬라브족에게 우세를 빼앗긴 이후 비잔티움 세력을 재건한 시점으로 간주되었다.

발칸 반도의 몇몇 지역에서 비잔티움의 지배가 점차 확고해졌다는 것은 제국정부가 새로운 테마들을 건설함으로써 테마 질서를 확대한 데에서 가장 뚜렷하게 표현된다. 어떤 지역들이 사실상 비잔티움 제국의 소유였는지, 즉 단순히 명목상으로만 비잔티움의 종주권을 인정하는 것이 아니라 현실적으로도 비잔티움의 통치권에 굴복했는지를 알고자 한다면, 비잔티움의 테마 질서가 얼마나 확대되었는지를 확인해야 한다. 그것은 실제 상황을 가늠해볼 수 있는 유일하게 확실한 척도이다. 왜냐하면 테마가 존재하는 곳에서만 다소간에 정규적인 비잔티움의 행정이 존재했기 때문이다. 발칸 반도에서는 트라키아와 헬라스만이 비잔티움이 7세기 말부터 소유하고 있던 유일한 테마들이었고, 비교적 오랫동안 이 상황에 머물러 있었다. 그러나 8세기 말부터는 트라키아 테마 이외에도 독립적인 마케도니아 테마가 확실하게 성립했다. 이 테마는 물론 진정한 의미의 마케도니아 지역을 포괄하는 것이 아니라, 트라키아 서부지역을 포괄하는 것이었다. 같은 무렵 펠로폰네소스 테마도 건설되었다. 늦어도 9세기 초반에는 이오니아 제도를 포괄하는 케팔레니아 테마도 형성되었다. 9세기 초에는 에게 해와 아드리아 해안에서 비잔티움 세력의 가장 중요한 거점인 테살로니카와 디라키온 역시 인근 지역들과 함께 특별한 테마들로 조직되었다. 조금 후에 니코폴리스 테마가 건설되면서 에피로스 지역에 테마 행정이 도입되었으며, 스트리몬 테마가 조직되면서 테살로니카 테마가 트라키아 지역의 트라키아 테마 및 마케도니아 테마들과 결합했다. 9세기 후반에 마지막으로 달마티아 지역의 도시들과 섬들을 포괄하는 달마티아 테마가 생겼다(183쪽 참조). 발칸 반도에서 테마 행정이 확장된다는 것은 슬라브족의 유입으로 쫓겨났던 발칸 지역에서 비잔티움의 권력이 점차 재건되고 있다는 것을 나타낸다. 이것은 비잔티움의 재점령과 이에 수반되는 재(再)그리스화의 진보를 보여주는 동시에 그 한계를 보여준다. 비잔티움은 테마들을 통해서 해안지역 거의 전체를 일부는 보다 넓은 폭으로, 일부는 보다 좁은 폭으로 점차 에워쌌 수 있었다. 제국의 해군력이 미치고, 옛 도시와 항구들이 풍부한 해안지역에서 비잔티움은 지배권과 행정체계를 다시 확립했다. 그러나 그것으로 재점령의 성과는 끝났다. 발칸 반도의 내륙지방은 계속해서 비잔티움의 영향권 밖에 머물러 있었다.

소아시아의 둔전병들이 스클라비니아 지역으로 이주한 것은 발칸 반도에서 비잔티움의 위치를 공고히 하는 과정의 일환이었다. 그러나 그것은 불가리아와의 임박한 투쟁으로 인해서 제한적으로밖에 이루어지지 못했다. 니케포로스 1세는 타고난 무인은 아니었으나, 대단한 정력으로 전쟁을 이끌었고, 거듭하여 친히 군대의 선봉으로 나섰다. 그는 통치에 들어서자마자 이레네가 부담해야 했던 칼리프국에 대한 조공의 지불을 중단시켰다. 그러나 동쪽에서 제국의 힘은 803년 여름의 내전으로 동요되었다. 이 내전을 불러일으킨 것은 소아시아 테마들 전체의 최고 사령관으로 지명된 바르다네스 투르코스의 반란이었다. 아랍인들은 다시 제국 영토를 습격하기 시작했고, 806년에는 하룬 알-라시드가 막강한 군대를 거느리고 나타나서 국경지역의 여러 요새들을 접수하고, 티아나를 점령했으며, 앙키라 지역에 제법 대규모의 군대를 파견했다. 황제는 평화를 간청하고, 조공 지불에 복종해야 했을 뿐만 아니라, 훨씬 굴욕적인 약속도 감수해야 했다. 그는 칼리프에게 자신과 아들을 위해서 해마다 금괴 세 개를 인두세로 지급하는 의무를 떠맡아야 했던 것이다. 그러나 하룬이 죽고(809년) 그후 칼리프좌에서 터진 소요로 말미암아 황제는 부담을 덜었다. 비잔티움 대외정책의 중점은 점점 더 발칸으로 옮겨지게 되었다.

샤를마뉴는 아바르 왕국을 붕괴시켰는데, 이 덕분에 판노니아의 불가리아인들도 아바르족의 질곡으로부터 해방되었다. 이를 통해서 불가리아 왕국은 세력과 영토를 크게 확장시켰다. 테이스 강을 따라서 불가리아는 프랑크 제국과 경계를 접하게 되었다. 판노니아 불가리아인의 추장인 크룸이 플리스카에서 불가리아 왕위에 올랐다. 그는 기골이 장대한 전사로서, 전쟁욕과 정복욕에 불타고 있었고 곧 비잔티움인들의 공포의 대상이 되었다. 불가리아 왕국을 막기 위해서 비잔티움은 강력한 요새선을 설치했다. 이 요새선에서 가장 중요한 지점은 데벨토스, 아드리아노플, 필리포폴리스, 사르디카였다. 사르디카는 809년 봄에 크룸에게 함락되었다. 요새는 파괴되고 수비대는 궤멸했다. 비잔티움 황제는 즉시 개입하여, 플리스카를 향해 진군하는 척하다가 사르디카로 향했다. 이는 방어시설을 다시 세우게 하기 위해서였다. 그의 대규모 반격은 2년 동안의 신중한 준비 후에 이루어졌다. 그 준비의 하나가 앞에서 이야기한 대로 소아시아 둔전병들을 슬라브족의 발칸 지역으로 이주시킨 것이었다. 811년 봄, 니케포로스 1세는 강력한 군대를 이끌고 국경을 넘어, 크룸의 평화 제안을 무시한 채 플리스카를 향해서 진격하여 불가리아의 수도를 파괴하고 칸의 궁전을 불태우게 했다. 승리에 도취한 황제는 굴욕적으로 평화를 간청하는 칸의 제안을 다시 한번 물리쳤다. 그는 불가리아 왕국을 궁극적으로 소탕해버리겠다고 굳게 결심하고, 부하들과 함께 산악지대로 도망갔던 칸의 뒤를 추격했다. 그러나 여기서 불운이 황제를 덮쳤다. 산악지대의 협로에서 비잔티움 군대는 크룸에게 포위되어 마지막 한 사람까지 절멸하고 말았다(811년 7월 26일). 황제 자신도 쓰러졌다. 승리한 칸은 황제의 두개골로 잔을 만들게 하여, 향연을 벌일 때 그 잔으로 자신의 보야르들에게 건배를 청했다.

이 예기치 않은 파국이 초래한 결과들은 이루 헤아릴 수 없었다. 군사적 붕괴보다 더 심각했던 것은 비잔티움의 위신이 입었던 타격이었다. 민족 대이동의 시대인 378년에 발렌스가 아드리아노플에서 서고트족과 벌인 전투에서 전사했던 이래, '만족'의 손에 죽음을 맞은 비잔티움 황제는 없었다. 전쟁 초기에는 그 탁월성을 충분히 과시했던 비잔티움이 무릎을 꿇었고, 반면 조금 전까지 평화를 간청했던 크룸은 명예로운 승자가 되어 있었다. 크룸의 자기도취감은 무한대로 올라갔고, 그의 정복욕은 예상 외의 장을 발견했다. 제국으로서는 우울하고 시름겨운 세월들이 시작되었다.

황제 니케포로스가 생명을 잃은 전투에서 그의 아들인 제위계승자 스타우라키오스는 심한 부상을 입었다. 그러나 그는 몇몇 동행자들과 함께 아드리아노플로 도망치는 데에 성공했고, 여기서 엄격한 정통성 원칙을 준수하여 황제로 포고되었다. 그러나 스타우라키오스가 입은 부상은 치유될 희망이 없었기 때문에, 이 의식은 다만 형식적이며 잠정적인 의미를 띠었다. 제위계승 문제의 최종 결정은 콘스탄티노플에서 이루어져야 했다. 빈사상태의 황제는 후계자에게 제관을 넘겨주기 위해서 콘스탄티노플로 후송되었다. 황제에게는 자식이 없었으므로 자연히 가장 가까운 친척으로서 그의 처남이며 쿠로팔라테스 칭호를 가진 미카일 랑가베가 후보자가 되었다. 황제의 전우들뿐만 아니라 총대주교 니케포로스도 그를 추천했다. 그런데 죽어가는 황제의 아내인 아테네 여인 테오파노가 반대를 하고 나섰다. 그녀는 이레네의 예에 따라서 자신이 지배권을 맡을 수 있다고 믿었던 것이다. 심각한 혼란을 두려워한 스타우라키오스가 결정을 못 내리고 흔들리는 동안, 수도는 점점 더 격앙상태에 사로잡혔다. 대외정치적 위험이 다가오고 있던 이 시기에 제위의 공백상태란 그 어느 때보다 바람직하지 못한 일이었고, 그 어느 때보다 정상적인 상황의 수립이 절실했다. 적법한 방법으로는 도달할 수 없었던 해결이 쿠데타가 일어남으로써 이루어졌다. 10월 2일, 미카일 랑가베는 히포드롬에서 군부와 원로원에 의해서 황제로 포고되었고, 몇 시간 지나지 않아 하기아 소피아에서 총대주교 니케포로스로부터 제관을 받았다. 이 기정 사실 앞에서 스타우라키오스는 퇴위를 하고 수도사의 옷을 입었다. 그렇지만 그는 3개월 동안 더 죽음과 싸웠다.

미카일 1세 랑가베(재위 811-813년)는 나약한 군주였다. 그는 자기보다 강한 성격들의 영향에 쉽사리 굴복했고, 니케포로스 황제에게서 탁월하게 발휘되었던 것과 같은 인기 없는 조치들을 내릴 용기도 갖추고 있지 못했다. 긴축재정 정책은 중단되었다. 황제는 기회가 있을 때마다 군과 궁정 그리고 무엇보다도 성직자들에게 하사금을 내렸다. 미카일 1세는 열렬한 성상 숭배자였으며 교회의 충실한 종복이었다. 성상 파괴 운동이 새로 분출하기 직전의 상황이었음에도 불구하고 그의 치세하에서 정통파는 최고의 나날을 체험했다. 간통 논쟁이 809년 종교회의의 결정사항들을 취소하고 같은 맥락에서 사제 요세포스를 다시 파문하는 것으로 해결된 후, 스투디오스 수도사들이 추방에서 다시 불려와 교회 지도부와 화해했다. 스투디오스의 테오도로스의 영향력은 무한정해졌다. 그의 비할 데 없는 정력과 결코 마비되지 않는 행동력은 나약한 황제를 매료시켰다. 전쟁과 평화마저도 위대한 스투디오스 수도원장의 기분에 따라서 결정되었다

서쪽 제국에 대한 비잔티움 정부의 입장은 근본부터 변했다. 선대 황제 니케포로스 1세는 샤를마뉴의 황제 칭호 요구들을 들은 척도 하지 않았었다. 심지어 그는 총대주교 니케포로스가 통상적으로 교황에게 보내는 종교회의 서한(synodika)마저 금지할 정도였다. 니케포로스는 자신의 라이벌인 샤를마뉴 본

인에게뿐만 아니라 그의 뒤에 서 있는 교황권에 대해서도 비타협적인 태도를 취했다. 그러나 샤를마뉴의 세력은 끊임없이 성장했고, 비잔티움의 영토로까지 확대되었다. 이미 이레네 시대에 젊은 왕 피핀은 이스트리아와 여러 달마티아 도시들을 굴복시킨 후, 베네치아까지 그의 지배권 아래 두었다(810년). 이제 샤를마뉴는 그 사이에 허약해진 비잔티움에 영향력을 끼칠 수밖에 없는 압력수단을 쥐게 되었던 것이다. 미카일 1세의 정부는 점령된 지역을 반환받는 대신 샤를마뉴의 황제 지위를 인정하겠다고 선언할 준비가 되어 있었다. 812년, 샤를마뉴는 아헨에서 비잔티움 사신들로부터 바실레우스로서 영접을 받았다. 사실적으로뿐 아니라 법적으로도 이제 두 개의 제국이 존재하게 되었다. 물론 프랑크 군주는 단지 황제일 뿐, 로마 황제로 인정되지는 않았다. 게다가 샤를마뉴 자신도 로마 황제로 자칭하는 것은 늘 의도적으로 피했다. 비잔티움인들은 이 칭호를 자신들에게만 유보하면서, 서쪽 황제와 콘스탄티노플의 유일하게 참된 로마 황제 사이의 차이점을 강조했다. 그런데 로마 이념과의 결속은 중세 황제권의 본질 가운데 하나였다. 비록 9세기 전의 황제 칭호에서는 다만 드물게 표현되기는 했지만, 비잔티움은 전 시대에 걸쳐 항상 스스로를 로마 황제로 간주해왔다. 서방의 경우, 황제권력 스스로가 로마 제국이라는 상응하는 명칭을 사용함으로써 로마 이념과의 결부를 궁극적으로 확립한 것은 물론 오토 대제 시대에 들어와서의 일이기는 했다. 그러나 어쨌거나 서방 황제권도 역시 교황권을 통해서 로마와 결속되어 있었던 것이다. 제2의 제국이 발생하고 이것이 인정됨으로써 로마 유산에 대한 비잔티움 제국의 단독 권리 역시 불확실해졌다. 물론 카롤링 제국이 붕괴하고 비잔티움 황제권이 다시 강화되자 후대의 비잔티움 군주들은 812년에 표명된 서방 황제권의 인정을 무시하고 이를 없었던 일로 간주할 수 있게 되기는 했다.

니케포로스 1세는 샤를마뉴를 인정하기를 거부했지만 미카일 1세는 이 서방제국의 황제를 인정한다고 말했다. 이는 두 군주의 개인적 특질의 차이에 기인하는 것으로 돌릴 수도 있겠으나, 무엇보다도 811년의 파국 후에 찾아온 정세의 변화에 따른 것이기도 하다. 발칸에서 위협해오는 직접적인 위험으로 말미암아 비잔티움 제국은 서방과의 갈등을 해결할 가능성을 빼앗겼다. 812년 초, 크룸은 흑해 연안의 도시 데벨토스를 정복하고, 요새를 파괴했으며, 비잔티움의 예에 따라서 주민들을 자기 나라로 끌고 갔다. 비잔티움의 저항은 미미했고, 여러 다른 국경도시들의 주민들 역시 도망치기에 바빴다. 크룸은 자신의 조건을 최후 통첩의 형식으로 포장해서 제국 정부에 평화를 제안했다. 비잔티움이 수락을 망설이자 그는 중요한 항구도시 메셈브리아를 점령했다(812년 11월 초). 여기서 대량의 금과 은 외에도 비축되어 있던 그리스 화약까지 크룸의 손에 떨어졌다.

총대주교 니케포로스를 선두로, 황제의 일부 고문들이 황제의 의견에 동의하며 평화조약을 받아들이자고 주장하는 동안, 스투디오스의 수도원장 테오도로스를 대변자로 하는 다른 조언자들은 강경작전을 수행하자고 주장했다. 스투디오스 수도원장의 입장이 승리하여 813년 6월, 대규모 비잔티움 군대는 아드리아노플에서 멀지 않은 베르시니키아에서 돌진해오는 크룸의 군사와 만났다. 양쪽 군대는 꽤 오랫동안 결판을 내지 못하고 대치했다. 마침내 6월 22일, 트라키아와 마케도니아의 스트라테고스가 적을 공격했다. 그러나 아나톨리콘 테마의 스트라테고스, 즉 아르메니아인 레온이 지휘하는 소아시아 소집군들은 본대를 따르지 않고 오히려 갑자기 후퇴에 들어섰다. 2년 전에는 운명의 여신이 비잔티움에 등을 돌렸다면, 이번에는 비잔티움인들의 작전 결여와 특히 내부 불화 덕분에 크룸이 새로운 승리를 거두었다. 정통파 황제 미카일 랑가베는 혹독한 패배로 위치가 흔들렸고, 성상 파괴주의로의 선회와 그 부활을 위한 토대가 준비되었다. 813년 7월 11일, 미카일이 실각하고 아르메니아인 레온이 제위에 올랐다.

7) 성상 파괴의 반동

아르메니아인 레온 5세(재위 813-820년)는 군인정신과 성상 적대적 성향이 강한 소아시아 세력의 대표적 인물이었다. 레온 3세와 마찬가지로 그 역시 동쪽 출신이었고, 또한 레온 3세처럼 제위에 오르기 전에는 아나톨리콘 테마의 스트라테고스였다. 레온 5세는 위대한 사령관이자 성상 파괴주의자였던 레온 3세와 콘스탄티노스 5세를 모범으로 여겼다. 그의 계획은 제국의 군사력을 재건하고 성상 파괴 운동을 부활시키는 것이었다. 그와 그의 추종자들은 선임 정부들의 군사적 실패가 성상 옹호적 입장에서 비롯된 결과였음을 믿어 의심치 않았다.

우선 중점이 두어진 것은 군사적 과제들이었다. 베르시니키아의 승리 후 크룸은 대규모의 공세를 펴며 신속히 진격했고, 아드리아노플을 포위했다. 그는 레온 5세가 제위에 오른 지 며칠 지나지 않아서 자기 휘하 군대의 대부분의 병력을 거느리고 비잔티움 수도의 성문 앞에 나타났다. 그러나 그 엄청난 아랍인들의 공격까지 견뎌냈던 콘스탄티노플의 성벽에 대해서는 크룸도 무력했다. 그리하여 그는 황제에게 강화조건들을 확정할 목적으로 개인적인 회담을 청했다. 크룸은 비잔티움 황제의 말을 믿고 무장을 하지 않은 채 회담에 나타났고, 비잔티움인들은 그에게 배반의 공격을 가했다. 그가 번개처럼 빠르게 도망칠 수 있었던 것은 오로지 정신을 똑바로 차리고 있었던 덕분이었다. 격노한 불가리아 군주는 비잔티움 수도의 인근 전역을 황폐화시켰고, 포위로 인한 굶주림을 견디다 못해 항복한 아드리아노플로 진입했다. 그는 도시 주민들과 이웃 마을 주민들을 도나우 강 건너편으로 내쫓았다. 그러나 비잔티움 황제는 메셈브리아 지역에서 승리를 거둘 수 있었다(813년 가을). 이듬해 봄, 크룸은 콘스탄티노플을 향해 다시 진군해왔지만, 이때에야말로 운명의 여신이 비잔티움을 위협적인 위험으로부터 해방시켰다. 옛날 아틸라와 마찬가지로 크룸이 뇌일혈로 갑자기 죽었던 것이다(814년 4월 13일).

중간에 단명한 일시적 정부들이 있은 후 불가르족에게는 다시 오무르타그라는 뛰어난 군주가 나타났다. 그러나 그의 목표는 무엇보다도 북서쪽에서 불가리아 세력을 확장하고 국내 상황을 공고히 하는 것이었다. 그는 비잔티움과 30년간의 평화조약을 체결했다. 이는 불가리아에 자연히 상당한 이점을 안겨주었다. 영토 면에서는 테르벨 시대의 상황이 재연되었다. 두 세력의 국경선은 트라키아를 나누며 나아갔고, 이른바 '장벽'을 따라서 데벨토스로부터 마크롤리바다로, 즉 아드리아노플과 필리포폴리스 사이로 나아가 그곳으로부터 북쪽으로 발칸 산맥까지 이어지게 되었다. 최근의 극적인 사건들이 있은 후, 비잔티움과 불가리아 사이의 국경은 오랫동안 교란되지 않는 평화를 누렸다. 제국은 하룬 알-라시드가 죽고부터 내부 투쟁으로 마모된 칼리프국에 대해서도 두려워할 필요가 없었다.

레온 5세는 평화로운 상황을 이용하여 성상 파괴 계획을 실현시키고자 했다. 크룸이 죽고 상황이 트이자마자, 그는 서둘러 새로운 성상 파괴 운동의 지도적 인물인 박식한 요안네스 그라마티코스에게 눈앞에 두고 있는 성상 적대적 종교회의를 위하여 신학적 증거자료들을 모으라는 과업을 내렸다. 황제의 성상 파괴 계획은 정통파 내부의 서로 반목하던 요소들을 통일시켰다. 총대주교 니케포로스는 성상 파괴에 대항하는 투쟁이 새로 불타오르자 예전의 적인 스투디오스의 테오도로스와 노선을 함께했다. 그들 두 사람은 많은 글에서 열과 성을 다하여 성상 숭배를 변호했고, 신앙 문제에 황제가 끼어드는 것에 단호하게 반대했다. 제2차 성상 투쟁에서는 8세기보다 교회정치적 배경이 더욱 분명해졌다. 황제권은 종교생활을 통제하고자 노력했고, 교회, 특히 급진적 진영은 이 노력에 완고하게 저항했다. 권력수단이 우월했던 황제가 처음에는 승리했다. 테오도로스와 그의 많은 지지자들은 추방의 길을 떠나 심한 학대를 감내해야 했다. 니케포로스는 파면되었다. 부활절 일요일인 815년 4월 1일, 궁신 테오도토스 멜리세노스가 총대주교의 자리에 올랐다. 이는 그가 뛰어난 가문 출신인데다가 콘스탄티노스 5세의 세번째 아내와 친척이었던 데에서 내려진 선택이었다.

부활절 직후 새로 선출된 총대주교가 의장을 맡은 가운데 하기아 소피아에서 종교회의가 열렸고, 여기서 니케아 공의회를 배척하고 754년의 성상 파괴적 종교회의의 결정들을 신봉할 것이 공언되었다. 이때 물론 종교회의 참가자들은 성상을 우상으로 간주하지는 않았지만 그래도 성상들을 파괴할 것을 강조했다. 옛 성상 파괴주의의 원칙들을 철두철미 고수하면서도, 그 표현에서는 여러 가지로 부드러운 방식을 취하는 것이 바로 레온 5세가 개최한 종교회의의 전형적인 태도였다. 이 종교회의의 유일한 사상적 원천은 754년 종교회의의 결의사항들로서, 레온 5세의 종교회의는 옛 교리들을 그대로 반복하되 표현을 완화하고 모호한 화법으로 핵심 문제를 넘어갔다. 새로운 성상 파괴 운동 자체도 꼭 그러했던 것처럼 815년의 종교회의는 아류적인 무능의 낙인을 달고 있다. 레온 3세와 콘스탄티노스 5세의 성상 파괴주의가 불붙는 힘을 지닌 것이었다면, 9세기의 성상 파괴 운동은 아류적인 반동의 시도였다. 황제는 자신에게 속한 권력수단들로써 의지를 행사하며, 복종하지 않는 자들을 잔혹하게 박해했다. 그러나 그렇다고 해서 이러한 반동 시도에 내재된 내적 허약함을 속일 수는 없었다. 레온 5세는 8세기의 성상 파괴파 황제들이 누렸던 지지를 결코 발견할 수 없었고, 그랬기 때문에 줄곧 제위의 안위를 두려워했다. 그의 마지막 통치기에는 실각에 대한 공포가 광기에 달했다. 그러나 아무리 신중한 조치를 취해도 운명을 빠져나갈 수는 없었다. 820년 크리스마스 때, 하기아 소피아의 제단 앞에서 예배를 보던 중에 그는 옛 전우였던 아모리아 사람 미카일의 동조자들에게 살해당했다.

아모리아 왕조의 창시자 미카일 2세(재위 820-829년)는 거친 군인이었다. 그의 무식함은 세련된 비잔티움인들의 조롱의 대상이 되었다. 그러나 그에게는 정력도, 이성도, 절제도 결코 부족하지 않았다. 그의 치세하에서 종교논쟁은 진정기에 접어들었다. 성상 숭배자들에 대한 박해가 중단되고, 총대주교 니케포로스와 스투디오스의 테오도로스를 선두로 해서 추방당한 사람들이 다시 부름을 받았다. 그렇지만 정통파의 거듭된 항의에도 불구하고 성상 숭배의 재건은 성공하지 못했고 그들은 몹시 실망했다. 미카일 2세는 뒤로 물러서는 입장을 취했다. 그는 니케아 공의회도 성상 파괴적인 종교회의들도 인정하지 않았으며, 다만 성상 문제에 대한 모든 토론을 금지했을 뿐이었다. 옛날 성상 파괴주의의 아성이었던 프리지아 출신인 황제는 감정적으로 의심할 여지 없이 성상 숭배의 반대자였다. 이는 그가 루트비히 경건왕에게 보낸 서한에서도 아주 분명하게 드러난다. 여기서 그는 성상 숭배의 폐해에 대해서 불만을 토로하고 있다. 또한 그는 아들이자 제위계승자인 테오필로스로 하여금 성상 파괴파 학자 요안네스 그라마티코스의 가르침을 받게 했을 뿐만 아니라, 테오도토스 멜리세노스가 죽은 후에는 총대주교의 자리에 정통파 니케포로스를 다시 앉히는 것이 아니라 오히려 815년 종교회의의 결의사항들을 다듬는 데에 가장 크게 참여했던 실라이온의 주교 안토니오스를 앉혔는데, 이런 조치들도 그의 성상 적대적 감정을 잘 보여준다. 따라서 그의 소극적 태도는 성상 파괴 문제가 어떻게 되어도 상관없다는 입장에서라기보다는 성상 적대 운동이 이미 기력을 잃었음을 통찰한 데에서 비롯된 것이다. 미카일 2세의 손에 박해를 당한 유일한 성상 숭배자는 시칠리아인 메토디오스였다. 그는 미카일에게 성상 숭배를 지지하는 교황의 경고 서한을 전달했다. 메토디오스는 모욕을 당하고 감옥에 갇혔다. 그러나 그것은 그가 성상 숭배자였기 때문이 아니라, 비잔티움의 성상 옹호자들이 로마와 결탁하는 것이 황제의 분노를 불러일으켰기 때문이다.

미카일 2세 때 중심적인 대내정치적 사건은 황제의 옛 전우였던 소아시아의 슬라브인 토마스가 불러일으킨 거센 내전이었다. 이미 레온 5세의 시대에 토마스는 아랍인들의 효과적인 지원을 받으며 동쪽 국경지역에서 대규모의 지지자들을 모을 수 있었다. 아랍인, 페르시아인, 아르메니아인, 이베리아인 및 그외의 카프카스 종족들 등 각양각색의 인종들이 그의 깃발 아래 모여들었다. 소아시아는 인종적으로 혼합되어 있고 슬라브족도 많이 살고 있었기 때문에, 운동이 확대되기에 적합한 지반이었다. 토마스는 성상 숭배자로 자처했을뿐더러, 심지어는 자신이 비합법적으로 제위에서 물러나야 했던 황제 콘스탄티노스 6세라고 주장했다. 그렇기 때문에 종교적인 이유에서 콘스탄티노플로부터 배척을 당하고 있다고 느끼던 분자들도 이 시도에 크게 마음이 동했다. 그러나 특히 중요한 사실은 이 반란의 움직임이 사회혁명적 성격을 띠었다는 점이다. 토마스는 가난한 사람들의 수호자로 자처하며, 그들을 부담에서 해방시켜 주겠다고 약속했다. 이로써 그는 경제적 곤궁과 과도한 조세의 압력 그리고 정부 관리들의 횡포 때문에 분격해 있던 민중을 움직일 수 있었다. 비잔티움의 한 연대기 작가는 "노예는 주인에 대항하여, 병사는 장교에 대항하여 모반의 깃발을 들고 일어섰다"고 쓰고 있다. 이렇게 인종적, 종교적, 사회적 대립에 근거를 둔 반란운동은 곧 소아시아 대부분의 지역을 장악했다. 소아시아의 여섯 테마들 가운데 옵시키온 테마와 아르메니아콘 테마만이 황제에게 충성을 지켰다. 토마스는 안티오케이아의 총대주교로부터 황제의 관을 썼다. 이는 칼리프의 동의 없이는 일어날 수 없는 일이었다. 키비라이오톤 테마의 지지로 함대를 소유하게 된 토마스는 유럽으로 건너가 제국령 유럽 지역의 성상 옹호파 주민들을 자신의 깃발 아래 모을 수 있었다. 이미 821년 12월에 콘스탄티노플에 대한 포위공격이 시작되었고 이는 1년 이상 지속되었다. 그러나 반란세력은 여기서 결국 붕괴되고 말았다. 조직력이 부족한 대중운동에 대해서 콘스탄티노플 황제의 탁월한 작전이 승리를 거두었다. 미카일 2세를 구원한 것은 특히 불가리아 칸의 도움이었다. 테르벨이 레온 3세를 위해서 아랍인들을 공격했던 것과 마찬가지로, 이제 비잔티움의 가장 지긋지긋한 적의 아들인 오무르타그가 미카일 2세를 위해서 토마스의 반란군을 공격하여 쫓아버린 것이다. 823년 초, 토마스는 포위를 풀어야 했고, 반란운동은 와해되었다. 그렇지만 소수의 지지자들을 거느리고 아르카디오폴리스에 틀어박혀 있던 토마스가 황제의 손에 떨어진 것은 10월이 되어서였다. 그는 잔인한 고문을 받은 후 처형되었다.

이제 미카일 2세가 상황의 주인이 되었다. 그러나 근 3년 동안 맹위를 떨치던 내란으로 비잔티움은 눈에 띄게 허약해져 있었다. 게다가 종교적인 반목으로 여기저기 찢긴 비잔티움 국가에서는 사회적인 소요들이 만연했다. 토마스의 등극을 온갖 수단으로 지원했던 칼리프는 자신의 제국 내에서 일어난 어려움들 때문에 비잔티움에 대한 활발한 공격을 감행할 수 없었으나 아랍 세계의 다른 부분들이 비잔티움 제국을 크게 위협했다. 스페인에서 진출한 아랍의 이주자들은 816년, 이집트를 정복하고 일시적으로 그들의 지배를 수립했고, 10년 후에는 크레타를 점령했다. 그리하여 비잔티움은 지중해 동부에서 가장 중요한 전략적 요충지의 하나를 상실했다. 실지 회복을 위한 미카일과 그 후계자들의 모든 시도는 허사로 그쳤다. 거의 한 세기 반 동안 아랍인들은 중요한 섬들을 지키며, 끊임없는 약탈을 통해서 인접 전역을 불안하게 했다. 같은 시기에 서쪽에서 크나큰 불운이 비잔티움을 덮쳤다. 아프리카의 아랍인들이 비잔티움의 지역사령관들의 분쟁에 개입하면서 827년 시칠리아에 나타난 것이다. 아랍인들의 시칠리아 공격은 7세기 중반부터 빈번하게 일어났지만, 이들은 이번에는 정식으로 섬을 정복하기 시작했다. 그리하여 지중해와 특히 아드리아 해에서 비잔티움 제국의 세력 판도는 크게 흔들렸다. 콘스탄티노스 포르피로게네토스는 미카일 2세의 시대를 아드리아 해안과 발칸 반도 서부의 슬라브족 국가들에서 비잔티움의 영향력이 가장 후퇴한 시대로 보았다. 비잔티움인들은 해전에 능한 우마이야 왕조의 칼리프국이 몰락하고부터 함대를 소홀히 했는데, 이러한 태만이 쓰라린 복수를 당했던 것이다.

벼락 출세한 미카일 2세가 거의 문맹이었던 반면, 그의 아들이자 후계자인 테오필로스(재위 829-842년)는 충분한 교양을 쌓았을 뿐만 아니라 예술과 학문에 뚜렷한 애정을 가지고 있었다. 이것은 비잔티움에서 특별한 일은 아니었다. 교육을 받지 못한 군인 유스티누스 1세의 조카인 유스티니아누스 1세가 그의 시대에 가장 지식이 풍부한 인물 가운데 하나가 된 일도 있었다. 그런 예들에서 비잔티움의 수도가 교양 면에서 얼마나 큰 역량을 가지고 있었으며 비잔티움의 궁정생활이 정신적으로 얼마나 높은 수준에 있었는지를 알아차릴 수 있다. 그렇지만 테오필로스는 비잔티움 제국 수도의 문화뿐만 아니라, 바그다드의 칼리프 궁정에서 빛을 발하며 뻗어 나오는 문화의 영향에도 민감했다. 그는 아랍 예술에 열광했는데, 이는 아마도 그의 스승인 요안네스 그라마티코스의 영향이었을 것이다. 테오필로스는 또한 그라마티코스의 영향을 받아 열렬한 성상 파괴파가 되었다. 그의 치세는 성상 파괴 운동이 마지막으로 비약한 시대인 동시에, 비잔티움 세계가 아랍 문화로부터 가장 큰 영향을 받은 시대이기도 했다.

테오필로스는 중요한 군주는 아니었지만, 아주 흥미 있는 인물이었다. 그는 몽상가였다. 이미 사멸하고 있는 성상 파괴주의에 몰두한 것을 보더라도 그렇고, 이미 옛날에 전성기가 지나버린 아랍 세계의 예술과 문화에 열광한 것을 보더라도 그에게는 무엇인가 몽상적인 데가 있었다. 광신에 사로잡혀서 그가 저지른 끔찍한 잔인함에도 불구하고, 그에게는 인간적으로 매력적인 구석이 있었다. 그를 둘러싸고 전설들이 만들어진 것은 놀라운 일이 아니다. 그는 이상적인 영주가 되려고 했으며, 강력한 정의감에 고취되어서 움직였다. 다만 이 정의감을 다소 연극적인 방식으로 과시하기는 했지만 말이다. 그는 정의의 칼리프 하룬 알-라시드를 본받으려고 노력하면서, 수도를 돌아다니며 신민들 가운데 가장 가난하고 가장 비천한 사람들과 대화를 나누었고, 그들의 불평을 받아들였으며, 죄지은 자는 신분과 직위를 불문하고 본보기로 벌을 내렸다.

8세기 말에서 9세기 초에 발칸 반도에서 테마 조직이 확대되었던 것(153쪽 이하 참조)에 뒤를 이어 테오필로스 치하에서는 동쪽에서도, 또 가장 멀리 떨어진 북쪽에서도 테마 조직을 확대하는 데에 성공한 듯이 보인다. 새로운 파플라고니아 테마와 칼디아 테마가 조직되었다. 이들 테마의 목적은 폰토스에서 비잔티움의 세력을 확고히 하려는 것이었다. 파플라고니아는 이제까지의 부켈라리온 테마의 북동쪽 구석을 포괄했고, 칼디아는 아르메니아콘 테마의 북동쪽 지역을 포괄했다. 나아가 아르메니아콘 테마와 아나톨리콘 테마를 분리함으로써, 아랍과의 국경인 산악지역에 세 개의 새로운 군사적-행정적 단위들이 탄생했다. 이는 클레이수라이(kleisurai : 산악로)로 지칭되는 소규모의 군사 국경지역으로서 카르시아논, 카파도키아, 셀레우케이아였다. 이들 역시 후대에 가서 테마로 격상되었다.

더욱 중요한 것은 테오필로스의 시대에 이른바 클리마타(klimata) 지방, 즉 크림 반도의 비잔티움령 도시들이 하나의 테마로 통합되었고, 이 도시들 가운데 가장 중요한 도시인 케르손에 비잔티움 제국 직속의 스트라테고스가 배치되었다는 것이다. 유럽의 북동쪽 대평원의 상황이 불안해지자, 비잔티움 제국에 대해서 우호적인 하자르 왕국 역시 비잔티움과 마찬가지로 방어수단을 강구하지 않을 수 없었다. 비잔티움 건축가들은 케르손 지역에 테마 제도를 도입함과 동시에 하자르족 카간의 간청에 따라서 돈 강 어귀에 사르켈 요새를 건설했고, 멀리 떨어진 초원지대에 비잔티움의 기술을 기리는 기념비를 세웠다.

아랍의 예술과 문화에 탐닉한 테오필로스 황제는 치세 내내 아랍인에 대항하여 전쟁을 수행해야 했다. 칼리프 마문(재위 813-833년)은 내부 투쟁으로, 특히 페르시아인 바베크가 이끄는 쿠라미트파(khurramite)의 반란적인 움직임으로 어려움을 겪었다. 그러나 통치 말년에 이르자 마문은 830년부터 비교적 오랫동안 대(對) 비잔티움 투쟁을 수행할 수 있을 정도로 상황을 장악하게 되었다. 비잔티움은 소아시아에서의 전쟁에 전력을 집중할 수 있는 처지가 못되었으며, 동시에 시칠리아에서도 전쟁을 치러야 했다. 온갖 방어책을 동원했음에도 불구하고 이곳에서 아랍인들의 정복세력이 전진하고 있었기 때문이다. 831년에 이미 팔레르모가 함락되었다. 동쪽 국경에서의 전쟁은 처음에는 성패가 교차하며 수행되었다. 비잔티움인들이 적지로 진입하여 테오필로스가 콘스탄티노플에서 화려한 승리 축하연을 열었던가 싶으면 또 전황이 바뀌어 ── 그것도 더 자주 ── 아랍인들이 비잔티움 지역으로 돌진하기도 했다. 그러면 황제의 축하 분위기는 급속히 변하여 그는 칼리프에게 풍부한 선물들을 보내고 평화안을 제시하는 사절단을 파견했다. 마문의 형제인 칼리프 무타심이 칼리프국에서 칼리프위 교체시의 통상적인 혼란을 극복한 후 838년 대규모 원정을 감행했을 때는 사태가 더욱 심각해졌다. 이 대규모 원정은 이제까지의 공격들과는 달리 국경지역의 요새들이 아니라 소아시아의 가장 중요한 중심지들에 향해졌다. 무타심의 막강한 군대의 일부가 북서부 방향으로 돌진하여 7월 22일, 다지몬(다즈마나)의 유혈 전투에서 황제가 친히 지휘하는 비잔티움 군대를 쳐부수고 앙키라를 점령했다. 그러는 사이 무타심은 군대의 주력을 이끌고 8월 12일, 아모리온을 공략했다. 이 사건은 비잔티움에 막심한 충격을 안겨주었다. 아모리온은 아나톨리콘 테마의 가장 중요한 요새였고, 게다가 바로 현재 제위에 앉아 있는 군주의 출신가문의 고향이었다. 황제는 아랍인들에 대항하기 위해서 심지어 서방의 프랑크 제국과 베네치아에까지 도움을 구했다.

성상 파괴는 테오필로스 치하에서 마지막 비약을 체험했다. 837년에 성상 파괴파의 지도자 요안네스 그라마티코스가 총대주교의 자리에 오른 후, 다시 성상 숭배자들에 대한 심한 박해가 시작되었다. 콘스탄티노스 5세 시대와 마찬가지로 성상 파괴는 수도사 계급에 대한 투쟁에서 절정에 달했다. 특별한 방법의 고문이 팔레스티나 출신의 테오도로스와 테오파네스 형제에게 가해졌다. 그들의 이마에 달구어진 쇠로 성상 적대적인 내용의 시들이 새겨졌으며, 그후 그들은 그라프토이(graptoi),* 곧 낙인 찍힌 자들이라는 별명을 얻었다. 테오파네스는 성상을 찬미하는 시로 유명한 시인이었으며, 정통파 신앙이 재건된 후 니카이아에서 수도대주교로 활동했다.

황제와 총대주교가 온갖 수단을 다해서 성상 파괴 운동을 고무시키려고 했음에도 불구하고, 이 운동은 점점 더 분명하게 무기력해졌다. 그 영향권은 본질적으로 수도에 한정되었고, 이 운동의 지배권을 보장하는 것은 오직 황제와 그에게 충성하는 극소수 사람들의 의지뿐이었다. 테오필로스가 842년 1월 20일에 사망하자 성상 파괴주의도 함께 와해되었고, 그것으로 이 운동이 초래했던 큰 위기도 끝을 맺었다.

* 단수형은 그라프토스(graptos). 따라서 테오도로스와 테오파네스를 따로 칭할 때는 이들은 각기 테오도로스 그라프토스, 테오파네스 그라프토스라고 불렀다.

4

비잔티움 제국의 전성기 (843-1025)

1) 새로운 시대의 시작

페르시아와 아랍인들의 침공에 대한 투쟁이 비잔티움 제국의 국가적 생존에 결정적인 시대였던 것과 마찬가지로 성상 파괴의 위기는 비잔티움의 정신적 자기 주장에 대단히 결정적인 시대였다. 오리엔트의 군사적 침공에 이어서, 성상 파괴의 형식으로 제국을 휩쓴 오리엔트의 정신적 침공이 뒤따랐다. 그 극복이 비잔티움 제국의 문화적 발전에서 지닌 의미는 국가적 발전에서 군사적 침공에 대한 방어가 지녔던 의미와 비슷했다. 성상 적대 운동의 와해는 성상 파괴주의로 구현된 아시아적 방식에 대해서 그리스의 종교적, 문화적 특성이 승리했음을 뜻하는 것이었다. 이제 비잔티움은 그리스적-기독교적 제국으로서 문화적으로도 동양과 서양 사이에서 독자적인 위치를 차지하게 되었다.

비잔티움에 새로운 시대, 위대한 문화적 도약의 시대가 시작되었다. 그리고 이어서 곧 강력한 정치적 상승도 뒤따랐다. 새로운 시대를 연 것은 마케도니아 왕조가 아니라 아모리아 왕조의 마지막 군주 미카일 3세에 의한 파란만장한 치세였다. 바르다스, 포티오스, 콘스탄티노스가 새로운 시대의 시작을 알리는 3인의 위대한 인물이었다.

성상 파괴의 위기시대에는 보편제국의 이념이 가장 크게 후퇴하고 서방에서 비잔티움이 차지해왔던 우세한 지위가 와해되었으므로 정치적 시야가 눈에 띄게 협소해졌다. 성상 파괴파 황제들의 교회정책과 제국 서부 영토에 대한 비잔티움측 관심의 감소로 말미암아 비잔티움과 서방의 결별이 가속화되었고,

나아가 이 과정은 더욱 촉진되어 마침내 교회국가의 건설을 넘어 샤를마뉴의 황제 즉위로까지 이어졌다. 비잔티움 국가의 보편주의가 좌절을 겪은 상황을 고려할 때, 이제 동방은 나름대로 로마 교회의 보편주의도 벗어나야 했다. 이미 성상 파괴자 콘스탄티노스 5세는 발칸 반도의 대부분 지역과 이탈리아 남부지역을 콘스탄티노플 총대주교좌의 관할 아래 둠으로써 그 첫발을 내디뎠다. 그러나 콘스탄티노플 총대주교좌가 교황권과 동등한 상대자로 맞서 등장하여 로마와의 투쟁을 떠맡는 것은 성상 파괴의 위기를 극복한 후에야 비로소 가능해졌다. 서방 황제권이 비잔티움 국가의 보편주의를 희생시키며 부상했듯이, 이제 콘스탄티노플 총대주교좌는 로마 교회의 보편주의를 희생시키며 솟구쳐 올랐다. 이 과정의 첫번째 단계 곧 비잔티움이 뒤로 물러났던 시기는 위기시대와 일치하며, 비잔티움이 새로운 토대 위에서 자신에게 유리한 균형을 재확립했던 두번째 단계는 포티오스의 대투쟁으로 시작되었다.

보다 더 중요한 사실이 있다. 그것은 역사적 발전에 따라서 비잔티움의 영향권이 직접 미치는 유일한 지역으로 남게 된 동쪽 지역 내부에서 비잔티움 국가에게뿐만 아니라 비잔티움 교회에게도 새로운 큰 과제들이 생겼다는 사실이다. 남슬라브인과 동슬라브인의 기독교화는 비잔티움 제국에 새로운 세계를 열어주었고, 예기치 못한 방식으로 그 시야를 확대시켰다. 성상 파괴의 위기시대 동안에는 비잔티움 세계가 협소했던 데 반해서 포티오스, 콘스탄티노스, 메토디오스 이후의 세계는 그만큼 더 넓어지게 되었던 것이다.

문화적 팽창에 이어서 정치적, 군사적 공세가 뒤따랐다. 제국은 성상 파괴시대가 끝날 무렵에는 칼리프국에 대해서뿐만 아니라 불가리아에 대해서도 불안한 수세에 처해 있었으나 이제는——물론 오랫동안의 격렬한 투쟁 끝에 이루어진 일이었지만——동쪽에서의 국경을 멀리 확대시키며 다시금 전 발칸 반도를 복속시키게 되었다. 위기시대에 세력이 쇠퇴했던 지중해역에서도 다시 우세를 회복했다.

8세기 말에 일시적으로 성상이 부흥할 때도 그러했지만, 테오필로스가 죽은 후 성상 숭배가 궁극적으로 재건된 것도 한 여인의 지휘 아래서의 일이었다. 테오필로스가 죽었을 때 그의 아들이자 후계자인 미카일 3세(재위 842-867년)는 겨우 세 살이었다. 그리하여 미망인인 황태후 테오도라가 아들을 위하여 섭정을 맡았다. 공식적으로는 어린 황제의 생존한 자매 중 가장 큰누나인 테클라 역시 섭정을 맡았다. 테클라는 미카일 및 테오도라와 나란히 주화 위에 모습이 보이고, 통치 기록에도 그들과 나란히 이름이 나타난다. 그렇지만 그녀는 정사에서 완전히 물러서 있었던 것 같다. 테오도라를 보좌하기 위해서 협의회가 구성되었는데, 새로운 총대주교의 동의를 얻어서 성상 숭배를 부흥시키는 일도 담당했던 이 협의회의 가장 중요한 구성원은 황태후의 형제들인 바르다스 및 페트로나스에다 테오도라의 숙부로 보이며 마기스트로스(magistros) 품계를 가진 세르기오스 니케티아테스 그리고 무엇보다도 그녀의 총신으로 드로모스의 로고테테였던 테옥티스토스였다. 새로운 정부 구성원들은 대부분 동부 출신이었음에도 불구하고 ── 황태후의 가문은 파플라고니아 출신으로 아르메니아 혈통이었다 ── 성상 숭배의 부흥을 가장 시급한 최우선 과제로 여겼다는 점은 특기할 만하다. 요안네스 그라마티코스가 폐위되고 총대주교의 자리가 메토디오스에게 양도된 후, 843년 3월의 한 종교회의는 성상 숭배의 재건을 엄숙하게 선포했다.

이 조처를 기념하기 위해서 그리스 정교회는 해마다 사순절 첫번째 일요일에 "정통 신앙의 축제"를 벌이며 성상 적대주의에 대한 승리와 옛 이단들에 대한 승리를 함께 축하한다. 실제로 성상 파괴주의의 몰락은 비잔티움에서 대규모 신앙투쟁의 시대가 종결되었음을 의미하는 것이었다. 그뿐 아니라 교회와 국가의 관계에서 볼 때 성상 파괴주의의 붕괴는 교회를 국가권력 밑에 종속시키려는 부단한 시도가 좌절되었음을 뜻했다. 그렇지만 비잔티움 교회는 당대에나 후대에나 스투디오스의 테오도로스를 선두로 열심파들이 요구했던 자유를 얻지는 못했다. 비잔티움의 교회-국가 조직에서는 시종일관 국가와 교회의 밀접한 협력이 특징이었고, 이러한 협력은 보통 국가권력이 교회를 광범위하게 후견하는 형식을 취했다.

전체 국정의 지휘는 곧 로고테테인 테옥티스토스가 장악하게 되었다. 그는 주요 정적이었던 바르다스를 축출하고 황태후의 단독 조언자가 되었다. 높은 교양을 지녔던 테옥티스토스는 비잔티움의 교육을 육성했으며 그리하여 다가올 제국의 문화적 도약을 준비한 인물이었다. 그의 현명한 재무정책은 국고에 막대한 금 보유고를 보장해주었다. 이레네 시대와는 달리 교회정치적 입장의 변화는 마찰 없이 이루어졌다. 성상 적대적 운동이 내부에서 와해되어, 이제는 이렇다 할 강력한 반대세력이 없었기 때문이다. 그렇지만 테오도라와 테옥티스토스는 바로 얼마 전까지 지배적이었던 체계를 청산하는 과정에서 총대주교 메토디오스의 후원을 받아 신중한 조처를 취했으며, 예전의 성상 파괴주의 동조자들에 대해서도 매우 온건한 태도를 보였다. 그러나 이 정책은 열심파의 찬성을 얻지는 못했다. 성상 파괴주의에 대한 투쟁으로 잠정적인 화해에 도달해 있던 비잔티움 교회에서는 내부적으로 다시 옛 틈새가 벌어졌다. 스투디오스의 수도사들은 그 옛날 총대주교였던 타라시오스와 니케포로스에 대항할 때 보여주었던 것과 똑같은 열성으로 총대주교 메토디오스에 대항하여 투쟁을 벌였다. 이 불화는 상당히 격렬한 형태를 취했고, 스투디오스측 사람들이 파문당하는 것으로 이어졌다. 그러나 메토디오스는 이미 847년 6월 14일에 죽고 이그나티오스가 총대주교의 자리에 올랐다. 이그나티오스는 옛 황제 미카일 랑가베의 아들로서, 아버지가 실각한 후 거세되고 수사복을 입었던 인물이었다. 그의 등극은 스투디오스측 사람들에 대한 양보를 뜻했다. 왜냐하면 그는 비록 교회 지도부에 대한 반대파에 참여하지는 않았지만, 열심파가 추구하는 이상에 근접해 있는 엄격한 수도사였기 때문이다. 그러나 대립을 조정해야 할 이그나티오스는 포티오스의 적이 되어 훨씬 거센 대립에 휩쓸려들어갔다.

성상 숭배가 재건된 후, 즉시 아랍인들에 대한 투쟁이 시작되었다. 로고테테인 테옥티스토스는 강력한 함대를 거느리고 크레타를 향해 떠났다. 비록 아주 짧은 시간 동안이었지만 여기서 비잔티움의 지배가 재건되었다(843/844년). 이 일시적인 성공은 비잔티움인들이 이미 844년 육지에서, 그것도 보스포루스 해협으로 흘러가는 마우로포타모스 강에서 당한 심각한 패배보다 그 효과가 훨씬 미미했다. 아랍인들은 칼리프 무타심의 원정이 승리한 후(165쪽 이하 참조) 멀리 비잔티움 영토까지 돌진할 수 있었다. 그렇지만 내부 투쟁으로 말미암아 무타심의 후계자들은 비잔티움과 평화조약을 체결할 수밖에 없었고, 비잔티움과 아라비아의 국경지대인 라모스 강변에서 포로들의 교환이 이루어졌다(845/846년). 칼리프국의 세력은 투르크족 요소의 대두와 봉건세력의 강화로 말미암아 마비되었으며, 봉건세력이 강화됨으로써 칼리프국 내부에서 개별적인 왕국들이 형성되게 되었다. 그렇기는 하지만 비잔티움 정부는 바울로파와의 격렬한 투쟁을 이겨내야 한다는 또다른 과제를 지고 있었다. 이들은 8세기의 성상 파괴적 황제들의 장려를 받았을 뿐 아니라 니케포로스 1세의 총애를 받았었는데 이들의 세력이 소아시아 동부에 너무나 강력하게 퍼져나갔기 때문에 정통파인 미카일 랑가베 황제뿐만 아니라, 심지어는 성상 적대적 입장을 취하던 그의 후계자들까지도 바울로파에 대항하여 조치를 취하지 않으면 안 될 정도였다. 아마도 바울로파는 이미 당시 다수가 멜리테네의 에미르(emir)*의 영토로 이주하여, 그때부터 아랍인들의 대열에 서서 비잔티움에 대항하여 싸웠던 것 같다. 테오도라 치하에서 특히 심한 새로운 박해가 행해졌는데, 이로 말미암아 수천 명의 바울로파가 목숨을 잃었고, 그러한 운명을 면한 바울로파 사람들은 트라키아로 대규모 이주를 당해 갔다. 다른 한편 테오도라 정부는 그리스 남부의 반항적인 슬라브인에 대해서도 새로운 원정을 감행해야 했다. 트라키아 테마와 마케도니아 테마 그리고 "여타 서쪽 테마들"의 도움을 받고서, 그것도 오랫동안 투쟁을 벌인 후에야 펠로폰네소스의 스트라테고스인 테옥티스토스 브리엔니오스는 펠로폰네소스의 슬라브인들로 하여금 비잔티움의 종주권을 인정하고 조공 납부를 약속하게 할 수 있었다.

아랍인들과의 투쟁에서 비잔티움의 군사 지도부는 새로운 대담함의 정신과 진취적 기상을 점점 더 강하고 뚜렷하게 드러냈다. 853년, 상당한 규모의 비잔티움 함대가 갑자기 이집트 해안에 나타났다. 이집트는 예나 지금이나 크레타의 지배자들을 뒷받침해주고 있었다. 나일 강 어귀에서 멀지 않은 다미에타 요새가 비잔티움인들에게 함락되고 불에 탔다. 비잔티움이 그토록 멀리 적군의 수역으로 돌진한 것은 아랍인들의 침공이 시작된 이래 처음 있는 일이었다. 그렇기는 하지만 이 인상적인 시위는 바로 이집트의 아랍인들이 정력적으로 함대의 건설을 시작하고, 해군력의 기초를 창설하는 결과를 낳았을 뿐이다. 그리고 이 해군력은 10세기에 파티마 왕조의 칼리프 좌 치하에서 고도로 발전될 터였다.

* 혹은 아랍어로 아미르(amir). 이슬람권에서 수령, 지도자, 고관대작 등을 지칭하는 말이다. 에미르라고 불리는 사람들의 권한은 시대와 상황에 따라서 달랐는데, 이들은 어떤 경우에는 중앙권력의 대리인으로서 일정한 행정구역에 대한 군사적 명령권이나 재정적 행정권을 행사하는 데에 그치기도 했으나 다른 경우에는 중앙권력과는 단지 명목상으로만 결부된 채 사실상의 독립적 통치자로서 한 지역을 다스리기도 했다.

비잔티움 제국이 정치적, 문화적으로 크게 약진하는 시대가 시작된 것은 856년의 쿠데타가 있은 후부터였다. 이 쿠데타로 젊은 황제 미카일 3세가 지배권을 행사하게 되고 국사의 지휘권은 그의 숙부 바르다스의 수중에 들어갔다. 바르다스와 미카일은 테오도라와 테옥티스토스에 의해서 수립된 체제의 피해자들이었으므로 자연스레 동맹자가 되었다. 바르다스가 전능의 권력을 휘두른 테옥티스토스에 의해서 배제되는 고통을 겪었듯이, 어른이 되어가는 젊은 황제는 어머니의 후견으로 고통을 받았다. 특히 테오도라는 아들의 지배권을 유보했을 뿐만 아니라 그의 내밀한 생활까지 간섭하여, 그를 애인 에우도키아 잉게리나와 헤어지게 하고 강제로 에우도키아 데카폴리타와 결혼시켰다(855년). 바르다스는 젊은 황제의 동의를 얻어 황태후 몰래 궁정으로 돌아왔다. 테옥티스토스는 황궁에서 미카일 3세의 눈앞에서 살해되었다. 그런 다음 미카일 3세는 원로원에 의해서 단독 통치자(autokrator)로 선포되었다. 테오도라는 지배권을 내놓아야 했고, 그녀의 딸들은 수도원에 감금되었다. 2년 후, 테오도라는 자신의 오빠 바르다스에 대한 암살음모에 실패하여 딸들과 같은 운명을 나누어야 했다.

오늘날 우리에게 나타나는 젊은 황제 미카일 3세의 모습은 예전의 역사가들이 보았던 것과는 본질적으로 다르다. 예전의 역사가들은 마케도니아 왕조 시대에 나온 편향적인 사서들을 토대로 미카일 3세를 "술고래"로만 보았다. 물론 그의 생활은 윤리적으로 좋은 모범은 아니었다. 그러나 그에게는 재능도 용기도 부족하지 않았다. 그렇기는 해도 한 쪽 극단에서 또 다른 쪽 극단으로 넘어가서 미카일 3세를 "위대한 군주"로 보아서도 안 된다. 그는 실제로 제국을 지키기 위해서 성실하게 노력했고, 거듭해서 친히 군대를 전장으로 이끌었던 것도 사실이지만, 다른 대부분의 비잔티움 군주들도 그 정도만큼은 다 했다. 그는 확고하고 명료한 자신의 의지를 가지고 있지 못했다. 큰 일이든 작은 일이든, 선한 행동이든 악한 행동이든, 다른 사람들의 의견에 끌려다녔고, 궁정의 변화무쌍한 영향과 속삭임을 따랐으며, 변덕스러웠고, 믿을 수 없을 정도로 정견(定見)이 없었다. 그의 통치기에는 특별히 위대한 업적이 풍부했는데, 그것을 주도한 인물은 그가 아니었다. 그가 위대했던 것이 아니라 그의 시대 ── 바르다스와 포티오스의 시대 ── 가 위대했던 것이다.

테오도라 치하의 테옥티스토스처럼 이제는 바르다스가 비잔티움 국가의 진정한 지도자였다. 그의 걸출한 위상은 그가 받은 최고 품계에서 드러난다. 그는 심지어 카이사르의 칭호까지 받았다. 그는 실행력과 정치가다운 능력에서 자신의 선임자들과 이전의 라이벌들을 능가했다. 비잔티움 제국의 다가오는 대대적인 정치적 도약의 징후가 그의 시대에 뚜렷하게 눈에 보인다. 이미 그의 섭정 아래서 시작된 문화적인 비상(飛上)은 이제 완전하게 펼쳐지고, 비잔티움 문화는 대단한 활기와 발산력을 보여준다. 비잔티움의 학문과 교양의 중요한 중심지는 카이사르 바르다스가 마그나우라 궁전 옆에 설립한 대학으로, 여기서 당시 세속학문의 모든 분과가 육성되었다. 이 계몽된 국가 지도자는 대학에 최고의 학문적 역량을 지닌 인물들을 초빙하고, 모든 학문에 능한 수학자 레온을 총장으로 임명했다. 레온은 성상 파괴주의의 지도자 요안네스 그라마티코스의 조카로서, 테오필로스 밑에서 성상 적대자로서 두각을 나타냈으나, 바르다스는 그 사실은 무시하고 그를 총장으로 임명한 것이다. 또한 그의 세기의 가장 위대한 스승이자 학자인 포티오스도 이 대학에서 활약했다.

국가 지도부가 교체되면서 교회 지도부도 교체되었다. 새로운 섭정은 선임 정부 및 열심파와 연합한 이그나티오스와 협력관계를 유지할 수 없었다. 이그나티오스는 사임을 강요받았고 858년 12월 25일, 학자 포티오스가 총대주교의 자리에 올랐다. 비잔티움 교회로서는 격변의 시대, 아마도 이제까지 체험한 중에 가장 혼란된 것이라고 할 수 있을 시대가 시작되었다. 포티오스는 이제까지 콘스탄티노플 총대주교직을 맡은 사람 가운데 가장 뛰어난 지성이며, 가장 탁월한 정치가요, 가장 능숙한 외교관이었다. 교회정치적으로는 타라시오스, 니케포로스, 메토디오스와 같은 노선을 대표했다. 그들과 마찬가지로 포티오스 역시 열심파들의 투쟁의 대상이었다. 열심파들은 스투디오스의 수도원장 니콜라오스를 선두로 교회법에 없는 그의 승진을 항의하며 이그나티오스에게 충성을 지켰다. 한 쪽은 포티오스를 지지하고 또 한 쪽은 파면된 이그나티오스를 지지하는 두 파가 형성되었다.

그러나 이런 내부 분쟁보다 더 중요한 것은 새로운 총대주교가 로마와 벌여야 했던 투쟁이었다. 성상 파괴 시대의 사건들이 끝난 후, 무엇보다도 서쪽 제국이 탄생하고부터, 두 교회 중심지 사이의 관계는 새로운 발전단계에 접어들었다. 시대의 징후를 외면하고 예나 지금이나 기회가 있을 때마다 로마에 호소하는 열심파들의 경직된 교조주의만이 이 사실을 보지 못했다. 시대의 변화는 총대주교가 교황에게 통상적인 종교회의 서한을 보내는 것을 허용하지 않았던 황제 니케포로스(156쪽 참조)에게 명백한 현실로 인식되고 있었던 것은 물론이고, 나아가서 신심 깊은 황태후 테오도라에게도 그리고 로마의 적은 결코 아니었던 총대주교 메토디오스(161-162쪽 참조)에게도 분명한 사실이었다. 종교회의를 소집하기에 앞서서 이레네가 취했던 조치와는 달리, 테오도라와 메토디오스는 성상 숭배를 재건하는 데에 로마의 동의를 구할 필요성을 느끼지 않았다. 서쪽이 비잔티움 제국의 종주권으로부터 분리된 후, 비잔티움 역시 로마 교회의 지배권으로부터 벗어난 것은 역사적 필연성이었다. 이를 향해서 결정적인 발걸음을 내딛은 인물은 포티오스였다.

이그나티오스파와의 분쟁에 얽혀든 포티오스는――적어도 처음에는――로마와의 투쟁을 바라지도 기대하지도 않았다. 그는 교황으로부터 인정받는 것이 비잔티움 내 자신의 적대자들에 대한 무기가 되리라고 기대하면서 로마로 종교회의 서한을 보냈다. 그렇지만 그가 총대주교직에 오르기 몇달 전에 로마 교황의 자리에 오른 니콜라우스 1세는 대담하고 실행력 있는 정치가로서, 그의 생애의 목적은 로마 보편주의를 공고히 하는 것이었다. 그는 최고 재판관으로서 비잔티움 교회의 분쟁에 개입하면서 이그나티오스를 지지하는 발언을 했고, 포티오스가 교회법에 없는 방식으로 총대주교의 자리에 올랐음을 시사하면서 그를 인정하기를 거부했다. 포티오스의 등극은 사실상 교회법에 없는 일이었다. 그렇지만 그의 경우는 과거에 로마로부터 인정과 장려를 받았던 타라시오스의 등극과 조금도 차이가 없었다. 타라시오스 역시 선임자가 강제로 사임한 후 평신도의 신분에서 총대주교직에 올랐기 때문이다. 그러나 니콜라우스 1세에게는 기독교계의 수장인 그가 서쪽에서나 동쪽에서나 교회 요건에 대한 최종 결정권을 가진다는 원칙을 고수하는 일이 중요했다. 이러한 의지를 가지고 있었기 때문에 그는 그의 사절들이 콘스탄티노플에서 포티오스의 뛰어난 외교적 기술에 항복하고, 포티오스의 선출과 이그나티오스의 파면을 확인한 종교회의(861년)의 판결을 찬성했을 때도 전혀 흔들리지 않았다. 니콜라우스 1세는 포티오스의 대표자들을 승인하지 않고, 라테란 궁에서 종교회의를 열어 그들과 상반되는 판결을 내리게 하고 포티오스를 파면한다고 선언했다(863년).

그렇지만 교황은 상대의 힘을 과소 평가했던 셈이다. 포티오스는 투쟁을 개시했다. 로마의 과제가 보편적 지배권을 관철시키는 것이었다면, 콘스탄티노플 총대주교의 과제는 자신의 독립성을 주장하는 것이었다. 스투디오스의 테오도로스가 꿈꾸었던 교회 지도부의 5중 지배라는 이상은 이미 오래 전부터 과거지사에 속했다. 정통파 비잔티움 교회가 이단적 황제의 압제에 시달리면서 로마의 지지를 기대하던 시대는 지났다. 다른 세 명의 교회의 수장, 오리엔트 총대주교좌들의 지도자들은 아랍 이민족의 지배 아래에서 완전히 무기력해지고 말았다. 비잔티움 교회에는 이제 단 한 사람의 지도자가 있을 뿐이었으며, 그것은 콘스탄티노플의 총대주교였다. 수백 년 동안 약진을 계속하며 콘스탄티노플 총대주교좌는 권세와 명망의 기초를 다졌고, 이단들과의 내부 투쟁에서 승리를 거두었으며, 이제 그의 뒤에는 강력하고 목적의식이 확실한 정통파 국가 지도부가 버티고 있었다. 콘스탄티노플 총대주교좌의 세력은 비잔티움 제국의 영토 전역으로 뻗쳐 있었고, 곧 이 경계를 넘어서 성장하게 된다. 비잔티움 국가와 마찬가지로 비잔티움 교회는 최고의 전성기를 맞았다. 이제 슬라브 세계에서 그 영향권이 막강하게 확대되는 시대가 도래하는 것이다. 포티오스의 위대함은 새로운 과제와 가능성을 지닌 시대가 도래하고 있다는 것을 그 누구보다도 분명하게 보고, 다른 누구보다도 앞서서 이에 대한 준비를 했다는 데에 있었다.

미카일 3세는 유능한 지휘관들의 지원을 받아 아랍인들과의 투쟁을 아주 정력적으로 전개했다. 물론 비잔티움은 시칠리아에서 하나씩 진지를 상실했으며, 그 모든 노력에도 불구하고 이 섬을 정복할 수도 없었고, 남부 이탈리아로의 아랍인들의 돌진을 막아낼 수도 없었다. 그리하여 미카일 3세의 통치 말엽에는 비교적 중요한 도시들 가운데 시라쿠사와 타오르미나만이 제국의 영토로 남아 있었다. 그러나 비잔티움은 적어도 소아시아에서는 공세로 넘어갔다. 856년에는 카이사르 바르다스의 동생이자 트라케시온 테마의 스트라테고스인 페트로나스가 사모사타 지역으로 원정을 감행하여 아미다까지 돌격했다. 그곳에서 페트로나스는 테프리케를 향해 진군하여 수많은 포로들을 데리고 귀향했다. 3년 후에 바르다스와 젊은 황제의 지휘 아래 비잔티움 군대는 다시 사모사타 지역으로 출정했는데, 이 원정 역시 성공적이었던 것 같다. 같은 시기에 비잔티움 함대는 다시 한번 다미에타 앞에 나타났다. 소아시아의 요새 건설에 특별한 주의가 쏟아졌다. 황제는 무타심이 파괴한 앙키라를 다시 건설하고 니카이아의 방어시설을 다시 공고히 장비했다.

육지와 바다에서 거둔 최근의 성공과 대담한 공격들에 힘입어 비잔티움인들의 투쟁정신은 물론 드높아졌다. 그러나 그로 인해서 손에 잡히는 소득이 제국에 있었던 것은 아니다. 특히 아랍인들측에서 지체 없이 반격을 가했고, 여러 번 한시적인 평화조약을 통해서 통상적인 포로 교환이 이루어지며 전쟁이 중단되었기 때문이다. 그러나 863년, 비잔티움인들은 멜리테네의 에미르인 우마르의 공격을 방어하면서, 결정적인 대승을 거두었다. 우마르는 아르메니아콘 테마를 가로질러서 흑해 연안의 중요한 항구도시 아미소스를 점령했다. 그러나 유능한 페트로나스가 파플라고니아 테마와의 경계에서 대군을 이끌고 그에게 맞섰다. 여기서 9월 3일, 열전이 전개되었다. 아랍 군사는 절멸했고, 우마르 자신도 전사했다. 이 위대한 승리는 비잔티움과 아랍인들의 투쟁에서 전환점을 뜻한다. 아랍인들의 최초의 습격이 있었던 이래 레온 3세가 콘스탄티노플에서 거둔 승리에 이르기까지 한 세기 이상은 비잔티움이 힘든 방어전을 이끌며 순전히 생존 자체를 위해서 싸워야 했던 데에 반해서, 863년의 승리 후에는 완전히 국면이 일변하여 아시아에서 비잔티움측의 공세의 시대가 시작되었다. 이 공세는 처음에는 서서히, 그러나 10세기 후반부터는 무섭게 빠른 속도로 진전했다.

슬라브 세계에서 제국을 기다리고 있던 큰 과제를 해결하기 위해서는 동쪽에서의 우세를 다지는 것이 결코 과소 평가할 수 없는 중요성을 지니고 있었다. 러시아에서, 모라비아에서 그리고 남슬라브인 나라들에서 이러한 과제가 비잔티움 제국에 다가왔다. 러시아인들은 이미 860년에 처음으로 콘스탄티노플 앞에 나타났다. 그들은 상륙하여 도시를 에워싸고 인근 전역을 황폐화시켰다. 아랍인들에게 대항하여 출정했던 황제는 재빨리 돌아와서 포위된 도시로 밀고 들어감으로써 방어력을 장악하고 총대주교와 함께 경악해 있는 주민들의 용기를 북돋웠다. 비잔티움인들에게는 이 강력한 공격이 오랫동안 기억에 남아 있었다. 그들은 성모 마리아의 개입이 있었기에 구원받았다고 생각했다. 이 시기부터 비잔티움과 바야흐로 성립되고 있는 러시아 국가와의 관계가 시작되었고, 그때까지 비잔티움으로서는 거의 전혀 알지 못했던 민족을 대상으로 하여 전도 유망한 선교활동이 시작되었다. 위대한 총대주교는 이 신생 국가를 기독교로 개종시키고 비잔티움의 영향권으로 유입하는 것이 이쪽에서 제국에 위협이 되는 요소를 제거하는 가장 효과적인 수단임을 알아차렸던 것이다. 몇년 안 가서 그는 자랑스럽게 그의 선교작업의 최초의 성과를 지적할 수 있었다.

러시아의 공격을 받은 제국은 사신을 보내어 하자르족과의 관계를 새로 돈독히 했다. 비잔티움을 지배하는 새로운 정신에 특징적인 것은 이러한 사절을 보낼 때 선교의 과제를 결부시켰다는 점이다. 그 선두에는 테살로니카 출신의 젊은이 콘스탄티노스가 있었는데, 그는 천재적인 어문학적 재능과 박식함에 힘입어 유대교와 이슬람의 영향을 받고 있던 하자르 왕국에서 기독교라는 종교와 기독교 문화의 사명을 그 누구보다도 더 잘 대변할 수 있었다.

그뿐 아니라 젊은 콘스탄티노스와 그의 형제 메토디오스는 모라비아의 영주 라스티슬라프의 호소에 따라 하자르 왕국에서보다 훨씬 중요한 과제를 처리해야 했다. 라스티슬라프는 콘스탄티노플로 사절단을 보내서 선교사의 파견을 요청했다. 라스티슬라프는 프랑크계 성직자들의 영향에 대한 두려움을 가지고 있었던데다가, 비잔티움에 의존하여 프랑크 국가와 불가리아의 결속에 따른 위험을 막아보고자 노력하고 있던 터여서 이렇듯 비잔티움측에 손을 내밀게 되었던 것이다. 비잔티움 쪽에서 보면 자신의 영향을 멀리 떨어진 새로운 지역에까지 확대하고, 그 사이에 놓인 불가리아에 압력을 행사할 수 있는 가능성이 생긴 셈이었다. 비잔티움 국가 및 교회 지도부가 얼마나 예리한 통찰력을 가지고 있었던가는 그들이 테살로니카 출신의 이 형제들에게 이 중대한 선교의 사명을 맡기고, 슬라브인들의 땅에서 새로운 신앙을 슬라브 언어로 설교하게 한 데서 증명된다. 슬라브인을 기독교 신앙으로 개종하게 한 공적은 콘스탄티노스와 메토디오스 그리고 총대주교 포티오스와 카이사르 바르다스가 공유한다. 이미 상당히 오랫동안 비잔티움인들은 제국에 거주하는 슬라브인의 기독교화를 추진해왔다. 그러나 이제는 제국 국경 저편의 광대한 슬라브인 세계에서 포괄적인 선교작업의 시대가 시작되었다. 콘스탄티노스는 슬라브 문자(이른바 글라골 문자)를 만들었고, 더 나아가 성서를 슬라브어(마케도니아-슬라브 방언)로 번역했다. 또한 이 테살로니카의 형제들은 모라비아 땅에서 슬라브어로 예배를 보았다. 이를 통해서 선교작업의 성공이 확실해졌다. 훗날 메토디오스는——869년 2월 14일, 로마의 그리스 정교 수도원에서 콘스탄티노스가 키릴로스라는 이름으로 일찍 세상을 떠난 후——이 멀리 떨어진 땅까지 필요한 만큼의 비잔티움의 지원이 미치지 못하고 처음에는 선교활동을 장려하던 로마도 마침내 이 땅을 포기하자, 프랑크인 성직자들과의 대결에서 불리한 처지에 놓이게 되었으며 그의 제자들은 이 땅에서 쫓겨났다. 그러나 그와 그의 위대한 형제가 이루어놓은 작업은 슬라브인 국가들에서 비잔티움 문화를 깊이 뿌리 내리게 하고 그만큼 풍부한 열매를 맺게 했다. 남슬라브인들과 동슬라브인들에게 이 업적은 불멸의 의미를 가지고 있었다. 이들 민족은 테살로니카의 형제들, 즉 "슬라브인들의 사도들" 덕분에 문자를 가지게 되었고 그들 사이에서 독자적인 문학과 문화가 처음으로 시작되었다.

모라비아인들이 기독교화된 후 불가리아인들도 머지않아 기독교를 받아들이게 되었고 그들 역시 이를 통해서 자신의 국가 및 문화적 존재에 보다 확고한 토대를 부여하지 않을 수 없게 되었다. 그러나 모라비아인들이 비잔티움에 의존했던 데 반해서 불가리아 영주 보리스는 프랑크인들에게 사신을 보냈다. 비잔티움은 신속하게 개입했다. 왜냐하면 바로 이웃한 국가와 프랑크 제국과의 사이에, 그리고 이를 통해서 로마와의 사이에 정신적인 동맹관계가 형성되는 것을 허용할 수는 없었기 때문이다. 최근에 아랍인들에게 거둔 승리는 제국의 위치를 확고히 하고 그 명망을 드높였다. 이 승리는 비잔티움 정부의 결단력을 높여주었고, 정부가 취하는 조치들의 효과를 상승시켰다. 비잔티움 군대가 불가리아 국경지방에 나타나고, 아울러 불가리아 해안에서 제국의 함대가 강력한 시위를 벌이자 보리스는 비잔티움의 요구에 굴복하지 않을 수 없었다. 864년, 그는 비잔티움으로부터 기독교를 받아들이고, 여기서 미카일이라는 이름을 얻었다. 그것은 그가 세례를 받을 때 대부가 된 비잔티움 황제의 이름이었다. 그리스 성직자들은 즉시 불가리아인들의 기독교화와 불가리아 교회의 조직화로 나아갔다.

불가리아인들에게 기독교화는 문화적 발전에서 큰 진보를 뜻했을 뿐만 아니라, 슬라브화 과정의 완성을 가져다주고, 아울러 신생 왕국의 국가적, 인종적 통일성을 완결지어준 것이었다. 보리스-미카일은 기독교화와 슬라브화에 반기를 든 옛 불가리아 귀족들을 진압하고 52명의 옛 보야르들의 목을 베게 했다. 불가리아 왕국은 기독교화를 통해서 문화적 진보와 내적 결속이라는 큰 이득을 얻었지만, 개종한 군주는 곧 실망을 맛보아야 했다. 비잔티움 제국은 불가리아 교회를 그리스인 주교의 지휘를 받는 기관으로 만들어서 콘스탄티노플 총대주교좌 밑에 두고자 했다. 그러나 보리스-미카일은 신생 교회의 완전한 독립성을 추구하며 이를 독자적인 총대주교의 지휘 아래 두고자 했다. 그는 자신의 요구들이 충족되지 않자, 비잔티움에 등을 돌리고 로마로 향했다. 교황 니콜라우스 1세로서는 불가리아를 비잔티움 교회로부터 벗어나게 하고 로마의 관할권 아래 둘 수 있는 가능성보다 더 반가운 일은 없었다. 그는 불가리아로 사절단을 파견했고, 사절들은 대단히 정력적으로 작업에 착수했다. 그리하여 불가리아는 완전히 로마의 지배권으로 옮겨간 듯이 보였다. 그러나 이 상황은 오래가지 않았다. 이번에도 곧 깊은 실망이 들어섰기 때문이다. 그러나 그 순간에는 로마가 게임에서 이긴 듯이 보였다. 비잔티움은 이웃 슬라브 왕국이 자신의 손을 벗어나고, 로마의 영향권이 거의 제국의 중심부까지 확대되는 모습을 보아야 했다.

로마와 콘스탄티노플 사이의 갈등은 절정에 달했다. 포티오스는 로마를 상대하여 비잔티움 교회의 독립성을 위해서뿐만 아니라 비잔티움 제국의 가장 절실한 이해관계를 위해서 싸우는 개척자가 되었다. 카이사르 바르다스와 황제 미카일 3세는 총대주교의 뒤를 전적으로 밀어주었다. 황제는 교황에게 비잔티움의 독립성과 우월함에 대한 신념을 유례 없이 오만하게 써내려간 서한을 보냈다. 그는 포티오스에 대한 교황의 판결을 철회할 것을 최후 통첩의 형식으로 요구하며 로마의 지상권 주장을 서릿발 같은 기세로 물리쳤다. 총대주교는 한걸음 더 나아갔다. 그는 서방교회의 심판관으로 자처하며, 의식과 교회규율 문제에서 그들이 범하고 있는 오류를 비난했는데, 무엇보다도 성부와 성자로부터 공히(ex patre filioque) 성령이 발현함에 대한 서방교회의 가르침을 공격했다. 교황은 포티오스를 그의 재판석 앞에 피고로 끌어낼 수 있으리라고 생각했지만, 포티오스는 정통파의 이름으로 로마를 이단으로 고발했다. 867년, 콘스탄티노플에서 황제의 주관 아래 열린 종교회의는 교황 니콜라우스를 파문했고, 성령의 발현에 관한 로마의 학설을 이단으로 비난하며, 로마가 비잔티움 교회의 현안에 개입하는 것을 불법으로 선언했다. 바른 길에서 벗어난 로마 교회의 교리와 관습, 무엇보다도 성자로부터도 성령이 발현한다는 교리를 문제삼아 이를 상세히 논하면서 강력하게 비난하는 총대주교의 회장(回章)이 오리엔트 총대주교들에게 송부되었다.

그러나 극도로 팽팽한 투쟁이 벌어지려는 순간, 콘스탄티노플에서 궁내 혁명이 일어났다. 그로 말미암아 모든 카드가 뒤섞여버렸다. 불행하게도 미카일 3세는 "마케도니아인" 바실레이오스를 가까이했었다. 바실레이오스는 마케도니아 테마 출신으로 극도의 빈곤 속에서 성장했다. 그는 출세 길을 찾아 콘스탄티노플로 왔고, 뛰어난 체력 덕분에 궁정의 마구간 관리 책임자가 되었다. 그리하여 그의 전설적인 출세가 시작되었다. 그의 출세는 자신의 탁월한 능력과 또한 황제의 변덕 덕택에 이루어진 일이었다. 영리하고 교활한 농부의 아들은 미카일 3세의 가장 친한 친구가 되었고, 황제의 옛 애인 에우도키아 잉게리나와 결혼했다. 어떤 것에도 굴하지 않는 강철과 같은 일관성을 가지고 그는 최고의 권력을 추구했고, 동시에 카이사르 바르다스와 충돌을 일으켰다. 그러나 미카일 3세는 총신의 매력에 너무나도 흠뻑 빠진 나머지, 사려분별 없이 숙부를 희생시키고 말았다. 음모에 음모가 이어지면서, 바실레이오스와 미카일 3세는 저 위대한 정치가를 함정으로 유인했다. 크레타 원정 중에 중간 체류지에서 조카 옆에 앉아 있던 카이사르를 바실레이오스는 직접 자신의 손으로 죽였다(865년 4월 21일). 그를 죽인 대가는 공동황제의 관이었다. 미카일 3세는 콘스탄티노플로 돌아와서 866년 5월 26일, 그에게 관을 건네주었다. 바실레이오스는 자신의 후원자로부터 받을 수 있는 모든 것을 얻어냈다. 유혈비극의 최후의 막은 변덕스럽고 기분 내키는 대로 행동하는 미카일 3세가 자신의 공동황제에 대한 태도를 바꾸기 시작함으로써 가속화되었다. 867년 9월 23일에서 24일 사이의 밤, 향연을 마친 후 바실레이오스는 술에 취한 황제를 그의 침실에서 목 졸라 죽였다.

2) 법전 편찬의 시대 : 바실레이오스 1세와 레온 6세

이른바 마케도니아 왕조의 창시자인 바실레이오스 1세(재위 867-886년)가 콘스탄티노플 황제의 자리를 향해 나아간 길은 정말로 음침한 것이었다. 그의 곁에는 살해된 미카일의 옛 애인이었던 아내 에우도키아 잉게리나(882년에 사망)가 있었다. 그는 제위 승계를 확실히 하기 위해서 맏아들 콘스탄티노스에게 869년 1월 6일에 벌써 공동황제의 관을 씌웠다. 꼭 1년 후에 둘째아들 레온이 관을 받았으며, 879년경에는――콘스탄티노스가 때이르게 죽은 후――셋째아들 알렉산드로스 역시 관을 받았다. 성직자의 길로 들어선 막내아들 스테파노스는 형 레온 6세의 통치하에서 총대주교 복을 입게 될 것이었다. 맏아들이자 황제가 사랑하는 아들이었던 콘스탄티노스는 바실레이오스 1세가 청년시절에 결혼했던 "마케도니아 여인" 마리아와의 사이에서 낳은 아들이었고, 레온과 알렉산드로스, 스테파노스는 에우도키아 잉게리나의 아들이었는데, 밑의 두 아들은 바실레이오스가 등극한 후에 출생했다.

다른 모든 비잔티움 군주들과 마찬가지로 바실레이오스 1세는 교회의 일에 대단히 집중적으로 몰두했다. 그는 처음에는 바르다스와 미카일 3세가 대표했던 교회정책에 반대되는 방향으로 접어들었고, 황제로 등극하자마자 포티오스를 수도원에 감금시켰다. 역사적 투쟁의 가장 결정적인 순간에 총대주교의 배후를 공격했던 것이다. 이어서 이그나티오스를 총대주교의 자리에 다시 불러들이고(867년 11월 23일), 로마와의 관계를 재개했다. 하드리아누스 2세의 사절들이 참석한 가운데 869/870년 콘스탄티노플에서 종교회의가 열렸다. 로마교회는 이를 제8회 전 기독교 공의회로 간주하고 포티오스를 파문했다. 그렇지만 바실레이오스 1세와 교황의 사절들은 원칙적으로 매우 중요한 한 가지 점에서 의견의 일치를 보지 못했다. 로마 교황좌의 관할권에 대해서 양측의 견해가 전혀 달랐기 때문이다. 로마 교황의 사절의 관점에서는 포티오스 사건은 교황의 판결을 통해서 원칙적으로 이미 결정된 것이었지만, 황제의 견지에서는 자신이 이끄는 종교회의가 다시 한번 이 문제를 논하고 결정을 내리는 것이 중요했다. 게다가 이 종교회의는 로마로서는 전혀 예기치 않았던 에필로 그와 함께 끝이 났다. 집회가 끝난 지 3일 후 불가리아 사신이 콘스탄티노플에 나타났다. 그리하여 다시 집회가 열렸고, 여기서 불가리아 교회가 로마 교구에 속해야 하는지 혹은 콘스탄티노플 교구에 속해야 하는지의 문제가 제기되었다. 이러한 사정은 불가리아의 군주 보리스가 이전에 로마 교회측으로 돌아서면서 그 대가로 기대하고 있었던 바가 실현되지 않았던 데서 비롯된 것이다. 즉 보리스는 불가리아에 독립적인 교회를 수립하려는 목적을 가지고 있었지만, 교황권과 보조를 함께했음에도 불구하고 이 고유의 목적에는 역시 조금도 다가가지 못했다. 즉 로마측은 앞으로 창설될 불가리아 대주교좌에 보리스가 추천한 두 명의 후보를 거부해버렸던 것이다. 이렇게 되자 보리스는 다시 콘스탄티노플 쪽으로 돌아서게 되었다. 이것이 불가리아 사신이 온 배경이며 그들이 문제를 제기한 배경이었다. 로마 교황의 사절들이 격렬하게 항의했지만 결국 이 문제는 세 오리엔트 총대주교좌의 대표자들의 중재 판결을 통해서 비잔티움에 유리하게 결정되었다. 최근 몇년간의 사건들에서 경험을 쌓은 비잔티움은 이제 좀더 관대한 모습을 보여주었다. 황제는 총대주교 이그나티오스로 하여금 불가리아를 위해서 대주교 한 명과 여러 명의 주교들의 서품식을 베풀게 했다. 그리하여 불가리아 교회는 콘스탄티노플 총대주교좌의 종주권을 인정하기는 했지만, 어느 정도의 자율성을 얻었다.

불가리아 영주는 이렇듯 로마와 비잔티움의 경쟁관계를 이용하여 목적을 달성했다. 그리고 비잔티움은 다시 불가리아를 얻었다. 불가리아 왕국은 로마측의 거듭된 비난에도 불구하고, 비잔티움 교회의 품안에 머물렀고 비잔티움 문화의 영향권 안에 머물렀다. 그러나 바실레이오스가 포티오스를 희생시키면서까지 큰 비중을 두었던 로마와의 우정은 지반을 상실하고 말았다. 사실상, 슬라브 세계에서의 비잔티움 제국의 과제들에 대한 바실레이오스의 생각은 그가 실각시킨 포티오스나 그가 살해한 바르다스의 생각과 다르지 않았다. 그는 완전히 그들과 같은 생각에서 불가리아를 얻으려는 투쟁을 계속했고, 이를 승리의 결말로 이끌었다. 바실레이오스 역시 러시아에서의 선교작업을 계속 수행했고, 나아가 발칸 반도 서부의 슬라브인들을 기독교로 인도함으로써 이 지역을 비잔티움의 영향권 아래에 두었다.

성상 파괴의 위기시대에 발칸 반도 서부는 점점 비잔티움 국가의 영향에서 벗어났다. 9세기 전반에 달마티아 도시들과 해안지역 및 내륙지역의 슬라브 종족들은 비잔티움과의 동맹관계를 끊었던 것 같다. 또한 그때 영주 블라스티미르의 지휘 아래 독립적인 세르비아 왕국이 탄생했다. 남부 이탈리아에서 온 아랍인들이 또다시 아드리아 해안을 위협했는데, 여기에서 도움이 될 수 있는 것은 비잔티움의 함대력뿐이었다. 아랍인들의 함대가 부드바(부투아)와 코토르(데카테라, 카타룸)를 공격한 후 867년에는 두브로브니크(라구사) 앞에 출현하여 도시를 포위했고, 포위된 주민들은 콘스탄티노플에 도움을 청했다. 강력한 비잔티움 함대의 도착으로 아랍인들은 15개월 동안 계속된 포위공격을 포기하고 남부 이탈리아로 돌아가야 했다. 이를 통해서 비잔티움 제국의 권위는 다시 확고해졌으며, 아드리아 해안 동쪽에서 비잔티움의 주권이 다시 확립되었다. 이때 달마티아 테마도 창건되었다. 달마티아 테마는 달마티아 지역의 비잔티움 제국령 도시들 및 섬들을 포함했다. 물론 달마티아 도시와 섬들은 사실상 콘스탄티노플보다 슬라브 후배지(後背地)에 더 종속되어 있었다. 그들은 슬라브인에게 조세를 납부했다. 반면 슬라브인들이 제국의 스트라테고스에게 바치는 변변찮은 조공은 단지 상징적인 성격을 띠었을 뿐이다. 다른 한편 이 슬라브 종족들 역시 비잔티움의 종주권을 인정하고, 제국에 군사원조를 이행할 의무를 졌다. 발칸 반도에 대한 비잔티움의 영향은 현격히 강화되었고, 그 결과 기독교가 급속도로 확산되었다. 이 시기에 세르비아인들과 비잔티움 해안지역의 세르비아 종족들은 기독교를 받아들였으며, 한때는 심지어 크로아티아에서조차 비잔티움의 영향이 프랑크 왕국과 로마 교회의 영향보다 우세했다. 발칸 반도, 특히 불가리아와 마케도니아에 모라비아에서 추방된 메토디오스(885년 사망)의 제자들이 들어옴으로써 비잔티움의 선교작업에는 보다 강력한 박차가 가해졌다. 그들의 목적은 설교와 계몽작업을 통해서 슬라브인에게 슬라브어로 기독교 신앙과 비잔티움 문화를 보급하는 것이었다. 그리하여 역사적으로 자연스러운 상황이 수립되었다. 모라비아는 로마의 영향권에 귀속된 반면, 불가리아, 마케도니아, 세르비아는 비잔티움을 따른다고 공언했다.

제국의 함대가 달마티아 해안에 대한 아랍인들의 공격을 막고 두브로브니크의 포위를 분쇄한 후, 비잔티움은 남부 이탈리아에 개입했다. 시칠리아에 근거지를 둔 아랍인들의 돌진에 대해서 바실레이오스 1세는 프랑크국의 황제

루트비히 2세 및 로마와의 공동 공세를 계획했다. 그 때문에 그는 친로마 정책을 시작했던 것이다. 그렇지만 시칠리아에서는 아무 소득도 없었고, 오히려 아랍인들은 870년에 몰타를 점령했다. 이는 지중해에서 아랍인들의 위치를 새로 굳게 다지는 것을 뜻했다. 하기야 당시 비잔티움의 동맹자였던 루트비히 2세가 871년 바리를 점령한 것은 사실이다. 그러나 빈손으로 돌아간 비잔티움으로서는 그것은 새로운 환멸이었을 뿐이다. 두 군주 사이의 관계는 크게 동요되었다. 얼마 전에 맏아들과 루트비히의 딸과의 혼인에 동의했던 바실레이오스는 동맹자에게 비난을 퍼부었고, 로마 황제의 칭호에 대한 그의 권리를 부정했다.

비잔티움은 다음 몇해를 동쪽에서의 투쟁에 바쳤다. 바울로파가 점점 더 퍼지며 소아시아 전역을 휩쓸었기 때문이다. 황제의 처남, 그러니까 스콜라이(scholae)의 도메스티코스(domesticos)로서 사령권을 쥐고 있던 크리스토포로스는 872년, 바울로파에게 결정적인 승리를 거두었다. 그는 그들의 아성인 테프리케를 비롯하여 다른 여러 요새들을 파괴하고, 그들의 군대를 궤멸시켰다. 이 혈전에서 바울로파의 지도자인 크리소케이로스가 목숨을 잃었다. 이 승리로 비잔티움인들은 동쪽에서의 전진이 가능해졌다. 이미 873년에 바실레이오스는 유프라테스 강 유역까지 돌진하여 자페트라와 사모사타를 점령했다. 그렇지만 황제의 주된 목적이 달성된 것은 아니었다. 왜냐하면 중요한 요새 멜리테네를 점령하려는 시도에서 그는 쓰라린 패배를 당했기 때문이다. 바실레이오스는 이번과 마찬가지로 후대의 원정에서도 유프라테스 유역과 타우로스 산맥 국경지역에서 절반의 승리로 만족해야 했다. 그러나 어쨌건 이리하여 비잔티움 제국에는 동쪽 국경지역에서의 계획적인 돌진의 시대가 시작되었다. 나아가 아랍 왕국의 약화로 아르메니아 역시 융성할 수 있었다. 아쇼트 1세는 칼리프와 비잔티움 황제로부터 왕으로 인정받았고(885년과 887년), 이로써 아르메니아는 바그라투니 토착 왕조하에서 도약의 시대를 맞이하게 되었다.

비잔티움의 위치는 이탈리아에서도 확고해졌다. 루트비히 2세에 저항했던 베네벤토 공국 군주는 비잔티움의 보호 아래로 자진해서 들어갔고(873년), 루트비히 2세가 죽은 후(875년), 바리 역시 비잔티움의 스트라테고스에게 성문을 열어주었다(876년 말). 아랍인들은 달마티아 해안지역, 중부 그리스, 펠로폰네소스에 대해서 새로운 공격을 감행했으나 비잔티움은 이를 격퇴시킬 수 있었고, 심지어는 7년 동안 키프로스를 점령하기까지 했다. 물론, 이에 상관없이 예나 지금이나 변함없이 지중해를 지배하고 있었던 것은 아랍인들이었던 것이 사실이고 또 비잔티움은 얼마 안 가서 가장 취약한 지역인 시칠리아에서 참으로 뼈아픈 일격을 당했던 것도 사실이다. 다시 말해서 적에게 오랫동안 저항해왔던 시라쿠사가 878년 아랍인들의 수중에 떨어졌던 것이다. 그럼에도 불구하고 비잔티움이 적어도 남부 이탈리아 본토에 다시 발을 붙이게 된 것은 대단한 소득을 의미했다. 바실레이오스 1세의 통치 말기에 탁월한 장군 니케포로스 포카스의 지휘 아래 이곳에서 강력하고 성공적인 비잔티움의 공세가 시작되었다. 남부 이탈리아는 다시 비잔티움의 지배하에 들어갔다. 서로 적대적인 이탈리아 소국들의 한가운데서 비잔티움은 유일하게 확고한 요소가 되었고, 이탈리아 해안지역에 대한 아랍인들의 끊임없는 공격을 보며 위협을 느끼던 로마 자신도 비잔티움 황제에게서 도움을 찾아야 했다. 이러한 정세를 보면 당시 교황권이 왜 비잔티움에게 교회 문제에서 양보적인 태도를 취했는지가 설명된다.

황제 바실레이오스는 지배권을 맡은 후 교회정치적인 입장을 변화시켜보았지만 아무 효과가 없다는 것을 깨달아야 했다. 포티오스를 제거함으로써 비잔티움의 교회분쟁을 해결하려는 그의 시도는 실패로 돌아갔다. 실각한 총대주교에 대한 지지가 누그러들지 않았고 파벌간의 투쟁이 계속되었기 때문이다. 로마와는 불가리아 문제 때문에 포티오스가 있건 없건 갈등에 빠졌다. 남부 이탈리아에서 서방세력들과도 협력해보았지만, 그 결과는 환멸이었다. 여기서 황제는 종교적인 입장 변화로 얻어낸 정치적인 대가 역시 기만당하는 것을 보았다. 이미 875년에 그는 포티오스를 콘스탄티노플로 돌아오게 하여 그에게 아들들의 교육을 맡겼다. 그후 877년 10월 23일, 연로한 이그나티오스가 죽었고, 3일 후에 포티오스는 두번째로 총대주교의 자리에 올랐다. 이번에는 로마로부터도 인정을 받았다. 교황 요한네스 8세가 이를 인정하면서 그 대가로 조건들을 내걸었지만 이들 조건은 실제적인 파급력이 전혀 없었다. 879년 11월, 포티오스는 교황의 사절들이 참석한 가운데 383명의 주교들 앞에서 종교회의를 열었다. 이는 그에게 특별한 만족을 뜻했다. 869/870년의 판결이 엄숙하게 취소되었던 것이다.

바실레이오스 1세는 비천한 출신에서 벼락 출세를 했으면서도 그리스 문화뿐만 아니라 로마 법을 열렬하게 숭배했다. 테옥티스토스와 바르다스 밑에서 시작되었던 문화적 약진은 그의 치세하에서도 계속되었다. 그는 입법자로서 의식적으로 로마 법의 쇄신을 추구했다. 그는 유스티니아누스의 법서들을 수정하고 새로운 법들을 보완한 광범위한 법전 편찬을 계획했다. 황제가 "옛 법들의 정화"라고 일컬은 이 대대적인 작업은 미완성으로 머물렀던 모양인지, 출판되지는 않았다. 그러나 이는 후대에 레온 6세가 작업을 계속하는 기초가 되었고, 그가 이룩한 『바실리카(*Basilika*)』의 초석이 되었다. 지금까지 남아 있는 것은 바실레이오스 1세가 주저(主著)에 앞서 먼저 편찬한 두 개의 비교적 작은 법서이다. 처음에 나온 것이 『프로케이론(*Prokheiron*)』이었다. 이는 황제 바실레이오스, 콘스탄티노스, 레온의 이름으로 편찬되었으므로 870년에서 879년 사이에 발행된 것이다. 제목이 말해주듯이, 『프로케이론』은 실제 사용을 위한 참고서인데 한눈에 볼 수 없을 정도로 많은 법들 가운데 사법과 공법에서 가장 중요하고 가장 널리 통용되는 규정들을 골라내어 체계적으로 40 항목으로 정리한 것이다. 『프로케이론』은 일반적으로 손쉽게 통용되는 법서라는 목적을 가지고 있었기 때문에 무엇보다도 「법학제요」를 이용하는 한편, 유스티니아누스 법전의 다른 부분들은 더 적게 이용할 수밖에 없었다. 즉 원전 자체는 드물게나 참조하며, 그보다는 오히려 후대의 그리스어 번역과 주석들을 더 많이 이용한 것이다. 『프로케이론』은 근본적으로 레온 3세의 『에클로가』와 같은 목적을 지니고 있었다. 『에클로가』 역시 재판관의 일상적인 사용을 위한 실용적 법서로 구상된 것이었다. 물론 바실레이오스 1세는 로마 법을 다시 부활시키는 시도를 하면서, "훌륭한 법들을 무효화시킨" 성상 파괴파 황제의 작업과 자신의 작업은 결단코 구분시키고자 했다. 그렇지만 사실 『프로케이론』은 레온 3세의 쓸모 있고 대중적인 법서에 힘입은 바가 아주 많았다. 『에클로가』에 대해서 온갖 폄하를 가하면서도 『프로케이론』은 특히 상속법과 공법적 규정들을 포함하고 있는 제2부에서 『에클로가』를 풍부하게 이용하고 있다. 『프로케이론』은 비잔티움에서 널리 유포되어 제국이 몰락할 때까지 그 효력을 유지했다. 나아가 『에클로가』와 마찬가지로 일찌감치 슬라브어로 번역되어 남슬라브인 사이에서뿐만 아니라 동슬라브인 사이에서도 높은 명망을 누렸다.

879년 이후 황제 바실레이오스와 레온과 알렉산드로스의 이름으로 집대성된 『에파나고가(*Epanagoga*)』가 발간되었다. 이는 계획하고 있던 대대적인 법전의 입문서로서 구상된 것이었다. 『에파나고가』는 대부분 『프로케이론』을 그대로 옮긴 것이지만, 자료들을 새로 정리했을 뿐만 아니라 부분부분마다 중요한 수정도 가하고 있다. 『에파나고가』는 『프로케이론』보다 더 폭넓게 『에클로가』를 이용했다. 『에파나고가』는 이미 혼인법에서 성상 파괴파의 금지된 법서를 참조하고 있다. 반면에 『프로케이론』은 이 부분에서 여전히 유스티니아누스의 법을 고수하며 이후의 절에 가서야 『에클로가』를 차용하기 시작했던 것이다. 나아가 『에파나고가』에는 완전히 새롭고 아주 유의할 가치가 있는 부분들이 있는데, 황제와 총대주교를 비롯하여 여러 세속 및 성직 고위 관직자들의 권리와 의무를 다루고 있는 부분들이 그것이다. 여기서 국가와 교회의 조직은 여러 부분으로 구성된 통일체로 나타난다. 그 위에 황제와 총대주교가 기독교 세계의 두 수장으로 우뚝 서서 긴밀하고 평화로운 협력관계를 맺으며 인류의 안녕을 보살핀다. 두 권력의 기능은 똑같이 완전한 평행선을 이루는 것으로 기술된다. 세속의 수장은 신민의 육체적 안녕을, 교회의 수장은 영혼의 안녕을 보살핀다. 의심할 여지 없이 이 권력이원론의 저자는 바로 이 당시 이미 또다시 총대주교직을 맡고 있던 포티오스 자신이었다. 『에파나고가』가 정통파 교회권에 유포되어 있던 것과 동일한 의미로 최고위 세속권력과 성직권력 사이의 이념적인 관계를 규정한 것은 그의 영향 때문이다.

포티오스는 실천이 이론으로부터 크게 벗어나 있다는 것을 대단히 잘 알고 있었고, 이를 곧 또다시 경험하게 될 터였다. 다음에 이루어진 정권 교체는 그를 다시 한번 쓰러뜨렸기 때문이다. 콘스탄티노스가 일찍 죽은 후(870년), 아버지가 차남에게 품었던 반감과 깊은 불신에도 불구하고 제위계승권은 레온에게 넘어갔다. 맏아들이 일찍 죽은 슬픔을 견딜 수 없었던 바실레이오스는 말년을 깊은 우울 속에서 보내다가 886년 8월 29일, 사냥 중에 치명상을 입었다. 제위에 등극한 레온 6세는 총대주교를 제거하고 그 자리를 자신의 동생 스테파노스에게 맡겼다. 포티오스는 이제 궁극적으로 역사의 무대에서 사라지게 되었다. 그는 추방을 당하여 아르메니아에서 죽었다.

레온 6세(재위 886-912년)는 형식상 동생 알렉산드로스와 제위를 나누었다. 그러나 알렉산드로스는 통치업무에는 관심이 없이 향락의 삶을 살았다. 가장 결실이 풍부했던 통치 초기 동안 황제의 가장 중요한 조언자는 애인이자 나중에 아내가 된 조에의 아버지, 즉 아르메니아 사람인 스틸리아노스 자우체스(896년 사망)였다. 자우체스에게는 특별히 그를 위해서 만들어진 바실레오파토르(basileopator)라는 고위 품계가 주어졌다.

레온 6세는 포티오스에게 배은망덕하게 처신했지만, 그의 제자로서 특별한 교양과 상당히 다면적인 지식을 갖추고 있었다. 그는 다작의 저술가였고, 수사학의 열렬한 애호자였다. 또 그는 아버지보다 훨씬 뛰어난 교양을 지니고 있었으며, 아버지보다 훨씬 강하게 의고적인 경향을 보였다. 이 경향은 무엇보다도 문학적인 것에서 작용하고, 신학적 외피 속에서 훨씬 더 강하게 드러났다. 레온은 강한 종교적, 신학적 관심을 가진 경건한 군주였다. 그가 쓴 전례시들과 수많은 기도문과 연설문이 보존되어 있는데, 여기에는 광범위한 교조적 발언들이 고전의 추억들과 혼합되어 있다. 그는 이것들을 교회의 축제일에 직접 낭독하곤 했다. 그는 또한 아버지에 대한 장문의 추도문을 썼고, 대단히 기교를 부린 세속적인 시들도 썼다. 바로 이러한 저술들로 해서 그는 생전에 현자(Sophos)라는 영예로운 별칭을 얻은 것으로 보인다. 후대에 와서 현자 레온의 인물됨에 대한 전설들이 무성하게 자라났는데, 여기서 상당히 무미건조했던 이 통치자는 예언자와 마술사와 점성술사로 그려진다. 사람들은 그가 제국의 운명에 대한 예언 모음집을 쓴 저자라고 여기고 있었다. 그러나 실제로는 이 예언 모음집은 훨씬 후대에 만들어졌는데, 비잔티움에서나 라틴 세계와 슬라브 세계에서나, 비잔티움 시대나 비잔티움 이후 시대나 할 것 없이 유례 없는 사랑을 받으며 널리 읽혔다.

뿐만 아니라 현자 레온은 의심할 여지 없이 유스티니아누스 이래 가장 풍부한 결실을 맺은 입법가이기도 했다. 그의 통치기에 나온 입법작업은 대단히 중요하고 매우 광범위하다. 그러나 그의 박식함과 저술가로서의 열성이 이 시도를 도운 것은 의심할 여지가 없지만, 그렇다고 해서 이 작업에서 레온 개인의 참여가 과대 평가되어서는 안 된다. 광범위한 준비작업들이 이미 아버지의 시대부터 진행되었을뿐더러, 다른 한편으로는 대대적인 입법활동이 그가 통치를 시작한 처음 10년과 일치한다는 사실이 눈에 띈다. 그러니까 스틸리아노스 자우체스가 그를 보좌하던 시대인 것이다. 이 초기와 견주어볼 때 레온의 통치 후기, 즉 그가 보다 성숙한 시기에는 오히려 결실이 적은 것으로 보인다.

아버지와 아들 사이의 깊은 반감에도 불구하고, 또 기질상의 현격한 차이에도 불구하고, 바실레이오스 1세와 레온 6세의 목표 설정은 여러 면에서 비슷했다. 바실레이오스 1세 치하에서 착수되었던 유스티니아누스 법의 개정작업은 레온 6세의 『바실리카』에서 완성을 보게 되었다. 현자 레온의 황제칙법(바실리카)은 중세 비잔티움 제국의 가장 큰 법전집으로, 프로토스파타리오스(protospatharios) 즉 수비대장인 심바티오스가 이끄는 법률위원회에 의해서 준비되어 이미 레온 6세의 통치 초기에 출판되었다. 이는 바실레이오스의 "법 정화" 준비작업이 크게 진전되어 레온 6세의 작업에 이용되었음을 증거한다. 『바실리카』는 교회법뿐만 아니라 사법 및 공법을 집대성하고 있는데, 무엇보다도 「칙법휘찬」과 「학설휘찬」에서 많은 인용을 한 반면, 「법학제요」에서는 인용을 덜 하고 있다. 그리고 특히 유스티니아누스와 유스티누스 2세, 또 티베리우스의 신칙법들에서도 인용을 하고 있다. 유스티누스 2세와 티베리우스의 신칙법들은 후대의 이른바 168개 신칙법 집성에 수록되어 유스티니아누스 신칙법들에 덧붙여진 것이다. 마지막으로 『프로케이론』에서도 많은 것이 차용된다. 바실레이오스 1세의 법학자들과 마찬가지로 레온 6세의 법률가들도 라틴어 원전을 참조하지 않고, 6세기와 7세기의 그리스어 번역본 및 주석들을 이용했다. 유스티니아누스의 『로마 법 대전』에 비해서 볼 때 『바실리카』는 그리스어로 편찬되어 비잔티움의 이용자들에게 일단 큰 장점을 지녔을 뿐만 아니라, 다른 한편으로는 비교적 넓게 개관할 수 있게 해준다는 이점도 있었다. 왜냐하면 『바실리카』는 전 자료를 체계적으로 정리하여 하나의 저작으로 집대성한 반면, 『로마 법 대전』은 ――『바실리카』가 그 머리말에서 가장 큰 결함으로 비난한 것이기도 한데 ―― 동일한 대상을 여러 다른 자리에서 다루고 있기 때문이다. 따라서 유스티니아누스의 법전이 거의 완전히 이용되지 않게 되면서 『바실리카』가 중세 비잔티움 법 지식의 토대가 되었음은 놀라운 일이 아니다. 『바실리카』 본문에는 곧 수많은 주해들이 따라붙게 되었다. 그

가운데 가장 중요한 이른바 "구 주해"는 콘스탄티노스 7세 시대까지 거슬러 올라가고, "신 주해"는 11세기, 12세기, 13세기의 것이다. 12세기에는 또한 『바실리카』에 색인도 작성되었다. 이는 티푸케이토스(Tipoukeitos : '무엇이 어디에')라는 제목으로 알려져 있는데, 이는 우리 입장에서 볼 때 보존되지 않은 책들의 내용에 대해서 정보를 알려준다는 데에 무엇보다도 그 가치가 있다.

그러나 비잔티움의 법 발전에서 『바실리카』의 의미가 아무리 크다고 해도 사료로서의 그 역사적 가치는 한정적이다. 이 거대한 법전 편찬은 그 시대의 역사적 현실을 전혀 반영하고 있지 않거나 아주 조금밖에 반영하고 있지 못하며 오히려 무엇보다도 이전 세기들의 옛 법규정들, 따라서 대개는 이미 시대에 뒤진 법규정들을 반복하고 있을 뿐이다.

시대상황이 표현되어 있는 것은 레온의 신칙법들이다. 즉 레온 6세는 113칙령집을 출판했는데, 이는——유스티니아누스의 신칙법의 모범에 따라서——신칙법집이라는 명칭을 최종적으로 얻게 되었다. 그러나 원래 이 법령집의 제목은 "법률의 교정 및 정화"로, 이는 레온 6세의 입법작업이 부왕의 작업과 밀접한 연관을 맺고 있음을 다시 한번 뚜렷하게 보여준다. 레온 6세의 신칙법들은 여러 가지 문제들을 다루고 있는데, 이는 특정 체계 없이 나열된 것처럼 보이며, 그때 그때 적당한 이유를 들어서 옛 법률들을 취소하거나 변경하고 있다. 또한 이와 나란히 관습법상의 관행에 따라서 법으로서의 효력을 부여받는 규정들도 다루고 있다. 순수 교회법적 조치들(신칙법 2-17과 75)은 총대주교 스테파노스에게 바쳐졌고, 기타 모든 것은——감사의 말이 없는 몇 가지는 제외하고——스틸리아노스 자우체스에게 바쳐졌다. 유스티니아누스와 그의 총독부 총독이었던 카파도키아의 요한네스의 경우와 마찬가지로 여기서도 헌사(獻辭)를 받은 사람이 진정한 저자였을 것이다. 이는 어째서 레온의 입법이 자우체스의 생전에 그토록 광범위하게 이루어졌으며, 그가 죽은 후에는 그토록 경감했는가를 설명해줄 것이다.

레온 6세의 신칙법들은 시 평의회(boule, 라틴어로는 curia)와 원로원의 옛 권리들을 취소하고 있는데, 이는 특별한 주목을 받을 만하다. 물론 평의회 제도는 이미 오래 전에 사라졌으며, 원로원의 행정적 입법적 권한과 마찬가지로 종이 위에서만 존재하고 있었다. 그러나 법의 제정을 통해서 이를 궁극적으로 폐지한 것 역시 의미 있는 일이다. 특히 세 신칙법에서 모두 명시적으로, 제국의 전체 행정이 이제 지배자의 손에 있다는 것을 근거로 하여 평의회의 폐지를 정당화하고 있기 때문에 더욱 그러하다. 레온 6세의 입법은 전 국가권력이 지배자의 손에 합일되고 모든 국사가 황제의 관료기구의 비호 아래 맡겨지는, 역사적으로 중요한 과정의 완료를 뜻한다. 황제의 전권과 국가제도의 관료화는 마케도니아 왕조 치하에서 절정에 이른다. 고위 제국관리들로 구성된 원로원은 이제 명목상의 존재에 불과했으며 옛 기능뿐만 아니라 7세기와 8세기에 부여되었던 특정한 의미(85쪽 참조) 역시 상실했다. 국가는 황제와 그의 군사기구 및 관료기구와 동일시되기에 이르렀다. 황제는 신이 선택한 자이며, 신의 섭리의 보호를 받는다. 그는 전체 제국행정의 수장이며, 군대의 최고 사령관이고, 최고 재판관이자 유일한 입법자이고, 교회의 보호자이며, 올바른 신앙의 보호자이다. 그는 전쟁과 평화를 결정하며, 그의 판결은 궁극적이며 취소할 수 없고, 그의 법률은 신으로부터 부여된 것으로 간주된다. 물론 그는 기존의 법을 지켜야 한다. 그러나 그에게는 새로운 법을 반포하고 구법을 취소하는 것이 허용된다. 황제는 국가의 수장으로서 실천적으로 무제한의 권력을 지니며 오로지 도덕과 윤리의 구속을 받을 뿐이다.

지배권력이 사실상의 제한을 받는 것은 오로지 종교적 영역에서뿐이었다. 교회생활을 만들어가는 데에 대한 황제의 영향이 아무리 강하더라도, 평신도인 황제는 교회의 보호자가 될 수 있을 뿐, 그 지도자가 될 수는 없었다. 교회는 자신의 지도자를 가졌다. 그는 바로 콘스탄티노플의 총대주교였다. 그의 권력과 명망은 계속하여 상승하고 있었다. 황제는 실제로 총대주교직의 임명권을 가지고 있었고, 입법자로서 교회행정에 개입할 수 있었다. 그러나 세속 고위 관직자의 임명과 퇴임은 오로지 황제의 권한이었지만, 이와는 달리 교회 최고위 지도자들의 임명과 특히 파면은 성직자들의 동의를 필요로 했다. 또한 선임 황제들의 법률과는 달리 황제는 종교회의의 결정사항들은 취소할 수도 바꿀 수도 없었다. 교회생활에서 가장 높은 심급은 종교회의였다. 신앙 문제에 대한 결정은 오로지 종교회의에만 허용되었다. 황제의 임무는 단지 기존의 신앙을 지키는 것이었다. 한때 지배권력을 견제했던 세속적 요소들이 그 중요성을 상실하는 동안, 황제의 힘과 더불어 교회의 힘도 동시에 증대했다.

비잔티움 제국의 행정체제와 관료기구 역시 마케도니아 왕조 치하에서 어느 정도 완성에 이르렀다. 이 발전은 7세기부터 접어든 방향이 계속된 것으로, 그 궁극적인 결과는 옛날 비잔티움 국가체제의 출발점이었던 로마의 국가체계와 천양지차로 구별된다.

테마 제도는 9세기에서 10세기로의 전환기에 어느 정도 완성된 형태를 띠게 되었다. 원래의 대규모 테마들이 점차 비교적 작은 규모의 테마들로 분할되면서, 그리고 새로운 지역들에 테마 조직이 도입되면서 테마의 수는 괄목할 만하게 증가했다. 이와 동시에 지방의 민사행정도 현저히 단순화되었다. 9세기의 테마들은 옛 속주들보다 별로 더 크지 않았으므로 테마 프로콘술 관할구는 속주 행정장관 관할구와 합병되었다. 9세기 후반에는 테마 프로콘술직 역시 폐지됨으로써, 디오클레티아누스-콘스탄티누스 질서의 마지막 잔재가 사라졌다. 민사행정의 장(長)으로서 안티파토스(anthypatos) 대신에 옛날 테마 프로콘술 정청의 최고위 관직자였던 테마의 프로토노타리오스(protonotarios)가 들어섰다. 그 결과, 스트라테고스가 장악한 강력한 군사적 권력이 더욱 두드러지게 부각되었다. 동시에 정규 테마 단위들과 나란히 형성되었던 여러 소규모 군사지역들, 예를 들면 클레이수라이(kleisourai), 아르콘 관할구(archontia), 둑스 관할구(doukaton), 카테파노 관할구(katepanat), 드룬가리오스 관할구(drungariat)가 점점 테마로 승격되면서, 옛 테마 조직의 잡다한 성격이 제거되고 통일적이고 엄격하게 단일화된 체계가 자리를 잡게 되었다.

10세기 초, 제국의 테마들은 다음과 같다 : 아시아에는 옵시키온, 부켈라리온, 옵티마톤, 파플라고니아, 아르메니아콘, 칼디아, 콜로네이아, 카르시아논, 아나톨리콘, 트라케시온, 카파도키아, 메소포타미아, 세바스테이아, 리칸도스, 레온토코미스, 셀레우케이아 그리고 키비라이오톤의 해군 테마가 있었고, 에게 해에는 사모스 테마와 아이가이온 펠라고스 테마가 있었으며, 유럽에는 트라키아, 마케도니아, 스트리몬, 테살로니카, 헬라스, 펠로폰네소스, 케팔레니아, 니코폴리스, 디라키온, 달마티아, 시칠리아, 롬바르디아, 케르손 테마들이 있었다. 테마 제도는 그후로도 특히 새로 정복되어 제국에 병합된 지역에 새로운 테마들이 설치됨에 따라서 계속 변화했다. 반면에 옛 지역에서는 새로운 테마들의 창설이 아주 드문 일이었다. 테마 단위들의 새로운 분할 또는 단편화는 11세기 말 이래 비잔티움의 행정질서가 몰락하면서 비로소 일어났다.

이 시대의 비잔티움 관료제도에 대해서는 필로테오스의 기록과 이와 가까운 9세기 및 10세기의 서열 목록들에서 알 수 있는데 이때 실제 직위와 명예 칭호는 엄연히 구분되어야 한다. 외적으로 보아서 직위는 임명서를 받음으로써 부여되는 데에 반하여, 칭호는 명예휘장의 수여를 통해서 부여된다는 데에 차이가 있다. 대부분의 칭호는 옛날 관직과 다름없이, 시간이 흐르면서 예전의 의미를 상실하고 명목상의 성격만을 유지했다. 이와 관련하여 늘 주목해야 할 사실은, 이들 기록에서 언급된 서열 목록들이란 실은 시대적으로 제한된, 특정 시대에서의 비잔티움 관료기구를 제시하는 것이며, 그것이 전적으로 타당한 시기는 단지 비잔티움 국가제도의 전성기와 일치하는 이 9세기 및 10세기뿐이라는 점이다. 왜냐하면 한때는 비잔티움 국가의 이른바 경직성에 대한 견해가 퍼져 있었지만, 실제로는 이와는 반대로 비잔티움 국가제도도 그리고 이와 아울러 비잔티움 행정기구도 끊임없이 개편되었기 때문이다.

필로테오스의 『클레토롤로기온(*Cletorologion*)』에 따르면 비잔티움의 칭호는 18품계로 나누어졌다. 가장 높은 세 품위, 즉 카이사르(caesar), 노빌리시모스(nobilissimos), 쿠로팔라테스(curopalates)는 드물게 부여되었고, 보통 황가의 구성원들에게만 부여되었다. 이어서 가장 높은 여성 품위인 조스테 파트리키아(zoste patricia)가 있었고, 그 다음 마기스트로스, 안티파토스, 파트리키오스, 프로토스파타리오스, 디스히파토스(dishypatos), 스파타로칸디다토스(spatharokandidatos), 스파타리오스(spatharios), 히파토스(hypatos) 등이 이어졌다. 파트리키오스로부터 시작되지만 대부분 다른 관칙 칭호와는 구분되는 고유 지칭에 해당했던 여덟 가지 명예 칭호는 특별히 환관들에게 허용되었는데, 파트리키오스 환관은 다른 파트리키오스들 및 안티파토스들보다 우위를 차지했다. 환관들은 비잔티움 궁정에서 큰 역할을 담당했다. 원칙적으로 그들에게는 어떠한 고위 교회직이나 세속직도 ── 황제 직무만을 예외로 하고 ── 닫혀 있지 않았으며, 비잔티움 역사에서 특기되는 여러 정치가나 장군 그리고 총대주교는 환관들이었다. 뿐만 아니라 비록 예외가 없지는 않지만, 그래도 대개의 경우에는 환관들이 맡게 되어 있는 궁정 직책들도 다수 있었다. 그 가운데 가장 중요한 것은 황제의 침실 옆에서 자고 대개 황제에게 가장 신임받는 측근인 파라코이모메노스(paracoemomomenos)의 직책(미카일 3세 치하에서 마케도니아인 바실레이오스가 잠시 이 직책에 있었다)과 황제의 의상실의 우두머리인 프로토베스티아리오스(protovestiarios)의 직책이었다. 나아가 비잔티움 궁정의 최고위 관리 가운데 하나인 렉토르(rector)가 궁정에서 아주 중요한 기능을 수행했다. 이 직책은 마케도니아 왕조 치하에서 처음으로 나타났다. 또한 의전 주무관인 프로토프라이포시토스(protopraepositos), 황제의 마부장(馬夫長) 프로토스트라토르(protostrator) 등이 있었다.

중앙행정을 맡은 관리들 가운데는 특히 콘스탄티노플의 시 총독이 두드러진 존재였다. 그는 전 수도 생활을 감독했으며, 콘스탄티노스 7세의 『의전서(*De ceremoniis aulae Byzantinae*)』에서 일컬어지고 있듯이 "도시의 아버지"였다. 원래 중요했지만 점점 더 중요해진 직책은 드로모스의 로고테테 직책이다. 테오도라 치하의 테옥티스토스, 레온 6세 치하의 스틸리아노스 자우체스가 이 직책에 있었다. 비록 이 제1장관의 위치가 원칙적으로 특정 기능과 결부된 듯이 보이지는 않지만 그래도 이 시대에 흔히 국가의 진정한 지도자는 드로모스의 로고테테였다. 맡고 있는 직책과는 별개로, 황제의 제1조언자이자 신뢰자 역할을 한 지도적 정치가는 이 시대 혹은 이미 그 이전 시기에는 종종 파라디나스테우온(paradynasteuon)이라고 불렸고, 후기 비잔티움 시대에는 메사존(mesazon) 혹은 메시테우온(mesiteuon)이라고 불렸다. 비잔티움 국가가 재정에 부여하는 큰 중요성을 감안할 때, 비잔티움 관료기구에서 재무행정이 특별히 큰 부분을 차지하고 있었던 것은 놀라운 일이 못 된다. 중세 비잔티움 시대에 전체 재무관청들의 감독자로서 등장한 것은 사켈라리오스(sakellarios)였다. 이 직책은 그후 12세기에는 메가스 로가리아스테스(megas logariastes)로 대체되었다. 국가의 보물을 관장한 것은 사켈라리온(sakellarion)의 카르툴라리오스(chartularios)*였고, 국가의 곡창(穀倉)을 관리한 것은 베스티아리온(vestiarion)의 카르툴라리오스였다. 7세기부터 개개 재무관청들의 우두머리는 게니콘(genikon), 스트라티오티콘(stratiotikon), 이디콘(idikon)의 로고테테들이었다. 황제 집무실의 우두머리, 청원서 접수자, 그리고 황제의 서기인 "황제 잉크 병 감독자"는 황제와 가까이 접촉하기 때문에 큰

* '문서고 관리자'를 뜻한다.

중요성을 지니고 있었다. 이 마지막 직책은 이미 테옥티스토스의 직책이 그랬듯이, 종종 드로모스의 로고테테의 직무와 하나로 합해졌다.

군사행정에서는 속주들의 테마타(themata)와 콘스탄티노플에 주둔하는 연대인 타그마타(tagmata) 사이에 근본적인 차이가 있었다.* 테마타의 토지에 정주하는 병사들은 본래 농민 민병대였던 데 반해서 수도의 타그마타는 직업군인들로 결성되었다. 테마타의 선두에는 지방군 사령관인 동시에 지방행정의 지도자인 스트라테고스들이 있었다(그렇지만 옵시키온의 사령관은 코메스〔komes〕라는 칭호를 지녔고, 옵티마톤의 사령관은 대부분 도메스티코스라고 불렸으며, 심지어 필로테오스는 옵티마톤의 사령관을 타그마타의 도메스티코스에 포함시키기도 했다). 타그마타의 정상에는 도메스티코스들이 있었다. 이 시대에 가장 중요한 타그마타는 스콜라이, 엑스쿠비토이, 아리트모이(그러나 이 아리트모이의 사령관은 도메스티코스가 아니라 드룬가리오스이다), 히카나토이(니케포로스 1세 치하에서 처음 창설되었다), 이렇게 네 타그마타였다. 스콜라이의 도메스티코스는 종종 전군의 최고 사령관 역할을 했다. 군사적 과제들이 점점 다양해지면서 직무가 나뉘게 되는데, 늦어도 10세기 후반부터는 보통 동쪽의 도메스티코스와 서쪽의 도메스티코스가 존재했다. 해군의 경우는 다시금 드룬가리오스가 지휘하는 황제 함대와 지역 스트라테고스들 밑에 있는 해군 테마들의 소집군이 구별되어야 한다. 놀랍게도 황제 함대의 드룬가리오스는 9세기에만 해도, 아니 심지어는 920년대까지도 모든 테마 스트라테고스들보다 낮은 서열에 있었다. 그렇지만 10세기 중반에는 이 직책자는 스콜라이의 도메스티코스와 나란히 제국의 가장 중요한 군사 관리가 되었다. 이는 함대의 중요성이 증대하고 있었음을 알려주는 분명한 징후이다.

비교적 낮은 서열이기는 하지만 청색당과 녹색당의 지도자들(demarkhos) 역시 이제 제국의 관리로 모습을 드러내고 있었다. 한때 그렇게도 강력했던 인민의 정파들, 곧 데메는 그들의 정치적 중요성을 완전히 상실했고, 이제는 단지 궁정의 연회에 함께 참여하여 군주에게 갈채를 보내는 장식적인 역할을 할 따름이었다.

필로테오스의 서열 목록들은 총 60가지의 군사, 민사, 궁정 행정에서의 상

* 테마타와 타그마타는 각각 테마와 타그마의 복수형이다.

위 관직들을 알려준다. 그들은 황제에게 직접 책임을 졌으며, 이들의 유일한 상급자는 곧 황제였다(이외에도 필로테오스는 특별집단으로 여덟 가지 "환관 직책들"을 열거하고 있다). 이 대부분의 고위 관직 밑에 수많은 직책들이 종속되어 있었는데, 그 직원들의 수는 다양했다. 이렇게 엄격하게 중앙집권화된 전체 기구는 황제의 감독을 받았다. 황제는 모든 상급 관리들뿐만 아니라 그들의 가장 중요한 속관들도 직접 지명할 수 있었고, 모든 관리들을 임의로 파면시킬 수 있었다.

비잔티움 관료기구는 후대에 가면서 훨씬 복잡해졌다. 새로운 제도들과 관직들이 생기는 한편, 옛 것은 사라지거나 그 중요성이 변하게 되었다. 중세 비잔티움 행정질서의 두드러진 특징은 군사직의 강력한 우세이고, 테마 스트라테고스의 두드러진 위치이다. 콘스탄티노플 시 총독이라는 아주 중요한 직책은 필로테오스의 목록에서 열여덟번째 서열에 있으며, 그 앞에는 열두 명의 테마 스트라테고스들과 또한 스콜라이와 엑스쿠비토이의 도메스티코스들이 있다. 뿐만 아니라 그 시대의 테마 스트라테고스 25명 전원이 사켈라리오스와 로고테테들보다도 더 높은 서열을 차지하고 있었다(다만 옵티마톤의 도메스티코스만이 이들보다 더 낮은 등급이었다). 특기할 만하게도 스트라테고스들 사이에서 높은 자리는 비잔티움 제국 군사력의 등뼈를 이루는 소아시아 테마 사령관들의 것이었다. 소아시아 테마 스트라테고스들 거의 전원이 유럽 지역 테마 사령관들 중 가장 중요한 두 명인 마케도니아와 트라키아의 스트라테고스들보다 더 높은 서열을 차지하고 있었다. 이는 테마 스트라테고스들이 받는 봉급에서도 어느 정도 표현되었다. 레온 6세 치하에서 아나톨리콘, 아르메니아콘, 트라케시온의 스트라테고스들은 해마다 각각 40 금 파운드(금의 가치에 따르면 44438.40 금화 프랑)를 받았다. 옵시키온, 부켈라리온, 마케도니아의 스트라테고스들은 각각 30파운드를 받았고, 카파도키아, 카르시아논, 파플라고니아, 트라키아, 콜로네이아의 스트라테고스들은 20파운드를 받았으며, 나머지 스트라테고스들은 각각 10에서 5파운드의 금을 받았다. 그렇지만 개개 관리 범주들과 그 다양한 기능들은 그다지 엄격하게 구분되지 않아서, 민사 근무에서 군사 근무로 넘어가는 것뿐만 아니라, 군 사령권을 민사 관리, 심지어는 궁정 관리에게 위임하는 것도 흔히 나타나는 현상이었다. 이 모든 것에서 결정적인 것은 황제의 신뢰와 의지였다.

비잔티움 국가의 전제적 중앙집권주의는 도시생활과 도시경제에도 특별한 특징을 부여했다. 비잔티움 수도의 전체 경제생활은 콘스탄티노플 시 총독의 통제하에 있었다. 이른바 『시 총독의 책』이 보여주듯이, 이 통제는 10세기, 그러니까 비잔티움 국가권력이 전능했던 시대에 영향력이 특히 막대했다. 콘스탄티노플의 상공업자들은 조합으로 조직되었는데, 여타 도시들도 분명히 마찬가지였을 것이다. 특히 중요했던 것은 수도의 생필품과 관계하는 조합들, 곧 가축 상인, 푸주한, 생선 장수, 빵 굽는 사람, 술집 주인들의 조합이었다. 향유 상인, 비누 상인, 비누 생산자, 양초 생산자, 향신료 상인들의 조합은 밀랍, 향유, 향신료 상업을 꽃피게 했다. 비잔티움에서 비단 무역이 차지하고 있던 대단한 중요성 때문에 특별히 많은 수의 조합이 비단 상품의 가공과 매매에 관계했다. 더욱이 여기서 가장 강력한 전문화가 이루어짐과 아울러 생산자와 상인의 명백한 분리가 나타난다. 비단실(연사) 직공, 비단 직조공, 자색(紫色) 염색업자, 생사 상인, 시리아 비단 상인, 마지막으로 비단옷 상인들이 독자적인 조합을 형성했다. 아마포 상인과 가죽업자들 역시 별도의 조합을 결성했다. 체계적인 결정판이 없는 『시 총독의 책』은 의심할 여지 없이 단지 콘스탄티노플에 사실상 존재했던 조합들의 일부만을 다루고 있을 뿐이다. 비잔티움 조합제도가 얼마나 광범위했는지는 공증인, 환전업자, 금 세공사들 역시 독자적인 조합을 구성했던 상황에서 알 수 있다.

비잔티움에서의 조합의 발생은 로마의 콜레기아(collegia)와 연결된다. 그러나 비잔티움 조합들은 여러 면에서 콜레기아와 구별되며, 전형적으로 중세적인 조합조직의 성격을 띠고 있다. 따라서 비잔티움 시대에는 개인과 직업과의 결부 역시 후기 로마 시대만큼 엄격하지 않았다. 조합에의 소속은 이제 세습이 아니었다. 시민들의 강제적인 조합 가입은 중단되었고, 조합에의 가입은 오히려 특정 조건과 결부되며 자격의 증명에 달려 있게 되었다. 그러나 이것은 국가를 통한 통제의 강화를 뜻한다. 왜냐하면 비잔티움 시대에 상황이 변화함에 따라 직업에 대하여 개개인이 결부되는 정도가 상당히 느슨해졌던 데 반해서 거꾸로 개개인이 국가에 속박되는 정도는 더욱 강해졌기 때문이다. 로마 시대처럼 조합들은 국가로부터 직무 이행을 요구받았을 뿐만 아니라, 시 총독의 기관들을 통해서 조합의 전체 활동 역시 세심하게 감시되고 엄격하게 조정되었다. 수도의 생필품을 조달해야 할 의무를 진 조합들의 활동은 아주 특별하게 통제되었다. 생필품의 조달을 보장하기 위해서 정부는 구입해야 할 상품들의 양을 지시하고, 그 질을 통제하며, 매매가격을 확정했다. 속주들 및 외국으로부터 콘스탄티노플로 상품이 수입되는 것은 체계적으로 장려되는 반면, 역으로 상품의 수출, 특히 외국으로의 수출은 아주 강력히 제한되었다. 비잔티움의 조합제도는 생산자와 상인의 이익보다는 국가와 소비자의 이익을 위해서 정부가 경제생활을 더욱 쉽게 통제할 수 있게 하는 쪽으로 이용되었다. 정부는 조합의 장들을 임명하고, 특별한 관리를 그 위에 앉혀놓았다. 이러한 조합들을 통해서 정부는 도시경제 전체와 도시에서 이루어지는 경제과정을 통제했던 것이다.

레온 6세의 입법에는 황제의 전능을 공고히 하는 것과 나란히 비잔티움 귀족층의 강화가 표현되어 있었다. 귀족층의 강화과정은 그 발전이 진행됨에 따라서 비잔티움 국가구조를 그 토대부터 파먹어들어가고 황제의 절대주의 자체까지 동요시키게 될 터였다. 이러한 발전의 시작은 8세기까지 거슬러올라간다. 당시 이미 개개 권귀가문(權貴家門)이 비잔티움에 출현했던 것이다. 게다가 귀족층은 이미 레온 6세 치세 때가 되면 너무나 큰 권력을 소유하게 되었고, 이미 특별계층으로서의 지위를 너무나도 강력하게 관철시킨데다 너무나도 분명한 특권을 확보했던 까닭에 레온의 『탁티카』에는 스트라테고스의 직책과 고위 장교직은 고귀하고 부유한 사람들에게 맡기라는 권고가 명시적으로 제시되어 있을 정도였다. 그리하여 황제 정부 자체도 무시할 수 없을 정도로 사회적 분화가 점점 더 강력해졌다. 레온 6세의 정부는 이러한 현상의 위험성을 인식하지 못한 채 경제적 영역에서도 귀족의 노력들에 디딤돌을 마련해주었다. 콘스탄티노플의 관리들에 대해서 관직의 재임기간 동안 재산 취득이나 상속물과 증여물의 수취를 황제의 특별한 허가 없이는 금지하는 옛 규정들은 레온 6세에 의해서 완전히 폐지되었고, 속주의 관리들에게는 이 규정들이 크게 완화되었다. 그리하여 옛 규정들은 테마의 스트라테고스들의 경우에만 여전히 효력을 가지고 있었다. 레온 6세의 나중에 나온 신칙법들은 농민의 재산을 대토지 소유자에게 양도하지 못하게 하는 조치로서 제정되었던 이웃 주민의 토지선매권을 취소했다. 어떤 농민이 토지를 팔았을 경우에 이웃 주민들은 처음 6개월 동안에 한해서, 구매가를 지불하고 이 토지를 환매(還買)할 수 있는 우선권을 가지게 되었다. 이러한 새로운 규정들로 인해서 귀족들의 농민토지 구매가 훨씬 수월해졌다. 이는 대토지 소유 귀족층의 계속되는 강대화와 봉건화 과정의 촉진을 의미했다. 이 과정에 대해서 레온 6세의 후계자들은 절망적인 투쟁을 벌여야 했다.

바실레이오스 1세와는 반대로 레온 6세는 명료한 대외정치적 계획을 세우고 있지 않았다. 그밖에도 레온의 시대는 더 이상 아랍인들과의 투쟁만으로 국익을 지킬 수는 없게 되었다는 점에서 그의 아버지의 시대와 구별되었다. 오랫동안 평화가 계속되던 비잔티움과 불가리아의 관계는 전환점을 맞았다. 불가리아의 군주로서 최초의 기독교도였던 보리스-미카일이 왕관을 내려놓은 다음(889년), 맏아들 블라디미르는 이교의 반동 시도에 희생되었고(893년), 불가리아의 권력은 보리스의 다음 아들 시메온(893-927년)에게 넘겨졌다. 시메온은 중세 불가리아 왕국에서 가장 위대한 군주였다. 그가 왕위에 오르자마자 불가리아 왕국과 비잔티움 사이에는 특기할 만하게 통상정책적 배경에서 분쟁이 터졌다. 대 불가리아 무역에 대한 독점권은 두 명의 비잔티움 상인에게 맡겨졌는데, 이들은 스틸리아노스 자우체스의 동의를 얻어 불가리아 시장을 콘스탄티노플에서 테살로니카로 옮기고 관세를 크게 인상시켰다. 이 때문에 불가리아의 무역수지는 타격을 받았다. 불가리아는 항의를 했지만, 아무런 효과가 없었다. 그리하여 시메온은 비잔티움 영토에 침입하여 황제 군대에게 패배를 안겨주었다(894년). 발칸에 주둔하는 병력이 충분하지 않았던 비잔티움은 외교적인 계략으로 위험에 맞서고자 했다. 비잔티움은 당시 드네프르 강과 도나우 강 사이의 지역을 장악하고 있던 헝가리에 도움을 요청했던 것이다.

비잔티움의 호소를 받은 헝가리의 마자르족은 처음으로 유럽 국가들의 정치에 개입하게 되었다. 헝가리는 비잔티움의 호소에 따라서 시메온의 배후를 습격하여 그에게 여러 번의 패배를 안겨주고 불가리아 북부지역을 황폐화시켰다. 그 사이에 비잔티움 장군 니케포로스 포카스는 불가리아의 남쪽 국경을 정복했고, 황제 함대의 드룬가리오스인 에우스타티오스는 도나우 강 어귀를 차단했다. 시메온은 비잔티움과 휴전협정을 맺었다. 휴전으로 시간을 번 시메온은 비잔티움 황제가 헝가리인들에게 향했던 것처럼, 남부 러시아 평원에 거주하던 전쟁에 능한 유목민 페체네그족에게 향했다. 페체네그족의 도움으로 시메온은 헝가리를 이길 수 있었고, 그후 다시 비잔티움인들을 습격하여 불가로피곤에서 결정적인 승리를 얻었다(896년). 이어서 평화조약이 체결되었다. 비잔티움은 불가리아 왕국에 해마다 의무적으로 조공을 지불해야 했다. 그러나 페체네그족의 압력을 받아서 서쪽으로 이동한 마자르족은 슬라브인이 살고 있는 지역으로 밀고 들어갔고, 쐐기를 박듯이 남슬라브인을 북쪽과 동쪽의 동족들로부터 분리시키면서, 도나우 평지의 오늘날의 헝가리 땅에 정착했다.

시메온과의 전쟁으로 비잔티움 제국은 동쪽과 서쪽의 아랍인들에 대한 방위력 역시 마비되었다. 니케포로스 포카스는 남부 이탈리아에서의 승승장구하던 전쟁을 중단하고 발칸에서의 지휘권을 넘겨받아야 했다. 동쪽의 아르메니아는 아랍의 약탈에 내맡겨졌고, 킬리키아에서는 아랍인의 돌격이 시작되었다. 여기에는 소아시아 남해안에서의 광범위한 해상작전이 수반되었다. 그러나 니케포로스 포카스는 트라케시온 테마의 스트라테고스로서 킬리키아 관문들의 지휘를 맡아 아다나에서 아랍인들에게 승리를 거두었고 그후 900년경, 소아시아 대륙에서의 비잔티움의 상황은 공고해졌다. 그에 반해서 서쪽과 바다에서는 차례차례 파국을 맞았다. 902년 8월 1일에는 시칠리아에서 비잔티움의 마지막 거점이었던 타오르미나가 함락되었다. 이로써 제국은 75년 동안 큰 희생을 치르며 계속했던 힘겨운 투쟁 끝에 종국적으로 시칠리아를 상실했다. 동쪽에서는 아랍인들이 지중해뿐만 아니라 비잔티움 영토로 둘러싸인 에게 해를 지배했다. 그리하여 펠로폰네소스와 테살리아의 군도(群島)와 해안들이 황폐화되었고, 902년에는 부유한 테살리아 해안도시 데메트리아스가 파괴되었다. 2년 후 그리스 출신의 배반자인 트리폴리스의 레온의 지휘 아래 아랍인들의 대공세가 벌어졌는데, 그 결과는 특히 치명적이었다. 트리폴리스의 레온은 우선 콘스탄티노플로 방향을 잡고, 비잔티움의 수도로 가는 길을 열어주는 아비도스를 점령했다. 그러나 그는 그후 갑자기 계획을 바꾸어 테살로니카로 달려갔다. 비잔티움 제국에서 콘스탄티노플 다음으로 가장 중요하고 부유한 도시이며, 문화 및 상업의 대중심지인 테살로니카는 3일 동안의 포위공격 끝에 904년 7월 31일, 아랍인들의 수중에 떨어졌다. 승리자들은 점령한 도시에서 끔찍한 살육을 자행했고, 수많은 포로와 막대한 노획품을 챙겨서 그곳을 떠났다. 시메온은 비잔티움의 패배를 철저하게 이용했다. 비잔티움은 새로운 경계 설정에 동의해야 했고, 이에 따라서 불가리아 국경은 거의 테살로니카까지 바짝 전진했다.

혹독한 운명의 타격을 받고 보다 현명해진 비잔티움 정부는 이제 테살로니카와 아탈레이아에 보다 강력한 요새를 세우고, 함대의 강화에 힘을 쏟았다. 그 성과는 금방 나타났다. 905년 10월 6일, 드로모스의 로고테테인 히메리오스가 에게 해에서 아랍 함대에 빛나는 승리를 거두었다. 몇년 후 그는 키프로스에 상륙하여, 그곳으로부터 시리아 해안을 공격하고 라오디케이아를 습격했다. 그러나 가장 큰 작전은 911년에 있었다. 막강한 함대력이 동일 인물 히메리오스의 지휘 아래 크레타로 향했다. 그렇지만 여기서 그는 뼈저린 패배를 겪었다. 비잔티움 함대는 오랫동안의 헛된 싸움 끝에 후퇴하지 않을 수 없었다. 그러나 히메리오스의 함대는 퇴각하던 중인 912년 초, 트리폴리스의 레온과 역시 그리스 출신의 배반자의 한 사람인 다미아노스가 이끄는 아랍 함대의 습격을 받아 절멸되고 말았다. 이로써 대규모의 해상작전은 실패로 돌아갔고, 제국의 유례 없이 막대한 군사적, 재정적 노력들은 허사가 되어버렸다.

이 출정은 콘스탄티노스 7세의 『의전서』에 상세하게 묘사되어 있다. 이 책에서는 비잔티움 병력 가운데 700명의 러시아 선원이 언급된다. 제국은 그들에게 1켄테나리온(kentenarion)의 금을 급료로 지불해야 했다. 비잔티움 원정에 러시아인들이 참여한 것은 비잔티움과 러시아의 새로운 관계의 결과였다. 키예프에 정착하여 "바랑고이인*에서 그리스인까지의 길"을 확보했던 러시아의 군주 올렉 공은 907년에 강력한 함대를 이끌고 콘스탄티노플 앞에 나타나 러시아 상인들이 콘스탄티노플에서 합법적 지위를 가지게끔 보장하는 조약의 체결을 비잔티움 정부에 강요했다. 공식적인 기록에 따르면 이 조약은 911년 9월에 이루어졌는데, 이는 비잔티움과 신생 러시아 국가 사이에 정규적인 무역관계가 시작되었음을 뜻한다. 무엇보다도 이 조약은 러시아인들에게 제국의 출정에 참여할 권리도 보장했다.

대외정치적 실패에 덧붙여서 내부적으로도 혼란이 일어났다. 이는 레온 6세

* 스칸디나비아 출신의 바이킹을 말하며 러시아어로는 '바랴기'라고 한다.

의 네 번의 결혼 때문이었다. 레온은 청년기에 바실레이오스 1세의 희망에 따라 테오파노와 맺어졌지만, 이 결혼은 행복하지 못했다. 그리스 정교회가 성녀로서 숭배하는 경건한 황태후가 죽은 후(897년 11월 10일), 레온은 898년 초 애인 조에와 결혼했다. 그녀는 스틸리아노스 자우체스의 딸이었다. 그러나 조에 자우치나는 899년 말에 아들을 남기지 않고 죽었다. 900년 여름, 황제는 프리지아 여인 에우도키아 바이아나를 세번째 아내로 맞았다. 이는 비잔티움 교회뿐만 아니라 비잔티움 국가의 규정에도 명백히 위배되었다. 레온 6세 자신이 몇년 전에 특별법을 통해서 세번째 결혼을 엄금했을뿐더러 심지어 재혼마저 비난했던 만큼, 상황은 더욱 난처했다. 게다가 불행은 황제를 계속 쫓아왔다. 에우도키아 바이아나는 901년 4월 12일에 죽고, 레온은 다시 홀아비가 되었다. 그는 곧 네번째 결혼계획에 착수했다. 이때 그의 표적은 아름다운 조에 카르보노프시나였다. 세번째 결혼이 이미 교회와의 갈등을 불러일으킨데다가, 새로운 결혼계획이 일반의 강력한 반대에 부딪쳤기 때문에, 황제는 교회의 정전 및 법들을 또다시, 그것도 훨씬 심각하게 위반할 결단을 차마 내릴 수 없었을지도 모른다. 그러나 905년, 조에 카르보노프시나가 아들을 낳자, 이제는 제위계승자의 탄생을 합법화할 필요가 있었다. 황제가 조에와 헤어진다는 조건하에서, 906년 1월 6일에 조에의 아들은 하기아 소피아에서 총대주교 니콜라오스 미스티코스에 의해서 콘스탄티노스라는 이름으로 세례를 받았다. 그러나 레온은 3일 후 자기 외아들의 어머니와 결혼을 하고 그녀를 아우구스타로 승격시켰다. 이 행동은 도처에서 그야말로 격렬한 분노를 불러일으켰다. 레온 6세와 교회 지도부 사이의 긴장이 점점 더 고조되었다. 총대주교는 황제가 교회에 들어오는 것을 금지했다. 906년 크리스마스 때와 907년 그리스도 공현절(公現節) 때 비잔티움의 바실레이오스는 하기아 소피아의 문 앞에서 되돌아가야 했다. 그러나 그에게는 비잔티움 황제들이 바로 자국 교회에 대항하여 싸우는 데에 원조가 필요할 때면 언제나 걸어가곤 했던 길이 열려 있었다. 레온은 로마로 향했고, 교황 세르기우스 3세로부터 사면을 얻었다. 로마의 혼인규정은 비잔티움의 것보다 덜 엄격했기 때문이다. 그리고 다른 한편, 무엇보다도 로마 교회는 자기네 총대주교를 제쳐놓고 로마에 호소함으로써 로마의 지상권을 인정하는 듯이 보이는 황제를 물리칠 수 없었던 것이다. 로마의 판정에 의거하여 레온은 니콜라오스 미스티코스를 강제로 퇴임시킬 수 있었고, 그 대신에 신앙심 깊고 사람됨이 단순한 에우티미오스를 등용했다(907년 2월). 그러나 그로 인해서 비잔티움 교회에는 교회 당파들 사이의 해묵은 반목을 키우는 새로운 분열이 일어났다. 레온 6세는 자신의 의지를 관철시켰고, 그의 아들은 카이사르의 관을 얻었다(아마도 908년 5월 15일). 마케도니아 왕조의 존속은 이렇게 어렵사리 그리고 가까스로 확보되었다. 그러나 총대주교를 일시적으로 제거했다고 하여 분쟁이 해결된 것은 결코 아니었다. 오히려 분쟁은 레온 6세의 통치기 내내 지속되었고, 마침내 총대주교에게 유리한 방향으로 결정될 터였다.

3) 비잔티움과 불가리아의 시메온

912년 5월 12일, 레온 6세가 죽음으로써 지배권은 이제 겨우 여섯 살배기인 콘스탄티노스 대신에 숙부 알렉산드로스에게 맡겨졌다. 그는 경박하고 향락을 좇는 인물이었다. 알렉산드로스는 죽은 형의 유산으로부터 해방되고 싶었다. 그는 황태후 조에를 수도원에 감금했고, 레온의 명망 높은 협력자들로부터 직책을 빼앗아 자신의 사람들로 대치하려고 했다. 이러한 맥락에서 그는 니콜라오스 미스티코스 역시 다시 불러들였으며, 에우티미오스는 총대주교의 자리를 비워주어야 했다. 새 군주의 조처는 대외정치에서 치명적인 결과들을 초래했다. 그는 경솔하게도 896년의 평화조약에 따라서 비잔티움이 해마다 불가리아에 지급하기로 했던 조공의 지불을 거절했으며 그로 인해서 세력이 상승일로에 있던 시메온에게 그가 그토록 바라마지않던 전쟁 도발의 구실을 제공했다. 제국으로서는 이보다 더 큰 불행이 있을 수 없었다. 알렉산드로스는 자신이 야기시킨 전쟁이 터진 직후인 913년 6월 6일에 사망했다. 마케도니아 왕조의 유일한 대표자로는 일곱 살짜리 콘스탄티노스만이 남았다. 이제 총대주교 니콜라오스 미스티코스를 선두로 하는 섭정협의회가 국사를 이끌어야 했다.

상황은 복잡했을 뿐만 아니라 불안하기도 했다. 미망인 황태후 조에를 중심으로 황실에 가장 충성스러운 인물들이 모여들어 형성된 강력한 반대파의 저항에 부딪치고, 실각한 에우티미오스에게 충성을 지키는 일부 성직자들의 적대를 받으며, 니콜라오스 미스티코스는 정통적인 출신이라고 할 수도 없고 자기 생각으로도 합법적으로 제관을 썼다고 인정할 수도 없는 한 아이를 위해서 정부를 이끌었다. 혼란은 최고 사령관, 즉 스콜라이의 도메스티코스이던 콘스탄티노스 두카스의 찬탈 시도로 한층 가중되었다.

시메온은 별다른 저항을 받지 않고 비잔티움 영토를 통과하여 이미 913년 8월에는 수도의 성벽 밑에 서 있었다. 그의 작전은 일개 약탈행군도 아니었고, 심지어 단순한 정복전쟁에 그치는 것조차 아니었다. 그의 목적은 로마 황제의 관이었다. 비잔티움 제국의 피후견인이었던 시메온은 제위의 숭고함을 확신하고 있었고, 비잔티움인들과 마찬가지로 지상에는 단 하나의 제국만이 존재할 수 있을 뿐임을 잘 알고 있었다. 그가 꾀했던 것은 비잔티움 제국과 공존하되 인종적으로나 지역적으로나 한정된 불가리아 제국을 건설하는 것이 아니라, 비잔티움 대신에 새로운 보편제국을 수립하는 것이었다. 이것이 바로 비잔티움에 대한 시메온의 투쟁이 지닌 특색이다. 비잔티움 제국은 다루기 힘든 이웃 나라들과 끊임없이 엎치락뒤치락하는 전쟁대결을 해왔지만, 시메온과의 투쟁은 그러한 특색으로 인해서 비잔티움 제국이 이제까지 견뎌야 했던 시련 가운데 가장 혹독한 것으로 보이게 되었다. 중세의 황제권을 둘러싼 투쟁은 헤게모니 투쟁을 뜻한다. 시메온에 맞서서 비잔티움은 기독교 국가의 위계에서 차지하고 있는 지도자로서의 위치를 방어해야 했다.

시메온은 이제까지의 제국의 적들과는 완전히 다른 의도를 가지고 콘스탄티노플의 성문 앞에 나타났지만, 당시 세계에서 가장 강력한 요새의 난공불락을 확인해야 했다는 점에서 앞선 침입자들과 같은 운명을 나누었다. 그는 비잔티움 정부와 협상에 들어섰고, 총대주교 니콜라오스 미스티코스는 어린 황제 콘스탄티노스 7세가 참석한 가운데 대단히 엄숙하게 그를 황제의 도시에 받아들였다. 시메온은 위축된 비잔티움 섭정과의 회담에서 흔치 않은 양보들을 얻었다. 사실상, 막강한 불가리아 군주에게 섭정이 항복한 것이었다. 시메온의 딸은 어린 황제의 아내가 될 예정이었고, 그 자신은 총대주교의 손으로 황제의 관을 받았다. 그렇다고 해서 시메온이 콘스탄티노스 7세의 공동황제가 된 것은 아직 아니었고, 우선 불가리아의 바실레우스로 인정받은 것뿐이었다.

그렇지만 그는 자신의 목적 달성을 바로 눈앞에 두고 있는 것처럼 보였다. 바실레우스의 칭호로 치장하고, 나이 어린 황제의 장인이 된 그는 비잔티움 제국의 지배권을 거의 수중에 넣었다고 할 수 있었다. 그리하여 그는 비잔티움에 지속적인 평화를 약속하며 우선 자기 나라로 돌아갈 수 있었다.

그러나 시메온이 물러가자마자 비잔티움에서는 곧 그의 모든 자랑스러운 희망을 무너뜨리는 급변이 일어났다. 바로 시메온에 대한 너무 지나친 양보가 총대주교 니콜라오스의 섭정을 와해시킨 것으로 보인다. 황태후 조에가 황궁으로 돌아와 지배권을 장악했다. 비잔티움과 불가리아의 혼인동맹 계획은 파기되었고, 시메온의 대관은 그 타당성이 부정되었다. 그 결과 불가리아와 비잔티움은 새로운 적대관계에 들어섰다. 트라키아 지역은 불가리아인들로 넘쳐났고, 시메온은 비잔티움 백성들에게 자기를 황제로 인정하라고 요구했다. 914년 9월, 아드리아노플이 항복했고, 다음 몇년 사이에 그는 디라키온과 테살로니카 지역을 황폐화시켰다. 황태후 조에의 정부는 반격을 결정해야 했다. 스콜라이의 도메스티코스로서 레온 포카스가 군대를 지휘했다. 그는 명성 높은 니케포로스의 아들이었지만, 지휘관으로서의 아버지의 재능을 상속받지는 못했다. 나중에 황제가 된 니케포로스 2세 포카스의 아버지인 동생 바르다스와 일련의 비잔티움 최고 명문가의 대표자들이 그를 보좌했다. 레온 6세의 『탁티카』에서 권고한 대로(198쪽 이하) 군 지도부는 이미 광범위하게 귀족화되어 있었다. 그러나 해군의 선봉에 서 있었던 것은 제국 함대의 드룬가리오스인 로마노스 라카페노스였다. 그는 아르메니아 농부의 아들로서 귀족출신 경쟁자들을 이기게 될 터였다. 광범위한 준비작업을 끝내고 비잔티움 군대는 흑해의 해안선을 따라 적지로 들어갔다. 그러나 그들은 안키알로스에서 멀지 않은 아켈로오스에서 917년 8월 20일에 시메온의 습격을 받아 절멸상태에 이르고 말았다. 이 재앙에 이어서 곧 비잔티움의 수도에서 멀지 않은 카타시르타이에서 새로운 패배가 있었다. 시메온은 발칸 반도를 장악했다. 918년, 그는 북부 그리스를 통과하여 코린트 만까지 진격했다.

총대주교 니콜라오스의 섭정이 시메온의 요구에 너무 지나치게 양보했기 때문에 와해되었던 데에 반해서 황태후 조에는 그녀의 굽히지 않는 태도가 자신의 역량 및 능력과 균형을 이루지 못했기 때문에 통치에 실패했다. 제국이 빠져든 절망적인 상황은 확고한 목표를 지닌 강력한 군사정부의 수립을 필요로 했다. 이 과제를 떠맡을 수 있는 것으로 보이는 유일한 사람은 드룬가리오스인 로마노스 라카페노스였다. 그는 황태후의 총애를 받던 레온 포카스를 앞질러 통치의 고삐를 장악하는 데 성공했다. 로마노스 라카페노스는 대단히 노회하게 황태후 조에와 그녀의 조력자들을 차츰 따돌리고 자신의 지배권을 단계적으로 굳혀갔다. 젊은 황제 콘스탄티노스 7세는 919년 5월, 새로운 섭정 로마노스 라카페노스의 딸 헬레네와 혼인했다. 옛날 레온 6세 치하의 스틸리아노스 자우체스와 마찬가지로, 이제 로마노스 라카페노스가 바실레오파토르의 칭호를 얻었다. 그러나 그는 곧 더 높이 올라갔다. 920년 9월 24일, 그의 사위는 그를 카이사르로 승진시켰고, 같은 해 12월 17일, 그에게 공동황제의 관을 씌웠다. 시메온이 얻고자 노력했으나 얻지 못했던 것을 로마노스 라카페노스는 이루었다. 그는 젊은 합법적인 황제의 장인이자 공동 통치자가 되었고, 이로써 비잔티움 제국의 지배자가 되었다.

시메온에게 로마노스 라카페노스의 즉위는 끔찍한 타격이었다. 총대주교 니콜라오스 미스티코스가 중재에 나섰다. 그는 수많은 서한을 통해서 불가리아 군주의 기분을 누그러뜨리려고 시도했지만 허사였다. 시메온은 완강하게, 운좋은 정적의 폐위만을 요구했다. 로마노스 라카페노스가 젊은 합법적 황제의 후견인이자 장인의 위치를 유지한다면 시메온에게는 필생의 목적에 도달할 모든 통로가 차단되기 때문이었다. 그러나 그의 대담한 요구는 황도를 점령함으로써만 힘을 얻을 수 있을 것이었다. 시메온은 거듭해서 비잔티움의 영토를 유린했고, 다시 한번 아드리아노플을 점령했다(923년). 그러나 그것은 기존 상황에 아무런 변화도 끼치지 못했다. 로마노스는 수도의 철통 같은 성벽 뒤에 들어앉아 손이 닿지 않는 곳에서 조용하게 기다리고 있었다. 콘스탄티노플을 소유한 사람이 상황의 주인이었다. 시메온은 그것을 아주 잘 알고 있었지만, 그에게는 도시를 습격하는 데에 필요한 함대가 없었다. 그래서 그는 콘스탄티노플을 양동 작전으로 공략하기 위해서 해전에 능한 이집트의 아랍인들과 동맹을 체결했다. 그렇지만 이 계획은 비잔티움의 빈틈없는 외교로 차단되고 말았다. 비잔티움 황제는 아랍인들에게 선물을 보내고 정기적인 조공 지불을 약속함으로써, 어렵지 않게 불가리아 군주의 약속들을 누르고 아랍인들의 기분을 바꿔놓았다. 시메온은 924년에 다시 콘스탄티노플 앞에 나타났다. 그러나 이번에는——913년과는 달리——자신의 힘이 기껏해야 황도의 성벽 앞에까지밖에 미치지 못한다는 것을 깨달아야 했다. 913년 당시와 마찬가지로 그는 이번에도 비잔티움 국가 지도자와의 담판을 청했다. 924년 가을, 두 군주의 회동이 있었다. 이는 당대인과 후대인들의 기억에 오래 남은 사건으로, 전설로 윤색되었다. 913년, 총대주교 니콜라오스 미스티코스가 시메온을 접견한 것이 전도양양한 시작이었다면, 11년 뒤 황제 로마노스와의 회동은 시메온의 원대한 희망의 끝을 의미했다.

황태후 조에와는 달리 로마노스 1세는 강력한 상대를 결코 거칠게 다루려고 하지 않았다. 925년에 시메온에게 보낸 편지에서 그는 시메온이 불가리아와 루마니아인들의 바실레우스로서 자칭하는 것에 강력히 항의했다. 그렇지만 또다른 편지에서는 자신의 항의가 제위 자체에 대한 요구보다는 로마 황제권에 대한 요구에 해당되는 것임을 자세히 설명했다. 비록 마지못해서이기는 했지만, 비잔티움은 불가리아 영토에 한정된다는 조건을 달아서 불가리아 군주가 황제를 칭하는 것에 동의했다. 시메온은 또한 이미 920년에 총대주교 니콜라오스 미스티코스를 통해서 새 왕조 라카페노스와의 혼인을 제안받았다. 이것은 그에게 영광스럽기는 하되 비잔티움 제국의 운명에는 전혀 아무런 영향력도 행사할 수 없는 지위를 부여하는 것이었다. 로마노스는 그 이상의 양보를 거절했고, 영토 양보조차 전혀 고려하려고 하지 않았다. 사실 지난 몇년간의 경험으로 시메온은 자신의 군사적 탁월성에도 불구하고 무력으로 계획을 관철할 수는 없다는 것을 배웠다. 비잔티움인들의 외교술은 그를 점점 더 궁지로 몰아갔다.

발칸 반도의 전 사건을 지배했던 비잔티움과 불가리아의 투쟁은 여타 발칸 국가들도 그 그물 안으로 끌어들였다. 세르비아에서는 비잔티움 제국과 불가리아 제국이 서로 영향력을 교차하며 싸웠다. 세르비아 왕가의 대표자들은 번갈아 양쪽 강대국 중 하나의 지원을 받으며 어부지리를 얻었다. 시메온이 자신의 피보호자 중 하나에게 세르비아의 지배권을 쥐어주고 적의 피보호자를 제거하게 하는 데에 성공하는가 하면, 다시 곧 로마노스 라카페노스가 그렇게 하는 데에 성공했다. 그후에도 비교적 오랫동안의 투쟁과 여러 차례의 왕권 교체가 있은 후 비잔티움의 영향력이 우위를 얻기 시작했다. 불가리아의 지원으로 세르비아의 주판(zupan) 자리에 오른 자하리에가 비잔티움 쪽으로 선회하자, 시메온은 자기 등뒤에 있는 소요의 온상을 제거하기로 결심했다. 그렇지만 세르비아로 파견된 불가리아 군대는 패배했다. 보다 강력한 병력이 투입되어야 했고, 그후 불가리아 군대는 가공스러운 황폐화를 자행한 후에 이 땅을 시메온의 권력 아래 굴복시켰다(924년경). 세르비아가 굴복한 후 불가리아 군주는 크로아티아의 국경지대로 옮겨갔다. 당시 크로아티아는 그들 최초의 왕 토미슬라프(재위 910-928년, 정식으로 국왕의 칭호를 받은 것은 약 925년부터) 치하에서 상당한 세력을 누리고 있었다. 곧 여기서도 무력대결의 필요성이 대두했고 이에 따라 불가리아는 비잔티움이라는 주요 전투무대에서 다시 비껴날 수밖에 없는 상황이 되었다. 그러나 시메온의 군대는 크로아티아 침공에서 가장 큰 패배를 겪었다(926년경). 교황의 중재로 시메온은 크로아티아인들과 평화조약을 체결해야 했다. 그후 그는 비잔티움에 대해서 새로운 출정을 계획했던 것으로 보이나 927년 5월 27일, 갑작스럽게 죽었다.

시메온이 죽은 후 일거에 전체 상황이 달라졌다. 시메온의 자랑스러운 노력과 부단한 투쟁정신은 아들이자 후계자인 페타르에게는 완전히 낯선 일이었다. 그 이상의 투쟁은 가망이 없는 일로 보였다. 페타르는 서둘러 비잔티움과 평화조약을 체결했다. 그리고 불가리아의 차르(zar)로서 인정받고, 황제 로마노스의 손녀로서 그의 맏아들 크리스토포로스의 딸인 마리아 라카페네 공주와 결혼했다. 시메온이 말년에 창설한 것으로 보이는 불가리아 총대주교좌 역시 인정을 받았다. 시메온이 전쟁에서 거둔 위대한 성과들은 효과가 없지 않았다. 물론 그의 최고 목적은 이루지 못했지만, 조에가 택했던 길, 그러니까 불가리아의 일체의 요구들을 철저히 거부하는 것 역시 갈 수 없는 길로 입증되었다. 통찰력 있는 황제 로마노스의 중도 노선이 승리한 것이었다. 불가리아 군주는 바실레우스의 칭호를 얻었지만, 이는 불가리아 제국에 한정된다고 명시되었다. 그는 비잔티움의 통치자 가문과 결혼동맹도 맺을 수 있었지만, 이때 허락된 것은 정통 적자(嫡子) 계열의 황족이 아닌 라카페노스 가문과의 결혼이었다. 이를테면 역할이 바뀐 것이었다. 시메온이 꿈꾸었던 것처럼 불가리아 군주가 비잔티움 황제의 장인이자 비호자가 된 것이 아니라, 오히려 비잔티움 황제 로마노스와 크리스토포로스가 불가리아의 차르 페타르를 온순한 사윗감으로 찾아냈던 것이다. 로마노스 1세가 —— 이제는 외적인 강제 없이 —— 불가리아인들에게 허락한 대단히 괄목할 만한 양보로 비잔티움과 불가리아의 관계는 극히 우호적인 형태를 이루게 되었다. 비잔티움과 불가리아 경계에서의 안정은 결코 흐려지지 않았다. 927년의 평화조약 이후 수십 년만큼 불가리아에서 비잔티움의 영향력이 막강했던 적은 한번도 없었다.

비잔티움의 지위는 다른 남슬라브 국가들에서도 확고해졌다. 시메온에게 굴복하고 유린된 세르비아는 군주 차슬라프 밑에서 새로운 독자적인 존재로 깨어났다. 그는 시메온이 죽은 직후 프레슬라프에서 고향으로 도망갔고, 여기서 비잔티움의 상급 영주권을 인정한다는 조건 아래 통치를 시작했다. 시메온의 동맹자인 자흘루미아의 미카일 역시 비잔티움과의 동맹을 재개하고 콘스탄티노플로부터 안티파토스와 파트리키오스의 칭호를 얻었다. 도처에서 비잔티움의 영향이 강화된 반면 불가리아의 영향은 어디에서나 후퇴했다. 불가리아 자체가 완전히 비잔티움의 세력권 안으로 들어왔다. 기독교로 개종하고부터 급속하게 진행되었던 불가리아 제국의 문화적 비잔티움화는 이제 절정에 달했다. 그러나 이 땅은 정치적으로나 경제적으로나 침체상태였으며, 시메온 시대의 끊임없는 전쟁들로 말미암아 고갈되어 있었다. 최근 몇십 년간의 급속한 상승에 이어서 위기의 시대가 찾아왔다. 비잔티움 자체에서와 마찬가지로 불가리아에서도 사회적 대립이 더욱 심해졌다. 세속의 대토지 소유와 나란히 종교기관의 대토지 소유도 끊임없이 증대했다. 왜냐하면 이 나라가 기독교로 개종한 이래 교회, 특히 수도원 창건이 불가리아에 합병된 마케도니아에서와 마찬가지로 이 나라 전체를 뒤덮고 있었기 때문이다. 공식 교회의 장려를 받는 수도원 생활과 나란히 반(反)교회적인 종파주의도 꽃피어났다. 특히 위기시대에 종파주의는 만족을 얻지 못한 영혼과 불만스러운 정신의 소유자들에게 특별한 호소력을 가졌다.

이리하여 차르 페타르의 시대에 불가리아 제국에는 교회에 대해서 급진적으로 적대적인 종파인 보고밀파(Bogomils)가 탄생했다. 이 이단의 창시자인 사제 보고밀의 가르침은 마살리아파(Massalians)와 특히 바울로파의 교리를 출발점으로 한다. 바울로파는 비잔티움 정부의 명령에 따라서 대규모로 트라키아로 이주한 후 이미 오랫동안 불가리아 및 마케도니아의 슬라브 주민들과 사이좋게 살고 있었다. 고대 마니교로 거슬러올라가는 바울로파와 마찬가지로 보고밀파는 이원론적 교리를 가지고 있었는데, 이 파의 교리에 따르면 세상은 두 가지 원리, 즉 선(신)과 악(사타나엘)에 의해서 지배되며, 이 두 상반되는 세력들 사이의 투쟁이 전체 세계사와 인간생활 하나하나를 규정한다. 눈에 보이는 모든 세계는 사탄의 작품이며, 그 자체로 악에 빠져 있다. 보고밀파는 동쪽에서 출현한 그들의 선구적 교파들과 마찬가지로 순수히 정신적인 종교성을 꾀했고, 엄격히 금욕적인 방향으로 생활을 변화시키고자 노력했다. 그들은 모든 외적인 예배와 모든 교회의식, 그러니까 전체 기독교 교회질서를 격렬하게 배척했다. 주류 교회에 대한 보고밀파의 항거는 동시에, 교회를 가장 강력한 정신적 지주로 삼고 있는 기존 세계질서에 대한 거부를 뜻하는 것이기도 했다. 보고밀파 운동은 지배자, 권세자, 부자에 대한 항거의 표현이었다.

보고밀파는 불가리아와 특히 마케도니아에서 깊이 뿌리를 내렸을 뿐만 아니라 당시 불가리아 제국의 경계를 훨씬 뛰어넘어서까지 강력한 반향을 일으켰고, 비잔티움 자체는 물론, 세르비아와 특히 보스니아, 이탈리아, 남프랑스에서도 여러 다른 명칭 아래 등장했다. 보고밀파, 바부니파(Babuni), 파타리아파(Patarenes), 카타리파(Cathari), 알비파(Albigenses) 등의 종파들은 소아시아의 그들 선구자들과 마찬가지로, 아르메니아 산악지방에서 남프랑스에까지 펼쳐지며 여기저기서 계속 강력하게 타올랐던 거대한 운동의 여러 다른 표현 형식들이다. 이단은 위기와 곤궁의 시대에 가장 강력하게 만연한다. 왜냐하면 이들 이단이 표현하고 있던, 근본에서부터 철저히 염세적인 세계관은 특정 질서뿐만 아니라 현세 자체를 배척하기 때문에 그런 시대들에서 특히 풍부한 자양분을 발견하며 그들의 저항을 특히 인상적인 것으로 보이게 하기 때문이다.

4) 봉건세력에 대한 중앙권력의 투쟁과 비잔티움 황실의 문화적 전성기 : 로마노스 라카페노스와 콘스탄티노스 포르피로게네토스

로마노스 라카페노스는 제국 내부에서 확고한 위치를 차지했다. 그의 대외정치적 행동이 대단히 확신 있게 이루어졌던 것도 바로 이 덕분이었다. 그는 오랫동안 사위의 공동 통치자로 머무르고 싶은 생각이 없었다. 공식 서열 역시 곧 바뀌었다. 로마노스 1세는 주 황제가 되었고, 어린 콘스탄티노스 7세는 장인의 공동황제가 되었다. 로마노스 라카페노스의 아들들 역시 공동 황제로 등극했다. 크리스토포로스는 921년 5월 20일에, 스테파노스와 콘스탄티노스는 924년 12월 25일에 공동황제가 되었다. 더욱이 크리스토포로스마저 정통 가문의 황제 콘스탄티노스 7세보다 우선되는 서열을 얻었다. 크리스토포로스는 그의 아버지 다음인 제2황제의 위치를 차지했고, 제위계승 예정자로 채택되었다. 이에 반해서 마케도니아 왕조의 대표자는 세번째 황제라는 장식적인 역할로 만족해야 했다. 그리하여 로마노스 1세는 정통적 통치자 가문인 마케도니아 왕조와 나란히 자신의 왕조를 건설했고, 마케도니아 가문에 대해서 우선순위를 확보했다. 그의 아들 가운데 셋은 황관을 썼고, 네번째 아들 테오필락토스는 성직의 길로 들어서도록 결정되어 이미 어린아이였을 때 니콜라오스 미스티코스의 신켈로스라는 품계를 얻었으며, 나중에 총대주교가 될 터였다. 로마노스 1세의 지배체제는 옛날 바실레이오스 1세에 의해서 창시된 질서를 아주 뚜렷이 연상시킨다. 그러나 바실레이오스 1세와는 달리 로마노스는 정통왕조의 대표자를 폭력적으로 제거한다든가 하지 않고 오히려 친척관계를 맺음으로써 자신의 가문과 묶어두었고, 그런 다음에는 차츰 거의 알아차리지 못하게 그를 뒷전으로 내몰았다.

로마노스 1세는 능숙한 정치가이자 외교가로서, 현명한 절제의 화신이었다. 그는 정력적이고 성격이 확실하면서도, 어떠한 급진주의도 좋아하지 않았지만, 냉철한 지구력을 가지고 그의 계획들을 추구했다. 과도하게 서두르지도 않았고, 그렇다고 자신의 목적에서 물러서지도 않았다. 게다가 그는 가장 중요한 군주의 덕목 가운데 하나를 소유하고 있었다. 자신의 협력자를 올바르게 선택할 수 있는 능력이 그것이다. 그는 프로토베스티아리오스이자 나중에 파라코이모메노스가 된 테오파네스에게서 탁월한 장관을 발견했고, 그가 923년에 스콜라이의 도메스티코스로 승진시킨 요안네스 쿠르쿠아스에게서 빛나는 장군을 찾아냈다. 물론 비잔티움의 귀족들로서는 비천한 출신에서 벼락 출세한 그를 기분좋게 받아들일 수 없었다. 그러나 그의 딸들, 그러니까 황실의 정통 적자 출신인 콘스탄티노스 7세 황제의 처제들을 가장 명망 높은 가문들의 대표자들과 결혼시킴으로써 그는 아르기로스나 무셀레와 같은 대귀족가문과 친척이 되었다.

교회는 로마노스에게 충성을 바쳤다. 우정과 공통된 이해관계가 총대주교 니콜라오스 미스티코스와 그를 결속시켰다. 죽은 에우티미오스(917년 사망)의 지지세력은 이제 와해되어 비중을 잃었다. 자신의 역사에서 가장 슬픈 시기들을 체험한 로마 교회는 언제나 막강한 황제의 뜻에 따랐다. 로마노스가 공식적으로 제위에 등극하기 전인 920년 7월에 교황의 사절들이 참석한 가운데 종교회의가 열렸다. 여기서 레온 6세의 네 번의 결혼 문제가 총대주교 니콜라오스 미스티코스의 뜻에 따라 결정되었다. 즉 네번째 결혼은 금지되며, 특정 상황에서만 세번째 결혼이 허락된다는 판결이 내려졌다. 이 결정은 총대주교에게도 특별한 도덕적 만족감을 주었지만 로마노스에게는 이중의 이익을 가져다주었다. 그것은 이 결정이 마케도니아 왕조의 위신에는 불리했지만, 로마노스를 교회의 조정자라는 위광으로 에워싸게 했기 때문이다. 오랫동안의 아무 소득 없는 분쟁 후에 비잔티움 교회는 마침내 통일되었다. 이제 세속권력과 성직권력 사이에 평화로운 협력의 시기들이 이어졌다. 이는 『에파나고가』에 특기된 이상적 상(187쪽 이하 참조)을 상기시킨다. 총대주교가 자신의 권리를 얻는 과정을 국가지도자가 도와주었듯이, 총대주교는 황제가 시메온에 대해서 투쟁하는 동안 가장 충실한 조력자이자 조언자가 되어주었다.

그렇지만 비잔티움 교회의 상황에는 지속성이 결여되어 있었다. 더구나 교회의 지위라는 것이 그들 지도자가 누구냐에 따라서 크게 좌우되었기 때문에 더욱 그러했다. 그런데 총대주교직의 임명은 사실상 황제의 의지에 따라서 결정되었다. 니콜라오스 미스티코스(925년 사망)가 죽은 후, 교회와 국가의 관계는 근본적으로 변했다. 비잔티움 교회의 높은 위신은 자취도 없이 사라졌다. 중요하지 않은 두 인물이 최고 사제직을 거친 후, 로마노스 1세는 그 자리를 상당히 오랫동안 공백상태로 놓아두었다가 열여섯 살짜리 자기 아들 테오필락토스를 총대주교좌에 오르게 했다. 933년 2월 2일, 교황의 사절단은 이 소년에게 서품식을 베풀었다. 황제가 특별히 이를 위해서 교황 사절단을 콘스탄티노플로 불러들였던 것이다. 소년 총대주교는 아버지의 뜻의 맹목적인 실행자였다. 게다가 그는 교회보다는 마구간에 머무르기를 더 좋아했다. 이런 불미스러운 상황은 956년 그가 죽을 때까지 계속되었다. 그 사이에 총대주교의 생각이나 기호가 변했을 리도 없을 터였다.

로마노스 라카페노스의 정치가로서의 위대성은 소토지 소유자 보호 입법에서 가장 명료하게 드러났다. 당시 비잔티움 국가는 극도로 심각한 문제에 봉착해 있었다. 즉 "권세가들"이 점점 더 빠른 속도로 "가난한 자들"의 토지를 매입함으로써 이들을 자기네 예속적 소작인, 곧 파로이코이로 만들었던 것이다. 이러한 과정은 비잔티움 귀족층의 세력이 강화되면서 나타난 부수적 현상으로, 비잔티움 국가에 큰 위험을 뜻했다. 비잔티움 국가의 경제적, 재정적 힘과 군사적 힘은 농민과 둔전병들의 소토지 소유에 기초를 두고 있었기 때문이다. 로마노스 라카페노스는 이 위험을 인식한 최초의 인물로서 그의 선임자들은 이런 위험을 전혀 깨닫지 못했었다. "소토지 소유는 국세의 지불과 군복무 이행의 바탕이 됨으로써 큰 이익을 가져다준다. 이러한 이익은 소토지 소유자의 수가 감소한다면 완전히 상실될 것이다." 로마노스 황제의 말이다. 이는 그가 얼마나 분명하게 문제의 본질과 심각성을 파악했는지를 보여준다. 수백 년간의 투쟁 속에서 검증된 체계인 비잔티움 제국의 재정 및 군사 능력을 보존하기 위해서 국가권력은 "권세가들"이 소토지 소유를 흡수하는 데에 대항하지 않으면 안 되었다. 그리하여 중앙권력과 대토지 소유 귀족들 사이에 향후 비잔티움 국가의 전체 발전과정을 결정하게 될 격렬한 투쟁이 시작되었다.

우선 로마노스 라카페노스는 922년 4월에 반포된 신칙법을 통해서 레온 6세가 제한했던 이웃 주민의 토지선매권(199쪽 참조)을 재수립하고, 선매질서를 새롭고 보다 간명하게 공식화했다. 즉 매매 혹은 임대차를 통해서 농민토지가 양도되는 경우 다섯 범주의 사람들이 정해진 순서대로 선매권을 가지게 되어 있었다 : 1) 이 토지의 공동 소유자인 친척, 2) 여타 공동 소유자, 3) 양도 예정 토지와 혼재되어 있는 토지의 소유자, 4) 토지를 양도하는 농민과 공동으로 조세를 납부하는 이웃, 5) 기타 이웃. 이 다섯 범주의 사람들이 모두 구매를 거부하고서야 비로소 토지가 국외자에게 양도될 수 있었다. 모든 세부사항을 충실히 고려하고 있는 이 엄격한 체제는 권세가들의 토지 사재기와 토지 소유의 과도한 분산 이 두 가지 모두로부터 소토지 소유를 지키려는 목적을 지니고 있었다. 권세가들은 이제 해당 마을에 이미 토지를 소유하고 있는 경우를 제외하면, 다시 말해서 다섯 범주의 하나에 들지 않는다면, 농민토지를 사거나 임차할 수 없었다. 또한 가난한 사람들과 친척관계에 있지 않는 한, 그들로부터 증여나 상속을 받아서도 안 되었다. 이 규정들을 위반하는 사람은, 10년의 시효가 이미 소멸되어 보호받을 수 있게 된 경우가 아니라면, 취득한 토지를 아무 보상 없이 원래의 소유자에게 되돌려주고 국고에 변상금을 납부해야 했다. 둔전병의 토지인 경우, 양도로 인해서 그 가치가 병사의 무장에 필요한 수준 이하로 떨어졌다면, 그런 경우에 한해서 지난 30년 동안 양도된 토지에 대해서까지 배상 없는 반환 의무가 확대 적용되었다.

그렇지만 이 규정은 기대하던 효과를 거두지 못했다. 927/928년의 흔치 않게 길고 혹독한 겨울 때문에 제국은 심한 흉작을 맞았고, 심한 기아와 몸서리나는 전염병에 휩쓸렸다. 권세가들은 이 곤궁을 이용하여, 굶주린 주민들로부터 땅을 헐값으로 사들이거나 생필품을 미리 지불해주는 대가로 빼앗았다. 이런 과정에서 로마노스 1세의 새로운 신칙법이 나왔다. 황제는 대단히 격분하며 "기아와 역병보다 더 인정 없는" 모습을 보여준 권세가들의 이기심을 비난했다. 그럼에도 불구하고 그는 이전 규정들을 더 엄격하게 준수하고자 할 때 예상할 수 있는 것처럼 그렇게 성공을 거두지는 못해서, 권세가들이 취득한 농민토지들을 일반적으로 몰수하도록 규정할 수는 없었다. 물론 권세가들에 대한 모든 증여, 상속 그리고 이와 유사한 약정들은 다시 무효로 선언되었다. 또한 정당하다고 받아들여지는 가격의 절반에 못 미치는 액수를 지불하고 구입한 토지들은 보상 없이 반환되어야 했다. 적절한 가격을 지불하고 이루어진 구입의 경우에는 3년 동안 매매금을 상환한다는 조건에서 토지를 반환하기로 정해졌다. 또한 앞날을 위하여 다시 한번 권세가들의 일체의 농민토지 취득을 금지하며, 획득한 토지를 옛 소유자에게 보상 없이 반환하고 국고에 변상금을 지불할 것을 명하는 규정이 덧붙여졌다. 마지막으로 황제는 그가 외적을 극복했듯이 제국 내부의 적들도 법의 힘을 통해서 극복하게 되리라는 확신을 표현했다.

그러나 황제의 어조가 아무리 단호했다고 할지라도, 바로 이 신칙법 자체야말로 정부의 조처들이 기대했던 대로 엄격하게 적용될 수 없는 것이었음을 드러내고 있었다. 기아 시기 동안 매매되었던 농민토지의 대부분이 권세가들의 수중에 남아 있었다는 것은 추정컨대 틀림없는 일이었던 것 같다. 왜냐하면 곤궁함에 쫓겨 토지를 양도할 수밖에 없었던 농민이 3년 안에 매매금을 되갚는 데에 필요한 수단을 조달할 수 있었으리라고는 거의 생각할 수 없는 일이기 때문이다. 부적법한 구매가 이루어졌던 경우에는 법령에 따르자면 구매자가 취득토지를 보상 없이 반환해야 될 의무를 지고 있었지만, 그러나 이 경우에도 유죄가 확인되어야 할 부적법한 구매자들은 대부분 농민들보다 신분이 높은 지방관리들이거나 그들의 친척과 친구들이었고, 사정이 그러한 한 농민들이 현실적으로 소유권을 제대로 회복하기란 매우 어려웠을 것이다. 대토지 소유자와 관리들은 한 계급을 이루었다. 그 지방의 토지를 획득하고자 하는 것이 유복한 관리의 자연스러운 노력이었듯이, 부유한 토지 소유자는 관리계층으로 출세하여 관직을 맡든지 혹은 단지 관리 칭호만 획득하든지 간에, 자신에게 필요한 사회적 세력과 바람직한 관계를 이루고자 유의했다. 보통 "권세가"는 대토지 소유자인 동시에 관리였다. 경제적으로 가장 강력하고 사회적으로 가장 명망 높은 세력집단들의 단호한 의지가 중앙권력의 의지와 대립했다. 황제의 지시가 실제로 시행되기 위해서는 꼭 필요한 사람들이 바로 그들이었건만, 그들에게는 대부분의 경우 황제의 지시가 실패로 돌아가야 이익이 되었다.

그뿐 아니라 황제 정부가 권세가들의 소유욕으로부터 보호하려고 하는 소토지 소유자들 자체도 종종 정부의 의도에 반대했다. 과도한 조세부담은 보호체제(prostasia, patrocinium)의 파도를 불러일으켰다. 경제적으로 황폐화된 농민계층은 그들의 고통스러운 자유를 포기하고, 그들을 압박하는 의무와 부담을 덜어주는 강력한 주인의 후견 아래로 들어갔다. 우리가 바로 황제의 입법에서 알게 되었듯이 농민들이 그들의 토지를 권세가들에게 매도할 뿐만 아니라, 때로는 증여하기까지 한 이유도 여기에 있었다. 이는 다름 아닌 곤궁과 불확실성을 벗어나고 국가의 과도한 조세 요구들과 무엇보다도 징세관의 공갈취재에 대항하여 보호를 얻기 위해서 지주의 자발적인 예속적 소작인이 되는 것을 의미했다. 현실적으로 중앙권력은 황제의 신칙법들이 표명하려는 것처럼 소토지 소유자들의 권리와 독립성을 옹호한 것이 아니라, 소토지 소유자들의 조세납부와 역(役)의 이행에 대한 자신의 권리를 옹호했다. 그런데 대토지 소유 귀족들은 그와 같은 권리를 놓고 중앙권력과 다투고 있었던 것이다. 강력해진 봉건귀족층이 토지 소유와 파로이코이의 수를 증대시키면서 국가로부터 농민과 병사들을 빼앗으려고 하는 데에 위기의 심각성이 있었다. 중앙권력과 봉건귀족 사이의 투쟁은 농민과 둔전병들의 토지에만 해당되는 것이 아니어서 이 소토지 소유자들 자체도 또한 문제였고 이 문제가 더 컸다. 양쪽에게는 사실상 무엇보다도 소토지 소유자들 자체가 중요했던 것이다.

927년까지 대외정치적으로 제국은 주로 시메온과의 투쟁에 몰두했다. 그렇지만 이 시기에 이미 비잔티움 군사력은 어느 정도 튼튼해진 것이 눈에 뜨인다. 특히 함대의 드룬가리오스를 역임한 로마노스 라카페노스의 지배하에서 비잔티움의 해군력이 강화되었다. 이미 924년에 황제의 함대는 렘노스에서 테살로니카의 정복자인 트리폴리스의 레온의 분함대를 절멸시키고, 에게 해에서의 지배권을 재수립했다. 그뿐 아니라 불가리아의 위험이 제거된 후, 탁월한 장군 요안네스 쿠르쿠아스의 지휘 밑에서 대륙에서도 비잔티움의 공세가 시작되었다. 타우로스 국경은 예나 지금이나 안정적이었고, 군사적 대결의 무대가 된 것은 아르메니아와 무엇보다도 북부 메소포타미아였다. 최초의 대대적인 성과는 멜리테네의 점령이었다. 이 중요한 도시는 비잔티움이 이미 몇 번씩이나 점령을 시도했던 대상으로, 요안네스 쿠르쿠아스에 의해서 931년에 처음으로 점령되었다가, 다시 아랍인들의 손에 떨어졌었다. 그렇지만 934년 5월 19일, 멜리테네는 다시 한번 비잔티움의 장군에게 항복하지 않으면 안 되었고, 그때부터 상당히 오랫동안 비잔티움의 지배를 받았다. 그러나 요안네스 쿠르쿠아스에게 호적수가 나타났다. 바로 함단 왕조의 대표자의 한 사람이자, 모술과 알레포의 에미르인 사이프 앗-다울라였다. 바그다드의 아바스 왕조 칼리프국 세력이 점점 몰락하는 동안 함단 왕조의 세력이 증대했다. 그리하여 비잔티움에 대한 투쟁을 지휘하게 된 사람은 사이프 앗-다울라였고, 비잔티움은 이 새로운 적을 방어하기 위해서 바그다드의 칼리프국 및 이집트의 이크시드 왕조와 우호관계를 맺을 필요를 느끼게 되었다. 938년 9월, 함단 왕조의 군대는 유프라테스 강 상류에서 요안네스 쿠르쿠아스에게 중요한 승리를 거두었다. 그후 이들은 아르메니아에 침입하여, 여러 아르메니아 및 이베리아 영주들에게 그들의 종주권을 인정하도록 강요했고, 이들 굴복한 땅들을 통과하여 비잔티움의 영토 위에 나타나서는 콜로네이아 인근을 황폐화시켰다(940년). 그러나 칼리프국에 분쟁이 터지자, 이 기회를 놓치지 않고 바그다드의 상황에 개입하기 위해서 사이프 앗-다울라는 퇴각을 시작했다.

941년 6월에는 러시아의 기습공격이 있었던 터라 비잔티움의 입장에서 볼 때 이 사건은 더욱 큰 행운이었다. 러시아인들은 비티니아 해안에 상륙하여 보스포루스의 전 아시아 함대를 유린했다. 동쪽에서의 휴전 덕택에 요안네스 쿠르쿠아스는 보스포루스 해협의 전장에 나타나 적에게 효과적으로 대응할 수 있었다. 러시아인들은 여러 번의 패배를 겪고 나서 퇴각을 시작했으나 바로 이때 파라코이모메노스인 테오파네스가 지휘하는 해전이 벌어져 러시아인들의 배는 그리스 화약의 세례를 받고 절멸되었다. 러시아의 907년의 공격과 941년의 공격이 서로 다른 결과를 낳았다는 데서 그 사이에 비잔티움 국가의 군사력이 얼마나 성장했는지를 알 수 있다. 그렇지만 943년 러시아 군주 이고르가 러시아인과 페체네그족으로 구성된 대규모 전투부대를 이끌고 도나우 강변에 나타났을 때, 비잔티움 정부는 그들과 약정을 맺고 키예프 공국과 통상조약을 갱신하는 것이 바람직하겠다고 판단했다. 944년 서명된 이 조약은 본질적으로 911년 올렉의 콘스탄티노플 공격 후에 체결된 조약에 이어지는 것이지만, 그러나 몇 가지 점에서 비잔티움에 더 유리했다.

보스포루스에서 러시아인들을 패배시킨 후 요안네스 쿠르쿠아스는 메소포타미아에서 작전을 재개하기 위해서 다시 동쪽으로 향할 수 있었다. 그는 파죽지세로 마르티로폴리스, 아미다, 다라, 니시비스를 정복했고(943년), 그후 가장 위대한 기독교 성상 가운데 하나, 즉 아브가르 전설로 우리에게 알려진 기적의 그리스도 성상인 만딜리온이 보존되어 있는 에데사로 향했다. 혹독한 포위공격을 받은 이 도시는 “인간의 손으로 만들어지지 않은” 성스러운 만딜리온을 내어줄 수밖에 없었다. 비잔티움의 무력을 통해서 이교도의 권력으로부터 해방된 성상은 최대한 장엄한 예를 갖추어 콘스탄티노플로 옮겨졌다. 944년 8월 15일, 비잔티움의 수도가 이 성상을 맞아들이는 장면은 비길 바 없는 종교적 축제가 되어 있었다.

요안네스 쿠르쿠아스가 거둔 여러 차례의 승리로 비잔티움의 동쪽 경계는 상당히 확장되었고, 아시아에서 비잔티움의 위신이 높아졌으며, 니케포로스 2세 포카스와 요안네스 1세 치미스케스 치하에서 결정적인 공세를 시작하는 길이 닦이게 되었다. 비잔티움 제국의 세력 성장에 감명을 받아, 전 아랍 부족들은 기독교로 개종한 후 비잔티움 영토에 정주하기 위해서 제국으로 건너왔다. 아랍 국경지역의 주민들이 감소하게 되자 비잔티움인들은 훨씬 수월하게 돌진을 계속할 수 있었다.

성상 만딜리온을 다시 얻은 것은 로마노스 1세 황제의 마지막 승리가 되었다. 이 위대한 군주에게는 기이할 정도의 비극적인 종말이 마련되어 있었다. 가장 가까운 측근이 가장 사악한 적이라는 성서의 말이 사실로 나타난 것이다. 지위가 좀처럼 흔들리지 않을 듯이 보였던 그는 바로 자기 아들들의 지배욕에 희생되었다. 그가 제위계승자로 결정했던 맏아들 크리스토포로스는 931년에 죽었다. 그 아래 아들들의 자질이 신통치 않다는 것을 제대로 평가한 로마노스는 그들에게 정통 황제보다 높은 서열을 주지 않았다. 그렇기 때문에 스테파노스와 콘스탄티노스는 연로한 아버지가 죽은 후 황실가문의 정통 적자 출신인 콘스탄티노스 7세에게 지배권이 떨어지리라는 불안에서 쿠테타를 일으키기로 결심했다. 944년 12월 16일, 노황제는 아들들의 명령으로 체포되어 프로테 섬으로 추방되었다. 비잔티움 역사에서 가장 중요한 군주 가운데 한 사람인 그는 고독한 추방생활 속에서 948년 6월 15일, 수도사로서 생을 마감했다.

그렇지만 젊은 라카페노스 형제들의 생각은 대단히 잘못된 것이었음이 곧 드러났다. 그들이 콘스탄티노스 7세 포르피로게네토스의 지지자들의 귓속말을 따랐기 때문일 수도 있다. 어쨌든 전체 이익은 콘스탄티노스 7세에게 떨어졌다. 정통 왕조를 좋아하는 비잔티움 백성들이 그를 지지했기 때문이다. 그에 반해서 쿠데타의 두 장본인들 뒤에는 아무도 없었다. 노부(老父)를 제거함으로써 그들은 스스로 유일하고 확고한 지지를 내팽개쳐버린 셈이었다. 그들 계획의 두번째 순서인 정통 황제를 제거하는 일은 실행되지 못했다. 945년 1월 27일, 그들은 콘스탄티노스 7세의 명령에 따라 체포되어 추방에 처해졌고, 후에 둘 다 횡사하고 말았다.

이리하여 콘스탄티노스 7세 포르피로게네토스는 사십대가 되어갈 즈음에야 통치권을 행사할 수 있게 되었다. 아주 어린 시절부터, 그러니까 벌써 33년 동안 황제의 관을 쓰고 있던 후에 이루어진 일이었다. 부활절 일요일인 945년 4월 6일, 그의 아들 로마노스 역시 제위를 얻었다. 콘스탄티노스 7세가 그토록 오랫동안 통치권에서 제외되어 있었고 자존심을 깊이 다치면서도 냉대를 감수하고 있었던 것은 외적인 상황 때문이라기보다는 오히려 정통 황제 자신의 개인적인 기질 때문이었다. 그는 아버지 레온 6세보다도 훨씬 더 뚜렷이, 정치가로서의 성향보다는 박식한 문필가로서의 성향을 강하게 드러냈다. 지식욕이 강한 독서가, 강한 역사적 관심을 지닌 근면한 탐구가였던 그에게는 공부와 문필이 유일한 정열의 대상이었다. 그는 현재보다는 과거 속에서 살았다. 정치적인 일들과 심지어 전술에도 관심이 있기는 했지만, 그가 모든 학문적 대상에 기울였던 관심과 마찬가지로 그것 역시 다만 이론적인 관심이었다. 그랬기 때문에 그는 단독으로 지배하던 시대에도 언제나 다른 사람들, 특히 혈관 속에 지배욕의 피가 흐르는 라카페노스 가문 출신의 황후 헬레네의 의지를 따랐다.

콘스탄티노스 7세의 역사적 역할은 정치인으로서의 미약한 활동에서가 아니라, 교양과 학문 분야에서의 극도로 활발하고 생산적인 활동에서 찾아야 할 것이다. 그는 우리에게 『의전서』라는 제목으로 알려진, 평가할 수 없을 정도로 높은 원전적 가치를 지닌 백과사전을 집대성했고, 제국의 속주들에 관한 한편의 역사적-지리학적 논문을 저술했다. 이는 그의 조부 바실레이오스 1세의 전기와 마찬가지로, 낯선 땅과 민족들을 다룬 아주 중요한 논문이다. 수많은 여러 종류의 학술적 저술들과 실천적 입문서들, 그리고 여러 중요한 역사적 저작들은 그의 명령에 의해서 혹은 그의 고무에 의해서 태어난 것들이다. 옛 저술가들, 특히 고대 역사가들의 저술들도 부지런히 요약되었다. 황관을 쓴 저술가이자 문예의 보호자는 제국의 정신적 힘들을 강력하게 자극했고, 비할 데 없는 학문적 활동을 부활시켰다. 앞으로 나서지 않고 그늘 속에서 지배하던 그의 시대는 영광에 찬 시대였고, 비잔티움의 전체 발전에서 의문의 여지 없이 중요한 시대였다. 다만 황제와 그 주변의 학술활동은 무엇보다도 편찬의 성격을 띠었다. 그에게는 새로운 문화가치를 생산하는 창조력이 부족했다. 그에게 중요한 것은 가치 있는 지식들, 즉 교양과 교육의 재료로서 보존되어야 하고 또 물려주어야 할 모든 가치 있는 지식들을 집대성하는 것이었다. 콘스탄티노스 7세의 문필활동은 실천적이고 교육적인 목적을 기초로 했다. 그가 저술하고 자극했던 저작들은 당대인과 후손들, 우선적으로 아들이자 후계자인 로마노스의 교육을 위한 실천적인 입문서로 준비되어야 했다. 그것들은 일종의 참고문헌들이었다. 백과사전, 종교논문, 역사적 사실들에 대한 보고문——이런 것들이 콘스탄티노스 7세와 그의 측근들에 의해서 육성되었던 문학적 형식이다.

라카페노스 가문의 지배가 와해되고 난 후, 비잔티움 궁정에는 너무나 당연하게 예상되었던 것과 마찬가지로 거센 인물 교체가 일어났다. 콘스탄티노스 7세는 막강한 포카스 가문의 품속으로 뛰어들었다. 옛날 로마노스 라카페노스의 경쟁자였던 인물의 동생인 바르다스 포카스가 스콜라이의 도메스티코스로서 최고 군사지휘권을 맡았다. 그와 나란히 그의 세 아들도 제국 군대에서 가장 중요한 역할을 수행했다. 그렇지만 이와 같은 인물 교체에도 불구하고, 또 콘스탄티노스 7세가 평생 동안 장인에게 씁쓸한 감정을 품고 있었음에도 불구하고, 위대한 통치자의 정치적인 노선은 대내적으로나 대외적으로나 변함없이 유지되고 있었다. 농업정책에서도 콘스탄티노스 7세 정부는 로마노스 라카페노스가 택한 방향을 고수했고, 그 입법의 원조가 누구인지 명시하지는 않았지만, 소토지 소유의 보호를 위한 법령을 계속 반포했다.

947년 3월의 법률은 파트리키오스이자 재무관(kyaistor, 라틴어로는 quaestor)인 테오필로스가 기초한 것으로, 이 법은 권세가들이 콘스탄티노스 7세의 단독 통치가 시작되고 난 후 취득했거나 장차 취득하기로 되어 있던 모든 농민 재산들을 즉시 보상 없이 반환할 것을 지시하고 있었다. 앞으로는 권세가들이 토지를 양도하는 경우에도 여타 조건들이 동등한 상황에서는 농민들이 이 토지에 대한 선매권(先買權)을 가지기로 규정되었다. 그러나 이전의 매매에 대해서는 이전의 규정들이 유효했다. 농민이 토지를 재취득할 때 원래의 매입자에게 매매가를 상환할 의무는 945년까지 이르는 전 시기에 양도된 토지로 확대되었는데, 이는 의심할 여지 없이 권세가들에 대한 중요한 양보였다. 물론 콘스탄티노스 7세의 법은 재산이 금화 50개에 미치지 못하는, 상대적으로 가난한 판매자들을 이 의무에서 제외시켰다. 그러나 그의 아들의 법령을 볼 때 콘스탄티노스 7세가 나중에 유력자들의 의도에 따라서 법률——우리에게는 보존되어 있지 않은——로써 이 제한을 취소해야 했으며, 이때 다만 이 같은 농민들이 재취득 토지의 매매가를 상환하는 기간을 3년에서 5년으로 연장해주었다는 것을 알 수 있다.

파트리키오스이자 재무관인 테오도로스 데카폴리테스의 손에서 나온 콘스탄티노스 7세의 또 하나의 법률은 군인토지들과 관계되는 것이었다. 이에 따르면, 병사들이 그들의 생계와 무장을 위해서 받은 토지들은 양도되어서는 안 되며, 더욱이 이어져내려오는 관습에 맞게, 테마들(키비라이오톤, 아이가이온 펠라고스, 사모스 섬)의 기마 둔전병이나 해군 병사들의 토지는 적어도 금 4파운드의 가치를 지녀야 하고, 황제 함대의 유급 선원들의 토지는 금 2파운드의 가치를 지녀야 했다. 상속자들이 공동으로 복무의무를 진다는 전제하에서, 세습을 통해서 군인토지의 분할이 허용되었다. 병사 한 사람이 소유한 토지의 가치가 법적인 최소 한도를 넘는 경우, 잉여 부분의 양도는 이 부분이 둔전병용으로 등록되어 있지 않은 경우에만 허락되었다. 다른 사람이 이전의 군인토지를 획득했을 때 그 소유권이 논쟁의 여지 없이 확실해지기까지는 40년의 시일이 필요했다. 불법적으로 양도된 군인토지들을 구매자들로부터 아무런 보상 없이 빼앗을 수 있다고 규정한 옛 법은 더 엄격하게 지켜져야 했는데, 여기서 군인토지에 대한 반환 요구는 원래의 소유자에게만 허용되는 것이 아니라, 선매권에 따라서 6촌의 친족에게까지 허용되었다. 그 다음으로, 원래의 토지 소유자와 공동으로 복무에 다른 의무를 이행해야 했거나 군복무를 함께 해야 했던 사람들도 반환 요구를 할 수 있었다. 또한 그와 함께 조세를 공동으로 납부한, 상대적으로 가난한 둔전병들 그리고 끝으로 같은 마을 공동체에 속하는 농민들도 토지 반환을 요구할 수 있었다.

콘스탄티노스 7세의 아들인 로마노스 2세 치하에서 발표된 신칙법을 저술한 사람도 동일한 테오도로스 데카폴리테스였다. 이 법령은 이전의 규정들을 규명하면서, 아직 궁극적으로 규정되지 않았던, 927/928년의 기근 이래 매점된 토지들의 문제를 다루었으며 그밖에도 콘스탄티노스 7세가 단독 통치를 시작한 이후에 양도된 농민과 병사들의 토지는 일체의 보상 없이 반환되어야 한다는 것을 다시 한번 확인했다. 같은 황제가 962년 3월에 반포한 한 신칙법은 양도된 둔전병 토지들에 대한 옛 규정들을 상세히 규명하면서, 선의의 구매자들은 보상 없이 반환의 의무만을 지니지만, 악의의 구매자들은 나아가 벌금까지 납부해야 한다는 원칙을 제시한 바 있다.

대외정치적으로는 동쪽에서의 아랍인들과의 전쟁이 여전히 초미의 관심사였다. 남부 이탈리아에서의 단조로운 투쟁들은 전체 발전에 그리 큰 영향을 끼치지 않은 채로 계속되었다. 불가리아 국경에서는 완벽한 평화가 지배했고, 헝가리인들의 몇 차례 습격은 성공적으로 방어되었다(934년과 943년, 또한 959년과 961년). 그리하여 비잔티움은 아시아와 지중해 동부에서의 투쟁에 힘을 집중하게 되었다. 949년, 콘스탄티노스 7세 정부는 크레타의 해적 소굴에 대해서 그 규모와 비용으로 볼 때 레온 6세 시대의 대원정을 상기시키는 공세를 폈다. 그렇지만 이번에도 모든 군사적 노력과 재정적 희생은 허사로 머물렀다. 이 군사작전은 사령관 콘스탄티노스 곤길라스의 무능력 때문에 비참하게 실패했다. 비록 변화무쌍하기는 했지만, 보다 나은 성과를 얻은 것은 시리아 북부와 메소포타미아에서의 투쟁들이었다. 여기서 제국은 오랜 세월의 적 사이프-앗-다울라와 맞섰다. 949년 비잔티움인들은 게르마니케이아를 정복했고, 적군에게 여러 번의 패배를 안겨주었으며, 952년에 유프라테스 강을 건넜다. 그러나 다시 행운의 방향이 바뀌었다. 사이프 앗-다울라는 다시 게르마니케이아를 정복했고, 제국의 영토로 돌진하여 도메스티코스의 아들 콘스탄티노스 포카스를 포로로 잡았다(953년). 다음 몇년간은 계속해서 사이프-앗-다울라가 승리를 거두었다. 비잔티움 군대가 다시 차츰차츰 공세로 넘어간 것은 954년 말 아버지로부터 군사지휘권을 넘겨받은 니케포로스 포카스가 지휘를 맡은 후의 일이었다. 957년 6월에 북부 시리아의 하다트가 항복했고, 958년 요안네스 치미스케스는 열전 끝에 북부 메소포타미아의 사모사타를 점령했다.

콘스탄티노스 7세의 치세의 특징은 외국 왕실들과의 극도로 활발한 외교적 교류였다. 전쟁을 치르는 국가들 및 그들에게 인접한 아랍 국가들과 회담을 벌였던 수많은 사신들은 차치하고라도, 비잔티움 황제는 코르도바의 우마이야 왕조 칼리프 압둘-라흐만 3세 및 신성 로마 제국의 오토 대제와 호화찬란한 사신들을 교환했다. 그러나 역사적으로 최고의 중요성을 지녔던 것은 러시아의 여군주 올가를 성대하게 영접한 일이었다. 그녀는 957년 가을, 상당히 오랫동안 황실에 체류했다. 그 직전에 기독교를 받아들이고 비잔티움 황후의 이름인 헬레네라는 이름으로 세례를 받은, 신생 키예프 국가의 여섭정이 친히 비잔티움을 방문함으로써 비잔티움과 러시아 관계에 신기원이 열렸으며, 비잔티움 교회가 러시아에서 전도 유망한 선교를 펼치는 데에 새로운 박차가 가해졌다.

5) 정복의 시대 : 니케포로스 포카스와 요안네스 치미스케스

콘스탄티노스 7세가 사망하고(959년 11월 9일), 그의 아들 로마노스 2세가 제위에 올랐다. 그는 잘생기고 매력적이었지만 의지가 약하고 경박한 젊은이로서, 아버지의 정치적 무능력은 상속받았으나 학문적인 진지함은 상속받지 못했다. 그는 어렸을 때 로마노스 라카페노스의 희망에 따라서 프로방스의 왕 위그의 서녀(庶女)와 혼약했다. 그러나 황실의 정통 적자로 태어난 황자(皇子)로서는 불명예스러웠던 이 혼약은 어린 공주의 때이른 죽음으로 실제 결혼에 이르기 전에 해소되고 말았다. 956년, 로마노스는 그의 마음이 기울어진 한 주막집 주인의 딸 아나스타소와 결혼했고, 그녀는 황후로서 테오파노라는 이름을 얻었다. 이 드물게 아름답지만 그러나 완전히 방종하고 지나치게 야심찬 여인은 비잔티움 제국의 역사에서 특별한 역할을 하게 된다. 로마노스 2세는 완전히 그녀에게 빠져 있었다. 그녀 때문에 황태후 헬레네는 뒤로 물러나야 했고, 황제의 다섯 자매는 강압적으로 수도원으로 보내졌다. 로마노스 2세는 한 번도 진정으로 국사를 염려하지 않았으며, 차라리 유능한 환관 요세포스 브링가스에게 국사를 돌보게 했다. 요세포스 브링가스는 파라코이모메노스의 직책을 맡고 파라디나스테우온으로 활동했다. 그러나 무엇보다도 황제는 도메스티코스인 니케포로스 포카스의 명성에 힘입어 살아갔으며, 그의 짧은 통치기는 단지 이 탁월한 장군의 지배로 넘어가는 과정으로서만 주목할 가치가 있다.

960년 여름, 니케포로스 포카스는 대규모 함대의 선봉에 서서 크레타를 향해 출발했다. 겨울 내내 극도로 거센 포위공격을 계속한 끝에 그의 군대는 961년 3월 섬의 수도 칸닥스(칸디아=헤라클레이온)를 함락시켰다. 거의 한 세기 반 동안 아랍인들의 소유였고, 동쪽 지중해 내항에서 아랍 해군력의 가장 중요한 거점이었던 이 섬은 이제 다시 비잔티움 제국의 지배를 받게 되었다. 비잔티움이 이만큼 영향력이 큰 승리를 기록한 것은 실로 오랜만의 일이었다.

니케포로스 포카스는 콘스탄티노플에서 개선의 영접을 받은 후, 아시아에서 사이프 앗-다울라와의 투쟁을 개시했다. 여기서도 그의 작전은 아주 큰 성과를 거두었다. 연이어 킬리키아의 아나자르보스가 떨어지고, 수차례의 전투 끝에 게르마니케이아, 라반, 둘뤽(돌리헤, 텔루흐)이 떨어졌다. 962년 12월, 힘든 포위공격 후에 사이프 앗-다울라의 수도인 알레포 역시 항복했다. 이 도시들을 정복했다고 하여 영유했다는 뜻은 아직 아니었지만, 비잔티움 장군의 승리에 찬 돌격은 그의 위대한 탁월성을 보여주었다. 이미 30년 전부터 비잔티움 대외정치의 중점이었던 함단 왕조와의 투쟁은 이제 비잔티움에 유리하게 결정되었다. 크레타의 정복으로 동부 지중해 해역에서 아랍 세력의 중심지가 제거된 것처럼, 아시아에서도 사이프 앗-다울라에게 승리함으로써 비잔티움은 가장 위험한 아랍 세력의 중심지를 제거하게 되었고, 동쪽으로 계속해서 돌진할 수 있는 길이 열렸다.

이 명성 높은 장군에게 주어진 보상은 황제의 관이었다. 963년 3월 15일, 로마노스 2세의 때이른 죽음으로 우선 통치권은 황후 테오파노의 손에 들어갔다. 그녀는 어린 아들들, 바실레이오스 2세와 콘스탄티노스 8세를 위해서 섭정을 맡았다. 영리한 황후는 이 합의가 오랫동안 지속되지 않을 것임을 아주 잘 인식하고 있었다. 그녀는 요세포스 브링가스의 계획들을 방해하며, 니케포로스 포카스와 협상에 들어섰다. 니케포로스 포카스는 그의 군대에 의해서 카이사레이아에서 황제로 포고되었고, 8월 14일에 콘스탄티노플로 입성했다. 그는 브링가스의 저항을 유혈 시가전으로 분쇄하고, 8월 16일 하기아 소피아에서 제관을 썼다. 젊은 황후는 오랜 투쟁으로 머리가 하얗게 센 전사에게 청혼의 손을 내밀었다. 이로써 그는 정통 마케도니아 왕조와 결합했고, 두 어린 정통 적자 황자들의 의붓아버지로서 그들을 보호하게 되었다. 형식적으로 그들의 황제권은 다치지 않았다. 민사행정의 지휘는 브링가스 대신에 환관 바실레이오스가 맡았다. 그는 로마노스 라카페노스의 사생아로서, 진정한 비잔티움식의 노회함과 무한한 소유욕을 지닌, 그러나 또한 비상한 정치가로서의 재능을 지닌 사나이였다. 이미 콘스탄티노스 7세 치하에서도 중요한 역할을 했지만, 이제 그는 새로 만들어진 프로이드로스(proedros)라는 칭호로 장식된 파라코이모메노스로서 새 황제의 오른팔이 되었다. 동부지역의 최고 사령관직을 맡은 인물은 동부의 도메스티코스로서 영광에 빛나는 장군 요안네스 치미스케스였다. 그는 아르메니아 명문가의 대표자로서, 황제와 나란히 그 시대의 가장 탁월한 장군이었다. 황제의 동생이자 옛 전우인 레온 포카스는 서부의 도메스티코스로서 쿠로팔라테스의 칭호를 얻었다. 그런 한편 그의 연로한 아버지, 즉 스콜라이의 옛 도메스티코스인 바르다스 포카스에게는 카이사르의 칭호가 수여되었다.

니케포로스 포카스(재위 963-969년)와 함께 가장 중요한 소아시아 권귀가문들이 통치권을 잡기에 이르렀다. 하지만 새로운 황제는 외모에서도 태도에서도 귀족 출신임을 드러내지는 않았다. 그의 외모는 거의 매력이 없었고, 기질은 거칠고 음울했으며, 생활방식도 금욕적이고 소박했다. 그에게는 전장에서의 전쟁이 유일한 정열의 대상이었고, 기도와 성스러운 생활로 들어선 남자들과의 교제가 유일한 정신적인 욕구였다. 전사인 동시에 수도사였던 그는 아토스 산에 라우라 대(大)수도원을 건설했던 성 아타나시오스를 열렬히 숭배했다. 그의 치하에서 그리스 정교 수도사들의 가장 중요한 중심지가 전성기를 누리기 시작했다. "사라센인들의 창백한 저승사자"라는 별명으로 불렸던 니케포로스는 세상에서 물러나 수도사가 되려는 생각을 일평생 품고 살았다고 한다.

그러나 그의 비귀족적인 습관에도 불구하고 니케포로스는 "권세가들"의 진정한 대표자였다. 그가 최고 권력으로 상승한 것은 비잔티움 귀족층의 승리를 뜻했다. 지금까지는 비잔티움 정부가 대토지 소유의 팽창 충동에 대항했던 데에 반해서 이제는 권세가들이 반격을 시작한 것이다. 967년에 나온 니케포로스 포카스의 법률은 그의 선임자들이 농민들을 선호하는 편파성을 보였으며, 따라서 모든 신민들에 대한 동등한 정의라는 기본 원칙을 위반했다는 주장으로 시작하고 있다. 니케포로스는 권세가들이 토지를 양도할 때 가난한 사람들이 이를 선매할 수 있는 권리를 박탈했다. 가난한 사람들은 가난한 사람들로부터 토지를 살 수 있지만, 권세가들의 토지는 오로지 권세가들만이 살 수 있다는 것이었다. 그밖에는 옛날 원칙이 존속하기는 했지만, 927/928년의 기근 이전 시기에 이루어진 취득에 대해서는 40년 시효가 경과했다는 이유로 이 토지의 재취득을 위한 일체의 이의제기권이 중지되었다. 물론 이러한 규정은 그 자체로는 그렇게 심층적인 변화를 초래하는 것이 아니었다. 특히 농민들이 현실적으로 권세가들에 대해서 선매권을 행사할 수 있었을지는 의문스러워 보이기 때문이다. 그러나 아무튼 이제까지의 입법에 대항하여 권세가들을 정의의 이름으로 보호하는 새로운 법이 끼친 심리적 영향은 특별했다. 니케포로스 포카스는 선임자들의 반귀족적 정책에 단호하게 등을 돌렸다.

그러나 이 군인 황제는 둔전병들의 토지 소유는 확고히 하고 또 증대시키고자 시도했다. 옛 규정에 따르면 과거에 양도된 토지를 다시 반환받고자 요구하는 사람이 있을 경우, 병사의 토지에 대해서 최소한 금 4파운드의 가치가 인정되어야 했다. 이 최소한의 금액에 도달할 때까지는 보상 없는 반환이 이루어져야 했고, 이 금액에 도달하고 나면 그 이상의 초과분에 대해서는 매매가를 상환하는 조건으로 반환이 이루어져야 했다. 그러나 니케포로스 포카스의 치세에 이르러서는 병사들의 새로운 중무장을 위해서 요구되는 비용이 상승할 것을 고려하여, 향후로는 둔전병 토지 가운데 최소한 금 12파운드의 가치에 달하는 부분까지는 타인에게 양도할 수 없다고 규정되었다. 둔전병들은 전체 가치가 이 한계금액을 초과하지 않는 한, 어떤 토지도 양도할 수 없었다. 토지가 양도됨으로써 둔전병 소유 토지의 가치가 이 최소한도의 아래로 떨어지는 경우에는 이러한 일체의 양도는 양도된 토지를 무료로 돌려줌으로써 취소되어야 했다. 그리고 이 최소한도를 초과하는 금액으로써 토지 양도가 행해지는 경우에만 반환 요구시에 반환받는 사람이 반환하는 사람에게 매매가를 상환할 필요가 있었다. 니케포로스가 군인소유지의 최소가치를 세 배로나 높이고자 시도함에 따라 비잔티움 군대의 사회적 구성은 어쩔 수 없이 변화했다. 아울러 이 규정은 "가난한 자들"의 소토지 소유를 발판으로 했던 이제까지의 정책으로부터 근본적으로 벗어나는 것을 뜻했다. 니케포로스의 의도대로 하면

금 12파운드 가치의 토지 소유를 확실히 보장받는 계층이어야 할 중무장 둔전병들은 "가난한 자들"일 수가 없었고, 새로 형성되고 있던 소귀족이라는 대두하는 계층으로부터 징집될 수밖에 없었다. 그리고 이 계층에서 후대의 프로노이아르(pronoiar) 층이 등장하게 될 터였다.

동시에 니케포로스는 교회와 수도원의 토지 소유 증대를 억제하고자 했고 이 목적을 위해서 964년 특별법령을 반포했다. 이는 비잔티움 입법에서 가장 대담한 기념비적 조처 가운데 하나이다. 성직자들의 대토지 소유는 세속적인 대토지 소유와 거의 마찬가지 속도로 늘어났으며 각계각층의 신심 깊은 자들의 증여와 유증(遺贈)을 통해서 끊임없이 불어났다. 그리고 새로운 수도원이 건설되면 그때마다 어김없이 토지의 증여가 수반되었다. 기관에 양도된 토지의 경우에도 조세 납부의 의무가 부과되어 있기는 했지만, 국가는 이러한 토지로부터 다른 종류의 토지와 똑같은 의무 이행을 기대할 수는 없었다. 특히 특권수여를 통해서 조세의무의 원칙이 빈번하게 위반되었기 때문에 더욱 그러했다. 토지 부족이 제국을 휩쓸 때는——그러한 토지 부족 현상이 이미 10세기에 발생했음을 농민토지와 군인토지들을 둘러싼 격렬한 투쟁이 증명하고 있다——종교기관의 토지 소유가 보다 생산적인 토지 소유를 희생시키며 증가하는 것이 국가에는 손해였다. 그렇지만 열렬한 신앙심을 가진 황제가 그런 결정을 내린 것은 이런 고려들 못지 않게 종교적, 도덕적 이유 때문이기도 했다. 그는 수도사들로 하여금 재산의 축적만을 생각하여 맹세를 망각하고 수도원 생활을 "그리스도의 이름을 욕되게 하는 공허한 연극"으로 만들게 하는 탐욕을 가차없이 질타했다. 그는 수도원이나 교회기관에의 토지 증여는 성직자 신분의 개인을 대상으로 하는 증여와 마찬가지로 중지되어야 한다고 명했다. 또한 새로운 수도원과 교회기관들의 창건도 거부되었다. 그것들은 대부분 허영에 들뜬 명예욕에서 추진되기 때문이라는 이유에서였다. 경건한 희생의지를 입증하려는 사람은 몰락해가는 낡은 기관들을 도와야 하는데 그렇지만 이 경우에도 이들 조직에 직접 토지를 증여해서는 안 되고, 이들 기관을 위해서 점찍어둔 토지를 판매한 후 여기에서 얻은 액수를 이 기관에 건네주라는 권고가 내려졌다. 이때 그는 속세의 지주 어느 누구에게 팔아도 무방했다. 그러니까 권세가에게 팔아도 된다는 이야기였다. 그에 반해서 황량한 지역에 타인의 토지를 얻고자 애쓰지 않는 암자나 은둔자의 산거수도원을 짓는 것은 허용될 뿐만 아니라 칭찬할 만한 일로 여겨졌다. 이 대담한 법률은 그다지 오랫동안 효력을 유지하지는 못했지만, 니케포로스 황제의 국정원칙뿐만 아니라 청교도적 경건성을 극히 명료하게 보여준다.

경제적으로 가장 강력한 사회집단들이 무엇보다도 농업을 향해 팽창했고, 그 팽창이 농민토지 구입에 의해서 이루어졌다는 것은 비잔티움 도시경제의 상황을 설명해주는 상당히 중요한 사실이다. 국가권력이 경제력의 자유로운 움직임을 더 강력하게 제한한 것은 지방에서보다 도시에서였다. 통제되고 엄격하게 감시받는 도시경제에서는 웬만큼 큰 규모의 사적 주도권이 발현될 여지가 없었으므로(197쪽 참조), 잉여자본의 투자를 위해서는 농지 획득이 사실상 유일하게 접근 가능한 통로였다.

대토지 소유 귀족들의 팽창 충동은 두 가지 방식으로 작용했다. 그들은 한편으로는 비잔티움 속주들의 소토지 소유를 흡수하면서 그리하여 비잔티움에서 기존의 사회적 경제적 질서를 전복시켰지만, 다른 한편으로는 제국의 적들로부터 토지를 획득할 수 있게 되면서 제국의 경계를 확대시켰다. 동쪽에서 이루어진 비잔티움의 영토 정복은 무엇보다도 소아시아 귀족층의 작품인 동시에, 이교도들에 대한 투쟁에서 비잔티움의 추진력이 되었던 강력한 종교적 열광의 표현이기도 했다.

니케포로스 포카스는 이러한 종교적 열광으로 가득 차 있는 인물이었다. 이슬람과의 전쟁은 그에게 일종의 성스러운 선교였다. 그는 이교도들과의 투쟁에서 쓰러진 모든 전사들을 순교자로 선언해야 한다고 주장했다. 이러한 주장에서는 무슬림들과의 전쟁을 성전(聖戰)으로 여기는 비잔티움인들의 감정이 기이할 정도로 강렬하게 표현되고 있었다. 이 감정은 비잔티움 국가의 세력추구를 강력하게 추진하는 힘이 되었다.

황제가 된 니케포로스 포카스는 그가 로마노스 2세 치하에서 도메스티코스직에 있을 때부터 시작했던 정복을 계속했다. 니케포로스 포카스와 그의 두 후계자들의 통치는 중세 비잔티움 국가의 가장 위대한 군사적 영광의 시대를 이룬다. 그의 군대는 강력하게 돌진하여 수백 년 전부터 고정되어 있던 타우로스 산맥 국경을 돌파했다. 처음 두 해는 산악지방인 킬리키아에서의 투쟁에 바쳐졌는데 이는 아주 힘들고 소모적인 투쟁이었다. 그 중심은 타르소스와 모프수에스티아였는데, 965년 여름에야 비로소 이 기아에 시달리는 요새들이 함락되었다. 같은 해에 키프로스가 비잔티움 함대에 점령되었다. 이는 동부 지중해 해역에서 비잔티움의 위치가 대단히 강화되었음을 뜻했다. 그러나 무엇보다 중요한 것은 킬리키아와 키프로스의 정복으로 니케포로스 포카스의 주요 목적인 시리아 원정을 실현할 수 있는 길이 열렸다는 점이었다. 이미 966년 10월에 황제는 안티오케이아의 성벽 밑에 서 있었지만 성공하지 못하고 물러나야 했다. 968년이 되어서야 그는 다시 시리아에 나타났는데 이번에는 해안선을 따라서 멀리 남쪽까지 돌진했고, 도시를 차례차례 점령하고는, 다시 안티오케이아로 향했다. 전력을 다했음에도 불구하고 포위공격은 장기화되었다. 969년 10월 28일, 마침내 페트로스 포카스 장군과 미카일 부르체스 장군이 시리아 수도의 점령에 성공했을 때, 황제는 이미 콘스탄티노플로 돌아가 있었다. 몇달 후에는 알레포 역시 함락되었다. 사이프 앗-다울라(967년 사망)의 두번째 후계자였던 그곳 에미르는 비잔티움과 굴욕적인 평화조약을 체결해야 했다. 안티오케이아와 함께 시리아의 일부가 제국에 병합되었고, 알레포를 비롯한 다른 부분은 비잔티움의 종주권을 인정했다.

킬리키아와 시리아의 대부분을 합병함으로써 비잔티움 제국의 영토는 크게 늘어났다. 그 경계 안에 동쪽에서 가장 중요한 중심지 가운데 하나인 총대주교좌 도시 안티오케이아가 있었다. 안티오케이아는 3세기 이상 무슬림의 지배를 받고 있었고, 제국으로서는 영원히 잃어버린 듯이 보였던 도시이다. 역사적 기억과 종교적 전통이 그토록 풍부한 이 거대 도시는 이제 다시 비잔티움의 것이 되었다. 비잔티움 황제의 보호령은 이렇게 직접적인 영유지역을 넘어서, 한때 그토록 막강하던 함단 왕조의 수도로 뻗어갔다. 알레포의 에미르는 비잔티움의 가신이 되었고, 비기독교도인 그의 신민들은 제국에 조세를 납부했다.

그런데 비잔티움 제국의 세력이 막강하게 뻗어가던 바로 이 시기에 서방 황제권도 쇄신을 경험했다. 두 제국 사이에는 다시 경쟁의식이 눈을 떴다. 이 경쟁의식은 이념사적으로는 황제는 단 한 사람뿐이라는 배타적 사상과 자신이 로마의 상속자라는 쌍방의 주장에 뿌리를 두고 있었고, 정치적으로는 남부 이탈리아 땅에 대한 두 강대국의 엇갈리는 이해관계에 뿌리를 두고 있었다. 니케포로스 포카스가 제위에 즉위하기 1년 전에 로마에서 황제의 관을 받고 거의 전 이탈리아를 복속시켰던 오토 대제는 968년, 그에게 아직 귀속되지 않은 이탈리아 영토에 대해서 평화로운 합의를 보기 위하여 콘스탄티노플로 사신을 파견했다. 그의 사신인 크레모나의 주교 리우트프란드는 이미 949년에 콘스탄티노스 7세 치하에서 베렝가르 2세의 위임을 받아 비잔티움의 수도를 방문한 적이 있었다. 이번에 그는 비잔티움 정부에 오토 1세의 아들과 젊은 정통 황실 출신 비잔티움 황제들의 누이와의 혼인을 제시했다. 그녀의 지참금은 비잔티움 제국의 남부 이탈리아 영토가 될 것이라는 조건을 달아서였다. 비잔티움은 이 제안을 조롱으로 느꼈고, 이에 조롱으로 답했다. 서방에서 일어나는 최근의 사태들로 인해서 비잔티움 군주는 자기 제국의 이익과 존엄이 여러 방식으로 손상되는 것을 보았다. 오토가 황제의 관을 받아 로마 및 로마 교회의 주인이 되었다는 것, 그가 거의 전 이탈리아를 장악했으며 카푸아와 베네벤토의 영주들, 즉 비잔티움 제국의 가신들과 동맹을 맺고, 심지어는 비록 실패로 끝나기는 했지만 비잔티움령 바리에 대해서 공격을 감행하기까지 했다는 것 —— 이 모든 것이 최근 동쪽에서 수행한 군사작전들에서 비할 데 없는 성과를 거둔 후 권력의식이 대단히 높아져 있던 비잔티움의 황제를 극도로 분노케 했다. 콘스탄티노플에서 거의 포로와 다름없는 대우를 받은 오토 대제의 용감한 사신은 그의 군주가 황제가 아니고, 로마인도 아니고, '만족'의 왕이라는 것, 야만족 군주의 아들과 정통 황족 출신 황제의 딸의 혼인은 이야기조차 꺼내선 안 된다는 말을 꾹꾹 참고 들어야 했다.

인접한 불가리아 역시 비잔티움 국가의 굉장한 세력 증대가 뜻하는 의미를 즉시 인식하지 못했다. 비잔티움 제국이 킬리키아와 키프로스를 정복한 후인 965년 가을에 불가리아의 사신이 콘스탄티노플에 당도했다. 전에 비잔티움 정부들이 행했던 조공 지불을 요구하기 위해서였다. 불가리아의 이런 오만함에 분격한 황제는 사신을 매질하고 모욕과 위협의 말로써 고향으로 돌려보냈다. 그러나 그는 몇몇 불가리아 국경 요새들을 파괴하고 나서는 불가리아와의 직접적인 무력대결은 그만두었다. 이는 동쪽에서의 작전들에 쏟는 주의를 딴 데로 돌리지 않기 위해서였다. 그는 러시아 군주 스뱌토슬라프에게 톡톡히 값을

치를 테니 자기 대신에 불가리아인들을 길들여달라고 호소했다. 비잔티움에 우호적이었던 기독교도 올가의 아들로서, 전쟁에 능했던 스뱌토슬라프는 하자르 왕국을 무너뜨리고 이미 강력한 세력을 이루었던 차였는데, 비잔티움 황제의 호소는 그가 듣기에 그야말로 시의적절한 것이었다. 968년에 그는 도나우 강을 넘어 내적으로 부패한 불가리아를 빠른 속도로 제압했다. 그렇지만 그것은 비잔티움 황제에게 복무하기 위해서가 아니라, 도나우 강 유역에서 자기 자신의 지배권을 수립하기 위해서였다. 키예프에 대한 페체네그족의 공격으로 그는 969년 고향으로 돌아가야 했다. 그러나 같은 해 여름, 스뱌토슬라프는 다시 발칸 지역에 나타나서 그 사이에 죽은 페타르의 아들인 차르 보리스를 폐위시키고, 자신이 불가리아의 군주가 되었다. 니케포로스는 자기 스스로가 나서서 지금까지의 약한 상대 대신에 훨씬 강력하고 위험한 새로운 적을 들여앉힌 셈이 되었음을 인식해야 했다. 이제 그는 스뱌토슬라프에 대항하여 불가리아인과 동맹을 맺으려고 시도했으며 심지어는 황실의 정통 적자 출신인 젊은 황제들과 두 불가리아 공주들과의 결혼도 계획했다. 그러나 그가 저지른 심대한 실수는 그렇게 쉽사리 만회되지 않았다. 그는 그의 후계자에게 상대하기 어려운 유산을 발칸 지역에 남겨놓았다.

안티오케이아를 점령한 지 6주일 후, 니케포로스 포카스가 암살당했다. 그는 위대한 성과들에도 불구하고 인기 있는 군주는 될 수 없었다. 황제의 상무적(尙武的) 통치체제는 전 국가생활을 군대의 이익에 종속시키고, 대규모 출정비용의 충당을 위해서 조세징수의 나사를 가혹하게 조임으로써 주민들에게 무거운 부담을 안겨주었다. 우리는 그의 치세에 급격한 물가 상승과 화폐 악주(惡鑄)가 발생했다는 이야기를 듣는다. 그렇지만 그를 몰락하게 한 것은 백성의 불만이 아니라, 옛 동료 요안네스 치미스케스와의 불화와 그의 아내 테오파노의 배신이었다. 그녀는 젊고 빛나는 장군의 애인이자 조력자가 되었다. 요안네스는 체구는 작았으나 황제 니케포로스와는 반대로 아주 잘생기고 고상하며 매력적인 인물이었다. 그녀는 남편에 대한 음모를 준비했고, 치미스케스와 그의 친구들이 그 계획을 실행했다. 969년 12월 10일에서 11일 사이의 밤에 니케포로스 포카스는 침실에서 살해되었다.

요안네스 치미스케스(재위 969-976년)가 황제의 자리에 올랐다. 테오파노는 그를 남편으로 맞을 수 있으리라고 생각했지만, 그것은 크나큰 오산이었다. 총대주교 폴리에욱테스가 살해당한 황제의 복수를 하겠다고 나섰던 것이다. 그는 이 악행을 벌받지 않은 채로 내버려두지 않기로 단단히 결심했다. 그는 치미스케스에게 속죄를 요구했고, 황후 테오파노를 궁전에서 쫓아낼 것과 황제 니케포로스의 살인을 도와준 사람들을 처벌할 것을 요구했다. 황제는 굴복하여 총대주교의 요구에 따라야 했다. 그런 다음에야 총대주교는 그가 교회에 들어오는 것을 허락했고, 그에게 관을 씌워주었다.

이 비잔티움판 카노사의 굴욕은 교회와 국가의 관계 형성에 영향을 미치지 않을 수 없었다. 치미스케스는 수도원 및 교회의 재산 소유에 반대하는 선임자 니케포로스의 법을 취소하지 않을 수 없었고, 이로써 교회의 도덕적 승리는 완성되었다. 가장 위대하고 막강한 황제의 한 사람인 치미스케스가 했다고 전해오는 말이 있는데, 이는 마치 포티오스의 『에파나고가』에서 제시된 가르침을 따르겠다는 공언과도 같이 들린다. “이 인생에서 나는 두 개의 권력, 즉 교권과 황제권을 알고 있다. 세상의 창조주께서는 영혼을 보살피는 일을 교권에 맡기셨고, 육신을 다스리는 일을 황제권에 맡기셨다. 이 두 부분이 다 같이 침해되지 않는다면 세상에는 행복이 지배한다.” 테오파노는 추방되었다. 그녀는 아들들이 제위에 오른 후에야 비로소 추방에서 풀려나 돌아오게 될 운명이었다. 이것으로 니케포로스 포카스의 아내이자 살해자로서, 요안네스 치미스케스의 애인으로서, 바실레이오스 2세의 어머니로서, 비잔티움의 역사에서 특별한 위치를 차지한 이 여인의 역사적인 역할이 끝났다. 치미스케스는 생각할 수 있는 가장 강력한 방식으로 정통성의 원칙을 고려한 정략결혼을 했다. 황녀 테오도라와 결혼한 것이다. 이제 나이가 들만큼 든 그녀는 콘스탄티노스 7세의 딸이자 어린 황제 바실레이오스와 콘스탄티노스의 고모였다. 한때 니케포로스 포카스가 그랬듯이, 이제 치미스케스는 두 정통 황자들의 보호자 역할을 맡았다. 민사행정의 지휘는 파라코이모메노스인 바실레이오스의 손에 맡겨졌다. 적시에 치미스케스 편으로 넘어간 그는 그때부터 더욱 강력한 영향력을 행사했다. 살해된 황제의 친척들은 치미스케스의 제위를 문제삼으려고 했지만 허사였다. 니케포로스 황제의 조카이자 쿠로팔라테스 레온의 아들인 바르다스 포카스가 포카스 가문의 아성인 카이사레이아에서 황제로 포고되었다. 그러나 그는 요안네스 치미스케스의 처남 바르다스 스클레로스에게 제압되어, 가족과 함께 키오스 섬의 한 수도원에 감금되었다. 쿠로팔라테스 레온 자신은 또 한 차례의 반란이 실패한 후 장님이 되었다.

니케포로스 포카스와 마찬가지로 치미스케스 역시 최고위 귀족층의 일원이었다. 아버지 쪽으로는 쿠르쿠아스 가문과 친척이었고, 어머니 쪽으로는 바로 포카스 가문과 친척이었다. 그의 첫번째 아내는 스클레로스 가문의 여자였다. 그러나 치미스케스는 선임자 니케포로스와는 달리 농업정책에서 귀족들의 뜻에 따르지 않았다. 치미스케스가 테마의 관리들에게 명하여 수도원과 세속 유력자들의 장원을 수색하게 하고, 거기서 예전의 둔전병들이나 국가에 의무가 있는 농민들을 발견하면, 이들을 즉시 국가권력 앞에 데리고 오게 했다는 것을 알려주는 두 편의 문서가 보존되어 있다. 이 예에서 우리는 비잔티움 중앙권력이 대토지 소유의 증대에 대한 투쟁에서 그들 자신의 이익과 권리를 옹호했음을 분명하게 알아차릴 수 있다. 황제 정부는 자신에게 속한 농민들과 군인들을 철저히 장악하기 위해서 혹독한 경찰조치를 취했고, 유력자들의 토지에서 그들에 대한 수색작업을 펼쳐, 그곳에 눌러앉아 있던 둔전병들과 국가 농민들을 옛 거주지로 강제로 돌려보내게 했다. 그러나 이를 통해서 한때 독립적이었던 소토지 소유자들은 국가 파로이코이로 바뀌었다. 황제 정부는 그들에게서 소유 토지에 대한 자유처분권만을 박탈한 것이 아니라, 이주의 자유까지 앗아갔던 것이다.

요안네스 치미스케스는 니케포로스 포카스처럼 한마디로 천재적인 역량을 지닌 장군이었고, 정치가로서는 극도로 충동적이었던 자기 선임자보다 탁월했다. 스뱌토슬라프를 끌어들임으로써 야기된 발칸에서의 어지러운 상황은 조속한 해결을 필요로 했다. 왜냐하면 막강한 러시아 군주의 태도는 점점 위협적이 되었고, 불가리아인들은 그와 결속하여 비잔티움에 대해서 공동 투쟁을 벌이려는 듯이 보였기 때문이다. 스뱌토슬라프와 평화로운 타협을 이루려는 황제의 노력은 성과가 없었다. 불가리아의 새로운 지배자가 요구하고 있던 것은 비잔티움인들이 아시아로 물러나고 콘스탄티노플과 함께 제국의 유럽 부분은 자기에게 남겨달라는 것이었다. 그리하여 치미스케스는 무력을 수단으로 하여 결판을 내지 않을 수 없었다. 스뱌토슬라프에 대한 그의 원정은 비잔티움 전쟁사에서 자랑할 수 있는 가장 빛나는 업적에 속한다. 971년 4월, 그는 대(大)프레슬라프를 향해 출발했고, 짧은 열전 후에 불가리아의 수도를 함락시켰다. 치미스케스의 군대가 사로잡은 포로 가운데는 폐위된 차르가 있었고, 치미스케스는 그를 불가리아의 군주로서 영접했다. 이 현명하게 계산된 태도와 비잔티움 군대의 승리에 찬 돌진은 스뱌토슬라프로부터 떨어져나가기 시작한 불가리아인들에게 깊은 인상을 심어주지 않을 수 없었다. 프레슬라프에서 치미스케스는 서둘러 스뱌토슬라프가 틀어박혀 있는 도나우 강변의 도시 실리스트리아(도로스톨론)를 향해 나아갔다. 이 도시는 포위되었고, 동시에 도나우 강 위에는 가공할 그리스 화약을 실은 비잔티움 함대가 나타났다. 러시아인들은 필사적으로 저항했다. 그러나 황제의 군대는 그들의 모든 공격을 격퇴했고, 포위된 도시는 점점 더 굶주림을 참을 수 없게 되었다. 포위망을 돌파하려는 마지막 시도가 실패로 돌아가고, 그리하여 비잔티움측으로서도 마지막 힘을 다하여 수행했어야 할 정도로 유례 없이 격렬했던 투쟁 끝에 러시아인들이 다시 시벽 뒤쪽으로 후퇴하고 난 다음인 7월 말에 결국 스뱌토슬라프는 승자에게 항복했다. 그는 당장 불가리아를 비우고 다시는 발칸 지역에 나타나지 않을 것이고, 케르손의 비잔티움 영토를 공격하지 않을 것이며, 오히려 어떤 적이 나타나 비잔티움이 방어를 해야 할 때 그들을 지원하기로 약속하지 않을 수 없었다. 이에 대한 대가로 황제는 스뱌토슬라프의 굶주린 전사들에게 생필품을 전달하고, 러시아인들의 옛 상업 특권들을 부활시켜주었다. 스뱌토슬라프는 정복자와 개인적인 면담을 가진 후 귀향길에 올랐다. 그러나 가는 도중에 드네프르 강의 급류에서 페체네그족과 벌인 싸움에서 쓰러지고 말았다. 요안네스 치미스케스의 대승리는 비잔티움에 이중의 소득을 의미했다. 즉 그는 제국으로 하여금 하자르 왕국을 정복하고 불가리아를 굴복시킴으로써 자신의 힘을 입증했던 러시아라는 위험한 적으로부터 벗어나게 해주었을 뿐 아니라 불가리아는 비잔티움의 지배 아래 두게 되었던 것이다. 비록 치미스케스는 스뱌토슬라프와 투쟁하는 동안 불가리아인들의 해방자처럼 보이려고 애쓰기는 했지만, 불가리아 제국의 재건을 생각하지는 않았기 때문이다. 그는 자신의 발밑에 놓여 있는 땅을 병합시켰고, 차르 보리스는 포로가 되어 콘스탄티노플로 붙들려 왔으며, 불가리아 총대주교좌는 폐지되었다.

요안네스 치미스케스는 선임자가 남겨놓은 다른 미해결 문제를 외교적인 방법으로 조정할 수 있었다. 그는 오토 대제의 제위계승자가 요구하는 대로 정통 황실가문의 직계 공주를 보내지는 않았지만, 자신의 친척인 테오파노를 보냈으며 오토 2세는 그녀와 972년 4월 14일에 로마에서 결혼했다. 이로써 니케포로스 포카스의 거만함 때문에 극도로 첨예화되었던 서방 황제권과의 갈등은 적어도 일시적으로는 해결되었으며, 외견상으로는 영토적 원래 상태도 회복되었다.

972년에는 동쪽에서 전쟁이 재개되었다. 황제가 니시비스와 마야파르킨(마르티로폴리스)의 메소포타미아 지역으로 돌격한 것이 전쟁의 서곡이었다. 그러나 주된 투쟁은 시리아에서 벌어졌다. 이곳에서는 니케포로스 포카스의 업적을 공고히 하고 계속 유지할 필요가 있었다. 얼마 전에 이집트에서 통치권을 수립한 파티마 왕조는 자신들의 세력을 서아시아 지역까지 확대하고 이미 971년에 안티오케이아에 대한 공략을 감행했다. 974년의 요안네스 치미스케스의 원정도 그러했지만, 특히 문자 그대로 십자군 원정의 정신에 불타서 행해졌던 975년의 그의 원정은 이에 대한 강력한 반격을 의미했다. 황제는 4월 초, 안티오케이아에서 에메사로 향했고, 여기서 바알베크로 향했다. 바알베크는 짧은 저항을 벌인 끝에 함락되었다. 다마스코스 역시 연전연승하는 황제에게 항복하고, 그의 종주권을 인정하며 조공의 지불을 약속했다. 이어서 치미스케스는 성지 팔레스티나로 돌진하여, 티베리아스, 나자렛, 해안도시 아콘을 장악한 후 마침내 이집트 아랍인들의 주요 거점인 카이사레이아를 점령했다. 성스러운 도시 예루살렘이 멀지 않았지만, 황제는 섣부른 진군의 위험성을 인식했다. 그는 북쪽을 향해 떠났고, 가는 길에 베이루트와 시돈을 비롯한 일련의 중요한 해안도시들을 점령했다. 점령된 도시마다 황제의 사령관들이 배치되었다. 치미스케스는 동맹자인 아르메니아의 왕 아쇼트 3세에게 승리의 전갈을 보냈다. "기적을 듣고 받아들일지어다"라는 말로 시작되는 이 전갈은 다음의 구절에서 그 정점에 이르렀다. "전 페니키아, 팔레스티나, 시리아는 사라센인의 질곡으로부터 해방되어 로마인의 지배를 인정한다." 이 문장은 분명히 심한 과장을 내포하고 있으며, 실제로 달성한 일을 말한 것이 아니라, 십자군 원정에서 황제의 눈앞에 아른거리는 목표를 나타낸 것일 뿐이다. 그렇기는 하지만 그가 파죽지세의 승전행진을 통해서 이루었던 것 자체만도 압도적인 성과를 뜻했다. 즉 니케포로스 포카스의 정복성과들이 다시 한번 확인되었을 뿐만 아니라, 나아가 훨씬 확대되었던 것이다. 이로써 비잔티움 제국은 서아시아에서 우세한 위치를 차지하는 확고한 기반을 다졌다. 요안네스 치미스케스는 치명적인 질병 때문에 대원정에서 콘스탄티노플로 돌아왔다. 아마도 티푸스에 걸렸던 것 같다. 그는 976년 1월 10일에 죽었다. 영광에 찬 그의 지배는 단 6년 동안 지속된 후 뜻하지 않게 종식되고 말았다.

6) 비잔티움 세력의 절정 : 바실레이오스 2세

비록 형식적으로는 니케포로스 포카스 치하에서뿐만 아니라 요안네스 치미스케스 치하에서도, 마케도니아 왕조의 정통성 있는 대표자들의 황제권이 침범당하지 않았음에도 불구하고, 비잔티움 유력자들의 의식 속에서 제위가 정통 황실 태생의 것이라는 생각은 점점 희미해졌다. 사람들은 국가권력이 권귀가문 출신 장군의 손에 들어가는 것에 익숙해졌다. 그리하여 요안네스 치미스케스가 죽은 후 그의 처남 바르다스 스클레로스가 공석이 된 제국의 섭정 자리를 채울 수 있으리라고 기대하며 전면에 나섰다. 마치 마케도니아 황실의 운명은 옛날 메로빙 왕가가 그랬듯이 보다 더 생명력 강한 궁내장관에게 희생되도록, 혹은 바그다드의 칼리프들과 마찬가지로 압도적으로 강력한 군사적 술탄직 옆에서 계속해서 장식적이며 그림자와 같은 존재로 머무르도록 결정되어 있는 것처럼 보였다. 황실이 이 운명을 벗어나게 된 것은 젊은 황제 바실레이오스 2세의 비할 데 없는 박력 덕택이었다.

로마노스 2세의 아들들이 통치를 할 수 있는 연령에 도달했다. 바실레이오스는 열여덟 살이었고 콘스탄티노스는 열여섯 살이었다. 그들은 종조부*인 환관 바실레이오스의 적절한 뒷받침을 받으며 통치에 들어섰다. 그러나 사실상 지배권을 행사하게 된 것은 형뿐이었다. 왜냐하면 콘스탄티노스 8세는 아버지를 빼닮은 아들로서 경박한 향락자였기 때문이다. 그는 평생 사치스러운 향락에

* 정확하게는 할머니의 서출남자 형제이다.

탐닉하는 것 외에는 아무것도 바라지 않았다. 그러나 바실레이오스 2세는 완전히 달랐다. 그는 곧 강철 같은 의지력과 비할 데 없는 실행력을 지닌 인물임을 드러냈으며 바실레이오스 1세의 전 자손들 가운데 유일하게 통치자로서의 천품을 지녔고, 유일하게 진정 위대한 정치가였다. 그렇지만 그 역시 통치자로서의 소명을 행사하기에는 전혀 준비가 되어 있지 않았다. 어렸을 때부터 궁정의식들에 참여했지만 단역으로만 간주되었고, 단지 강력한 찬탈자들의 장식적인 존재, 그러니까 근본적으로는 불필요한 부속물로만 취급받아왔던지라, 그도 외부세계의 활동과 대면하게 되었을 때 처음에는 어쩔 줄을 몰라했다. 통치권을 맡은 후 자신에게 부과되었던 어려운 시련들을 겪고 나서야 그는 비로소 성숙해졌고 성격이 단련되었다. 국가의 조종간을 노련한 손으로 잡고 있던 인물은 바로 파라코이모메노스인 바실레이오스였다. 바르다스 스클레로스의 주도로 반란의 움직임이 터져 나왔지만 이 역시 그 대상은 종손자들이라기보다는 오히려 파라코이모메노스 바실레이오스였다. 종손자들 자체는 위험한 존재로 보이지 않았기 때문이다. 비잔티움 제국에서 가장 오래되고 가장 부유한 가문의 대표자인 바르다스 스클레로스는 매부 치미스케스 밑에서 동부의 도메스티코스라는 가장 높은 군직을 맡았던 탁월한 장군이었다. 그는 976년 여름에 자신의 군부대들에 의해서 황제로 선포되었다. 그는 자신에게 대항하도록 파견된, 황제에 충성을 바치는 장군들에게 거듭 승리를 거두며 차츰차츰 소아시아 전역을 장악해갔고, 978년 초 니카이아를 점령한 후 수도로 접근했다. 이 가장 위태로운 순간에 환관 바실레이오스는 바르다스 포카스에게 도움을 청했다. 바르다스 포카스는 니케포로스 황제의 조카였고, 훈족을 연상시키는 풍채를 지닌 용감한 전사였으며, 요안네스 치미스케스 밑에서 그 자신도 찬탈을 시도했던 인물이었다. 당시 바르다스 스클레로스가 요안네스 치미스케스의 이름으로 그를 굴복시켰듯이, 그는 이제 새로운 군주의 이름으로 스클레로스를 제압해야 했다. 실제로 바르다스 포카스는 예전의 정적을 제압했다. 그것은 물론 정통 황제의 종복으로서라기보다는 막강한 포카스 가문의 대표자로서였다. 그는 콘스탄티노플 근처에서 전투를 벌여야 되는 사태를 피하기 위해서 포카스 가문의 아성인 카이사레이아로 향했으며 그로 말미암아 찬탈자도 수도에서 물러나지 않을 수 없게 만들었다. 처음 전투들은 스클레로스가 이겼다. 그러나 979년 5월 24일, 포카스는 아모리온에서 멀지 않은 판칼레이아 평원에서 처음에는 자기 정적과 단독 대결을 벌여 그를 제압했고, 그런 다음에는 그의 군대에도 결정적인 타격을 입혔다. 스클레로스는 칼리프의 궁정으로 도망쳤고, 이로써 3년 동안 계속되었던 최초의 내전이 끝났다. 그러나 이 내전에 이어서 곧 또다른 혹독한 분규가 뒤따르게 될 터였다.

몇년 후에는 젊은 황제 바실레이오스와 전능한 종조부 사이에 불화가 생겼다. 바실레이오스 2세는 이제 더 이상 미숙하고 의지할 곳이 필요한 젊은이가 아니었다. 다른 사람의 지휘는 필요하지 않았을 뿐 아니라 유익하지도 않았다. 이제 그의 기량과 군주로서의 의지가 표면으로 돌출했다. 처음에는 그 자신이 기꺼이 믿고 맡겼던 후견이 더욱 짐스러워졌다. 그리하여 마침내 그의 채워지지 않는 권력욕과 언제나 뒷전으로 물러서 있는 데 대한 분노는 자신을 정치적으로 훈련시켰을뿐더러 자신에게 제위를 얻게까지 해준 사람에 대한 증오의 감정으로 농축되었다. 그리하여 막강한 군인 황제들을 다루는 법을 알고 있던 대정치가는 통치권을 행사하려는 종손자의 젊은 충동의 희생물이 되어 몰락했다. 아마도 그는 자신의 실총(失寵)이 다가오는 것을 예견하면서, 배은망덕한 피후견인에 대한 반란음모를 계획하고 바르다스 포카스를 비롯한 다른 장군들과 함께 결탁했던 것으로 보인다. 그러나 황제는 선수를 쳤다. 환관 바실레이오스는 보통의 반도와 마찬가지로 체포되었고, 엄청난 재산들을 압류당한 후 추방에 처해졌다. 여기서 그는 운명의 가혹함에 꺾여 곧 죽고 말았다.

바실레이오스 2세의 단독 통치는 공식적으로는 976년부터 계산된다. 그러나 그의 독립적인 통치는 대(大)환관이 실각한 후인 985년에야 시작되었다. 파라코이모메노스가 얼마나 전권을 휘둘렀는지 그리고 자신이 뒷전으로 몰려나 있는 데에 대한 황제의 노여움이 얼마나 깊고 끈질긴 것이었는지를 알려주는 사실이 있다. 곧 황제는 종조부가 제거되기 전에 포고된 법률들에 대해서, 자신이 직접 검토하여 친히 그 표시를 남김으로써 추인한 법률이 아닌 한 모두 그 효력을 상실한다고 선언했던 것이다. 그 이유는 "짐의 단독 통치가 시작되고부터 파라코이모메노스 바실레이오스가 폐위될 때까지의 시기에……많은 것이 짐의 소망에 따라 일어나지 않고, 모든 면에서 그의 의지가 규정하고 결정했다"는 데에 있었다.

바실레이오스 2세의 최초의 독립적인 사업은 986년의 발칸 원정이었다. 요안네스 치미스케스의 죽음은 제국의 적들을 악몽으로부터 해방시킨 셈이었다. 게다가 그후에 비잔티움에서 터진 내전과 심각한 분규는 그들의 활동에 몇년에 걸쳐 자유로운 활로를 열어주었다. 동쪽 지역의 경우, 이제 이곳에서 제국의 유일하게 가장 심각한 적은 멀리 떨어진 이집트의 파티마 왕조 칼리프국으로, 그들의 습격들은 국경에서 방어될 수 있었다. 그러나 발칸 반도의 경우에는 사정이 달라서 비잔티움 중앙권력의 마비는 이 지역의 발전에 아주 광범위한 결과를 초래했다. 마케도니아 지역에서는 요안네스 치미스케스가 죽은 후 마케도니아의 속주 총독이자 코메스였던 니콜라오스의 네 아들들의 지휘 아래 반란이 터졌다. 이 반란은 엄청난 규모로 진행되었고, 발칸 반도 대부분을 비잔티움의 지배에서 벗어나게 할 해방전쟁이 되었다. 발칸 지역에서 반란이 일어났다는 소식을 듣고, 폐위된 불가리아의 차르 보리스가 동생 로마노스와 함께 콘스탄티노플을 탈출했다. 그러나 보리스는 국경을 넘다가 목숨을 잃고 말았다. 로마노스는 목적지에 도달했지만, 비잔티움인들에게 거세를 당한 터라 차르의 관을 주장할 수 없었다. 지휘권은 물론 나중에는 차르의 관마저 코메스의 막내아들인 영웅적인 사무엘의 수중에 들어갔다. 왜냐하면 두 형들은 전투에서 쓰러졌고, 셋째는 나중에 사무엘의 손에 죽음을 맞았기 때문이다.

사무엘은 막강한 차르 제국을 건설했다. 그의 중심지는 처음에는 프레스파였지만 나중에는 오흐리드가 되었다. 그는 차츰 자신의 왕홀 아래 테살로니카를 제외한 마케도니아 전역, 도나우 강과 발칸 산맥 사이의 옛 불가리아 영토, 테살리아와 에피로스 등을 장악했을 뿐 아니라 나아가 디라키온을 포함하는 알바니아 일부 지역과 마지막으로 라스키아 및 디오클레이아까지 다스리게 되었다. 치미스케스가 폐지했던 불가리아 총대주교좌는 사무엘의 차르 제국에서 부활을 자축했다. 여러 번 장소를 바꾼 후에 마침내 이 총대주교좌는 사무엘의 수도인 오흐리드에 자리를 잡았다. 이 도시는 사무엘 제국의 새로운 교회 중심지로서 수세기 동안을 버티게 된다. 새로운 제국은 국가적으로나 교회적으로나 시메온과 페타르 제국의 후계자였고, 그 창건자에게뿐만 아니라 비잔티움인들에게도 그냥 불가리아 제국이었다. 뭐니뭐니해도 그 당시 비잔티움 이외에 차르 제국의 전통과 독자적인 총대주교좌의 전통을 소유했던 것은 불가리아뿐이었던 것이다. 사무엘은 이 전통을 완전히 자기 것으로 만들었다. 그러나 실제를 살펴볼 때 그의 마케도니아 제국은 예전의 불가리아인들의 제국과는 본질적으로 차이가 있었고, 구성과 성격상 새로 성립된 고유한 구성체였다. 이 새로운 제국의 무게중심은 완전히 서쪽과 남쪽으로 이동했으며, 옛 불가리아 제국의 주변 지역인 마케도니아가 이 제국의 진정한 중심을 이루었다.

사무엘의 팽창 충동은 처음에는 남쪽으로 방향을 잡았다. 세레스와 테살로니카에 대한 공격에 이어서 테살리아에 대한 습격이 거듭되었고, 이는 마침내 중요한 성과를 거두었다. 오랜 포위공격 후 985년 말 혹은 986년 초에 라리사가 사무엘의 수중에 장악되었다. 황제 바실레이오스 2세는 이에 대해서 반격을 하지 않을 수 없었지만, 사무엘과의 첫 회전(會戰)은 그에게 별로 운이 없었다. 황제는 이른바 트라야누스 성문을 통해서 사르디카 지역으로 돌진했다. 그러나 이 도시를 점령하려는 시도는 성공하지 못했고 퇴각하던 황제군은 습격을 받아 패배했다(986년 8월). 이제 사무엘은 방해받지 않고 자신의 세력을 건설하며 자기 제국의 경계를 사방팔방으로 힘있게 확대시킬 수 있었다. 비잔티움에서 새로운 심각한 내전이 터졌기 때문이다.

황제의 실패에 고무되어 비잔티움의 유력자들이 그에게 반대하여 일어섰다. 바르다스 스클레로스가 987년 초에 다시 비잔티움 땅에 나타나 다시 한번 황제권력을 잡았다. 파라코이모메노스 바실레이오스와 결탁하는 바람에 총애를 잃었던 바르다스 포카스는 다시 아시아에서 최고 사령권을 얻었고, 그래서 그는 다시 한번 자신과 같은 이름을 지닌 적에 대한 투쟁에 들어서야 할 판이었다. 그러나 그렇게 하는 대신, 포카스 역시 지난 세월 무시당한 데에 대한 원한을 품고 황제에게 반란을 일으켰으니, 그는 위대한 자기 숙부의 모범을 눈앞에 그리며 987년 8월 15일, 자신을 황제로 포고했다. 그의 반란이 특히 위험스러워 보였던 것은 그에 앞서서 군부의 고위급 명령권자들과 소아시아의 대토지 소유 권귀가문들의 수많은 대표자들이 회동을 가졌기 때문이다. 젊은 황제의 고집에 화가 난 최고위 군지도자들과, 역시 황제 때문에 자신들이 추구하는 바가 방해를 받는다고 생각한 대토지 소유 귀족들이 찬탈자 뒤에 일치단결하여 포진하고 있었다. 바르다스 포카스는 우선 옛날의 정적과 협정을 맺었다. 이 협정은 제국의 분할을 초래하는 내용을 담고 있었는데, 이에 따르면 포카스는 콘스탄티노플과 함께 유럽 영토를, 스클레로스는 아시아 지역을 얻을 예정이었다. 그러나 짧은 협력이 있은 후 바르다스 포카스는 자신의 우세를 의식하여 상대편 제위요구자를 체포하고, 이제는 단독으로 제위계승을 요구하고 나섰다. 전 소아시아는 그의 손에 떨어졌고, 988년 초에 포카스는 콘스탄티노플로 접근했다. 그의 군대의 일부는 크리소폴리스에 있었고, 다른 일부는 아비도스에 있었다. 수륙 양쪽에서 동시에 수도에 대한 공격이 준비되었다.

정통 황제의 처지는 절망적이었다. 외부로부터의 도움만이 그를 몰락에서 지켜줄 수 있었다. 바실레이오스 2세는 적시에 이를 인식하고 키예프 공국의 군주 블라지미르에게 도움을 청했다. 988년 초, 6,000명 병력의 러시아 군대가 비잔티움의 영토로 들어왔다. 이리하여 저 유명한 바랑고이계 러시아인 드루지나 부대는 마지막 순간에 제국의 상황을 구했다. 황제가 친히 이 드루지나 부대를 지휘했고, 그들은 크리소폴리스에서 반도들에게 절멸적인 패배를 안겨주었다. 바르다스 포카스는 아비도스의 전투에서 죽음——심장마비로 보인다——을 맞았고, 이 전투는 989년 4월 13일에 결판이 났다. 반란의 움직임은 와해되었다. 바르다스 스클레로스가 새로 반란을 일으켰으나, 이는 평화로운 합의와 찬탈자의 굴복으로 끝났다. 바랑고이계 러시아인 드루지나 부대는 계속 비잔티움을 위해서 복무했으며 바랑고이인들과 다른 노르만인들의 빈번한 충원으로 강화되면서 비잔티움 군대에서 중요한 역할을 했다.

키예프의 군주는 황제를 구해주는 대가로, 자신과 백성들에게 세례를 받게 한다는 전제조건하에서 정통 황실 소생의 공주인 안나, 즉 황제의 누이동생을 아내로 얻기로 약속받았다. 그것은 엄청난 양보였다. 정통 황제의 적녀(嫡女) 출신인 비잔티움의 공주가 외국인과 혼인한 적은 아직까지 한번도 없었다. 불가리아의 차르 페타르는 라카페노스 가문 여성으로 만족해야 했고, 오토 2세는 찬탈자 치미스케스의 친척으로 만족해야 했었다. 이제 신생 러시아 국가의 군주에게 처음으로 정통 황실의 공주와 혼인하는 유례 없는 영예가 베풀어졌다. 그러한 결합은 비잔티움의 전통 및 자의식에 너무도 어긋나는 것이어서 콘스탄티노플 사람들은 위험이 극복되자, 위기를 맞았을 때 행한 약속을 다시 철회하고 싶어했을 정도였다. 블라지미르는 공주를 데려가기 위해서 비잔티움의 크림 지역 영토를 전쟁으로 뒤덮고 케르손을 점령해야 했다(989년 여름).

키예프 국의 기독교화는 러시아의 발전과정에서 새로운 세기의 시작을 뜻했을 뿐 아니라 비잔티움에도 큰 이익을 뜻했다. 비잔티움의 영향권은 예기치 않은 확대를 경험했고, 가장 크고 또 전도유망한 슬라브 국가는 콘스탄티노플의 정신적 지도를 받게 되었다. 새로운 러시아 교회는 콘스탄티노플의 총대주교좌에 종속되었고, 처음에는 비잔티움에서 파견된 그리스 사람인 수도대주교의 영도를 받았다. 러시아의 문화적 발전은 그때부터 수백 년 동안 강력한 비잔티움의 영향 아래 놓이게 될 터였다.

소아시아 귀족층과의 투쟁에서 바실레이오스 2세는 최종적인 승리자가 되었다. 절망적인 분투 끝에, 가공할 몇 차례인가의 내전 끝에, 그의 모든 적들과 반대자들이 제압되었다. 그러나 이 투쟁은 오랜 세월 계속되었고, 그 사이에 극도로 쓰라린 경험들을 한 황제는 성격이 크게 바뀌었다. 젊은 시절에 거침없는 열정으로 탐닉하며 열중하는 대상이었던 인생의 모든 즐거움은 그에게서 죽어버린 듯했다. 그는 음울해지고 의심이 많아졌으며, 누구도 신뢰하지 않았고, 우정도 사랑도 알지 못했다. 황제는 평생 결혼하지 않았다. 그는 자신 속에 움츠러들어 혼자 살았다. 그는 또한 혼자서, 어떤 조언도 멀리하며 그의 제국을 통치했고, 말뜻 그대로 전제적 통치자(autocrator)*였다. 그의 생활방식은 금욕가 혹은 전사의 그것과 같았다. 궁정의 호사는 그에게 유쾌하지 않았고, 학식 있는 콘스탄티노스 포르피로게네토스의 손자임에도 불구하고 황제는 예술과 학문에 대해서조차 시간을 내지 않았다. 그로서는 비잔티움에서 그토록 높이 평가되고 있던 수사학의 기술도 질색이었다. 그의 표현방식은 단순하고 간략했으며, 세련된 비잔티움인들이 느끼기에는 다듬어지지 못하고 거칠었다. 그는 귀족의 적이었지만 그렇다고 해서 민중의 호감을 얻으려고 하지도 않았다. 그는 신민들에게 복종을 요구했지, 사랑을 요구하지는 않았다. 그의 평생의 노력은 국가의 세력을 높이고 제국 안팎의 적에 대항하여 투쟁하는 데에 향해 있었다.

유혈 내전에서 비잔티움 유력자들의 정치적 세력투쟁이 좌절된 후, 귀족들

* '아우토크라토르'는 단독으로 통치하는 군주라는 의미지만 여기에서는 전제군주라는 의미를 가진다.

의 경제적 야심도 발목을 잡히게 되었다. 로마노스 라카페노스는 지방에서의 대토지 소유의 맹렬한 팽창이 비잔티움 국가의 경제적, 사회적 구조를 얼마나 위태롭게 하는지를 잘 알고 있었다. 그러나 이와 같은 팽창열이 정치적으로 어떠한 결과를 초래하는지는 바실레이오스 2세가 어린 시절 및 청년 시절의 경험을 겪고 난 후에야 온전히 깨달을 수 있었다. 그는 로마노스 라카페노스가 시작한 반(反)귀족적 농업정책을 채택했다. 그 목적은 이 정책을 수미일관 밀고 나가는 것뿐만 아니라 또한 현저히 강화시키는 데에 있었다. 그가 농민토지 및 군인토지를 유지하는 데에 진력하게 된 것은 정치가로서의 통찰 때문이었지만, 여기에 그가 선조들의 제위를 이어받는 것을 위태롭게 만들었던 권귀가문들에 대한 개인적인 증오가 덧붙여졌다. 그는 급진주의에 사로잡혀 때로는 권리와 정의의 요구들까지도 무시했다. 바르다스 포카스의 옛 전우의 한 사람인 에우스타티오스 말레이노스의 경우가 그랬다. 바실레이오스는 시리아 원정에서 돌아오는 길에 말레이노스에게 자신을 손님으로 후대해줄 것을 요구했다. 이 카파도키아 권귀가문의 어마어마한 부, 그의 거대한 토지, 무엇보다도 수천 명 병력의 군대를 이룰 수 있을 노예와 예속적 소작인의 수에 너무나도 압도적인 인상을 받은 황제는 자신을 대접해준 주인을 콘스탄티노플로 초대하여 영예로운 포로로 붙들어두었다. 그의 재산은 국가에 몰수되었다.

바실레이오스 2세는 996년의 신칙법에서 포카스 가문과 말레이노스 가문을 과도하게 강해진 토지귀족의 가장 뛰어난 대표자들이라고 못박아 부르고 있었다. 그의 신칙법에서 그 이전의 입법을 보충하기 위해서 도입한 가장 중요한 규정은 40년 시효의 폐지였다. 그 이전의 규정에 따르면 이 시효가 경과한 후에는 불법으로 획득한 토지일지라도 그에 대한 일체의 반환 청구권은 사라졌었다. 바실레이오스 2세의 신칙법은 권세가들이 자기네 영향력을 이용하여 이 시효를 아무 탈 없이 넘어서고 그런 다음에는 불법으로 획득한 토지의 소유권을 확실하게 보장받는 일이 쉽게 일어날 수 있었음을 강조했다. 그렇기 때문에 황제는 로마노스 라카페노스가 이 문제에 관한 최초의 법을 제정한 이후에 권세가들이 가난한 사람들로부터 취득한 일체의 재산을 시효에 대한 그 어떤 고려나 그 어떤 배상도 없이 예전의 소유자에게 반환해야 한다고 규정했다. 게다가 바실레이오스 2세에 따르면 국고에 대해서는 소멸시효 자체가 전혀 존재하지 않았다. 국가의 반환 청구권은 아우구스투스 시대까지 거슬러올라간다는 것이다!

바실레이오스는 농민의 토지를 희생시키며 성장하는 교회의 토지 소유 역시 이 신칙법에서 제한하고자 했다. 마을에서 농민들의 지원으로 형성된, 비교적 적은 수의 수도사들이 있는 종교단체들은 수도원이 아니라 기도원으로 간주되어야 하며, 주교에게 연공을 납부할 필요 없이 마을 공동체 밑에 소속되어야 한다고 규정되었다. 이에 반해서 여덟 명 이상의 수도사들이 있는 비교적 큰 규모의 종교단체들은 계속 주교 밑에 놓이지만 새로운 토지를 취득해는 안 된다는 것이 황제의 신칙법의 규정이었다. 이 규정을 바실레이오스는 다시금 자신의 증조부 로마노스 라카페노스의 옛 규정들과 연결시켰다. 그에 반해서 그는 요안네스 치미스케스가 취소했던 니케포로스 포카스의 더욱 급진적인 법에 대해서는 아무런 언급도 하지 않았다.

바실레이오스 2세는 권세가들에 대하여 점점 더 강력한 제재조치들을 취했다. 시효권을 폐지하고 채 몇년도 지나지 않았을 때, 황제는 그들에게 가난한 자들을 대신하여 알렐렌기온을 납부할 의무를 부과했다. 다시 말해서 농민들의 미납된 조세의 납부를 책임질 의무였다. 이로써 그때까지는 마을 공동체를 통한 연대적 조세 납부의 원칙에 따라서, 지불 불능인 납세자의 이웃 주민들에게 부과되었던 알렐렌기온 체제(105쪽 이하와 149쪽 참조)의 부담이 일방적으로 대토지 소유자에게 전가되었다. 이 파격적인 조치는 두 가지 효과를 발휘했으니, 즉 권세가들에게는 새로운 무거운 타격을 안겨주었고, 국고에는 알렐렌기온 수입이 더욱 확실해졌다. 왜냐하면 몰락한 이웃의 토지를 위한 조세의 대납은 흔히 농민들의 힘을 벗어난 것이어서 그들을 외부로의 이주로 내몰았고, 이 때문에 국가에는 새로운 손실이 발생했을 뿐이기 때문이다. 비록 권세가들이 다름 아닌 총대주교 세르기오스의 지원을 받고 있기는 했지만, 그들의 항의로 바실레이오스 2세가 흔들리지는 않았다. 그의 선조들이 제압하려고 맞서서 투쟁했으나 결국 제압하지 못했던 귀족들의 우세를 꺾는 것이야말로 그의 확고한 의지였다.

그는 내전이 해결되자마자 마찬가지 열과 성으로 즉각 외적들에 대한 투쟁을 재개했다. 모든 적들 가운데 비할 데 없이 가장 위험한 적은 차르 사무엘이었다. 그와의 투쟁은 주요 과제가 되었고, 그의 제국을 궤멸시키는 것이 바실레이오스 2세의 생애의 목표가 되었다. 이 막강한 마케도니아 제국에 대항하여 다른 발칸 국가 군주들의 지원을 얻기를 모색했고, 디오클레이아의 군주 요안 블라디미르와 동맹을 체결했던 것처럼 보인다. 디오클레이아에서 파견된 것으로 여겨지는 세르비아 사절이 많은 모험 끝에 992년경 해로를 통해서 비잔티움에 들어왔다. 그들은 이미 전장에 나가 있던 황제를 그곳에서 알현했다. 왜냐하면 이미 991년 초봄, 바실레이오스 2세는 마케도니아를 침입하여 여기서 여러 해 동안 줄곧 사무엘에 대한 전쟁을 이끌었기 때문이다.

그러나 동쪽에서의 복잡한 사태로 바실레이오스 2세는 마케도니아에서의 전쟁을 중단할 수밖에 없었다. 파티마 왕조가 시리아에 침입하여 오론테스에서 안티오케이아의 제국 사령관에게 심각한 패배를 안겨주었다(994년). 이어서 알레포가 포위되었고, 안티오케이아 자체가 위태롭게 보였다. 자고로 두 개 전선에서 동시에 전쟁을 벌이는 것이 비잔티움 제국의 운명이었다. 제국은 이 운명을 벗어나보려고 해보았지만, 결과는 매번 심대한 손실이었다. 한때 니케포로스 포카스에게 시리아 문제가 그랬던 것처럼, 바실레이오스 2세에게도 발칸 문제가 전면에 서 있었다. 그러나 그는 동쪽에서의 투쟁에 매달려 발칸에서의 과제들을 놓쳐버렸던 위대한 자기 계부와 같은 오류를 범하지는 않았다. 995년, 그는 친히 알레포의 성벽 밑에 나타나서, 기습당한 적들을 격퇴하고 라파네아와 에메사를 점령했다. 몇년 후 안티오케이아의 둑스가 또다시 패배하자, 그는 파티마 왕조와의 전쟁에 개입하여 제국 군대를 구하기 위해서 다시 한번 시리아로 돌아갔다. 그러나 트리폴리스를 점령하려는 그의 시도는 이번에도 좌절되었다. 시리아에서의 상황을 원상회복시킨 후, 그는 아르메니아와 이베리아에서의 상황을 조정하기 위하여 카프카스 지역으로 떠났다.

사무엘은 황제가 없는 틈을 타서 그리스에 대한 출정을 감행하고, 펠로폰네소스 반도까지 돌진했다. 그러나 그는 돌아오는 길에 유능한 비잔티움 장군 니케포로스 우라노스의 기습을 받아 패배했고, 자신은 부상을 입은 채 간신히 죽음을 벗어났다(997년). 이러한 패배에도 불구하고 사무엘의 야심은 계속되었다. 다음 몇년간 디라키온이 점령되고, 라스키아와 디오클레이아가 합병되었다. 비잔티움과의 동맹은 디오클레이아의 군주 블라디미르에게 그다지 많은 도움이 되지 못했다. 그의 땅은 사무엘의 제국에 병합되었고, 그 자신은 우선 포로 신세가 되었다가, 그후 막강한 차르의 딸과 결혼하고 그의 가신이 되어 디오클레이아의 군주로 복위되었다.

아시아에서 돌아온 바실레이오스 2세가 1001년, 다시 발칸 지역에 나타났을 때 비로소 비잔티움의 대반격이 시작되었다. 황제는 명료하게 숙고된 계획에 따라서 친히 이 반격의 지휘를 맡아 가차없이 적의 목숨을 끊어놓았다. 처음 바실레이오스는 사르디카 지역을 습격했고, 인근 요새들을 점령했다. 이로써 사무엘은 도나우 강변의 옛 불가리아 국가들과 단절되었다. 한때 불가리아 수도들이었던 플리스카와 대(大)프레슬라프 및 소(小)프레슬라프가 제국의 장군들에게 점령되었다. 그 다음 바실레이오스 2세는 마케도니아로 향하여, 베로이아를 항복시키고, 세르비아(Servia)*를 공략했다. 이로써 황제는 북부 그리스로 가는 통로를 획득했다. 빠른 속도로 테살리아에 비잔티움의 지배가 수립되었고, 다시 마케도니아에 나타난 바실레이오스는 격전 끝에 방어시설이 강력한 도시 보데나를 점령했다. 그의 다음 공격목표는 도나우 강변의 중요한 요새인 비딘이었다. 사무엘은 아드리아노플을 점령하고 약탈하며 대담한 주의 분산 작전을 펼쳤지만, 바실레이오스는 이에 흔들리지 않고 여덟 달 동안 포위공격을 강행한 끝에 비딘을 점령했다. 그런 다음 황제는 비딘에서 빠른 행군으로 남쪽으로 진격했다. 스코피에에서 멀지 않은 바르다르 강변에서 그는 사무엘의 군대에 결정적인 승리를 거두었다. 이어서 스코피에가 그에게 성문을 열어주었다(1004년). 비잔티움 군대가 한편으로 스코피예를 점령하고 다른 한편으로는 보데나를 점령함으로써, 사무엘의 핵심지역은 집게에 물린 꼴이 되었다. 4년 동안 쉴 새 없이 싸움이 이어졌고, 비잔티움은 승리에 승리를 거듭했다. 그러는 사이에 적은 영토의 절반 이상을 상실했다. 이때에야 비로소 바실레이오스는 싸움을 중지하기로 결정하고, 겨울 동안 필리포폴리스를 거쳐 콘스탄티노플로 돌아갔다. 한 당대인이 말하듯이, "대부분의 황제들은 초봄에 출정하여 늦여름에 귀향했지만, 바실레이오스 2세는 그들과 달랐다. 그에게 귀향의 시점은 출발의 이유가 되었던 목적을 달성한 시점이었다."

실제로 이제 전쟁의 결과에는 의심의 여지가 있을 수 없었다. 수백 년의 전

* 나라 이름이 아니라 마케도니아의 도시 이름이다.

통을 딛고 서 있는 비잔티움 국가는 다시 한번 자신의 우월성을 증명했다. 사무엘은 대담무쌍한 차르였지만 비잔티움의 전술, 노(老)제국의 군대조직과 기술적 수단에는 맞설 수 없었다. 그의 장군들과 총독들이 그에게서 떨어져나가기 시작했다. 1005년에 배반이 일어나 디라키온이 비잔티움 황제의 수중으로 들어왔다. 그러나 최후의 섬멸은 1014년 7월의 일이었다. 이는 오랜 전쟁 후에 이루어진 일로서, 그 과정에 대해서는 거의 알려져 있지 않다. 스트루마 강 상류지역의 이른바 클레이디온이라고 부르는 벨라시카 산악지역의 협로에서 사무엘의 군대는 비잔티움 군대에 포위되었다. 차르는 프릴레프를 향해 빠져나갔지만, 그의 전사들 상당수는 죽음을 맞았고, 그보다 더 큰 병력이 포로 신세가 되었다. '불가리아인들의 학살자' 바실레이오스는 가공할 방식으로 자신의 승리를 축하했다. 전해져오는 바로는 1만4,000명에 이르는 포로들이 장님이 되었고, 한쪽 눈만 남은 사람들이 장님 100명씩을 인솔하여 그들을 프릴레프의 차르에게 데려가야 했다. 사무엘은 이 끔찍한 대열이 오는 것을 보고 기절하여 쓰러졌다. 이틀 후, 용감한 차르는 세상을 떴다(1014년 10월 6일).

사무엘의 제국은 그보다 몇년밖에 더 연명하지 못했다. 내부 혼란이 정복자를 도와주었다. 사무엘의 아들이자 후계자인 가브리엘 라도미르는 이미 1015년에 사촌 요안 블라디슬라프에게 살해되었다. 차르의 아내뿐만 아니라 매부인 디오클레이아의 요안 블라디미르도 가브리엘과 운명을 함께했다. 사무엘의 제국의 국토는 1018년 2월 디라키온의 공격에서 요안 블라디슬라프가 전사함으로써 투쟁에 종지부가 찍힐 때까지 체계적으로 굴복해갔다. 바실레이오스는 위풍당당하게 오흐리드로 진입하여 차르의 미망인을 비롯하여 차르 가문의 살아 있는 구성원들에게서 충성의 맹세를 받았다. 그는 목적을 달성했다. 완강하게 버텼던 땅, 그것에 대항하기 위해서 그는 30년도 더 전에 투쟁을 시작했었다. 그 땅이 이제 육십 먹은 통치자의 발 아래 굴복하여 그의 제국에 합병되었다. 전 발칸 반도는 다시 비잔티움 황제의 왕홀 아래 놓이게 되었다. 이는 이곳에 슬라브인이 이주하여 토지를 소유하기 시작한 이래 처음 있는 일이었다. 바실레이오스는 자신에게 굴복한 땅을 횡단하며 도처에 그의 지배를 수립한 후, 유서 깊은 아테네를 방문했다. 승리에 빛나는 황제는 당시 성모 마리아 교회가 되어 있던 파르테논 신전에서 경건한 감사예배를 드렸는데, 이는 위대한 승리를 맞아 분출된 고양된 감정이 인상적으로 표현되는 장면이었다.

'불가리아인들의 학살자' 바실레이오스의 전쟁방식이 전장에서는 아무리 잔인하고 가혹한 것이었을지라도, 굴복한 나라에 대한 그의 정책은 대단히 신중하고 통찰력 있는 것이었다. 이 나라의 상황과 관습들을 고려하여 그는 새로운 신민들에게 경제적으로 훨씬 발전된 비잔티움 제국 내의 주민들과는 달리 조세를 화폐가 아닌 현물로 납부하게 했다. 오흐리드의 총대주교구는 대주교구로 격하되기는 했다. 그렇지만 새로운 대주교구는 독립수장교회구로 간주되었고, 중요한 특권들을 얻었으며, 옛날 사무엘의 제국에 속했던 주교구들 전체를 거느리게 되었다. 그러나 사실상 오흐리드 대주교구의 독립수장교회적 성격은 그것이 소속 전 교구들과 함께 콘스탄티노플 총대주교가 아니라 바로 황제의 의지에 종속된다는 뜻을 지녔다. 왜냐하면 황제가 오흐리드 대주교의 지명권을 쥐고 있었기 때문이다. 황제 정책의 진정한 걸작이라고 할 수 있는 이 규정은 비잔티움에 남슬라브 민족들의 교회에 대한 통제는 보증해주면서도, 콘스탄티노플 총대주교의 그렇지 않아도 거대한 세력영역이 새로 확대되는 것을 피하는 동시에, 적절한 방식으로 오흐리드 교회 중심지의 특권을 부각시켜주는 것이었다. 오흐리드 대주교구의 독립수장교회적 대주교들은 그리스 정교의 교회위계에서 콘스탄티노플의 총대주교구에 종속된 여타의 교회 영주들보다 서열상 훨씬 높은 위치에 있었다.

비잔티움 제국의 구성요소로서 새로 정복된 영토들은 다른 모든 비잔티움 영토와 마찬가지로 테마 편제로 나뉘었다. 과거 사무엘 제국의 핵심이었던 지역들은 불가리아 테마로 총괄되었는데, 이 테마는 그 큰 중요성을 고려하여 처음에는 카테파노 관할구로 지칭되다가 후에는 둑스 관할구로 지칭되었다. 그 중심지는 스코피예에 있었다. 도나우 강 하류의 불가리아 지역들은 파리스트리온 혹은 파라두나본 테마를 이루었다. 이곳의 중심지는 도나우 강변의 도시 실리스트리아였고, 이 역시 다음에 카테파노 관할구로 승격되었다가 나중에는 둑스 관할구로 승격되었다. 도나우 강과 사바 강의 경계지역 역시 시르미움에 중심을 둔 테마로 조직되었으리라고 보아도 거의 틀림없을 것이다. 북쪽에 자다르(자라), 남쪽에 두브로브니크(라구사)가 자리잡고 있는 아드리아 해안은 이전과 마찬가지로 달마티아 테마를 이루었다. 그에 반해서 디오클레이아, 자흘루미아, 라스키아, 보스니아의 땅들은 테마로 조직된 것이 아니라, 오히려 크로아티아처럼 자기네 토착 군주들 밑에 종속되어 있었다. 따라서 이들은 비잔티움 제국의 진정한 속주가 아니라 가신국(家臣國)을 이루었다. 그러나 스코드라 호수 남쪽 지역은 예나 지금이나 디라키온 둑스 관할구에 속했다. 디라키온은 아드리아 해안에서 비잔티움 제국의 가장 중요한 전략적 거점을 이루었다. 이는 둑스 관할구로 승격한 테살로니카 테마가 에게 해의 가장 중요한 거점이었던 것과 마찬가지이다.

전 발칸 반도를 다시 얻은 것은 대내정치적으로도 대단히 중요한 의미를 가졌다. 소아시아의 권귀가문 출신인 니케포로스 포카스의 정복이 아시아 지역에 해당되었던 반면에, 소아시아 토지귀족의 강력한 적이었던 바실레이오스 2세가 제국의 유럽 지역을 주요 목표로 삼았던 것은 결코 우연이 아니다. 제국의 영토가 다시 도나우 강과 아드리아 해안까지 뻗쳐나가고부터 소아시아가 지난 몇 세기 동안 제국을 위해서 지녀왔던 현격한 중요성이 사라졌기 때문이다.

그렇지만 바실레이오스 2세는 아시아에서 대두한 제국의 과제들을 소홀히 다루지 않았다. 말년에 그는 비잔티움 권역의 다른 쪽 끝인 카프카스 지역에서 활동했다. 바그라투니 왕조에 최고의 번영을 안겨주었던 가기크 1세(990-1020년)가 죽은 후, 아르메니아에 혼란이 터졌다. 이는 황제에게 성공적인 개입의 가능성을 주었다. 바스푸르칸 지역이 이베리아 일부와 마찬가지로 비잔티움에 합병되었고, 아니의 아르메니아 왕국은 가기크의 아들이자 후계자인 요안 슴바트 왕이 살아 있는 동안은 그대로 남아 있었지만, 그 다음에는 역시 비잔티움 황제의 수중으로 들어왔다. 바실레이오스 2세에 이르기까지 삼대에 걸친 정부들이 아시아에서 감행한 영광에 찬 정벌의 결과, 옛날 비잔티움 영토 너머로 큰 원을 그리며 새로운 테마들이 차례대로 남쪽과 동쪽을 향해서 멀리 뻗어나갔다. 즉 안티오케이아, 텔루크, 이른바 유프라테스 강변의 도시들(후대의 명칭은 "에데사"), 멜리테네, 이어서 비교적 오래된 메소포타미아 테마 지역, 타론 테마, 다음에는 새로 얻어진 속주 바스푸르칸, 이베리아 그리고 테오도시오폴리스가 차례차례 이어졌던 것이다. 소아시아의 옛 테마들이 명망을 잃는 동안 새 속주들은 변경 관구로서 큰 중요성을 얻고, 안티오케이아나

나중에 메소포타미아가 그러했던 것처럼 둑스 관할구로 불리든가, 혹은 에데사와 아르메니아-이베리아 속주들처럼 카테파노 관할구로 불리게 되었다.

쉬지 않고 움직였던 황제는 죽음 직전에 이르러 시선을 서쪽으로 향했다. 남부 이탈리아에서 비잔티움의 지위는 오토 대제 때부터 게르만 제국의 돌격으로 위태롭게 보였으나 오토 2세와 아랍인들과의 투쟁이 불행하게 끝난 후에는 다시 확고해졌다. 비잔티움 여인 테오파노의 아들인 젊은 황제 오토 3세 치하에서는 로마 부활의 이념이 뿌리를 내리게 되었고 이는 서방 제국의 영역에서 비잔티움 영향력의 심화를 초래했다. 또한 비잔티움 정부는 이탈리아에서 비잔티움 영토 전체를 하나의 카테파노 관할구로 총괄했는데, 이로써 비잔티움의 우세한 위치에는 조직상으로도 보다 확고한 기초가 부여되었다. 유능한 카테파노였던 바실레이오스 보이오안네스는 비잔티움 제국의 적들에게 여러 차례의 승리를 거두었다. 바실레이오스 2세는 이러한 성과들을 확장할 생각으로 시칠리아의 아랍인들에 대한 대규모 출정준비를 하다가 1025년 12월 15일에 죽었다. 그는 아르메니아의 산악지방에서 아드리아 해에 이르고, 유프라테스에서 도나우 강에 이르는 제국을 남겼다. 슬라브인의 대제국 하나는 바실레이오스의 제국에 합병되었고, 또다른 더 큰 국가는 그 정신적 영향 아래 놓여 있었다.

13세기의 한 저술가는 비잔티움의 가장 중요한 황제들로서 헤라클레이오스와 바실레이오스 2세를 꼽았다. 이 두 이름은 실제로 비잔티움 역사에서 가장 위대한 이름으로, 비잔티움의 영웅시대를 체현했다. 한 사람은 그 시대를 열었고, 또 한 사람은 그 시대를 마감했다.

5
수도 관료귀족의 지배 (1025-1081)

1) 중기 비잔티움 국가체제의 해체

바실레이오스 2세의 죽음은 비잔티움의 역사에서 전환점을 뜻한다. 외부적으로는 지난 시대의 명성으로 살아가지만 내부적으로는 해체과정을 방임하는 아류의 시대가 시작되었다. 지난 세 황제 정부들의 위대한 업적 덕분에 비잔티움은 이길 수 없는 상대로 보였고 비잔티움 역사에서는 거의 전무후무할 만큼 비교적 평화로운 시대가 시작되었다. 그러나 이 평화기는 비잔티움의 입장에서 규합과 응집의 시대가 아니라 내적 무기력의 시대였다. 헤라클레이오스가 만들고 바실레이오스 2세가 최후로 규합, 유지했던 체제가 해체되기 시작했다. 봉건세력에 대한 투쟁을 계속하기에는 바실레이오스 2세의 허약한 후계자들은 능력이 없었다. 농민토지와 군인토지들의 해체가 급속한 속도로 진행되었고 이에 따라서 비잔티움 국가는 방어력과 조세징수력이 붕괴되어갔다. 제국의 경제구조와 사회구조는 근본적인 변화를 겪었다. 비잔티움 황제권은 봉건귀족과의 투쟁을 포기했을 뿐만 아니라, 스스로 그때그때 보다 강력한 귀족집단의 대표자가 되었다. 대토지 소유 귀족층은 게임에서 이겼고, 남은 문제는 단지 이 계층 가운데 어느 부분이, 곧 관료귀족과 군사귀족 중 어떤 세력이 우세해질 것인가 하는 것뿐이었다. 향후 몇십 년의 비잔티움 역사는 얼핏 보면 단지 궁정 음모의 혼돈상태로만 보이지만, 실제로는 두 경합세력인 수도의 문관귀족층과 속주의 군사귀족층 사이의 투쟁으로 점철되어 있었다. 초기 단계에서는 그 자체로는 보다 강력하지만 바실레이오스 2세 밑에서 녹초가 되었던 속주의 군사귀족층이 뒷전으로 물러나고, 수도의 문관귀족들이 국정의 조종간을 잡았다. 그들의 지배는 이제 막 출현하는 새로운 시대의 징표였다. 무수한 궁정 음모들은 이러한 체제의 외적인 부대현상이었을 뿐이다. 그러나 그것의 가장 본질적인 결과는 한편으로는 제국 수도의 문화적인 번영이었으며, 다른 한편으로는 제국 군부세력의 몰락이었다.

아류들의 대열을 시작하는 인물은 바실레이오스 2세의 제위계승자인 그의 동생 콘스탄티노스 8세(재위 1025-28년)이다. 반백 년 동안 공동 통치자로서 아무 활동 없이 위대한 형의 곁에 서 있었듯이, 그는 노년에 지배자가 되었을 때에도 국가의 지도자라기보다는 명목상의 대표자였다. 그에게는 재능이 부족하지 않았지만, 인품과 책임감이 부족했다. 그는 정사를 다른 사람들에게 맡기고 연회와 히포드롬 경기로 시간을 보내며, 바실레이오스 2세 치하에서 모은 국가의 부를 태평스럽게 낭비했다.

중요한 문제는 제위승계를 조정하는 문제였다. 노(老)황제에게는 아들이 없었기 때문이다. 세 딸 가운데 맏딸인 에우도키아는 천연두를 앓아 얼굴이 얽었고, 수녀가 되어 있었다. 반면에 그 밑의 두 딸, 이제는 결코 젊지 않은 공주들인 조에와 테오도라는 마케도니아 왕조의 마지막 대표자들로서, 다가오는 몇십 년의 비잔티움 역사에서 중요한 역할을 맡게 될 터였다. 콘스탄티노스 8세는 기이하게도 임종의 자리에 이르러서야 이미 나이가 지긋한 공주들을 결혼시킬 생각을 하고 적당한 남편감을 찾았다. 그리고 최후의 순간에 콘스탄티노플 시 총독인 로마노스 아르기로스가 선택되었다.

콘스탄티노플 총독의 직책은 자고로 높은 명예를 지니고 있었으며, 11세기에는 그 중요성이 더욱 커졌다. 이미 『의전서』에도 시 총독이 시의 아버지라고 쓰여 있기는 하지만, 이 총독직이 자줏빛 도포만 주어지지 않을 뿐, 황제의 존엄을 지닌다고 말할 수 있을 정도가 된 것은 11세기의 한 저술가에 이르러서였다. 이렇게 높은 품계를 지닌 자로서, 그리고 비잔티움의 가장 뛰어난 가문 가운데 하나의 대표자로서, 로마노스 아르기로스는 수도 관료귀족의 가장 명망 있는 대표자였다. 1028년 11월 12일, 그는 쉰 살의 조에와 결혼했고, 사흘 후 ── 콘스탄티노스 8세는 이미 사망한 다음이었다 ── 제위에 올랐다. 로마노스 3세 아르기로스는 전형적인 귀족으로서 이미 육십객이었지만, 매력적인 외모와 적당한 교양을 지니고 있었다. 통치자로서의 능력은 전무했지만,

그의 눈앞에는 늘 위대한 역사적 모범들이 아른거렸다. 그는 이들 모범의 진정한 아류로서, 한없는 허영심에 사로잡혀서 그들을 좇으려고 노력했다. 마르쿠스 아우렐리우스가 그의 이상형이 되었을 때는 철학적 대화를 이끌었고, 유스티니아누스가 모범이 되었을 때는 호화로운 건축물을 세우기 시작했다. 그런가 하면 어느덧 그는 곧 다시 트라야누스나 하드리아누스를 모범으로 삼고서, 시리아에서 심각한 패배를 당하고 정신을 조금 차리게 될 때까지는 자신이 전쟁을 사랑하는 장군이라고 상상하기도 했다. 상황을 구한 사람은 탁월한 장군인 게오르기오스 마니아케스였다. 그는 로마노스 3세의 원정에서 처음으로 역사의 무대에 등장했으며 에데사의 점령(1032년)에서 정점을 이루는 승리에 빛나는 출정들을 통해서 다시 한번 비잔티움 제국의 우세를 강조할 수 있었다.

로마노스 아르기로스의 짧은 통치의 특징은 무엇보다도 바실레이오스 2세의 정책을 공개적으로 포기한 것이었다. 바실레이오스 2세가 권세가들에게 부담시켰던 황폐해진 농민토지에 대한 과세는 대토지 소유자들의 압력으로 폐지되었다. 그리하여 처음에는 에피볼레로서, 다음에는 알렐렌기온으로서 비잔티움 조세체제의 기본 요소를 이루었던 유서깊은 유휴지 부가세 질서는 영원히 사라졌다. 농민들은 더 이상 유휴지 부가세를 지불할 수 없었고, 권세가들은 지불하려고 하지 않았다. 로마노스 3세 황제 자신이 전형적인 권세가들의 대표자였으므로, 대토지 소유 귀족층의 뜻에 거스르는 것은 엄두도 낼 수 없었다. 권세가들에게 농민토지와 군인토지를 획득하지 못하게 한 옛 법들은 공식적으로 취소되지는 않았고, 양심적인 재판관들은 이때까지만 해도 옛 법을 유효한 법으로 간주했다. 그러나 바실레이오스 2세가 죽은 후 소토지 소유를 보호하기 위한 일련의 법들이 완전히 중단된 것만으로도 상황의 일신을 가져오기에 충분했다. 왜냐하면, 심지어 10세기의 규정들조차 그렇게 엄격한 내용에도 불구하고 농민토지와 군인토지를 대상으로 한 사재기를 막아내지 못한 판이었으니, 이제야말로 대토지 소유는 호의적이라고 부를 수 있을 정도로 수동적인 정부의 태도를 등에 업고 마음껏 팽창할 수 있게 되었기 때문이다. 권세가들은 정치적으로나 경제적으로나 완전히 승리했다. 로마노스 1세부터 바실레이오스 2세까지의 중앙권력이 귀족들의 토지소유욕에 대처하고자 설치했던 방파제는 파괴되었다. 이제 소토지 소유는 방해받지 않고 해체되어갔다. 대토지 소유는 농민토지와 군인토지를 흡수했고, 그 소유자를 예속적 소작인으로 만들었다. 그리하여 7세기의 부흥 이래 비잔티움 국력의 기초가 되었던 체제가 일소되면서 방어력과 조세징수력이 몰락했고, 이로 말미암은 국가의 빈곤화는 점점 더 군사력을 저하시켰다.

물론 이 시대의 군주들이 이 과정을 만든 창시자들은 아니었다. 그들은 단지 더 이상 억누를 수 없는 발전과정을 앞장서서 나아간 길잡이요, 힘차게 돌진하는 경제적, 사회적 세력의 대표자였을 뿐이다. 그렇기 때문에 비록 로마노스 아르기로스의 제거는 사회적으로 그에게 대립하고 있던 세력 쪽에서 실행한 것이기는 했지만, 그의 제거도 많은 변화를 일으키지는 못했다. 로마노스 황제와 조에 황후 사이에는 이미 수년 전부터 깊은 불화가 지배했다. 황제의 관을 얻은 후 로마노스 아르기로스에게서는 나이 지긋한 황후에 대한 관심이 사라졌다. 그는 그녀를 소홀히 하기 시작했고, 심지어는 그녀의 돈줄을 차단하기까지 했다. 그러나 이제서야 현세적 존재의 기쁨을 알기 시작한 초로의 여인의 삶에 대한 갈증을 막을 수는 없었다. 그녀의 시선은 파플라고니아 출신 농부의 아들인 젊은 미카일에게 머물렀다. 그를 황궁의 내실로 데려온 사람은 그의 형, 그러니까 영향력 막강한 환관인 요안네스 오르파노트로포스였다. 이 요안네스 오르파노트로포스라는 자는 능력은 대단했지만 양심이라고는 조금도 없는 사나이로서, 음모의 진정한 배후 조종자였다. 그는 환관이자 수도사여서 스스로 황제의 관을 주장할 수는 없었기 때문에, 일을 꾸며 그것을 동생의 손에 쥐어주었다. 조에는 늦된 열정의 열렬함으로 아름다운 청년과 사랑에 빠졌으며, 그리하여 일은 벌어졌으니 로마노스 3세가 1034년 4월 11일에 욕실에서 죽었던 것이다. 같은 날 저녁에 황후는 젊은 애인과 결혼했고, 그는 미카일 4세(1034-41년)로 제위에 등극했다.

조에는 이번에도 또 오산을 했다. 그녀에 대한 미카일의 관심 역시 제위에 오른 후에는 중단되었기 때문이다. 그녀는 이동의 자유마저도 빼앗겼다. 로마노스 아르기로스의 운명을 기억하며 요안네스 오르파노트로포스는 그녀의 교제를 아주 엄격하게 감시했다. 미카일 황제는 능력 있는 군주이자 용감한 장군으로 모습을 드러냈다. 그렇지만 그는 간질을 앓았고, 시간이 흐름에 따라서 발작이 강해지고 빈번해졌다. 그 주된 이익을 챙긴 것은 교활한 환관이었다. 제국의 전 행정이 그의 수중에 들어갔다. 그는 국정의 조종간을 대단히 능숙하게 조종했으되, 인정사정 없이 재정적 부담을 높이고, 가차없이 조세를 거둬들였다. 낮은 신분에서 벼락 출세한 자로서 요안네스 오르파노트로포스는 신분을 떠난 옛날식 관료적 중앙집권주의를 체현하는 인물이었다. 그러는 한 그의 통치는 반귀족주의의 예봉을 가지고 있었다. 그렇지만 고통을 당하는 쪽은 무엇보다도 소아시아의 군사귀족이었으므로 수도의 관료귀족들은 처음에는 정부를 지지했다. 문관파의 가장 전형적인 대표자의 한 사람인 프셀로스는 만족스러운 어조로, 미카일 4세의 정부가 기존 질서를 변화시키지도 않았고, 원로원의 구성원들에게 아무 해도 끼치지 않았다고 강조했다. 그러나 오르파노트로포스의 무지막지한 통치방법은 백성에게는 가혹한 시련이 되었다. 특히 그는 자신의 이익을 절대로 놓치지 않았고, 자기의 전 친척들을 국고에서 먹여살렸기 때문에 더욱 그러했다.

발칸 반도의 슬라브인 주민들은 정부의 가혹한 국고주의에 항거하여 일어섰다. 바실레이오스 2세의 통찰력 있는 결정들과는 반대로, 이제는 비잔티움 정부가 이 지역 주민들에게도 조세를 화폐로 납부하라고 요구했기 때문이다. 그밖에도 콘스탄티노플 정부는 1037년 사망한 슬라브인 요안네스 대신에 그리스인이며 하기아 소피아의 카르토필락스(chartophylax) 즉 문서고 책임자인 레온을 오흐리드의 대주교로 임명했다. 봉기는 엄청난 규모였다. 사무엘의 손자로 자처하는 페테르 델리얀이 1040년 베오그라드에서 차르로 포고되었다. 곧 그에게 콘스탄티노플에서 도망온 알루시아노스가 가세했다. 알루시아노스는 요안 블라디슬라프의 아들로서, 그의 가세는 봉기세력에 큰 어려움을 안겨주기는 했다. 봉기의 불길은 발칸 반도의 슬라브인 거주지역 대부분으로 퍼져나갔고, 북부 그리스 지역에까지 미쳤다. 그렇지만 봉기 지휘부가 통일되지 않았기 때문에 이 반란운동은 그 규모에 비추어 예상되었던 것에 비해서는 훨씬 급속하게, 그러니까 1041년에 이미 진압되었다. 그러나 바실레이오스 2세가 세운 구조에는 깊은 균열이 새겨진 채 계속 남게 되었다.

페테르 델리얀의 봉기를 진압한 후, 비잔티움은 제타의 반항적인 군주 스테판 보이슬라프까지 복종하도록 만들고자 했다. 그 사정은 이러하다. 옛 디오클레이아는 이제 흔히 제타라고 불리게 되는데, 이곳의 군주는 이미 1035년에 비잔티움의 보호정치에 반기를 들었다. 그의 최초의 저항 시도는 실패로 끝나서 그는 일시적으로 굴복하고 포로가 되었지만 이를 벗어난 후 다시 해방투쟁을 재개하여, 거듭된 비잔티움의 응징 원정들에 맞서 승리를 얻어낼 수 있었다. 비잔티움은 반역적인 제타의 군주에 대한 투쟁에 라스키아, 보스니아, 자흘루미아 등 가신국의 군주들을 불러낼 수 있기는 했지만, 1042년의 대규모 응징 원정의 결과는 역시 완전히 부정적이었다. 디라키온의 스트라테고스의 강력한 병력에 대해서 스테판 보이슬라프는 자기 나라의 산악지역에서 압도적인 승리를 거두었고 이로써, 그의 제후국의 독립성은 결정적으로 확보되었다. 그의 세력영역은 이제 인근의 트레부니아뿐만 아니라 자흘루미아까지 확대되었다. 그리하여 제타는 슬라브인이 세운 발칸 국가들 가운데 최초로 비잔티움의 지배를 벗어났다.

미카일 4세는 델리얀의 반란을 진압한 후 죽을 병이 들어서 발칸으로부터 돌아왔다. 황제의 임종이 곧 닥칠 것을 내다보며, 요안네스 오르파노트로포스는 자신의 가문이 황제의 관을 계속 유지하기 위해서 필요한 대비책을 강구했다. 두 권력자의 조카 미카일이 조에 황후의 양자가 되어 제위계승 예정자로서 카이사르의 품계를 얻었다. 그는 자기 아버지의 옛 수공업 직업에 따라서 칼라파테스(Kalaphates : 〔배의〕 틈을 메우는 사람)라는 별명을 가지고 있었다. 1041년 12월 10일, 미카일 4세는 격심해져가는 통증으로 말미암아 녹초가 되어 성 아나르기로이 수도원으로 물러갔고, 그날 이곳에서 사망했다.

미카일 5세 칼라파테스는 파플라고니아 일족의 지배에 급속한 종말을 마련해주었다. 요안네스 오르파노트로포스는 자신이 옹립한 황제의 희생자가 되었다. 미카일은 자신에게 호의를 베풀어준 숙부의 행동에 대해서 그를 유형시켜버리는 것으로써 보답했다. 누구에게도 인기를 얻지 못했던 환관인지라, 그를 위해서 누구도 손가락 하나 까딱하지 않았다. 이를 보며 용기를 얻은 칼라파테스는 조에 황후도 수도원에 감금시켰다. 하지만 이 행동에 대해서 그는 황관을 대가로 치러야 했다. 귀족과 교회가 황실에 대한 비잔티움 수도 주민들의 충성심을 발판으로 오만불손한 벼락 출세꾼에게 공동으로 대항했던 것이다. 마케도니아 왕조 시대에 정통 왕조에 대한 비잔티움 민중의 감정이 너무도 강해져서, 그들 스스로가 조에와 테오도라에게 희망을 걸었기 때문이다. 정통 황제의 소생인 여인에게 반기를 들었던 칼라파테스는 실각하여 1042년 4월 20일에 장님이 되었다. 이제 왕홀은 조에와 테오도라가 공동으로 잡기로 되었다. 왜냐하면 조에의 요구로 수녀의 베일을 써야 했던 테오도라의 뒤에는 옛날부터 강력한 파당이 포진하고 있었으며, 특히 교회가 그녀에게 호의를 품고 있었기 때문이다. 여인들이 자신의 이름으로 통치자의 권력을 행사할 수 있는 권리가 있는가 하는 것은 더 이상 문제가 되지 않았다. 그러나 정통 황제 소생인 두 여인들이 너무도 무능력했을뿐더러 그들 상호간의 증오가 절망적일 정도로 컸기 때문에, 몇주도 채 지나지 않아서 이미 정권을 남자에게 넘겨야 했다. 테오도라는 결혼을 하지 않으려고 했으므로, 결혼에 취미를 붙인 조에가 64세의 나이로 세번째 결혼을 해야 했다. 그녀는 1042년 6월 11일, 점잖은 원로원 의원 콘스탄티노스 모노마코스와 결혼했고, 다음날 그는 황제의 관을 받았다.

콘스탄티노스 9세 모노마코스(재위 1042-55년)는 일찍이 스클레로스 가문의 여인과 재혼을 한 적이 있어서 로마노스 3세 아르기로스와는 인척관계에 있었는데, 그 또한 이 로마노스와 마찬가지로 비잔티움 관료귀족층의 전형적인 대표자였다. 또한 로마노스와 마찬가지로 콘스탄티노스 역시 별로 대단치 않고 의지도 약한 통치자였다. 그는 인생도 통치자로서의 의무도 가볍게 생각했고 이것들이 다 파멸로 치달아가도록 그대로 내버려두었다. 그와 공식적으로 통치권을 나누어 가졌던 두 늙은 여황제들은 이제 어떤 종류의 제한도 받지 않았다. 이 여인들은 삶을 즐기는 황제와 함께 국가의 재산을 계속 낭비해도 되었다. 한편 조에 역시 나이를 먹으면서 좀더 너그러워졌다. 콘스탄티노스 9세가 두번째 아내의 조카인 아름답고 영리한 스클레리나와 아주 노골적인 애정관계를 맺는 것에 대해서 백성은 분노했을망정 여황제는 분노하지 않았다. 새로 만들어진 세바스테(Sebaste) 곧 '존숭받는 여인'이라는 칭호로 치장한 황제의 애인은 궁정의 모든 의식에 두 여황제와 나란히 참여했다. 두 여인이 죽은 후에는 두 여인의 품계뿐만 아니라 역할까지도 아름다운 알라니족 공주에게 넘어갔다.

수도의 경쾌하고 우아한 생활은 물론 과소 평가할 수 없는 매력을 지니고 있었다. 바실레이오스 2세의 군사적 통치하에서 바싹 시들어버렸던 비잔티움의 정신생활은 이 시대에 새로운 싹이 트기 시작한다. 당시 기선을 잡고 있던 수도의 관료귀족들이 제국의 교양계층임은 의심할 여지가 없었다. 진정한 그리고 높은 교양을 지닌 인물들이 황제를 둘러싸고 있었다. 예를 들면 콘스탄티노스 레이쿠데스가 있었다. 그는 제1장관 즉 메사존(mesazon)으로서 국사를 이끌었다. 또한 중요한 법학자 요안네스 크시필리노스가 있었고, 유명한 철학자 미카일 프셀로스가 있었다. 프셀로스는 문화 분야에서 극히 생산적인 활약을 한 점에서나, 재앙을 불러일으킨 그의 정치활동에서나, 깊이를 모를 정도의 도덕적 타락이라는 면에서나 이 시대의 가장 걸출한 인물이다. 그에게도 경건함이 완전히 결여된 것은 아니었고, 적어도 심미적으로는 때때로 선조들의 종교가 그의 감수성을 강하게 사로잡았다. 환멸과 체념의 순간에, 그러니까 콘스탄티노스 9세의 통치 말엽 레이쿠데스의 무리가 일시적으로 영향력을 상실했을 때, 그는 심지어 ── 친구 크시필리노스와 함께 ── 수도사의 옷을 입기까지 했다. 그러나 그의 전 존재는 과거에나 지금에나 속세를 향해 있었고 세속적 지식과 인간 삶의 활동에 쏠려 있었다. 그는 세속적 지식을 진정한 열정으로 받아들였고, 믿을 수 없을 정도로 깨어 있는 눈으로 인간 삶의 활동을 관찰하고 분석했으며, 이를 정치적으로 그의 의지 아래 강제적으로 종속시킬 줄 아는 인물이었다. 웅변가이자 저술가로서 그에게 필적할 사람은 없었다. 그뿐 아니라 화술에 특히 민감했던 비잔티움 세계에서 그의 수사학적 재능은 저항할 수 없는 힘을 지닌 무기였다. 프셀로스는 정치가로서 이 무기를 마음껏 활용했을 뿐 아니라, 때로는 이를 너무 지나치게 남용하여 이에 대한 적절한 비난의 언사를 찾기조차 어려울 정도가 되기도 했다. 그러나 동시에 이 인물의 지적 능력은 그 어떤 적절한 칭찬의 말도 찾아내기 어려울 정도로 걸출했던 것 역시 사실이다. 그의 지식은 전 분야에 걸쳐 있었고, 당대인들에게는 그저 기적으로나 여겨질 뿐이었다. 그는 고대의 지혜와 문예에 대한 열렬한 애정으로 가득 차 있었다. 물론 비잔티움에서 고대의 전통이 결코 완전히 소멸한 적은 한 번도 없었다. 그러나 프셀로스는 고대 그리스 문화에 특별하고 직접적인 동시에 훨씬 깊은 관계를 맺고 있었다. 그는 신플라톤 학파를 연구하는 것만으로는 만족하지 못했다. 그는 원전(原典)으로 가는 길을 발견했으며, 플라톤을 알고 배우게 되었고, 이를 통해서 동시대와 후세에 무한히 풍요로운 영향을 끼쳤다. 그는 가장 위대한 비잔티움 철학자인 동시에 최초의 위대한 인문주의자였다.

프셀로스, 크시필리노스, 레이쿠데스를 비롯하여 프셀로스의 스승이며 뛰어난 시인이자 학자인 요안네스 마우로포스 등은 황제의 자문격인 학자군을 이루고 있었는데, 바로 이들 무리들로부터 고등교육기관, 즉 대학에 새로운 활기를 불러일으키는 움직임이 나왔다. 1045년에 콘스탄티노플에 철학 및 법학 고등교육기관이 창건되었다. 철학 교과과정은 트리비움(trivium)과 쿼드리비움(quadrivium)의 체제에 따라서 이루어졌다. 즉 문법, 수사학, 변증법이라는 3분과들이 하급 단계를 이루었고, 대수학, 기하학, 음악, 천문학이라는 4학문이 상급 단계를 이루었다. 그리고 철학은 모든 지식의 최종 종합으로 간주되었다. 철학 교과과정 수업의 지도는 프셀로스의 손에 있었다. 그는 "철학자들의 집정관(hypatos)"이라는 산뜻한 칭호를 얻었다. 법학대학장은 "법의 수호자(nomophylax)"로 여겨졌던 요안네스 크시필리노스였다. 이리하여 그리스 교양과 로마 법학의 새로운 중심지가 탄생했다. 이를 육성한 것은 비잔티움 역사에서 가장 위대한 업적에 속한다. 동시에 새로 창건된 대학들은 미래의 재판관과 관료들을 위한 교육장소로서 중요한 실용적 요구의 충족에도 이바지했다.

황제의 절대주의가 가장 찬란하게 피어났던 지난 두 세기 동안 원로원은 단지 장식적 역할밖에 하지 않았다. 그러나 원로원 의원 칭호의 진정한 담당자들인 수도의 고급 관리들이 지배계층을 이루고부터, 원로원 의원의 품계는 더 이상 단순한 명예직의 표시가 아니었다. 수도 관료들의 지배체제가 더욱 확고하게 뿌리를 내리면 내릴수록 원로원 의원 칭호를 지니는 사람들의 수는 많아졌다. 또한 수도 주민의 보다 넓은 계층에게 원로원 의원의 대열로 들어갈 수 있는 통로가 개방되었다. 이를 통해서 통치체제의 토대가 확대되었고, 새로운 사회집단들이 원로원 지배의 존속에 관심을 두게 되었다.

그러나 수도 관료귀족의 우세가 봉건세력들에 대한 중앙권력의 공고화를 의미하는 것은 결코 아니었다. 소토지 소유가 점점 더 몰락하는 동안, 대토지 소유는 증가일로에 있었다. 더욱이 대토지 소유는 점점 더 광범한 특권을 얻게 되었다. 지주들이 가장 얻으려고 노력했던 특권은 조세로부터의 자유, 즉 면세권 혹은 비잔티움 사람들이 말하듯 엑스쿠세이아(exkousseia)이다. 11세기의 중앙권력은 봉건영주들의 소원들을 점점 더 진지하게 고려하며, 이 특권을 아주 관대하게 베풀어주었다. 세속 및 성직의 지주들은 일부 조세로부터 해방되었고, 그들 가운데 가장 권력 있고 영향력이 강한 지주들은 일체의 조세로부터 해방되기까지 하여 완전한 면세특권을 즐겼다. 따라서 이제 예속적 소작인들의 조세 및 여타 부과금은 국고로 들어가는 것이 아니라 지주들에게 흘러들어갔다. 재정적 면세와 나란히 이 시대에 이미 때로는 사법적 면제특권도 출현했다. 지주들은 자신의 예속적 소작인들에 대해서 스스로 판결을 내렸다. 이렇게 하여 그들은 점점 더 국가의 직권에서 벗어나게 되었다. 완전한 재정적, 사법적 면제특권을 누리는 장원들은 중앙권력의 행정망으로부터 벗어나고, 제국의 관리들에게는 지주들의 영지에 발을 들여놓는 것조차 금지되었다.

그러나 중앙권력이 대토지 소유 귀족층의 요구를 아무리 기꺼이 들어주는 것처럼 보였을지라도, 그런 관용에는 한계가 있었다. 중앙권력은 예나 지금이나 장원의 농민 수가 증가하는 것을 일정하게 제한하고자 시도했기 때문이다. 황제가 수여하는 특권증서들은 장원에 받아들일 수 있는 파로이코이의 수를 규정하고, 이 파로이코이를 국가농민 및 둔전병들의 대열에서 충원해서는 안 된다는 것을 언제나 강조하고 있었다. 물론 정부는 한번 허용한 파로이코이의 수를 어쩔 수 없이 새로운 특권을 통해서 늘려주는 수밖에 없었고 특히 영향력 있는 지주들의 경우에는 더욱 그러했지만, 그러나 통제를 포기하지는 않았다. 중앙권력과 봉건세력 사이에는 극적인 투쟁은 중단된 반면 파로이코이를 둘러싼 싸움은 그후로도 오랫동안 암암리에 계속되었다. 새로운 지대납부 농민들을 조달하는 것이 새로운 토지를 획득하는 것보다 훨씬 중요한 문제였음이 여기서 다시 한번 드러난다.

중앙권력은 이 문제에서만은 대단히 완고한 태도를 보여주었는데, 그외의 경우에는 중앙권력이 전반적으로 뒷전에 물러나 있었던 만큼 그 완고함은 더 눈에 띈다. 프로노이아(pronoia) 체제의 등장으로 국가 행정질서에 새로운 균열이 생겼다. 비잔티움의 유력자들에게는 일정한 업무수행에 대한 보수로서, 대여받은 토지의 전체 수입도 함께 양도받는 것을 조건으로 하여 토지를 관리하는 이른바 관리토지(프로노이아)가 주어졌다. 이 같은 프로노이아 임대가 일반적인 토지 하사와 구분되는 것은 그것이 적어도 최초의 단계에서는 일정한 기한——대개는 프로노이아 보유자(프로노이아르)가 죽을 때까지——을 가진 것이었으며, 따라서 양도되거나 상속될 수 없는 토지였다는 점이다. 비잔티움의 역사발전에서 프로노이아 체제는 11세기 중반의 원전들에서 처음으로 나타나는데, 이 제도는 창창한 앞날을 약속받고 있었다.

제국의 관료기구에는 그 전능성과 편재성(遍在性)에 점점 더 많은 제한들이 가해졌다. 중앙행정은 특정 지역의 징세를 도급으로 줌으로써 조세를 거두는 일조차 부분적으로 수중에서 놓아버렸다. 이를 통해서 국고에는 다소 확고한 수입이 안정적으로 들어오게는 되었다. 왜냐하면 징세청부인들은 국고에 들어갈 일정 액수를 수금할 의무가 있었기 때문이다. 그러나 그들은 그밖의 사항에서는 청부지역들을 임의의 평가에 따라서 관리했는데, 여기서 그들은 무엇보다도 자신들의 이익을 위해서 더 많은 세금을 징수하려고 했다. 이 모든 것은 특권 장원의 소유자들, 즉 프로노이아르들과 징세청부인들이 독자적 행정체제를 갖추고 있었다는 뜻이다. 이 독자적 행정체제는 국가의 행정기구를 본보기로 했으며, 또한 이와 나란히 존속했다. 이는 나아가 백성의 부담은 증대하지만, 국가는 그들 성과의 일부를 잃는다는 것을 뜻했다.

재정적 혼란은 화폐의 악주(惡鑄)에서 명료하고도 가장 치명적인 방법으로 나타났다. 화폐를 주조할 때 국가는 금화에 일부 열등한 가치의 금속을 섞을 수밖에 없었다. 그리하여 수세기 동안 시세 동요를 거의 전혀 겪지 않았던 노미스마(nomisma)의 평가절하가 시작되었고, 비잔티움 화폐제도는 비할 데 없는 항상성과 그때까지 세계적으로 유지해왔던 드높은 명망을 상실했다.

그러나 이 시대의 무엇보다도 주된 특징은 비잔티움 군부세력의 몰락이다. 군인귀족의 영향력을 억제하기 위하여 문관파의 정부는 군대 현역병의 수를 체계적으로 제한하고, 새로운 수입을 찾아서 둔전병들을 납세자로 전환시켰다. 봉건화 과정에서 상당 부분의 군인토지를 희생시킨 것으로는 충분치 않기라도 하듯이, 이제는 남은 둔전병들에게도 일정 액수를 납부함으로써 군역의 의무에서 해방되는 길이 열렸다. 테마들의 군대는 존재하지 않게 되었고, 속주의 둔전병 부대를 가리키는 테마라는 단어 자체가 11세기가 되면 더 이상 사용되지 않기에 이르렀다. 동시에 테마의 스트라테고스는 속주 총독으로서의 옛 권력을 상실했던 반면, 테마 재판관(크리테스 혹은 프라이토르)은 점점 더 큰 중요성을 얻으며 속주의 행정을 점점 더 광범위하게 지배하게 되었다. 그런데 테마 조직의 해이는 다름 아니라 바로 지난 몇 세기 동안 비잔티움을 위대하게 만들었던 국가질서가 해체되었음을 의미했던 것이다.

토착 군사력이 지속적으로 후퇴함으로써 다시금 용병의 중요성이 대두했다. 이는 헤라클레이오스 시대 이전으로 돌아가는 것이었다. 그 옛날에는 고트족이었지만 이제는 노르만족이 비잔티움 군대의 가장 중요한 요소를 이루었다. 출중한 바랑고이계 러시아인 드루지나와 스칸디나비아 반도 출신의 전설적인 전쟁영웅 하랄이 게오르기오스 마니아케스의 깃발 아래서 시칠리아에서 싸웠다. 이제는 바랑고이인들이 명실상부한 황제친위대를 이루었지만, 이들은 바실레이오스 2세 시대처럼 러시아에서 충원된 것이 아니라 1070년대부터는 주로 잉글랜드에서 충원되었다. 그리하여 바랑고이계 러시아인 친위대는 바랑고이계 잉글랜드인 친위대로 대체되었다. 이제는 노르만족 근위병들이 점차 절멸해버린 옛 비잔티움 근위대를 어느 정도나마 대신하게 되었다.

시칠리아에서 게오르기오스 마니아케스가 거둔 무공들은 도처에서 어두워져가는 비잔티움의 지평에서 마지막으로 잠깐 타오른 광채였다. 바실레이오스 2세의 유언을 실현하기라도 하듯이, 게오르기오스 마니아케스는 영광에 넘치는 마케도니아 왕조 정복시대의 후대의 계승자로서 시칠리아 재탈환을 목적으로 삼았다. 시칠리아 아랍인들의 세력이 약화됨으로써 이 시도에는 성공이 약속되었다. 파죽지세의 승리의 행진으로 게오르기오스 마니아케스는 메시나와 시라쿠사가 있는 시칠리아의 동부를 무슬림들로부터 빼앗았다. 그러나 이 모든 성과는 콘스탄티노플의 권력 소유자들의 시의(猜疑)로 허사가 되었다. 결정적인 순간에 콘스탄티노스 9세는 승승장구하는 장군을 면직시켰다. 마니아케스는 도전적 행동을 취했다. 그는 군대에 의해서 황제로 포고된 뒤 디라키온으로 건너가 테살로니카로 향했다. 그의 승리는 불가피한 것처럼 보였고, 따라서 비잔티움 정치의 급격한 노선전환도 피하기 어려운 것처럼 보였다. 그러나 그는 이긴 것이나 마찬가지였던 전투에서 화살에 맞아 죽었다(1043년).

채 몇년이 지나지 않아 새로운 찬탈 시도가 있었다. 이는 "마케도니아", 즉 북서부 트라키아에서 시작되었다는 점에서 특별한 성격을 띠었다. 군은 자신들에 적대적인 관리들의 통치에 대해서 격분했고, 여기에 덧붙여 속주들이 콘스탄티노플 중앙집권주의에 반대했다. 봉기군의 선봉은 "마케도니아파"의 지휘자인 레온 토르니케스였다. 그는 아르메니아 출신이었지만, 아드리아노플에 정착했기 때문에 이 지역과 뗄 수 없이 밀접한 관계에 있었다. 토르니케스의 봉기는 마니아케스의 반란보다 더 위험스러운 규모였다. 콘스탄티노플은 포위된 채 함락에 직면해 있었다(1047년). 그러나 1043년에 우연 덕분에 구원된 것처럼, 이번에도 콘스탄티노스 9세의 정부는 대립황제의 우유부단한 태도 덕분에 구원되었다. 그는 수도 점령의 적절한 시기를 놓치고 말았던 것이다.

콘스탄티노플 정부가 국방력을 체계적으로 제한한 이유는, 이전 시대에 위대한 승리들을 거둔 후 제국의 상황이 대외적으로 안정된 것처럼 보였다는 데에서 어느 정도 찾을 수 있다. 게오르기오스 마니아케스가 동부와 시칠리아에서 성공적으로 수행한 작전들은 아랍인들에 대한 비잔티움 제국의 우월성을 증명했다. 콘스탄티노스 9세는 아르메니아에 대해서는 바실레이오스 2세의 정책을 이어받아 아니의 왕국을 합병함으로써 이 정책을 완결지을 수 있었다.

그러나 행복한 평화시대는 종말이 가까워지고 있었다. 제국의 이제까지의 적들은 힘이 마비되었지만, 곧 새로운 호전적인 민족들이 비잔티움의 국경 부근에 나타났다. 이로써 제국의 일반적인 상황이 변화했을 뿐만 아니라, 비잔티움의 대외정책의 주요 요인들도 변화했다. 동쪽에서는 아랍인들 대신에 셀주크 투르크인들이 등장했고, 서쪽에서는 노르만인들이, 북쪽에서는 불가리아인과 러시아인들 대신에 페체네그족, 우즈족, 쿠만족 등 스텝 지대 민족들이 들어섰다. 러시아인들이 마지막으로 비잔티움을 공격한 것은 1043년이었다. 스텝 민족들이 돌진하고 러시아 국가의 무게중심이 북동쪽으로 이동함으로써 러시아는 11세기 중반부터 비교적 오랫동안 비잔티움 정책의 직접적인 요인에서 제외되었다. 그러나 1048년에 페체네그족이 도나우 강을 건넜고, 이 사건은 비잔티움 제국에 아주 심각한 결과를 초래했다. 이미 콘스탄티노스 포르피로게네토스는 대외정책에 대한 논문에서 페체네그족의 중요성을 대단히 강조한 바 있다. 비잔티움은 그들을 동맹자로 이용하면서, 북쪽에서 출현하는 그때그때의 적들에 대항해왔었다. 필요한 시기에 불가리아인들과 헝가리인들의 배후를 공격하고 러시아인들이 남쪽으로 내려오는 길을 차단할 수 있었던, 전쟁에 능한 유목민족과의 협력은 10세기 비잔티움 정책의 주요 공리였다. 그러나 불가리아를 굴복시키고부터 상황은 근본적으로 바뀌었다. 이제는 비잔티움과 유목민족들을 분리시키는 중간 방파제가 존재하지 않게 되었다. 제국의 영토는 도나우 강까지 뻗어나갔고, 페체네그족의 약탈 대상은 이제 비잔티움의 적들이 아니라 비잔티움 제국 자체가 되었다. 비잔티움으로서는 도나우 강을 건너서 침입하는 유목민의 무리를 격퇴할 수 없었다. 그들은 제국의 영토로 이주했고, 전화위복 격으로 국경수비와 군복무에 이용되었다. 그렇지만 곧 비잔티움 정부는 새로운 신민들에 대항해서 무기를 잡지 않으면 안 되었다. 그들은 비잔티움 전 지역을 약탈행각으로 불안하게 만들었기 때문이다. 그러나 제국 정부는 여러 번 패배를 당해야 했고, 결국 페체네그족 수장들에게 선물을 주고, 새로운 토지를 할당하고, 궁정 칭호를 부여함으로써 체면이 손상되지 않을 정도의 평화를 사들이지 않을 수 없었다.

허약한 콘스탄티노스 9세 정부의 마지막 해에 세계사적으로 중요한 사건이 일어났다. 교회의 분리가 그것이다. 지난 몇 세기 동안 일어난 사건들로 보아서 로마와 콘스탄티노플의 결정적인 결별은 시간문제일 뿐이었다. 정신적, 종교적 공동체라는 허구가 계속 유지될 수 있기에는, 동방과 서방이 발전하는 길들은 너무 멀리 갈라졌고, 두 세계 중심지 사이에는 너무 깊은 소원함의 골이 패였으며, 여러 생활영역에서 집적된 대립들은 너무 깊었다. 몇 세기 전부터 정치적으로나 문화적으로 깊은 균열이 자라난 기독교 세계에는 교회의 보편주의를 유지할 만한 그 어떤 전제조건들도 갖추어져 있지 않았다. 사람들이 흔히 말하는 것과는 달리, 이 결렬의 책임은 비잔티움의 "황제교황주의"에 있지 않다. 그와는 반대로, 비잔티움에서 황제권보다 더 강력하게 교회통합의 의지를 지닌 요인은 없었다. 비잔티움의 국가보편주의를 보존하고, 이탈리아에 대한 권리를 계속 요구하기 위해서, 비잔티움 황제들 ── 바실레이오스 1세와 그 후계자들의 정책을 생각해보라 ── 은 그들 자신의 교회에 반대하면서 로마의 교회보편주의를 지지했다. 그러나 서방에서 독립국가들의 자기주장이 비잔티움의 국가보편주의를 뒤죽박죽으로 만들었듯이, 콘스탄티노플 교회가 슬라브 세계를 획득한 것은 로마의 교회보편주의로부터 동쪽의 지반을 앗아갔다. 남슬라브인들의 교회가 콘스탄티노플에 편입되었고 이어서 러시아가 콘스탄티노플 총대주교좌에 소속되어 들어왔다. 그후 곧 비잔티움에서 반로마 분위기가 드세진 것은 물론 우연이 아니다. 막강한 슬라브 배후 국가들의 지지를 받는 비잔티움 교회는 더 이상 로마의 지상권에 몸을 굽힐 수 없었다. 이미 바실레이오스 2세는 마케도니아 황실의 전통적인 친로마 성향으로부터 등을 돌렸다. 총대주교 세르기오스(재위 999-1019년) 치하에서 교황의 이름은 장식용 상아 서판 위에서 사라졌다. 애초에는 허약한 교황권이 이미 1024년에 준비해두었던 타협에 의해서 평화로운 경계 설정이 이루어질 참이었다. 여기서 콘스탄티노플의 교회는 "그들의 영역에서 보편적임"을 인정받기로 되어 있었다. 그러나 클뤼니 수도원의 개혁운동에서 발산되고 있던 새로운 정신은 이러한 타협적 해결의 지반을 앗아갔다. 역사적으로 미리 그어졌던 영향권의 경계 설정은 그후 어쨌든 이루어지기는 했지만, 그러나 그것은 단지 거센 결렬의 결과일 뿐이었다.

이러한 결과에 이르기까지는 특별한 세력 구성이 전제되었다. 어떠한 타협적 해결도 거절하는 강력한 교황권, 똑같이 강력하면서 철두철미 자신의 단독 지배권을 의식하고 있는 총대주교좌, 그리고 사건의 추이에 더 이상 대응할 수 없는 허약한 황제권——이러한 세력 구성은 11세기 중반에 나타났다. 이때는 클뤼니파 개혁운동의 진정한 대표자인 레오 9세가 교황의 자리를, 그리고 비잔티움 역사상 가장 야심찬 교회수장인 미카일 케룰라리오스가 콘스탄티노플의 총대주교좌를 차지하고 있었다. 게다가 황제의 권력은 콘스탄티노스 9세 모노마코스의 허약한 손에 쥐어져 있었다.

미카일 케룰라리오스는 활동적이고 변화무쌍한 삶을 살았다. 미카일 4세 파플라고니오스에 대한 비잔티움 귀족층의 모반을 선동했던 그는 여러 해를 추방지에서 보냈다. 파플라고니오스 가문이 실각한 후 그는 콘스탄티노플로 돌아왔지만, 추방되어 있을 때 수도사가 된 그에게는 단지 성직의 길만이 열려 있었다. 1043년, 그는 총대주교의 자리에 올랐고, 그때부터 그의 부단한 투쟁 정신을 발휘할 수 있는 새로운 장이 열렸다. 그는 로마의 상대자에 못지 않게 자신의 직무가 지닌 숭고함을 의식하고 있었고, 이러한 의식은 그 어떤 한계를 깨뜨리는 데에도 주저치 않는 권력의지와 연결되었다. 그러나 로마에는 비타협적인 반(反)비잔티움 노선의 지도자로서 교황을 지지하는 훔베르투스 추기경이 있었다. 맞부딪치게 된 미카일 케룰라리오스와 훔베르투스 둘 다 저돌적이고 거침없으며 곧바로 목적으로 돌진하는 인물들이었다. 그들은 수세기 동안의 잠재적 대립을 은폐해왔던 덮개를 끌어내리고, 세상을 양자택일의 기로에 서게 할 준비를 하고 있었다. 황제의 의지에 반해서 그리고 당시의 정치적 필요에 대한 고려 없이, 투쟁의 불길이 타올랐다. 그 불길은 남부 이탈리아에서 시작되었다. 그곳은 자고로 두 교회 중심지의 요구들이 교차하는 곳이었지만, 노르만족의 침입을 받은 후인 당시로서는 로마와 콘스탄티노플의 협력이 정치적으로 특별히 요구되는 듯이 보였다. 논쟁이 교조 문제와 종교의식 문제로 넘어간 순간, 원래부터 어떠한 양해도 배제되어 있는 위험지점에 발을 디딘 셈이 되었다. 이 문제들이야말로 서로간의 학설과 학설이 부딪치고 습속과 습속이 반대되는 바로 그 문제들이었기 때문이다. 이미 포티오스의 시대부터 사람들을 갈라놓았던 저 오래된 문제들, 즉 성령의 이중 발현에 관한 서방의 이론, 로마의 안식일 단식과 사제 결혼 금지, 비잔티움 교회의 만찬에서 행해지는 누룩을 넣은 빵의 사용과 로마 교회의 누룩을 넣지 않은 빵의 사용 등이 그것이다. 흥미롭게도 특히 이 마지막 문제는 그 당시 뜨거운 논란을 일으켰다. 전술적인 이유에서 케룰라리오스가 전면으로 몰고 간 것은 비할 데 없이 더 중요하고 훨씬 복잡한 교조적인 견해차가 아니라, 일반인들도 이해할 수 있는 교회의식상의 차이였다. 비잔티움 총대주교 뒤에는 오리엔트와 슬라브 국가들의 정교회들도 버티고 있었다. 신중한 안티오케이아 총대주교 페트로스 역시 결국 케룰라리오스에게 설득당했고, 오크리다의 그리스인 대주교 레온은 로마에 대한 투쟁에서 최초의 대변자 가운데 한 사람이 되었다.

추기경 훔베르투스의 인솔하에 로마의 사절이 콘스탄티노플에 도착함으로써 논쟁은 극적인 결말을 맺게 되었다. 로마와의 우정을 위해서 자신의 총대주교를 희생시킬 각오가 되어 있음을 보여주었던 황제의 태도에 용기를 얻어, 교황의 사절단은 1054년 7월 16일, 하기아 소피아의 제단 위에서 케룰라리오스와 그의 가장 명망 있는 지지자들에 대해서 파문장을 썼다. 그러나 총대주교는 교회와 비잔티움 백성의 공감을 바탕으로, 주저하는 군주의 마음을 바꾸고 자신의 뜻을 관철할 수 있었다. 그는 황제의 동의 아래 종교회의를 소집했다. 이 종교회의는 이에는 이로 답하며, 로마 사절단에게 파문의 저주를 던졌다. 이 사건의 파장은 나중에야 나타났다. 당대인들은 이 사건에 거의 주목을 하지 않았다. 이는 이전 시대의 로마와 비잔티움의 관계를 독특한 방식으로 조명해주는 상황이다. 사람들은 두 교회 중심지 사이의 불화에 너무도 익숙해져 있었던 것이다. 당시 그 누가 1054년의 불화는 이전의 다툼들과 다른 의미를 가진다는 것을 예감할 수 있었을까? 이것이 결코 다시는 돌이킬 수 없는 결정적인 결렬이었다는 것을 예감할 수 있었을까?

콘스탄티노스 9세 모노마코스는 1055년 1월 11일에 사망했다. 테오도라는 다시 한번 자신의 이름으로 황제의 권리들을 행사했다. 그녀는 마케도니아 군주가문의 마지막 살아 있는 대표자였고, 그녀의 죽음(1056년 9월 초)과 함께 이 영광스런 왕조도 멸망했다. 이 비잔티움에서 가장 위대한 황조(皇朝)의 운명은 기이했다. 처음에는 그렇게도 힘들여서야 자신의 입지를 관철시킬 수 있었던 데 반해서 마지막에는 그렇게도 끈질기게 목숨을 연명하여, 거의 30년 동안 기묘한 그림자 같은 존재를 영위했다. 한때 이루었던 영광의 업적이 그렇게도 위대했던 데 반해서 그 종말은 그렇게도 시시했다.

죽어가는 여황제는 당시 지배권을 쥐고 있던 당파가 황제로 원하는 인물을 후계자로 지명했다. "통치하는 능력보다는 통치받고 지휘받는 능력이 더 많은" 나이든 관리였던 그는 미카일이라는 이름의 남자였는데 사람들이 그를 노인 혹은 스트라티오티코스(Stratiotikos)라고 부른 것을 보면, 아마도 스트라티오티콘의 로고테테 직을 역임한 것으로 보인다. 그의 취임은 문관파의 진정한 승리였다. 관리들의 승진은 끝이 없었다. 특히 원로원 의원들에게는 명예표창과 선물들이 퍼부어졌다. 그에 반해서 황제는 이사키오스 콤네노스와 카타칼론 케카우메노스가 이끄는 스트라테고스들의 대표단은 완곡하게 물리쳤다. 그럼으로써 그는 대립을 첨예할 정도로 몰아갔다. 격분한 군 사령부는 콘스탄티노플의 권력자들에 대항하여 일어났다. 파플라고니아의 한 지방에서 이사키오스 콤네노스가 황제로 포고되었다(1057년 6월 8일). 지지자들이 소아시아 전역에서 그에게 몰려왔다. 곧 그는 군대를 이끌고 니카이아에 나타났다. 그에게 대항하기 위해서 파견된 황제군은 패배했다. 미카일 6세는 대립황제와 협상을 시작해야 했다. 황제는 콘스탄티노스 레이쿠데스, 레온 알로포스, 미카일 프셀로스가 이끄는 사절단을 통해서 대립황제에게 카이사르의 칭호와 제위 계승을 제안했다. 그렇지만 그런 식의 양보는 상대의 용기를 북돋운 반면, 자신의 지지자들을 격분하게 했을 뿐이다. 이제 콘스탄티노플에서도 반대당이 일어났고, 이사키오스 콤네노스와 교섭했다. 그러나 결정타를 날린 것은 경합하는 두 귀족파들과 나란히 중요한 요소를 이루고 있었던 제3의 세력, 즉 교회였다. 막강한 총대주교 미카일 케룰라리오스는 반대파의 선봉에 섰고, 하기아 소피아는 반정부 선동의 중심지가 되었다. 미카일 6세는 강제로 퇴위당한 후 수도사로서의 길을 찾았다. 1057년 9월 1일 이사키오스 콤네노스가 콘스탄티노플에 입성하여 총대주교의 손에서 황제의 관을 받았다.

지난 10년 동안은 정권이 바뀔 때마다 수도 관료귀족의 세력이 높아졌었다. 그러나 이사키오스 콤네노스의 제위 등극과 함께 반격이 시작되었다. 콤네노스 가문의 이 초대 대표자의 통치는 아주 짧았지만, 그의 치하에서 제국은 군사적으로 확고해졌다. 동쪽 경계들은 성공적으로 방어되었고, 헝가리인들의 습격은 격퇴되었으며, 그의 선임자들이 무기력하게 대항했던 페체네그족 역시 동요하게 되었다. 소아시아 군인귀족의 대표자로서 이사키오스는 확고한 군인 통치를 수립했다. 주화 위에 그는 검을 번뜩이며 빼든 모습으로 묘사되었다. 통치에 들어선 후 그는 그 언젠가 자기의 선임자가 자기 인솔하의 군부 대표자들을 대했던 것과 마찬가지로 원로원 의원들을 차디찬 태도로 맞이했지만, 미카일 6세 치하에서 반대당이 저질렀던 것처럼 무절제한 행동을 하지는 않았다. 그와 미카일 6세 사이를 중재하던 옛 교섭인들은 물론 상황을 올바르게 평가하고 적시에 편을 바꾸었던 것으로 보이며, 새로운 영예를 얻었다. 프셀로스는 프로이드로스(proedros) 곧 제1관직자라는 높은 칭호로 특기되었으며, 레이쿠데스는 옛날 콘스탄티노스 9세 치하에서처럼 국정의 선봉이 되었고, 나중에는 총대주교의 자리에 올랐다. 그렇지만 이사키오스는 이제까지 통치체제가 초래한 물질적 손실에 대한 투쟁에서는 좀더 급진적인 태도를 보여주었다. 그동안, 바실레이오스 2세가 황실에 남겨두었던 거대한 부는 낭비되었고, 황실의 토지들은 무절제한 하사로 녹아버린 상태였다. 이사키오스는 토지압류라는 위험한 조치를 취했고 재산의 몰수는 교회 소유지에까지 미쳤다. 그 결과, 강력한 총대주교와의 날카로운 갈등이 야기되었다.

11세기 비잔티움 교회의 세력 강화는 미카일 케룰라리오스라는 인물에게서 체현되었다. 로마로부터의 독립과 함께 총대주교의 계획은 단지 일부만 실현되었을 뿐이다. 그에게 그보다 적잖이 중요한 것은 콘스탄티노플에서 교회와 국가의 관계를 새로 규정하는 것이었다. 그는 이사키오스가 제위에 오르도록 도와주었다. 이에 대해서 그는 반대급부를 기대했고, 그 기대가 전혀 채워지지 않은 바도 아니었다. 즉 그때까지는 황제들의 특권이었던 하기아 소피아의 관리가 총대주교 밑으로 들어갔으며, 황제는 또한 교회의 생활에 개입하는 것을 일체 삼가겠다고 약속했다고 전해진다. 국가를 통치하는 것은 황제의 일이며, 교회를 이끄는 것은 오로지 총대주교의 일이 되어야 했다. 이는 비잔티움의 상황에서 교회세력의 강력한 상승을 뜻했다. 그러나 권력의 영역을 동등한 비중으로 나누었던 초기 상황은 곧 양쪽에서 다 같이 교란되었다. 황제는 교회의 재산을 압수하는 일에 착수했고, 총대주교는 성직의 세력을 속세의 세력보다 높이려는 아슬아슬한 생각을 품고 있었다. 미카일 케룰라리오스는 자신의 고압적인 요구의 근거로서 흥미롭게도 콘스탄티누스 대제의 기증*을 들었다. 콘스탄티누스 대제의 기증은 여기서 처음으로 비잔티움의 사태가 전개되는 데에 결정적으로 작용했다. 총대주교는 황제가 신는 자줏빛 신발을 신고, 황제를 퇴위시키겠다고 위협했다고 전해진다.

그렇지만 총대주교와 똑같이 황제 역시 강력한 자의식과 자기 직무의 숭고함에 대한 믿음으로 충만해 있었다. 투쟁의 불이 당겨졌고, 결국 쌍방이 다 같이 몰락하게 되었다. 처음에는 우월한 권력수단을 지닌 황제가 우세했다. 그러나 총대주교의 인기가 너무도 컸기 때문에 콘스탄티노플에서는 그에게 감히 무력을 행사하지 못했다. 총대주교는 성벽 밖에 있는 수도원을 방문하기 위해서 수도를 떠난 후에야 비로소 황제의 경비병들에게 붙잡혀 추방지로 끌려갔

* 중세 로마 교회는 서로마 제국의 멸망 이후 교황이 획득한 종교적, 정치적 권리를 정당화하기 위해서 이른바 "콘스탄티누스 대제의 기증"이라는 허구를 통용시켜왔다. 이에 따르면 콘스탄티누스 대제가 통치권을 포함하여 서방에서의 우위를 교황 실베스테르 1세에게 넘겨주고 세속적 정치의 수도는 비잔티움으로 옮겼다는 것이다. 로마 교회는 이를 입증하기 위하여 이른바 "콘스탄티누스 대제의 기증장"이라는 문서까지 유포시켜왔는데, 이 문서가 날조되었다는 사실이 르네상스 시대에 로렌초 발라에 의해서 판명됨에 따라 "콘스탄티누스 대제의 기증"설 자체도 허구임이 드러나게 되었다.

다(1058년 11월 8일). 그렇지만 그 어떤 수단을 써서도 총대주교로 하여금 스스로 퇴위함으로써 자신의 권리를 포기하게끔 할 수 없었기 때문에, 그에 대한 파면 판결을 공포하기 위해서 종교회의가 소집되어야 했다. 이번에도 감히 콘스탄티노플에서 종교회의를 열지 못하고, 한 속주 도시로 옮겨서 열었다. 프셀로스가 고발장을 썼다. 그는 아무런 거리낌 없이, 옛 친구에게 그야말로 터무니 없는 이단과 타락의 죄를 뒤집어씌웠다. 그렇다고 해서 그가 그후 얼마 안 있어서 행한 추도연설에서 그를 정통 신앙의 가장 영예로운 선구자이자 모든 미덕의 정수라고 찬양하는 데에 지장이 있었던 것은 전혀 아니었다. 그도 그럴 것이 미카일 케룰라리오스는 종교회의가 아직 열리고 있는 동안 사망했기 때문이다. 콘스탄티노스 레이쿠데스가 총대주교로 선출되었고, 프셀로스는 제1장관의 직책을 맡았다.

황제가 승리한 듯이 보였다. 그러나 곧 순교자로서의 죽은 총대주교가 살아있는 적수보다 더욱 위험한 존재임이 드러났다. 백성들은 자기네 최고 목자를 납치한 데 대해서 분노를 삭이지 못했고, 격앙된 분위기는 그가 죽은 후 절정에 달했다. 관료귀족의 반대에 교회의 적대와 백성의 분격이 합쳐졌다. 곤란은 더욱 커졌고, 마침내 황제의 힘을 넘어섰다. 교회와 군인귀족과의 결속이 2년 전에 미카일 6세의 실각을 초래했듯이, 이제 권력에서 밀려난 관료귀족들과 교회와의 결속은 이사키오스 콤네노스를 몰락하게 했다. 병에 걸려 의기가 저하된 순간에 그는 1059년 12월, 프셀로스의 간절한 충고에 따라서 자줏빛 도포를 벗고, 수도사로서 스투디오스 수도원으로 물러났다.

2) 대내정치 및 대외정치의 쇠퇴

콤네노스의 권력지반을 앗아갔던 교회와 문관파의 협력으로 황제권은 콘스탄티노스 10세 두카스(재위 1059-67년)의 손에 쥐어졌다. 프셀로스와 총대주교 콘스탄티노스 레이쿠데스의 절친한 친구인 콘스탄티노스 두카스는 미카일 케룰라리오스의 조카딸인 에우도키아 마크렘볼리티사와 결혼한 사이였다. 이사키오스 콤네노스의 퇴위와 마찬가지로 콘스탄티노스 두카스의 등극 역시 프셀로스의 작품이었다. 그는 새로운 황제에게 원로원파의 최고위 대표자들이 있는 가운데 황제의 자주색 신발을 손수 신겨주었다. 프셀로스는 목적지에 서 있었다. 황제의 제1조언자로서 그리고 그의 아들인 제위계승자의 사부로서 그는 국가정책의 모든 끈을 거머쥐었다. 황제는 이 총명한 철학자이자 언어에 능한 수사학자에 대한 감탄으로 가득 차 있었다. 프셀로스는 자기 입으로 이렇게 말했다 "그는 극도로 나를 사랑했다. 그는 내 입술과 내 이성에 매달렸다. 하루에도 여러 번 나를 보지 못하면, 불평하고 짜증을 냈다.……그는 내가 마치 감로주인 양 나를 보고 기운을 차렸다."

콤네노스 가문이 소아시아 군인귀족층을 대표했듯이 두카스 가문은 이 시대에 수도의 문관귀족을 대표했다. 이사키오스 치하에서 군부의 반동은 처음에는 막간극으로 머물렀다. 문관파는 그들의 지위를 다시 얻었을 뿐만 아니라 더 확충할 수 있었다. 이미 콘스탄티노스 9세 때 그들은 콘스탄티노플의 광범한 도시민 계층에게 원로원 계급으로의 통로를 열어놓음으로써 자신의 위치를 굳히고자 시도했다. 한 당대인의 말에 따르면 당시 원로원 의원의 수는 대군을 이루었다. 행정기구는 점점 준엄한 관료제의 성격을 상실했다. 콘스탄티노스 두카스는 걸핏하면 징세청부를 써먹었고, 나아가 중앙 재무행정에도 매관매직을 도입했다. 그래서 징세관의 직책뿐만 아니라 최고 재무행정관의 직책 역시 매매를 통해서 획득할 수 있었다. 군대는 완전히 홀대받았고, 현역병 수는——적어도 나중에 가서는——프셀로스 스스로도 과도했다고 자인할 정도로 축소되었다. 군부에 대한 불안은 이사키오스 콤네노스가 등극한 후 더욱 커졌다. 게다가 재정적 곤궁이 찾아들자 군비를 절약함으로써 세입의 감소와 다른 분야에서의 지출 초과를 보전하여 균형을 맞추자는 생각이 들게 되었다. 관료국가를 위한 지출은 계속 커져만 갔기 때문이다. 관료들의 수는 계속 팽창했고, 지배계층으로서 점점 더 높은 요구를 제시했다. 궁정 유지비용도 증가했다. 국가가 가난해지고 쇠망하는 동안, 궁정은 호화찬란하게 치장되었다. 교회의 호의를 잃어서는 안 될 노릇이었으므로 교회에의 헌납도 증대했다. 또한 이민족 수장들에 대한 선물들도 증가했다. 이런 방식으로 그들을 회유하려고 한 것이다. 그리하여 지배계층의 정치적 목표 설정은 재정압박과 함께 작용하여 국가의 방어력을 파괴했다. 대외정치적 상황이 그때 이래 현저하게 악화되었다는 점만 빼면, 마케도니아 왕조 아류들의 시대와 다르지 않았다. 군에 적대적인 두카스 가문의 조치들은 가장 큰 대외정치적 위험의 시대에 내려졌고, 그래서 갑절로 치명적이었다.

당시 남부 이탈리아에서는 노르만족이 점점 더 큰 성공을 거두고 있었는데, 1059년부터 그 선두에는 강력한 로베르 기스카르가 서 있었다. 헝가리인들 역시 강력한 공격을 퍼부었고, 도나우 강변의 중요한 요새 베오그라드를 점령했다(1064년). 페체네그족과 그들의 동계 민족인 우즈족도 한패가 되었으므로 새로운 가공할 괴로움이 시작되었다. 한때 페체네그족이 우즈족의 압력 때문에 그랬듯이, 이번에는 우즈족이 그들 뒤를 따라온 쿠만족의 압력 때문에 남부 러시아 평원을 벗어나서 1064년 가을 수없이 무리를 지어 발칸 반도로 들이닥쳤다. 불가리아 영토, 마케도니아, 트라키아 그리고 심지어 그리스마저 이 거친 무리들에 의해서 황폐화되었다. 그들의 약탈행렬은 너무나 악랄하여 한 당대인의 주장에 따르면 "유럽의 전 주민이 이주를 생각했을" 정도였다. 그렇지만 파괴적인 역병이 우즈족의 국가를 멸망시켰다. 그들은 대다수가 죽어갔고, 일부는 도나우 강 뒤로 물러갔으며, 나머지는 비잔티움 제국의 영토에 정주하여 제국을 위해서 복무하기 시작했다.

제국의 역사상 북쪽에서 이루어진 투르크계 민족들의 공격보다 훨씬 심각한 결과를 안겨준 것은 동쪽에서 이루어진 셀주크 투르크족의 돌진이었다. 셀주크 투르크족은 아시아에서 아랍 세력의 잔재들을 빠른 속도로 소탕했다. 그 속도는 한때 비잔티움 제국이 이룩한 정복성과들의 광휘를 퇴색시킬 정도였다. 투르크인들은 페르시아 지역을 굴복시키고 메소포타미아를 지나서 칼리프의 도시 바그다드를 정복했다. 이제는 오로지 종교적 지상권만을 보존하고 있던 칼리프국은 막강한 군사적 술탄국의 보호정치 밑으로 들어갔다. 이때부터 술탄국은 정치적으로 아시아의 무슬림 세계를 지배했다. 곧 비잔티움 제국과 이집트의 파티마 왕조 칼리프국의 경계에 이르기까지 전 서아시아가 셀주크인들의 손에 떨어졌다. 이제 셀주크인들은 비잔티움에 맞서기 시작했다. 불가리아의 굴복으로 제국과 북방 유목민족들 사이의 중간 방파제가 허물어졌듯이, 콘스탄티노스 9세 치하에서의 아르메니아 합병으로 셀주크인들은 새로운 공격 대상지를 가지게 되었다. 그뿐 아니라 제국의 내부적 쇠약과 방어력의 쇠퇴는 그들에게 곧 비잔티움 핵심지역으로의 진입로를 열어주었다. 셀주크인들의 제2대 술탄인 알프 아르슬란의 지휘 아래, 투르크인들은 아르메니아를 가로질러서 아니를 점령하고(1065년) 킬리키아를 유린했으며, 그 다음에는 소아시아로 침입하여 카이사레이아를 공략했다(1067년). 이로써 당시 비잔티움 권력자들의 정책에 대해서도 판결이 내려진 셈이었다.

콘스탄티노스 10세 두카스의 죽음(1067년 5월)으로 그의 아내 에우도키아가 지배권을 손에 쥐었다. 그녀는 어린 아들들, 미카일 안드로니코스와 콘스탄티노스를 위해서 섭정을 하기로 되었다. 사실상 정부를 이끈 이는 프셀로스와 죽은 황제의 동생으로서 카이사르 칭호를 가지고 있던 요안네스 두카스였다. 그러나 전장에서의 상황이 파국적으로 전개되면서 반대파의 세력이 성장했다. 강력한 군사정부를 수립하라는 이들의 요구가 상황의 중압 아래서 참으로 큰 무게를 얻게 되어 총대주교 요안네스 크시필리노스는 프셀로스의 친구였음에도 불구하고 반대파를 지지했고, 마침내 황후 자신도 굴복하지 않을 수 없었다. 프셀로스와 카이사르 요안네스의 반대에도 불구하고 그녀는 로마노스 디오게네스 장군과 결혼했다. 그는 카파도키아 권귀가문의 한 사람으로, 1068년 1월 1일 황제의 자리에 올랐다.

유능하고 용감한 장군이었던 로마노스 4세 디오게네스(재위 1068-71년)는 페체네그족과의 전쟁에서 출중한 공을 세웠던 인물로 그가 군부에서 명망을 얻었던 것은 아주 마땅한 일이었다. 그는 즉각 셀주크인들에 대한 투쟁을 개시했다. 그러나 제국의 붕괴는 너무 멀리 진행되어 있었고, 상황을 구하려는 황제의 시도는 프셀로스파의 방해로 구멍이 뚫렸다. 황제는 대단한 노력을 기울여 군대를 모았다. 이 군대는 주로 이민족 용병 ── 페체네그인, 우즈인, 노르만인, 프랑크인 ── 으로 이루어졌다. 처음 두 번의 출정(1068년과 1069년)은 이 모든 것에도 불구하고 상당히 운이 좋았다. 그러나 세번째 출정은 가공할 패배로 끝났다. 패배를 초래한 요인들 가운데 중요한 한 가지는 카이사르 요안네스의 아들인 안드로니코스 두카스의 배신이었다. 반 호수에서 멀지 않은 아르메니아 도시 만지케르트에서 수적으로는 우세하지만 이질적이고 훈련되지 않은 용병군대는 1071년 8월 19일, 알프 아르슬란의 군대에게 참혹한 패배를 당하고 말았다. 황제 자신은 포로가 되었다.

포로가 된 로마노스 디오게네스는 셀주크인들과 조약을 체결했다. 이 조약은 제국이 셀주크인들에게 해마다 조공을 바칠 것을 약속하고, 황제의 몸값을 지불하며, 투르크족 포로들을 내어놓고 지원군을 제공할 의무를 지는 것을 대가로 황제에게 다시 자유를 주는 내용으로 되어 있었다. 그러나 그 사이에 콘스탄티노플에서는 카이사르 요안네스의 공작에 따라 반대파가 로마노스의 폐위를 선언했다. 처음에는 황후 에우도키아와 맏아들 미카일 두카스가 함께 통치하기로 되었지만, 곧 황후는 한 수녀원에 감금되고 프셀로스의 제자 미카일 두카스가 단독 통치자로 포고되었다(1071년 10월 24일). 투르크인들에게 잡혀 있다가 돌아온 황제 로마노스를 콘스탄티노플의 권력자들은 마치 적을 대하듯 했다. 이제 내전의 불길이 타올랐다. 결국 로마노스는 미카일 7세 두카스의 이름으로 작성되고 세 명의 수도대주교들이 연서하여 그의 완전한 개인적 안전을 약속한 보증서를 믿고 항복했다. 그러나 그가 콘스탄티노플에 도착하기도 전에, 그의 두 눈은 불에 달군 쇠로 지져졌다. 프셀로스는 외람되게도 눈먼 황제에게 편지를 보내어 자신의 희생자인 그를 행복한 순교자로 찬양했다. 신은 그가 보다 높은 광명을 얻을 가치가 있다고 판단했기 때문에 그의 눈을 가져갔노라는 것이었다. 끔찍한 상처로 인하여 로마노스 디오게네스는 얼마 있지 않아 사망했다(1072년 여름).

이 끔찍한 에필로그야말로 드디어 만지케르트의 패배를 진정한 재앙으로 만들어버렸다. 알프 아르슬란이 로마노스 황제와 체결한 조약은 이제 무효가 되어버렸기 때문이다. 투르크족은 이를 비잔티움에 대한 공격과 정복전쟁을 개시할 계기로 삼았다. 아랍인들의 대규모 침공의 시대처럼 제국은 다시 적에게 정벌당할 위험에 직면해 있었다. 그러나 아랍인들의 침공의 시대에는 적의 돌진이 헤라클레이오스의 후계자들의 영웅적인 방어 의지에 가로막혔고 내적으로도 제국이 건강했지만, 이제는 모든 것이 매우 깊이 해체되어 있었다. 토착 둔전병들의 강력한 방어체제는 몰락했고, 황제의 도시에서는 궁정의 음모에 휘둘리고 입방아나 찧는 문사들에 둘러싸여 프셀로스의 불쌍한 제자가 강력한 투르크 술탄의 상대자로서 제위에 올랐다. 그는 현실을 모르는 책벌레로서 정신적으로나 육체적으로나 조로해버린 인물이었다. 소아시아는 끝장이 났다. 길은 셀주크인들에게 열려 있었고, 이제는 그들에게 맞설 힘도 의지도 존재하지 않았다.

비잔티움 세계는 양 끝에서 동시에 와해되었다. 운명의 여신은 만지케르트의 재앙이 일어났던 것과 같은 해인 1071년, 바리를 로베르 기스카르의 손에 떨어지게 했다. 노르만족이 이탈리아 내 비잔티움 영토를 정복하는 일은 이로써 완료되었으며, 그리하여 이쪽에서도 큰 위험이 다가왔다. 곤궁에 처한 미카일 7세의 정부는 그레고리우스 7세에게 지원을 호소했고 이로써 로마 교회의 세계지배라는 토대 위에서 교회통합을 꾀하는 대교황의 노력을 나름대로 거든 셈이 되었다.

같은 무렵, 발칸 반도에서도 비잔티움의 지배가 흔들리게 되었다. 과거에 사무엘의 차르 제국에 속했던 지역에서 1072년에 새로운 봉기가 터졌다. 이 봉기는 제타의 독립 군주국의 강력한 뒷받침을 받았다. 제타의 군주 미카일의 아들인 콘스탄틴 보딘은 프리즈렌에서 차르로 포고되었다. 제국의 장군들은 가까스로 반란을 진압할 수 있었다. 그러나 아드리아 해안에서 비잔티움은 계속해서 입지를 상실해갔다. 크로아티아가 바실레이오스 2세에게 동의해서 인정해주어야 했던 비잔티움의 종주권은 오래 계속되지 않았다. 이미 페타르 크레시미르 4세(재위 1058-74년)가 자기 왕국의 경계를 크게 확대시켜놓은 터였고, 그의 후계자 데메트리우스 즈보니미르는 1076년 교황의 가신으로서 그레고리우스 7세의 사절들로부터 국왕의 관을 받았다. 비잔티움에 더욱 통렬한 타격이 되었던 사건은 1077년 제타의 미카일 역시 로마로부터 왕관을 받게 된 것이었다. 게다가 페체네그족의 약탈행렬과 헝가리인들의 증대하는 습격들은 전반적인 혼란을 더욱 가중시켰다.

대외정치적인 곤궁에 덧붙여 심각한 경제위기가 닥쳐왔다. 경제위기는 정부 자체의 조치들 때문에 적잖이 자초된 것이기도 했다. 미카일 7세는 이 상황으로 인해서 '1피나키온이 모자라는', 곧 파라피나케스(Parapinakes)라는 별명으로 비웃음을 당하게 되었다. 왜냐하면 물가가 너무 높아져서 예전처럼 금화 한 개로 밀 1메딤노스(medimnos)를 얻을 수 있는 것이 아니라, 1피나키온 적은(parà pinákion) 1메딤노스밖에 얻지 못했기 때문이다. 프셀로스는 제자의 통치기에 이제까지 쌓은 경력이 무너지는 비극을 면치 못했다. 그때까지 어떤 변화가 일어나건 다치지 않고 정부에서 정부로 이어가며 영향력을 높여갈 수 있었던 프셀로스에게 두카스 가문은 무한히 많은 신세를 졌고, 특히 미카일

7세는 그의 덕택으로 모든 것을 얻었었다. 그러나 소심한 황제는 로고테테인 니케포리체스의 압도적인 의지에 완전히 매혹되었다. 니케포리체스는 프셀로스뿐만 아니라 카이사르 요안네스의 세력까지 빼앗는 데에 성공했다. 그는 국가의 조종간을 빼앗아 한때 요안네스 오르파노트로포스가 그랬던 것처럼 이를 대단히 정력적이며 냉혹하게 조종했다. 그는 요안네스 오르파노트로포스처럼 비천한 출신이었고, 그 자신의 영리함과 노회함 덕택에 출세한 인물이었다. 그는 중앙집권적 관료주의의 이름으로 이탈적인 봉건세력들과 싸우고자 했고 곡물 거래를 국가독점으로 만드는 데까지 나아갔다. 니케포리체스는 콘스탄티노플로 운송되는 곡물들을 위해서 라이데스토스에 국영창고를 세우게 했으며, 자유로운 곡물 거래를 금지하고 처벌했다. 우리가 『시 총독의 책』(197쪽 이하 참조)에서 알게 되듯이, 10세기의 비잔티움 국가는 수도의 생필품 공급을 대단히 엄격하게 통제했다. 나아가 정부는 자체적으로 예비 곡물을 비축하고 있다가 기아의 시기가 왔을 때 이를 주민들에게 팔았다. 그러나 이런 것은 10세기에는 가능했다고 하더라도, 중앙권력이 쇠약해진 시대에는 관철될 수 없는 일이었다. 농업에서 농민토지의 매매금지가 무시된 것처럼, 상거래의 국가통제 역시 중단되었다. 니케포리체스의 조치들은 크나큰 격분을 불러일으켰다. 이 조치들은 곡물의 주 공급자인 대토지 소유자들뿐만 아니라, 소비자인 도시 주민들에게도 큰 손해를 의미했다. 왜냐하면 독점은 소비의 안정에 기여하는 것이 아니라 오로지 국고의 목적만을 추구하는 것이었고 빵 값을 폭등시키는 짓이었기 때문이다. 게다가 빵 값의 상승은 전반적인 물가 상승을 초래했고, 결과적으로 임금 상승까지 초래했다. 니케포리체스는 자신의 실험적 조치들과 함께 난파당했다. 미카일 파라피나케스는 실각한 후 고문당해 죽었다. 그러나 라이데스토스의 창고는 황제가 실각하기도 전에 일어난 봉기 동안 민중의 손에 파괴되었다.

미카일 7세 두카스의 치세 때 군부의 반란이 없을 수는 없었다. 이 시대의 상황에 비추어볼 때 특기할 만한 일은 이 봉기들 가운데 하나를 이끈 영웅이 바로 노르만족 용병들의 지휘관 루셀 드 바이욀이었다는 점이다. 그가 추대한 제위 후보자는 카이사르 요안네스 두카스였다. 그는 두카스를 대립황제로 추대했다. 이 못지 않게 특기할 만한 일은 비잔티움 정부가 루셀에 대항하기 위해서 투르크족의 도움을 청했다는 점이다. 투르크족은 모험욕에 찬 이 용병 지도자를 사로잡아 상응하는 몸값을 받고 황제측의 장군 알렉시오스 콤네노스에게 내어주었다. 그러나 정부는 유능한 전사의 군사적 복무를 오랫동안 포기할 수 없었다. 루셀은 곧 감옥에서 풀려나, 알렉시오스 콤네노스와 함께 미카일 7세의 편에서 새로운 찬탈 시도에 대항하여 싸웠다.

거의 동시에 비잔티움 군인귀족층의 대열에서 제위를 노리는 두 사람이 일어섰다. 하나는 소아시아에서였고, 다른 하나는 발칸 반도에서였다. 디라키온의 둑스인 니케포로스 브리엔니오스는 1072년 슬라브인들의 반란을 진압했던 인물로, 제국의 유럽 지역에서 비잔티움 군인귀족층의 가장 명망 있는 대표자였다. 1077년 11월 초, 그는 대립황제로서 자기 아버지의 도시 아드리아노플로 진입했고, 여기서 군대를 콘스탄티노플로 파견했다. 그의 군대는 비잔티움 수도의 성벽 앞까지 돌진했다. 아나톨리콘 테마의 스트라테고스인 니케포로스 보타네이아테스는 특기할 만하게도 포카스 가문의 후예였으며 소아시아 군인귀족의 전형적인 대표자였다. 1078년 1월 7일, 그는 황제로 포고되었고, 술탄 알프 아르슬란의 사촌인 술레이만의 지원을 확약받은 후 자기 편에서도 콘스탄티노플로 향했다. 당시와 같은 혼돈의 상황에서조차 소아시아측이 우세했다. 니케포로스 보타네이아테스는 자신과 같은 이름을 가진 유럽의 경쟁자에게 선수를 쳤다. 니케포리체스의 인기 없는 조치들 덕분에 강력한 지반을 얻은 콘스탄티노플의 반정부파는 모든 희망을 이 소아시아인에게 걸었다. 보타네이아테스가 1078년 3월에 군사들과 함께 니카이아에 입성하자마자, 수도에서 봉기가 터졌다. 이 봉기에 교회 역시 큰 관심을 보였다. 미카일 파라피나케스는 제관을 내려놓고, 스투디오스의 수도원으로 물러가야 했다. 니케포로스 보타네이아테스는 황제로 추대되었다. 그는 3월 24일, 콘스탄티노플에 입성하여 같은 날 총대주교로부터 황제의 관을 받았다. 두카스 가문과 유대를 수립하고 비잔티움인들의 정통성의 감정을 충족시키기 위해서, 그는 선임자인 미카일 7세가 아직 살아 있음에도 불구하고 미카일의 아내인 마리아 황후와 결혼했다.

그러나 노쇠해가는 보타네이아테스에게는 제국을 혼란으로부터 끌어낼 능력이 없었다. 그의 짧은 통치는 이 해체의 시대를 마감하는 장면에 지나지 않았고, 반란과 내전으로 가득 찼다. 그것은 원로원 지배가 와해된 이후 장군들이 최고의 권력을 얻기 위해서 싸우기 시작했기 때문이다. 최고 권력은 결국 그들 가운데 가장 능력 있는 젊은 알렉시오스 콤네노스에게 떨어졌다. 알렉시오스는 우선 새 군주에게 복무하면서 대립황제 니케포로스 브리엔니오스를 제거했고, 이어서 니케포로스 바실라키오스도 진압했다. 니케포로스 바실라키오스는 디라키온의 둑스라는 지위에서도 니케포로스 브리엔니오스의 뒤를 이었고, 그후 제위계승 요구에서도 그의 뒤를 이은 인물이었다. 그러나 1080년 말, 니케포로스 멜리세노스가 니카이아에서 대립황제로 일어나 보타네이아테스의 예에 따라 술레이만의 도움을 요청했을 때 알렉시오스는 행동을 삼갔다. 그도 그럴 것이 이제 그는 자신이 일어설 차비에 들어섰기 때문이다.

보타네이아테스, 다음에는 멜리세노스가 술레이만과 협력함으로써 투르크인들의 소아시아 정복은 훨씬 수월해졌다. 1080년, 술레이만은 이미 킬리키아에서 헬레스폰토스(다르다넬스) 해협에 이르는 전 소아시아 지역을 지배했고, 여기, 가장 오래된 비잔티움의 지반 위에 룸(Rum) 술탄국, 즉 '로마' 술탄국을 건설했다. 한때 소아시아 땅에서 성립했던 강력한 군사질서 및 행정질서가 붕괴하고 비잔티움 둔전병 신분이 대폭 몰락함에 따라서 제국은 소아시아 자체도 순식간에 상실하게 되었다.

황제의 관을 얻으려고 애쓴 군인귀족층의 전 대표자들 가운데 알렉시오스 콤네노스는 가장 뛰어난 장군이었을 뿐만 아니라 유일하게 진정한 정치가였다. 이 점에서 그는 숙부 이사키오스 콤네노스와 불운한 로마노스 디오게네스도 능가했다. 그는 선견지명이 있는 영리함과 탁월한 외교관적 능력으로 군부와 수도에 지반을 마련할 수 있었고, 반대파와도 타협할 줄 알았다. 그는 카이사르 요안네스의 손녀이자 만지케르트의 배신자 안드로니코스의 딸인 이레네 두카스와 결혼했다. 마리아 황후는 그가 어린 아들 콘스탄티노스 두카스의 수호천사라고 생각했다. 그녀는 여전히 아들이 황제의 관을 쓰게 되기를 바라고 있었다. 알렉시오스의 가장 열렬한 조력자는 그의 형 이사키오스 콤네누스와 카이사르 요안네스 두카스였다. 그의 등극이 결정되었던 것은 트라키아에 있는 추룰론의 회합에서였는데, 이 모임은 콤네노스 가문과 두카스 가문의 가족회의 같은 성격을 띠었다. 알렉시오스는 그의 처남인 제위계승 요구자 니케포로스 멜리세노스와도 합의했다. 니케포로스 멜리세노스는 그에게 제국의 유럽 지역 영토를 제안하면서, 아시아 지역 영토는 자신이 차지하려고 했다. 일찍이 바실레이오스 2세에 대항하여 두 바르다스가 반란을 일으켰을 때처럼, 한 봉건영주의 머리 속에 제국의 분할 계획이 다시 떠오른 것이었다. 알렉시오스는 이 계획을 거부했고, 카이사르 칭호를 약속하는 것으로 처남을 달랬다. 알렉시오스는 독일인으로 구성된 위수군 지휘관과 약정을 맺어두었던 덕분에, 독일인을 비롯한 외국인 용병들로 대부분이 이루어진 수비대가 지키고 있던 수도로 진입할 수 있었다. 그러나 콘스탄티노플의 방위군과 마찬가지로 알렉시오스의 군대 역시 다채로운 이민족 용병들의 혼성부대로 이루어져 있었다. 사흘 동안 수도는 광포하기 짝이 없는 약탈과 폭력이 난무하는 무대가 되었다. 보타네이아테스는 가망 없는 싸움을 포기했고, 총대주교의 설득을 받아들여 퇴위 쪽으로 마음을 움직였다. 1081년 4월 4일 부활절 일요일에, 알렉시오스 콤네노스는 비잔티움 제국의 황제가 되었다.

6

군인귀족의 지배
(1081-1204)

1) 비잔티움 제국의 재건 : 알렉시오스 1세 콤네노스

알렉시오스 콤네노스의 제위 등극과 바실레이오스 2세의 죽음 사이의 암울한 시기에 대외정치적으로 진행된 변화를 정리해보면, 아시아에서 비잔티움의 우세가 완전히 붕괴되었고, 이탈리아 내의 비잔티움 영토가 궁극적으로 상실되었으며, 발칸 반도에서는 비잔티움의 권위가 크게 후퇴했다. 대내정치적으로 결산해보면 중앙권력이 심각하게 마비되고, 경제적 곤궁이 압박하고, 화폐 본위제도가 몰락하고, 중기 비잔티움 제국의 경제 및 사회 체제가 해체되었다. 알렉시오스 1세 콤네노스(재위 1081-1118년)는 새로운 토대 위에서 부흥을 일구어내야 했다. 새로운 요소들이 그가 세운 국가구조를 담당하는 기둥이 되었다.

그렇지만 그의 재건작업은 단지 외적이고 일시적인 성과밖에 얻을 수 없었다. 중세 초기, 헤라클레이오스와 레온 3세의 시대에도, 비잔티움은 심연 앞에 서 있는 것처럼 보였다. 그러나 당시의 제국은 소진되지 않은 내적인 힘을 가지고 있어서 장기적인 시야에서 재건이 가능했고, 모든 폭풍을 뚫고 핵심지역인 소아시아를 그대로 유지할 수 있었다. 그리하여 제국은 부흥을 이룩할 수 있었을 뿐만 아니라, 차츰 뭍으로건 바다로건 지중해 동쪽 내항해역 전역에서 다시 주도권을 획득할 수 있었다. 그러나 지금은 내부적으로 제국의 기력이 소진되어 있었다. 왜냐하면 지난 몇 세기 동안 제국의 강대함의 기초였던 체제가 몰락했고, 바로 그 때문에 그 강대한 힘의 주된 토대였던 소아시아를 별로 저항해보지도 못한 채 포기했기 때문이다. 콤네노스 왕조의 부흥작업은 무엇보다도 해안지역에 한정되었다. 그러나 비잔티움이 궁극적으로 해상에서의 주도권을 상실한 것은 바로 콤네노스 왕조 시대였다. 해상에서의 주도권은 무역정책적으로나 전략적으로나 이탈리아 도시공화국들로 건너갔다. 이것이 이 시대에 일어난 세계사적으로 가장 중요한 변화이다. 상승하고 있는 서방세력들의 우월성을 드러낸 이와 같은 변화는 1204년의 비잔티움의 파국에서 정점을 이루었다. 콤네노스 제국의 대단해 보이는 우세는 내적인 확고함이 없었고, 그 때문에 콤네노스 가문 통치자들의 노련한 정치가 그렇게 위풍당당해 보이는 성과들을 거두었어도 그 성과들은 지속적인 효과가 없었다.

사실 알렉시오스 콤네노스의 정책은 이미 첫 행보부터 비범한 노련성을 증명한다. 그의 과제는 어마어마하게 어려운 것이었다. 그는 내적으로 쇠진하고 방어력을 잃긴 제국을 재건해야 했다. 반면 적들은 사방에서 쳐들어왔다. 노르만인, 페체네그인, 셀주크 투르크인이 그들이었다. 알렉시오스 황제는 우선 전 소아시아가 투르크인들의 지배하에 있는 것이나 마찬가지라는 사실을 받아들여야 했다. 그는 술레이만의 손에 떨어진 지역을 마치 비잔티움 주민의 이주 식민지로 설정해둔 지역인 것처럼 해서 소급 용인하는 수밖에 달리 도리가 없었다. 그렇게 해서 적어도 공식적으로는 이 지역에 대한 비잔티움의 종주권을 유지하기 위해서였으며, 나아가 마치 소아시아의 지배자들은 주권을 가지는 세력이 아니라 발칸 반도의 페체네그족과 마찬가지로 황제의 승인으로 땅을 유지하는 제국의 동맹자에 불과하다는 허구를 불러일으키기 위해서였다. 알렉시오스 1세는 노르만인들과의 투쟁에 전력을 쏟을 수밖에 없었다. 왜냐하면 로베르 기스카르는 남부 이탈리아에서의 비잔티움 영토를 차지한 후 아드리아 해 동부해안도 공격했기 때문이다. 이 노르만인의 최종 목적은 다름 아닌 비잔티움 황제의 관이었다. 따라서 그의 다음 목표는 콘스탄티노플로 가는 길을 자신에게 열어줄 디라키온을 점령하는 것이었다. 충분한 병력도 돈도 없이, 알렉시오스 1세는 제위에 오른 후 곧 제국의 존망이 달린 투쟁을 개시해야 했다. 그는 교회의 기물들을 저당잡히고, 그 자금으로 군대를 모아야 했다. 이 군대는 자연히 이민족 용병들이 다수를 차지했고 그중에서도 상당한 부분은 앵글로-노르만인들로 이루어졌다. 그러나 자력 투쟁은 생각할 수 없는 일이었다. 알렉시오스는 우세한 적에 함께 대항할 수 있는 동맹자를 찾으려고 전력을 다했다. 그는 교황 그레고리우스 7세뿐만 아니라 신성 로마 제국의 하인리히 4세와도 협상을 벌였고, 베네치아의 도움을 확보했다.

여기서 이미 향후 베네치아의 전쟁 및 동맹정책의 태엽을 이루게 되는 결정적인 동인이 매우 분명하게 드러난다. 이 해상공화국은 어떤 대가를 치르고라도 아드리아 해에서 활동의 자유를 확보해야 했다. 따라서 베네치아는 아드리아 해 양안에 어떠한 세력이 확립되는 것도 결단코 방해하고자 한 것이다. 당시 로베르 기스카르는 베네치아의 적이었으므로, 비잔티움은 이에 따라 자연스럽게 베네치아의 동맹자가 되었다. 그렇지만 비잔티움으로서도 바다에 능한 공화국의 지원이 특히 중요했다. 그도 그럴 것이 비잔티움 함대는 육군보다 훨씬 더 크게 쇠락하여, 제국은 해상에서 완전히 무력하게 보일 정도였기 때문이다.

실제로 베네치아는 노르만 함대에 심한 패배를 안겨주었다. 이로써 바다 쪽에서의 디라키온의 포위는 중단되었다. 그러나 육지에서는 포위공격이 계속되었다. 마침내 로베르 기스카르가 황제 군대에 승리함으로써(1081년 10월), 디라키온 시는 그의 수중에 들어갔다. 로베르 기스카르는 결국 비잔티움으로의 관문을 돌파했고, 그후 노르만인들의 무리는 제국의 땅으로 깊숙이 진입했다. 그들은 에피로스, 마케도니아, 테살리아를 지났고 라리사마저 포위했다. 그러나 로베르 기스카르는 그로부터 얼마 되지도 않은 1082년 초에 남부 이탈리아의 황제당이 일으킨 봉기 때문에 귀환하면서 아들 보에몽에게 사령권을 넘겨주어야 했다. 비잔티움의 저항은 차츰 강해졌고, 황제군의 압력을 받으며 노르만인들은 후퇴에 들어섰다. 그 사이에 베네치아인들은 제국의 동맹 동지로서 다시 디라키온을 점령했다. 로베르 기스카르는 봉기사태를 해결하고, 다시 비잔티움에 대한 투쟁에 들어섰다. 그러나 1085년 초에 역병이 그를 덮쳐 목숨을 앗아갔다. 그가 죽은 후 남부 이탈리아에서 터진 혼란으로 비잔티움은 비교적 오랫동안 노르만인들의 위험으로부터 해방되었다.

베네치아는 군사원조를 해준 대신 비싼 값을 치르게 했다. 1082년 5월의 조약을 통해서 베네치아의 통치자 곧 도제(doge)는 자신과 후계자를 위해서 프로토세바스토스(protosebastos), 곧 가장 존숭받는 사람이라는 칭호를 얻었고, 이에 상응하는 연봉을 받았다. 그라도의 총대주교는 히페르티모스(hypertimos),

곧 지극히 소중한 사람이라는 품계를 얻었고, 베네치아의 교회는 존경을 표시하는 선물로 해마다 20파운드의 금을 받았다. 그러나 무엇보다도 해상공화국은 무역에서 여간해서 얻기 힘든 이득을 얻었다. 베네치아인들은 향후 비잔티움 제국의 모든 지역에서, 심지어 콘스탄티노플에서도, 모든 상품들을 자유로이 거래할 수 있게 되었다. 조세를 납부할 필요도 전혀 없었다. 그리하여 그들은 토착 비잔티움 상인들에 비해서 아주 유리한 위치를 차지하게 되었다. 나아가 그들에게는 콘스탄티노플에 여러 개의 작업장이 주어졌고 갈라타로 건너가는 나룻터에 세 군데의 부두가 맡겨졌다. 이로써 동쪽에서 베네치아의 식민세력이 형성되기 위한 초석이 놓인 반면 비잔티움 국가의 무역체제에는 깊은 틈이 벌어졌다. 베네치아가 비잔티움 황제의 종주권을 그후로도 계속 인정했다고는 하지만, 사태의 본질은 변화되지 않았다. 이제 이 이탈리아 해상공화국은 비잔티움 역사발전에서 더 이상 배제할 수 없는 세력요소가 되었다

비잔티움과 노르만인들의 전쟁에서는 인근 슬라브 국가들이 특별한 역할을 했다. 발칸 반도에서 우세를 점하기 위한 강대국들의 투쟁은 슬라브 국가들에 가장 직접적으로 영향을 미치게 마련이었다. 두브로브니크를 비롯한 달마티아의 도시들은 물론이고, 아마도 크로아티아 자체도 노르만인들 편에 가세한 것으로 보인다. 제타의 왕 콘스탄틴 보딘은 오랫동안 결정을 내리지 못하다가 비잔티움 황제의 편에 섰다. 그렇지만 그는 디라키온을 둘러싼 결정적인 전투가 벌어지는 동안 군대를 철수시켰고, 그로 인해서 비잔티움인들의 패배에 기여한 셈이 되었다. 비잔티움 제국과 노르만인들 및 페체네그인들 사이에 계속된 전쟁들을 이용하여 그는 라스키아와 보스니아에서 자신의 세력을 확대시키려고 했다. 그 다음 그는 라스키아에서 비잔티움에 대한 공격을 시작했다. 이로써 나중에 세르비아가 어떤 방향으로 팽창할지가 드러났고, 세르비아 국가들 내부에서 제타에서 라스키아로 무게중심이 이동하는 준비작업이 이루어졌다.

비잔티움 황제는 노르만인들의 위험이 제거되자마자 페체네그인들에 대한 전쟁을 수행해야 했다. 지난 몇십 년 동안 흡사 '다모클레스의 칼'처럼 제국 위에 드리워져 있던 페체네그족의 위험은 발칸 반도 동쪽에서 보고밀파가 돌진하는 페체네그인들의 무리를 지원함으로써 또다시 절박해졌다. 페체네그인들이 비교적 오랫동안의 변화무쌍한 투쟁 끝에 1090년 비잔티움 '수도의 성벽

앞까지 밀려왔을 때, 위기는 정점에 달했다. 그것만으로는 충분치 않다는 듯, 콘스탄티노플은 이와 동시에 바다로부터도 공격을 받았다. 술레이만(1085년 사망)의 유산을 나누어가졌던 에미르들 가운데 하나인 스미르나의 에미르 차하스가 페체네그인들과 동맹을 체결하고, 함대와 함께 콘스탄티노플로 돌진해왔다. 옛날 니케포로스 보타네이아테스의 궁정에 포로로 머무른 적이 있는 차하스는 비잔티움의 전술에 정통했으며, 바다 쪽에서 공격하면 황제의 수도에 결정적인 타격을 입힐 것임을 정확히 꿰뚫고 있었다.

1090/91년 콘스탄티노플은 수륙 양쪽에서 포위되어 극도로 곤궁하고 공포로 가득 찬 겨울을 보냈다. 구원은 다시금 외부에서밖에 올 수 없었다. 다급해진 알렉시오스 1세는 비록 위험이 없지는 않지만 비잔티움이 이미 시험을 거친 수단인 '만족' 정책에 의지했다. 즉 그는 페체네그족에 대항하기 위해서 쿠만족에게 도움을 청했다. 남부 러시아 평원에서 페체네그족과 우즈족을 따라왔던 쿠만족은 이들과 마찬가지로 진정한 유목민족이었으며, 비록 인종상으로는 같은 혈통이 아니었지만 언어상으로는 역시 투르크계였다. 이제 황제 알렉시오스는 전쟁에 능한 이 쿠만족 수장들의 손에 제국의 운명을 맡겼다. 학수고대하던 쿠만족이 1091년 초 제국의 땅으로 들어왔다. 그리하여 4월 29일에 레부니온 산맥 기슭에서 한편으로는 비잔티움인과 쿠만족, 다른 한편으로는 페체네그족 사이에서 미증유의 혈전이 벌어졌다. 여기서 페체네그족은 완전히 소탕되었다. 이 살육을 보고 당대인들이 받은 엄청난 인상을 안나 콤네네는 이렇게 표현했다. "무수를 헤아렸던 전 민족이 단 하루 만에 절멸해버렸다." 콘스탄티노플을 에워싸고 있던 포위망은 파괴되었다. 레부니온 전투로 계획이 좌절된 차하스는 패배했을 뿐 아니라, 황제의 새로운 절묘한 외교술 때문에 완전히 녹초가 되었다. 쿠만족을 페체네그족에 대항하도록 부추겼듯이, 황제는 차하스와 그의 사위인 니카이아의 에미르 아불 카심을 반목시킨 후 처음에는 아불 카심과 동맹을 체결했고, 그뒤에는 카심의 후계자이자 술레이만의 아들인 킬리지 아르슬란과 동맹을 체결했다.

콘스탄티노플의 해방으로 세르비아, 특히 라스키아의 주판(župan)인 부칸에 대한 대응조치가 가능해졌다. 부칸은 국경지역을 끊임없이 습격하여 불안하게 만들고 있던 참이었다. 그렇지만 황제는 1094년 다시 투쟁을 중단하고 부칸의 거짓 항복에 만족해야 했다. 왜냐하면 그의 옛 동맹자인 쿠만족이 제국의 영토로 침입하여 아드리아노플 일대까지 약탈행진을 벌였기 때문이다. 그 선봉에 선 것은 비잔티움의 제위계승 요구자였다. 그는 자신이 황제 로마노스 4세의 아들인 콘스탄티노스 디오게네스라고 자처하면서 황제의 자리를 요구했다. 이것은 상황을 특별히 위중하게 보이게 하는 요인이기도 했지만, 또한 동시에 이 군사작전의 약점이기도 했다. 책략을 써서 제위계승 요구자를 제거한 황제 군대는 지도자 없는 쿠만족 무리들을 뿔뿔이 흩어지게 할 수 있었기 때문이다.

제국의 유럽 지역에서 가장 큰 위험이 제거되었다. 동쪽에서도 상황이 트이는 것처럼 보였다. 룸 술탄국의 분할과 에미르들의 계속되는 상호 투쟁으로 비잔티움은 소아시아를 다시 획득할 수 있을 것처럼 보였기 때문이다. 그러나 알렉시오스 1세가 이 과제에 착수할 수 있게 되었을 바로 그 순간, 한 사건이 터졌다. 이 사건으로 그의 모든 계획은 수포로 돌아갔고, 제국은 또다시 여러 겹의 곤란과 직면하게 되었다. 바로 십자군 원정대가 가까이 다가온 것이다. 세력이 점점 강해지고 있던 교황권은 십자군 원정 사상에서 동방의 기독교 세계로 세력을 뻗쳐 나아가고자 하는 자신의 욕구를 실현할 새로운 수단을 보았다. 클레르몽 종교회의에서 우르바누스 2세 교황의 호소는 엄청난 반향을 얻었다. 클뤼니 개혁운동 이래 서방세계가 종교적 열광에 사로잡혀 있었다고 하는 사실이 여기에 결정적으로 작용했다. 우르바누스 2세는 성지에 대한 동경에 불을 붙였다. 성지의 매력과 그곳이 처한 곤경 ── 예루살렘이 1077년 셀주크인들에게 점령된 이래 겪고 있던 ── 에 대해서 서방 기독교도들은 점점 더 자주 그곳을 왕래하고 있던 성지 순례자들로부터 이야기를 들어 잘 알고 있었다. 우르바누스 2세는 토지에 굶주리고 모험을 좋아하는 봉건영주들과 경제적 곤궁으로 압박받고 종교적으로 고양되어 있는 서방의 인민 대중을 감격시켰다. 그에 반해서 비잔티움 제국으로서는 서방이 생각하는 식의 십자군 사상은 완전히 낯선 일이었다. 이교도들과의 투쟁은 비잔티움에서 결코 새로운 일이 아니었다. 비잔티움인들에게는 그것은 이미 절박한 국가적 필연성으로 오래 전부터 자명한 일이 되어 있었다. 그들에게 성지의 해방이란 국가의 과제이지 일반적인 기독교도들의 관심사가 아니었다. 어찌 되었건 성지는 옛 비잔티움의 땅이었으니 말이다. 그밖에도 교회 공동체가 해체되고부터 서방과 공동 보조를 취하기 위한 전제들은 그 어느 때보다도 적은 듯이 보였다. 그들이 서방에 기대한 것은 십자군이 아니라 용병이었다.

셀주크인들과 페체네그족이 위협하던 어려운 시절에, 그리고 다른 경우들에서도, 비잔티움 황제는 실제로 서방에서 구원군을 얻으려고 애썼다. 이번에는 그는 무엇보다도 플랑드르 백작 로베르에게 편지를 썼던 것으로 보인다. 로베르는 1089년 말 혹은 1090년 초 성지순례에 즈음하여 황제를 찾아왔다가 그에게 충성의 맹세를 하고 500명의 플랑드르 기사단을 보내기로 약속했다. 또한 황제는 로마의 도움을 구하며 우르바누스 2세와 교회통합 협상을 벌였는데, 그 목적은 근본적으로 동일한 것이었다. 이 사건들이 취한 방향은 황제가 바란 것도 기대한 것도 아니었다. 제국의 상황이 결정적으로 호전되고, 그 자신이 아시아에서 십자군 원정을 감행할 수 있게 된 바로 그 순간에 그는 십자군 원정대가 다가오는 것을 보았던 것이다. 그가 보기에는 십자군 원정대로 인해서 동방 기독교 세계의 수호자로서의 자신의 위치가 찬탈당하는 것 같았고, 그가 15년에 걸친 길고도 무한히 힘든 방어전을 치른 끝에 가장 절박한 위험들로부터 해방시키게 되었던 자신의 제국이 이제 새로운, 예상할 수 없는 어려움 속으로 떨어지는 것 같았다. 당시 서방이 이교도들에 대항하여 시작한 성전(聖戰)이 시간이 흐름에 따라서 이반적인 비잔티움을 섬멸시키기 위한 대열로 바뀌리라는 것은 당시만 하더라도 그 누구도 예견할 수 없었지만, 비잔티움인들은 서방의 형제들을 처음부터 크게 의심쩍어하며 맞았다. 이미 그 당시 비잔티움인들은 새로운 적의 침공이 목전에 닥쳤다고 흔히들 생각했고, 십자군 원정대의 행태는 이러한 예상을 입증하는 것처럼 보였다.

이른바 아미앵의 은둔자 페트루스의 출현이 그 서곡을 이루었다. 어중이떠중이의 무리가 그의 뒤를 따랐다. 규율도 없고 보급도 받지 않던 이 무리가 헝가리와 발칸 국가들을 통과하는 동안에 이미 너무나도 막무가내식의 약탈에 몰두했으므로, 사람들은 거듭해서 무기를 들고 그들과 맞서야 했다. 1096년 8월 1일, 그들은 콘스탄티노플에 이르러서도 약탈을 계속했고 그러자 황제는 그들에게 보스포루스 해협을 건너가게 했다. 그러나 무장이 빈약한 이 무리들은 소아시아에서 투르크인들에게 소탕되었다. 그들 가운데 극소수만이 비잔티움 황제가 허락한 배를 타고 콘스탄티노플로 빠져나왔다.

1096년 말부터는 점차 대(大)봉건영주들도 종자(從者)들을 거느리고 들어왔다. 콘스탄티노플에 서유럽 기사집단의 꽃들이 집결했다. 그중에서도 특히 눈에 띄는 인물은 로렌 공작 고드프루아 드 부용, 툴루즈 백작 레몽, 프랑스 왕의 동생인 위그 드 베르망두아, 잉글랜드 왕의 동생이자 정복왕 윌리엄의 아들인 로베르 드 노르망디, 앞에서 언급했던 플랑드르 백작 로베르의 동명의 아들인 로베르 그리고 특히 로베르 기스카르의 아들인 노르만 영주 보에몽 등이었다. 알렉시오스 1세는 자신의 계획들을 뒤엎을뿐더러 비잔티움 제국에 위험이 될 수 있는 이 군사원정의 방향을 자신과 자신의 국가에 용납될 수 있는 쪽으로 바꾸고자 시도했다. 그런 의도에서 그는 십자군 기사들에게 서방의 관습에 따라서 자기에게 봉신으로서의 충성을 맹세하고, 이전에 비잔티움 제국에 속했던 모든 정복된 도시들을 자기에게 내어주겠다는 약속을 하라고 요구했다. 황제 쪽에서는 황제대로 십자군 원정자들에게 보급품과 무기들을 지원할 것이며, 그 자신이 십자군에 참여하되 군사를 총동원하여 십자군 원정대의 선봉에 서겠다고 약속했다. 레몽 드 툴루즈를 제외하고, 십자군의 모든 지휘자들 —— 지루한 협상 끝에 고드프루아 드 부용까지 가세하여 —— 은 황제의 요구를 받아들였다. 이러한 토대 위에서 1097년 초 보에몽을 포함한 각각의 십자군 영주들과의 사이에 조약이 체결되었다. 보에몽은 당장 모든 요구사항들을 약속했을 뿐만 아니라 레몽 드 툴루즈에게 황제의 뜻을 설득시키려고 노력했으며, 나아가 제국의 동부 도메스티코스 직위를 준다면 그 대가로 자신이 제국을 위해서 복무하겠노라고 제안하기까지 했다. 그러나 그 사이에 이미 노르만인 부대들은 충성의 맹세를 교묘하게 피해간 보에몽의 조카 탕크레드의 지휘 아래 소아시아에 당도해 있었다. 보에몽에게 십자군 원정은 사실상 자기 아버지의 정복계획을 다시 실행에 옮기는 기회였을 뿐이다.

십자군 원정이 거둔 최초의 중요한 성과는 니카이아의 점령이었다(1097년 6월). 조약에 따라서 이 도시는 비잔티움 황제에게 넘겨졌고, 비잔티움의 수비대가 이곳에 들어와 주둔했다. 알렉시오스 1세는 서둘러 이 성과를 활용하여 다른 기획으로 넘어갔다. 그의 군부대들은 스미르나, 에페소스, 사르데스 그리고 일련의 옛 리디아 도시들을 점령했다. 그리하여 비잔티움은 소아시아의 서부를 다시 지배하게 되었다. 니카이아를 점령한 후 황제와 함께 펠레카논에서 새로 회합을 갖고 다시금 충성의 맹세를 다진 십자군 원정대는 그 사이에 비잔티움 군대와 함께 옛 군사도로로 도릴라이온, 이코니온, 카이사레이아, 게르마니케이아를 거쳐 안티오케이아로 계속 나아갔다. 안티오케이아 앞에 도착하기까지 십자군 원정대와 비잔티움 황제 사이에는 협화가 계속되었다. 비록 고드프루아 드 부용의 형 보두앵과 보에몽의 조카 탕크레드, 곧 중간에 킬리키아로 빠져나갔던 이 두 사람 사이에, 조약에 따르면 비잔티움 황제에게 넘겨져야 하는 킬리키아 도시들의 소유를 둘러싸고 싸움이 벌어지기도 했고 그후 보두앵이 북부 메소포타미아로 돌진하여 에데사를 중심으로 자신의 제후령을 건설하는 일이 벌어지기도 했지만 말이다. 안티오케이아의 점령(1098년 6월 3일)은 십자군 원정대의 새로운 큰 성과였다. 그리고 이로써 십자군 원정대와 비잔티움 황제 사이의 협화는 종말을 맺었고, 십자군 원정 군주들 사이에서도 대립이 심화되었다. 시리아의 수도를 누가 차지할 것인가를 둘러싸고 레몽 드 툴루즈와 보에몽 사이에 격론이 터졌다. 노회한 노르만인이 게임에서 이겼고, 독립군주로서 안티오케이아에서 위치를 굳혔다. 황제의 그 모든 항의는 아무런 성과도 없었다. 보에몽이 안티오케이아에 남아 있는 동안 나머지 십자군 원정 군주들은, 알렉시오스가 이전의 약속대로 안티오케이아를 자기에게 넘겨준다면 십자군 원정에 계속 참여하겠다는 전갈을 보냈음에도 불구하고, 또 이제는 레몽 드 툴루즈도 안티오케이아를 비잔티움에게 넘겨주자고 옹호하고 나섰음에도 불구하고, 황제의 도착을 기다리지 않고 예루살렘으로 길을 떠났다. 무시당한 툴루즈 백작과 비잔티움 황제는 서로 가까워졌다. 그래서 알렉시오스에게 봉신으로서의 충성을 맹세했던 십자군의 기사들이 각기 자신들의 제후령을 건설한 데 반해서, 충성의 맹세를 거부했던 레몽은 시리아 해안의 여러 도시들을 정복한 후에 이를 황제에게 넘겨주었다. 레몽과 알렉시오스 황제의 사이는 예루살렘을 점령한 후(1099년 7월 15일) 더욱 가까워졌다. 그도 그럴 것이 십자군 원정의 진정한 지휘자였던 레몽이 안티오케이아 정복 이후에 다시 한번 무시당하여, 그가 아니라 고드프루아 드 부용이 "성묘의 수호자"로서 새로운 왕국의 수장이 되었기 때문이다.

비잔티움은 처음에는 멀리 떨어진 팔레스티나에 예루살렘 왕국이 건설된 것은 받아들일 수 있었다. 그러나 안티오케이아에서 보에몽이 자리를 잡은 것은 받아들일 수 없었다. 시리아의 노르만 제후령은 비잔티움 제국의 이해관계를 직접적으로 건드렸다. 이는 비잔티움에 대한 보에몽의 적대감이 더 이상 숨겨지지 않게 되면서 더욱 그러했다. 그의 적대감은 이미 1099년에 노골적으로 드러나기 시작했다. 그렇지만 그는 동시에 투르크인들과도 싸워야 했다. 투르크인들에게도 노르만 제후령이 된 안티오케이아가 눈엣가시이기는 마찬가지였다. 이 상황은 비잔티움 황제의 과제를 훨씬 쉽게 해주었다. 1101년에 이미 보에몽은 다니슈멘드 가문 출신의 에미르 말릭 가지의 포로가 되었다. 그렇지만 십자군 원정대가 몸값을 지불하고 그를 구해주었으므로 그는 안티오케이아로 되돌아왔다. 그러나 1104년, 투르크인들은 하란 근처에서 라틴인들에게 절멸의 패배를 안겨주었다. 그에 따라서 황제군은 킬리키아의 중요한 요새들인 타르소스와 아다나 그리고 마미스트라를 정복할 수 있었다. 다른 한편 비잔티움 함대는 라오디케이아를 점령하고, 나아가 트리폴리스까지 이르는 해안도시들을 점령했다.

보에몽은 투르크인들과 비잔티움인들에 대해서 동시에 싸우는 것은 힘에 부치는 일임을 깨닫지 않을 수 없었다. 그는 탕크레드를 안티오케이아에 남겨두고, 비잔티움에 대한 대대적인 원정을 준비하기 위해서 서방으로 떠났다. 그 누구보다도 보에몽은 자신의 원정에 대한 지원을 얻기 위한 순회여행의 일환으로 이탈리아와 프랑스를 돌아다니면서 비잔티움 황제가 십자군 원정대를 배신했다는 소문을 퍼뜨리는 데에 기여했다. 그는 자기 아버지의 장기 목표와 작전계획을 그대로 채택하여, 대규모 군대를 이끌고 1107년 10월에 아블로나에 상륙했고, 이곳에서 디라키온을 향해 떠났다. 25년 전과 마찬가지로 노르만인들과 비잔티움인들은 디라키온의 성벽 아래서 다시 만났다. 그러나 이번의 비잔티움 황제는 아주 달랐다. 이 싸움은 비잔티움인들의 승리와 보에몽의 완전한 굴복으로 끝났다. 1108년에 체결된 조약에서 보에몽은 죄과를 뉘우치면서 황제에게 그의 봉신으로서 충성을 지킬 것이며, 제국의 모든 적들에 대항하여 지원을 함으로써 가신의 의무를 이행하겠다고 서약했다. 그 대신 안티오케이아 제후령은 황제의 봉토로서 그에게 남겨지기로 되었다. 그러나 예상했던 대로 탕크레드는 이 조약을 인정하기를 거부했고, 그후 얼마 안 있어 보에몽이 죽은 후(1111년경) 그가 안티오케이아의 유일한 군주가 되었다. 비잔티움 황제는 그에게 대항하기 위해서 다른 십자군 원정 군주들과의 결속을 시도했으나 목적을 이루지 못했다. 알렉시오스 1세는 더 이상 반항적인 노르만 제후령에 대해서 전쟁을 재개할 기력을 추스리지 못했다. 대신 그는 소아시아에서 투르크인들과의 투쟁에 만년을 바쳤다.

이처럼 1108년의 조약은 처음에는 전혀 아무런 직접적인 영향도 미치지 못했지만 그러나 차기 정부들의 정책 지침으로서의 의미는 지니고 있었다. 그뿐 아니라 아드리아 해 동안에서 보에몽에게 거둔 승리는 비잔티움이 발칸 반도에서 위치를 현저히 강화시키는 데에 도움이 되었다. 그런데 발칸 반도의 정황에 새로운 세력요인으로서 헝가리가 끼어들었다. 헝가리는 12세기 초에 크로아티아와 달마티아를 정복했다. 이제 헝가리는 비잔티움 정치에서 새로운 비중을 얻게 되는데, 이는 황제 알렉시오스가 제위계승자 요안네스를 헝가리 공주와 결혼시킨 데서도 잘 나타난다. 그러나 두 세력은 발칸 반도에서의 영향력과 아드리아 해안에서의 주도권을 놓고 서로 투쟁에 들어서지 않을 수 없었다. 다음 몇십 년 동안 헝가리는 비잔티움 제국의 주요 적국 가운데 하나가 되었다.

거의 40년에 이르는 세월 동안 끊임없이 투쟁을 전개한 끝에 알렉시오스 콤네노스는 마침내 비잔티움 제국의 세력을 상당한 정도로 회복하기에 이르렀다. 이 투쟁은 각 단계마다 콤네노스의 정치인으로서의 위대함과 비할 데 없이 탁월한 외교술을 보여준다. 그는 로베르 기스카르와 베네치아를 반목시키고 차하스와 경쟁상대인 에미르들을 반목시켜서 어부지리를 얻었으며, 페체네그족은 쿠만족의 도움으로 물리쳤고, 투르크인들에 대해서는 십자군 원정대를, 십자군 원정대가 세운 국가들에 대해서는 투르크인들을 이용했다. 뿐만 아니라 그는 이렇게 외세를 능숙하게 이용함과 동시에 자신의 힘도 점점 더 강력하게 투입할 수 있었다. 전쟁을 거듭할수록, 해가 지날수록, 사람들은 비잔티움 국가의 군사력이 증대하는 것을 보게 되었다. 비잔티움의 해군은 로베르 기스카르와 투쟁하는 동안에는 존재하지도 않았으나, 차하스와 특히 보에몽에 대항하는 전쟁들에서는 비잔티움 함대가 함께 활약하며 성공을 거두었다. 초기의 패전들은 쿠만족과 셀주크인들에 대한, 승리에 빛나는 원정들에 자리를 내주었다. 아드리아 해 동안에서 노르만인들과 치렀던 두 번의 회전(會戰)을 비교해보면, 비잔티움 군대가 그 사이에 얼마나 강화되었는지가 아주 극명하게 드러난다. 알렉시오스 1세는 제국의 경계를 확대시켰을 뿐만 아니라, 내적으로도 제국을 확고히 하고 다시 방어력을 확보했다. 물론 그가 수립했던 국가체제는 중기 비잔티움 시대의 엄격한 국가질서와는 완전히 달랐다. 11세기의 가장 바람직하지 못한 현상들, 예를 들면 징세청부라든가 세속 및 성직 지주들에 대한 면세권의 부여, 화폐주조의 악화는 계속되었고 심지어는 그 범위가 확대되기까지 했다. 비잔티움 무역에서 새로운 요인으로서 이탈리아 해상공화국들이 점차 돌진해왔다. 베네치아는 1082년부터 비잔티움 해역에서 전능한 존재가 되었고, 1111년 10월에 체결된 조약을 통해서 알렉시오스 1세는 피사에도 중요한 무역특권들을 양보해주었다.

비잔티움의 관료제적 국가질서가 느슨해진 것을 알려주는 가장 특기할 만한 사실은 알렉시오스 1세가 시도한 궁정품계 제도의 개편이다. 이 역시 선대의 발전에 연결되는 현상이었다. 관료귀족이 지배하는 동안 너그럽기 그지없이 칭호들이 부여됨에 따라서 옛 칭호는 가치가 떨어졌고, 높은 지위의 인물들을 위해서 새로운 품계들이 만들어져야 했다. 10세기에는 고위 관료들이 달고 있던 파트리키오스니, 프로토스파타리오스니, 스파타로칸디다토스니 하는 것들이 이미 11세기 중반에 오면 그다지 중요한 칭호가 아니었고, 11세기에서 12세기로 넘어가는 시기에는 마침내 쓰이지 않게 되었다. 중기 비잔티움 시대에 가장 높은 세 품계였던 카이사르, 노빌리시모스, 쿠로팔라테스만이 이 미증유의 칭호 인플레이션에서 살아남았다. 그러나 이 칭호들 역시 가치가 떨어졌다. 알렉시오스 1세는 자기 형인 이사키오스를 위하여 세바스토크라토르(세바스토스와 아우토크라토르의 결합)라는 새로운 칭호를 만들어, 카이사르의 칭호보다 높은 서열을 부여했다. 그러고 나자 그는 제위계승자로 자칭하는 니케포로스 멜리세노스에게 주저없이 약속(279쪽 참조)을 이행하며 그에게 카이사르의 품계를 부여할 수 있었다. 즉 이 품계는 이제 단지 하나의 높은 명예직을 뜻하는 것이었을 뿐이고 〔황제직과의 관련성은 커녕/옮긴이〕 그나마 과거에 가지고 있던 가장 높은 영예라는 의미조차 더 이상 지니지 못하게 된 것이다. 옛 관직 칭호들이 사라지는 한편, 비교적 높은 관직 수행자들에게 과거에는 황실의 직함으로 간주되던, 혹은 황실의 다소 젊은 구성원들에게 국한하여 붙여졌던 칭호가 주어졌다. 즉 개개 칭호와 직함을 조합하여 세바스토스, 프로토세바스토스, 판히페르세바스토스, 또는 세바스투히페르타토스, 판세바스토히페르타토스, 프로토판세바스토히페르타토스, 또는 엔티모히페르타토스, 판엔티모히페르타토스, 프로토판엔티모히페르타토스, 또는 노빌리시모스, 프로토노빌리시모스, 프로토노빌리시모히페르타토스 등등 끊임없이 더 높은 칭호를 새로 만들어낼 가능성이 등장했다. 이러한 칭호제도의 변화는 비잔티움 국가체제가 11세기 이래 경험한 깊은 변화를 상징한다. 엄격한 관료제적 중앙집권제가 사라지면서, 중기 비잔티움 시대의 엄격한 서열제도도 함께 사라졌던 것이다.

10세기 말에 테마의 총사령관들에게 붙여졌던 세 가지 칭호 가운데 그후에도 유지되는 것은 가장 높은 칭호 하나뿐이었는데 이것도 역시 칭호가 평가절하된 데서 나오는 전형적인 현상이다. 콤네노스 시대에는 테마의 모든 사령관들이 둑스라는 칭호를 달았고, 그에 반해서 이제부터는 테마 둑스의 하급자들이 카테판으로 지칭되었다. 그러나 과거의 명예칭호인 스트라테고스는 이미 11세기에 거의 완전히 사라졌다. 아울러 개개 테마들의 중요성과 범위가 감소되는 것도 이 변화과정에서 나타난 유난히 두드러진 특징이다. 전 해군을 관장하는 대제독은 알렉시오스 1세 치세부터 제국이 몰락할 때까지 메가스 둑스라는 칭호를 달고 있었다. 10세기 후반부터 최고 군 지휘권을 나누어 가졌던, 동부와 서부의 두 도메스티코스들에게는 이미 11세기 중반부터, 메가스 도메스티코스라는 칭호가 주어지곤 했다. 전체 문관 관청들의 감독자로서 알렉시오스 1세 때부터 세크레톤의 로고테테가 나타나는데, 이는 12세기 말부터 대(大)로고테테로 지칭되었다. 중기 비잔티움 시대에 제1장관, 즉 메사존의 기능이 드로모스의 로고테테의 직책과 연결되었던 것처럼, 비록 완전히 법적으로 규정된 것은 아니지만 향후 이 대로고테테의 직책은 메사존의 기능과 빈번하게 연결되었다.

군대의 몰락과 재정압박은 11세기 중반 이후 비잔티움 제국의 내적 상황을 특징짓는 두 요인이다. 알렉시오스 1세의 대내 정치활동 역시 우선적으로는 이 문제들과 관련되어 있었던 것으로 보인다. 11세기 중반에 시작되었던 화폐의 악주는 알렉시오스 1세 콤네노스 밑에서 가장 광범위하게 계속되었고, 온전한 가치를 지닌 옛 금화들과 나란히 보다 열등한, 그것도 여러 종류의 가치를 지닌 새로운 주화들이 통용되었다. 이러한 상황은 당연히 경제생활에서 큰 혼란을 불러일으켰으나, 동시에 국고에는 어느 정도의 이익을 남겨주었다. 국고는 악화를 지불하고, 납세자들로부터는 온전한 가치를 지닌 양화를 징수했기 때문이다. 그렇지만 이러한 상황은 오랫동안 유지되지 못했고, 곧 국가는 가치가 열등한 주화들도 받아들이지 않으면 안 되었다. 우선 환시세가 그야말로 걷잡을 수 없이 흔들렸다. 징세자들은 자신의 판단에 따라서 환산을 시도했고, 극도로 야비한 방식으로 치부(致富)를 했다. 견디다 못한 황제는 1노미스마를 4밀리아레시아(miliaresia)로 계산하도록 명령했다. 이로써 비잔티움 금화가 원래 가치의 단지 3분의 1만을 가진다는 것이 공식적으로 인정되었다. 그뿐 아니라 비잔티움에서는 본세(本稅)에 덧붙여 다수의 부가세들이 계산되었다. 이 부가세들을 합하면 본세의 약 23퍼센트에 달했다. 본세를 사정할 때는 금화의 가치가 3분의 1이 되었다는 데서 출발한 데 반해서 부가세들은 우선은 계속해서 옛날 비율로 계산되었다. 납세자들이 이에 대해서 이의를 제기하자 황제는 절충안을 취하여, 부가세를 계산할 때는 노미스마 화폐를 원래 가치의 절반 비율로 계산하라고 허락했다. 이는 부가세가 50퍼센트 상승한다는 것을 의미했으며, 사실상 국고의 수입은 그만큼 커졌다. 왜냐하면 부가세들은 원래 본세 납부액이 일정 액수 이상인 경우에만 산정되었지만, 그러나 금화의 가치가 하락하면서 조세의 액면가도 그에 상응하게 상승했고, 따라서 전에는 부가세 납부의 고려대상이 아니었던 가장 가난한 납세자들까지도 부가세 적용대상으로 편입될 수 있었기 때문이다. 그리하여 황제는 화폐가치의 하락으로부터 아주 기발한 방식으로 여러 겹의 이익을 끌어올 수 있었다.

괴로움을 당하는 쪽은 납세자들이었다. 납세자의 처지는 점점 더 어려워졌다. 조세부담 자체보다 더 큰 압박이 되었던 것은 세리와 징세청부업자들의 자의였다. 사람들은 조세의 상승보다 징세자의 횡포에 대해서 더 크게 한탄했다. 징세의 청부는 12세기 초에 이르면 완전히 일상적인 관행이 되었으며, 전 속주들이 개개 징세청부업자들에게 맡겨졌다. 청부업자들은 조세를 두 배로 거두겠다고 약속했는데, 이는 별스러운 일로 보이지 않았다. 뿐만 아니라 화폐조세에 수많은 현물부담과 부역이 덧붙여졌다. 이것들은 이 시대에 특히 과중한 부담이 되었던 것으로 보인다. 주민들은 선박, 요새, 다리, 국도의 건설을 위해서 현물과 노동력을 제공했다. 나아가 제국 관리와 군대의 숙소와 군량을 조달하며, 마소를 이용한 부역을 이행하고, 그곳을 통과하는 군대들에게 공짜로 혹은 낮은 가격으로 가능한 모든 보급품을 제공할 의무를 졌다. 이는 군대의 부양을 단지 일부만 국가가 맡고, 나머지는 주민들이 직접 맡아야 한다는 것을 의미했다. 더욱이 이 시대에는 주민의 몫이 특별히 높았다. 재정적 능력이 몰락했으나, 당장 새로 방어력을 수립해야 하고 또 상당수의 용병을 모집하지 않을 수 없었던 국가는 이런 식으로 자구책을 마련했다. 사실상 이 시대의 비잔티움 군대는 바랑고이인, 러시아인, 페체네그인, 쿠만인, 투르크인, 프랑스인, 독일인, 잉글랜드인, 불가리아인, 아바스기인과 알라니인 등 다양한 민족들의 혼합체였다.

그러나 용병 군대와 나란히 토착 군대도 다시 더 큰 비중을 얻기 시작했다. 물론 이제 비잔티움의 군사력을 담당하는 것은 소토지 소유자가 아니었다. 그도 그럴 것이 옛 군인토지들이 봉건화 과정에서 희생되었기 때문이다. 둔전병들이 완전히 사라진 것은 아니라고 해도, 그들은 이제 단지 부차적인 역할만을 수행했다. 비잔티움 군사제도는 순수히 봉건적인 봉토체제를 토대로 하게 되었고, 그것의 진정한 담당세력을 이루게 된 것은 프로노이아르의 대토지 소유였다. 콤네노스 왕조로 대표되는 군인귀족이 지배하던 시기에 비잔티움 제국이 군사적으로 강화된 주요 원인은 프로노이아 체제를 군사 목적에 이용했던 데 있기도 하다. 사실 우리는 마케도니아 왕조와 두카스 가문의 아류시대에 프로노이아가 수여된 것을 알고 있지만(260쪽 참조) 이는 아직 군사적 과제와 상관이 없었다. 그러나 알렉시오스 1세 치하에 오면 이미 프로노이아 체제는 군사적 성격을 띠며, 그때부터 이 성격은 제국이 몰락할 때까지 유지되었다. 프로노이아 봉토를 수령한 자는 군사적 복무의 의무를 지며, 바로 그렇기 때문에 보통 단순히 무인(스트라티오테스[stratiotes])이라고 불렸다. 무인은 말 탄 기사이며, 프로노이아 봉토의 크기에 따라서 부하의 수가 많거나 적거나 했다. 아울러 여타 소유지 및 심지어 교회 소유지까지도 강제징병을 통해서 병사를 제공할 책임을 졌다. 물론 이때 그들의 지위는 단지 경무장한 보병 전투원이었다.

프로노이아 봉토는 프로노이아르의 소유가 아니었다. 그것은 원래 양도할 수도 없고 세습될 수도 없었다. 프로노이아 소유에 대한 소유권과 무제한의 사용권은 국가에 속해 있었다. 국가가 임의로 프로노이아 봉토를 내어주거나 앗아갔던 것이다. 그러나 프로노이아르가 허락받은 토지와 그곳에 사는 농민들을 소유하는 동안 ― 그는 대개의 경우 죽을 때까지 이들을 소유했다 ― 프로노이아르는 그들의 전능한 주인이자 군주였다. 프로노이아르와 중기 비잔티움 시대의 둔전병들은 사회적으로 각기 전혀 다른 세계에 속했다. 과거의 둔전병들(스트라티오타이)이 농민병사였던 데 반해서 프로노이아르는 비록 스트라티오타이라고 불리기는 했지만 봉건귀족층, 그중에서도 주로 소귀족 출신이었다. 이들은 자신의 소유지를 예농들로 하여금 경작하게 하는 대소 봉건영주들이었다. 프로노이아를 수여한다는 것은 특정한 소유지를 위임한다는 뜻일 뿐만 아니라, 이 소유지에 정착한 농민들을 할당해준다는 뜻도 된다. 그러면 이 농민들은 그것만으로 프로노이아르의 파로이코이가 되어, 그에게 부과조를 납부해야 했다. 이러한 부과조 및 여타 프로노이아 토지의 수입들에 대한 권리 역시 수령자의 입장에서 볼 때 프로노이아를 소유하는 가치와 매력이 되었다.

새로운 과제를 고려할 때 이 시대부터 프로노이아 체계는 큰 중요성을 가지게 되었고, 그 자연스러운 결과로 프로노이아 토지들의 수는 점점 증가했다. 이로써 비잔티움에서는 봉건화 과정이 촉진되었다. 그도 그럴 것이 프로노이아 체제는 비잔티움 봉건제의 가장 특징적인 현상이기 때문이다. 프로노이아 체제는 비잔티움 제국의 경계를 넘어 남슬라브 국가들에서도 널리 보급되었고, 이 나라들의 봉건화 과정에서도 중요한 역할을 하게 된다.

알렉시오스 1세 치하에서 수도원과 수도원 토지를 세속 관리인에게 위임하는 이른바 카리스티키움(charisticium) 체제 역시 변화를 겪었다. 11세기부터 특히 크게 증대했던 이 제도는 수도원의 경제적인 개선을 목표로 한 것이었지만, 종종 크게 남용되어 일부 성직자들의 반대에 부딪쳤고, 거듭해서 교회의 종교회의들에서 잘못된 제도로 규정되었다. 그런데도 이 제도가 존속하고 심지어 여러 명망 있는 교회영주들의 옹호를 받았던 것은 그것이 교회재산은 양도할 수 없다는 원칙 때문에 위축되어 있던 수도원 경제에 일종의 배출구가 되었다는 점 때문일 것이다. 그러나 이러한 재산관리권 수여가 초기에는 주로 교회 당국에 의해서 감행된 반면, 이제는 황제 자신이 수도원 재산을 일종의 성직록으로 내어주었다. 프로노이아 봉토와는 반대로 카리스티키움 토지들은 공법적으로 어떤 기능을 수행할 의무는 없었다. 오히려 카리스티키움은 국가의 입장에서 볼 때 국가에 복무한 사람들을 위한 값싼 포상수단이었다. 황제는 또 무한히 증대하는 수도원 소유를 제한하고 싶다는 의도에서 이런 조치를 취했을 수도 있겠다. 어쨌든 황제가 이런 식으로 수도원 토지를 세속인에게 수여하는 것이 교회권에서 많은 격분을 불러일으켰음은 놀라운 일이 아니다.

이와 마찬가지로 알렉시오스 1세는 노르만인들 및 페체네그족과 전쟁을 수행하는 동안 어쩔 수 없이 교회의 재보에 손을 댈 수밖에 없었을 때에도 교회권의 강력한 반대에 부딪쳤다. 그리고 그는 반대파의 압력에 못 이겨서 빼앗아간 보물의 반환을 약속해야 했을 뿐만 아니라, 1082년에는 자기 자신이 앞서 취한 조처를 무효화시키면서 앞으로 교회재산의 몰수를 영원히 금지하는 내용을 담은 칙령을 반포해야 했다. 물론 그렇다고 해서 불과 몇년 후 새로운 난관에 직면했을 때 그가 다시 교회기물들을 압류하지 못하게 된 것은 아니었다. 이러한 일시적인 불화에도 불구하고 세속권력과 성직권력 사이에는 협화와 협력이 지배했다. 이는 심층적으로 공통된 이해관계에 근거를 둔 것이었다. 황제와 교회는 국가조직뿐만 아니라 교회조직을 위태롭게 하는 이단의 운동들에 손을 잡고 대항했으며, 여기서 주도적인 역할을 한 것은 바로 황제였다. 한때 동방 이단들의 영향을 받아 슬라브인 거주 발칸 지역에서 퍼진 보고밀파의 교리는 시간이 흐름에 따라서 더욱 널리 보급되었고, 비잔티움 주민들 사이에서도, 비잔티움 수도 자체에서도, 수많은 지지자를 발견했다. 그리하여 황제는 위험한 이단에 맞서는 것을 국가의 중대한 과제로 간주했다. 보고밀파의 지도자인 바실레이오스와 그 제자들은 충실하게 신념을 지키며 장작더미 위에서 불에 타 죽었다.

정통파 신앙의 옹호자로서 황제는 "철학자들의 집정관" 요안네스 이탈로스에 대한 심판에도 적극적으로 참여했다. 요안네스 이탈로스는 그의 위대한 선배 프셀로스와 마찬가지로 플라톤의 열렬한 숭배자이자 신플라톤주의자였으며, 아리스토텔레스에 몰두했다. 프셀로스 이래 제국의 최고 철학기관에서 지배적이었던 고대철학은 요안네스 이탈로스에 와서 기독교 교조와 갈등에 빠졌다. 요안네스 이탈로스는 좀더 노련한 프셀로스와는 반대로 기독교 교조가 규정한 한계를 지킬 수 없었고, "이교도의 어리석은 거짓 지혜"에 대한 자만심을 파문당하는 것으로 갚았다. 알렉시오스 1세는 교조적 신앙의 불가침성과 기독교적 생활방식의 순수성을 주장하며, 아토스 산의 엄격하게 금욕적인 수도원들을 후원했고, 파트모스 섬에서 수도생활의 개혁자로서 두각을 나타냈던 수도사 크리스토둘로스의 활동을 아주 강력하게 장려했다. 파트모스와 인근 섬들이 그에게 영원한 소유로 주어졌고 광범위한 면세권들이 부여되면서, 이 섬들은 아토스와 유사하게 수도사 공화국을 이루었다.

제국 자체와 마찬가지로 황제의 권위 역시 알렉시오스 콤네노스 치하에서 강화되었다. 그러나 구조 면에서 콤네노스 왕조의 제국은 중기 비잔티움 시대의 엄격한 중앙집권 국가와는 아주 큰 차이를 보였다. 콤네노스 왕조 시대는 봉건화 과정을 심화시켰고, 10세기의 황제들이 전력을 기울여 대항했던 속주의 봉건세력들이 이제는 새로운 국가 구조물의 진정한 담당자가 되었다. 중기 비잔티움 시대의 중앙권력에 맞서서 스스로의 입지를 관철시킨 바 있는 사회적 최강 세력들에게 알렉시오스는 우선순위를 양보했고, 그들을 기반으로 하여 국가 및 군사제도를 구축했다. 바로 여기에 그가 거둔 성과의 비밀이 있었지만 그의 한계 또한 바로 여기에 있었다. 비잔티움은 한때 확고했던 기반들로부터 궁극적으로 이탈했고, 그 군사력과 경제력 및 재무능력은 이제 더 이상 과거의 것이 아니었다. 어찌하여 콤네노스 왕조 시대의 영광은 오래 계속되지 않았는가, 어찌하여 이 시대의 말기에 이르러 비잔티움 국가가 붕괴하게 되었는가를 이해하기 위해서는 이러한 점에 주목해야 한다.

봉건화 과정이 심화되는 데에는 서방과의 접촉이 나머지 역할을 다했다. 운명의 여신은 교회 공동체 ── 이 시대에는 이것이 정신적 공동체 자체를 뜻했다 ── 가 이미 해체되어버린 후에야 비잔티움이 서방세계와 보다 가까이 접촉하기를 원했다. 비잔티움인들과 서방인들의 서로에 대한 감정은 증오와 경멸이었다. 그들이 서로를 보다 가까이 알게 되면서 이 감정들은 심화되었다. 그럼에도 불구하고 이 시대부터 서방은 비잔티움에 문화적으로나 국가적으로나, 아주 여러 가지 방식으로 영향을 끼치기 시작했다. 물론 비잔티움 국가의 봉건화는 내적 발전의 결과였다. 그러나 서아시아에서 다수의 라틴 국가들이 수립된 상황도 그후의 발전에 영향을 미치지 않을 수 없었다. 그런데 바로 이 라틴 국가들에서 서방의 봉건제는 가장 순수한 형태를 발견했던 것이다. 서방의 본보기에 따라서 십자군 원정 군주들이 황제 알렉시오스 1세와 맺게 된 관계는 비잔티움 국가세계에 새로운 원칙을 도입시켰다. 이 가신관계는 곧 비잔티움의 영역 내 다른 영주들에게도 적용되었고, 후기 비잔티움 국가체제의 확고한 구성요소가 되었다.

2) 새로운 권력의 전개와 최초의 반격들 : 요안네스 2세와 마누엘 1세

황제의 권위가 강화된 결과의 하나로 새로운 콤네노스 왕조가 건설되었다. 황실을 지배했던 불화에도 불구하고, 제위 상속을 둘러싸고 황제 알렉시오스의 말년을 망치게 한 완강한 분쟁이 일어났음에도 불구하고, 그의 뒤를 이어서 맏아들 요안네스가 제위에 올랐다. 두카스 가문과의 동맹으로 최고 권력을 소유하게 된 알렉시오스 1세는 처음에는 젊은 콘스탄티노스 두카스, 즉 미카일 7세의 아들을 제위계승자로 지명했고, 그를 자기 맏딸 안나와 약혼시켰다. 그러나 자신의 맏아들 요안네스가 태어나자 그는 아들에게 제위계승권을 넘겨주었다(1092년). 이렇게 하여 콤네노스 왕조가 건설되는 결정적인 걸음이 내디뎌졌다. 그후 곧 젊은 콘스탄티노스 두카스가 죽음으로써, 모든 어려움은 제거된 듯이 보였다. 그러나 공주 안나의 야심이 이 새로운 판도 규정의 장애가 되었다. 그녀는 약혼자가 일찍 죽은 후 니케포로스 브리엔니오스와 결혼했고(1097년), 이제 그가 황제의 자리를 차지하기를 열망했다. 알렉시오스는 위대한 정치가이자 장군이었지만 언제나 여자들의 입김에 쉽게 동요되었다. 처음에는 두 선임자의 아내이자 제위계승자 콘스탄티노스 두카스의 어머니인 황태후 마리아에게 매혹되었다. 알렉시오스는 진정한 열정으로 이 아름답고 영리한 여인에게 매달렸고, 그녀를 위해서 자신의 아내 이레네 두카스를 희생시킬 각오가 되어 있었다. 그가 이렇게 정치적으로 잘못된 걸음을 내딛지 않도록 지켜준 것은 총대주교 코스마스의 열정적인 개입이었다. 코스마스는 이레네의 대관을 주장했다. 또 황제의 어머니인 안나 달라세나가 있었다. 그녀는 황제에게 결정적인 영향력을 행사했고, 그가 로베르 기스카르와의 전쟁으로 콘스탄티노플을 비운 동안에는 섭정을 했다. 그리고 한때 모욕을 당했던 황후 이레네 역시 큰 영향력을 가지게 되었다. 제위계승 문제에서 그녀는 아들 요안네스에게 반대하고 사랑하는 딸 안나와 사위로서 카이사르 칭호를 가진 니케포로스 브리엔니오스의 편을 들었다. 어머니와 딸은 힘을 합해서 황제가 지배권을 브리엔니오스에게 넘길 결단을 내리게 하려고 했다. 임종의 자리에서도 두 여인은 애원과 설득으로 그를 졸랐다. 알렉시오스는 분명하게 거절의 의사를 밝히지 않은 채 슬그머니 황제의 관을 아들에게 건네주었다. 아들은 그의 권리를 쥐기에 충분히 능숙하고 열정적이었다. 그러나 어머니와 누나의 책동 때문에 그의 즉위는 정통성 있는 제위상속임에도 쿠데타의 외견을 띠었다. 안나는 자신의 운명에 금방 순응하지 않았다. 그녀는 동생에 대한 암살음모를 꾸몄고, 이 극단적인 수단이 실패로 돌아가고 나서야 비로소 게임을 포기하고 학문에서 위안을 찾으려고 했다. 강제로 수도원으로 물러난 그녀는 아버지 알렉시오스의 역사인 『알렉시아스(*Alexias*)』를 썼고, 이로써 그녀의 이름은 불멸의 존재가 되었다.

당대인과 후대인의 판단에 따르면 요안네스 2세(재위 1118-43년)는 콤네노스 왕조 출신 가운데 가장 위대한 인물이었다. 그는 현명한 신중함과 목표가 뚜렷한 열정을 겸비한 군주였고, 솔직하고 확고한 성격과 고결한 심성으로 시대를 뛰어넘었다. 목적을 관철함에 있어 절제가 있으면서도 확고하고 구부림이 없었던 그는 자기 아버지의 정책을 끈질기게 계속 이어갔으나, 결코 가능성의 한계를 못 보고 지나치지는 않았다.

안티오케이아의 노르만 제후령과의 투쟁이 전면에 부각된 한편, 서쪽에서도 극히 큰 주의를 요하는 중요한 문제들이 다가왔다. 안티오케이아에서 시칠리아로 운명의 실이 이어졌다. 시칠리아의 노르만인 문제는 발칸 반도의 세르비아 문제와 마찬가지로 제국으로 하여금 그외의 일련의 서방 열강들과 접촉을 가지게 했다. 요안네스 2세는 제국을 베네치아에 묶어놓고 비잔티움 무역의 숨을 틀어막고 있던 굴레들을 절단하려고 시도했으나 성과를 거두지 못했다.

해상공화국은 1082년의 조약으로 허락되었던 위치에서 쫓겨나지 않았다. 베네치아 함대는 에게 해에서 비잔티움의 섬들을 공략했고, 그렇게 되자 황제는 새로운 조약을 통해서 베네치아의 특권들을 전적으로 재확인해주지 않을 수 없었다(1126년).

그에 반해서 발칸에서는 요안네스로서는 중요한 성과를 얻을 수 있었다. 알렉시오스 1세가 쿠만족의 도움으로 페체네그족에게 승리를 거둔 후, 제국은 30년 동안 그들의 약탈과 습격으로부터 보호되었다. 그렇지만 1122년, 새로운 페체네그족 무리가 도나우 강을 건너와 마케도니아와 트라키아까지 약탈행진을 벌였다. 그러나 그것은 비잔티움이 페체네그족으로부터 겪은 마지막 습격이었다. 요안네스 2세가 그들에게 안겨준 섬멸적 패배로(1122년), 제국은 마침내 그들의 괴롭힘으로부터 완전히 벗어났다. 수많은 포로들이 제국에 정주했고, 새로운 페체네그족 병사들이 비잔티움 군대에 편입되었다. 이제 페체네그족은 더 이상 비잔티움 제국의 대외정치적 세력요인이 못 되었다. 이 승리를 기리기 위해서 황제는 특별히 "파치나코이 축일"을 도입했는데, 이 축제는 12세기 말까지도 행해졌다.

페체네그족을 제압한 후 요안네스는 끊임없는 소요의 온상이었던 세르비아로 향했다. 그의 아버지가 부분적인 성과로 만족해야 했던 데 반해서, 요안네스는 라스키아의 주판에게 결정적인 승리를 거둔 다음 수많은 전리품과 함께 많은 포로들을 데리고 세르비아를 떠났으며 데려간 포로들을 소아시아에 정주시켰다. 세르비아인들은 비잔티움의 종주권을 인정해야 했다. 그러나 그들은 그후에도 계속해서 빈번한 봉기로 독립의 노력을 표현했는데, 제국으로서는 대단히 성가신 일이었다. 더구나 그들은 특히 헝가리의 지원을 받았기 때문에 성가심은 더욱 심했다. 헝가리가 발칸 및 아드리아 해의 새로운 세력으로 강화되고, 세르비아가 헝가리와 긴밀한 의존관계에 들어선 상황은 그때부터 수십 년 동안 발칸에서의 사태 전개를 결정했다. 헝가리 왕가와 인척관계에 있는 비잔티움 황제는 이를 빌미로 헝가리 왕위분쟁에 빈번하게 개입했고, 헝가리 왕위계승 요구자를 지원했다. 그러나 이러한 정책은 비잔티움이 헝가리 상황에 영향을 끼칠 수 있게 하는 한편, 헝가리와 비잔티움의 긴장을 격화시키는 원인이 되었다. 콘스탄티노플은 명령에 의해서 장님이 된 알모스에게 피난처를 제공했었는데 그의 형제인 헝가리 왕 이슈트반 2세(재위 1114-31년)가 1128년에 비잔티움에 대한 전쟁을 개시한 것이다. 헝가리인들은 베오그라드와 브라니체보를 파괴했다. 그렇지만 비잔티움 황제의 우세로 그들은 퇴각하여 평화조약을 체결해야 했다.

1130년, 요안네스는 마침내 동쪽으로 방향을 돌려서 그가 제위에 오르자마자 시작했으나 발칸 반도에서의 혼란 때문에 중단해야 했던 투쟁을 재개할 수 있게 되었다. 소아시아에서의 주된 적수는 당시 내부 혼란으로 약해진 이코니온의 술탄국이 아니라, 다니슈멘드 왕조가 통치하던 멜레테네의 에미르국이었다. 1135년에 이 세력을 제압한 후에도, 황제가 자신의 진짜 과제인 안티오케이아 정복에 착수할 수 있기 전에 먼저 풀어야 할 문제가 남아 있었다. 시리아로 가는 길이 킬리키아의 소(小)아르메니아 제후령으로 차단되어 있었던 것이다. 소아르메니아 제후령은 1071년 타우로스 산맥에 자리잡은 아르메니아인 군주 루벤이 창건한 나라였다. 루벤의 후예인 소아르메니아 군주 레온은 1129년부터 십자군 원정대가 세운 국가들의 협력을 받아 킬리키아의 가장 중요한 요새들을 강탈했고, 이로써 소아시아와 안티오케이아 공국 사이에 쐐기를 박았다. 1137년 초 소아르메니아령 킬리키아에 대해서 감행된 요안네스 2세의 원정은 개선의 길이었다. 타르소스, 아다나, 마미스트라가 빠른 속도로 차례차례 함락되었다. 소아르메니아의 군주는 도주했지만, 1년 후 비잔티움인들의 손에 잡혀, 두 아들과 함께 포로가 되어 콘스탄티노플로 끌려왔다. 킬리키아를 복속시킨 후 시리아로 가는 길이 자유로워졌다. 1137년 8월에 벌써 요안네스 2세는 안티오케이아의 성벽 앞에 서 있었다. 도시는 단기간의 포위공격을 받은 후 항복했다. 이 도시의 군주는 보에몽 2세의 사위인 레몽 드 푸아티에였는데, 그는 황제에게 충성을 맹세하고 시벽 위로 황제의 군기를 올리게 했다. 1년 후 요안네스는 시리아로 돌아가서 위풍당당하게 안티오케이아로 진입했다.

요안네스는 안티오케이아 공국을 무력으로 진압한 반면, 남부 이탈리아의 노르만 왕국에 대해서는 외교적인 예방수단을 강구했다. 노르만 왕국은 쇠퇴의 시기를 보낸 후 새로운 영광의 시대를 향해 나아가고 있었다. 루지에로 2세는 자신의 치하에서 시칠리아와 풀리아를 통일한 후, 1130년 크리스마스에 팔레르모에서 대관식을 거행하고 왕이 되었다. 남부 이탈리아에서 노르만인

세력의 부흥은 비잔티움에도 독일에도 위협이 되었으므로, 두 제국은 서로 접근하는 길을 찾게 되었다. 새로운 노르만 강대국에 대항하여 요안네스 2세는 로타르 3세와 동맹을 맺었고, 로타르가 죽은 후에는 콘라트 3세와 동맹을 맺었다. 피사 역시 반(反)노르만 전선에 합류했다. 1136년, 요안네스는 이 무역도시에 한때 자신의 아버지가 부여했던 특권들을 인정했던 것이다. 이로써 그는 아직 안티오케이아 문제가 결정적으로 해결되지 않은 상황에서 적극적인 동방정책에 필요한 배면 엄호자를 얻었다. 십자군 원정대가 세운 국가들과의 관계는 점점 더 악화되었다. 1142년, 안티오케이아의 군주는 라틴 교회 성직자들의 지지를 얻으며 기존의 협정으로부터 등을 돌렸다. 황제는 안티오케이아에 대해서 새로운 출정을 결정했다. 이 출정은 보다 큰 군사작전의 전주곡이 되기로 예정되어 있었다. 그는 팔레스티나에서도 비잔티움 지배를 부흥하겠다는 생각을 품고 있었던 것으로 보인다. 그러나 그의 죽음으로 이 계획들은 중단되고 말았다. 사냥 중에 독화살에 부상을 당한 요안네스 2세 황제는 1143년 4월 8일 사망했다. 그의 정력적이고 목표가 뚜렷한 정책의 결과, 비잔티움 국가는 위신이 고양되고 군사력이 강화되었으며, 동방과 발칸에서 비잔티움의 지배가 광범위하게 재건되었다.

요안네스 2세의 두 큰 아들 알렉시오스와 안드로니코스는 이미 1142년에 사망했다. 제관은 황제의 유지에 따라서 넷째이자 막내아들인 마누엘이 얻게 되었다. 마누엘 1세(재위 1143-80년)는 영특하고 다방면에 소질이 있는 통치자임이 입증되었다. 그는 타고난 장군이자 개인적인 위험을 전혀 두려워하지 않는 용감한 무인이다. 그러나 무엇보다도 발상이 풍부한 외교관이자 원대하고 대담한 이념을 지닌 정치가였다. 그는 보편적인 황제이념에 투철하고, 신학적 논쟁에 대한 열정에 사로잡혀 있는 진정한 비잔티움인이었으되, 동시에 전체 기질로 보아서 서방의 기사 같은 유형이었다. 이 점에서 그는 비잔티움 역사에서 새로운 통치자 유형을 보여준다. 그를 보면 십자군 원정대와의 접촉이 비잔티움 세계에 얼마나 깊은 영향을 끼쳤는지를 알 수 있다. 그는 서방의 풍속을 사랑했고 그의 궁정에 이를 도입했다. 두 차례에 걸친 서방 공주들과의 결혼 역시 비잔티움의 황궁이 새로운 모습을 얻는 데에 기여했다. 콤네노스 황실의 블라케르나이 궁전에는 명랑함과 생의 기쁨에 가득찬 분위기가 지배했다. 그것은 이제 더 이상 옛날 골든 혼의 대궁전에서 비잔티움 황제들을 에워싸고 있던 저 오리엔트풍의 장엄한 호화로움이 아니라, 서방의 특징인 경쾌하고 기사적인 우아함이었다. 여기서 기사들의 마상시합이 개최되었고, 황제 자신이 거기 참여했다. 비잔티움인들로서는 익숙지 않은 낯선 구경거리였다. 서방에서 온 외국인들이 점점 더 판을 휩쓸며, 제국에서 높은 품계의 관복을 입음으로써 그리스인들의 앙심 깊은 분노를 불러일으켰다.

마누엘 개인의 기호가 그의 정책에도 영향을 주었음은 확실하다. 그의 불 같은 기질은 자기 아버지가 현명한 사려 깊음에서 비켜 지나갔던 모험들을 감행하게 했다. 그렇지만 일반적으로 그러하듯이 마누엘의 서방 지향적 정책과 그의 아버지의 동방 지향적 태도가 근본적으로 반대된다고 규정하는 것은 매우 부당한 일이다. 당시 동방과 서방의 문제들은 그 어느 때보다도 서로 구분될 수 없었기 때문이다. 이는 바로 요안네스 2세 치하의 발전에서도 아주 극명하게 드러난다. 요안네스 황제가 선친 알렉시오스 1세의 정책을 이어받았듯이 마누엘도 자기 아버지 요안네스의 정책을 이어받았다. 요안네스의 치하에서와 마찬가지로 마누엘의 치하에서도 처음에는 비잔티움과 노르만인들의 대립이 전면에 부각되어 있었다. 요안네스가 노르만인들의 문제를 안티오케이아 문제의 관점에서 다룬 반면, 마누엘은 이탈리아측 관점에서 이 문제를 다루었는데, 이는 변화된 정치상황에 따른 것이며 가장 새로운 세력 이동에 철두철미 상응하는 것이었다. 마누엘의 서방 지향은 그의 기분 때문이 아니라, 바로 서방의 발전이 그에게 부과한 그의 운명 때문에 비롯된 것이었다. 보편적인 유럽 정치의 시대가 시작되었고 그 실줄기들이 지중해 내항들에서 합류했는데, 여기서 지중해 세력으로서 비잔티움이 옆으로 비껴 서 있을 수는 없었다. 비잔티움이 유럽 정치에 적극적으로 개입한 이유는 지중해에서 비잔티움이 강력한 세력을 이루고 있었기 때문이다. 비잔티움의 주장들이 황제의 이념으로부터 도출된 것은 그것이 비잔티움 전체 역사의 조건이었기 때문이다. 보편성에 대한 마누엘의 추구는 비잔티움 황제권이 오랜 옛날부터 추구해왔던 바였고, 요안네스에게도 결코 시종일관 낯선 일이 아니었다. 마누엘의 장기 계획의 밑그림은 모든 중요한 면에서 이미 절제 있고 사려 깊은 요안네스가 그려놓은 것이었다. 두 통치자의 정치적 의지는 동일한 것이었다. 그러나 마누엘이 불충분한 수단을 고려하지 않고 서둘러 희망에서 실행으로 발걸음을 옮긴 것은 물론 그의 치명적인 실수였다.

마누엘은 자기 아버지가 초석을 놓았던 독일과의 동맹을 확고히 다지고자 했다. 이미 요안네스 치하에서 주선되었던 대로 새 황제는 신성 로마 황제 콘라트 3세의 처제인 베르타 폰 줄츠바흐와 결혼했다. 그렇지만 노르만 왕에 대항하는 것을 동맹의 주요 목적으로 하고 있던 두 통치자의 협력은 제2차 십자군 원정이 터짐으로써 허사가 되고 말았다. 프랑스의 왕뿐만 아니라 독일의 왕도 베르나르 드 클레르보의 열렬한 설교의 영향을 받아 이 제2차 십자군 원정에 참여했던 터인데, 서방의 정신을 지닌 마누엘이건만 십자군 원정은 아무리 좋게 봐주려고 해도 옛날 그의 할아버지에게 그랬듯이 거북한 일로 여겨졌던 것이다. 십자군 원정대의 성공은 동방의 라틴 국가들, 특히 비잔티움 제국의 오랜 적인 안티오케이아 제후령을 도와주는 셈이 될 것이었다. 어쨌든 콘라트가 성지를 향해 출발함으로써 비잔티움 황제는 서쪽에서 고립되었고, 십자군 원정대와의 분쟁은 그에게서 노르만 왕에 대항할 행동의 자유를 완전히 앗아갔다.

십자군 원정대가 여느 때처럼 무법적 행동과 함께 제국의 영토를 가로지르자, 독일인과 비잔티움인들의 관계는 극도로 악화되었다. 마누엘과 그의 동서 사이의 개인적인 만남은 전혀 이루어지지 않았던 것으로 보인다. 루지에로 2세의 친구였던 프랑스 왕 루이 7세와의 관계는 더욱 원만하지 않았다. 루이의 측근 중에는 이미 당시 십자군 군대로 콘스탄티노플을 점령하려고 생각한 이들이 있었다. 일찍이 알렉시오스가 그랬던 것과 마찬가지로 마누엘 역시 이곳에 도착한 이들을 가능한 한 빨리 소아시아로 건너가게 하려고 애썼다. 또한 알렉시오스처럼 마누엘 역시 자신에게 충성의 맹세를 하고 정복될 땅들을 넘겨주기를 십자군 원정대 지도자들에게 요구했다. 마누엘의 강력한 요구 때문이라기보다는 프랑스인들이 다가오는 것을 보고 콘라트 3세는 해협을 건너가기로 결정을 내렸다. 그러나 그의 군대는 소아시아에서 슬픈 운명을 맞았다. 이코니온의 술탄의 군대와의 첫번째 만남에서 궤멸당하고 말았던 것이다. 루이 7세도 소득 없는 긴 협상 끝에 소아시아로 건너갔고, 그의 군대는 남은 독일 군대와 합류했다. 그러나 십자군 원정대는 이코니온에 대한 원정계획을 포기하고 아탈레이아를 향해 나아갔는데, 험난한 지형을 통과하며 토착 주민들에게 폭력을 행사했고, 프랑스인들과 독일인들이 다투는가 하면, 라틴인들과 그리스인들이 충돌을 일으켰다. 그 와중에 십자군 원정대의 힘은 결정적으로 소진되었다. 도중에 병이 든 콘라트 3세는 에페소스에서 십자군을 떠났다. 루이 7세와 그의 봉신들 역시 아탈레이아에서 부하들을 비참한 처지에 남겨두고 시리아로 출항했다.

이 치욕스러운 십자군 원정에서 투르크인들 이외에 유일하게 소득을 얻은 것은 노르만인들의 왕 루지에로 2세였다. 마누엘이 십자군 원정대와의 싸움으로 동쪽에 붙들려 있는 동안 루지에로 2세는 1147년 가을에 비잔티움 제국에 직접적인 공격을 개시하여 다름 아닌 코르푸를 빼앗고, 당시 그리스의 가장 부유한 도시이자 비잔티움 비단 산업의 중요한 중심지들인 코린트와 테베를 점령했다. 두 도시는 다 같이 약탈을 당했고, 비잔티움의 비단 직조공들은 팔레르모로 끌려가서 최근에 시작된 노르만 왕국의 비단 산업에 종사했다. 그렇기는 하지만 십자군 원정의 실패는 비잔티움과 독일이 다시 접근할 수 있게 해 주었다. 아시아에서 돌아오는 길에 콘라트는 콘스탄티노플에서 예를 다한 환대를 받았고, 루지에로 2세에 대한 원정을 감행하기로 약속했다. 베네치아 역시 반(反)노르만 연합에 가담했고, 비잔티움 황제가 코르푸를 탈환하도록 도왔다(1149년). 그러나 불행한 십자군 원정의 여파는 남아서, 노르만 왕에게는 이익이, 비잔티움 황제와 그의 독일인 동맹자에게는 손해가 지속되었다.

비잔티움과 독일의 이탈리아 원정계획은 루지에로 2세의 성공적인 외교적 대응으로 좌절되었다. 루지에로 2세는 벨프 공작과 동맹을 체결하고, 호엔슈타우펜 왕가의 지배에 대한 벨프 가문의 투쟁을 지원했다. 그로 인해서 콘라트는 서둘러 독일로 돌아가야 했고, 다음에는 내부 분쟁으로 말미암아 독일에 붙들려 있게 되었다. 비잔티움 황제에 대항하여 루지에로는 헝가리와 세르비아를 지원했다. 이미 1149년 마누엘은 라스키아의 주판이 일으킨 반란에 맞서야 했고, 이어서 헝가리에 대한 전쟁이 시작되었다. 이 전쟁을 시작으로 비잔티움과 헝가리의 투쟁은 장차 오래도록 이어지게 된다. 프랑스 왕 루이 7세는 당연히 루지에로 2세의 또 한 사람의 동맹자가 되었다. 프랑스 왕은 비잔티움 황제에 대한 분노에 가득 차서 새로운 십자군 원정을 계획했다. 이 계획은 베르나르 드 클레르보뿐만 아니라 교황 에우게니우스 3세의 동조를 얻었다. 교황은 독일의 왕으로 하여금 종교적 이반자인 비잔티움과의 동맹을 끊게 하려 애쓰던 중이었다. 그리하여 루지에로 2세의 지휘 아래 강력한 반(反)비잔티움 연합이 형성되었다. 이번의 십자군 원정은 비잔티움에 대한 프랑스와 노르만인들의 연합공격을 뜻하게 될 터였다. 그렇지만 이 계획은 프랑스 기사들의 반대로 좌절되었고, 콘라트 3세는 동맹자에게 충성을 지켰다. 유럽 국가들은 크게 두 진영으로 나뉘었다. 한 쪽에는 비잔티움, 독일, 베네치아가, 다른 한 쪽에는 노르만인들, 벨프 가문, 프랑스, 헝가리, 세르비아가 있었고 그뒤에는 교황이 있었다. 유럽의 국가체제는 크게 두 갈래로 나뉘기 시작했다. 그렇지만 시간이 흐름에 따라서 잦은 개편을 겪으며 훨씬 많은 세력들이 유입될 터였다. 비잔티움과 헝가리의 대립은 멀리 떨어진 러시아에까지 작용했다. 즉 두 세력은 러시아의 분립 영주들의 분쟁에 개입했던 것이다. 헝가리가 키예프 공국의 이즈야슬라프와 동맹을 맺는 동안, 비잔티움은 수즈달 공국의 군주 유리 돌고루키와 갈리치아 공국의 블라지미르코를 지원했다. 다른 쪽에서 마누엘은 잉글랜드까지 손을 뻗쳤고, 1170년대에는 헨리 2세와 활발한 관계를 유지했다.

벨프가를 굴복시킨 후 콘라트 3세는 이탈리아 원정 준비에 들어섰다. 그러나 바야흐로 노르만인들에 대한 비잔티움과 독일의 투쟁이 마침내 시작되어야 할 순간에 그는 세상을 뜨고 말았다(1152년). 마누엘은 콘라트 3세의 후계자인 프리드리히 1세 바르바로사(붉은수염왕)와 협상을 거듭했지만, 결코 현실적인 협정에 이르지 못했다. 마누엘에게도 프리드리히 1세에게도 황제의 이념이 모든 정치적 목적 설정의 초석이었다. 서방도 유스티니아누스의 로마 법을 처음으로 알게 되면서 황제권의 보편성 이념이 확고해졌던 것이다. 프리드리히는 이탈리아에 대한 비잔티움의 요구에 반대했으며, 마누엘의 보편주의적 노력에 대해서 의심을 품었다. 그에게 마누엘은 그리스의 왕에 불과했다. 독일과 비잔티움 사이에는 동맹관계 대신에 경쟁관계가 들어섰다. 둘 다 자신만이 황제의 권리와 로마의 유산을 가질 수 있다고 주장했다. 양 세력 사이에서는 노르만인들에 대항하여 협력을 하는 대신에 오히려 이탈리아에서 상대를 앞지르려는 노력이 표면화되었다.

마누엘은 발칸에서의 지위를 일시적으로 복구했다. 헝가리와의 전쟁 역시 잠잠해졌다. 키예프의 대공 자리에는 비잔티움의 동맹자인 유리 돌고루키가 올랐으며, 게다가 비잔티움의 적 루지에로 2세가 죽었다(1154년). 이탈리아에 대한 공격을 시작해야 할 때였다. 공격은 독일 황제와 함께 할 수도 있었고, 혼자서 할 수도 있었으며, 필요하다면 그에게 맞서서 할 수도 있었다. 1155년, 마누엘은 앙코나로 함대를 보냈으며 여기서 대규모 진격이 시작되었다. 변절한 노르만 가신들의 도움으로 비잔티움 황제의 전권 위임자들은 소규모 병력으로 최단시간 안에 풀리아의 가장 중요한 도시들을 굴복시키고 이리하여 이탈리아 땅에 다시 발을 들여놓을 수 있었다. 앙코나에서 타란토에 이르는 전 지역이 비잔티움 황제의 지배를 인정했다.

이 성과는 가장 대담하게 예상해볼 수 있었던 수준조차 능가하는 것이었고, 마누엘의 정책을 새로운 궤도로 이끌었다. 비잔티움 황제권의 궁극적이자 가장 원대한 목표였던 로마 제국의 재건이 가능성의 영역 안으로 들어온 것 같아 보였다. 요안네스 2세는 이미 1141년에 교황 인노켄티우스 2세에게 보낸 편지에서 다음과 같이 쓴 바 있다. 즉 로마 제국을 재건하는 데에는 두 개의 무기가 있는데, 종교적 무기는 교황에게 남겨두고 자신은 세속적인 무기를 휘두를 것이니, 그리하여 기독교 교회의 통일을 재건하고 로마 제국의 세계지배를 건설하자라고. 이제 이 장기 계획이 실행으로 옮겨져야 할 때였다. 비잔티움의 꺼지지 않는 오랜 동경을 실현하고, 교회통합이라는 대가를 치르고라도 교황의 도움을 받아서 유스티니아누스와 콘스탄티누스의 세계제국을 부흥시킬 필요가 있었다.

그러나 유스티니아누스의 부흥작업 자체도 결코 오래 존속하지 못했지만, 마누엘의 부흥 시도는 첫발도 내딛기 전에 좌절되고 말았다. 이 당시 황제가 세운 목적과 그가 쓸 수 있는 실제 수단 사이의 불균형이 유스티니아누스의 시대보다 훨씬 컸던 것이다. 게다가 주변세계의 저항도 훨씬 더 거세었다. 복잡하게 형성되어 있던 유럽의 국가세계에는 세계제국을 수립할 수 있는 여지가 전혀 남겨져 있지 않았다. 이탈리아에 관심을 두고 있던 모든 세력들은 힘을 합해 비잔티움 황제에게 대항했다. 앙코나 상륙과 비잔티움이 첫 공세에서 거둔 성과는 프리드리히 1세로 하여금 비잔티움 황제의 공공연한 적이 되게 했다. 뿐만 아니라 노르만인들과 헝가리에 맞서는 정책에서 비잔티움 제국의 옛 동맹 동지였던 베네치아 역시 비잔티움인들이 이탈리아에 정주하는 것을 위태롭게 여기고 비잔티움 황제와 갈라섰다. 노르만인의 왕 굴리엘모 1세는 재빨리 반격의 자세를 취했다. 1156년, 그는 브린디시에서 비잔티움인들에게 큰 패배를 안겨주었고, 정복된 지역 전체가 곧 다시 그의 손에 떨어졌다. 이탈리아에서 드러난 비잔티움의 약세는 무력보다는 돈과 외교력 때문에 초래된 것이었다. 보편제국을 수립하려는 계획에서 이제 주된 적이 노르만인들이 아니라 프리드리히 바르바로사임을 간파한 마누엘은 교황의 중재로 1158년 굴리엘모 1세와 평화조약을 체결했다. 세계지배의 이념이 예나 지금이나 마누엘을 사로잡고 있었고, 나아가 그의 정책을 규정했다. 그러나 노르만인들과 맺은 평화조약과 비잔티움 군대의 이탈리아 철수는 비잔티움이 품고 있던 세계지배의 꿈에 사실상 종말을 고하게 했다.

그에 반해서 마누엘은 오리엔트의 약화된 라틴 국가들에 대해서는 아버지의 정책을 계승하여 중요한 성과들을 거둘 수 있었다. 킬리키아에 자리를 잡고 안티오케이아의 르노와 동맹을 맺은 바 있던 아르메니아인 영주 토로스가 1158년에 항복했다. 황제는 그를 "로마인들의 종복에 포함시켰다." 이보다 더 중요한 사건은 안티오케이아 제후령을 복속시킨 것이었다. 안티오케이아의 통치자는 비잔티움 제국의 종주권을 인정해야만 했고 나아가서 지원군의 제공을 약속했다. 그밖에도 비잔티움 황제는 안티오케이아 총대주교의 지명권을 자신이 가졌다. 르노는 복속의 표시로 모자를 쓰지 않은 채, 맨발로, 팔을 팔꿈치까지 드러내고, 목에는 밧줄을 건 모습으로, 왼손에는 검을 들고 황제의 진영에 나타났다. 예루살렘의 왕 보두앵 3세도 황제를 찾아와 그의 보호 밑으로 들어왔다. 당대의 한 비잔티움인은 이렇게 말했다. "그는 황제의 명성과 업적에 압도되어 서둘러 예루살렘에서 우리를 찾아와서 황제의 종주권을 인정했다." 오리엔트의 라틴 국가들에서 비잔티움 황제가 차지하고 있던 대단한 위치는 마누엘이 1159년 성대한 의식을 갖추어 안티오케이아에 입성하는 데서 인상적으로 드러났다. 황제는 갖가지 황제휘장들로 장식하고 준마를 타고 갔다. 예루살렘의 왕은 큰 거리를 두고 그의 뒤를 따랐는데 말을 타기는 했지만 어떤 영예의 휘장도 달지 않았다. 안티오케이아의 군주는 황제의 말 옆에서 걸어갔으며, "황제의 안장에 등자를 매단 가죽끈을 돌봤다." 세력들의 위계가 비할 데 없이 인상적으로 드러나는 독특한 광경이었다. 마누엘이 통치 말년에 투르크 전쟁에서 재앙을 당했다고 해서 동방의 라틴 국가들에서 그의 정책이 거둔 큰 성과를 간과해서는 안 될 것이다. 십자군 원정대 국가들의 건설로 비잔티움이 직면했던 어려운 문제들, 곧 알렉시오스 1세와 요안네스 2세가 수십 년 동안 매달려 싸웠던 이 문제들이 해결되고 비잔티움의 헤게모니가 수립된 것처럼 보였다. 비잔티움 황제는 전 오리엔트를 지배했고, 투르크족에게 시달리는 라틴 국가들은 황제를 그들의 수호자로 여겼다.

헝가리에 대해서도 마누엘은 자기 아버지가 그려준 노선을 걸었고, 같은 방법을 사용했다. 이는 그가 요안네스와 마찬가지로 헝가리 왕위분쟁에 개입함을 통해서 드러났다. 다만 그의 정책은 여기서도 훨씬 더 공격적이었고, 목적은 훨씬 더 높았다. 그가 눈앞에 그리고 있던 최종 결과는 그 땅의 복속과 비잔티움 제국으로의 합병이었다. 1161년, 게자 2세의 죽음은 헝가리 내정에 새로 개입할 수 있는 기회를 주었다. 게자의 아들이자 후계자인 이슈트반 3세에 대항하여 마누엘은 게자의 동생들인 이슈트반 4세와 라슬로를 돈과 무기로써 지원했다. 이로 인하여 장기간의 변화무쌍한 투쟁이 일어났다. 마누엘은 헝가리에서, 특히 일부 헝가리 성직자들 사이에서 상당한 지지세력을 얻는 데에 성공했다. 반대파는 독일 황제에게로 돌아섰고, 보헤미아 왕 블라디슬라프의 지원을 얻었다. 그러나 보헤미아 왕은 콘라트 편에 서서 가담했던 제2차 십자군 원정 때부터 비잔티움 황제의 가신으로 간주되고 있었다. 그는 적대감을 종식시키기로 결심하고, 이슈트반 3세와 마누엘 황제의 중재자 역할을 했다. 1164년, 비잔티움 황제에게 큰 이익을 약속하는 조약이 실현되었다. 이슈트반 3세의 동생 벨라가 헝가리의 왕위계승자로 인정받고 크로아티아 지역과 달마티아 지역을 봉토로 받은 후 콘스탄티노플로 파견되었다. 그렇지만 조약의 이익이 실현되기 위해서는 새로운 투쟁들이 필요했다. 전쟁에 앞서서 대대적인 군사적, 외교적 준비작업들이 행해졌다. 황제의 특사가 심지어 러시아까지 가서 키예프와 갈리치아 군주들의 지원을 확보했다. 힘을 들인 만큼 성과가 있었다. 이리하여 달마티아, 크로아티아, 보스니아와 시르미온 지역이 비잔티움 황제의 홀 밑에 들어오게 되었다(1167년).

마누엘이 헝가리 문제를 얼마나 중시했는지는, 그가 콘스탄티노플에 와서 알렉시오스라는 이름을 얻은 헝가리의 왕세자 벨라를 자기 딸과 결혼시키고 자신의 제위계승자로 결정한 데서도 잘 드러났다. 그는 이런 식으로 헝가리와 제국의 합일을 실현하려고 했던 것이다. 제위상속 예정자로서 벨라-알렉시오스는 전제적 통치자, 즉 데스포테스의 칭호를 얻었다. 이 칭호는 이때까지는 황제 자신만을 지칭하는 것이었지만, 이때부터는 특별칭호의 의미를 얻게 되었으며 칭호 위계에서 바실레우스 바로 뒤에 오며, 세바스토크라토르와 카이사르보다 앞서게 되었다. 아들이 태어나면서 황제는 콘스탄티노플에서 큰 불협화음을 불러일으켰던 자기 계획을 포기하게 되기는 했다. 그러나 이슈트반 3세가 죽은 후 그는 총애하는 벨라-알렉시오스를 헝가리 왕위에 등극시킴으로써 헝가리에 대한 영향력을 확실히 하는 데에 성공했다.

헝가리에서의 전쟁과 동시에 세르비아인들과 투쟁이 벌어졌다. 비잔티움의 지배에서 벗어나려는 해방투쟁에서 세르비아인들은 헝가리의 지원을 발견했다. 라스키아에서는 봉기가 꼬리를 물고 일어났다. 비록 그때마다 마누엘은 진압에 성공하기는 했지만, 불충스러워진 주판들을 아무리 갈아치운다고 해도 봉기에 종지부를 찍을 수는 없었다. 1166년 스테판 네마냐가 라스키아의 대(大)주판으로 옹립되었다. 그러나 그 역시 곧 비잔티움 황제에 맞서서 반란을 일으켜, 비잔티움인들에게 심각한 패배를 안겨주었다. 그렇지만 헝가리에서 마누엘이 거둔 성과들은 여기서도 전환을 야기했다. 왜냐하면 그가 성공함으로써 세르비아인들은 헝가리의 지원을 받지 못하게 되었기 때문이다. 베네치아와의 연합은 거의 효과가 없는 것으로 입증되었다. 황제가 1172년 대규모 군대의 선봉에 서서 세르비아를 침입했을 때, 네마냐는 가망이 없어진 저항을 포기했다. 안티오케이아의 르노가 행했던 것과 똑같은 연극적인 방식으로, 그는 자신의 항복을 알리고, 그후 황제가 콘스탄티노플로 개선의 입성을 할 때는 패배한 반도로서 참여해야 했다. 다루기 힘들었던 슬라브 국가를 복속시킨 데 대해서 궁정의 수사학자들은 감격적인 연설로 축하했다. 황궁의 벽화 역시 비잔티움 황제가 반항적인 세르비아 대주판에게 거둔 승리를 기렸다. 저 영광에 넘치는 네마냐 왕조의 선조이며 후에 세르비아 독립국가의 창시자가 된 이 대주판은 처음에는 아무리 고립될지라도 비잔티움 제국에 대한 적대를 삼갔고, 황제 마누엘이 죽을 때까지 가신으로서의 충성을 지켰다.

앙코나에 대한 비잔티움인들의 공격으로 노르만인들에 대항하기 위한 베네치아와의 협력관계가 끝났듯이, 비단티움이 달마티아를 합병함으로써 헝가리에 함께 대항하는 베네치아와 비잔티움의 이해 공동체도 종말을 맞았다. 다른 한편 베네치아 상인들이 제국에서 누리는 특별한 지위는 비잔티움 무역에서 견딜 수 없는 부담을 의미했다. 마누엘은 다른 이탈리아 해상도시들과의 결속을 다지고자 시도했고, 그 결과 1169년에는 제노바와, 1170년에는 피사와 조약을 체결했다. 이리하여 베네치아에 대한 관계는 점점 더 심한 대립으로 치달았고, 1171년에는 격렬한 갈등이 폭발했다. 3월 12일 단 하루 만에 ── 여기서 이 조처의 사전준비가 얼마나 철저했으며, 비잔티움 통치기구가 어느 정도의 장악력을 가지고 있었는지가 입증된다 ── 베네치아인들은 전 제국에서 체포되고 그들의 소유물과 선박, 상품들이 압류당했다. 베네치아의 반격은 오래 기다릴 필요가 없었다. 강력한 함대가 비잔티움 해안을 공격했고, 키오스 섬과 레스보스 섬을 격파했다. 이어서 장기간에 걸친 협상이 벌어졌다. 그러나 협상은 목적에 도달하지 못했던 것으로 보인다. 비잔티움과 베네치아의 관계는 그후 만 10년 동안 단절되었다.

동방의 라틴인 지배지역과 헝가리에서 빛나는 성과들을 거두었음에도 불구하고 비잔티움 제국의 고립은 점점 더 뚜렷해졌다. 그리고 1170년대 말경에는 도처에서 마누엘의 지위가 흔들렸다. 로마와의 협력에 대한 기대들은 믿을 수 없는 것으로 입증되었다. 교회연합을 이루기에는 양쪽 다 그럴 만한 전제들이 부족했고, 도처 ── 베네치아, 달마티아, 헝가리 ── 에서 교황파들이 비잔티움 황제에 반대하여 책동했다. 서방에서는 종교적으로 이반적인 그리스 교회인들에 대한 의심이 근절되지 않았고, 비잔티움에서도 라틴 교회인들에 대한 거부감이 근절되지 않았다. 니케타스 코니아테스는 비잔티움인들의 일반적인 분위기를 이렇게 재현했다. "저주받을 라틴인은……우리의 재산을 열망하고, 우리 종족을 절멸시키고 싶어한다.……우리와 그들 사이에는 증오의 심연이 존재한다. 우리는 영혼으로 그들과 이어질 수 없고, 모든 면에서 완전히 갈라설 수밖에 없다." 마누엘은 지치지 않고 새로운 방법과 수단을 강구하면서 프리드리히 바르바로사에 맞서서 투쟁하는 롬바르디아 도시동맹을 풍부한 물자와 함께 도우러 달려갔다. 그러나 그는 이 무기도 베네치아 조약(1177년)으로 말미암아 빼앗기고 말았다. 이 조약으로 프리드리히 바르바로사와 롬바르디아 동맹 사이의 전쟁이 종결지어졌고, 교황과 프리드리히 1세 황제는 화해로 나아갔던 것이다. 마누엘이 대단히 능숙하게 이용할 수 있었던 서방의 분열(시스마)이 끝나자, 교황이 비잔티움과 협력할 마지막 전제들마저 사라져버렸다.

마누엘이 바르바로사의 모든 적을 친구로 생각했듯이 프리드리히 1세 역시 비잔티움 황제의 적들과 결속을 추구했다. 1173년부터 프리드리히는 이코니온의 술탄 킬리지 아르슬란과 관계를 맺고 있었다. 마누엘이 오리엔트의 라틴 지역에서 우세를 확보함으로써 비잔티움은 이코니온의 술탄국에 대해서도 상당히 오랫동안 강력한 위치를 확보하고 있었다. 황제는 셀주크 권력자들 사이의 대립을 교묘하게 이용하고 소아시아에서 확실한 군사적 성공을 거둠으로써 자신의 우월성을 다질 수 있었다. 1162년 술탄 킬리지 아르슬란은 석 달 동안 콘스탄티노플에서 지내면서 조약을 통해서 비잔티움에 군사적 원조와 여러 도시의 양도를 약속했다. 그렇지만 이 약속들은 이행되지 않았다. 마누엘이 헝가리와 서방에 몰두하고 있는 동안, 킬리지 아르슬란은 소아시아에서 자신의 세력을 강화할 수 있었다. 독일 황제의 지원은 그에게 저항의 용기를 주었고, 1175년 비잔티움과 이코니온은 단교에 이르렀다. 이듬해 비잔티움 황제는 강력한 군대를 이끌고 이코니온을 향해 출정했다. 그러나 그는 1176년 9월 17일 미리오케팔론 근처 프리지아 산악 협로들에서 끔찍한 재앙을 맞았다. 비잔티움 군대는 투르크인들에게 포위되고 패배했다. 마누엘 자신도 이 패배를 비잔티움이 105년 전 만지케르트에서 당했던 재앙과 비교했다.

이 실패는 마누엘이 서방에서 취한 제국부흥 정책이 실패로 돌아가면서 더욱 쓰라린 것이 되었다. 비잔티움 제국의 위신은 극심하게 동요되었다. 이 동요가 얼마나 극심했는지는 마누엘이 당시 프리드리히 1세로부터 받은 편지에서 드러난다. 로마 황제로서 프리드리히는 그에게 그리스 왕으로서 마땅히 바치게 되어 있는 복종을 보여달라고 요구했다. 마누엘의 정치가 마침내 좌초했다는 것은 공공연한 비밀이었다. 그가 개입했던, 그리고 자신의 주체할 길 없는 행동의지에 따라서 기꺼이 해결대상으로 삼아 착수했던 수많은 문제들이 마침내 그의 힘을 넘어섰다. 물론 그는 동방의 라틴 국가들에 대한 승리를 축하할 수 있었으며, 헝가리에서 빛나는 성과들을 거둘 수 있었고, 일시적으로는 심지어 이탈리아에서도 상당히 넓은 지역을 점령할 수 있었다. 그러나 이 모든 지역들에서 계속 자신의 위치를 지키고, 전체 유럽 및 서아시아 지역에서 공격적인 정치까지는 기대하지 못한다고 하더라도 적극적인 정치를 추진한다거나 하는 일은 할 수 없었다. 도처에서 극심한 반격들이 일어났다. 동방에서의 우세한 위치는 무너져내렸고, 이탈리아에서는 궁극적으로 쫓겨났으며, 서방세력들의 적대적인 연합으로 완전히 고립된 채, 비잔티움은 지칠 대로 지쳐버렸다.

과도한 긴장에서 초래된 대내적 결과들은 대외정치적 결과들보다 더욱 가혹했다. 대규모 군사작전들과 끊임없는 전쟁들은 당시 비잔티움 제국의 힘과 수단을 넘어서는 희생을 요구했다. 경제적으로나 군사적으로나 제국은 완전히 소진되었다. 요안네스 2세는 과거에 비잔티움 제국의 군사력의 지주였던 옛 군인토지들을 새로운 기초 위에서 재건하고자 시도했었다. 그래서 페체네그족을 정복한 후 그는 포로들을 제국에 정주하게 하고 군적(軍籍)에 받아들였다. 그리고 세르비아에 승리를 거둔 후에는, 포로로 잡힌 세르비아인들의 일부는 둔전병으로, 일부는 납세자로서 니코메데이아 지역에 정주시켰다. 마누엘도 이 본보기를 따라서, 세르비아 전사들을 사르디카를 비롯한 제국의 영토에 정주시켰다. 헝가리 왕 게자 2세와 평화조약을 맺은 후 그는 1만 명의 헝가리인 포로들을 억류했다. 의심할 여지 없이 그들을 비잔티움 둔전병으로 삼기 위해서였다. 새로운 군인토지의 창출과 새로운 둔전병들——물론 이민족이기는 하지만——의 유입은 중기 비잔티움 시대의 강력한 군사조직으로 돌아가는 것을 뜻했다. 그렇지만 이러한 주민 유입으로는 그 시대의 높아지는 군사적 필요를 충족시킬 수 없었다. 프로노이아르들이 군복무의 의무를 짐으로써 프로노이아 토지의 임대는 오히려 마누엘 치하에서 대단히 증대했다. 서방인들 역시 프로노이아 토지들을 봉토로 받았으며, 그들에게는 토착 농민들이 파로이코이로 할당되었다.

군인귀족의 통치는 대토지 소유, 특히 속인들의 대토지 소유를 촉진했고 이것에 혜택을 주었다. 마누엘은 1158년 3월에 교서를 내려 콘스탄티노플과 그 인근 수도원들이 토지 소유를 증대하는 것을 일절 금지했다. 동시에 그는 수여된 토지는 단지 원로원 서열의 인물들과 둔전병 신분의 대표자들에게만, 즉 프로노이아르들에게만 양도될 수 있다고 규정했다. 이 의미심장한 규정은 후대의 규정에서도 되풀이되었다. 물론 마누엘 황제는 수도원을 적대시하는 사람은 결코 아니었다. 기존의 수도원 소유지는 엄숙하게 보증되었을 뿐만 아니라 이 토지들에는 가장 광범위한 특권과 면세권들이 부여되었다. 그러나 교회의 대토지 소유와 세속의 대토지 소유가 경쟁을 벌이는 경우 그는 세속의 대토지 소유를 지지했고, 세속 권귀가문들의 장원과 복무의무를 지고 있는 프로노이아르들의 토지를 노골적으로 비호했다. 그중에서도 물론 프로노이아르들의 토지가 더 우선적이었다.

비잔티움 군대에는 예나 지금이나 프로노이아르들과 나란히 수많은 용병들이 복무했다. 그리고 그 어느 때보다도 주민들은 군대를 부양하기 위해서 강제적인 식량 조달과 노역의 부담을 져야 했다. 국가의 재원이 충분치 못했기 때문에, 군부대들은 필요한 물자를 주민들에게서 거두어들이게끔 방임되었다. "속주의 주민들은 군인들의 채워질 줄 모르는 소유욕 때문에 가장 심한 피해를 감수했다. 군인들은 돈을 갈취했을 뿐만 아니라 주민들의 몸에 걸친 마지막 속옷마저도 빼앗아갔다."

군대는 국가의 지배계층으로서 다른 주민들에 의해서 부양되었다. 콤네노스 왕조 시대 이전과 비교해볼 때 상황은 근본적으로 변했다. 관료들이 지배하던 두카스 왕조 치하에서는 사람들은 군복무를 피했다. "군인들은 무기를 치우고 변호사와 법률가가 되었다." 그러나 이제는 너도나도 군대로 흘러들어갔다. "누구나 군인이 되고자 했다. 어떤 이는 바늘을 치웠다. 바느질이라는 생계수단으로는 아무리 애를 써도 궁핍하기 짝이 없었기 때문이다. 다른 이들은 마구간을 떠났다. 또 어떤 이들은 벽돌의 먼지를, 또다른 이들은 대장간의 그을음을 털어냈다. 그리고 모두들 신병 모집자에게 달려가서 페르시아 준마나 금화 몇푼을 선사하고 당장 병적에 들었다." 군복무는 당시 유일하게 소득이 있는 직업이었다.

군대는 제국의 기력을 삼켜버렸다. 주민들은 과도한 부담 때문에 극도로 빈곤해졌다. 국가의 조세 요구가 증대했고, 징세자들의 밥먹듯 하는 권력 남용은 인내의 한계를 넘어서게 할 정도였다. 게다가 징세자들 가운데는 외국인들까지 끼여 있어 납세자들을 노엽게 했다. 도시에서는 많은 사람이 힘있는 주인에게 복무하며 보호를 받기 위해서 자유를 팔았다. 이는 비잔티움에서는 드물지 않은 현상이었다. 마누엘은 이러한 관행에 대해서 자유인으로 태어났으나 노예로 팔린 사람들에게 자유를 회복시키는 법으로써 대응했다. 더욱이 황제는 그들을 ── 적어도 수도에서는 ── 국고에서 몸값을 치르고 구출했던 것 같다. 그러나 전체적인 추세로는, 한편으로는 장원이 증대하고, 다른 한편으로는 낮은 신분 사람들이 빈곤해지고 그들의 채무가 과도해지면서, 점점 더 넓은 계층들이 불가피하게 자유를 상실하고 비록 노예는 아니지만 예속적 농민이 되었다. 뿐만 아니라 승승장구하며 전진하는 봉건화 과정은 결국 비잔티움 국가조직의 약화를 초래했고, 국가의 저항력을 매몰시켰다. 아직까지도 비잔티움은 총력을 기울여서 대외적으로 때때로 승리를 쟁취할 수 있었지만, 그러나 반동과 패배를 감수할 힘은 결여되어 있었다. 마누엘 치하의 외견상의 영광의 시대에 이어서 곧 비잔티움 국가는 내적으로 붕괴되어갔다.

3) 안드로니코스 콤네노스의 부흥 시도

마누엘이 죽고 그의 열두 살난 아들 알렉시오스 2세가 제위에 오르면서 황태후인 안티오케이아 출신의 마리아가 섭정을 맡았을 때, 비잔티움 국가제도의 허약성은 매우 분명하게 드러났다. 황태후는 죽은 황제의 조카이자 프로토세바스토스인 알렉시오스 콤네노스를 선택하여 국사를 이끌게 했다. 그러나 그것은 불행한 선택이었다. 콤네노스 가문의 여타 구성원들은 이 허영심 많고 하찮은 남자가 발탁된 데에 대해서 크게 분노했다. 백성들은 서방 여자인 마리아도 그녀의 총신도 똑같이 증오했다. 마리아의 섭정하에서 친(親)라틴 노선이 강화된 것은 당연한 일이었는데 비잔티움 시민들은 대외적 및 대내정치적 상황이 급속히 악화되는 것을 이런 친라틴 노선의 탓으로 돌렸다. 라틴인들, 즉 비잔티움에서 부자가 된 이탈리아 상인들과 섭정의 주요 지지세력을 이루었던 서방출신 용병들에 대해서 못마땅한 감정이 증대했다. 콤네노스 가문의 대표자들은 쿠데타를 통해서 정부를 전복시키고자 여러 차례 시도했지만 콘스탄티노플 내의 반대파에게는 지도자가 결여되어 있었기 때문에 모두 실패로 돌아갔다. 결정권은 마누엘의 사촌인 안드로니코스 콤네노스의 손에 있었다. 그는 당시 총독직을 맡아서 폰토스 지역에 체류하고 있었다.

안드로니코스 콤네노스는 비잔티움 역사에서 가장 흥미로운 인물 가운데 하나이다. 당시 육십객이었던 그는 극히 격동적인 삶을 살아왔다. 그의 대담한 행동과 모험적인 연애사는 비잔티움에서 일찍부터 입방아의 대상이었다. 그는 매력적인 인물로서, 빛나는 교양을 쌓았고, 재치 있고 능변이었으며, 전장에서는 용맹하고, 궁정에서는 공명정대했다. 그는 감히 황제 마누엘에게 공개적으로 반대를 표명할 수 있었던 유일한 사람이었다. 안드로니코스와 마누엘은 일찍부터 경쟁자였고, 마누엘은 그의 야심찬 사촌이 황제의 관을 얻으려고 노력하고 있다고 의심했는데, 이는 근거가 없는 일은 아니었다. 안드로니코스는 모든 면에서 능력이 있었고, 그의 권력의지와 야심은 채워질 줄 몰랐다. 그는 무자비할 정도로 수단을 가리지 않았다. 거듭 화해가 시도되었지만, 매번 새로운 불화로 이어지곤 했다. 황제의 의심에서 벗어나기 위하여, 안드로니코스는 수년 동안 모험적인 방랑생활을 했고, 갈리치아의 러시아인 군주의 궁정과 서아시아의 무슬림 통치자들의 궁정에서 환영받는 손님으로 지냈다. 콤네노스 가문의 이 위대한 두 인물 사이를 갈라놓은 것은 개인적인 적대성뿐만 아니라 정치적 대립이기도 했다. 안드로니코스는 봉건귀족층의 적이었고, 친서방 노선의 신랄한 적대자였다. 그리하여 콘스탄티노플에서 친라틴적 성향의 섭정을 쓰러뜨릴 필요가 있었을 때 모든 시선이 그에게 향했던 것이다.

소아시아를 통과하는 동안 안드로니코스는 아무런 저항도 받지 않은 것이나 마찬가지였다. 애초에는 약소했던 그의 병력은 오는 도중에 불만분자들의 지원으로 증대되었다. 1182년 초봄, 그는 칼케돈에 이르렀고, 여기에 진영을 설치했다. 프로토세바스토스인 알렉시오스는 함대를 믿고 보스포루스 해협을 차단하려고 시도했다. 함대의 선원들은 대부분 서방인들로 구성되어 있었다. 그렇지만 해군의 지휘관으로 메가스 둑스 직을 맡고 있던 안드로니코스 콘토스테파노스가 찬탈자의 편에 들어감으로써 섭정의 처지는 절망적이 되었다. 수도에서는 봉기가 터졌고, 프로토세바스토스 알렉시오스는 투옥되어 장님이 되었다. 라틴인들에 대한 비잔티움인들의 증오는 끔찍한 유혈사태로 폭발했다

(1182년 5월). 맹목적인 분노 속에서 군중은 콘스탄티노플에 거주하는 서방인들의 건물로 몰려들었다. 그들의 재산은 약탈되었고, 제때에 도망치지 못한 사람은 가장 잔혹한 방식으로 죽임을 당했다. 이것은 안드로니코스 콤네노스의 통치로 가는 서곡이었다. 주민들의 환호 아래 그는 콘스탄티노플 입성을 축하했다.

처음에 그는 젊은 황제 알렉시오스 2세의 구원자이자 보호자의 역할을 맡았다. 국가와 정통 황제에 대해서 음모를 꾸몄다는 이유로 그의 적들은 단두대에 올랐다. 그 많은 사람들 사이에 황태후 마리아도 끼여 있었다. 그녀에게 내리는 사형 판결에 어린 알렉시오스 자신이 서명을 해야 했다. 이렇게 기반이 확보된 후에야 비로소 안드로니코스는 이른바 궁정과 성직자들의 간청에 못 이기는 듯 자줏빛 도포를 받아들이고 1183년 9월, 자기 피후견인의 공동황제로 즉위했다. 그러나 두 달 후 불행한 소년은 안드로니코스의 조력자들에게 교살되어 그 시신은 바다의 파도 속으로 가라앉았다. 정통성의 원칙을 위해서 나이 지긋한 안드로니코스는 살해된 조카의 열세 살 된 미망인이며 루이 7세의 딸인 아녜스-안나와 결혼했다.

안드로니코스의 정치가로서의 활동 역시 그의 개인적 성격과 마찬가지로 놀랍도록 모순되는 일 투성이였다. 그는 제국의 부흥을 꾀했고, 그의 선임자들에 의해서 고삐풀렸던 해악들에 대항했다. 안드로니코스는 귀족의 과도한 우세를 뿌리부터 근절시키고자 했다. 그러나 그는 가차없는 폭력행사 외에는 다른 통치방법을 인정하지 않았기 때문에 그의 지배는 줄을 이은 테러 행위와 모반, 잔혹행위들로 점철되었다. 그의 조치들이 제국 속주들의 상태를 빠르고 아주 명백하게 개선시켰음은 의심할 여지가 없었다. 이 점은 그의 적들도 인정할 것이다. 동시대인들의 눈에는 노쇠해가는 국가의 그 숱한 결함들이 치료될 수 없는 것으로 보였지만, 그는 강철 같은 엄격함으로 그 결함들을 제거했다. 매관매직은 중지되었다. 가장 역량 있는 사람들을 물색해냈고 관리들에게 적당한 급료를 지불함으로써 매수의 가능성을 줄였다. 모든 종류의 부패가 가차없는 투쟁의 대상이었다. 황제는 그의 종복들에게 "부정을 중지하든지 목숨을 중단하든지" 양자택일을 하라고 엄명을 내렸다. 그러한 원칙들로써 그는 모든 해악들 가운데 가장 큰 해악, 즉 징세에서의 악습을 만회하는 데에 성공했다. 안드로니코스 시대에 제국 속주들의 상황이 개선된 이유는 무엇보다도 바로 여기에 있었다. 그도 그럴 것이 그동안 주민들이 부담을 견딜 수 없어한 것은 단지 국가의 요구 때문만이 아니라, 사실은 무엇보다도 관리들의 가렴주구 탓이기도 했기 때문이다. 근절될 수 없이 통용되던 악습과의 정력적인 싸움으로 주민들의 처지는 충분히 견딜 만해졌으며, 그것은 여러모로 괴로움을 당하던 비잔티움 농민들에게 그들로서는 전혀 익숙지 않았던 법의 확실성을 느끼게 해주었다. "카이사르의 것을 카이사르에게 준 사람은 카이사르로부터 더 이상 요구받지 않았다. 예전처럼 그의 몸에 걸친 마지막 속옷까지 빼앗아 가는 사람은 이제 아무도 없었으며, 아무도 그를 죽을 정도로 괴롭히지 않았다. 왜냐하면 마치 마법의 주문과도 같이 안드로니코스의 이름이 탐욕스러운 징세자들을 내쫓았기 때문이다." 또한 조난당한 배를 약탈하는 널리 유포된 관습을 없앤 것도 역시 당대인들에게 큰 인상을 주었다. 그의 선임자들은 이 악습을 근절시키려고 애썼으나 허사로 끝났었는데, 안드로니코스는 이런 짓을 저지르는 죄인은 약탈당한 배의 돛대에 매달아 죽이라는 명령을 내림으로써 이 같은 행위에 끝장을 내었다. "황제가 고칠 수 없는 것은 없으며, 황제의 권력으로 제거할 수 없는 불의는 없다"는 것이 그의 흔들림 없는 확신이었다.

그렇지만 이 과도하게 고양된 권력의식에는 큰 위험성이 깃들여 있었다. 안드로니코스의 지배는 공포정치가 되었다. 귀족에 대한 투쟁은 끔찍한 테러로 변질되었다. 그가 활용했던 투쟁방식은 가차없고 언제나 폭력적이었으며, 파렴치하기까지 한 적도 자주 있어서 정의를 위한 그의 노력을 공허하게 만들어 버렸다. 폭력은 폭력으로 응답되었고, 반란과 모반이 끝을 모르고 이어졌다. 이러한 저항들을 받으며 황제의 격렬한 분노와 의심은 시간이 지남에 따라서 병적인 정도에 이르렀고, 점점 더 가혹해져가는 조처는 새로운 적을 만들 뿐이었다. 제국은 잠재적인 내전의 상황에 있었다. 그나마 황제로서도 힘을 쓸 수 없는 부분들이 존재한다는 것이 드러났다. 안드로니코스는 역사의 수레바퀴를 뒤로 돌리려고 시도했으나 헛된 일이었다. 대토지 소유 귀족은 이미 오래 전부터 국가 자체와 국가 군사력의 진정한 담당자가 되어 있었다. 대토지 소유 귀족을 완전히 없애버릴 수는 없었지만 대량 처형을 통해서 그들을 파멸로 몰아가자 당시 비잔티움의 방위력이 뒤흔들려버렸다.

안드로니코스는 가차없이 엄격하게 부패와 싸웠다. 그것은 유익한 일이었다. 그러나 그의 급진적인 반동 프로그램은 실패했다. 반(反)라틴 노선은 비잔티움에 대한 서방세력들의 적대감을 고취시켰고, 반귀족 노선은 그렇지 않아도 쇠약해져 있던 비잔티움 국가를 무력하게 했다. 불가피한 결산을 감행해야 할 때 제국의 군사력은 전혀 말을 듣지 않았다. 이로써 안드로니코스의 정책에 대한 판결이 내려진 셈이었다.

마누엘이 수립했던 강국의 눈부신 영광은 그야말로 금방 빛을 잃었다. 그의 정책이 특히 성공적으로 보였던 바로 그곳, 헝가리-세르비아 지역에서 최초의 뇌운이 다가왔다. 헝가리 왕 벨라 3세로 하여금 비잔티움에 대해서 평화를 유지하게 만들고, 세르비아의 대(大)주판 스테판 네마냐로 하여금 충성을 지키도록 했던 것은 상당 부분 마누엘의 개인적 권위였다. 마누엘이 죽은 후 그 개인적인 연대는 끊어졌고, 황태후 마리아의 해이한 섭정과 또 안드로니코스의 험악한 폭력지배하에서 내적인 불안을 벗어날 수 없었던 제국의 명명백백한 허약함은 이들에게 수월한 성공을 약속했다. 이미 1181년, 벨라 3세는 달마티아, 크로아티아, 시르미움 지역을 정복했고, 이로써 마누엘이 엄청난 비용을 들여서 수행했던 거창한 헝가리 전쟁의 모든 열매들이 사라졌다. 마찬가지로 세르비아인들에 대한 지루하고도 소모적인 투쟁에서 얻은 결실들 역시 빠른 속도로 사라졌다. 그도 그럴 것이 이제 스테판 네마냐는 어렵지 않게 비잔티움으로부터 떨어져나갈 수 있었기 때문이다. 황태후 마리아를 처형함으로써 안드로니코스 자신이 헝가리 왕에게 무기를 손에 쥐어준 셈이었다. 이제 벨라 3세는 마누엘의 미망인을 위한 복수자로 나섰다. 1183년 헝가리인과 세르비아인들은 동맹자로서 제국의 국경을 넘어 들어왔다. 베오그라드, 브라니체보, 니슈, 소피아가 유린되었다. 6년 후 이곳을 지나가게 된 십자군 원정대는 이 도시들에 사람이 살지 않을뿐더러 도시들 일부는 폐허가 되어 있는 것을 발견했다. 비잔티움에 대한 투쟁에서 이제 네마냐는 국가의 독립성을 확보할 수 있었고, 동쪽과 남쪽에서 비잔티움 제국을 희생시킨 대가로 자국의 영토를 크게 확대시킬 수 있었다. 동시에 그는 세력영역을 제타로까지 확대했다. 제타는 그의 지휘 아래 라스키아와 함께 하나의 국가 구성체로 합해졌다.

아시아에서는 빈번한 봉기들로 내적인 긴장이 폭발했다. 권귀가문들은 다름 아닌 콤네노스 가문의 인도 아래 안드로니코스 정부에 맞서서 필사적인 항거를 감행했다. 마침내 마누엘의 종손자인 이사키오스 콤네노스가 키프로스 섬에 자신의 지배권을 수립하고, 이 섬을 제국으로부터 분리시키기에 이르렀다. 그는 황제로 자칭하며 독자적인 주화를 찍게 했지만 그의 월권은 처벌받지 않았다. 사람들은 콘스탄티노플에서 붙잡은 그의 친구들을 잔인하게 처형하는 것으로 만족해야 했다. 이렇게 해서 비잔티움은 전략적으로 높은 가치를 지닌 섬을 상실했다. 비잔티움 제국의 분해가 시작된 것이다.

그러나 제국이 가장 어려운 상황을 맞은 것은 노르만인들 때문이었다. 시칠리아의 노르만인들은 다시 한번 비잔티움에 대해서 대규모 정복을 감행했다. 안드로니코스는 강력한 살라흐 앗-딘과 동맹을 맺으려고 했으나 허사였다. 살라흐 앗-딘은 파티마 왕조 칼리프국이 끝난 1171년부터 이집트를 다스렸고 자신의 옛 군주였던 시리아의 위대한 지배자 누레딘이 죽은(1174년) 후에는 시리아도 자신의 세력 아래 복속시킨 인물이었다. 안드로니코스는 스스로 라틴인들에게 적대적이었음에도 불구하고 1171년부터 단절되었던 베네치아와의 관계를 재개함으로써 서방에서 비잔티움의 위치를 강화하려고 시도했다. 그러나 이 역시 허사였다. 로베르 기스카르 시대와 마찬가지로 이번에도 노르만인들은 우선 디라키온을 공격했다(1185년 6월). 이 도시는 금방 함락되었고, 노르만 군대는 테살로니카로 향했다. 함대 역시 동일한 목적지를 향해 나아갔고, 가는 도중에 코르푸, 케팔레니아, 자킨토스 섬들을 점령했다. 영광에 넘치는 마누엘의 통치가 끝난 지 몇년도 채 되지 않은 지금, 비잔티움은 절망적인 쇠락의 시대를 보낸 후 알렉시오스 1세 콤네노스가 로베르 기스카르에 맞서 투쟁을 개시했던 저 기념할 만한 시절보다 더 약해져 있다는 것이 입증되었다. 그나마 알렉시오스 콤네노스만 해도 디라키온에서, 그리고 이 요새가 함락된 후에는 내지에서 적들에게 격렬한 저항으로 맞설 수 있었고, 당시 노르만인들은 테살로니카까지 결코 이르지 못했다. 그러나 이번에는 노르만인들은 어떠한 저항도 받지 않은 채 행군을 계속하여, 이미 8월 6일에는 목적지에 도달했다. 8월 15일, 노르만인들의 함대 역시 테살로니카의 항구에 도착했다. 수륙 양면에서 포위공격이 시작되었다. 도시의 방어는 허술했으며, 식량 공급은 불충분했다. 사령관 다비드 콤네노스는 무능하다는 것이 입증되었고, 콘스탄티노플에서 파견된 구원군들은 적시에 도착하지 않았다. 8월 24일, 제국 제2의 도시가 노르만인들의 수중에 떨어졌다. 승리자들의 탐욕과 증오는 끝간 데를 몰랐다. 정복된 도시에서는 가장 끔찍하고 잔혹한 장면들이 벌어졌다. 3년 전 콘스탄티노플에서 라틴인들이 그리스인들에게 당했던 것과 똑같이, 이제 테살로니카 주민들은 노르만인들에게 가장 잔인한 방식으로 능욕당하고 고문당하고 살해되었다.

테살로니카에서 노르만 군대의 일부는 세레스를 향해 떠났다. 나머지 대부분은 콘스탄티노플로 진군했다. 비잔티움 수도의 공기는 점점 더 무거워졌다. 그 어느 때보다도 거침없는 정부의 테러가 자행되었고, 테살로니카가 점령당한 후 코앞에 닥친 듯이 보이는 적의 정복에 대한 불안은 점점 더 커져만 갔다. 뇌우는 1185년 9월 12일 쏟아졌다. 콤네노스 가문의 마지막 통치자는 잔혹한 죽음을 맞았다. 불과 몇년 전에 제국의 구원자로서 칭송되었던 황제는 콘스탄티노플 거리에서 격앙된 군중에게 야수와도 같은 방식으로 갈가리 찢겨 죽었다.

4) 붕괴

안드로니코스의 비극적인 몰락은 그의 부흥 시도가 실패했음을 확증하는 것이었다. 봉건귀족이 승리하여, 앙겔로스 왕조 치하에서는 자신의 세력을 고수했을 뿐만 아니라 증대시키기까지 할 수 있었다. 콤네노스 가문 출신 마지막 황제의 비타협적인 절대주의에 대항하여 필사적인 투쟁을 벌였던 몇년이 지난 후, 갈등을 일으키던 세력들은 그만큼 거침없이 굴기 시작했다.

앙겔로스 가문은 제국의 유서 깊은 귀족가문이 아니었다. 이 비천한 필라델피아* 출신 가문이 떠오르게 된 것은 알렉시오스 1세의 막내딸 테오도라가 감정의 이끌림을 충실히 좇아서 잘생긴 콘스탄티노스 앙겔로스의 아내가 된 덕분이었다. 앙겔로스 가문이 황가의 인척이 되어 높은 품계를 얻고부터, 그들은 특히 마누엘 1세 밑에서 두각을 나타냈으며, 안드로니코스 1세에 대항하여

* 고대 시리아의 도시 이름.

싸울 때는 이미 비잔티움 귀족층의 제1열을 차지하고 있었다. 그러다가 귀족이 승리함으로써 우연히도 그들 가문의 구성원이 황제가 된 것이다.

콘스탄티노스 앙겔로스와 황제의 친딸 테오도라의 손자였던 이사키오스 2세(재위 1185-95년)는 모든 면에서 독재적인 안드로니코스와 정반대였다. 그는 안드로니코스가 정력적으로, 또 폭력적인 방식을 써서라도 막아내고자 했던 사태 전개를 그대로 방임했다. 대(大)콤네노스 가문의 치하에서는 넘쳐흐르는 외적인 권력의 광휘 때문에 은폐되어왔던 오랜 약점들이 이제 아무 치장 없이 겉으로 드러났다. 비잔티움 국가조직의 부패상이 무서울 정도로 뚜렷하게 드러났다. 이제 중앙에서도 지방에서도 잘못된 행정을 제어하려는 사람은 아무도 없었다. 매관매직, 관료의 매수, 징세자의 가렴주구는 가장 극단적인 형태를 취했다. 한 표현에 따르면 이사키오스 2세 황제는 시장에서 채소를 팔듯이 관직을 팔아먹었다. 굉장히 호사스럽게 거행되었던 자신의 결혼잔치를 위해서 그는 속주들에 특별한 조세를 부과했다. 운명이 선사한 제국을 이사키오스는 자신의 개인 소유로 간주했던 것으로 보이며 가부장적 지주가 장원을 다스리듯이 제국을 다스렸다. 그의 동생 알렉시오스 3세(재위 1195-1203년) 치하에서는 상황이 더욱 암울해졌다. 속주의 주민들은 조세의 부담 아래 굶어 죽을 지경이었다. 세리들의 불법이 증대했고, 정부의 지불 요구가 커졌기 때문이다. 남의 눈을 개의치 않는 궁정의 사치와 이민족에의 조공 지불 때문에 엄청난 금액이 날아갔다. 허약한 정부는 조공의 지불을 우세한 적에 대한 방어수단으로 생각했다. 그럼에도 불구하고 속주들은 줄곧 적의 침입을 받았고, 해안지방들은 해적들의 약탈대에 걸핏하면 습격당했다. 바야흐로 해체되기 시작한 참이던 국가는 해적들의 괴롭힘에 대해서 무력했다. 이따금 개개 지역에서 선박의 건조와 무장을 위해서 1년에 세 번 조세를 거두었지만, 아무 소용이 없었다. 그러나 주민들이 조세부담으로 점점 더 무겁게 압박을 받는 동안, 영향력 있는 대토지 소유자들은 그들의 특권을 지키고 또 증대시켰다. 특권의 끊임없는 증대를 제한하려는 국가기구의 모든 노력은 언제나 헛일이었다. 그도 그럴 것이 허약한 황제정부로서는 유력자들의 끈질긴 요구들을 막을 수 없어서 매번 그들이 게임에서 이겼기 때문이다. 한때 비잔티움 행정제도 및 군사제도의 등뼈였던 테마 제도에서 남아 있던 것이라고는 허울뿐이었다. 제국의 영토는 현저하게 줄어들었음에도 불구하고, 12세기 말 비잔티움의 테마의 수는 마케도니아 왕조 때에 비해서 두 배 이상이나 되었다. 비잔티움 속주들의 행정은 아주 작은 단위들로 나뉘었다. 이 단위들은 이름으로만 옛 테마들을 상기시킬 뿐이었다. 개인 장원의 끊임없는 증대과정 속에서 왜소화된 속주의 행정기구들은 어쩔 수 없이 현지의 지주들에게 종속되었다. 중앙권력의 허약함을 볼 때 여기서 단 한 걸음만 더 나아가면 총독의 권력은 지주의 권력으로 대치되고, 독립적인 영역적 제후령이 발생할 것이었다.

안드로니코스를 제위에서 밀쳐낸 노르만인들에 대한 불안은 다행히도 과장된 것으로 입증되었다. 노르만 군대는 약탈욕과 쾌락욕으로 타락했고, 전염병으로 수가 감소했다. 그리하여 유능한 장군 알렉시오스 브라나스는 모시노폴리스에서, 그뒤 1185년 11월 7일에는 디미트리카에서 결정적으로 적을 격퇴하는 데에 성공했다. 노르만인들은 퇴각하여 테살로니카를 비웠고, 나중에는 디라키온과 코르푸를 비웠다. 케팔레니아와 자킨토스만이 서방 권력자들의 소유로 남아 있다가 결국은 비잔티움으로부터 떨어져나갔다. 이사키오스 앙겔로스는 안드로니코스 치하에서 제국을 위협했던 다른 적, 곧 헝가리 왕 벨라 3세와 우호조약을 체결하고 그의 열 살짜리 딸 마르가레테를 아내로 맞이했다.

노르만인들과 헝가리, 양쪽에 대한 안전장치는 이미 1185년 말 불가리아에서 봉기가 터지자 그만큼 더 중요해졌다. 페타르(테오도로스)와 아센 형제의 등장은 우선 다름 아닌 불가리아 지역에서도 제국과의 직접적인 유대가 느슨해졌다는 것을 의미했다. 제국의 다른 부분들에서와 마찬가지로 여기서도 지방 유력자들의 영토욕에서 그 징후가 나타났다. 우선 페타르와 아센은 특정한 땅들을 프로노이아로서 요구했다. 물론 이 요구가 별로 공손하지 못한 방식으로 제출된 것도 사실이지만 비잔티움은 이를 퉁명스럽게 거절했는데 비잔티움 정부의 이러한 오만한 태도가 사태 전개를 촉진했다. 요구를 거절당한 사람들은 과도한 조세부담으로 분격해 있는 지역에서 봉기를 일으켰고, 이 봉기의 마지막 결과로 불가리아가 비잔티움으로부터 완전히 분리되면서 제2차 불가리아 차르 제국이 건설되었다.

200년 동안 비잔티움인들의 지배를 받으면서 불가리아에서도 마케도니아에서도 슬라브적 요소가 약화되었다. 더욱이 이 지역들은 눈에 띄게 그리스화되었을 뿐만 아니라 슬라브인을 희생시킨 대가로 다른 민족들이 강화되었다. 테살로니카 지역에는 많은 유대인과 아르메니아인들이 눈에 띄었고, 도나우 유역에는 수많은 쿠만인들이 살고 있었다. 현재 루마니아인들의 선조인 왈라키아인들은 도나우 지역과 마케도니아와 테살리아에서 살고 있었다. 사람들은 이 지방을 대(大)왈라키아라고 일컬었다. 페타르와 아센이 일으킨 운동에 쿠만인들과 특히 왈라키아인들은 중요한 관여를 했다.

제국의 상황은 내부 혼란으로 한층 어려워졌다. 노르만인들의 정복자 알렉시오스 브라나스가 반도들에게 파견되었지만, 그는 아드리아노플에서 황제로 즉위하여 이사키오스 2세의 정부에 대항했다. 그러나 그도 콘스탄티노플 앞에서 벌어진 전투에서 쓰러졌고, 1186년 여름에 황제는 친히 군대의 선봉에 서서 불가리아로 들어갔다. 아무도 이사키오스 2세가 불가리아 봉기에 대처하는 과정에서 박력이 부족했다고 비난할 수는 없을 것이다. 물론 이사키오스는 정치가가 아니었다. 그러나 또한 사람들이 흔히 묘사하곤 하는 것같이 그렇게 비겁하고 나약한 사람은 아니었다. 물론 그의 통치가 태평성대를 구가하지 못한 것은 사실이다. 그러나 상황이 그렇게도 절망적이었다고는 하지만, 어쨌든 노르만 전쟁과 불가리아 전쟁의 경과를 볼 때 그의 치하의 제국은 안드로니코스의 폭력통치하에서처럼 군사적으로 무력하지는 않았음이 드러났다.

반도들은 흩어졌고 페타르와 아센은 도나우 강을 건너 달아났다. 그렇지만 그들은 곧 강력한 쿠만족 지원군과 함께 돌아왔고, 전투는 새로 불붙었다. 이사키오스는 서둘러서 이미 1186년 10월에 적을 맞았다. 그러나 이제 그는 지난 번보다 더 어려운 상황에 처해 있었다. 그는 불가리아인-쿠만족 무리들을 격퇴시킬 수 있었지만, 그 대가로 큰 손실을 당했다. 1187년 초봄, 그는 새로운 원정을 감행했다. 즉 사르디카 지역으로 우회하여, 산 속에 숨어 있던 반도들에게 접근하고자 했다. 그러나 이번에도 결정적인 성과는 거둘 수 없었던데다가 비잔티움은 보다 장기적인 전쟁을 수행할 능력을 갖추고 있지 못했다. 사방에서 어려움이 증대했다. 세르비아의 대주판 스테판 네마냐는 반란을 일으킨 불가리아인들을 지원하면서, 비잔티움 제국을 희생시켜 자신의 세력권을 더욱 확대시키기 위해서 비잔티움과 불가리아 전쟁이라는 기회를 이용했다.

그런데 이번에는 소아시아에서 반란이 터졌다. 이사키오스 2세는 불가리아와의 투쟁을 중지하고, 반도들과 타협을 하기로 결정했다. 반도들은 그에게 페타르와 아센의 남동생 칼로얀을 볼모로 넘겨주었다.

평화조약의 체결은 새로운 상황을 암묵리에 인정한다는 것을 의미했다. 비잔티움은 발칸 산맥과 도나우 강 사이의 지역을 풀어주었다. 독립적인 불가리아 제국이 부활했다. 트르노보의 대주교구가 생긴 것도 바로 이때였으며 새로운 불가리아 대주교의 손으로 아센은 트르노보의 성 데메트리오스 교회에서 차르의 관을 썼다. 당대인들은 노르만인들이 테살로니카를 정복한 후 성 데메트리오스가 이 그리스 도시를 떠나서 제2차 불가리아 차르 제국의 수도인 트르노보로 옮겨갔다고들 했다. 발칸에서 비잔티움이 우세하던 시대는 영원히 끝났다. 이제 불가리아인들도 세르비아인들을 따라서 내부 갈등으로 찢겨져가는 제국의 세력권을 궁극적으로 벗어났던 것이다. 이런 새로운 상황에 어떤 끔찍한 위험이 숨어 있는지는 비잔티움이 새로운 십자군 원정이라는 불행을 맞았을 때 너무나도 극명하게 드러났다.

성묘는 다시 이교도의 손에 떨어졌다. 이집트에서 시리아 너머로 세력을 넓혔던 살라흐 앗-딘은 1187년 팔레스티나에 침입하여, 7월 4일 하틴 부근에서 라틴 군대에 막심한 패배를 안겨주었다. 그는 예루살렘 왕인 기 드 뤼지냥을 사로잡고, 10월 2일 예루살렘에 진입했다. 이제 서방의 가장 뛰어난 통치자들인 프리드리히 1세 바르바로사, 필리프 2세 오귀스트, 리처드 1세 사자심왕(獅子心王)이 십자군에 참여했다. 헝가리를 지나는 길을 택했던 프리드리히 1세는 1189년 여름에 발칸 반도에 도착했다. 물론 그는 비잔티움 황제와 협상을 하려고 시도했다. 이미 1188년 가을, 뉘른베르크에서 독일 십자군의 통과에 대한 조약이 체결된 바 있었으나 그렇다고 해서 비잔티움인들의 불신이 제거된 것은 결코 아니었다. 사실상 바르바로사는 비잔티움하고만 협상을 한 것이 아니라, 성지로 향하는 도정에서 만나게 될 비잔티움 제국의 적들 곧 세르비아인들과도, 이코니온의 술탄과도 협상을 했다. 비잔티움인들에게는 프리드리히의 도착이 그렇게도 달갑지 않았지만, 남슬라브인에게는 그렇게도 반가운 일이었다. 비잔티움과 독일 황제 사이의 불가피한 긴장은 슬라브인들의 나라들에는 이익일 수밖에 없었다. 수십 년 동안 세르비아 정치의 초석을 이룬 것은 헝가리에 대한 의존이었지만 이는 이제 더 이상 가능하지 않았다. 그도 그럴 것이 최근 헝가리는 비잔티움과 보조를 맞추고 있었기 때문이다. 헝가리는 비잔티움을 더 이상 두려워할 필요가 없었던 것이다. 이제 사려 깊은 스테판 네마냐는 강력한 독일 황제에게서 지주를 구했다. 불가리아도 그의 예를 따랐다. 바르바로사는 니슈에서 네마냐로부터 지극한 예우로써 영접을 받았고, 세르비아의 대주판 및 불가리아의 사신들과도 협상을 벌였다. 세르비아와 불가리아는 바르바로사에게 충성의 맹세와 대(對) 비잔티움 동맹을 제안했다.

콘스탄티노플은 이 협상을 보며 당연히 몹시 불쾌해했다. 비잔티움 정부는 십자군 원정대의 가장 가증스러운 적 살라흐 앗-딘의 품속으로 뛰어들었다. 비잔티움 정부는 독일 십자군의 통과를 방해하려는 의도에서 안드로니코스 1세 치하에서 체결된 살라흐 앗-딘과의 동맹조약을 갱신했다. 그리하여 비잔티움과 독일 황제 사이의 관계는 극단적으로 불편해졌다. 프리드리히는 필리포폴리스를 적국의 도시인 양 점령했다. 이어서 격앙된 편지들이 교환되었다. 쌍방은 비난과 심한 질책을 아끼지 않았다. 그리하여 바르바로사는 만약의 경우에는 비잔티움 제국을 무력으로 항복시키고 콘스탄티노플을 점령하겠다는 결정을 내리기에 이르렀다. 그는 아드리아노플을 점령한 후 여기서 다시 한번 세르비아 사신과 불가리아 사신을 만났고, 군대를 콘스탄티노플로 진군시켰다. 그는 아들 하인리히에게 명하여 함대를 이끌고 비잔티움 수도의 성벽 밑으로 오게 했다. 그렇게 되자 이사키오스 2세는 굴복했다. 1190년 2월, 아드리아노플에서 조약이 체결되었고, 독일 황제는 소아시아로 넘어갈 수송선들을 얻었다. 또한 그에게 고위 인사들이 볼모로 넘겨졌고, 보급품들이 낮은 가격으로 보장되었다. 바르바로사의 모든 요구들은 충족되었다. 비잔티움은 독일 황제의 우세에 고개를 숙여야 했다. 프리드리히 1세는 초봄에 군대와 함께 소아시아로 건너가, 성지로 발길을 서둘렀다. 그러나 운명은 그가 그곳에 이르는 것을 허락하지 않았다.

해로를 택하여 팔레스티나로 향했던 잉글랜드 왕과 프랑스 왕의 원정은 비잔티움에 거의 영향을 끼치지 않았다. 팔레스티나는 비잔티움의 영향권이 아니었기 때문이다. 더욱이 두 왕의 군사작전 역시 아무런 성과를 거두지 못했다. 1192년의 평화조약으로 살라흐 앗-딘은 예루살렘을 유지했다. 반면 라틴인들의 소유는 자파와 티로스 사이의 좁은 지협에 한정되었다. 비잔티움에 직접적인 영향을 미친 것은 오히려 이 십자군 원정의 부수 현상에 지나지 않는 한 사건이었다. 그것은 리처드 사자심왕이 키프로스를 점령하고, 이 섬의 지배자 이사키오스 콤네노스를 사로잡은 일을 말한다. 리처드는 처음에는 템플 기사단에게 섬을 맡겼다가 다음에는(1192년) 전에 예루살렘의 왕이었던 기 드 뤼지냥에게 맡겼다. 이때부터 키프로스는 계속하여 서방의 소유로 남게 되었다.

바르바로사의 후퇴와 비극적인 몰락 후, 비잔티움은 발칸 반도에서 행동의 자유를 되찾았다. 이사키오스 2세는 트라키아에 침입했던 불가리아인들을 향해서 그리고 두 제국 사이의 싸움을 이용하여 새로 중요한 지역들을 정복했을 뿐 아니라 프리즈렌과 스코피예에서 소피아에 이르는 가장 중요한 도시들을 파괴하기까지 했던 세르비아인들을 향해서 조금도 지체하지 않고 출발했다. 스테판 네마냐는 1190년 가을, 모라바 강에서 패배하고 평화조약을 체결함으로써 최근에 정복된 땅들을 되돌려주어야 했다. 그에 반해서 이전에 정복한 땅들은 그의 것으로 남아 있었다. 외견상으로는 황제가 승리했지만 비잔티움의 원전들이 말하는 것처럼 그렇게 완전한 승리는 아니었다. 더욱이 공식적인 평화조약의 체결은 세르비아 국가의 독자적 존재를 명시적으로 인정하는 것을 뜻했는데 이 행위는 두 군주가문 사이의 결혼동맹을 통해서 확고하게 재가받았다. 즉 네마냐의 둘째아들 스테판이 황제의 질녀 에우도키아와 결혼하고 세바스토크라토르라는 높은 칭호를 얻었던 것이다. 황가 공주와의 결혼과 세바스토크라토르 칭호의 부여는 높은 명예였다. 그러나 동시에 세르비아 대주판위 계승자가 비잔티움 칭호 위계로 편입된 것은 곧 바실레우스이자 아우토크라토르인 비잔티움 황제가 이념상 상위 개념임을 명시하는 일이었다.

비잔티움이 불가리아인들에 대한 투쟁을 재개했을 때는 세르비아의 경우보다 운이 덜 좋았다. 1190년의 대원정은 심각한 패배로 끝났다. 비잔티움인들은 트르노보의 성벽 밑까지 돌진하기는 했으나, 불가리아 수도의 포위공격은 성과가 없었다. 비잔티움 군대는 퇴각하는 길에 발칸의 협로에서 격파되었고, 황제 자신은 간신히 목숨을 건졌다. 그후로도 불가리아의 압력을 제거하려는 시도를 했지만, 마찬가지로 성과가 없었다. 1194년, 비잔티움인들은 아르카디오폴리스에서 새로운 패배를 겪었다. 그러나 황제는 싸움을 포기하지 않았다. 그는 헝가리의 세르비아 습격으로 말미암아 금이 가 있던 헝가리 왕궁과의 우호관계를 다시 확립했다. 헝가리와 동맹을 맺음으로써 불가리아인들에 대한 새로운 원정을 감행하기 위해서였다. 그러나 그가 원정을 떠나자마자 형 알렉시오스가 1195년 4월 8일, 황제의 관을 빼앗고 그를 장님으로 만들었다.

알렉시오스 3세(1195-1203년)는 권력욕에 사로잡힌 나약한 인물로서, 몰락의 시대의 전형적인 산물이었다. 그가 생각하기에 앙겔로스라는 이름은 충분히 고귀하지 않았기 때문에 그는 자신을 콤네노스라고 불렀는데, 이는 위대한 콤네노스 가문의 통치자들을 희화화하는 것과 마찬가지였다. 제국이 아무리 부패하고 기진해 있더라도 이사키오스 2세 치하에서는 그래도 아직 버틸 수 있었지만, 이제 이 나라는 마지막 저항력을 상실했다. 해가 지남에 따라서 내부적인 몰락이 분명해졌고, 대외정치적으로도 1195년의 정변은 여러 면에서 광범위한 영향을 미쳤다.

제위 교체의 결과는 제국과 세르비아의 관계에 특별한 작용을 했다. 세르비아로 시집간 에우도키아 공주의 아버지가 황제가 되었는데, 이는 의심할 여지없이 세르비아의 정권 교체에 영향을 주었다. 세르비아에서는 그후 오래지 않아 황제의 사위이자 세바스토크라토르인 스테판이 권력을 잡았다. 1196년 3월 25일, 늙은 네마냐는 스테판을 위해서 지배권을 포기하고 수도사가 되어 처음에는 세르비아의 스투데니카 수도원에 들어갔다가, 그 다음에는 자신의 막내아들 사바가 몇년 전부터 금욕적 수도사 생활을 하고 있던 아토스 산으로 가서 지냈다. 스테판 2세의 즉위로 세르비아에서 비잔티움이 영향력을 발하는 새로운 시대가 열릴 것 같았다. 그렇지만 그런 일은 일어나지 않았다. 그도 그럴 것이 비잔티움 정부는 열렬히 바라던 해결책을 얻었지만, 여기서 이익을 끌어내기에는 너무 무력했기 때문이다. 그 직후 몇년 사이에 라스키아와 보스니아에서 결정적인 영향력을 얻은 것은 세르비아 통치자의 비잔티움 장인이 아니라, 막강한 로마 교회와 그 동맹자 헝가리였다. 제타 지역으로 만족해야 했던 네마냐의 맏아들 부칸은 자신이 무시당한다고 느끼던 차에, 헝가리와 로마 교황청의 지지를 믿으며 동생에 대한 투쟁을 시작했다. 비잔티움으로부터 버림받은 스테판 역시 로마에 의존하여 구원을 모색했다. 그는 콘스탄티노플을 고려할 필요는 거의 없다는 생각에서 비잔티움 출신인 아내를 차버렸을 정도였다. 그렇지만 그보다는 부칸이 선수를 쳤다. 헝가리의 도움으로 그는 동생을 영토에서 몰아내고 나서 교황의 지상권과 헝가리의 종주권을 인정한 다음 지배권을 인수했다(1202년). 인근 보스니아에서도 상황은 다르지 않았으니 이곳에서도 반 쿨린은 보고밀파의 가르침을 단념하고 로마 가톨릭 신앙을 공언하며 헝가리의 비호 아래 들어섬으로써 비로소 지배권을 구할 수 있었다(1203년). 하기야 스테판은 곧 다시 통치자 자리를 소유할 수 있었다. 그러나 이때 도움을 받은 것은 비잔티움으로부터가 아니라 불가리아로부터였다. 세르비아 문제를 대하는 비잔티움 정부의 태도에서 제국의 힘이 얼마나 빠르게 몰락했는지가 분명하게 드러난다. 1196년에만 하더라도 비잔티움은 세르비아의 통치자 자리를 누가 차지할 것인지에 대해서 함께 결정권을 행사할 수 있었지만, 불과 몇년 후에는 완전히 게임에서 제외되었고, 이 땅을 로마 교황과 헝가리의 영향 아래 남겨두어야 했던 것이다.

알렉시오스 3세는 처음에는 평화협상을 통해서 불가리아와의 투쟁에서 벗어나려고 했다. 그러나 불가리아의 요구가 너무 광범위했으므로 협상은 곧 중단되었다. 다시 전쟁이 터졌지만, 이는 비잔티움에 불행하게 전개되었다. 세레스 지역은 불가리아인들에게 유린되었다(1195년과 1196년). 비잔티움 군대는 격퇴되었고, 세바스토크라토르 칭호를 가진 비잔티움 사령관 이사키오스 콤네노스는 포로가 되었다. 비잔티움은 타협을 하기에는 너무 오만했고, 전쟁을 수행하기에는 너무 허약했다. 아직 세번째 수단이 남아 있었다. 적지에 있는 반정부세력을 지원하는 것이 그것이었다. 아센은 1196년 보야르들의 음모에 희생되었다. 그러나 그를 죽인 보야르 이반코는 트르노보에서 오랫동안 버틸 수 없었다. 왜냐하면 비잔티움으로부터 기대했던 원군이 비잔티움 군부 내의 폭동 때문에 도착하지 않았기 때문이다. 그는 페타르에게 전장을 비워주고 콘스탄티노플로 도망쳐야 했다. 그러나 아센 대신에 차르의 관을 받았던 페타르 역시 1197년 암살자의 손에 쓰러졌다.

콘스탄티노플에서 이반코는 영예로운 응접을 받았다. 그는 필리포폴리스의 총독이 되었고, 그 다음에는 심지어 불가리아에 대항하여 싸우는 제국군대의 사령관으로 임명되기까지 했다. 그러나 알렉시오스 3세로부터 비잔티움과 불가리아 사이의 전쟁의 운명을 결정하도록 위탁받았던 이 노회한 불가리아 보야르는 곧 제국을 이반하여 로도피 지역에 자신의 제후령을 세웠다. 더욱 중요한 영역적 제후령이 마케도니아에 세워졌다. 즉 보이보데(vojvode) 도브로미르 크르스가 처음에는 스트리몬 강 유역에서 독립하여 일어나 지배영역을 강력하게 확대하고, 바르다르 강변의 접근하기 어려운 프로세크에 정주했던 것이다. 그는 비잔티움 정부의 인정을 받고 황제의 친척을 아내로 얻었다. 그러나 곧 비잔티움은 그에 대항해서 무기를 들지 않을 수 없었다. 크르스가 트르노보의 차르 제국에 의존하여 비잔티움 제국을 적대하기 시작했고, 프릴레프와 비톨라를 포함하여 서부 마케도니아 지역 대부분을 점령하며 중부 그리스까지 돌진했기 때문이다. 비잔티움인들은 책략을 써서 옛 친구 이반코를 생포했고, 이에 따라 그의 영토는 다시 제국으로 되돌아왔다. 그러나 도브로미르 크르스의 경우는 달라서 몇몇 고위 비잔티움 지휘관들은 그의 편으로 넘어갔지만 그와의 변화무쌍한 투쟁은 그의 영토가 차르 칼로얀의 수중에 떨어지고 마케도니아의 대부분이 불가리아 제국에 합병되는 것으로 끝났다.

페타르와 아센의 동생으로 한때 볼모가 되어 콘스탄티노플로 붙들려 갔던 칼로얀(재위 1197-1207년)은 이제 비잔티움 제국의 위험한 적이 되어 있었다. 그의 강력한 통치 아래 새로운 불가리아 차르 제국은 최초의 폭발적인 비약을 체험했다. 불가리아 제국은 이제 발칸에서 가장 중요한 세력요인이 되었고, 종종 남동 유럽의 운명에 결정적으로 개입했다.

칼로얀은 비잔티움에 대한 투쟁에서 자기 제국의 입장을 관철했고, 자국에 대한 로마의 인정을 확보할 수 있었다. 아센은 자기가 트르노보 대주교를 임명하고 그를 통해서 차르의 관을 썼지만, 이것이 새로운 제국에 충분한 법적 토대를 제공한 것은 아니었다. 대관의 권리를 가지고 있는 것은 양대 세계중심, 즉 로마와 콘스탄티노플뿐이어서 로마 혹은 비잔티움에서 보내진 왕관만이 법적인 효력을 가지고 있었다. 해체되기 시작했을뿐더러 자기네와 적대관계가 된 비잔티움 제국이 아니라 로마 편으로 칼로얀이 돌아선 것은 놀라운 일이 아니다. 이로써 로마는 콘스탄티노플의 몰락 전야에 세르비아뿐만 아니라 불가리아도 정신적으로 수하에 두게 되었고, 그 영향권을 발칸 반도의 대부분에 확장시켰다. 상당히 오랜 협상 후에 칼로얀은 교황의 지상권을 인정한다고 진술했다. 최종적인 행동은 콘스탄티노플이 함락된 후에 이미 이루어졌다. 1204년 11월 7일, 인노켄티우스 3세가 트르노보로 파견한 추기경이 불가리아 대주교 바실레이오스를 불가리아의 수석대주교로 임명하는 서임식을 거행했고, 다음날 칼로얀에게 왕관을 씌웠다.

비잔티움의 발칸 정책은 눈에 띌 정도로 그리고 점점 더 비참해질 정도로 무력해졌다. 그 아주 중요한 원인은 큰 위험이 서방에서 제국을 위협하고 있다는 데에 있었다. 이미 몇년 전부터 가장 큰 난관이 되고 있던 것은 신성 로마 황제 하인리히 6세와의 관계였다. 노르만 왕위의 상속녀인 콘스탄차와 결혼한 하인리히는 바르바로사 황제가 죽은 후 아버지의 상속자가 되었을 뿐만 아니라, 1189년에 죽은 굴리엘모 2세의 상속자까지 되었다. 굴리엘모 2세의 조카인 탕크레드를 중심으로 로마 교황청뿐만 아니라 비잔티움측으로부터도 지지를 받는 반란이 시칠리아에서 일어났지만, 이는 탕크레드가 죽은 후 지반을 상실했다. 1194년 크리스마스에 하인리히는 팔레르모에서 시칠리아 왕관을 받았다. 두 적대세력의 합일은 비잔티움에 치명적인 위험을 뜻했다. 시칠리아가 독일제국에 합병됨으로써 하인리히의 세계지배 계획은 확고한 토대를 갖추게 되었다. 그중에서도 이 계획에서 가장 우선시되고 제일 중요한 발판으로 여겨진 것은 비잔티움 제국의 정복이었다. 처음에 하인리히는 굴리엘모 2세의 상속자로서, 노르만인들이 1185년에 정복했다가 다시 잃어버린 디라키온과 테살로니카 사이의 지역에서 비잔티움이 퇴각할 것과 이에 덧붙여 높은 액수의 조공을 지불할 것을 요구했고, 또한 그가 계획하고 있는 새로운 십자군 원정에 비잔티움 제국이 전투함대를 파견함으로써 동참할 것을 요구했다. 1195년에 비잔티움의 제위가 교체된 후 상황은 한층 더 심각해졌다. 하인리히는 동생 필리프가 이사키오스 2세의 딸 이레네와 결혼한 것을 빌미로 황가의 일원으로서 콘스탄티노플 제위 문제에 관여했고, 제위를 빼앗기고 장님이 된 황제 이사키오스의 복수자이자 수호자로 자처하며 찬탈자 알렉시오스에게 대항함으로써, 자신의 정복계획에 정의를 추구한다는 위광을 부여했다. 당황한 알렉시오스 3세의 정부는 독일 황제가 요구한 대로 조공을 지불함으로써 그를 달래려고 최대한의 노력을 기울였다. 비잔티움측은 연 1,600파운드의 금이라는 엄청난 액수를 조공으로 지불하겠다고 약속했다. 모든 속주에서 특별 "독일

세"가 징수되었다. 그러나 가뜩이나 과도한 부담에 지칠대로 지친 주민들의 조세능력을 극한까지 옥죄었음에도 불구하고, 약정된 액수를 징수할 수는 없었다. 비잔티움은 조공액수를 조달하여 우세한 적의 자비를 사들이기 위하여 사도 교회에 있는 황제들의 묘에서 귀중한 장식품들을 뜯어내야 할 정도로 몰락해 있었다. 하인리히는 한걸음 물러서서 비잔티움과 협상을 했는데, 그가 이렇게 적을 착취하고 굴욕감을 주는 것으로 일단 그친 것은 교황이 개입한 결과였다. 교황은 독일 황제에게 콘스탄티노플에 대항하지 말고, 십자군 원정자로서 예루살렘으로 진군하라고 끈질기게 요구했다. 독일의 세계지배 계획이 실현된다면, 이는 비잔티움 제국에는 멸망을 뜻하는 한편, 교황권에도 계속적인 무기력을 뜻할 것이었다. 그 때문에 교황은 종교적으로 이반적인 콘스탄티노플의 제국이 존속하게끔 하기 위해서 힘을 썼던 것이다. 어쨌건 정복계획은 포기된 것이 아니라 연기되었을 뿐이다. 이미 비잔티움은 집게로 물려 있는 셈이었다. 키프로스의 왕 아모리와 소아르메니아의 왕 레온은 봉신으로서 독일 황제 밑으로 들어왔다. 그러나 결정적인 타격이 가해지기 전에 죽음의 사자가 하인리히 6세를 낚아채갔다(1197년 9월).

독일세의 폐지는 비잔티움에서 큰 환호를 일으켰다. 바로 얼마 전까지만 해도 독일 황제에게 조공을 지불하고 단발마적 공포 속에서 선조들의 묘의 장식품을 뜯어냈던 한심한 황제 알렉시오스 앙겔로스 콤네노스는 이제 자기 쪽에서 보편세력을 주장하며 위대한 콤네노스 가문의 방식대로 교황에게 교회와 황제권 사이의 동맹을 제안할 순간이 왔다고 생각했다. 그러나 비잔티움에 대한 서방의 공격계획을 유발시킨 것은 바로 허약한 비잔티움, 이 나라의 약화였고 그렇기 때문에 하인리히 6세의 죽음은 비잔티움에 대한 서방의 불가피한 공격을 잠시 연기시킨 것에 불과했다. 치명적인 타격은 몇년 후에 다른 중심지에서 날아왔다.

서방 제국은 붕괴되었다. 이탈리아는 독일의 지배를 벗어났고, 독일에서는 하인리히의 동생 필리프 폰 슈바벤에 대항하여 오토 폰 브라운슈바이크가 대립 국왕으로 일어났다. 독일 황제 대신에 위대한 교황 인노켄티우스 3세가 주도권을 차지했다. 이는 서방의 오리엔트 정책에서 다시금 십자군 원정 사상이 전면에 대두되었음을 뜻했다. 교황의 계획에 따르면 비잔티움은 무력으로 굴복당하는 것이 아니라, 교회통합을 통해서 교황좌 밑으로 들어서야 했고, 서방 기독교도들과 나란히 십자군 원정에 참여해야 했다.

뿐만 아니라 십자군 원정의 정신적 창시자 인노켄티우스 3세와 나란히 연로한 베네치아 도제 엔리코 단돌로라는 강력한 인물이 새로운 십자군 운동의 중심에서 기획 전체를 지배하고 있었다. 그의 목적은 서방세력들을 비잔티움에 대항하도록 조종하는 것이었다. 위대하고, 단호한 결단능력이 있으나, 감정적으로는 십자군 원정 사상에 전혀 좌우되지 않고 있던 정치가가 바로 단돌로였는데 그는 비잔티움 제국이 멸망해야 동쪽에서 베네치아의 우세를 지속적으로 확보할 전제조건이 마련됨을 통찰했다. 물론 베네치아는 알렉시오스 1세 시대부터 비잔티움 땅과 해역에서 극도로 광범위한 특권들을 소유하고 있기는 했다. 요안네스 2세도 마누엘 1세도 이 짐스런 양보의 의무를 벗어날 수 없었으며 앙겔로스 가문 출신의 두 황제도 베네치아의 우선권을 분명하게 인정했다. 그러나 제국은 그야말로 마지못해서 베네치아의 압력에 굴복하면서도 거듭 저항을 시도했고 게다가 1171년과 1182년처럼 비잔티움 주민들의 자발적인 감정 폭발도 일어나 끊임없는 불안감을 조성했다. 해상공화국은 언제나 결코 안심할 수 없는 처지에 있었으며, 콘스탄티노플에서 정권 교체가 일어날 때마다 또다시 자신들의 특권을 인정해줄 것을 강요해서 이를 관철시키고 간간이 일어나는 저항 시도들은 무력을 써서 꺾어야 했다. 더욱이 제노바와 피사에서도 위험한 경쟁자들이 나타났다. 그도 그럴 것이 절박한 상황에 처해 있는 비잔티움이 새로 발흥하는 이 해상세력들에게도 똑같이 광범위한 특권들을 부여함으로써, 적어도 베네치아의 우선권에 대응하는 대등한 반대세력을 형성하고자 했기 때문이다. 콘스탄티노플에서 비잔티움 황제가 지배하는 한 베네치아는 결코 자신의 독점적인 위치를 안심할 수 없었다. 유일한 해결책은 비잔티움 제국을 제거하는 것으로 보였고, 그 최상의 기회는 십자군 원정에 참여하여 원정을 비잔티움에 대한 정복원정으로 변화시키는 것이었다. 비잔티움인들은 베네치아에게 해상지배권을 빼앗겼고, 이제 제국마저 잃어버리고 말 운명이었다.

제4차 십자군 원정이 콘스탄티노플로 방향을 바꾼 것은 전혀 수수께끼가 아니다. 이는 거의 강제적인 필연성을 띤 일로서, 앞의 발전에서 나온 결과였다. 동서 교회의 분리 이후, 특히 십자군 원정이 시작된 이후, 서방에는 지속적으로 반(反)비잔티움적인 분위기가 자라났다. 마누엘이 서방에서 취한 공격적인 정책과 안드로니코스의 도전적인 반(反)라틴적 태도는 이 분위기를 공공연한 적개심으로 바꾸는 데에 기여했다. 앙겔로스 왕조 치하의 비잔티움 제국의 명명백백한 쇠약과 무기력을 목격하며 서방의 반비잔티움 노선은 정복계획의 모습을 띠게 되었다. 콘스탄티노플을 정복하려는 생각은 노르만인들의 오랜 유산으로서 이미 제2차 십자군 원정 때 루이 7세의 측근들의 입에 오르내렸다. 프리드리히 바르바로사의 십자군 원정 동안 그 실현은 바로 목전에 와 있는 듯이 보였다. 바르바로사와 노르만 왕들의 계승자인 하인리히 6세는 비잔티움 정복을 자신의 정치적 계획의 중심으로 삼았다. 이제 베네치아가 자신의 상업적, 권력정치적 이익을 저울질하게 되면서 이 사상은 현실화되었다. 십자군 원정 사상은 계속 세속화되면서 이제 그 논리적인 목적에 도달했다. 십자군 원정은 기독교 동방 제국에 대한 정복의 도구로 화했다. 구체적인 사정들이 한데 합쳐짐으로써 이 전환을 쉽게 해주었고, 그 덕분에 십자군 기사들은 베네치아의 이익에 복무하게 되었다.

십자군 원정대는 베네치아의 배를 타고 이집트로 향하기 위해서 베네치아에 집결했다. 그러나 항해비용을 조달할 수 없었기 때문에, 부족액을 무력원조로 대신하라는 베네치아 도제의 제안에 동의했다. 다시 말해서 이 해상공화국을 도와 헝가리인들의 손에 떨어졌던 자라를 정복하자는 것이었다. 그리하여 십자군 원정은 최초로 그 목적지로부터 방향을 돌리게 되었다. 헝가리 왕 자신이 십자군에 가담했는데도 불구하고 십자군 원정대는 베네치아의 목적에 부응하여 기독교 국가인 헝가리에 대항하여 출정했다. 그리고 도시의 주민들이 시벽에 십자가를 걸어놓았음에도 불구하고 1202년 11월, 자라는 습격을 당했다. 바로 이것이 이번 십자군 원정의 상징적 서막이었다.

첫번째 방향 전환에 이어서 곧 두번째 방향 전환이 뒤따랐다. 이 일은 이사키오스 2세의 아들인 알렉시오스 앙겔로스 왕자 개인과 관련된다. 젊은 알렉시오스는 실명당한 아버지와 함께 갇혀 있던 감옥에서 빠져나오는 데에 성공했다. 그는 도움을 구하기 위해서 서둘러 서방으로 향했다. 이곳에서 인노켄티우스 3세와 만났으나 성과를 얻지 못했고, 그후 필리프 폰 슈바벤의 궁정에 도착했다. 할 수 있는 한 하인리히 6세의 정책을 계승하려던 필리프는 비잔티움 제위에 대한 처남 알렉시오스의 요구를 아주 기꺼이 지원했다. 내부의 어려움으로 인해서 직접적인 개입은 삼가면서, 필리프는 이사키오스 2세와 그의 아들의 복위를 위한 지원을 얻고자 십자군 원정대 및 베네치아인들과 협상에 들어섰다.

베네치아의 도제로서는 이보다 더 반가운 제안이 있을 수 없었다. 뿐만 아니라 십자군 원정의 지도자인 보니파스 드 몽페라도 그의 가문이 동방과 밀접한 관계를 맺고 있었던 터라 기꺼이 비잔티움 사태에 끼어드는 기회를 잡았다. 십자군 원정대가 정복된 자라에서 겨울을 나는 동안, 독일의 왕과 그의 피보호자가 보낸 사신들이 나타났다. 양쪽에서 바랐던 합의가 실현되었다. 알렉시오스는 제위계승 요구자의 관대함을 발휘하여, 십자군 원정대와 베네치아인들에게 거액의 돈을 약속하고, 교황을 달래기 위해서 교회통합을 가시화시켰으며, 제위를 되찾은 후에는 앞으로의 십자군 원정을 적극 지원하겠다고 서약했다. 십자군 기사의 대다수는 단돌로와 보니파스의 설득에 따랐다. 유혹도 컸거니와, 콘스탄티노플에 대한 원정이 끝나면 비잔티움 제위계승 요구자가 보증한 더 늘어난 자금력으로 십자군 원정이 다시 재개될 것이기 때문에 양심도 편안했다. 자라에서 이미 알렉시오스는 십자군 원정대와 합류했고, 1203년 5월 코르푸에서 십자군의 방향 전환을 결정하는 협약에 서명이 이루어졌다. 그리고 이미 6월 24일, 십자군 원정 함대는 "모든 도시의 여왕", 비잔티움의 수도 앞에 나타났다.

갈라타가 점령된 후 골든 혼으로의 진입을 차단하던 쇠사슬*이 파쇄되었다. 십자군 원정대의 배들이 항구로 들이닥쳤고, 동시에 육지로부터 시벽에 대한 돌격이 시작되었다. 비잔티움 수비대, 특히 바랑고이인 친위대가 필사적인 항거를 했음에도 불구하고, 콘스탄티노플은 1203년 7월 17일 십자군 원정대의 손에 떨어졌다. 신세 처량한 황제 알렉시오스 3세는 황실의 보물과 보석들을 챙겨들고 어디론가 날라버렸다. 눈이 먼 이사키오스 2세가 복위되었고, 십자군 원정대의 피후견인인 그의 아들 알렉시오스 4세가 공동황제의 관을 얻었다.

* 갈라타로부터 콘스탄티노플로 들어오는 입구에는 방위상의 목적에서 실제로 엄청나게 굵은 쇠사슬이 처져 있었다. 콘스탄티노플 공략자들에게는 이 쇠사슬의 파쇄가 중요한 일이었다.

콘스탄티노플에는 아직 비잔티움 정부가 존재했다. 그러나 이 정부는 시벽 앞에 진을 치고 있는 십자군 원정대의 자비에 목숨을 부지하고 있을 뿐이었다. 그나마 이러한 자비도 오래가지 않았다. 알렉시오스 4세가 자라와 코르푸에서 한 약속을 지킬 상황이 전혀 아님이 곧 드러났기 때문이다. 이제 그는 진퇴양난의 처지에 빠졌다. 십자군 원정대와 베네치아인들은 신속한 지불을 요구하며 유예의 청을 가차없이 거절했다. 십자군 원정대를 이 땅에 불러들이고 자신의 백성을 라틴인들의 노예로 만든 황제에 대항하여 비잔티움 주민들은 반란을 일으켰다. 1204년 1월 말 콘스탄티노플에서는 봉기가 일어났고 알렉시오스 4세는 그렇게 막심한 희생을 치르며 사들인 왕관뿐만 아니라 목숨까지도 잃었다. 그의 아버지는 그후 곧 감옥에서 죽었다. 알렉시오스 5세 두카스 무르추플로스가 황제의 자리에 올랐다. 알렉시오스 3세의 사위이자, 한때 세르비아의 통치자인 스테판과 결혼했었던 에우도키아의 남편이 황제가 된 것이다.

다시 한번 비잔티움에서 반(反)라틴적 노선이 승리했다. 그러나 그 승리는 비극의 종막을 가속화했을 뿐이다. 십자군 원정대는 비잔티움의 수도에 대해서 새로운 전투를 개시하기 위한 준비를 했다. 콘스탄티노플을 다시 점령할 필요가 있었다. 그러나 이번에는 비잔티움 정부를 수립하기 위해서가 아니라, 비잔티움 제국의 폐허 위에 라틴인 자신들의 제국을 세우기 위해서였다. 십자군 원정대와 베네치아인들은 3월에 비잔티움 수도의 성벽 밑에서 조약을 체결했다. 정복될 제국의 분할 문제와 콘스탄티노플에 라틴 제국을 건설하는 문제를 하나하나 세세하게 다룬 조약이었다. 그런 다음 습격이 시작되었다. 마침내 올 것이 오고야 말았다. 1204년 4월 13일, 비잔티움의 수도는 공격자들의 우세에 굴복했다. 정복자들은 콘스탄티노플로 진입했다. 그리하여 콘스탄티누스 대제의 시절부터 난공불락으로 서 있던 도시, 페르시아인과 아랍인, 아바르인과 불가리아인의 강력한 공격들을 이겨냈던 도시가 십자군 원정대와 베네치아인들의 전리품이 되었다. 사흘 내내 콘스탄티노플에서는 약탈과 살육이 끊이지 않았다. 당시 세계에서 가장 큰 문화 중심지의 가장 귀중한 보물들이 정복자들 사이에 분배되었고, 일부는 야만적으로 파괴되기도 했다. "세계가 창조된 이래 그처럼 어마어마한 전리품들을 한 도시에서 얻은 적은 결코 없었다"라고 제4차 십자군 원정대의 어느 역사가는 말한다. 비잔티움의 한 필자는 사라센인들조차도 이 "그리스도의 십자가를 어깨에 짊어지고 온 사나이들"에 비하면 "인간적이고 온화했다"고 기록하고 있다. 전리품의 분배에 이어서 비잔티움 제국이 분할되었다. 이 분할로 비잔티움은 붕괴가 확정되었고, 반세기 이상 비잔티움인들은 제국의 중심부를 떠나 주변부에서 재건작업을 감행해야 했다.

7

라틴인들의 지배와 비잔티움 제국의 복구 (1204-1282)

1) 새로운 국가체제의 형성

패배한 비잔티움 제국의 분할보다 더 계획적으로 이루어진 일은 역사상 드물었다. 그리스적 동방의 새로운 국가체제는 전적으로 십자군 원정대와 베네치아인들이 1204년 3월 콘스탄티노플의 성벽 아래서 체결했던 조약에 따라서 정비되어야 했다. 약정을 실행하는 데에 대한 최종 결정권은 위대한 도제 엔리코 단돌로에게 있었다. 그의 뜻이 최근의 사건들을 지배했고 분할조약 역시 그가 고취시켰던 만큼 이것은 당연한 일이었다. 제일 먼저 황제가 선출되어야 했다. 이를 위해서 조약 규정에 따라서 여섯 명의 프랑크인과 여섯 명의 베네치아인이 만났다. 십자군의 지휘자로서 이제까지 수행해온 역할, 비잔티움과의 관계, 개인적 능력, 이 모든 것으로 미루어볼 때 황제 선출에는 보니파스 드 몽페라 변경백이 적당한 인물로 보였다. 그러나 도제에게는 덜 뛰어난 인물이 더 바람직했다. 프랑크 진영에는 파당이 형성되어 있었지만 베네치아인들은 단결해 있었으므로, 그는 플랑드르 백작 보두앵이 선출되도록 뜻을 관철할 수 있었다. 5월 16일, 보두앵은 하기아 소피아에서 콘스탄티노플의 라틴 제국 황제로서 관을 썼다. 그러나 하기아 소피아의 주인이자 콘스탄티노플 최초의 라틴 교회 총대주교가 된 것은 베네치아인 토마소 모로시니였다. 3월 조약의 규정에 따라서 황제는 기사의 서열에서 선출되게끔 정해져 있었던 데 반해서, 새로운 콘스탄티노플 총대주교는 베네치아 쪽에서 세우도록 되어 있었기 때문이다.

라틴 제국의 황제로서 보두앵은 제국 전체 영토의 4분의 1을 얻기로 되어 있었다. 나머지 4분의 3 가운데 절반은 베네치아인들에게 귀속되고, 그밖의 절반은 황제의 봉토로서 기사들 사이에서 분배되기로 정해졌다. 보두앵에게는 트라키아와 소아시아 북서부가 주어졌다. 그리하여 그의 영토는 보스포루스 해협과 헬레스폰토스 해협 양쪽으로 펼쳐졌으며, 또한 레스보스, 키오스, 사모스를 비롯한 에게 해의 여러 섬들도 황제의 것으로 부를 수 있었다. 보니파스 드 몽페라는 소아시아 지역을 얻는 데에 그쳤지만 유럽 지역을 소유하고 싶은 생각이 더 강했다. 격렬한 다툼과 싸움 후에 그는 테살로니카를 정복하고, 테살로니카에 인접한 마케도니아와 테살리아 지역들을 포괄하는 자신의 왕국을 건설했다.

이 대사업에서 제일 큰 이득을 끌어낸 것은 베네치아인들이었다. 즉 베네치아는 가장 중요한 항구와 섬들을 차지하고 그 위에 새로운 세력을 수립했다. 이 해상공화국은 에피로스, 아카르나니아, 아이톨리아 그리고 펠로폰네소스에서 자기네에게 할당하기로 약속된 지역들에 대한 직접적인 지배를 단념하고, 펠로폰네소스에 있는 항구도시 코론과 모돈을 소유하는 것으로 그쳤으며, 좀 더 나중에는 또한 아드리아 해안의 디라키온과 라구사도 소유하게 되었다(1205년). 그리고 이오니아 섬들과 원래는 보니파스 드 몽페라에게 주기로 약속되었던 크레타뿐 아니라 에우보이아, 안드로스, 낙소스를 포함한 에게 해의 대부분의 섬들, 헬레스폰토스와 마르마라 해안의 가장 중요한 항구도시들인 칼리폴리스,* 라이데스토스, 헤라클레이아와 더불어 제국령 트라키아 내륙의 아드리아노플이 베네치아의 소유가 되었다. 게다가 콘스탄티노플 역시 제국의 영토와 마찬가지로 분할되었다. 베네치아는 여기서도 8분의 3을 얻었다. 그에 반해서 수도의 8분의 5는 황제에게 남겨졌다. 따라서 베네치아의 도제가 자신을 "로마 제국의 4분의 1과 또 (4분의 1 가운데) 절반의 군주"라고 부른 것은 당연했다. 프랑크인 출신의 영역제후들은 콘스탄티노플의 황제에게 봉신으로서 충성을 맹세해야 했지만, 단돌로는 조약에 명시되어 있듯이 봉신의 의무에서 제외되었다. 이렇게 동쪽에 베네치아의 식민제국이 들어섰다. 베네치아인들은 그들의 아버지 도시로부터 콘스탄티노플에 이르는 전 해로를 지배했고, 해협들을 장악했으며, 콘스탄티노플로 들어가는 관문을 통제했고, 콘스탄티

* 현재의 겔리볼루.

노플 자체에서도 하기아 소피아를 포함한 도시지역의 8분의 3이 그들에게 속했다.

이렇게 광대하게 팽창한 세력과 비교해볼 때 결속력이 약한 프랑크인 지배권의 허약함은 그만큼 더 딱해 보인다. 전형적으로 봉건적인 구성체인 라틴 제국은 수많은 크고 작은 분립 지배권으로 쪼개졌다. 비잔티움 국가의 폐허에서 복잡하고 다기화된 봉건체제가 솟아올랐다.

중부 및 남부 그리스에서는 비교적 큰 제후령들이 탄생했다. 이들 제후령은 보두앵의 제국에 대해서는 아주 느슨한 관계를 가지고 있을 뿐이었는데, 왜냐하면 이곳 영주들은 황제에게 직접 의무를 지는 것이 아니라 테살로니카 왕에게 봉신의 의무를 지고 있었기 때문이다. 다시 말해서 테살로니카 국왕인 보니파스는 테살로니카에서 아테네를 향해 진출한 다음 아티카와 보이오티아에 대한 지배권을 부르고뉴 사람인 오토 드 라 로슈에게 맡겼다. 그리고 펠로폰네소스도 이와 마찬가지로 보니파스 왕의 지원을 받은 기욤 드 샹플리트와 조프루아 드 빌라르두앵의 지배 아래로 들어갔던 것이다. 그리고 바로 여기서 모레아라고도 불리는 프랑스인들의 제후령 아카이아가 탄생했다. 이는 비잔티움 제국의 폐허 위에 성립되었던 모든 제후령들 가운데 가장 독특한 것으로, 생활방식에서 순수하게 서방적이었으며 봉건제라는 관점에서 보더라도 가장 강력하게 분화되어 있었다. 이 제후령은 그리스 땅에 심어진 프랑스의 한 조각으로, 기욤 드 샹플리트 치하에서 그리고 다음에는 빌라르두앵 가문 밑에서 독자적인 존재를 영위했다.

서방적 의미에서의 봉건적 국가질서가 비잔티움 세계에 대단히 낯선 것이었음은 사실이지만, 비잔티움 역시 옛날의 자기네 중앙집권제에서 많은 것을 상실한 상태에 있었다. 무엇보다도 비잔티움 제국의 전체 경제적, 군사적 체제에는 이미 오래 전부터 봉건적 기초가 놓여 있었다. 수백 년 전부터 비잔티움에서는 봉건화 과정이 승리의 전진을 계속했다. 비잔티움 제국의 경제구조와 사회적 관계는 이제 서방의 것과 결코 그리 크게 다르지 않았고, 이로써 라틴인들의 지배체제의 건설이 훨씬 수월해졌던 것이다.

아주 많은 것이 변화 없이 받아들여질 수 있었다. 실제로 비잔티움의 프로노이아(pronoia)와 서방의 페우둠(feudum) 사이에는 현실적으로 아무런 차이가 없었다. 그러나 프로노이아르들은 지방에서 권위 있는 계층이었고, 사실상 정복자들이 진지하게 고려에 넣어야 했던 유일한 세력이었다. 모레아의 정복 과정은 우리에게 아주 잘 알려져 있는데, 이곳의 저항은 대개 프로노이아르들이 버티는 만큼 지속되었다. 프로노이아르들은 자기네 프로노이아 봉토의 소유가 계속 보장되는 경우에만 투쟁하지 않고 굴복했다. 그러나 일단 이러한 조건이 충족되면 그들은 대부분 기꺼이 굴복했으므로, 따지고 보면 이로써 바뀐 것은 단지 그들의 상급 영주였을 뿐이다. 지대를 지불하는 대상이 라틴인 지주이건 그리스인 지주이건, 인민 대중의 상황은 본질적으로 동일했다.

그럼에도 불구하고 비잔티움 주민들은 극도의 반감과 함께 라틴인들의 외세지배를 감내했다. 반감을 품은 이유는 상당 부분은 정복자들의 월권에도 있었고, 정복자와 피정복자를 분리하는 신앙의 대립에도 있었다. 비록 교황권이 추구한 교회통합이라는 길을 통해서가 아니라 강제적인 정복을 통해서이기는 했지만, 그리스인들은 종교적으로는 공식적으로 로마 교회의 권위에 복속하게 되었다. 그러나 내부적 합일은 그 어느 때보다도 더 멀었고, 오히려 외세의 지배를 통해서 자신의 독자적인 문화적, 종교적 특성에 대한 의식만이 더 깊어졌을 뿐이다. 많은 비잔티움 봉건영주들이 정복자의 지배체제에 편입되었고 인민 대중은 내적으로 화해하지 않은 채 자신들의 옛 고향에 남아 있었던 것도 사실이지만, 다른 한편으로는 적지 않은 수의 비잔티움 유력자들이 라틴인들에게 점령된 지역을 벗어나 아직 정복되지 않은 지역들로 도망쳤다. 이 도망자들은 현지 주민들의 지원을 받아 새로운 국가 구성체를 만들었다. 바로 이것이 비잔티움 세계를 몰락으로부터 구해주었다. 소아시아에서는 알렉시오스 3세 앙겔로스의 사위인 테오도로스 라스카리스 밑에서 니카이아 제국이 세워졌고, 황제 이사키오스 2세와 알렉시오스 3세의 사촌인 미카일 앙겔로스는 에피로스에서 자리를 잡았다.

콘스탄티노플이 정복되기 직전에 위대한 콤네노스 가문의 알렉시오스와 다비드, 즉 안드로니코스 1세의 손자들을 중심으로 흑해 남동쪽 해안에 트레비존드 제국이 들어섰다. 그러니까 트레비존드 제국은 콘스탄티노플이 정복된 결과로 나타난 현상이 아니었다. 아마도 안드로니코스 1세가 실각한 후에 이미 어린 나이의 알렉시오스와 다비드는 친척인 게오르기아(그루지야) 왕가의 궁정에 보내졌던 것으로 보인다. 그들은 위대한 여왕 타마르(재위 1184-1212년)의 효과적인 지원을 받으면서 1204년 4월에 트레비존드를 정복했다. 그곳에서 대담하고 호전적인 동생 다비드는 해안을 따라서 서쪽으로 전진하여 시노페를 점령하고, 마침내 파플라고니아와 폰토스의 헤라클레이아를 자신의 지배 아래 두었다. 그렇지만 그 이상의 진군은 테오도로스 라스카리스에게 제지당했다.

라틴 제국은 소아시아의 중요성을 잘못 생각했는데, 이는 치명적인 화가 되었다. 보니파스 드 몽페라가 테살로니카로 진격하면서 소아시아를 포기했기 때문에, 비잔티움 국가를 유지하고자 하는 세력들은 바로 이곳 소아시아에서 테오도로스 라스카리스 주위에 모여들었다. 첫걸음들은 무한히 어려웠다. 옛 국가구조는 해체되었고, 분립 군주국들이 우후죽순처럼 생겨나고 있는 중이었다. 테오도로스 만카파스는 필라델피아에서 독립적 군주로서 자리를 잡았고, 마이안드로스 계곡에서는 마누엘 마우로조메스가, 밀레토스 부근 삼프손에서는 사바스 아시데노스가 자리를 잡았다. 다비드 콤네노스는 동쪽으로부터 해안선을 따라서 돌진했다. 그런데 무엇보다도 이제는 라틴인들도 그전에 자기네가 놓치고 지나간 것을 만회하고자 했다. 보두앵의 동생 앙리 드 플랑드르뿐 아니라 분할조약에 따라서 니카이아를 얻기로 되어 있는 루이 드 블루아 백작의 봉신기사들도 합세하여 1204년 말, 소아시아 지역의 정복에 착수했다. 그들은 비잔티움인들이 이곳에 확고히 발을 붙이기 전에, 혹은 정치적으로나 군사적으로 조직될 수 있기 전에, 라틴인들의 뛰어난 군사력으로 전투를 개시해야 했다. 테오도로스 라스카리스는 포이마네논 부근에서 패배를 당했다. 그 후 비티니아의 대부분의 도시들이 라틴인들의 손에 떨어졌다. 비잔티움은 소아시아에서도 천명을 잃은 듯이 보였다. 이때 발칸의 라틴 제국을 덮친 재앙이 위기의 순간에 뜻하지 않게 구원을 가져다주었다.

처음에 트라키아의 비잔티움 지방귀족들은 라틴인들의 지배를 인정하고——물론 자기네들의 종래의 소유지들과 프로노이아 봉토를 유지한다는 조건 아래서이기는 하지만——새로운 권력자들에게 복무할 태세가 철저히 되어 있음을 보여주었다. 그러나 라틴인들은 근시안적 오만에서 이처럼 순응할 각오가 되어 있는 그리스 귀족들의 제안을 물리쳤고 이와 마찬가지로, 강력한 불가리아 차르의 협상 태세도 냉담하게 대해도 되리라고 생각했다. 뒤통수를 얻어맞은 트라키아 귀족층은 라틴인들의 지배에 항거했고, 차르 칼로얀을 자신들의 땅으로 불러들였다. 그들은 이제 자기네 편에서 먼저 칼로얀에게 복무하겠다고 손을 내밀고 그에게 황제의 관을 제안하고 나섰다. 봉기는 급속도로 확산되었다. 제국의 디디모테이코스에서, 다음에는 베네치아령 아드리아노플에서 그리고 여러 다른 트라키아 도시들에서 라틴인 점령군들이 학살되거나 퇴각을 강요당했다. 칼로얀은 트라키아로 돌진하여 아드리아노플에서 멀지 않은 곳에서 라틴인들과 조우했다. 여기서 1205년 4월 14일, 라틴 기사 군대가 칼로얀이 이끄는 불가리아인과 쿠만족 연합군대에게 절멸되는 기념할 만한 전투가 벌어졌다. 황제 보두앵 자신도 포로가 되었다. 그는 여기서 다시는 고향으로 돌아가지 못하는 신세가 되었다. 수많은 탁월한 프랑크인 기사들이 죽음을 맞았는데 그 가운데는 니카이아의 제위요구자 루이 드 블루아도 있었다. 라틴인들은 콘스탄티노플을 점령한 지 정확히 1년 후에 그 세력이 뿌리째 흔들렸다. 테오도로스 라스카리스는 이제 손이 자유로워졌다. 라틴인들은 소아시아에서 물러났고 이 지역에서 여전히 라틴인들에게 점령되어 있는 곳이라고는 페가이 시뿐이었다.

대(大)콤네노스 가문 출신의 경쟁세력 및 소아시아 영역제후들에 대한 투쟁을 거치면서 테오도로스 라스카리스는 서부 소아시아에서 자신의 지배권을 굳혔고, 니카이아를 중심으로 하는 새로운 비잔티움 국가의 조직에 들어섰다. 외적으로 볼 때 그는 모든 세세한 면에 이르기까지 옛 비잔티움의 모범을 고수했다. 옛 비잔티움의 원칙에 따라서 행정질서, 관료기구, 궁정운영 체제가 이루어졌고 황제권과 총대주교권에게서 상징적으로 구현되었던 비잔티움 제국의 국가 및 교회의 전통들이 니카이아에서 다시 살아났다. 테오도로스는 이제까지 달고 있던 데스포테스라는 칭호 대신에 황제의 존칭을 취했다. 박식한 미카일 아우토레이아노스가 총대주교로 임명되었고, 그로부터 테오도로스는 황제의 관과 기름부음을 받았다. 상황이 복잡하게 얽혀 있어 준비협상들은 오랜 시간이 필요했다. 그리하여 총대주교는 사순절 셋째주에야 선출되었고, 황제의 기름부음은 1208년 부활절 전주에야 이루어졌다. 물론 테오도로스는 일찍부터 자신을 황제로 생각하고 있었을 것이며, 그의 충복들도 그를 황제로 여기고 있었을 것이다. 그러나 총대주교를 통한 엄숙한 대관식과 기름부음을 통해서 비로소 그가 황제로서 축성되었고, 그의 직무에 비잔티움 전체를 포괄하는 의미가 부여되었다. 로마인들의 바실레우스이자 아우토크라토르로서 그는 콘스탄티노플의 비잔티움 황제들의 후계자로 등장했다. 이제 그는 비잔티움인들의 유일하게 합법적인 황제로 간주되었으며, 이와 마찬가지로 콘스탄티노플 전(全) 교회 총대주교의 칭호를 달고서 니카이아에 거주하고 있던 총대주교 역시 그리스 교회의 유일하게 합법적인 수장으로 간주되었다. 이제 콘스탄티노플의 라틴인 황제 및 라틴 교회 총대주교와 니카이아의 비잔티움인 황제 및 정교 총대주교가 대립했다. 니카이아는 콘스탄티노플에서 쫓겨난 비잔티움 세계의 국가적, 교회적 중심지가 되었다.

라틴 제국은 이 그리스 중심지가 발생하는 것을 막을 수 없었지만, 이를 없애는 것은 이 제국의 사활이 걸린 문제였다. 보두앵의 자리에 그의 유능한 동생 앙리가 들어섰다. 처음에는 제국의 섭정이었다가 나중에(1206년 8월 20일부터) 황제가 된 앙리는 아주 신중하게 콘스탄티노플의 정부를 이끌었다. 그는 트라키아에 대한 라틴인 지배를 광범하게 회복했다. 그도 그럴 것이 그리스인들과 불가리아인들의 협력관계는 오래가지 않았기 때문이다. 앙리는 보두앵과는 달리 그리스인들에게 유화적인 자세를 취했고, 일부 그리스 귀족들을 자기 편으로 끌어들일 수 있었다.

이미 1206년 말에 앙리는 라틴 군대의 선봉에 서서 다시 소아시아로 들이닥쳤다. 그러나 그는 칼로얀의 새로운 습격으로 싸움을 중단해야 했고, 1207년 초에 테오도로스 라스카리스와 2년간의 휴전협정을 체결했다. 하지만 라틴 제국에서 불가리아의 위험은 오래 지속되지 않았다. 1207년 10월에 칼로얀이 테살로니카의 포위공격에서 목숨을 잃었기 때문이다. 불가리아의 사나운 습격 아래서 트라키아와 마케도니아의 그리스 주민들이 라틴 주민들보다 고통을 덜 겪는 것은 아니었다. 칼로얀은 '불가리아인의 학살자' 바실레이오스 2세의 예에 따라 자신을 '로마인들의 학살자'라고 불렀는데, 비잔티움인들은 이 칼로얀에 대해서 암울한 기억을 가지고 있었다. 그런데도 다름 아닌 칼로얀이 소아시아에서 바야흐로 성립하고 있던 비잔티움 제국을 몰락으로부터 구했다는 것은 여전히 진실로 남아 있다.

니카이아 제국은 라틴인 치하의 콘스탄티노플에 대해서처럼 룸 술탄국에 대해서도 힘든 투쟁을 견뎌내야 했다. 비잔티움의 중심이 소아시아로 이동함으로써 비잔티움과 셀주크인들 사이의 오랜 대립이 심화되었다. 비잔티움의 중심 이동은 셀주크인들이 해안선으로 돌진하는 데에 강력한 장애를 의미했기 때문이다. 베네치아의 중재로 술탄국은 1209년 라틴 제국과 비밀동맹을 맺었다. 그러자 테오도로스 라스카리스는 자기대로 킬리키아의 소아르메니아 왕 레온 2세와 접촉했다. 레오 2세 역시 이코니온의 술탄국 때문에 위협을 느끼고 있었다. 최근에 성립한 그리스 제국에 대항하여 무기를 들 수 있는 빌미를 셀주크인들에게 제공한 것은 옛 황제 알렉시오스 3세였다. 알렉시오스 3세는 유럽 지역에서 상당히 오랫동안 머무른 후, 이코니온의 궁정에 도착했다. 이제 술탄은 테오도로스 라스카리스를 향하여 황제의 자리를 장인에게 넘겨주고 물러나라고 요구함으로써, 자신의 정복계획에다 정통주의적 꺼풀을 덮어 씌울 수 있었다. 마이안드로스 강변의 안티오케이아에서 격렬한 전투가 불붙었다. 800명의 라틴인 용병들을 핵심으로 하는 니카이아 황제의 극히 약소한 군대는 막대한 손실을 입었다. 그런데도 그는 여기서 승리를 거두었다(1211년 초). 술탄은 전쟁에서 쓰러졌고, 옛 황제 알렉시오스 3세는 포로가 되어 니카이아의 수도원에서 생을 마감했다. 이 승리는 아마 니카이아 제국에게 영토상의 소득을 가져다주지는 않았겠지만, 그 심리적 효과는 그야말로 엄청난 것이었다. 신생 제국은 이교도들에 대한 전통적인 투쟁을 개시했고, 그 시험을 이겨냈던 것이니 말이다.

그후 라틴인들에 대한 투쟁이 재개되었다. 몇년 전부터 함대를 이용할 수 있게 된 테오도로스 라스카리스는 당시 이미 콘스탄티노플을 공격할 생각을 품고 있었던 것 같다. 그러나 현실적으로는 소아시아 서부지대에서 소규모 전투들을 벌일 수 있었을 뿐이다. 이때 행운의 여신은 라틴 황제 편으로 기울어졌다. 앙리는 린다코스 전투에서 승리하며(1211년 10월 15일), 페르가몬과 님파이온까지 돌진했다. 그렇지만 여기서도 양쪽 다 약소한 병력이 벌이는 소규모 전투였기 때문에 결판이 날 수 없었다. 양쪽 다 기진맥진했고, 그리하여 1214년 말 님파이온에서 평화조약이 체결되었다. 이것으로 비잔티움 제국과 라틴 제국 사이에 경계가 확정되었다. 라틴인들은 소아시아의 북서쪽 구석에서 남쪽의 아드라미티온에 이르는 지역을 유지했고, 셀주크 국경까지 이르는 그밖의 지역은 니카이아 제국에 남겨졌다. 그리하여 두 제국은 당분간 서로의 생존권을 인정했다. 그들 중 누구도 상대를 없애기에 충분히 강하지 못했다. 균형의 상황이 들어섰고 양자간의 관계는 어느 정도 안정되었다.

니카이아 제국에는 이러한 안정에 이어서 곧 계속적인 상승의 시기가 뒤따랐다. 반면, 라틴인 지배하의 콘스탄티노플에서는 앙리가 죽은 후(1216년) 몰락의 시대가 시작되었다. 그래도 처음에는 니카이아인과 라틴인 사이의 평화가 계속되었다. 테오도로스 라스카리스는 세번째 결혼에서 욜랑드의 딸 마리를 아내로 맞아들였는데 그녀는 초대 및 제2대 라틴인 황제들의 조카딸이었다. 테오도로스는 콘스탄티노플의 베네치아 수석행정관(podesta)과 1219년 8월, 옛 비잔티움에서와 마찬가지로 니카이아 제국에서 베네치아인들에게 완전한 상업의 자유와 면세를 보장하는 계약을 체결했다. 그는 주저하지 않고 베네치아의 도제를 데스포테스이자 로마 제국의 4분의 1과 4분의 1의 절반의 지배자, 곧 도미나토르(dominator)로 칭했고, 자기 스스로는 이 공적인 문서에서 "주 그리스도에 충성스러운 황제이자 로마의 지배자이며 언제나 존엄한 테오도루스 콤나누스 라스카루스"라고 불렀다.

남슬라브인들도 니카이아 제국을 옛 비잔티움의 상속자이자 그리스 정교의 중심지라고 간주했다. 네마냐의 아들 사바는 그때까지 세르비아 교회의 상급기관이었던 오흐리드 대주교좌를 무시하고 니카이아 쪽으로 선회했고, 1219년 니카이아 총대주교는 그를 세르비아 독립수장교회의 대주교로 축성했다. 그보다 2년 전에 그의 형, 그러니까 최초로 세르비아 국왕의 관을 쓴 스테판은 로마로부터 왕관을 받았었다. 교회의 독립을 얻은 것은 신생 세르비아 왕국에 큰 이익을 뜻했다. 니카이아 제국이 얻은 이익도 작지 않았다. 세르비아의 초대 대주교를 임명한 니카이아 총대주교의 종주권이 인정받고 독립수장교회인 세르비아 교회의 기도에서 그의 이름이 제일 먼저 언급되게 된 것은 니카이아 제국의 명망이 증대하고 있음을 알려주는 징후였다.

니카이아와 라틴 세력의 화합으로 초래된 중요한 결과는 폰토스 해안에서 대콤네노스 가문의 세력이 붕괴한 것이었다. 다비드 콤네노스는 콘스탄티노플 황제의 가신이었을 때는 라틴인들의 지원을 받으며 테오도로스 라스카리스에 맞서 투쟁했으나, 혼자 힘으로 해내야 했을 때는 니카이아의 지배자에게 대적할 수 없었다. 테오도로스는 1214년, 헤라클레이아와 아마스트리스를 포함하여 시노페 서쪽에 위치한 다비드의 지배영역 전체를 합병함으로써 흑해 남부 해안에 강력한 입지를 구축했다. 그런데 이제 셀주크인들이 공격해왔다. 그들은 시노페를 점령하고, 트레비존드의 황제 알렉시오스 콤네노스를 격파했다. 황제는 포로로 잡혔다가 이코니온 술탄의 가신으로서 다시 트레비존드의 제위에 앉게 되었다. 트레비존드 제국은 겨우 작은 지대로 축소되었으며, 이제 셀주크인들이 시노페를 차지하는 바람에 소아시아 서부로부터 단절되어버렸다. 트레비존드 제국의 정치적, 경제적, 사회적 생성과정은 그 자체로 높은 역사적 관심을 끈다. 그러나 멀리 떨어진 이 꼬마 제국은 비잔티움의 전반적인 발전에는 더 이상 본질적인 영향을 주지 못했다. 250년 동안 이 작은 제국은 콘스탄티노플을 둘러싼 투쟁과도 비잔티움 제국의 재건과도 무관한 채, 고립되어 독자적인 생을 살았고, 비잔티움의 몰락 이후에도 여러 해를 더 살아남았다.

사정이 그러했던 만큼 더욱 큰 중요성을 얻게 되었던 것은 에피로스 제국이었다. 정력적일 뿐만 아니라 유능한 무인이기도 한 미카일 앙겔로스는 디라키온에서 코린트 만에 이르는 지역을 굴복시키고, 이곳에서 아르타를 중심으로 엄격한 군사정부를 세웠다. 에피로스 국가는 독립적인 비잔티움인 제국으로서 에피로스, 아카르나니아, 아이톨리아를 포괄했고, 동쪽으로는 테살로니카의 라틴 왕국, 아드리아 해안의 베네치아인들, 북쪽과 북동쪽의 슬라브인들과 대치했다. 발칸 반도의 에피로스는 소아시아의 니카이아 제국과 마찬가지로 비잔티움 세계의 문화적 자기보존의 중심지이자 정치적 집결의 배아가 되었다. 국가 형성과 내부 공고화에 이어서 여기저기서 승리를 거두는 팽창의 시대가 펼쳐졌다. 그러나 이 두 그리스 중심지의 최종 목표는 언제나 콘스탄티노플의 탈환과 비잔티움 제국의 재건이었다.

에피로스 국가의 창건자 미카일 앙겔로스에 이어서 1215년, 그의 이복동생 테오도로스가 왕위에 올랐다. 그는 콘스탄티노플이 함락된 후 상당히 오랫동안 니카이아 지역에 머물다가, 그의 형이 찾자 비로소 아르타의 에피로스 궁정으로 왔다. 적어도 니카이아의 역사서에서 주장하기로는, 그는 니카이아 황제에게 충성을 맹세했고 이로써 그의 지상권을 인정했다. 그렇지만 두 비잔티움 중심지들 사이에는 경쟁이 불가피했다. 양쪽 다 똑같은 이상에 고취되어 동일한 목표를 향해서 노력하고 있었기 때문이다. 대립이 그야말로 첨예해진 것은 바로 강력하고 야심찬 테오도로스 시대에 와서였다. 그는 긍지와 자신감에서 세 황제의 이름, 즉 앙겔로스 두카스 콤네노스를 사용했다. 그는 용기와 추진력에서 자신의 선임자를 능가했다. 그의 치하에서 서부 그리스 제국은 질풍 같은 약진을 체험했다.

테오도로스의 명성이 에피로스 제국의 경계를 넘어서까지 울려퍼지게끔 한 최초의 업적은 새로 선출된 라틴 황제 피에르 드 쿠르트네에 대한 대담한 공격이었다. 쿠르트네는 보두앵과 앙리의 누이 욜랑드의 남편이었다. 앙리가 죽은 후 콘스탄티노플의 제위에 옹립된 피에르는 종자들을 이끌고 서둘러 프랑스에서 로마를 거쳐 디라키온 근처에 도착했다. 그는 여기서 콘스탄티노플로 향하려고 했다. 그전에 로마에서는 교황이 그에게 ── 물론 독일 황제가 대관식을 올렸던 성 베드로 대성당에서가 아니라 그보다 조촐한 산 로렌초 교회에서이기는 했지만 ── 황제의 관을 씌워주었다. 그러나 피에르는 알바니아 산악협로에서 테오도로스의 손에 떨어졌고, 에피로스의 감옥에서 생을 마감했다. 콘스탄티노플의 섭정은 그의 아내 욜랑드가 맡았다. 그녀가 1219년에 죽자, 콘스탄티노플 황제의 관은 그녀의 허약한 아들 로베르에게 주어졌다.

그 사이에 테오도로스 앙겔로스 두카스 콤네노스는 라틴인들에 대해서 상당한 규모의 전투를 개시했다. 우선 그는 인접해 있는 테살로니카 왕국으로 향했다. 상황은 그에게 아주 유리했다. 창건자 보니파스 드 몽페라가 이미 1207년 불가리아인들과의 싸움으로 쓰러진 후 그의 여러 기사들이 서방으로 물러남으로써 테살로니카 왕국은 마비상태가 되었고, 이제는 앙리 생전에 라틴인 지배하의 콘스탄티노플에서 주어지던 확고한 지원도 없었다. 왕국은 용감한 에피로스 통치자의 전리품이 되었다. 그는 1224년, 꽤 오랫동안의 포위공격 끝에 테살로니카로 진입했다. 이렇게 하여 비잔티움 지반 위에 건설되었던 십자군 원정대의 국가 가운데 하나가 멸망했다. 테오도로스 앙겔로스의 세력은 아드리아에서 에게 해까지 뻗어나갔고, 에피로스 제국의 본거지는 물론이고, 테살리아와 마케도니아의 상당 부분까지 포괄하게 되었다.

이렇게 위력을 떨치게 된 테오도로스는 황제의 자줏빛 도포를 입었다. 이제 그 역시 자신을 로마인들의 바실레우스이자 아우토크라토르라고 불렀다. 이는 그가 비잔티움 황제의 상속자이자 콘스탄티노플을 탈환하기 위한 투쟁에서 지도자의 역할을 주장하겠다는 뜻이었다. 이로써 그는 니카이아 제국과 노골적으로 대립했다. 그에게 황제의 관을 씌우고 기름부음을 해준 사람은 박식한 오흐리드 대주교 데메트리오스 코마티아노스였다. 코마티아노스는 니카이아 총대주교가 사바에게 세르비아 대주교의 축성식을 주재한 것을 용서하지 않았고, 똑같은 형태로 앙갚음을 하고자 했다.

그리하여 옛 비잔티움 지반 위에 하나의 라틴 제국과 두 그리스 제국, 이렇게 세 제국이 등장했다. 그 뒤쪽에는 네번째 제국으로 불가리아 차르 제국이 있었다. 향후 비잔티움 판도에서의 발전은 무엇보다도 이 네 세력의 활동으로 결정되었다.

2) 에피로스의 흥망 : 니카이아의 승리

테살로니카 왕국의 몰락으로 라틴 황제권은 가장 중요한 봉신국가를 빼앗겼다. 콘스탄티노플의 제국 역시 콘스탄티노플 인접 지역에 한정된 영토를 가진 것에 불과한 상황에서 그리스 쪽은 프랑크인들이 세운 제후령들로 잘려나가고, 내부적으로는 소진한데다 지도자도 없는 터라, 금방이라도 붕괴될 것처럼 보였다. 비잔티움인들의 세력은 소아시아와 발칸에서 빠른 속도로 상승했다. 불가리아 제국 역시 큰 약진을 체험했다. 그러나 말라비틀어진 라틴 지배권은 이 상대국들의 불화, 즉 두 그리스 제국들의 경쟁과 그 사이에 개입하는 불가리아의 역할 덕분에 존재가 연장되었다.

니카이아 제국의 건설자 테오도로스 1세 라스카리스는 제위를 사위 요안네스 두카스 바타체스에게 물려주었다. 이 인물은 영리하고 교양 있는 이레네의 남편이었다. 요안네스 3세 바타체스(재위 1222-54년)는 의심할 여지 없이 니카이아 시대의 가장 위대한 정치가이자 비잔티움 역사에서 가장 중요한 통치자 가운데 한 명이었다. 그는 대내외 정치에서 선임자들의 과업을 대규모로 확장했다. 거의 속주의 수준으로 영락했던 작은 제국은 그에 의해서 탁월한 강국이 되었다. 물론 라틴 제국의 쇠약과 그리스 및 불가리아 경쟁자들의 실수가 그의 과업을 쉽게 해주었다.

이미 그가 통치를 시작한 초기에 소아시아의 세력관계는 그야말로 결정적으로 니키이아에 유리하게 바뀌어 있었다. 테오도로스 1세의 형제들은 라틴 제국의 지원을 받으며 그에게서 황제의 관을 뺏으려고 했지만, 이 반란은 황제와 그의 제국의 이익이 되는 쪽으로 끝났다. 20년 전에 테오도로스 라스카리스가 라틴인들에게 패했던 곳인 포이마네논에서 요안네스 바타체스는 제위계승 요구자들이 동원한 라틴 군대에 승리를 거두었고, 그런 다음에는 소아시아의 라틴인들 영토 거의 전체가 그의 손에 떨어졌다. 1225년의 평화조약에서 라틴인들은 아시아 쪽에서는 니코메데이아의 인근 지역을 포함하여 콘스탄티노플 맞은편의 해안들밖에 유지하지 못했다. 동시에 니카이아 함대는 레스보스, 키오스, 사모스, 이카리아 섬들을 점령했다. 나중에 로도스 섬 역시 니카이아 황제의 종주권을 인정해야 했다. 이렇게 니카이아 제국은 육지에서나 바다에서나 위치를 굳혔고, 곧 유럽 지역에도 세력을 뻗치기 시작했다. 아드리아노플 주민들이 보내준 환호에 힘을 얻게 된 바타체스는 트라키아로 군대를 파견하기에 이르렀다. 니카이아 군대는 해안의 여러 도시들을 점령하고 저항 없이 아드리아노플로 진입했다. 라틴 제국측의 이렇다 할 저항 같은 것은 거의 일어날 법하지 않은 일이었으므로 곧 콘스탄티노플에 비잔티움의 지배권을 복구할 수 있을 것 같았다. 그런데 그때 서부 그리스의 경쟁자가 니카이아 황제의 발목을 잡았다.

테오도로스 앙겔로스는 승리에 승리를 거듭했다. 그 사이에 옛 테살로니카 왕국의 영역을 넘어서 트라키아의 일부까지 그에게 귀속되었다. 이제 그는 아드리아노플을 향해 진격하며 니카이아 황제의 군대를 퇴각하게 만들었다. 그는 승리를 확신하며 콘스탄티노플을 향해 걸음을 서둘렀다. 그는 니카이아 황제보다 한 발 앞서 저 원대한 목적지에 접근하고 있었다. 그러나 불가리아의 차르 이반 아센 2세 역시 똑같은 목적을 추구하고 있었다. 아센 1세의 아들인 이반 아센 2세(재위 1218-41년)의 시대는 불가리아 차르 제국에서 두번째 전성기에 해당했다. 이반 아센 2세 역시 시메온이 한때 그러했던 것과 마찬가지로, 다른 그 무엇도 아니고 바로 콘스탄티노플을 중심으로 하는 불가리아-비잔티움 제국의 건설을 꾀했다. 한동안 그 역시 목적의 실현을 바로 눈앞에 두고 있었다. 1228년 라틴 황제 로베르 드 쿠르트네가 죽었다. 황제의 관은 아직 성년이 안 된 그의 동생 보두앵 2세에게 떨어졌다. 지도자를 상실하고 외부의 압력이 증대하는 이러한 상황에서 콘스탄티노플 사람들은 불가리아 군주에게 섭정을 맡기기로 결정했다. 오로지 그 한 사람만이 황제의 도시를 비잔티움인들의 습격으로부터 구할 수 있을 것처럼 보였기 때문이다. 아센 2세와 쿠르트네 가문의 결속은 양쪽이 다 헝가리 왕가와 인척관계에 있었던 데서 나온 것으로, 이는 젊은 라틴 황제가 불가리아 차르의 딸 헬레네와 약혼함으로써 더욱 공고해질 터였다. 이 결혼계획은 아센의 계획들에 더욱 확고한 기초를 다져주는 듯이 보였다. 과거에 시메온이 그러했던 것처럼 이제 이반 아센은 미성년 황제의 미래의 장인으로서 콘스탄티노플의 지배권을 더욱 확실하게 손에 넣은 것처럼 보였다.

그러나 이반 아센의 계획은 그와 마찬가지로 콘스탄티노플이 자기 손안에 확실히 들어 있다고 믿고 있던 테오도로스 앙겔로스의 계획과 충돌했다. 테오도로스는 요안네스 바타체스에 대항하여 아센과 맺었던 동맹을 파기하고 불가리아 통치자에 대해서 즉각 전쟁을 개시했다. 그렇지만 그의 만용은 자신에게 화가 되었다. 테오도로스의 군대는 마리차 강변의 클로코트니카에서 1230년에 불가리아인들에게 절멸의 패배를 당했다. 그 자신은 포로가 되었고, 나중에 장님이 되었다. 눈부신 속도로 상승했던 그의 세력은 하룻밤 새에 붕괴되었다.

물론 처음에는 그의 뒤를 이어서 테살로니카의 황위를 계승한 동생 마누엘이 테살로니카 자체는 물론이고, 테살리아와 에피로스에서도 지배권을 유지했다. 그러나 그것은 테오도로스의 옛 세력의 그림자에 불과했다. 콘스탄티노플의 제위계승을 요구하던 이 서부 그리스 제국은 경쟁에서 떨어져나가버렸다. 트라키아와 마케도니아에서 얼마 전에 테오도로스에 의해서 정복되었던 지역과 알바니아 일부가 저항 없이 아센 2세에게 떨어졌다. 그때까지 테살로니카 황제의 지배적 영향 아래 놓여 있던 세르비아 역시 불가리아 통치자의 영향 아래로 들어갔다. 테오도로스의 사위 라도슬라프는 실각하고, 지배권은 아센

2세의 딸과 결혼한 그의 동생 블라디슬라프에게 넘겨졌다. 아센 2세는 한 비문에서 자기가 아드리아노플에서 디라키온에 이르는 모든 땅을 정복했다고 자랑하고 있는데, 이 자랑에는 이유가 없지 않다. 그의 주장으로는 오로지 콘스탄티노플과 그 인근 도시들만이 프랑크인들의 수중에 남아 있었다는 것이다. 여기에 덧붙여 이 불가리아 차르는 미성년이었던 라틴 황제의 존재와 자신이 추진했던 섭정계획에 대해서 암시하면서 이렇게 말을 잇는다. "그러나 이들 역시 내 권세에 따랐다. 왜냐하면 그들에게는 나 이외에는 황제가 없었기 때문이다. 그들은 내 의지에 따라서 목숨을 부지했다. 신이 그렇게 명했기 때문이다."

클로코트니카 전투는 서부 그리스 제국의 비상(飛上)에 종지부를 찍게 하고 불가리아 차르 제국의 별을 빛나게 했다. 아센 2세는 제한을 받지 않고 발칸반도에서 주도권을 고수하는 듯이 보였다. 그러나 자세히 들여다보면, 클로코트니카 전투에서 주된 이익을 얻은 사람은 불가리아 차르가 아니라, 영리하게 뒤로 물러서서 때를 기다리던 니카이아 황제였다. 테오도로스에 대한 아센의 승리는 니카이아를 서부 그리스의 라이벌로부터 벗어나게 했다. 그러나 불가리아 차르가 거둔 위대한 승리는 그 자신을 최종 목적지에 더욱 가까이 가게 하지는 않았다. 오히려 라틴인들 지배하의 콘스탄티노플로서는 더 이상 테오도로스 앙겔로스를 두려워할 필요가 없게 되고부터 아센의 섭정계획이 모든 매력을 상실했다. 그 반면에 오히려 불가리아의 세력이 새로 증대하면서부터 이 섭정계획에 내재되어 있던 우려스러운 측면들이 더욱 분명하게 드러났고, 그리하여 예루살렘의 명목상의 국왕인 노구의 장 드 브리엔이 황제로 선출되었다. 그 결과는 아센 2세의 입장을 완전히 뒤바뀌게 했다. 아센 2세에게는 이제부터 라틴인들 지배하의 콘스탄티노플과 전쟁대결을 할 생각이 끈질기게 달라붙었다. 그는 요안네스 바타체스와 결속했고, 두 사람은 라틴 제국에 대항하는 그리스-불가리아 동맹을 체결하기로 합의했다. 또한 테살로니카의 마누엘도 이 동맹에 가담했다. 물론 그는 부차적인 역할밖에 할 수 없었다.

아센 2세의 정치적 입장이 뒤바뀜으로써 교회 역시 새로운 방향 설정을 하지 않을 수 없었다. 물론 칼로얀이 로마 교회와 체결한 종교적 통합은 불가리아에 뿌리를 내릴 수 없었다. 게다가 이제는 로마 교회에 명목상으로 종속하는 것조차도 정교 통치자들의 반(反)라틴 연맹을 주창하고 있던 아센 2세로서는 더 이상 참을 수 없는 일이었다. 이제 트르노보에 독자적인 정교회 총대주교좌를 수립하고 덧붙여 니카이아와 오리엔트 총대주교들의 동의를 얻을 필요가 있었다. 상당히 오랜 협상 끝에 니카이아의 교회 및 국가 지도부는 불가리아 총대주교좌의 창설을 인준하기로 결정했다. 불가리아 차르 제국은 교회의 독립성을 요구했다. 그러나 독립수장교회인 세르비아 대주교좌처럼, 처음에는 불가리아 총대주교좌도 니카이아 총대주교의 종주권을 인정한 셈이었다. 왜냐하면 불가리아 총대주교좌는 교회 기도문에서 비잔티움 총대주교의 이름을 언급하고 그에게 연공을 납부해야 한다는 규정 아래 놓여 있었기 때문이다. 1235년 초봄, 바로 얼마 전에 바타체스에 의해서 정복된 칼리폴리스에서 동맹조약이 서명되었고, 그후 람프사코스에서 니카이아 황제의 아들인 테오도로스(2세) 라스카리스와 한때 보두앵 2세에게 시집보내기로 되어 있던 불가리아 차르의 딸과의 결혼식이 거행되었다. 여기서 오리엔트 총대주교들의 동의까지 함께 얻어서 불가리아 교회 지도자의 새로운 품계가 선포되었다.

동맹자들은 즉시 육지와 바다에서 콘스탄티노플에 대한 포위공격을 시작했다. 겨울이 다가오는 바람에 중단되었던 적대적 행위들이 1236년 재개되었다. 포위된 황도는 베네치아 함대의 지원을 받으며 버텼다. 그렇지만 라틴인들의 상황은 너무나 급박하여, 젊은 보두앵 2세가 콘스탄티노플을 떠나 황급히 서방으로 도움을 청하러 가야 할 정도가 되었다. 라틴인 지배하의 콘스탄티노플이 구원된 것은 공격자들의 불화 때문이었다. 불가리아 차르는 라틴인들의 지배가 몰락하면 무엇보다도 니카이아 제국이 이익을 얻게 되며, 그것은 자기에게는 소진한 라틴 제국보다 훨씬 더 위험한 이웃이 되리라는, 늦었지만 의심할 여지 없이 올바른 인식에 따라서 또다시 정책을 바꾸었다. 그는 바타체스와 관계를 끊고 라틴인들과 협력했다. 라틴인들과는 물론, 심지어 발칸으로 돌진해오는 쿠만인들과도 동맹을 맺고 과거의 동맹 동지에 대해서 전쟁을 개시했다. 이미 트라키아 내의 니카이아 세력의 주요 거점인 추룰론이 불가리아인, 라틴인, 쿠만인들에게 포위되었다. 그런데 이때 아센 2세의 변화무쌍한 정책은 또다시 그리고 마지막으로 한번 더 바뀌었다. 이번에는 심각한 정신적 동요 때문이었다. 트르노보에서 전염병이 창궐하여 아내와 아들들, 불가리아 총대주교가 갑작스럽게 죽었는데 이것이 차르에게는 자기가 요안네스 바타체스를 배신하는 바람에 신이 분노하여 그 징표를 보여준 것이라고 생각되었다. 그는 추룰론에서 퇴각하여 니카이아 황제와 평화조약을 체결했다(1237년 말). 라틴인-쿠만인 군대가 그래도 일시적으로 추룰론을 정복하기는 했지만 그렇다고 해서 니카이아 제국에 유리한 쪽으로 나아가는 방향이 바뀔 수는 없었다. 1241년 이반 아센 2세가 죽었다. 그리고 얼마 후에 몽골인들의 침입과 함께 불가리아 세력의 몰락이 시작되었다.

요안네스 바타체스에게는 이제 심각한 경쟁자가 없었다. 대담한 테살로니카 황제의 저돌적이며 터무니없는 정복욕도 사라졌다. 강력하지만 불안정한 불가리아 차르의 권력 추구도 빛을 잃었다. 게다가 라틴 황제는 이미 오래 전부터 인접 세력들의 정책에서 객체의 신세로 전락했고, 단지 적들의 반목 덕택으로 목숨을 부지하고 있었다. 이제 니카이아 황제는 현명한 끈기와 정치가로서의 탁월함 덕분에 맺어진 열매들을 거두기만 하면 될 터였다. 이미 1242년, 그는 테살로니카에 대한 원정을 감행했다. 당시 테살로니카는 아센 2세로부터 벗어난 테오도로스 앙겔로스의 지원을 받으면서 앙겔로스의 아들 요안네스가 지배하고 있었다. 니카이아 황제는 빠른 속도로 연전연승을 거두며 서부 그리스 제국의 수도로 접근했으나 이때 소아시아에 몽골인들이 침입하는 바람에 하는 수 없이 퇴각하면서 테살로니카측과 평화조약을 맺지 않을 수 없었다. 이 원정은 비록 일찌감치 중단되었지만, 결코 하찮은 사건이 아니었다. 서부 그리스 제국은 향후 어떤 형태의 것이건 탁월한 니카이아 제국과의 일체의 경쟁관계를 포기했다. 테살로니카의 권력소유자는 황제의 휘장들을 벗고, 니카이아 황제의 종주권을 인정했다. 이에 대하여 니카이아 황제는 그에게 데스포테스의 칭호를 내려주었다.

몽골인들의 돌격은 전 동유럽과 서아시아를 어마어마한 소용돌이 속으로 몰아넣었다. 러시아 국가는 정복자들에게 굴복하여 2세기 이상 타타르인들의 멍에 아래 놓이게 되었다. 타타르인들은 볼가 강 하류와 돈 강 하류에 이른바 금장한국(金帳汗國), 즉 킵차크 한국을 건설했다. 폴란드, 슐레지엔, 보헤미아, 모라비아, 헝가리 그리고 도나우 강 유역 전체가 유린되었고, 몽골인들은 아드리아 해안까지 돌격했다. 그들은 발칸 반도로 퇴각하면서 남슬라브 땅들을 황폐화시켰고 불가리아에 조공 지불을 강요하는 동시에 똑같이 무지막지하고 사납게 서아시아를 침략했다. 니카이아 제국의 동쪽 이웃인 룸 술탄국과 소제국 트레비존드는 생존을 위협받았고, 니카이아 역시 안전이 위태로웠다. 공동의 위험을 방어하기 위해서 요안네스 바타체스는 이코니온의 술탄과 동맹을 맺었다(1243년). 그러나 그 세력이 태평양에서 중유럽까지 미치는 적에 맞서서 소아시아의 소국들이 제대로 저항할 수는 없었다. 몽골인들에게 절멸의 패배를 겪은 트레비존드의 황제는 조공 지불의 의무를 지는 가신이 되었다. 이코니온의 술탄 역시 조공 지불을 약속했다. 이런 대가를 치르고서야 그들은 목숨을 연장할 수 있었다. 규모가 더욱 큰 모험들이 몽골인들의 관심을 소아시아로부터 돌리게 했기 때문이다. 그러나 니카이아 제국은 무사하게 살아남았고, 심지어는 동쪽 이웃들이 약화됨으로써 상당한 이익을 얻기까지 했다.

요안네스 바타체스는 다시 발칸 국가들에 관심을 돌릴 수 있었다. 그리고 1246년, 별로 힘들이지 않고 불가리아뿐만 아니라 서부 그리스 제국에 대해서도 결정적인 승리를 얻었다. 바로 얼마 전까지만 해도 발칸에서 가장 강력한 세력이었지만, 이제는 타타르인들에게 조공을 납부하는 신세로 전락했으며 아센 2세의 미성년 아들을 간판으로 내세우고 있던 불가리아 제국은 절망적인 상황에 처했다. 열두 살 난 콜로만(재위 1241-46년)의 갑작스러운 죽음으로 그보다도 더욱 어린 이복동생 미하일(재위 1246-56년)이 제위를 이었고, 그로 인해서 혼란은 한층 더 가중되었다, 바타체스는 저항 없이 한때 이반 아센 2세가 서부 그리스 제국에게서 빼앗았던 지역들을 정복하고, 트라키아에서 마리차 강의 상류까지, 마케도니아에서 바르다르 강까지 지배를 확장시켰다. 그런 다음 그는 똑같이 결정적인 성공을 거두며 테살로니카로 향했다. 이곳에서는 실명당한 테오도로스의 허약한 아들이 외견상의 지배권을 쥐고 흔들리는 제위에 앉아 있었다. 그가 오기를 고대하고 있던 강력한 반대파의 지원을 받아 바타체스는 1246년 12월, 싸움 없이 테살로니카로 진입했다. 테오도로스는 보데나 근처의 소유지로 만족했고, 그의 아들 데메트리오스(재위 1244-46년), 즉 테살로니카의 마지막 통치자는 포로가 되어 소아시아로 보내졌다. 향후 테살로니카에는 니카이아 제국의 유럽 영토 총독으로서 안드로니코스 팔라이올로고스가 거주했다. 나중에 황제 미카일 8세 팔라이올로고스가 된 그의 아들은 세레스와 멜니크에서 군사령관직을 맡았다.

한때 서부 그리스 세력의 핵심지역이었던 에피로스는 클로코트니카 전투에서 패배한 후 곧 테살로니카로부터 떨어져나갔고, 테살리아와 함께 데스포테스 미카일 2세 밑에서 독립을 지켰다. 그는 미카일 1세 앙겔로스의 사생아였다. 바타체스는 일이 더 이상 복잡하게 얽히는 것을 피하기 위하여 그와 우호조약을 체결하고, 자신의 손녀 마리아를 에피로스의 통치자 자리 계승자인 니케포로스와 약혼시켰다(1249년). 그러나 미카일은 그 무엇으로도 묶어놓을 수 없이 좌충우돌하는 기질의 소유자인 테오도로스의 영향을 받아, 동맹을 깨고 마케도니아에서 니카이아 황제의 여러 도시들을 점령했다. 그러나 그가 불러일으킨 전쟁대결은 그에게 불리하게 진행되었다. 그는 라리사에서 황제의 사신들이 부르는 대로 평화조약안을 받아써야 했고, 얼마 전 점령한 도시들뿐만 아니라 불가리아에게서 얻은 마케도니아 서부지역을 알바니아의 크로야까지 포함하여 니카이아 황제에게 넘겨주고, 아들 니케포로스를 황제에게 보내야 했다(1252년). 미카일 2세 부자는 니카이아 황제의 종주권을 인정한 대가로 데스포테스의 칭호를 얻었지만, 황제의 손에 인도된 테오도로스 앙겔로스는 니카이아의 감옥에서 그의 격동적인 생을 마감했다.

요안네스 바타체스는 서방의 두 결정적인 세력들, 즉 교황 및 독일 황제와 적극적인 관계를 맺었다. 호엔슈타우펜 가문의 프리드리히 2세에 대한 그의 관계는 특히 우호적이었다. 프리드리히 2세는 교황권에 대항하고 있고, 바타체스는 라틴 제국에 대항하여 싸우고 있다는 점이 두 통치자를 서로 접근시켜 동맹자가 되게 했다. 이 동맹은 요안네스 바타체스가 첫번째 아내 이레네 라스카리스가 죽은 후 프리드리히의 어린 딸 콘스탄체와 결혼함으로써 확고해졌다. 프리드리히는 요안네스 바타체스에게 보낸 편지들에서 “이 이른바 고귀하신 사제(즉 교황)가 파렴치한 방식으로 감히 그리스인들을 이단이라고 비난하려고 들지만, 그러나 그리스인들로부터 기독교 신앙이 출발했고, 세계의 가장 먼 경계까지 도달했다”면서 그리스인들에 대한 솔직한 공감과 경탄을 표현하고 있다. 이 동맹은 구체적인 결과는 없었지만, 니카이아 제국의 위신을 높인 것은 의심할 여지가 없었다.

과거의 거의 모든 비잔티움 황제들과 마찬가지로 요안네스 바타체스는 로마 교회와 교회통합 협상을 벌였다. 교회통합에 대한 전제로서 그는 교황권에게 라틴 제국을 포기할 것을 요구했다. 처음에만 하더라도 이 협상들은 이전의 모든 교회통합 협의와 마찬가지로 성과가 없었다. 프리드리히 2세 쪽에 그리스 황제가 접근하고 있다는 사실 역시 어려움을 가중시켰다. 그러나 인노켄티우스 4세 교황하에서 벌어진 협상들은 특히 프리드리히 2세가 죽은 후 전도유망한 쪽으로 방향이 바뀌었다. 날카로운 안목을 지닌 정치가인 인노켄티우스 4세는 로마 교회의 과업을 위해서는 떠오르고 있는 니카이아의 비잔티움 제국을 얻는 편이 지고 있는 라틴 제국을 유지하는 것보다 더 유익하리라는 것을 인식하지 않을 수 없었다. 그리스 황제가 콘스탄티노플을 다시 얻는 대가로 그리스 교회의 독립성을 희생시킬 준비가 되어 있었듯이, 교황은 그리스와의 교회통합을 이루는 대가로 라틴 제국이 죽어가도록 내버려둘 준비가 되어 있었다. 이제 양쪽은 전에 없이 서로 접근하는 듯이 보였다. 그러나 이번에도 마지막 걸음이 내디뎌지지 않았다. 사실 광범위한 양보를 해가면서까지 로마의 지지를 좇을 필요는 없었다. 라틴인 지배하의 콘스탄티노플은 그렇지 않아도 남은 날을 세고 있었다. 바타체스의 대승리 덕분에 보스포루스 해협 기슭에 비잔티움 제국을 재건하는 것은 단지 시간문제였다.

바타체스는 니카이아 제국의 영토를 두 배로 늘렸다. 소아시아에 있는 그의 영토는 틀림없이 확보되어 있는 것이었고, 발칸 반도의 상당 부분도 그의 왕홀 아래 있었다. 니카이아 제국의 옛 경쟁자들은 제거되거나 힘을 잃었다. 그 반면 라틴 제국은 콘스탄티노플 인근 지역을 포괄하는 데에 불과했으며, 니카이아 황제의 소유지들로 에워싸여 있었다. 라틴인 지배하의 콘스탄티노플의 곤궁은 보두앵 2세가 베네치아 상인들로부터 차입금을 얻기 위해서 외아들 필리프를 그들에게 볼모로 잡힐 정도로 끔찍했다. 이제 마지막으로 단 한 번만 힘을 더 써서 황도를 점령하고 제국 복구의 과업을 종결짓기만 하면 되었다. 그러나 이 마지막 승리는 다른 이를 위해서 남겨졌다. 하지만 이를 위한 모든 전제조건들을 마련한 사람은 요안네스 바타체스였고, 비잔티움 제국 재건의 공적은 무엇보다도 그에게 돌려져야 마땅했다.

요안네스 바타체스의 대내정치적 활동 역시 대외정치적 업적에 못지 않게 중요했다. 그는 사법의 개선을 꾀하고 전래하는 행정상의 폐해와 투쟁했다.

아내 이레네 라스카리스의 뒷받침을 받아 극빈층의 곤궁을 완화시키려고 노력했으며, 수많은 병원과 복지시설들을 건립하게 했다. 장중한 교회를 지을 때는 비잔티움의 경건함을 고려했고, 국경지역에 요새를 건설할 때는 군사적 필요를 고려했다. 비잔티움 국가의 가장 훌륭한 전통에 따라서 요안네스 바타체스는 군인토지를 조성했고, 몽골인들에게 쫓겨난 쿠만인들을 불러들여 정착케 함으로써 병력을 강화했다. 그는 쿠만인들을 국경지역 ―― 한편으로는 트라키아와 마케도니아, 다른 한편으로는 마이안드로스 계곡과 프리지아 ――에 둔 전병으로 정주하게 했다. 그리하여 특히 동쪽에 국경수비체제가 재건되었다. 다음 세대의 한 비잔티움 역사서술가는 이를 니카이아 국가의 가장 중요한 성과 가운데 하나로 보았는데, 이는 당연한 일이다. 이와 나란히 니카이아 제국에서는 프로노이아 봉토 역시 그 수가 증가했다. 다시 말해서 요안네스 바타체스는 무엇보다도 비교적 소규모의 프로노이아 토지들을 군사적 소귀족들에게 수여하도록 장려했던 것으로 보인다.

요안네스 바타체스의 경제적 조치는 특별한 주목을 받을 만하다. 그것은 비잔티움 제국으로서는 오랫동안 누리지 못했던 물질적 번영을 가져다주었다. 황제는 무엇보다도 농업과 축산업을 장려하는 동시에 스스로 앞장서서 모범을 보였다. 황제의 토지는 농경과 포도 재배와 목축에서 세심하고 합리적인 경영이 어떤 소득을 얻을 수 있는지 신민들에게 보여주는 본보기 역할을 할 사명을 띠었다. 황제는 아내에게 자신의 영지에서 얻은 달걀을 팔아서 마련한 진주와 보석들로 장식된 왕관을 선물했다. 황제는 이를 달걀 왕관이라고 불렀는데, 이 왕관은 그에게 하나의 일관된 계획을 뜻하는 것이었다. 그의 경제정책의 최고 원칙은 국가의 경제적 자족성을 위한 노력이었다. 그는 제국을 외국 상품들의 수입에서 해방시킴과 아울러 이로써 또한 이탈리아 도시들의 경제적 패권에서 해방시키고자 했다. 그는 신민들이 외국 사치품을 사들이는 것을 매우 엄격하게 금지했다. 누구나 "로마의 땅에서 생산되고 로마인의 손으로 만든" 것들로 만족스러워해야 했다. 이 보호주의는 그 근거로 윤리적인 이유를 들고 있기는 하지만 그 창끝은 의심할 여지 없이 베네치아에 향해 있었다. 베네치아 수입품들에 대하여 관세를 부과했다면 이 조치는 심각한 분규를 초래했을 것이다. 그것은 알렉시오스 1세 콤네노스로부터 테오도로스 1세 라스카리스에 이르기까지 모든 비잔티움 황제들이 서명한 무역협정에 대한 위반이었기 때문이다. 그러나 신민들에게 과도한 사치품을 금지하는 황제의 권리는 누구도 논란할 수 없었다. 그럼에도 불구하고 인접한 이코니온 술탄국으로부터 귀금속과 값비싼 천들이 제국에 대량으로 흘러들어왔다. 니카이아 제국 옆에서 진행되었으나 인접 국가들에게는 심각한 황폐화를 초래한 몽골인들의 침입으로 비잔티움인들은 경제적으로 아주 유리해졌다. 투르크인들은 니카이아 제국에서 생필품을 구입하고 돈과 물건으로 높은 값을 지불했다. 이리하여 니카이아에서는 빈번한 전쟁에도 불구하고 돈의 부족을 느끼지 않았다. 요안네스 바타체스 치하의 니카이아 국가의 재정적, 경제적 상황은 콤네노스 왕조 후기와 앙겔로스 왕조 통치 당시의 비잔티움 제국의 상황보다 훨씬 건강했다. 국가 자체도 훨씬 건전했다. 이것이야말로 비잔티움인들의 생명력이 아직 소진되지 않았고, 비잔티움 제국의 재생이 가능했음을 보여주는 것이다.

요안네스 바타체스는 만년에 심한 간질로 고생하다가 1254년 11월 3일, 세상을 떴다. 그의 비할 데 없는 공적들은 역시 유례 없는 인정을 받았다. 그는 죽은 지 반세기 후에 성자로 추대되었으며, 그때부터 최근에 이르기까지 자신이 세운 최후의 안식처 마그네시아 교회와 그가 좋아하던 거주지 님파이온에서 해마다 거행되는 자비로운 황제 요안네스 성자를 위한 기념축전을 통해서 추앙되었다.

3) 복구의 서곡

요안네스 바타체스가 연전연승의 투쟁을 통해서 대부분의 비잔티움 영토를 재통일하고, 내부적으로 비잔티움 제국이 오랫동안 가져보지 못했을 정도로 견실한 국가제도를 창설했던 데 이어서, 테오도로스 2세 라스카리스(재위 1254-58년)의 지배는 니카이아 제국이 문화적인 견지에서도 옛 비잔티움에 조금도 지지 않는다는 것을 보여주었다. 요안네스 바타체스는 제국에서 교육을 적극 장려했고 학문에 대해서 언제나 활기찬 관심을 보여주었다. 그의 아들은 학자였고, 다작의 저술가였다. 그는 제위에 오르기 전 학문적 탐구, 철학적 연구, 신학적 명상에 몰두했다. 지배자의 소임을 맡게 되자 어머니를 따라서 라스카리스라는 황제의 이름을 달게 된 테오도로스 2세는 니카이아 궁정을 학문의 중심지가 되게 했다. 사람들은 니카이아를 고대 아테네와 비교했다. 많은 학자들이 지식에 목말라하는 통치자의 주위에 모여들었다. 니카이아 제국은 콘스탄티노스 7세 포르피로게네토스 시대를 상기시키는 문화적 개화를 체험했다.

그러나 콘스탄티노스 포르피로게네토스와는 달리 테오도로스 2세는 학자일 뿐만 아니라, 생명력을 갉아먹는 끔찍한 병을 앓고 있었음에도 불구하고 실행력도 겸비한 인물이었다. 그는 아버지와 마찬가지로, 아니 훨씬 심하게 간질을 앓았다. 테오도로스 2세는 통치자라는 존엄한 지위를 가장 숭고한 것으로 생각했으며, 자신의 심사숙고에 따라서 직접 국가를 통치했다. 그는 오만하고 고집스럽게 제국에서 가장 강력한 자들을 배척하고 적으로 만들었다. 귀족의 특권에 대해서는 알려고도 하지 않았다. 그의 으뜸가는 조언자는 친구 게오르기오스 무잘론이었다. 무잘론은 서민 출신이었다. 테오도로스는 국가와 마찬가지로 교회도 지배하고자 했다. 그는 총대주교의 자리에 수도사 아르세니오스를 앉혔는데 이 인물은 정신적으로 편협한 금욕주의자였다. 테오도로스는 로마에 대해서는 대단히 신중한 태도를 취했고, 자기 아버지가 추진했던 교회통합 계획을 아주 냉정한 눈으로 바라보았다. 그리스 교회가 로마에 굴복한다는 것은 그에게 고려의 대상이 아니었다. 교회통합이 이루어져야 한다면, 그것은 완전히 동등한 입장을 기초로 해서만 가능하다고 생각했다. 그리고 그런 중에 혹시라도 의견의 차이가 있을 때에는 황제인 그가 공평한 판정자로서 판결을 내려야 한다는 것이었다. 물론 이 자부심 넘치는 자세는 따지고 보면 요안네스 바타체스가 거둔 위대한 대외정치적 성과들에서 나온 표현일 뿐이었다. 이 성과들은 콘스탄티노플을 둘러싼 투쟁에서 교황권의 도움이 필요 없는 것처럼 보이게 했다.

테오도로스 2세의 짧은 통치는 대외정치적으로 아무런 본질적인 변화도 초래하지 않았고, 비잔티움인들은 콘스탄티노플의 재정복이라는 궁극적인 목표에 눈에 띄게 더 가까이 다가가지도 않았다. 그러나 적어도 그들은 요안네스 바타체스의 죽음으로 제국을 공격할 용기가 생긴 듯이 보이는 모든 적들에 맞서서 현상태를 유지할 수는 있었다. 셀주크인들과 미카일 팔라이올로고스의 결속은 사태를 대단히 복잡하게 만들 위험성을 안고 있었다. 미카일 팔라이올로고스는 모반의 혐의를 받고 이코니온의 술탄에게로 도망갔고, 그의 제위계승 요구는 술탄의 지지를 받았다. 그러나 몽골인들의 새로운 돌진이 상황을 완전히 바꿔놓았다. 그리하여 술탄은 그리스인들을 향해 출정하는 대신에 오히려 그들에게 도움을 구해야 했고, 미카일 팔라이올로고스는 후회하며 황제에게 돌아가 화해를 청해야 했다. 당시 몽골인들과 가까이 접촉하게 된 비잔티움인들은 연극적으로 성대함을 과시하며 그들의 사절단을 받아들였다. 비잔티움인들은 그러한 장려한 영접으로 서아시아를 호령하는 정복자들에게 니카이아 제국의 불요불굴의 힘과 고갈되지 않는 부를 확신시켜줄 것을 기대했다.

발칸 반도에서는 제국은 불가리아 및 에피로스에 대항해서 싸워야 했다. 불가리아의 젊은 차르 미하일 아센은 트라키아와 마케도니아에서 상당히 넓은 지역을 점령했다. 그러나 많은 희생을 치른 두 번의 출정 후에 그는 1256년 격퇴당했고, 니카이아 제국에 유리한 평화조약이 체결되었다. 또한 미하일 아센의 실각, 그후 불가리아에 터진 내부 혼란 그리고 마지막으로 네마냐 왕조의 후예로서, 테오도로스 2세의 딸 이레네를 아내로 맞은 콘스탄틴 티흐(재위 1257-77년)의 제위 등극으로 이어지는 일련의 과정들은 불가리아의 위협을 한층 약화시켰다. 이미 요안네스 바타체스 치하에서 계획된 혼인동맹이 에피로스와의 사이에서도 체결되었다. 에피로스의 데스포테스인 미카일 2세의 아들 니케포로스가 황제의 딸 마리아와 결혼했다. 이를 기회로 테오도로스 2세는 디라키온과 마케도니아의 요새 세르비아를 자신의 지배하에 두었다. 그러나 이 소득은 그에게 에피로스의 우정을 상실하는 대가를 치르게 했다. 1257년부터 두 그리스 국가들 사이에는 다시 격렬하고 변화무쌍한 투쟁이 맹렬하게 벌어졌다. 불가리아 전쟁과 특히 에피로스 전쟁에서 위험한 상황이 벌어졌는데, 이는 황제와 군에서 가장 중요한 사령관 직책에 있는 제국의 귀족가문들 사이에 대립이 증가했기 때문이다. 테오도로스 2세는 전쟁에서 실패가 있을 때마다 그들에게 책임을 씌웠다. 실제로 반(反)귀족적인 통치자에 대한 군 지도자들의 충성은 의심할 만한 일이었다. 그렇기는 하지만 귀족층의 대표자들을 대상으로 행해졌던 수많은 재판과 과민하고 병적일 정도로 성마른 황제가 그들에게 내린 잔인한 형벌은 쌍방의 대립을 더욱 악화시킬 뿐이었다. 테오도로스 2세는 귀족층의 완고함에 대해서 과도하게 투쟁했고, 이로써 라스카리스 왕조의 몰락으로 귀결되는 갈등을 불러일으켰다.

테오도로스가 1258년 8월에 36세의 나이로 중병에 쓰러지자, 황관은 그의 일곱 살짜리 아들 요안네스 4세에게 주어졌다. 테오도로스 2세는 벼락 출세꾼에 대한 제국 귀족층의 타오르는 증오에도 아랑곳하지 않고 자신의 친구 게오르기오스 무잘론을 미성년 황제를 위한 섭정으로 정했다. 미카일 팔라이올로고스를 선두로 하여 제국의 유력자들이 죽어가는 황제와 심지어는 게오르기오스 무잘론 본인에게까지 서약을 했다고는 하지만, 이 증오를 가라앉힐 수는 없었다. 테오도로스 2세가 죽은 지 아흐레째 되는 날, 고인이 된 황제를 위한 추모 미사를 하고 있는 동안, 게오르기오스 무잘론과 그의 형제들은 교회에서 습격을 받아 제단 앞에서 죽음을 당했다. 섭정 자리는 귀족들 가운데 가장 유능하고 가장 명망 높은 대표자인 미카일 팔라이올로고스의 손으로 넘어갔다. 그는 유서깊은 귀족가문 출신으로, 요안네스 바타체스의 종손녀와 결혼했고, 옛 황가의 대표자들을 선조로 두었으며, 영광에 빛나는 군 지도자로서 군대, 특히 라틴인 용병부대의 사랑을 받았다. 그는 매력적인 기질의 소유자로서 각계각층의 지지를 얻었으며 그중에서도 막강한 성직자들의 지지는 적잖이 중요했다. 그리하여 그는 메가스 둑스가 되었고, 다음에는 데스포테스가 되었다. 그러나 그에게 이들 품계는 최고 권력에 이르기 위한 전 단계에 지나지 않았다. 1258/59년 해가 바뀌면서 그는 어린 요안네스 라스카리스의 공동 통치자로서 황제의 관을 받았다.

팔라이올로고스의 번개처럼 빠른 상승은 그의 비할 데 없는 수완만으로 설명되지는 않는다. 그것은 또한 대외정치적인 상황의 위급화로 인해서 확고한 국가지도력이 절실하게 요구되고 있었다는 사정으로도 설명된다. 프리드리히 2세와는 달리 그의 아들이자 시칠리아의 왕인 만프레디는 니카이아 제국의 적이었다. 이 세기 중반부터 복구의 거대한 걸음을 내디딘 비잔티움 제국은 라틴 제국의 판도를 콘스탄티노플 시의 영역으로 축소시키며 세력을 증대했고, 이로 인해서 만프레디는 하인리히 6세와 시칠리아의 노르만인 통치자들의 반(反)비잔티움 정책을 받아들이게 되었다. 이미 1258년, 그는 코르푸를 점령하고, 나아가 에피로스 해안선의 가장 중요한 도시들, 다시 말해서 바로 얼마 전에 테오도로스 2세 라스카리스가 획득했던 디라키온과 데스포테스 미카일 2세의 영토였던 아블로나와 부트린토를 점령했다. 미카일 2세에게 시칠리아 왕의 우정은 이런 희생을 치르고도 얻을 만한 값어치가 있어 보였다. 미카일 2세는 만프레디에게 자기 딸을 아내로 주면서 사위가 정복한 에피로스의 도시들을 지참금 조로 인정해주었고, 그와 함께 니카이아 제국에 대항하는 동맹을 체결했다. 이 동맹의 세번째 인물은 아카이아의 기욤 드 빌라르두앵이었다. 그 역시 마찬가지로 미카일 2세의 딸을 아내로 맞았다. 당시 아카이아 군주는 떠오르는 별로서, 인접하고 있는 아테네의 라틴 대공국과 에우보이아의 세 군주들은 그를 자신들의 상급 영주로 인정했다. 그리하여 니카이아의 제국 복구 작업을 마지막 순간에 허사로 만들 위험이 있는 강력한 동맹이 나타났다. 서부 그리스의 경쟁국가인 에피로스의 분리주의적 세력과 그리스의 전 라틴 세력들이 니카이아 제국에 대항하는 섬멸전을 벌이기 위해서 시칠리아의 왕과 연합했던 것이다. 뿐만 아니라 욱일상승하고 있던 세르비아 왕 우로슈 1세의 세력도 삼자동맹을 위한 뒷받침이 되어주었다. 그의 군대는 1258년에 스코피예, 프릴레프, 키체보를 점령했다.

삼자동맹에 대한 투쟁은 미카일 8세 팔라이올로고스에게 최초의 큰 시험이었다. 그러나 제국의 운명이 걸린 이 시험을 그는 빛나는 승리로써 이겨냈다. 그의 동생이자 세바스토크라토르 칭호를 가진 요안네스 팔라이올로고스는 상당수 병력의 쿠만족 및 셀주크인 징집군사가 포함된 강력한 군대를 지휘하며 연합군에 대항했다. 1259년 가을, 동맹군들은 펠라고니아 계곡에서 절멸의 패배를 당했다. 만프레디 왕이 보냈던 400명의 기사들이 전장에서 쓰러지고 기욤 드 빌라르두앵은 포로가 되었다. 에피로스 국가는 멸망한 것처럼 보였고, 황제의 군대는 아르타로 진입했다. 그럼에도 불구하고 에피로스가 이 타격에서 회복되었던 것은 오로지 시칠리아에서 도착한 증원군 덕분이었다. 세르비아인들도 최근에 점령한 마케도니아의 도시들로부터 철수했다.

이제 비잔티움 복구의 길을 가로막을 수 있는 영역적 세력은 아무도 없었다. 방해공작을 하지 않을까 유일하게 두려워해야 할 만한 세력이라면 베네치아 해상공화국이었다. 베네치아야말로 바로 콘스탄티노플의 라틴 제국을 탄생시킨 장본인이었고, 1204년에 조성된 상황으로 가장 큰 이익을 본 당사자였기 때문이다. 미카일 8세는 이쪽으로부터 초래될 위험을 방어하기 위해서 베네치아의 라이벌인 제노바와 협상을 시작했다. 1261년 3월 13일, 님파이온에서 기념할 만한 조약이 서명되었다. 이는 베네치아의 대세력을 수립했던 1082년의 조약과 마찬가지로 제노바의 대세력을 동방에 수립하는 조약이었다. 제노바인들은 베네치아를 상대로 한 제국의 전쟁을 지원하기로 약속했으며 그 대가로 그들에게는 극도로 광범위한 특권들이 부여되었다. 제국의 모든 영토에서 조세 및 부과조의 면제가 보장되었고, 제국의 모든 중요한 항구도시들에서 그리고 콘스탄티노플을 수복한 후에는 콘스탄티노플에서도 판매장소가 확약되었다. 간단히 말해서, 제노바는 동방에서 11세기 말 이래 베네치아의 법적 권리였던 무역상의 패권을 누리게 될 터였다. 그러나 현실적으로 비잔티움은 두 도시공화국들의 포로였다. 이들은 비잔티움의 해상력과 무역을 점점 더 뒷전으로 몰아부쳤다.

두 세대 전부터 비잔티움인들의 모든 생각을 차지하고, 군사적으로나 외교적으로나 가장 신중하게 준비되었던 큰 사건이 마침내 놀라울 정도로 가볍게 이루어졌다. 썩은 라틴 제국의 생명줄이 끊어지고 비잔티움인들이 다시 콘스탄티노플을 점령하게 된 것은 거의 우연한 계기 덕분이었다. 소수의 병력으로 불가리아 국경지대를 감시하기 위해서 트라키아로 파견된 황제 군대의 지휘관 알렉시오스 스트라테고풀로스는 콘스탄티노플 근처를 지나다가 놀랍게도 수도가 거의 무방비 상태나 마찬가지임을 발견했다. 1260년 8월에 1년 기한으로 체결된 휴전협정이 아직 효력을 가지고 있었고, 베네치아 함대는 프랑크인 수비대의 대부분과 함께 남쪽 흑해의 한 섬에서 다프누시온 요새를 포위공격하기 위하여 출항해 있었다. 스트라테고풀로스는 당장 결단을 내리고 무방비 상태의 도시를 습격하여 1261년 7월 25일 동이 틀 무렵 거의 아무런 저항 없이 도시를 점령했다. 보두앵 2세와 그 부하들이 도망침으로써 콘스탄티노플에서 라틴인들의 지배는 막을 내렸다.

미카일 8세 황제는 8월 15일, 콘스탄티누스 대제의 도시로의 입성을 자축했다. 라틴인 지배를 겪는 동안 콘스탄티노플은 그 광휘와 부를 많이 상실한 상태였다. 1204년의 야만적인 약탈에 이어서 그후에도 비잔티움의 보물들이 체계적으로 착취되었으며 라틴인들은 그것을 서방으로 보냈다. 불안과 빈곤으로 시달리던 라틴 제국은 그렇게 함으로써 서방세력들의 호의를 얻는 수단을 발견했기 때문이다. 교회들은 텅 비었고, 교회소유의 장식품과 가장 성스러운 성유물들은 약탈당했으며, 블라케르나이 궁전은 황폐화되었다. 그런 만큼 이제 비잔티움 주민들의 기쁨의 환호는 더욱 컸다. 해방된 도시는 종교적 축제의 형태로 황제를 영접했다. 사람들은 그에게 복음서의 저자 성 루가의 작품으로 간주되는 성처녀 호디기트리아의 상을 날라갔다. "황제라기보다는 기독교인으로서", 미카일 8세는 엄숙한 행렬을 지어 스투디오스 수도원을 향해 걸어갔고, 그후 하기아 소피아로 향했다. 이곳, 정교 신앙의 품안으로 다시 들어온 '신성한 지혜의 교회', 비잔티움의 옛 황제들이 제관을 받았던 바로 그곳에서, 총대주교는 같은 해 9월에 미카일과 그의 아내 테오도라에게 다시 한번 황제 대관식을 거행해주었다. 이 장엄한 의식은 새로운 생명을 되찾은 황도에서 비잔티움 황제권의 쇄신을 상징하는 것이었다. 동시에 당시 세 살배기 어린아이였던 황제의 아들 안드로니코스가 제위상속 예정자로서 바실레우스로 포고되었다. 이리하여 새로운 왕조의 건설을 향한 결정적인 걸음이 내디뎌졌다.

그에 반해서 정통적인 황제 요안네스 4세 라스카리스는 어떤 축하행사에도 참여하지 않았다. 몇달 후 미카일 8세는 불행한 소년의 두 눈을 도려내게 했다. 안드로니코스 콤네노스가 마누엘의 아들을 제거했듯이 미카일 팔라이올로고스는 권리를 지켜주겠다는 서약을 스스로 바쳤던 마지막 라스카리스 혈통을 제거했다. 그렇지만 안드로니코스 자신은 끔찍한 종말을 맞은 반면, 노련한 팔라이올로고스는 지속적인 지배권을 수립하고 비잔티움 역사에서 가장 오랫동안 생명을 유지한 왕조를 건설할 수 있었다. 그리고 이 왕조가 제국을 마지막 날까지 통치하게 될 터였다.

4) 강국 비잔티움의 재건 : 미카일 8세

이미 요안네스 바타체스 치하에서 비잔티움 제국은 남동쪽에서 다시 우세를 차지할 수 있었지만, 이 나라가 다시 강국이 된 것은 콘스탄티노플을 점령하고 나서의 일이었다. 물론 옛 수도의 수복은 과거 몇십 년 동안의 정치적, 군사적 성과들의 결과였을 뿐이다. 그것은 마치 잘익은 과일처럼 비잔티움인들의 품속으로 떨어졌다. 그런데도 불구하고 보스포루스 해안의 황도를 다시 획득한 이후, 마치 갑자기 그리 되기나 한 것처럼 비잔티움 제국의 세계적 위상이 변화했다. 이제 비잔티움은 다시 유럽 국가군(國家群)의 정치 판도에서 결정적인 영향력을 되찾게 되었고, 다시금 지중해 세력들의 정치를 좌우하는 중심 가운데 하나가 되었다.

그렇지만 다시 획득한 강국으로서의 지위는 수많은 위험을 수반했다. 그 지위를 계속 유지하기 위해서는 제국이 당시 소유하고 있던 것보다 더 많은 수단과 힘이 필요했다. 제국에는 새로운 과제와 부담들이 부과되었다. 지출은 늘어났으며, 더 큰 군대와 더 큰 함대가 필요했다. 재건을 필요로 하는 황폐화된 수도는 거액의 돈을 삼켰고, 이는 속주들에는 무거운 부담을 뜻했다. 사실 이미 12세기 말에도, 비잔티움인들은 더 이상 옛날의 우세한 지위를 유지할 수 없다는 것이 드러난 바 있었다. 소아시아 쪽으로 밀려나 있는 동안에 그들은 옛 제국보다 내적으로 더 확고하고 더 건실한 국가를 건설했다. 그러나 이 지역국가는 결코 그들의 궁극적인 목적이 아니었다. 그것은 단지 예전의 찬란했던 영광에 다시 도달하기 위한 다리에 불과했다. 이리하여 이미 한번 지탱하기 어려운 것으로 입증되었던 상황이 영웅적인 투쟁 속에서 다시 형성되었다.

그렇지만 문제는 라틴인들의 지배가 깊은 흔적을 남겼다는 점이었다. 비잔티움 국가의 몸에는 복고로는 치료할 수 없는 상처들이 남아 있었다. 거대한 머리 콘스탄티노플을 받치고 있는 것은 사방팔방에서 공격당하는 허약해진 몸통이었다. 이탈리아 해안도시들은 비잔티움의 해역을 지배했고, 그들의 식민지들은 제국 전역에 흩어져 있었으며, 지중해 동쪽 내항의 대부분의 섬들은 그들에게 예속되어 있었다. 그리스는 예나 지금이나 프랑크인들의 지배하에 있었고, 그리스의 지휘를 받는 에피로스도 테살리아와 함께 통일 노력에서 벗어나 비잔티움 제국에 대한 적대적 태도를 고집했다. 발칸 반도 북쪽은 비잔티움 제국을 희생시켜가며 성장한 불가리아인들과 세르비아인들의 두 슬라브 국가들이 차지하고 있었다. 물론 이들 세력 가운데 아직 그 누구도 비잔티움에 대해서 비교적 대규모의 공격을 감행할 수 있는 처지는 아니었지만, 어쨌든 이들은 모두 서방이 이끄는 반(反)비잔티움 활동을 지원할 태세만은 되어 있었다. 서방에도 복구된 비잔티움 제국의 적들이 없지 않았다. 이들은 모두 라틴 제국의 존립에 관심을 두고 있던 세력들이었다. 따라서 언제라도 공격이 예상될 수 있었다. 서방과 발칸에서 비잔티움에 적대적인 세력들이 연합한다면, 이는 복구된 제국에 치명적인 위험을 뜻할 것이었다. 이러한 위험은 노련한 공작활동만이 막을 수 있을 터인데, 다행히도 외교상의 수완은 미카일 8세의 특별한 강점이었다.

팔라이올로고스의 두 가지 과제는 서방의 공격계획을 외교적으로 방어하는 것과, 그리스에서 에피로스 국가와 라틴 국가들의 잔재를 제거함으로써 옛 비잔티움 지역들에서 비잔티움의 지배를 재건하는 것이었다. 첫번째 과제가 성공해야 비로소 두번째 과제도 실현될 수 있었다. 비잔티움에 대한 공격계획의 중심지는 시칠리아였다. 그랬기 때문에 만프레디 치하에서처럼 샤를 당주* 치하에서도 시칠리아 왕국에 대한 관계가 미카일 8세의 전 통치기 동안 그의 정책을 움직이는 축을 이루었다. 그렇지만 시칠리아의 정복계획들은 교황의 지지가 있어야만 비로소 진정한 추진력을 얻을 수 있었다. 그렇기 때문에 팔라이올로고스의 주된 노력은 언제나 시칠리아 왕국이 로마와 결속하지 못하도록 방해하는 것이었다. 만프레디가 시칠리아를 다스리는 한, 그것은 쉬운 게임이었다. 물론 로마에서는 처음에는 복구된 비잔티움 제국에 반대하는 분위기가 지배했다. 교황좌로서는 로마 교회가 콘스탄티노플을 상실하고, 라틴 제국 대신에 종교적으로 이반적인 그리스 제국이 들어선 것에 무턱대고 만족할 수는 없었다. 우르바누스 4세(재위 1261-64년) 교황은 일차적인 조치로 비잔티움에 대항하는 그리스 내 프랑크인들의 투쟁을 도덕적으로 뒷받침했고, 비잔티움 황제와의 동맹을 중지하지 않으려는 제노바인들을 파문했다. 그러나 교황좌와 만프레디 왕의 연합에는 호엔슈타우펜 가문에 대한 로마의 오랜 반감이 방해가 되었다. 우르바누스 4세는 만프레디의 정복계획들을 지지하기는커녕 오히려 남부 이탈리아에서 호엔슈타우펜 가문의 지배를 종식시키고자 노력하

* 앙주 가문의 샤를, 곧 시칠리아 왕국의 카를로 1세이다.

면서 프랑스 왕의 동생인 샤를 당주에게 시칠리아 왕국을 제안했다. 미카일 8세는 로마와 호엔슈타우펜 가문의 대립을 이용하여 로마로 가는 길을 발견했고, 교회통합을 약속함으로써 ― 이는 비잔티움의 대 로마 정책에서 전가(傳家)의 보도(寶刀)였다 ― 교황이 기분을 바꾸도록 유도할 수 있었다.

발칸에서의 원상회복 노력이 제국을 여러 전선에서의 투쟁으로 몰아넣었고 제국의 힘을 분산시키는 것이어서 결코 성공을 장담할 수 없는 노릇이었던 만큼, 교황을 자기편으로 만드는 일은 더욱 중요한 일이었다. 처음에는 황제가 프랑크인 치하의 그리스에 대해서 아주 유리한 입장에 있는 것 같았다. 다른 것은 그만두고라도 기욤 2세 빌라르두앵은 펠라고니아 전투 이후 그의 포로가 되어 있었다. 따라서 미카일 8세는 기욤이 ― 1261년 말경 ― 아카이아로 되돌아가 그곳에서 다시 통치를 시작하도록 허락하기 전에 그에게 조건들을 받아적게 할 수 있었다. 비잔티움 황제에게 봉신으로서의 충성을 맹세하고 메가스 도메스티코스의 칭호를 얻은 기욤 2세는 모넴바시아, 미스트라, 마이나, 히에라키온 요새들을 비잔티움에 넘겨주어야 했다. 그렇지만 충성관계는 오랫동안 지속되지 않았다. 당시 로마에서는 비잔티움과의 사이에 흐르던 냉기류가 아직 가시지 않았던 터라 교황은 콘스탄티노플에서 행했던 맹세로부터 빌라르두앵을 풀어주었다. 게다가 빌라르두앵은 베네치아 공화국에서 효과적인 지원을 발견했다. 복구된 비잔티움 제국의 막강한 적수인 이 공화국은 자신이 생명을 준 라틴 제국이 몰락했을 뿐만 아니라 비잔티움과 제노바가 동맹을 체결함으로써 이익이 가장 크게 위협을 받는 듯이 보였다. 격렬한 투쟁이 시작되었다. 미카일 8세는 동생이자 세바스토크라토르 칭호를 가진 콘스탄티노스가 지휘하는 강력한 군대를 펠로폰네소스 반도로 파견했다. 그 가운데는 5,000명의 셀주크인 용병들이 있었다. 그리하여 비잔티움의 신속하고 승리에 빛나는 공세가 시작되었다. 동시에 비잔티움-제노바 함대는 라틴인들이 지배하는 섬들을 공격했다.

뿐만 아니라 같은 시기에 에피로스에서도 전쟁이 일어났고, 불가리아에서도 투쟁이 벌어졌다. 미카일 8세는 불가리아의 내부 혼란에 개입하면서, 1262년에 흑해 서해안에 있는 중요한 항구도시 안키알로스와 메셈브리아를 점령하고, 또한 내륙에서도 불가리아에 손실을 안겨주면서 세력권을 상당히 확대시킬 수 있었다. 그렇지만 에피로스에서 투쟁을 재개한 콘스탄티노플의 정복자 알렉시오스 스트라테고풀로스—그는 정말 평범한 군 지도자였다—는 이미 1260년에도 그러했던 것과 마찬가지로 1262년에도 별로 운이 없었다. 그러나 황제의 동생인 데스포테스 요안네스 팔라이올로고스는 1264년 여름에 중요한 승리를 거두었으며, 에피로스의 데스포테스 미카일 2세에게 평화조약을 체결하고 황제의 종주권을 인정하라고 강요했다. 일찍이 테오도로스 2세 라스카리스의 딸과 결혼했던 데스포테스 니케포로스 1세, 즉 미카일 2세의 아들은 이제 미카일 8세의 조카딸과 결혼했다.

그에 반해서 남부 그리스에서의 투쟁들은 처음에는 성과를 거두다가 나중에는 불리한 쪽으로 방향이 바뀌었다. 전쟁은 장기화되었고, 돈은 떨어졌다. 그리하여 규칙적인 급료를 받지 못한 투르크 증원부대들이 프랑크인들에게 넘어가는 일이 발생했다. 파죽지세로 돌진하던 비잔티움인들은 마크리-플라기에서 1264년에 크게 패배하고 퇴각에 들어서야 했다. 더욱이 제국의 동맹세력들 역시 바다에서 패배를 당했다. 1263년 봄, 제노바 함대는 나우플리아 만의 세테포치에서 베네치아인들에게 격퇴당했다. 이로 말미암아 황제는 이탈리아 해상공화국들에 대한 태도를 바꾸어야 했다. 그는 제국으로 하여금 큰 희생을 치르게 했을 뿐 기대했던 이익은 가져다주지 않았던 제노바인들과의 동맹을 파기하고 그들의 선박들을 고향으로 돌려보낸 후, 우세한 베네치아 공화국과 협상에 들어섰다. 1265년 6월 18일, 조약서가 작성되었다. 이에 따르면 베네치아는 다시 대단히 광범위한 특권을 얻게 될 터였다. 그러나 제노바와의 단교 역시 단지 일시적인 것이었을 뿐이다. 서쪽에서의 전망이 어두워지고, 베네치아가 조약의 비준을 망설이자 미카일 8세는 다시 제노바에 손을 내밀었다. 베네치아와의 투쟁에서 다시 한번 패배를 겪었던(1266년) 제노바인들은 황제의 제안을 그야말로 기꺼이 받아들였다. 그들은 이제 다시 제국에서 무역의 자유를 누릴 터였고, 골든 혼 해안에 있는 콘스탄티노플 입구 갈라타에서 숙사를 얻었다(1267년). 그들은 투르크가 정복할 때까지 이곳에 머무르게 되었고 갈라타는 곧 제노바인들의 번성하는 무역도시가 되었다. 비잔티움에 제노바인들이 다시 들어오자 베네치아는 망설이던 태도에 끝장을 냈다. 1268년 4월 4일, 비잔티움과 베네치아 간의 조약이 비준되었다. 그러나 제노바인들의 추방에 대한 조항은 여기에서는 제외되었다. 특기할 만한 점은 이 조약이 우선은 5년동안만 효력을 가진다는 것이었다. 베네치아는 단기간 효력을 가지고 파기할 수 있는 약정이라는 새로운 체계를 도입했다. 그때까지 비잔티움은 두 해상공화국들 가운데 하나와 결속할 때는 다른 하나를 적으로 삼는 정책을 준수했다. 그것과 비교해볼 때 제노바 및 베네치아와 동시에 동맹을 맺는다는 것은 제노바 함대나 베네치아 함대가 반(反)비잔티움 서방세력들과 연합할 위험을 막아주는 점에서 비잔티움으로서는 이익을 뜻했으며, 동시에 이탈리아 해상도시들간의 경쟁관계를 이용하여 이들을 서로 대립케 함으로써 이익을 얻을 수 있는 가능성을 비잔티움에 열어주었다.

서방에서 중요한 사건들이 터졌다. 만프레디는 1266년 2월 26일, 베네벤토 전투에서 나라와 목숨을 잃었고, 프로방스의 백작인 샤를 당주가 교황의 호소에 따라 이탈리아에 와서 만프레디의 자리에 들어섰다. 이 시칠리아와 나폴리의 새로운 왕 곧 카를로 1세는 비잔티움 제국에게 이제까지의 만프레디보다 훨씬 더 위험한 적이었다. 호엔슈타우펜 가문은 교황의 적이었고, 앙주 가문은 교황의 총아였다. 그리하여 로마가 비잔티움에 대한 공격계획을 지지한다고 하는 절박한 위험이 발생했다. 실제로 1267년 5월 27일, 비테르보에서 앙주의 카를로는 교황의 동의를 얻어 그가 참석한 가운데 콘스탄티노플에서 쫓겨난 라틴 제국의 황제 보두앵 2세와 우호동맹을 체결하고 앞으로 정복될 비잔티움 제국의 분할에 대한 약정을 맺었다. 카를로의 딸 베아트리체와 보두앵의 아들 필리프의 결혼은 이 동맹의 최종 확인절차가 될 터였다. 카를로는 시칠리아의 군주가 되자마자 이렇게 정복 의지를 드러냈다. 그는 곧 그리스의 일에 간섭하기 시작했고, 만프레디의 에피로스 영토와 기욤 2세 빌라르두앵의 지원을 확보했다. 비잔티움 군대와의 투쟁으로 힘이 소진되었던데다가, 그리스 주민들의 증오 때문에 위협을 느끼고 있던 아카이아의 군주 기욤 2세는 카를로의 품속으로 들어가, 자신의 땅을 그의 지배 아래 두었다. 그는 상속녀 이자벨을 카를로의 아들과 약혼시켰다. 비잔티움 황제에 대항하는 적이 더 많아질수록 시칠리아 왕은 더 많은 동맹자를 발견했다. 세르비아와 불가리아가 그에게 기꺼이 손을 내밀었다. 남슬라브인 통치자들은 국정 및 왕조에 관련된 이유들로 인해서 반(反)비잔티움 전선에 합류하는 데에 똑같이 찬성했기 때문이다. 불가리아의 차르 콘스탄틴 티흐는 미카일 8세에게 왕위를 빼앗기고 눈이 먼 요안네스 라스카리스의 처남이었고, 프랑스 공주와 결혼한 세르비아 왕 우로슈 1세는 앙주의 카를로와 동맹을 맺음으로써 비잔티움 제국을 희생시켜 자기 영토를 확대시킬 기회를 잡을 수 있었기 때문이다. 그 사이에 이탈리아에서 위치가 궁극적으로 확고해진 카를로는 이미 자금과 군대를 아카이아로 보내기 시작했다.

비잔티움 제국의 상황은 극히 어려웠다. 그렇지만 미카일 8세는 게임을 포기하지 않았다. 그는 그때까지도 교황이 자기편이 되리라는 희망을 잃지 않았다. 실제로 클레멘스 4세는 그가 내놓은 새로운 교회통합 협상의 제안에 동의했다. 로마의 목적은 무엇보다도 그리스의 종교적 분리주의를 제거하고 나아가 성지를 해방하는 것이었지, 시칠리아 왕이 몰두하고 있는 것처럼 비잔티움 제국을 정복하는 것이 아니었다. 1204년부터 일어난 사건들은 비잔티움 제국을 단순히 점령하는 것으로는 교회통합의 과업에 아무 도움이 되지 않는다는 것을 보여주었었다. 선견지명이 있는 로마의 오리엔트 정책은 앙주의 카를로의 정복계획들과 일치할 수 없었다. 클레멘스 4세가 카를로의 계획들을 지지하는 모습을 보였다면, 그것은 비잔티움 황제에게 압력을 가하여 교회 문제에서 황제의 복종을 강박해 얻어내고 앙주 가문의 정책이 아닌 로마의 정책이 승리하게끔 하기 위해서였다. 그러다가 클레멘스 4세가 죽고, 로마에 상당히 장기간의 교황좌 공위 시대가 들어섰을 때, 눈치 빠른 팔라이올로고스는 프랑스 왕에게서 지지를 찾았다. 그도 그럴 것이 당대의 교황들과 마찬가지로 성왕 루이도 성지를 이교도들로부터 해방하고 가톨릭 교회의 평화를 수립하고자 애썼기 때문이다. 비잔티움 황제의 사신들의 영향으로 입장을 강화한 루이는 호전적인 동생 카를로가 그리스 기독교도들에 대한 전쟁을 벌이지 못하도록 말릴 수 있었다. 카를로는 1270년 여름, 형을 따라서 튀니스를 향해 십자군 원정에 나서야 했고, 이로써 비잔티움에 대한 공격계획은 결정적인 순간에 중지되었다. 1271년 9월, 마침내 로마의 교황좌 공석은 끝났다. 카를로의 반대에도 불구하고 다시 프랑스인이 아니라 이탈리아인인 그레고리우스 10세가 교황의 자리에 올랐다. 십자군 원정 사상 및 교회통합 사상의 열렬한 옹호자인 그레고리우스 10세는 앙주 가문 출신 군주의 정복계획들을 좋아하지 않았다. 이제 교황의 오리엔트 정책은 그 어느 때보다 더 강력하게 그리스와의 연합을 중심으로 삼게 되었다.

앙주의 카를로가 유럽에 없는 동안 프랑크인 지배하의 그리스의 상황은 비잔티움인들에게 유리한 쪽으로 바뀌었다. 그들은 펠로폰네소스에서 지위를 다시 굳건히 할 수 있었다. 그렇지만 튀니스 십자군 원정은 짧은 막간극에 불과했다. 아프리카에 도착한 직후 루이 9세는 전염병에 걸려 죽었고, 카를로는 전쟁에서 잠깐 승리한 후 시칠리아로 돌아왔다. 1271-72년 카를로가 단행한 모레아로의 새로운 출정은 비잔티움인들의 전진의 발길을 멈추게 했다.

발칸의 그리스인 지역과 슬라브인 지역에서 미카일 8세는 왕조끼리의 결속을 강화함으로써 카를로의 영향에 대응하고자 했다. 서부 그리스 국가는 데스포테스 미카일 2세가 죽은 후(1271년) 붕괴되었다. 에피로스의 지배는 비잔티움 황제의 조카딸과 결혼한 합법적 상속자인 데스포테스 니케포로스에게 맡겨졌다. 테살리아에서는 미카일 2세의 사생아 요안네스가 자신의 지위를 주장했다. 황제는 그에게 세바스토크라토르의 칭호를 인정해주고 자기 조카 안드로니코스 타르카네이오테스를 요안네스의 딸과 결혼시켰다. 그렇지만 이런 식의 안전장치는 불충분한 것임이 입증되었다. 테살리아의 정력적이고 호전적인 권력자는 곧 제국의 격렬한 적이 되었고, 타르카네이오테스는 장인과 보조를 같이했다. 황제의 주된 과제는 분리주의적인 그리스 국가들을 다시 획득하는 일이었으나 비잔티움과 이들 국가들 사이에 협화를 수립한다는 것은 지난했다.

비잔티움 황제의 원상복구 의도는 슬라브 국가들과의 친선에도 방해가 되었다. 미카일 8세는 복구된 제국은 발칸 반도 중 그리스인 분립국가들과 라틴인 분립국가들뿐만 아니라 남슬라브 나라들의 영역도 포함해야 된다고 생각했다. 비록 효과는 없었지만 중요한 내용을 담고 있던 1272년의 교회정치적 규정이 이와 같은 그의 구상을 가장 분명하게 보여준다. 미카일 8세는 이 규정을 통해서 세르비아 교회와 불가리아 교회로부터 독립수장교회의 지위를 빼앗고, 바실레이오스 2세의 예에 따라서 남슬라브 교회들을 오흐리드의 그리스 교회 대주교구 밑에 종속시킬 의도를 품고 있었다. 협상은 대단히 큰 진전을 보았었는데도 세르비아와의 결혼동맹은 이루어지지 않았다. 그 대신 미카일

8세는 헝가리와 결속하여 앙주 왕조와 동맹한 세르비아에 대항할 수 있었다. 그의 제위상속자 안드로니코스는 헝가리 왕 이슈트반 5세의 딸과 결혼했다. 그 직후 안드로니코스는 1272년 11월, 공동황제로 즉위하여 이를 계기로 그때까지 비잔티움의 공동황제들로서는 한번도 소유하지 못했을 정도로 대단히 광범위한 권리를 얻었다(385쪽 참고). 불가리아 황후 이레네 라스카리스가 1270년경 죽고, 차르 콘스탄틴이 황제의 조카딸 마리아, 즉 에피로스의 데스포테스의 처제와 결혼한 후, 불가리아에서의 긴장은 누그러지는 듯이 보였다. 그렇지만 미카일 8세가 1262년부터 비잔티움의 소유였던 항구도시 안키알로스와 메셈브리아를 불가리아 차르에게 지참금으로 약속했으면서도 내놓지 않았으므로, 1272년에 전쟁이 터졌다. 불가리아인들이 비잔티움 영토를 습격했던 것이다. 그러나 미카일 8세는 타타르인들을 동맹자로 얻을 수 있었고, 불가리아인들은 타타르인들의 압력 아래서 문제의 도시들을 포기하고 물러나야 했다.

당시 동방에서 가장 중요한 세력요인들은 남부 러시아에 수립된 금장한국의 타타르인들, 서아시아에서 훌라구 칸의 통치하에 있던 몽골인들 그리고 이집트의 맘루크 왕조였다. 러시아와 서아시아의 몽골인들은 이미 1259년에 사이가 갈라져 더 이상 통일체를 이루지 못했다. 그 직후(1260년), 1258년에 칼리프의 도시 바그다드를 점령하고 인도에서 지중해에 이르기까지 서아시아 전체에 걸쳐 그 지배권을 확대시켰던 훌라구 통치하의 몽골인들은 이집트의 맘루크 왕조로부터 막심한 패배를 당했다. 맘루크인들은 원래 주로 쿠만족을 비롯하여 남부 러시아의 초원민족들로 구성되었고, 이집트 아이유브 왕조의 친위대를 이루다가 1250년에 이집트의 주인이 되었고, 아이유브 왕조 대신에 자신들의 왕조를 건설했다. 이 왕조는 16세기에 이르기까지 이집트를 다스리게 된다. 그때부터 남부 러시아로부터 점점 더 많은 동포들이 그들에게 몰려왔고, 이로써 맘루크인들은 금장한국과 더 가까운 관계가 되었다. 두 세력은 다 같이 서아시아의 몽골인들과 적대관계에 있었기 때문에 그들의 교통은 해로를 통해서만 가능했다. 그러나 이곳은 비잔티움이 열쇠를 쥐고 있었으므로 맘루크인들과 남부 러시아의 몽골인들은 비잔티움 황제와 필수적으로 좋은 사이를 유지해야 했다. 이것은 비잔티움 제국이 콘스탄티노플을 재점령한 후 세계정치에서 얼마나 비중이 커졌는가를 보여주는 또 하나의 증거이다. 처음에 이 같은 친선관계의 형성을 방해한 것은 미카일 8세가 서아시아의 몽골인들과 맺고 있던 우호적 관계였다. 비잔티움 황제의 입장에서 볼 때 훌라구와의 우정은 인접한 이코니온의 술탄국에 대한 압력수단이었기 때문이다. 그리하여 남부 러시아의 타타르인들은 1264년, 불가리아와 동맹을 맺고 제국에 대해서 사나운 습격을 감행했다. 비잔티움 군대는 쓰라린 패배를 당했다. 이때 미카일 8세 자신도 심각한 생명의 위험에 빠졌다. 뿐만 아니라 트라키아 땅은 이르는 곳마다 "밭을 가는 소도, 농부도 하나도 보이지 않을" 정도로 심하게 황폐화되었다. 타타르인들은 1271년 또다시 모든 것을 초토화시키는 습격을 감행했다. 이는 테살리아의 요안네스와 안드로니코스 타르카네이오테스의 호소에 따른 것이었다. 이 습격들과 아울러 불가리아에서의 혼란들로 말미암아 미카일 8세는 남부 러시아의 타타르인들과의 관계를 조정하지 않을 수 없었다. 그는 1272년, 막강한 타타르 군사 지도자 노가이와 우호조약을 체결했다. 노가이는 금장한국에서 지배적인 영향력을 가지고 있었고, 그 직후 그 자신이 곧 입증하기도 했듯이, 비잔티움에 대한 불가리아인들의 모든 적대적인 행동을 제어할 수 있는 인물이었다. 황제는 그에게 서출의 딸 에우프로시네를 아내로 주었고, 풍부한 선물을 선사했다. 그때부터 비잔티움 황제와 금장한국 및 맘루크인들과의 관계에는 말썽이 없었고, 비잔티움과 이집트 사이의 사신 왕래는 점점 더 활발해졌다. 제국을 에워싸고 있는 반(反)비잔티움 세력들 주위로 미카일 8세는 제국의 적들을 제어할 수 있는 더 넓은 원을 쳐놓았다. 훌라구 지배하의 몽골인들이 룸 술탄국에 압력을 행사하는 것처럼 이제 노가이 지배하의 타타르인들은 불가리아에 압력을 행사했다. 세르비아의 등뒤에는 제국과 동맹을 맺은 헝가리가 버티고 있었다. 비잔티움의 주된 적인 앙주의 카를로는 여전히 교회통합의 희망을 품고 있던 교황좌의 제지를 받아 제국에 대한 공격을 단념했다.

그러나 이제 그레고리우스 10세는 미카일 8세가 벌써 10년 이상 로마를 붙들어두고 있는 교회통합의 약속만으로는 만족하지 않으려고 했다. 그는 미카일 8세에게 그리스 교회가 굴복해오는 경우 가톨릭 세력들로부터의 완전한 안전을 약속하지만, 반대의 경우에는 더 이상 카를로 1세의 끈질긴 요구를 누를 수 없다고 선언하면서, 황제 앞에 양자택일안을 놓았다. 또한 비잔티움-베네치아 조약이 만기가 된 것을 계기로 삼아 그는 베네치아 방면에서도 미카일 8세에게 아주 강력한 압력을 넣었다. 교황은 교회통합이 이루어지기 전에는 조약의 갱신을 단념하라고 베네치아인들에게 경고했다. 카를로 쪽에서도 베네치아를 비잔티움에 적대적인 방향으로 유도하려고 최대한 노력하는 동시에 발칸에서 가장 적극적인 활동을 전개했다. 그는 맹렬하게 반황제적 입장을 취하고 있는 테살리아의 권력자와 우호동맹을 맺었고, 1273년에 그 어느 때보다 강력한 군대를 모레아로 파견했다. 카를로는 비잔티움으로 들어가는 관문인 알바니아에 이미 확고하게 발을 붙였고, 이 땅의 가톨릭 지역은 그를 군주로 인정했다. 카를로는 세르비아 및 불가리아의 동맹을 더욱 강화시켰고, 1273년에는 그의 궁정에 불가리아 차르와 세르비아 왕의 사절들이 도착했다. 제국의 모든 적들, 곧 라틴인, 그리스인, 슬라브인, 알바니아인들이 모두 함께 카를로의 지휘 아래 단결했다. 그는 보두앵 2세의 아들 필리프라는 콘스탄티노플의 명목상의 황제뿐만 아니라 그리스 내 프랑크인 통치지역의 지배자와도 동맹을 맺고 인척관계를 맺으면서 비잔티움 황제의 제관에 손을 뻗쳤다.

상황이 이러했기 때문에 그레고리우스 10세의 위협은 그야말로 짓누르는 압박으로 다가왔다. 황제에게는 교황의 의지에 굴복하는 것만이 유일한 탈출구로 남아 있었다. 비잔티움 성직자들의 거센 저항에도 불구하고 미카일 8세는 1273년 콘스탄티노플에 체류하고 있던 로마 사절단과 합의를 했고, 마침내 일부 성직자들에게까지 교회통합을 받아들이라고 설득할 수 있었다. 리옹 공의회에서 1274년 7월 6일, 역사적인 의식이 수행되었다. 대(大)로고테테인 게오르기오스 아크로폴리테스는 황제의 이름으로 교황의 수위권을 맹세했을 뿐만 아니라 로마의 신앙도 맹세했다. 비잔티움 사절단의 성직자들, 옛 총대주교 게르마노스와 니카이아의 수도대주교 테오파네스 역시 황제의 선언문 밑에 서명했다. 2세기 이상 로마 정치의 주된 목적 가운데 하나이자 수많은, 그러나 늘 성과 없는 협상의 대상이었던 교회통합이 이제 현실화되었다.

미카일 8세가 종교적으로 굴복하면서 기대했던 정치적 이득은 곧바로 실현되었다. 교황의 압력 아래 카를로는 비잔티움을 정복하기 위한 출정계획을 포기해야 했고, 1276년 5월 1일까지 휴전을 약속해야 했다. 베네치아 역시 1275년 3월, 비잔티움 황제와의 조약을 갱신했다. 하지만 기한은 단 2년이었다. 직전에 어려운 수세에 몰렸던 비잔티움은 다시 주도권을 잡고 도처에서 공세로 넘어갔다. 리옹 공의회가 열리는 동안 카를로의 군대들은 알바니아에서 비잔티움 군대로부터 심한 시달림을 당했다. 비잔티움인들은 전략적으로 중요한 베라트와 부트린토를 차지했고, 디라키온과 아블로나를 포위공격하기 시작했다. 1275년, 황제는 강력한 군대와 함께 동생 요안네스를 테살리아로 파견했다. 이곳은 세바스토크라토르 요안네스 앙겔로스 밑에서 반(反)황제세력의 중심지가 되어 있었다. 황제의 군대는 테살리아의 수도 네오파트라스 성벽 아래에서 승리를 거두었다. 그러나 이렇게 승리로 시작된 출정은 세바스토크라토르 요안네스의 개인적인 용기와 수완의 부족으로 말미암아 실패로 돌아갔다. 요안네스는 결정적인 순간에 인접한 아테네의 프랑크 공국에서 원군을 조달했던 것이다. 1277년, 테살리아에 대한 두번째 출정 역시 부정적인 결과로 끝났다. 그에 반해서 제국은 바다에서는 큰 성과를 기록했다. 특히 운이 좋았던 것은 1276년에 메가스 둑스로 등용된 이탈리아인 리카리오의 해상작전들이었다. 에우보이아와 다수의 에게 해 섬들이 그의 수중에 떨어졌다. 그리하여 비잔티움 함대는 다시 에게 해를 제압했다.

펠로폰네소스에서 중요한 변화가 일어났다. 1278년, 기욤 2세 빌라르두앵이 죽고, 그후 모레아 제후령은 앙주의 카를로의 직접지배 밑으로 들어갔다. 얼핏 보았을 때는 이 변화는 비잔티움에게 위협적으로 여겨졌을 수도 있다. 그러나 이는 실제로는 프랑크 지배체제의 약화를 뜻했고, 제국에는 이익이 되었다. 기욤 2세 때에 이미 투쟁의 대상으로 떠올라 있었던 어려움들은 카를로에 의해서 임명된 총독들에게는 너무 과한 것이 되어갔다. 국가는 끊임없는 전쟁으로 기진맥진했고, 그리스 주민들은 라틴인들의 외세지배에 대해서 반란을 일으켰다. 이러한 상황에서 비잔티움은 아르카디아까지 영토를 확대시킬 수 있었다. 이는 특히 최근에 에게 해 섬들에서 거둔 성공에 연이어서 이루어진 것이었던 만큼 황제의 위치가 상당히 확고해진 것을 뜻했다.

그렇지만 개선된 대외정치적 상황은 심각한 내적 동요를 대가로 얻은 것이었다. 비잔티움 주민, 대다수의 비잔티움 성직자들, 특히 정교에 광신적으로 매달리는 수도사들은 교회통합에 대해서는 전혀 듣고 싶어하지 않으면서 황제에게 격렬한 저항으로 맞섰다. 미카일 8세와 그리스 교회의 관계는 그전에 이미 심각하게 악화되어 있었다. 어린 요안네스 라스카리스를 장님으로 만든 일이 있은 후 총대주교 아르세니오스는 미카일 팔라이올로고스를 파문에 부쳤다. 마침내 미카일 8세는 대단히 어렵사리 이 엄격한 금욕주의자를 물러나게 하고(1266년), 그 두번째 후계자인 요세포스로부터 사면을 얻어내는 데에 성공했다. 그러나 교회 일부 세력과 민중은 추방된 아르세니오스에게 끝까지 충성을 지켰으니, 여기에서 이른바 아르세니오스파가 형성되었다. 이들은 황제와 새로운 교회 지도부를 완강하게 공격했다. 그런데 이제 미카일 8세가 교황에게 굴복하고 자국의 교회더러 로마의 지상권을 인정하라고 요구하자, 분노가 폭발하여 전 주민을 사로잡았다. 총대주교 요세포스는 교회통합을 받아들이려고 하지 않았으므로, 교회 지도부를 강제로 새로 교체하지 않으면 안 되었고, 이로써 어려움은 한층 가중되었다. 곧 문서고 관장(chartophylax)이라는 직책을 가진 요안네스 베코스가 총대주교의 자리에 임명되었다. 그는 여러 면에서 재능이 있고 노련한 인물로, 처음에는 교회통합에 반대하다가 마침내 찬성 쪽으로 선회한 인물이었다. 이제 두 적대 진영이 대립했다. 그리스-로마 교회분열의 제거는 위로부터의 명령에 의해서 강행되었지만 이는 비잔티움 제국 내부에서 깊은 분열을 낳았다. 자고로 정교를 가장 신성한 것으로 간주하고, 라틴인들에 대한 증오가 피와 살이 되어 있던 비잔티움 백성들은 선조들의 신앙을 배신한 황제에게 반대했다. 그러나 황제는 이 모든 것을 무시하고 교회통합에 집착했다. 그는 교회통합을 해야 자신의 제국이 구원된다고 생각했던 것이다. 신분의 귀천을 가리지 않고 가장 잔혹한 박해가 시작되었다. 감옥들은 성직자와 평신도, 서민과 황제의 피를 받은 왕자들로 초만원이 되었다. 분열은 모든 계층의 주민들에게 침투해 있었고, 황제의 가문 자체도 쪼개져 있었기 때문이다.

황제의 교회통합 정책은 심지어 비잔티움 경계 저편에서도 심대한 분규를 불러일으켰다. 미카일이 사랑하는 누이 에울로기아(이레네)는 교회통합을 격렬히 반대하며, 불가리아 황후가 되어 있는 자신의 딸 마리아에게로 갔다. 그리하여 불가리아 궁정은 두 여인의 영향 아래 반(反)황제운동의 진원지가 되었다. 그러나 곧 여기서 일시적이긴 하지만 방향 전환이 일어났다. 쇠약해진 트르노보의 차르 제국은 끊임없는 몽골인들의 약탈행렬로 황폐화되었고, 사회적 대립으로 찢겨져 있었다. 그 결과 거센 민중봉기가 터졌고, 격렬한 내부 투쟁이 일어났다. 이제 비잔티움 정부는 잇따라 승리를 거두고 있던 민중 지도자 이바일로에 반대하여 불가리아의 혼란에 무력으로 개입했고, 그리스화된 인물이며 비잔티움 공주와 결혼한 사이이던 아센 왕조의 한 후예를 발탁하여 이반 아센 3세로서 흔들리는 차르의 자리에 오르게 하는 데에 성공했다(1279년).

그러나 그리스의 분립 군주국들에서는 황제의 교회통합 정책에 대한 증오가 숙명적인 결과를 가져왔다. 심지어 평화를 사랑하는 에피로스의 니케포로스조차 팔라이올로고스에 대항하기 시작했다. 그는 얼마 전 비잔티움에 정복된 항구도시 부트린토를 점령했고, 나중에는(1279년) 이 도시를 앙주의 카를로에게 내어주었다. 미카일 8세의 옛 적이며 수년 동안 서방세력들의 지원을 받아 비잔티움 제국에 대항하여 싸웠던 테살리아의 요안네스는 정교 그리스인들의 지도자로 자처했다. 그의 주위에는 비잔티움 정부의 교회통합 정책에 반대하는 인물들이 점점 더 많이 모여들었다. 심지어 그는 1278년에 종교회의를 소집하고, 황제를 이단자로 판결했다.

게다가 황제뿐만 아니라 교황좌 역시 로마와 비잔티움의 교회통합을 유지하기 위해서 힘겨운 투쟁을 벌여야 했다. 그레고리우스 10세가 죽은 후(1276년) 로마에서는 시칠리아 왕의 영향력이 강화되어, 이미 로마와 비잔티움의 협력은 중지되었다. 니콜라우스 3세(재위 1277-80년)는 로마의 보편교회적 노력과 아울러 교회통합 정책을 다시 한번 강력하게 추진했다. 그는 로마 교회의 보편세력을 모든 세속적인 세력들 위에 앉히기 위해서, 서방에서는 합스부르크가의 루돌프와 앙주가의 카를로 사이의 균형을 수립하고 동방에서는 카를로와 비잔티움 황제 사이의 균형을 수립하고자 했다. 그가 교황좌에 앉아 있는 동안 미카일 8세는 서방에서 안전하다는 느낌을 받았다. 이 시대에 비잔티움은 모레아와 에게 해 섬들에서 가장 중요한 성과를 거두었다(377쪽 참조). 그러나 다음 교황을 선출하는 데서는 카를로의 영향이 승리했다. 이리하여 완전히 장면이 바뀌었다. 1281년 2월 22일, 프랑스인 마르티누스 4세가 교황좌에 올랐는데, 그는 막강한 시칠리아 왕의 맹목적인 도구였다. 로마 교황청은 주권을 가진 중재자로서의 직무를 포기하고, 완전히 앙주 왕조의 정복정책에 복무했다. 교황의 비호 아래 카를로와 보두앵 2세의 아들, 즉 명목상의 라틴 황제 필리프는 1281년 7월 3일 오르비에토에서 베네치아 공화국과 "팔라이올로고스에게 찬탈된 로마 제국의 재건"을 위한 조약을 체결했다. 아니, 그 이상이었다. 마르티누스 4세는 선임자들의 정책과 완전히 관계를 끊었는데 맹목적으로 카를로의 지시를 따르는 정도가 어찌나 심했던지, 비잔티움 황제가 교회통합을 지지했고 그랬기 때문에 바로 자기 백성들의 적대감에 맞서서 힘겨운 투쟁을 견뎌내야 했음에도 불구하고 황제를 분열주의자로 판결하며 그의 폐위를 선언했고, 모든 나라의 기독교 군주들에게 그와의 왕래를 금지했다.

미카일 8세의 교회통합 정책은 이렇게 완전히 실패했다. 로마 자신도 교회통합 정책을 포기했다. 서방세력들은 하나가 되어 비잔티움에 대해서 투쟁했다. 베네치아는 앙주의 카를로에게 함대를 빌려주었고, 교황은 도덕적인 지원을 했다. 발칸의 통치자들도 반비잔티움 전선에 합류했다. 카를로의 협력을 받아 1282년, 테살리아의 요안네스와 실행력 있는 새로운 세르비아 왕 밀루틴(재위 1281-1321년)은 마케도니아를 습격했다. 세르비아 왕은 중요한 스코피에를 점령했다. 비잔티움은 이제 영원히 스코피에를 상실했다. 불가리아에서는 비잔티움의 비호를 받던 이반 아센 3세가 이미 1280년에 차르의 관을 상실했다. 그의 후계자는 쿠만족의 후예 게오르기 1세 테르테르(재위 1280-92년)였다. 불가리아 보야르의 지도자로서 이반 아센 3세로부터 권력을 빼앗은 그가 비잔티움에 반대하는 쪽으로 돌아서고 앙주 가문의 카를로 및 테살리아의 요안네스와 동맹을 맺은 것은 당연한 일이었다. 카를로로서는 이번보다 더 목적에 가까이 온 적은 한번도 없었고, 미카일 8세의 상황이 이번보다 더 위급했던 적 역시 한번도 없었다. 비잔티움 제국은 바야흐로 몰락할 것처럼 보였다.

그러나 가장 위급한 순간에 방향이 크게 바뀌었다. 승리를 확신하고 있던 앙주의 카를로에게 끔찍한 재앙이 닥쳤고, 팔라이올로고스의 능숙한 외교술이 큰 승리를 거두었다. 시칠리아에서는 이미 몇년 전부터 앙주 왕조의 지배에 대항하여 큰 규모의 모반이 계획되고 있었다. 남부 이탈리아에서 이주해온 박식한 의사이자 후에 아라곤의 총리가 된 후안 데 프로시다가 여기서 중재자의 역할을 했다. 그의 중재로 미카일 8세는 니콜라우스 3세가 아직 교황좌에 있는 동안 만프레디의 사위인 아라곤의 왕 페드로 3세와 연락을 시작했다. 페드로는 앙주의 카를로의 배후를 찔러, 카를로가 1266년 만프레디 왕으로부터 빼앗았던 왕국을 탈환하기로 했다. 비잔티움 황제는 페드로에게 함대 건설을 위해서 자금을 쓰게 했다. 동시에 비잔티움과 아라곤의 대리인들은 비잔티움으로부터 넉넉히 돈을 받아, 시칠리아에서 앙주 왕조의 외세지배에 대해서 반란을 일으키도록 선동했다. 앙주의 지속적인 전쟁준비와 지방행정의 폐해로 지치고 분격해 있던 백성들은 불만으로 격렬하게 들끓고 있었다. 그러나 이 잠재적인 위기에 처음으로 돌파구를 준 것은 비잔티움의 돈이었다. 아라곤 왕의 전쟁준비도 여기서 비로소 가능해졌다. 미카일 8세의 자서전에는 이런 말이 나온다. "신이 나의 손을 통해서 그들(시칠리아인들)에게 자유를 주었다고 말한다면, 나는 진실을 말하는 것이다." 팔라이올로고스가 가장 심한 곤궁에 처했던 순간인 1282년 3월 31일, 팔레르모에서 반란이 터졌다. 반란은 삽시간에 섬 전역으로 확산되었다. 시칠리아에 대한 앙주 가문의 지배는 저 유명한 시칠리아의 만종(晩鐘) 학살사건에서 피비린내 나는 종말을 맞았다. 8월에는 아라곤의 페드로가 함대를 이끌고 나타났다. 그는 팔레르모에서 만프레디의 관을 자신의 머리에 쓰고 시칠리아의 군주가 되었다. 반면 앙주의 카를로는 가까스로 이탈리아 본토의 소유지를 구할 수 있었다. 이제는 비잔티움 원정이 문제가 아니었다. 남부 이탈리아 왕국은 산산히 쪼개졌고, 앙주의 카를로는 유례 없는 파국을 겪은 후 게임에서 물러났으며, 교황 역시 혹독하게 재앙을 당했다. 이제 명목상의 라틴 제국 황제 필리프를 진지하게 받아들이는 사람은 아무도 없었다. 베네치아는 비잔티움 황제와 아라곤 왕에게 접근할 수 있는 길을 모색했다. 이로써 복구된 비잔티움 제국을 20년 동안 위협하던 뇌우는 팔라이올로고스의 외교적인 천재성으로 씻은 듯이 가셨다.

8

비잔티움 제국의 쇠망 (1282-1453)

1) 소국으로서의 비잔티움

서방의 정복 충동에 맞선 방어투쟁에서 미카일 8세는 시종일관 승자의 지위를 고수했다. 그에 반해서 옛 비잔티움 지역들에서 황제가 시도한 공격은 그 모든 노력에도 불구하고 미미한 성과밖에 거두지 못했다. 발칸 반도의 북반부는 슬라브인들이 확보했다. 미카일 8세가 약화된 불가리아에게서는 영토를 얻어낼 수 있었다고 해도, 한창 일어나고 있는 세르비아 국가에서는 새로운 손실을 겪을 위험이 있었다. 바다에서는 예나 지금이나 이탈리아 도시공화국들이 지배했다. 물론 펠로폰네소스 일부는 막대한 힘을 소모한 끝에 다시 비잔티움 제국 밑으로 들어왔지만, 그러나 대부분은 계속해서 프랑크인들에게 속해 있었다. 아티카 역시 보이오티아 및 인접 섬들과 함께 그대로 프랑크인들의 지배 아래 놓여 있었다. 테살리아와 에피로스는 아이톨리아와 아카르나니아와 함께 앙겔로스 가문의 지배 밑에 있으면서, 황제의 권위에 완강하게 항거했다. 팔라이올로고스의 탈환 시도들이 가장 성공하지 못한 곳은 바로 이 분리주의적 그리스 국가들이었다. 비잔티움 내부의 분해가 1204년의 파국을 준비했듯이, 지금도 통일작업에 가장 반대되는 작용을 하는 것은 분리주의 그리스 세력들이었다. 비잔티움 황제의 발칸 반도 수복 노력에 대항하는 투쟁에서 그리스 권귀들의 땅 테살리아가 지도적인 역할을 했다.

그리하여 발칸에서의 끊임없는 전쟁과 앙주 왕조의 위협에 대항하는 소모적인 방어투쟁들은 비잔티움 제국의 힘을 완전히 소진시켰다. 그 원칙과 방법에서, 그 대담성과 원대한 이상에서, 또한 주로 서방으로 향하고 있던 그 지향성에서, 미카일 8세의 정치는 긍정적인 업적이든 부정적인 결과이든 마누엘 1세의 통치를 상기시켰다. 그것은 이집트에서 스페인에 이르기까지 세계적 사건에 영향을 준 거창한 방식의 황제정책이었다. 그러나 이것이 비잔티움 국가로서는 감당할 수 없을 정도의 부담을 준 것도 사실이다. 100년 전 보편제국을 향한 마누엘 콤네노스의 노력이 그랬듯이, 이제 강대국을 지향한 미카일 팔라이올로고스의 노력은 제국으로부터 마지막 기력을 앗아갔다. 당시와 마찬가지로 이번에도 아시아에서 비잔티움 제국의 방어능력이 손상되었으나, 이제 그 결과는 훨씬 심각해질 것이었다. 당시와 마찬가지로 이번에도 비잔티움은 군사적으로나 재정적으로나 고갈된 상태에 있었다. 당시와 마찬가지로 이번에도 초반의 행운에 이은 격심한 쇠락이 찾아들었다. 비잔티움 제국의 전혀 개선의 가망 없는 몰락이 시작되었다. 미카일 8세의 자랑스런 제국과 그 후계자들의 가련한 국가는 엄청난 차이를 보인다. 미카일 8세의 후계자들에 와서 비잔티움은 소국가가 되고, 마침내 이웃들의 정책에서 하나의 객체로 전락하게 되었다.

이 변화는 보통 아주 간단하게 설명되고 있다. 미카일 8세는 천재적인 정치인이지만, 그의 후계자인 안드로니코스 2세는 허약하고 무능한 통치자였다고 말이다. 사실은 13세기 말부터 시작된 비잔티움 국력의 급속한 몰락에는 보다 더 깊은 이유들이 있었다. 국가의 내적인 쇠약은 치유될 수 없었고, 증대하는 대외정치적 곤궁은 비잔티움을 불가피한 파국으로 몰아갔다. 국가조직에는 구멍이 뚫렸고, 미카일 8세 치하에서의 과도한 긴장은 불가피하게 반동을 초래했다. 더욱이 급속히 일어나고 있는 오스만과 세르비아의 세력 팽창이 시작되었다. 이들의 세력 팽창은 이제 바야흐로 시작되는 시대를 좌우하는 요인이었다. 군사적으로나 재정적으로 기진맥진한 비잔티움 국가는 동쪽과 발칸에서 몰아닥치는 이중의 위협에 무력했다. 비잔티움 세력의 몰락은 통치자들의 개인적인 속성 탓이 아니라, 이 어려운 대내적 대외정치적 이유들로 설명할 수 있다.

물론 안드로니코스 2세(재위 1282-1328년)는 그릇이 큰 정치인은 결코 아니었다. 그러나 일반적으로 주장되듯이 그렇게 허약하고 편협한 인물도 결코 아니었다. 그의 정책에 심각한 실책들이 없는 것은 아니었다. 그러나 그 역시 수많은 현명하고 중대한 조치들을 내렸으며, 그에게 국가의 필요에 대한 이해가 부족한 것은 아니었다는 것을 인정해야 한다. 상황이 절망적이었기에 모든 치유 시도들이 단지 제한적인 효과를 얻을 수밖에 없었던 것이고 그나마 그 효과들이 다음 사건들로 무효가 되었던 것일 뿐인데 이 모든 것의 잘못을 그에게 뒤집어씌워서는 안 될 것이다. 더욱이 그는 특별히 높은 교양을 소유하고 있었고, 학문과 문학에 뚜렷한 관심을 가지고 있었다. 테오도로스 메토키테스와 니케포로스 그레고라스를 비롯하여 고매한 정신적 능력의 소유자들이 그의 가장 가까운 조언자들이었다. 팔라이올로고스 왕조의 시대가 위대한 문화적 번영의 시대였고, 콘스탄티노플이 정치적인 몰락에도 불구하고 여전히 세계의 지적 중심지로 머물렀던 것은 적지 않은 부분이 바로 많은 업신여김을 받는 안드로니코스의 공적 덕택이었다.

그는 아버지가 통치할 때부터 이미 공동 통치자로서 정사에 참여했다. 그의 치하에서는 그의 아들이자 공동황제인 미카일 9세(1320년 사망)가 더욱 중요한 역할을 하게 된다. 공동 통치의 중요성이 증대한 것은 팔라이올로고스 왕조 시대의 특징적인 현상이다. 그것은 주 황제와 공동황제가 명목상 동격이라는 점에서 공식적으로도 표현된다. 이제 통치하는 주 황제 자신뿐만 아니라, 그의 동의를 얻어서 제1공동황제 ── 즉 하위의 다른 공동황제들은 아니고 제1공동황제만 ── 역시 제위계승 예정자로서 바실레우스 칭호와 아우토크라토르의 칭호를 달 수 있었다. 이것은 분리주의적 성향을 드러내는 제국의 여러 지역을 통치하는 원칙이 변화하여 중앙집권적 단독 통치로부터 황가 구성원들의 연대 통치로 나아가게 되었음을 보여주는 첫번째 조짐이었다.

이때 이미 제국을 분할하자는 생각이 등장했다. 물론 처음에 그것은 낯선 서방식 견해의 파생물에 지나지 않았다. 바로 황제의 두번째 부인인 몽페라 출신의 이레네(욜랑드)가 자신이 낳은 아들들의 이익을 위해서 황가의 전체 황자들 사이에 제국의 영토를 분할할 것을 요구했던 것이다. 그렇지만 당시 황후의 계획이 단호한 반대에 부딪쳤다는 것은 사태 전개의 이 단계로서는 특기할 만한 일이다. 안드로니코스 2세가 아내의 생각을 물리침으로써 심각한 불화가 생겼다. 황후는 수도를 떠나 테살로니카로 갔다. 그녀는 이곳에서 사위인 세르비아 왕 밀루틴과 결속하여, 이제 자신의 아들들 가운데 하나가 세르비아 왕위계승을 확보하게 하고자 시도했다. 그렇지만 여기서도 그녀의 계획은 성공하지 못했다. 사치에 젖은 황자들로서는 세르비아에서의 소박한 생활이 마음에 들지 않았기 때문이다.

비잔티움 사람들은 이 갈등에는 로마적 비잔티움적 견해와 서방적 견해 사이의 대립이 작용하고 있으며 황후의 요구 밑바탕에는 공법적 발상과 사법적 발상의 혼동이 깔려 있다는 것을 대단히 정확히 이해했다. 니케포로스 그레고라스는 이렇게 썼다. "듣지도 보지도 못한 일이다. 그녀는 황제의 아들들이 옛 로마 관습에 따라서 군주로서 통치하는 것이 아니라, 라틴인들의 모범에 따라서 로마 도시들과 지방들을 분할하기를 원했다. 그녀는 아들들 각각이 자기들 개별 소유로 귀속된 특정한 부분을 다스리기를 원했고, 그 개개 부분들이 세인들의 소유법에 따라 부모로부터 자식들에게 상속되고, 그런 다음 그들의 자식들과 그 후예들에게 상속되기를 바랐다." 그런 다음 니케포로스 그레고라스는 이러한 설명을 덧붙였다. "황후는 라틴인 출신이므로 라틴인들로부터 이 새로운 관습도 받아들인 것이다. 그녀는 이 새로운 관습을 감히 로마인들에게 도입하고자 했다."

비잔티움은 여전히 제국의 통일을 고집하고 있었다. 그러나 국가구조는 점점 더 흐트러졌으며 중앙과 속주들 사이의 연관도 점점 더 느슨해졌다. 근본적으로 이제 속주들은 오로지 총독 개인을 통해서 중앙권력과 관련되었으므로 대개 황제의 친척이나 황제의 최측근 궁정인사들 가운데서 총독이 임명되었다. 그러나 신임이 오랫동안 지속되지 않기 때문에 그들은 얼마 안 있어서 금방 교체되곤 했다. 이 마지막 가냘픈 연대가 찢겨지는 날이면, 속주는 지방 지주들의 세력하에 들어가버리게 되는 것이었다. 비잔티움 국가의 자랑이자 단단한 척추였던 행정체제는 엄격한 중앙집권적 성격과 명료한 위계적 구조를 상실했다.

팔라이올로고스 왕조의 수립은 비잔티움 대귀족의 승리를 뜻했다. 봉건화 과정은 새로운 비약을 경험하며 14세기부터 정점에 도달했다. 세속 및 종교계의 지주들은 자기네 소유지를 늘리고, 파로이코이의 수를 증가시켰다. 그들은 점점 더 광범위한 특권들을 얻고, 종종 완전한 면세권을 얻었다. 전반적인 곤궁의 한가운데에서 그들은 유복한 별천지 인생을 누리면서 점점 더 국가로부터 벗어났다. 그에 반해서 농민의 소유지뿐만 아니라 소귀족의 특권 없는 토지 소유도 몰락했다. 소귀족들은 그들의 땅과 노동력을 대장원에 빼앗겼다. 이는 대규모의 자본력 있는 장원들만이 적의 습격들로 끔찍하게 황폐화된 상황으로부터 살아남을 수 있는 만큼 더욱 그러했다.

이러한 발전은 정치적으로뿐만 아니라 재정적으로도 그리고 이러한 것들에 못지 않게 군사적으로도 국가를 약화시켰다. 대토지 소유가 점점 더 심하게 조세의 의무를 벗어나고, 그밖에도 납세자인 농민 및 소귀족들의 소유지를 삼켜버렸기 때문에, 국가의 세입은 크게 위축되었다. 여기에는 징세행정의 부조리가 심화되었던 것도 한몫했다. 여타의 지주들과 마찬가지로 프로노이아르들 역시 새로운 특권을 얻었다. 원래 프로노이아 봉토는 조건이 붙고 기한이 있는 소유지로서 상속될 수 없는 것이었다. 그러나 이제 프로노이아르들에게는 그들이 수여받은 소유지와 수입들을 상속자들에게 대물림할 수 있는 권리가 점점 더 자주 허용되었다. 이미 미카일 8세는 제위에 등극하면서 자기 추종자들의 프로노이아 봉토를 세습 소유로 바꾸게 했다. 한 당대인의 비유적인 표현에 따르면, 그는 살아 있는 동안에만 허락되었던 프로노이아 봉토에 불멸성을 부여했다. 시간이 흐르면서 후대 황제정부는 프로노이아르들이 죽음에 임박하여 세습권을 간청하면 이를 점점 더 자주 만족시켜줄 태세를 보였다. 물론 프로노이아 봉토는 예나 지금이나 특수한 종류의 소유지였다. 세습되는 프로노이아 토지라도 양도될 수는 없었고, 소유지와 함께 세습되는 복무의 의무가 여전히 부과되어 있었기 때문이다. 그러나 세습되는 프로노이아 봉토가 여전히 양도할 수 없는 복무 토지였다고 하더라도, 프로노이아 토지들의 점점 더 잦은 세습은 원래의 체제가 현저하게 느슨해졌음을 뜻하는 것이었을 뿐 아니라, 나아가 중앙권력이 점점 더 약화되었고, 그리하여 국가가 강해진 봉건귀족들의 요구에 점점 더 굴복하게 되었음을 분명하게 보여주는 것이었다.

팔라이올로고스 시대에 프로노이아 체제의 비효율성을 극명하게 보여주었던 현상은 비잔티움 군대가 콤네노스 치하에서 이미 그러했던 것처럼 그저 상당 부분 이민족에 의존한다는 정도가 아니라 아예 전적으로 이민족 용병들로 구성되어 있다는 사실이었다. 여기서 국가에 무거운 재정적 부담이 생겼다. 미카일 8세의 강국수립 노력과 여기서 비롯되어 점점 더 다양해진 군사적 과제들 때문에 수많은 용병부대를 유지할 필요가 있었고, 이는 재정적으로 제국을 파멸시켰다. 미카일 8세 치하에서 비잔티움의 병력은 의심할 여지 없이 수만 명에 달했다. 1263년 펠로폰네소스의 치안근무에만 해도 6,000명의 기사들이 할당되었고 1279년 불가리아에 대한 한 원정에서는 적어도 1만 명이나 되는 무인들이 참여했던 것을 보더라도 이를 알 수 있다. 중기 비잔티움 시대나 콤네노스 시대와 비교해볼 때 상당히 약소한 수이지만, 가난해진 후기의 국가로서는 이런 규모의 군대는 용병 무리들과 함께 한마디로 말해서 짓누르는 부담이었을 뿐이다. 군대는 철저하게 감축되어야 했고, 안드로니코스 2세는 실제로 그렇게 했다. 그런데 여기에서 그는 초기에 너무 과도하게 나아가버렸다. 그는 특히 큰 비용을 필요로 하는 함대의 유지를 완전히 포기할 수 있다고 생각했다. 그는 동맹 동지인 제노바의 해군력을 믿었던 것이다. 그리하여 안드로니코스는 제노바에 대한 경제적 종속의 부담에다 군사적 예속이라는 부담을 추가했다. 게다가 육군 역시 크게 감축되었다. 비잔티움의 군사력은 당대인들의 판단에 따르면 "웃기는" 정도, 혹은 아예 "없다고 할" 정도로 퇴락한 상태에 달했다. 이런 판단은 의심할 여지 없이 심하게 과장된 것이기는 하지만, 그러나 아무리 필요에 의해서라고는 해도 그렇게까지 비약적으로 비잔티움의 군사력이 감축될 수 있을까 하는 데에서 주민들이 받았던 인상을 잘 재현하고 있다. 미카일 8세의 어쨌든 위풍당당한 병력과 그 후계자의 약소하기 짝이 없는 방어수단 사이의 차이는 너무도 엄청났다. 사실, 13세기 말 이후 비잔티움에서 몇천 명 이상 병력의 군대를 만나는 일은 아주 드물다. 이것만으로도 이미, 어째서 비잔티움이 강국의 지위를 상실했는지, 어째서 훨씬 우세한 오스만 군대의 전진에 무력하게 대응했는지 설명할 수 있다.

재정적 위기의 중요한 징후는 비잔티움 금화의 가치 하락이었다. 악화(惡貨)의 주조는 금에다 열등한 가치의 금속을 혼합해 넣는 데서 비롯된 것이었다. 비잔티움의 노미스마(nomisma) 금화는 11세기 중반부터 심각한 가치 하락을 경험했지만 12세기에 와서는 어느 정도까지 가치가 만회되었다. 상황이 개선됨으로써 훨씬 순도가 높은 금으로 화폐를 주조할 수 있게 되었기 때문이다. 그리하여 비잔티움 금화는 13세기 초에만 해도 명목가치의 약 90퍼센트를 유지하고 있었던 것 같다. 그러다가, 알렉시오스 1세 당시부터 사람들 입에 오르내리기 시작한 명칭대로 하자면 히페르피론(hyperpyron)이라고 하는 비잔티움의 금화는 다시 가치가 떨어져버렸고, 그로 인해서 그 명망은 제국 밖에서도 궁극적으로 무너져버리고 말았다. 비잔티움 화폐에 대한 예전의 확고한 신뢰는 이제 도처에서 점증하는 불신으로 대체되었고, 한때 세계무역을 경쟁 없이 지배했던 비잔티움 금화는 이미 13세기 중반부터 이탈리아 도시공화국들의 새로운 금화인 “라 부오나 모네타 도로(la buona moneta d'oro)” 곧 “양질의 금화”에 점점 축출당했다. 실제로 비잔티움 화폐인 히페르피론의 금함유량은 이미 요안네스 바타체스 치하에서 액면가의 3분의 2, 그러니까 16금밖에 되지 않았다. 그러던 것이 콘스탄티노플을 수복한 후 미카일 팔라이올로고스 치하에서는 겨우 15금이었고, 안드로니코스 2세의 치세 초기에는 14금밖에 되지 않았다. 14세기 초 새로운 궁핍의 시대에는 히페르피론이 원래 가치의 절반으로 내려앉았다. 그 결과는 급격한 물가 상승이었다. 더욱이 생필품이 비싸진다는 것은 광범한 인민 대중에게는 굶주림이 확산됨을 뜻했으며, 그로 말미암아 많은 사람들이 걸인의 지팡이를 들고 나서게 되었다.

불행은 더 이상 치유되지 않았다. 전반적 상황이 점점 더 악화되고 경제적 곤란이 점점 더 증대하면서 비잔티움의 화폐는 점점 평가절하되었고, 먹고사는 일의 위기가 비잔티움의 백성들을 점점 더 무거운 짐으로 내리눌렀다. 심하게 위축된 국가세입을 다시 높이기 위해서 안드로니코스 2세는 조세조치를 단행했다. 그는 세입을 훨씬 크게 증대시키는 데에 성공하여 연간 조세수입은 100만 히페르피론으로 올라갔다. 이로써 세부담이 높아졌고, 주민들의 상황은 훨씬 어려워졌다. 이른바 시토크리톤(sitokrithon)이라는 새로운 부과조가 도입됨으로써 물납도 증가하는 바람에 더욱 그러했다. 시토크리톤 제도에 따르면 모든 경작자는 수확의 일부를 현물로 국가에 납부해야 했다. 즉 1제우가리온(zeugarion)당 6모디오이(modioi)의 밀과 4모디오이의 보리를 납부해야 했다. 그렇지만 안드로니코스 2세는 일반 백성의 과세를 높이는 데에 그치지 않고 또한 대토지 소유의 면세특권을 제한하고자 하는 조치에 의해서도 세입을 증가시켰다. 이제 흔히 특정 조세, 특히 토지세가 면세특권의 적용대상에서 제외되었고, 면세증서를 소지한 사람들도 이들 세금은 납부해야 되었다. 황제는 때때로 가장 막강한 봉건영주들과 가장 영향력 있는 수도원들에 대해서는 이 규칙의 적용을 늦출 수밖에 없었다. 그렇기는 하지만 이러한 조치는 국가 세입의 증대에 적잖이 기여했을 것이다.

안드로니코스 2세가 거두어들인 액수는 당대인들에게 대단히 높은 액수로 여겨졌다. 여기서 비잔티움이 얼마나 형편없이 가난해졌는지가 드러난다. 중세 초기에만 해도 비잔티움 국가의 연간 수입은 금화 정상가로 약 700만-800만 노미스마에 달했다. 그런데 이제 금화의 가치는 옛날 가치의 절반밖에 되지 않았음에도 불구하고, 대단히 어렵게 거둔 세입은 금화 100만 개밖에 되지 않았다. 안드로니코스의 조세개혁이 있기 전의 수입은 분명히 이것보다도 훨씬 더 적었다. 물론 과세가 비잔티움 제국의 유일한 수입원은 아니었지만 그래도 이것이 국가예산에서 추종을 불허할 만큼 가장 중요한 부분이었음에는 틀림없다. 특히 대부분의 관세수입이 이제는 제국이 아니라 이탈리아 해상공화국들로 흘러들어갔기 때문에 더 그러했다.

증가된 수입은 한편으로는 경상 행정비용으로 쓰이고, 다른 한편으로는 우세한 이웃 국가들에게 조공을 지불하며, 나아가 20척의 삼단 노 갤리선 함대와 기사 3,000명의 상비군을 유지하는 데에 쓰일 예정이었다. 이 상비군 가운데 2,000명은 유럽에, 1,000명은 아시아에 주둔하게 될 것이었다. 통치를 시작하면서 재정적 궁핍 때문에 지나치게 성급하게 군축 결정을 내렸던 황제는 이렇게 하여 다시 방어력을 회복시키고자 했다. 그러나 그가 의중에 둔 계획은 얼마나 초라했던지! 비잔티움의 예산에서 이웃 세력들에 대한 지불이 가장 중요한 지출항목이 된 것은 놀라운 일이 아니었다. 비잔티움인들은 무력으로 적에게 저항할 수 없었기 때문에, 절약해서 모은 돈으로 평화를 사들이고자 했다. 니케포로스 그레고라스의 몸서리쳐지는 비유에 따르면 그들은 마치 "늑대의 우정을 사기 위해서 자기 몸에서 여러 군데의 혈관을 잘라 늑대에게 배불리 자기 피를 빨아먹게 하는 것과 같았다." 비잔티움은 소국이 되어 있었다. 그것은 위대한 과거를 먹고살아가는 소국, 상속받은 과제들을 더 이상 이행할 수 없기 때문에, 주어진 지리학적 상황에서 그 실존을 더 이상 지킬 수 없기 때문에 멸망해가는 소국이었다.

다른 여러 가지 면에서와 마찬가지로 교회 문제에서도 안드로니코스 2세의 정책은 자기 부친의 정책과 근본적으로 차이가 있었다. 여기서도 상황이 완전히 바뀌고 있었기 때문이다. 교회통합 정책의 계승은 이제 아무 의미도 없었다. 교회통합은 죽었다. 마르티누스 4세가 교황좌에 취임하고부터 벌써 그랬던 것은 아니라고 하더라도 어쨌든 시칠리아의 만종 학살 이후에는 그랬다. 안드로니코스 2세는 제위에 오른 직후 정교 노선을 취하겠다는 것을 강조하기 위해서 엄숙하게 교회통합을 포기했다. 요안네스 베코스는 콘스탄티노플의 주교좌를 떠나야 했다. 총대주교구는 리옹 공의회가 있은 후 파면되었던 요세포스에게 다시 한번 맡겨졌고, 그가 얼마 안 가서 사망하자 이 자리는 박식한 키프로스의 그레고리오스에게 맡겨졌다. 어려운 정신적 위기는 극복되었고, 제국은 리옹 공의회 때부터 짓누르던 악몽으로부터 해방되었다. 그러나 비잔티움의 교회생활이 잃어버린 균형을 되찾기까지는 상당히 오랜 시간이 걸렸다. 열심파의 급진적 금욕주의와 이른바 정치파의 온건한 친정부적 방향 사이의 해묵은 다툼이 재개되었다. 오래 전에 죽은 총대주교 아르세니오스를 여전히 맹종하는 열심파는 교회 지도부와 정부에 반대했다. 그러나 이 분쟁은 외양은 그토록 험악해 보였을지라도 물이 모래에 스미듯이 점점 사라져갔고, 14세기 초에 와서는 아르세니오스파들도 몇몇 광신자를 제외하면 지배적인 교회 세력들과 친교를 맺게 되었다.

교회의 중요성과 교회가 제국의 정신적 생활 전체에 미치는 영향은 대단히 정교적인 황제였던 안드로니코스 2세 치하에서 정점에 달했다. 특히 수도사들의 영향력이 증대했다. 라틴인들의 지배 시대에 겪었던 오랜 위기가 지나고, 교회통합 시대의 어려운 시련이 지난 후, 비잔티움 수도원들은 정신적으로나 물질적으로 번영의 시대를 맞았다. 비잔티움 수도원들, 특히 아토스 산의 유서 깊은 수도원들은 유례 없는 황금시대를 경험했다. 그들의 정신적 영향력뿐만 아니라 토지 소유도 증대했다. 그런 한편 알렉시오스 1세 콤네노스 때부터 황제 직속이던 아토스 수도원들은 1312년 11월의 교서를 통해서 콘스탄티노플 총대주교에게 소속되었다. 향후 이 성스러운 산의 수장, 다시 말해서 전(全) 아토스 수도원장들 회의의 의장은 황제에 의해서가 아니라 총대주교에 의해서 임명되었다. 이 시대에는 또한 주교구들을 새로 분할하고 개개 주교좌들의 서열관계를 새로 규정하려는 시도가 나타났다. 그 목적은 레온 6세 시대

이래 개별적으로만 바뀌었던 옛 교회규정들을 시대 상황에 적합하게 만드는 데에 있었다. 비잔티움 교회의 영향권과 축소되어가고 있던 국가영토 사이의 차이는 점점 더 현저해졌다. 국가가 쇠약해지는 동안, 콘스탄티노플의 총대주교좌는 여전히 정교 세계의 중심으로 역할하고 있었고, 소아시아와 발칸의 잃어버린 나라들의 수도대주교들과 대주교들뿐만 아니라 카프카스 지역, 러시아, 리투아니아의 수도대주교들과 대주교들도 콘스탄티노플 총대주교좌에 소속되었다. 교회는 비잔티움 제국에서 가장 지속적인 요소로 남게 되었다.

제국의 군사적, 재정적 허약성에 직면하여 안드로니코스 2세는 대단히 온건한 대외정책을 취했다. 그는 평화조약과 우호조약을 통해서 동서남북 모두 안전을 확보하고자 했다. 심지어 시칠리아의 만종 학살사건 이후 당분간 서방으로부터 심각한 위험은 없을 텐데도 비잔티움에 관심을 보이는 서방세력이 있는 경우에는 이들과도 우호조약을 맺고자 했다. 안드로니코스는 첫번째 아내인 헝가리 출신의 안나가 일찍 죽은 후, 1284년 몽페라 변경백의 딸 이레네와 결혼했다. 이로써 테살로니카 왕관에 대한 몽페라 가문의 요구는 사라졌다. 당시 테살로니카의 명목상의 왕이었던 변경백이 이제 비잔티움의 황후가 된 자기 딸을 생각해서 어차피 그리 현실적이지도 못한 이 요구를 포기했기 때문이다. 황제가 아들이자 제위계승자인 미카일 9세를 카트린 드 쿠르트네와 결혼시키려고 한 것도 같은 맥락에서였다. 카트린은 필리프의 딸이자 보두앵 2세의 손녀로서, 서방에서는 콘스탄티노플의 명목상의 여황제로 여겨지고 있었다. 그러나 1288년부터 여러 해에 걸쳐 이 결혼계획에 대해서 협상했음에도 불구하고 혼인동맹은 실현되지 않았고, 1296년에 미카일 9세는 아르메니아의 공주와 결혼했다. 서방에는 해묵은 반비잔티움 계획들이 여전히 살아 있었으며, 사람들은 이 계획을 실현시킬 수 있을 도구를 손에서 내어주려고 하지 않았다. 반비잔티움 계획들의 가장 중요한 추진세력들은 프랑스와 나폴리 왕국에 있었으니, 그 가장 열렬한 옹호자는 나폴리의 왕 카를로 2세의 아들인 타란토의 필리포와 프랑스의 필리프 4세 미남왕의 동생인 샤를 드 발루아였다. 그러나 이 두 왕자의 노력은 앙주 가문의 카를로의 거창한 정복정책의 희미한 여운에 불과했다. 다만 비잔티움 제국이 무기력했기 때문에 어느 정도의 비중을 얻은 것일 뿐이었다. 타란토의 필리포는 1294년에 카를로 2세로부터 루마니아에서 앙주 가문이 가지고 있던 권리와 소유지를 위임받아, 에피로스에서 앙주 가문의 상속재산을 다스렸다. 그는 나폴리 왕의 이름으로 그리스의 프랑크인 지배령과 심지어 테살리아에 대해서까지 봉건적 종주권을 주장했으며, 데스포테스인 니케포로스의 딸 타마르와 결혼함으로써 에피로스의 소유를 확실하게 했다. 1295년에는 에피로스인들이 그에게 아이톨리아의 도시들도 넘겨주었다.

분리주의적 그리스 국가들의 세력은 비잔티움 제국보다 훨씬 빨리 몰락했다. 더욱이 에피로스와 테살리아 사이에는 거센 긴장이 지배했고, 양국은 거듭해서 무력충돌에 이르렀다. 이러한 상황에서 비잔티움은 이미 1290년에 성공적으로 이곳에 개입할 수 있었다. 비잔티움 군대는 테살리아를 통과하여 에피로스 지역 깊숙이 전진해들어가 요안니나를 포위했다. 이 무렵에 디라키온도 비잔티움의 수중에 들어왔다. 그리하여 잠깐 동안이나마 제국은 다시 아드리아 해안까지 뻗어나갔다.

에피로스 국가는 타란토의 필리포에게 의존하면서 영토의 일부를 그 대가로 떼주었다. 그런데도 이 나라는 자신의 위치를 강화시킬 수는 없었고, 단지 테살리아와의 분열만 첨예해졌을 뿐이다. 테살리아는 필리포의 종주권 요구에 크게 분노했다. 1295년, 세바스토크라토르 요안네스의 아들들이 에피로스에 침입했다. 에피로스인들은 패배하고, 비잔티움 황제에게 지원을 호소했다. 그리하여 분리주의적 그리스 국가들에서의 사태 전개는 비잔티움에 유리한 쪽으로 방향이 바뀐 듯이 보였다. 더구나 에피로스의 데스포테스인 니케포로스뿐만 아니라 비잔티움인들의 오랜 적인 테살리아의 세바스토르르크라토르 요안네스까지 1296년에 죽었기 때문에 더욱 그러했다. 이에 따라 에피로스에서는 비잔티움의 공주 안나, 그러니까 미카일 8세의 조카딸이 미성년 아들 토마스의 섭정을 맡았고, 그녀와 함께 비잔티움에 대해서 우호적인 세력이 기선을 잡았다. 그러나 그때 우세한 세르비아가 개입하여 얼마 전 비잔티움인들이 탈환했던 디라키온을 점령했다.

이미 네마냐 시대에 세르비아는 비잔티움을 향해 남쪽으로 돌격했었다. 이제 그들의 돌진은 결정적인 국면으로 접어들었다. 밀루틴(재위 1282-1321년)이 통치 초기에 비잔티움으로부터 스코피예를 강탈한 이후(380쪽 참조), 마케도니아 국경지역에서 세르비아의 공격은 그칠 날이 없었다. 1297년, 비잔티움은 마침내 반격을 감행했다. 지휘자는 제국의 가장 능력 있는 장군 미카일 글라바스였다. 그러나 이 마지막 수고 역시 아무 성과를 가져오지 못했다. 젊은 슬라브 국가의 지칠 줄 모르는 기력에 늙은 제국은 더 이상 군사적으로 대항할 수 없었다. 그리하여 안드로니코스 2세는 세르비아 왕과 확고한 평화조약을 체결하기로 결심하고, 그에게 자기 누이 에우도키아, 즉 트레비존드 황제 요안네스의 미망인과의 결혼을 제안했다. 밀루틴에게는 비잔티움과의 결속이 자기 형 드라구틴에 대한 투쟁에서 반가운 지원을 얻게 됨을 의미했다. 황제의 친딸인 비잔티움 공주와의 결혼은 그의 위신에 과소 평가될 수 없는 이익이었다. 비잔티움 국가의 힘이 쇠약해졌다고 해도, 옛 전통들은 아직 살아 있었고, 황가는 이웃 민족들 사이에서 여전히 특권을 유지하고 있었다. 그런 만큼 에우도키아가 이 결혼을 우회적으로 거부하자, 밀루틴의 불쾌함은 그만큼 컸다. 그러나 비잔티움으로서도 더 이상 발뺌을 할 수 있는 처지가 아니었다. 세르비아 왕의 위협적인 자세를 보며 안드로니코스 2세는 자기의 다섯 살 난 어린 딸 시모니스를 그에게 아내로 주기로 결정했다. 성직자들은 이미 불가리아 여인과 세번째 결혼을 한 세르비아 통치자에게 어린 공주를 아내로 주는 것에 반대했지만, 그는 성직자들의 반대를 무시했다. 그렇지만 세르비아 통치자 쪽에서도 비잔티움과의 평화조약을 거부하는 귀족들의 반대를 가라앉혀야 했다. 비잔티움 땅들을 새로 정복함으로써 주된 이익을 본 세르비아 대귀족들은 반비잔티움 전쟁의 진정한 추진력이었기 때문이다. 테오도로스 메토키테스가 황제의 전권 대리인으로서 세르비아 궁정과 상당히 오랫동안 협상을 벌인 끝에 1299년 봄에 마침내 평화조약이 서명되고, 밀루틴과 어린 시모니스의 결혼식이 거행되었다. 밀루틴은 오흐리드-프릴레프-슈티프 선 위쪽의 정복지를 지참금으로 얻었다.

비잔티움과 맺은 우호조약으로 세르비아 왕국에서는 비잔티움의 영향력이 크게 강화되었다. 당시에 이미 강력하게 그리스화되기 시작한 세르비아의 궁정제도 및 국가제도는 두샨 황제 시대에 이르러 완전한 발전을 이루게 되었다. 물론 정치적 입장은 그후로도 여러 차례 변화했다. 그러나 세르비아 왕국의 문화적 비잔티움화는 계속되었으며, 세르비아 왕국이 비잔티움 제국을 희생시키면서 영토를 확장하고 옛 비잔티움 지역으로 깊숙이 정복해갈수록 그 경향은 더욱 강해져갈 뿐이었다.

발칸에서 비잔티움의 위치가 약화된 것은 대내정치적으로는 제국이 군사적, 재정적으로 기진맥진해져버렸기 때문이었고, 대외정치적으로는 제국이 소아시아에서 일어난 파국적인 사건들, 그중에서도 제노바-베네치아 전쟁에 얽혀들어갔기 때문이었다. 미카일 8세가 제노바인들도 베네치아인들도 과도한 영향을 끼치지 못하도록 하려고 노력했던 데 반해서, 안드로니코스 2세는 ── 이것이 그의 가장 큰 정치적 실책이었다 ── 일방적으로 그리고 유보 없이 제노바에 의존했다. 베네치아는 에게 해 남부를 지배한 반면, 제노바는 에게 해 북부 군도 해역과 마르마라 해 그리고 폰토스에서 강력한 위치를 점하고 있었다. 제노바는 갈라타를 거점으로 하여 지중해에서 흑해에 이르는 해로와 그 배후지를 통제했다. 제노바 세력이 증대하면서 베네치아와 제노바 간의 해묵은 대립관계도 강화되어만 갔다. 1294년, 두 해상공화국들 사이에 전쟁이 터졌다. 여기에 곧 제국도 얽혀들어갔다. 갈라타에서 공격을 당한 제노바를 황제가 수도의 성벽 뒤에서 비호했고, 베네치아는 그 보복으로 시벽 외곽에 위치한 콘스탄티노플 근교를 공격했다. 그러자 비잔티움인들은 콘스탄티노플에 거주하는 베네치아인들에게 그 보복을 했다. 베네치아-제노바 전쟁은 베네치아-비잔티움 전쟁으로 변했다. 왜냐하면 제노바는 게임에서 물러나 자신의 동맹동지를 냉혹하게 궁지에 버려둔 채, 1299년 베네치아와 "영구 평화" 조약을 맺어버렸기 때문이다. 함대가 없는 비잔티움으로서는 매우 곤란한 처지에 빠졌다. 제국은 특권을 이유로 베네치아의 손해보상 요구를 거절했지만, 결국은 골든 혼에서 베네치아 선박들의 위협으로 해상공화국의 우세에 굴복하고 요구된 대로 지불을 해야 했다. 이 불행한 전쟁은 1302년, 10년간의 휴전협정을 체결하는 것으로 끝났다. 베네치아인들은 옛 무역특권들과 함께 에게 해 여러 섬에서 다수의 새로운 식민지를 확인받았다. 그러나 제노바인들은 전쟁 경험을 계기로 삼아, 갈라타를 튼튼한 방벽으로 둘러쌌다. 이리하여 비잔티움 수도 옆에 튼튼한 제노바 요새가 세워졌다. 그것으로 충분치 않아서, 제노바 장군인 포카이아의 베네데토 자카리아는 1304년 비잔티움령인 키오스 섬을 점령했다. 그는 제독으로서 프랑스의 필리프 미남왕에게 복무하면서 두각을 나타냈고, 포카이아 근처에 있는 명반 광산에서 전설적인 부를 축적한 인물이었다. 두 해상공화국들은 세력 강화로 전쟁을 종결지었지만, 제국은 생각지도 않게 끌려들어갔던 불행한 전쟁에서 새로운 상실과 굴욕만을 얻었다.

그러나 세계사적으로 가장 중요한 사건들은 소아시아에서 연출되었다. 그리고 바로 이곳에서 제국은 급소를 얻어맞았다. 13세기 중반 서아시아 전역을 뒤흔들었던 몽골인들의 침입으로 수많은 투르크 부족들이 소아시아로 몰려왔다. 새로운 무리들은 비잔티움과 셀주크 국경으로 흘러들어왔고, 이주자들은 곧 땅과 노획물을 찾아 비잔티움의 소아시아 서부 영토를 습격하기 시작했다. 시간이 흐르면서 투르크인들의 침입은 점점 더 사나워졌으나, 비잔티움의 저항은 말도 안 될 정도로 허약했다. 니카이아 시대에 수립된 국경수비체제는 몰락했고, 나라는 적의 공격에 무방비 상태로 내맡겨졌다.

1261년의 제국 복구는 의심할 여지 없이 소아시아에서 비잔티움의 방어력을 상당히 약화시켰었다. 그후 국가의 중심이 동쪽 국경에서 훨씬 밀려났을 뿐만 아니라, 제국의 정책 중점도 완전히 서쪽으로 이동했다. 복구된 제국은 발칸 반도에서 새로운 과제들이 대두하고 서쪽에서 위협적인 위험들이 상존함에 따라서 제국의 유럽 부분들에 전력을 집중해야 했다. 아시아에서 방어를 하기에는 군사적인 수단도 재정적인 수단도 부족했다. 이미 미카일 8세 치하에서 셀주크 국경의 국경군(akritai)이 급료를 얻지 못하고 떠나는 일이 벌어졌다. 뿐만 아니라 아시아 국경의 수비를 맡아야 할 부대들이 유럽 쪽의 전쟁무대로 소환되기도 했다. 한 당대인의 말에 따르면 "이런 식으로 동쪽 지역이 약화되었다. 반면 페르시아인들(투르크족)은 더욱 대담해져서 아무런 저항도 하지 못하는 땅들을 습격했다." 게다가 팔라이올로고스 제국에서 봉건화가 증대했던 것 역시 니카이아 시대에 건설된 국경지역의 군인토지들이 몰락하는 데 이바지했다. 이렇게 재정적, 사회적 그리고 전반적인 정치적 원인들이 합세하여 소아시아에서의 방어체제를 손상시켰다.

투르크인들의 정복이 전 지역으로 확대되었다. 간혹 여기저기서 비잔티움 도시들이 적에게 저항하기는 했지만, 평야지역에서는 전혀 아무런 저항도 없었던 것으로 보인다. 1300년 무렵, 이미 거의 전 소아시아가 투르크인들의 손에 떨어졌다. 얼마 되지도 않는 사이였는데도, 이제는 투르크인들의 넘치는 물결 속에서도 그래도 여전히 버티고 있는 곳이라고는 니카이아, 니코메데이아, 브루사, 사르데스, 필라델피아, 마그네시아 등의 몇몇 요새들과 더불어 한편으로는 폰토스 해안의 헤라클레이아, 다른 편으로는 포카이아 및 스미르나와 같은 몇몇 항구도시들밖에 남지 않게 되었다. 투르크인 수장들은 정복한 땅을 자기들끼리 나누어 가졌다. 그리하여 소아시아 서부는 다수의 투르크 제후령들로 쪼개졌다. 옛 비티니아는 오스만 왕조의 창시자인 오스만 1세가 차지했다. 이 오스만 왕조야말로 장차 모든 투르크 부족들을 자신의 왕홀 아래 통일하고, 비잔티움뿐만 아니라 남슬라브 왕국들도 자기 밑에 복속시키게 될 것이었다.

군사적으로 무력한 비잔티움은 이 재앙에 속수무책이었다. 과거에 이 나라의 핵심 지역이었던 소아시아는 비잔티움의 수중으로부터 영원히 벗어나버렸다. 안드로니코스 2세는 알라니족의 도움을 기대했지만 허사였다. 알라니족은 제국에서 거주할 땅을 부탁하면서, 그 대가로 투르크인들에 대항하여 투쟁하겠다고 나섰다. 그들은 약정에 따라서 1만 명의 남자들이 여자들과 아이들을 데리고 나타났다. 그러나 그 결과는 완전히 부정적이었다. 공동황제 미카일 9세의 지휘 아래 소아시아로 간 알라니족 무리들은 투르크인들과의 첫번째 회전에서 심각한 패배를 당했고, 가능한 한 빨리 비잔티움 주민들을 대상으로 자신들의 약탈욕을 발산하기 위해서 퇴각을 서둘렀다.

곤궁에 처한 황제에게 뜻밖에 새로운 기회가 찾아왔다. 용병부대인 카탈루냐 중대를 이끄는 명성자자한 지휘자 로제르 데 플로르가 투르크인들에 대한 투쟁에 부하들과 함께 복무하겠다고 제안해왔다. 전쟁에 능한 카탈루냐 중대는 시칠리아의 페데리코 3세가 앙주 가문의 시칠리아 탈환 노력에 맞서서 투쟁을 벌일 때 지원을 한 바 있었다. 칼타벨로타 평화조약으로 앙주-아라곤 전쟁은 끝났고, 아라곤 가문의 지배 아래 시칠리아의 독립이 수립되었다. 그후 카탈루냐 용병들은 돈벌이를 잃고, 새로운 활동의 장을 찾고 있었다. 비잔티움 황제는 그들의 제안을 기꺼이 받아들였다. 1303년 말 로제르 데 플로르는 6,500명의 대원을 이끌고 콘스탄티노플에 도착했다. 카탈루냐인들에게 모든 희망을 걸었던 안드로니코스 2세는 약속에 따라서 넉 달치의 급료를 미리 지불하게 했을 뿐 아니라 로제르 데 플로르에게는 조카딸인 마리아 아센을 아내로 주고, 그를 메가스 둑스로 임명했으며, 나중에는 심지어 카이사르의 품계까지 내렸다.

1304년 초, 카탈루냐 중대는 키지코스 반도로 건너간 다음, 그후 투르크인들에게 점령된 필라델피아를 향해 나아갔다. 투르크인들은 완패했고, 로제르 데 플로르는 승리자가 되어 해방된 도시로 입성했다. 이 승리는 소규모일지라도 탄탄한 전투력이 있으면 상황을 구할 수 있었음을 보여준다. 비잔티움 제국의 비극은 그런 병력을 소유하고 있지 않았고, 용병 모집밖에는 다른 길이 없었다는 데에 있었다. 그러나 이민족 군대는 양날 무기와 같았다. 특히 용병은 자율적인 조직체였기 때문에 더욱 그러했다. 어떤 권력수단과 강제수단도 이들에게는 행사할 수 없었으며 이들은 언제라도 제국의 통제로부터 벗어날 수 있었다.

카탈루냐인들은 승리를 거둔 후 약탈을 시작했다. 육지에서나 바다에서나 인근 전역을 불안하게 했고, 비잔티움인이건 투르크인이건 가릴 것 없이 습격했다. 그들은 마침내 투르크인들과 싸우는 대신 비잔티움의 마그네시아를 공격했다. 그들을 유럽으로 돌아가게 하는 데에 성공했을 때 콘스탄티노플 사람들은 기뻐했다. 카탈루냐인들은 겨울(1304/35년)을 칼리폴리스에서 보내고, 초봄에는 다시 소아시아로 나아갈 예정이었다. 그렇지만 황제정부와 카탈루냐 중대 사이의 긴장은 점점 더 커졌다. 콘스탄티노플에서는 오만방자한 용병들에 대한 불만이 증대했다. 특히 공동황제 미카일 9세가 그들에게 적의를 품고 있었다. 그러나 카탈루냐인들은 규칙적이지 못한 급료의 지급 때문에 기분이 상해 있었고 급료의 연체를 그들의 모든 무법행동의 이유로 내세웠다. 1305년 4월, 로제르 데 플로르가 미카일 9세의 궁전에서 살해당했다. 사람들은 이런 방법으로 짐스러워진 용병들로부터 벗어날 수 있다고 생각했다. 그러나 실제로는 이제 이것 때문에 그야말로 최악의 사태가 시작되었던 것이다. 분격한 카탈루냐인들은 비잔티움인들에 대해서 복수의 출정을 시작했다. 그리하여 제국과 카탈루냐 중대 사이에 공공연한 전쟁이 터졌다. 아프로스 요새에서 알라니족과 투르크인들로 보강된 미카일 9세의 혼성군대는 결정적인 패배를 당했다. 용감하게 맨 앞줄에서 싸웠던 제위계승자 자신이 여기서 부상을 입었으며 디디모테이코스로 도망침으로써 겨우 목숨을 건질 수 있었다. 그는 이제 트라키아의 가장 중요한 도시들을 방어하는 것으로 만족해야 했다. 평야지대는 적의 분노에 내맡겨졌다. 카탈루냐인들의 혼성부대는 본국에서 군사를 유입하고 투르크인 분견대를 받아들임으로써 병력이 강화되었으며, 트라키아 농촌은 만 2년 동안 이들에게 약탈당하고 황폐화되었다.

동시에 북쪽에서는 불가리아의 압력이 증대했다. 그리하여 곤궁은 그만큼 더 커졌다. 불가리아는 여러 분립 군주국들로 쪼개어져 있었고 13세기 말에는 타타르인들 수중에 완전히 떨어진 것처럼 보였다. 그러나 노가이가 몰락한 후(1299년) 금장한국 내에 분규가 터짐으로써 불가리아는 타타르의 지배에서 해방되었고 테오도르 스베토슬라프(재위 1300-22년)의 치하에서 다시 좋은 시절을 맞을 수 있었다. 불가리아의 차르는 비잔티움 제국의 절망적인 상황을 이용하여 자국의 국경선을 발칸 산맥 남쪽으로 넓혔고, 흑해안의 여러 중요한 요새들과 항구도시들을 점령했다. 그 가운데는 그의 시대에 뜨거운 분쟁의 대상이 되었던 거점 메셈브리아와 안키알로스도 있었다. 비잔티움 정부는 손실을 받아들여야 했다. 그들은 불가리아 차르와 평화조약을 맺고 이미 정복된 지역을 그의 손에 넘겨주었다(1307년). 그러는 사이에 카탈루냐인들은 트라키아를 완전히 약탈한 후, 로도피 산맥을 넘어서 1307년 가을, 카산드레이아를 점령했다. 이곳을 거점으로 해서 이번에도 그들은 사나운 약탈을 계속했다. 심지어는 아토스 산의 수도원들조차 약탈을 면하지 못했다. 그렇지만 굳건한 테살로니카에 대한 그들의 공격은 격퇴되었다(1308년 초봄).

제국이 가장 극단적으로 곤궁에 빠진 시기에 서방에서도 반비잔티움 계획들이 다시 더 강력하게 대두했다. 에피로스-알바니아 지역에서 입지를 넓히려던 타란토의 필리포는 가톨릭 신도인 알바니아인들과 합세하여 디라키온을 거머쥐었다. 그렇지만 친비잔티움 노선의 데스피나(despina)*인 에피로스의 안나에 대한 원정(1306년)은 성과를 거두지 못했다. 필리포는 자신을 "루마니아의 데스포테스이자 알바니아 왕국의 군주"라고 일컬었거니와, 비잔티움에게 이런 필리포보다 더 위험한 존재는 정력적인 샤를 드 발루아였다. 그도 그럴 것이 예전에 비잔티움이 탐을 낸 콘스탄티노플의 명목 여황제 카트린 드 쿠르트네와 1301년 결혼한 이 영토 없는 군주는 앙주의 카를로의 정복계획들을 소생

* 데스포테스(despotes)의 여성형.

시키기 위해서 대단히 열심이었고, 비잔티움이 혼돈에 빠진 듯이 보이는 지금에는 콘스탄티노플의 황제의 관에 손을 뻗쳤기 때문이다. 그는 베네치아 공화국과 1306년에 약정을 맺었다. 베네치아 공화국은 다시 한번 제4차 십자군 원정 때의 정책으로 돌아가고 싶은 유혹에 저항할 수 없었다. 1308년에는 세르비아 왕 밀루틴과도 조약이 체결되었다. 그러나 밀루틴이 비잔티움과 완전히 관계를 끊은 것처럼 보이지는 않는다. 그는 형 드라구틴과의 여러 해에 걸친 전쟁(1301-12년) 때문에 비잔티움에 효과적으로 관여할 수도 없었고 마케도니아 정복을 재개할 수도 없었다. 교황 클레멘스 5세는 1307년, 다시 한번 황제를 파문에 처함으로써 반비잔티움 사업을 도덕적으로 지원했다. 뿐만 아니라 샤를 드 발루아는 비잔티움의 유력자들 사이에서도 지지자를 발견했다. 이는 비잔티움의 해체 정도가 얼마나 심한 것이었는지를 명확히 보여주는 상황이다. 테살로니카의 총독 요안네스 모노마코스와 사르데스의 사령관 콘스탄티노스 두카스 림피다레스는 이미 이 프랑스의 왕자를 자기네 군주로 인정할 준비가 되어 있다고 선언했다. 그렇지만 당시 상황에서 가장 중요한 것은 카탈루냐 중대를 얻은 일이었다. 그들은 사실상 비잔티움 동부 영토의 상황을 좌지우지하고 있었다. 시칠리아의 왕 페데리코도 카탈루냐인들에 대한 봉건적 종주권을 열심히 주장하고 있기는 했지만, 샤를 드 발루아는 여기서도 운이 좋았다. 1308년 샤를의 전권 위임자, 티보 드 스푸아가 열한 척의 베네치아 선박을 이끌고 에우보이아에 도착했다. 여기서 그는 카산드레이아로 갔고, 자기 군주의 이름으로 카탈루냐 중대로부터 충성의 맹세를 받아냈다.

그렇지만 실망은 아주 빨리 찾아왔다. 발루아 가문의 의도와 계획에 대해서 최소한의 고려도 없이, 카탈루냐인들은 카산드레이아에서 테살리아로 진군했다. 이곳은 요안네스 2세(재위 1303-18년)가 다스리고 있었다. 그는 세바스토크라토르였던 요안네스의 손자로, 중병을 앓는 젊은이였다. 처음에는 아테네의 공작 기 2세 드 라 로슈의 후견을 받다가, 그가 죽은 후(1308년) 비잔티움 황제 편으로 돌아서서 황제의 서녀 이레네와 약혼했다. 이 땅은 완전히 대봉건영주들이 지배했다. 테살리아는 국가로서의 마지막 길을 가고 있었다. 세바스토크라토르 요안네스 1세 치하에서 누렸던 것과 같은 당당한 위력은 단지 희미한 후광만이 남아 있었다. 카탈루냐인들에 대한 저항은 생각조차 할 수 없었다. 전 중대는 꼬박 1년 동안 아무 걱정 없이 이 비옥한 땅이 주는 풍부한 선물을 먹고 살았다. 그런 다음, 그들은 1310년 초봄에 테살리아로부터 돈을 얻어 중부 그리스로 갔고, 아테네 공작 고티에를 섬기기 시작했다. 그러나 옛날 비잔티움인들과 갈라섰듯이, 카탈루냐인들은 프랑크인들과도 갈라섰고, 그 결과 여기서도 공공연한 전쟁이 일어났다. 보이오티아의 케피소스에서 그들은 1311년 3월 15일, 수적으로 우세한 프랑크 병력에게 압승을 거두었다. 공작 고티에 드 브리엔 자신을 비롯하여 그의 기사들 대부분이 유혈전투에서 죽음을 맞았다. 아테네와 테베에서 프랑크인들의 세력은 깨어졌고, 대신 카탈루냐 제후령이 들어섰다. 1세기 동안 프랑스의 지배를 받던 아테네는 이제 70년 넘게 카탈루냐인들의 수중에 들어갔다.

이것이 극히 이례적인 카탈루냐인 원정의 기이한 결과였다. 극서쪽에서 온 이 작은 무리의 호전적인 모험가들은 콘스탄티노플과 필라델피아에서 아테네로 가는 길을 닦았고 이곳, 인류의 가장 오래되고 명성 높은 문화 중심지 가운데 하나에서 자신들의 제후령을 건설했던 것이다. 소아시아, 트라키아, 마케도니아, 북부 그리스와 중부 그리스에서 카탈루냐인들이 벌인 모험적인 난동행각, 투르크인, 비잔티움인, 프랑크인들에 대해서 그들이 전개한 연전연승의 전투들은 비잔티움 제국뿐만 아니라 제국으로부터 이반해나간 그리스 및 라틴 국가들 역시 그 당시 이미 얼마나 허약했는지를 극명하게 보여준다. 카탈루냐인들은 동방이 권력 공백기가 된 순간에 도착했다. 비잔티움 세력은 이미 몰락해 있었고, 투르크 세력은 이제서야 형성되는 중이었다.

카탈루냐인들이 프랑크령 그리스로 떠나감으로써 비잔티움 제국의 상황은 눈에 띄게 수월해졌다. 샤를 드 발루아의 공격계획들은 지반을 상실했다. 이미 테살리아에서 스푸아는 카탈루냐인들과 결별했다. 스푸아와 그에게 전권을 위임했던 샤를 드 발루아는 그들로부터 더 이상 기대할 것이 없었다. 게다가 발루아 가문은 콘스탄티노플 황제의 관에 대한 권리를 요구할 수도 없게 되었다. 그의 아내, 즉 명목상의 여황제인 카트린 드 쿠르트네가 이미 1308년에 죽었기 때문이다. 그 승계권은 그녀의 딸인 카트린 드 발루아에게 넘어갔다. 카트린 드 발루아는 아직 어린 아이였을 때(1313년) 타란토의 필리포와 결혼했다. 필리포는 에피로스의 타마르와의 결혼을 파기할 정도로 명목 여황제와의 결합을 중요하게 여겼다. 그러나 필리포의 정복계획들 역시, 비록 배후에 프랑스와 나폴리가 있기는 했지만, 준비단계를 넘어서지 못했다. 그리하여 앙주의 카를로의 정복정책의 희미한 여운이었던 샤를 드 발루아와 타란토의 필리포의 계획들은 연기처럼 사라졌다. 아울러 서방의 라틴 제국 복구 노력도 끝났다. 베네치아는 1310년에 비잔티움 황제와 12년간의 휴전협정을 체결했다. 세르비아 왕 역시 다시 비잔티움과 밀접한 관계를 맺었다. 그는 황제에게 원군을 보냈다. 원군은 때때로 기사 2,000명에 달하는 병력이었다. 1314년, 그의 아들 스테판이 그에게 반기를 들었을 때, 그는 항복한 후 장님이 되어 비잔티움 황궁으로 보내졌다.

펠로폰네소스에서도 비잔티움의 지위는 확고해졌다. 이미 1308년, 안드로니코스 2세는 해마다 모레아의 제국 총독을 바꿔야 했던 비효율적인 체제에 종지부를 찍음으로써 모레아의 행정질서에 대폭적인 변화를 가져왔다. 그후 처음에는 미카일 칸타쿠제노스가 1316년에 때이른 죽음을 맞이할 때까지 비잔티움령 모레아를 다스렸다. 그는 나중에 황제가 된 요안네스 6세의 아버지였다. 미카일의 총독 통치는 펠로폰네소스에서 비잔티움 세력을 부활시키는 시작이 되었고, 이 과업은 불가리아의 옛 차르 이반 3세 아센과 황제의 누이 이레네 팔라이올로기나 사이에서 태어난 아들 안드로니코스 아센의 통치(1316–23년)로 이어졌다. 안드로니코스는 프랑크인들에 대해서 성공적으로 투쟁하며 모레아에서 비잔티움 지배를 확고히 하고 확대시킬 수 있었다. 콘스탄티노플은 모레아에 있는 비잔티움의 가장 중요한 항구도시 모넴바시아에 중요한 무역특권을 나누어주었다. 그리하여 코론과 모돈에 있는 베네치아 무역 중심지들과 균형을 맞추어 펠로폰네소스에서 비잔티움의 무역 중심지가 창설되었다.

분리주의적인 두 그리스 국가들에서도 중요한 방향 전환이 일어났다. 그도 그럴 것이 1318년 앙겔로스 왕조가 에피로스뿐만 아니라 테살리아에서도 사라졌기 때문이다. 데스포테스 토마스는 자기 조카인 케팔레니아의 니콜라오스 오르시니의 음모에 희생되었다. 앙주 가문의 적인 니콜라오스 오르시니는 그리스 정교 신앙으로 개종하고, 에피로스에서 자기가 곧, 살해당한 토마스의 후계자라고 주장했다. 그는 토마스의 미망인 안나, 즉 미카일 9세의 딸과 결혼했다. 그리고 1년 후 비잔티움으로부터 데스포테스 칭호를 얻었다. 요안니나를 비롯한 이 땅의 다른 여러 성들이 비잔티움 황제의 지배 아래 들어갔다. 테살리아에서의 변화는 더욱 결정적이었다. 요안네스 2세가 죽은 후 이 땅은 독립국가로서의 존립이 중단되었으니 말이다. 비잔티움 황제는 이 지방이 영주 공석 상태의 제국봉토라고 주장했다. 그러나 그의 지배는 단지 이 땅의 북부에서만 인정받을 수 있었다. 심지어 그곳도 단지 명목상으로만 그에게 복종했다. 가장 강력한 테살리아 권귀들은 독립성을 지키며 독자적인 영역제후령을 건설하려고 했다. 누구보다도, 오랜 귀족집안인 멜리세노스 가문이 맨 앞에 섰다. 그밖에도 막대한 수의 알바니아인들이 테살리아를 침입했다. 이제 알바니아인들의 이동이 시작되었다. 그들은 다음 몇십 년 동안 전 그리스로 쇄도했다. 네오파트라스를 수도로 하는 사멸한 제후령의 핵심부는 아테네의 카탈루냐 공국이 가로챘다. 반면 항구도시 프텔레온은 베네치아의 손에 떨어졌다. 비잔티움은 또다시 바라보고만 있었다. 카탈루냐의 괴롭힘이 끝난 후 10년 동안 약소하나마 개선의 싹들이 나타나는가 싶었지만 이것도 곧 사라지고 말았다. 노쇠한 황제와 그의 손자 안드로니코스 3세 사이에 불행한 반목이 싹텄기 때문이다. 그로 말미암아 제국은 지리멸렬한 내전에 빠져들고 말았다.

2) 내전의 시대 : 발칸에서 세르비아의 우세

기나긴 일련의 내전이 비잔티움 제국의 내적 해체를 재촉했다. 노(老)안드로니코스와 소(少)안드로니코스 사이의 대결은 이 내전의 서곡에 불과했다. 이 왕조의 집안싸움과 더불어 심각한 내부 투쟁의 시대가 시작되었다. 이는 제국의 마지막 기력을 앗아갔고, 투르크인들과 세르비아의 팽창에 문을 열어 주었다. 할아버지와 손자간의 불화는 처음에는 개인적인 이유에서 일어났다. 미카일 9세의 맏아들인 안드로니코스 3세는 잘생기고 재능 있고 매력적인 젊은이로 일찍이 노황제의 총아였다. 그는 일찌감치 공동황제의 품위를 얻고, 자기 아버지 다음으로 서열 제2위의 제위상속 예정자로 간주되었다. 그렇지만 시간이 흐르면서 양쪽에서 불만이 일어났다. 젊은 안드로니코스의 경박한 품행, 그의 방종과 낭비는 엄격한 윤리의식을 지닌 노황제에게 혹독한 인내의 시험을 뜻했고, 젊은 황자에게는 아버지와 할아버지의 후견이 점점 더 짐스러워졌다. 그의 연애사건의 불행한 결말이 그들의 결렬을 가속화했다. 안드로니코스의 수하들은 주인의 연적을 추적하던 끝에 비극적인 실수로 안드로니코스의 동생 마누엘을 살해했다. 이 끔찍한 소식은 테살로니카에서 중병을 앓고 있던 미카일 9세의 죽음(1320년 10월 12일)을 재촉했고, 그것이 노황제를 깊은 분노로 가득 채웠다. 그는 안드로니코스에게서 제위계승권을 박탈하기로 결정했다.

그렇지만 젊은 안드로니코스는 많은 지지자를 거느리고 있었다. 특히 젊은 세대의 비잔티움 귀족들 가운데 지지자가 많았다. 그리하여 인기 없는 노황제에 대항해서 강력한 반대파가 형성되었다. 그 선두에 선 것은 요안네스 칸타쿠제노스였다. 그는 젊고, 풍부한 토지를 소유한 권귀로서, 안드로니코스 3세의 가장 절친한 친구였다. 또 야심찬 모험가 시르기안네스도 있었다. 시르기안네스는 아버지 쪽으로는 쿠만족 혈통이었지만, 어머니 쪽으로는 황가와 친척이었다. 또한 테오도로스 시나데노스와 야심찬 벼락 출세꾼 알렉시오스 아포카우코스도 모반에서 지도적인 역할을 했다. 이들은 트라키아와 마케도니아에서 중요한 지휘관의 위치를 차지하고 있었다. 시르기안네스와 칸타쿠제노스 역시 상응하는 액수를 지불하고 트라키아에서 총독직을 확보했다. 매관매직의 악습은 팔라이올로고스 왕조 치하의 제국에서 아주 넓게 퍼져 있었다. 개명된 대(大)로고테테였던 테오도로스 메토키테스조차도 이 관행을 따랐던 것 같다. 이번에 정부는 그 폐습으로 인해서 비싼 값을 치르게 될 참이었다. 왜냐하면 시르기안네스와 칸타쿠제노스는 그들이 사들인 행정구역을 투쟁을 조직하기 위한 토대로 이용했기 때문이다. 조세로 과도한 부담을 느끼고 있던 속주의 불만에 힘입어서 비잔티움 귀족들은 콘스탄티노플 정부에 반대하는 강력한 운동을 일으킬 수 있었다. 1321년 부활절에 안드로니코스 3세는 수도를 떠나 친구들이 아드리아노플에 집결시켜놓은 군대와 합류했다. 임박한 투쟁에서 그는 심리적으로 노황제보다 훨씬 유리한 위치에 있었다. 노황제가 통치하는 동안 제국은 여러 손실과 심각한 궁핍을 당했기 때문이다. 재정적인 곤궁 때문에 안드로니코스 2세는 극히 엄격한 긴축조치들을 취해야 했는데, 이는 결코 군주의 인기에 기여하지 못했다. 그러나 안드로니코스 3세는 어떤 책임의 부담도 없었으므로, 대범하기 짝이 없는 약속을 하고 마음껏 선동적 조치들을 취할 수 있었다. 그는 지지자를 얻기 위해서 아낌없이 토지를 하사하고 특권들을 베풀었다. 전해지는 말로는 그가 트라키아를 조세의무로부터 완전히 해방시켰다고 한다. 이러한 조치는 내전의 결말에 상대측의 병력보다도 더 큰 영향을 끼쳤다. 트라키아의 주민들이 아낌없이 베푸는 젊은 황제에게 지지를 보낸 것은 전혀 이상할 바 없는 일이었다. 그의 군대가 시르기안네스의 지휘 아래 콘스탄티노플을 향해 떠나자 노황제는 수도에서 봉기가 터질까 두려워하여 서둘러 평화조약을 맺었다.

안드로니코스 3세는 그가 이미 지지자들에게 수여한 트라키아와 더불어 마케도니아의 특정 지역들을 얻었다. 수도를 포함한 나머지는 안드로니코스 2세의 것으로 남아 있었다. 이리하여 결국, 비잔티움 사람들이 얼마 전까지만 해도 전혀 원하지 않았던 제국영토의 분할이 일어난 것이다(385쪽 이하 참조). 적어도 대외적으로는 제국의 통일성을 지키기 위해서, 안드로니코스 2세는 외국세력들과의 협상권은 자신의 수중에 남겨두었다. 그러나 이 원칙은 곧 깨어지고 말았다. 두 황제들 각자가 나름의 대외정책을 추진했는데, 서로 상대의 정책과 달랐고 심지어는 상반되기까지 했다. 게다가 평화마저 오래 지속되지도 않았다. 이미 1322년에 다시 내전이 터졌다. 젊은 안드로니코스의 진영에는 불화가 일어났다. 그 궁극적인 이유는 메가스 둑스 직을 가진 시르기안네스와 메가스 도메스티코스 직을 가진 칸타쿠제노스 사이의 경쟁관계에 있었다. 안드로니코스 3세가 친구 칸타쿠제노스의 편을 들었으므로, 그때까지 이 사건 전체의 진정한 주도자였던 시르기안네스는 노황제의 편에 섰다. 시르기안네스는 이제 노황제를 섬기며 자기의 옛 주인이자 피보호자였던 인물에 대항하는 투쟁의 지휘를 떠맡았다. 그렇지만 제국의 분위기는 점점 더 소안드로니코스 쪽으로 기울어졌다. 콘스탄티노플 인근의 여러 도시들이 그에게 충성을 맹세하자, 노황제는 다시 한번 굴복했다. 그리고 예전의 조건 아래서 다시 평화가 수립되었다.

그후 비교적 긴 휴지기가 이어졌고 1325년 2월 2일, 안드로니코스 3세는 할아버지의 공동황제로 즉위했다. 이 내전은 비교적 큰 전투 없이 진행되었음에도 불구하고, 그것이 대내외적으로 초래한 정치적 결과들은 막대했다. 전시 상황으로 끊임없이 군대들이 왔다갔다 하는 사태는 특히 트라키아에서 농경을 방해했고, 도처에서 정상적인 경제생활을 마비시켰다. 중앙권력의 권위는 조약에 따라서 노황제의 것으로 남아 있는 지역에서조차 예사롭지 않을 정도로 흔들렸다. 테살로니카의 총독이면서 판히페르세바스토스라는 칭호를 가지고 있던 요안네스 팔라이올로고스, 그러니까 안드로니코스 2세의 조카이자 대(大)로고테테인 테오도로스 메토키테스의 사위였던 이 인물은 자신의 총독관할구를 제국으로부터 분리시켜 나오기로 결정했다. 그의 의도는 대로고테테의 두 아들에게서 지지를 받았다. 그들은 스트루미카와 멜니크에서 명령권을 쥐고 있었다. 판히페르세바스토스가 자기 사위인 세르비아 왕 스테판 데찬스키에게 구원을 청하기 위해서 스코피예에 있는 그의 궁정에 감으로써 상황은 특히 위험해졌다. 근심에 싸인 황제의 정부는 서둘러서 그에게 카이사르의 칭호를 제안했지만 판히페르세바스토스는 세르비아 궁정에 아직 체류하는 동안에 사망했다(1327년). 그러나 투르크인들은 소아시아를 계속 정복해들어왔다. 기아상태에 처한 브루사가 1326년 4월 6일에 함락되었다. 오스만 1세의 아들 오르한이 이곳을 자기 나라의 수도로 삼았고, 그후 브루사는 오스만의 마지막 안식처로서 오스만인들의 성소가 되었다.

그러는 사이에 1327년 초봄, 두 황제들 사이에 세번째로 공공연한 전쟁이 터졌다. 이제는 남슬라브 왕국들도 비잔티움 내부의 대립에 보다 강력하게 개입했다. 세르비아와 불가리아의 대립은 적대관계로 변했고, 그로 말미암아 비잔티움 황가는 물론 제국도 분열되었다. 안드로니코스 2세는 세르비아 왕가와의 옛 관계 때문에 세르비아와 동맹을 맺었다. 그러자 안드로니코스 3세는 불가리아의 차르 미하일 시슈만과 동맹을 맺었다. 시슈만은 세르비아 왕의 누이인 아내를 내쫓고, 자기 선임자의 미망인이자 젊은 안드로니코스의 누이인 테오도라와 결혼했다. 이번에도 행운의 여신은 안드로니코스 3세의 편을 들었다. 왜냐하면 절망적인 상황으로 인해서 제국 내에서 주민들의 불만은 더욱 커져만 갔고, 아울러 젊은 황제의 지지세력도 더욱 늘어났기 때문이다. 마케도니아에서 노황제의 지지자들이 반격을 시도했으나 세르비아 왕이 그들에 가세하기도 전에 이 시도는 실패로 돌아갔다. 비잔티움령 마케도니아 전역은 젊은 안드로니코스의 지배 아래 들어섰고, 테살로니카조차도 그에게 가담했다.

안드로니코스 3세는 이미 콘스탄티노플에서 멀지 않은 곳에 진을 치고 있던 자기편 군대의 지휘권을 시나데노스에게 맡긴 후, 자신은 칸타쿠제노스와 함께 테살로니카로 갔다. 여기서 그는 황제로서 성대한 영접을 받았다(1328년 1월). 수도 자체에서도 정부에 대한 반대세력은 예사롭지 않을 정도로 커졌다. 안드로니코스 2세는 벌써 새로운 평화협상을 생각하고 있던 상황이었는데, 이때 불가리아의 차르 미하일 시슈만이 갑작스럽게 태도를 바꾸어 그에게 불가리아인과 타타르인으로 구성된 원병을 보내주었다. 이 구원군은 노황제에게도 새로운 희망을 불러일으켰지만 젊은 안드로니코스에게도 보다 적극적인 행동을 취하도록 자극을 주었다. 그는 설득과 위협을 동원하여 불가리아 차르로 하여금 노황제에게 파견한 병력을 소환하게 하는 동시에 콘스탄티노플에서 자신의 지지자들과 협상에 들어섰다. 1328년 5월 24일, 그는 수도로 침입하여 싸움 없이 지배권을 장악하고 할아버지를 강제로 퇴위시켰다. 노황제는 우선 황궁에 그대로 머물다가 2년 후에는 젊은 안드로니코스의 지지자들에 의해서 강제로 수도사복을 입었고, 1332년 2월 13일에 수도사 안토니오스로서 죽었다.

안드로니코스 3세(재위 1328-41년)와 함께 새로운 세대가 권력을 잡게 되었다. 이 세대의 전형적인 대표자는 요안네스 칸타쿠제노스였다. 최근 몇년 동안 반란성 움직임의 진정한 지도자였던 칸타쿠제노스는 이제 국가의 지도자가 되었다. 그는 어떤 당대인보다도 아주 걸출한 정치적 재능의 소유자였으니, 기사답게 용맹하지만 내면적으로는 주견이 없는 인물이었던 황제보다도 뛰어났다. 안드로니코스 3세도 물론 열심히 장군의 역할을 다했고 성과가 없지도 않았다. 그러나 국정의 방향을 지휘한 사람은 칸타쿠제노스였다. 선동적인 약속의 시대는 내전이 끝나면서 종결되었다. 이제 권력과 함께 책임의 짐도 지게 된 안드로니코스 3세와 칸타쿠제노스는 여러 면에서 실각한 정부의 조치들을 이어갔다. 물론 내전의 후유증은 여러 가지 면에서 더 이상 치유될 수 없었던 것이 사실이다. 재정적 곤궁의 압박은 더욱 심해졌고, 히페르피론의 가치는 내부 투쟁이 벌어지는 동안 또다시 절하되었다. 그렇지만 새 정부는 법제도의 개혁에서는 보다 나은 성과들을 보여주었다.

비잔티움 사법계의 뇌물수수는 속담이 되어도 될 정도로 유명했다. 그렇기 때문에 이미 안드로니코스 2세도 사법제도의 개혁을 시도했었다. 1296년, 그는 콘스탄티노플에 12인 재판단을 설치했다. 교회 최고위 지도자들과 세속의 원로원 서열의 고위 관직자들로 구성된 이 재판단은 최고 재판심급으로서 정의의 승리에 이바지할 사명을 띠고 있었다. 그렇지만 그 결과는 환멸적이었다. 신설된 최고 재판정은 곧 불신에 빠졌고 활동을 중단했다. 그래서 안드로니코스 3세는 1329년, 새로운 재판단을 만들었다. 이는 단지 네 명의 구성원, 즉 두 명의 성직자와 두 명의 평신도로 구성되었다. 대단히 광범위한 권능을 부여받은 이 네 명의 "로마인들의 최고 재판관들"은 전 제국의 법제도를 감독할 임무를 맡았다. 그들의 판결은 최종심이었고 취소될 수 없었다. 그러나 안드로니코스 3세 역시 이 최고 판관들에게서 심각한 환멸을 체험해야 했다. 이미 1337년, 그들 가운데 셋이 매수의 죄가 확인되어 면직되고 추방되어야 했다. 그런데도 최고 재판관들의 제도는 계속 존속했다. 시간이 지남에 따라서 실천적 필요들에 상응하여 많은 변화를 겪기는 했지만, 이 제도는 제국이 몰락할 때까지 계속되었다. 당연한 일로, 속주에서 열리는 재판에서는 네 명의 판관 모두가 항상 참석할 수는 없었다. 그래서 곧 최고 재판관들 가운데 한 사람의 판결문만으로 만족하게 되었다. 그는 전체 재판관단의 이름으로 판결을 내렸다. 14세기 중반, 제국의 개개 부분들 사이의 연관성이 점점 더 약화되면서, 이에 따라 극히 중앙집권적인 발상에서 시작된 사법제도의 구조도 더욱 느슨해질 수밖에 없었고, 따라서 좀더 탄력적인 제도에 자리를 물려줄 수밖에 없게 되었다. 콘스탄티노플에 있는 "로마인들의 최고 재판관들"과 나란히 이른바 지방의 최고 재판관들이 나타났다. 후대에 오면서 테살로니카, 모레아, 렘노스와 아울러 세르비아 지배하의 세레스에서도 독자적인 최고 재판관들이 등장하게 되었다. 팔라이올로고스 왕조 시대의 법제도에서 특징적인 것은 국가의 사법적 판결에 성직자들이 강력하게 참여한 것이다. 제국의 사법제도에 대한 교회의 영향력은 제국 최고 재판관들의 법정에 보통 두 명의 성직자가 속해 있었던 것 외에 총대주교구에도 종교법정이 존재했던 만큼 더욱 커졌다. 총대주교구의 법정은 제국 법정과 공동으로 활동하면서 이를 뒷받침하고 보완했다. 그러나 때로는 그것에 반대하기도 했고, 심지어 위기시대에는 그것을 대신할 수 있었다.

대외정치적인 상황을 보면 오스만이 소아시아로, 세르비아가 마케도니아로 끊임없이 몰려왔으며, 나아가 그리스와 라틴 분리주의 국가들은 계속 약화되었다. 비잔티움은 오스만과 세르비아에 대해서는 무력했지만, 북부 그리스와 에게 해에서는 어느 정도의 성과를 거둘 수 있었다. 이는 적지 않은 부분이 셀주크인들의 지원 덕택이었다. 새로운 정부의 정책을 특히 뚜렷이 특징짓고 또 이것에 고유한 색조를 부여한 것은 칸타쿠제노스와 셀주크인 에미르들과의 협력작업이다. 셀주크인 에미르들은 비잔티움 제국과 마찬가지로, 오스만인들의 팽창으로 위협을 느끼고 있었다. 그에 반해서 제국정부는 제노바와의 동맹으로부터는 벗어나고자 노력했다. 이는 해상 및 무역정책적 독립을 다시 얻기 위해서였다. 그러기 위해서는 우선 자신의 함대력을 강화시켜야 했다. 그리하여 함대 건설은 안드로니코스 황제와 대(大)도메스티코스 직함을 가지게 된 요안네스 칸타쿠제노스에게 가장 중요한 과제의 하나가 되었다. 국가의 재원이 충분하지 않았기 때문에 그때 벌써 칸타쿠제노스와 다른 권귀들은 자기네 재산으로 함대의 건설을 책임졌을 것이다. 그 결과, 국가와 그 방어력은 재정적으로도 제국의 유력자들에게 종속하게 되었다.

세르비아 왕국이 강화되면서 비잔티움과 불가리아는 다시 협력관계로 들어갈 수밖에 없었다. 비잔티움의 내전이 끝날 무렵 안드로니코스 3세와 그의 불가리아인 처남 사이에는 불화가 생겼고, 이는 그 부산물로서 양쪽의 국경 침해와 약탈행각을 초래했던 것이 사실이다. 하지만 곧 평화가 수립되었고, 세르비아에 대항하는 동맹이 체결되었다. 그러나 비잔티움과 불가리아의 공동행동은 이루어지지 않았다. 안드로니코스 3세가 세르비아 국경지역으로 돌격하기는 했지만 그가 투쟁을 시작하기도 전에 세르비아와 불가리아 사이에는 1330년 7월 28일 벨부츠드(퀴스텐딜)에서 대규모 결전이 벌어졌다. 황제는 동맹자가 패전했다는 전갈을 듣고 다시 퇴각했다. 불가리아 군대는 전멸했고, 차르 미하일 시슈만 자신도 이 싸움에서 치명적인 부상을 입었다. 승리에 빛나는 세르비아 왕은 자기 누이 안나와 그녀의 아들 이반 스테판을 트르노보의 차르 자리에 다시 앉혔다. 반면 안드로니코스의 누이 테오도라는 이 땅에서 쫓겨났다.

벨부츠드 전투는 발칸 국가들의 운명에서 하나의 전환점을 의미한다. 그것은 마케도니아를 둘러싼 투쟁의 향방을 결정지었고, 세르비아의 주도권 장악에 초석을 놓았다. 이어지는 10년 동안 남동부 유럽의 정세는 바로 이 세르비아의 주도권 장악이라는 현상을 특징으로 하게 되었다. 안드로니코스 3세는 자신의 동맹동지인 불가리아의 패배로부터 적어도 한 측면에서는 제국의 이익을 끌어내고자 했다. 그는 누이 테오도라의 복수를 한다는 구실하에 불가리아와 비잔티움 경계지역의 여러 요새들을 점령했고, 또한 수많은 싸움의 초점이 되어왔던 항구도시 메셈브리아와 안키알로스를 점령했다. 그러는 사이에 불가리아에서 그리고 곧이어 세르비아에서도 변전이 일어났다. 불가리아 보야르들은 여제 안나와 그녀의 아들을 쫓아내고, 미하일 시슈만의 조카 이반 알렉산다르(재위 1331-71년)를 차르로 앉혔다. 세르비아에서는 귀족들이 스테판 데찬스키 왕에게 반란을 일으키고 그의 아들 스테판 두샨(재위 1331-55년)의 손에 지배권을 바쳤다. 두 슬라브 통치자는 확고한 평화조약을 체결했고, 두샨은 차르의 누이 헬레나와 결혼했다. 이반 알렉산다르는 곧 비잔티움과의 투쟁을 개시했다. 그는 안드로니코스에게 점령된 도시들을 재탈환하고, 조약을 통해서 이전의 경계를 확실히 할 수 있었다(1332년). 그 사이에 세르비아 유력자들은 자기네 새로운 통치자와 함께 비잔티움령 마케도니아를 정복하기 시작했다.

통치 초기부터 영광에 찬 통치기 전체에 걸쳐 두샨은 세르비아 대귀족들의 힘찬 팽창 충동의 대표자였으며 쇠약해가는 비잔티움 제국으로부터 영토를 빼앗아낼 수 있었던 그런 인물이었다. 비잔티움 제국의 내부 혼란은 이 정복 충동에 점점 더 안성맞춤의 기회를 제공하는 셈이었다. 1334년 초, 한 명망 있는 비잔티움인이 투항하여 세르비아 통치자를 섬기기 시작했다. 그는 바로 비잔티움의 내전 동안 양쪽 진영에서 번갈아 가면서 지도자의 역할을 맡았던 시르기안네스였다. 이 인물은 콘스탄티노플에서 도망쳐 상당히 오랫동안 갈라타와 에우보이아, 알바니아에 머물다가, 마침내 두샨의 궁정에 모습을 나타냈다. 이 정력적이며 전쟁 경험이 많은 사나이는 비잔티움 제국에 대한 투쟁에서 세르비아 왕에게 큰 도움을 주었다. 그 당시에 이미 마케도니아에 있는 여러 중요한 비잔티움령 요새들, 예를 들면 오흐리드, 프릴레프, 카스토리아, 스트루미카가 떨어졌다. 세르비아는 테살로니카의 튼튼한 성벽에 와서야 비로소 파죽지세의 진군을 중단했다. 마침내 황제의 심복 하나가 시르기안네스를 죽이는 데에 성공했고, 두샨은 비잔티움의 평화 제안을 받아들였다. 왜냐하면 이때 북부에서 헝가리의 습격이 그의 왕국을 위협하고 있었기 때문이다. 1334년 8월, 두샨과 안드로니코스 3세가 친히 회동한 가운데 평화조약이 체결되었고, 이에 따라서 세르비아는 오흐리드, 프릴레프, 스트루미카를 포함하여 마케도니아의 정복지 대부분을 계속 유지했다.

그뿐 아니라 유럽에서는 파국이 아직 시작단계에 있었음에 반해서 아시아에서는 이미 비극의 마지막 장면이 연출되고 있었다. 물론 안드로니코스 3세와 요안네스 칸타쿠제노스는 숙명에 맞서 대항하려는 시도를 중단하지 않았다. 1329년에만 해도 그들은 포위된 니카이아를 해방시키기 위해서 2,000명의 무인들로 이루어진 병력으로 오스만인들을 향해 출정했다. 그렇지만 비잔티움은 이 역부족인 투쟁에서 패배했고, 우세한 적들은 필로크레네 전투에서 승리했다. 1331년 3월 초, 오르한은 두 세대 전까지만 해도 비잔티움 세계의 중심지였던 도시 니카이아를 점령했다. 6년 후에는 니코메데이아 역시 오스만인들의 손에 떨어졌다. 소아시아에서 아직도 제국의 영토로 남아 있는 것이라고는 필라델피아와 폰토스 해안의 헤라클레이아처럼, 서로 멀리 떨어진 몇몇 도시들뿐이었다. 비잔티움인들이 이곳에서 투르크인들의 홍수에 에워싸인 채 수십 년을 더 버틸 수 있었다는 것은 놀라운 일이지만, 대세에는 아무런 영향도 끼치지 못했다. 시간이 흐름에 따라서 오스만인들은 이웃 투르크 부족들을 희생시켜가면서까지 세력을 현저하게 확대했고, 그후 비티니아 해안을 정복한 다음에는 바다로 나가 끊임없이 제국의 유럽 해안을 공격하기 시작했다. 안드로니코스 3세가 아직은 이 공격들을 격퇴시킬 수 있었다고 해도 그것은 앞으로 다가올 큰 위험의 예고편이었을 뿐이다.

오스만인들이 에게 해 북부를 가로질렀던 데 반해서 소아시아 해안 에미르국들의 셀주크인들은 에게 해 남부를 종횡으로 누비고 다녔다. 그들의 공격대상은 무엇보다도 이 해역을 지배하는 라틴인들이었으며, 비잔티움인들은 거의 건드리지 않았다. 비잔티움의 소유는 트라키아 해안과 소아시아 해안의 섬들에 제한되어 있었기 때문이다. 이러한 사정 아래서 셀주크인들과 비잔티움인들이 협력을 생각하게 된 것은 자연스러운 일이다. 제국과 마찬가지로 오스만인들과 라틴인들에 대항해서 싸워야 했던 셀주크인 에미르국들의 지원을 받아 안드로니코스와 칸타쿠제노스는 새로 건설된 함대를 내세워 해상에서의 비잔티움의 지위를 확고히 하려고 했다. 1329년, 제국의 함대는 키오스 섬을 향해 출정했다. 이 섬은 제노바의 자카리아 가문의 지배 아래 있었고, 초기에는 제국의 주권을 인정했지만 결국은 제국으로부터 완전히 분리되었다. 이 중요한 섬은 정복되어 1346년까지 제국의 소유로 머물렀다. 키오스와 마찬가지로 제노바인들에게 장악되어 있던 포카이아의 경우에도 역시 황제는 인근 셀주크 에미르들의 적극적인 지원을 받아 비잔티움의 종주권을 강제로나마 인정하게 할 수 있었다. 마지막으로 황제는 레스보스를 서방세력들의 정복 시도로부터 구해냈다. 바로 여기서 1204년의 연극이 작은 규모로 되풀이되었다. 즉 투르크 해적들을 소탕하기 위해서 기독교 세력들의 연합이 형성되었는데, 비잔티움 황제 자신이 공식적으로 연합세력의 일원이었음에도 불구하고, 이 연합은 비잔티움의 섬들을 습격했던 것이다. 이제 황제는 셀주크인들의 지원을 받아 기독교 형제들에 대항하여 자신의 영토를 지켜야 했다. 여기서 그는 극적인 싸움 후에 성공을 거두었다.

그러나 제국이 가장 중요한 성과들을 거둔 곳은 테살리아와 에피로스에서였다. 테살리아의 영역제후들 가운데 가장 막강했던 스테파노스 가브리엘로풀로스 멜리세노스가 죽은 후(1333년) 이 땅은 완전한 혼란에 빠졌다. 이때 제국의 테살로니카 총독인 요안네스 모노마코스가 재빨리 이곳에 들이닥쳤다. 그에 이어서 황제 자신이 나타났다. 카탈루냐 경계에 이르기까지 테살리아 북반부는 곧 비잔티움 제국에 합병되었다. 테살리아 서부를 차지하려고 시도했던 에피로스의 데스포테스 요안네스 오르시니(재위 1323-35년)는 격퇴되어 이 땅을 비우고 떠나야 했다. 테살리아로 이주하여 그때까지 독립성을 유지해왔던 알바니아계 부족들조차도 황제에게 충성을 맹세했다.

테살리아를 합병하고 나자 이제 에피로스 문제의 해결도 초미의 관심사가 되었다. 끝없는 당파투쟁과 서로 상충되는 권력 요구들과 이웃들의 끊임없는 공격들로 에피로스 지역은 거센 소요상태에 휩싸여 있었다. 무력해진 분립국가의 와해는 단지 시간문제였을 뿐이다. 아르타에서 비잔티움파가 거둔 승리는 그 종말을 가속화했다. 데스포테스 요안네스는 자기 아내에게 독살되었고, 아들 니케포로스 2세와 함께 통치에 들어선 데스피나 안나는 황제와 협상을 시작했다. 안드로니코스와 칸타쿠제노스는 투르크인 부대들을 핵심으로 하는 상당히 큰 규모의 군대의 선두에 서서 테살리아를 통과하여 에피로스로 왔다. 그들은 우선 알바니아 지역에서 일어난 반란을 진압하고, 이 땅의 항복을 받아들였다(1337년). 아카르나니아까지 포함하여 에피로스가 투쟁 없이 제국에 합병되었다. 데스피나 안나는 계산을 잘못했다. 그녀는 비잔티움의 종주권을 인정한 후 자기가 앞으로도 연소한 아들의 이름으로 이 땅을 통치하기를 바랐지만, 황제는 에피로스의 독립국가성의 전통과 연결된 옛 데스포테스 가문의 통치에 대해서는 전혀 고려하려고 들지 않았다. 이 땅의 통치는 제국의 총독으로서 프로토스트라토르 칭호를 가진 시나데노스가 맡았다. 안나와 니케포로스는 테살로니카로 물러나야 했다.

그러나 에피로스 지역에 관심이 있는 서방세력들은 제국이 너무도 손쉽게 얻은 소득을 빼앗아가려고 했다. 그들에게 넘어간 니케포로스가 그들의 도구로 이용되었다. 그들은 니케포로스를 팔라이올로고스 왕조와 반목시켜 어부지리를 얻을 수 있다고 생각했다. 당시 아카이아 제후령을 다스리던 라틴 제국의 명목 여황제 카트린 드 발루아는 앙주 가문 출신인 디라키온의 총독에게 과업을 위탁하여, 보위를 빼앗긴 젊은 데스포테스를 위해서 반란을 부추기게 했다. 아르타에서는 니케포로스 2세가 데스포테스로 포고되었고, 프로토스트라토르인 시나데노스는 사슬에 묶여 옥에 갇혔다. 그렇지만 극소수의 도시들만이 이 운동에 가담했을 뿐, 이 땅의 대부분은 그리스 황제에게 충성을 지켰다. 안드로니코스 3세와 칸타쿠제노스가 1340년 초에 소규모 병력을 이끌고 나타났을 때, 이 반란의 움직임은 급속도로 와해되었다. 니케포로스는 명예추방되어 테살로니카로 돌아갔고, 판히페르세바스토스 칭호에 만족하면서 잃어버린 지배권에 대한 보상으로서 칸타쿠제노스의 딸과의 약혼을 받아들이는 수밖에 없었다. 반란 진압에서 두각을 나타냈던 요안네스 앙겔로스가 에피로스의 총독으로 임명되었다. 반면 시나데노스는 테살로니카의 총독직을 맡았다. 1204년 비잔티움 제국이 붕괴함으로써 초래되었던 가장 심각한 결과들 가운데 하나가 이제 마침내 제거된 듯이 보였다. 비록 그리스에는 아직 라틴계 제후령들이 존속하고 있었지만, 발칸 반도에는 이제 그리스계 분립국가들은 더 이상 존재하지 않았다. 옛 분리주의 국가들은 속주로서 제국에 다시 합병되었다. 옛날 정부들은 그토록 애써 노력했음에도 불구하고 끝내 이룰 수 없었던 것, 바로 이 성과를 칸타쿠제노스는 열렬한 어조로 찬양했다.

그렇지만 이 성과는 비잔티움이 가진 정복능력의 결과라기보다는 오히려 분리주의 국가들의 내부적 해체의 결과였다. 과거에 이 분리주의 국가들은 미카일 8세의 당당한 세력에도 맞설 수 있었으나, 이제는 거의 싸워보지도 못한 채 약한 제국의 수중에 떨어졌던 것이다. 게다가 비잔티움인들은 이 소득을 오랫동안 누릴 운명도 못 되었다. 떨어져나갔던 지역들을 제국이 마침내 재통일한 바로 그 순간에, 세르비아의 정복 충동이 이 지역들로 향했던 것은 그야말로 비극이었다. 두샨은 이미 그 직후 몇년 사이에 알바니아 지역을 굴복시켰다. 그리고 그후 곧 에피로스와 테살리아도 내적으로 제국과의 통합을 완수하기도 전에 세르비아의 위대한 통치자에게 귀속되어버렸다(427쪽 참조). 비잔티움은 아직 상황도 유리했고 국정도 현명했으며 동맹정책도 능숙했기 때문에 어느 정도의 성과를 얻는 것까지는 할 수 있었다. 그러나 제국에는 이제 일단 획득한 것을 지속적으로 유지할 능력이 더 이상 없었던 것이다. 제국이 1320년대의 내전에서 회복되어 중요한 국가과제들에 다시 착수할 수 있을 정도가 된 바로 그 순간, 그래서 오스만과 세르비아에 대해서는 아니지만 보다 약한 적들에 대해서는 다시 자신을 관철시킬 수 있을 정도가 된 바로 그 순간에 모든 것이 와르르 무너져내렸다. 안드로니코스 3세의 지배는 내부 투쟁 한가운데서 잠시 숨을 돌린 시기에 불과했다. 그가 죽은 후 새로운 내전이 터졌다. 이는 1320년대의 환란보다 훨씬 더 끔찍했고 더 처참했으며, 훨씬 더 중대한 결과를 초래했다. 이러한 내전으로부터 제국은 다시는 회복되지 못할 터였으니 말이다.

안드로니코스 3세가 1341년 6월 15일에 죽었을 때 그의 아들 요안네스 5세는 겨우 아홉 살이었다. 안드로니코스 3세의 생전에 이미 사실상 국가를 이끌었던 대(大)도메스티코스 요안네스 칸타쿠제노스가 죽은 황제의 가장 가까운 친구로서 섭정직을 맡겠다고 주장했다. 그렇지만 그에 대항하는 강력한 반대세력이 형성되어 있었다. 이들은 황태후인 사보이 가문 출신의 안나와 총대주교 요안네스 칼레카스 주위에 모여들었다. 대도메스티코스의 가장 위험한 적은 한때 그의 추종자였던 노회한 알렉시오스 아포카우코스였다. 아포카우코스는 지난 내전 동안 안드로니코스 3세의 지지자로 두각을 나타냈고, 그후 칸타쿠제노스 덕분에 명예와 부를 얻었던 인물이었다.

궁정의 음모와 당파 싸움이 비잔티움 수도의 생활을 가득 채웠다. 그러는 사이에 외부의 위험들도 가만히 기다리고 있지는 않았다. 투르크인들은 트라키아 해안을 약탈했고, 세르비아인들은 다시 테살로니카 지방으로 밀고 들어왔으며, 불가리아인들도 전쟁을 하겠다고 위협했다. 칸타쿠제노스는 자비를 들여서 모집한 군대로 제국의 적들에게 맞섰고, 곧 평화를 재수립하는 데에 성공했다. 아니, 심지어는 그리스에서 비잔티움의 입지를 강화할 수 있는 가능성이 주어지기까지 했다. 아카이아의 봉건영주들은 대(大)도메스티코스에게 사신을 보내서 비잔티움의 종주권을 인정할 준비가 되어 있음을 알렸다. 프랑스 제후들은 명목 여황제 카트린의 총독으로서 최근에 아카이아 제후령을 통치하게 된 피렌체의 은행가 가문 아차주올리의 대표자들에게 굴복하느니 차라리 비잔티움 황제를 따르겠다고 했다. 칸타쿠제노스는 자부심 높은 기대에 가득 차서 전쟁평의회에서 이렇게 말했다. "신의 도움으로 우리가 펠로폰네소스에 살고 있는 라틴인들을 제국에 복속시킬 수 있게 된다면, 아티카와 보이오티아에 살고 있는 카탈루냐인들도 자의로든 무력을 통해서이든 반드시 우리에게 가담할 것이다. 그렇게 되면 로마인들의 세력은 옛날처럼 펠로폰네소스에서 비잔티움에 이르기까지 확대될 것이며, 그런 다음에는 분명히 세르비아와 다른 인접 야만족들에게서 그들이 그토록 오랫동안 우리에게 가했던 모든 모욕에 대한 보상을 쉽게 얻어낼 수 있을 것이다."

그러나 이 희망은 하나도 이루어지지 않았다. 내전이 발발함으로써 그 어떠한 세력 확장도 중지되었을 뿐만 아니라 비잔티움이 아직 소유하고 있던 약소한 힘마저도 파괴되었다. 칸타쿠제노스가 수도를 떠나 있는 것을 이용하여 반대당은 쿠데타를 일으켰다. 숭고한 애국적 계획을 품고 있던 대도메스티코스 칸타쿠제노스를 사람들은 조국의 적으로 선언했고, 그의 집을 파괴하고 재산을 약탈했다. 제때에 콘스탄티노플에서 도망치지 못한 그의 지지자들은 감옥에 갇혔다. 황태후와 나란히 총대주교 요안네스가 섭정단의 우두머리가 되었고, 메가스 둑스로 승진한 아포카우코스가 수도와 인근 도시 및 섬들의 행정을 맡았으며, 그의 모든 조력자들은 높은 관직과 품계를 얻었다. 칸타쿠제노스는 이 도전을 받아들였고, 1341년 10월 26일 디디모테이코스에서 자신을 황제로 선포게 했다. 그러나 그는 내전기 전반에 걸쳐 정통성의 원칙을 지켰던 것처럼 이번에도 여전히 정통성의 원칙을 엄격하게 지켜서 제일 먼저 황태후 안나와 정통 황제 요안네스 5세의 이름을 칭하게 했고, 그들 다음에야 비로소 자신과 아내 이레네의 이름을 부르게 했다. 이렇게 함으로써 그는 자신이 정통 황족에 대항해서 싸우는 것이 아니라, 아포카우코스의 찬탈에 대항하여 싸우는 것임을 강조하고자 했다. 아포카우코스는 콘스탄티노플에서 곧 훌쩍 뛰어올라 독재적인 전권을 쥐었다. 옛날 안드로니코스 3세가 자신의 할아버지에 대항했을 때처럼, 칸타쿠제노스 역시 콘스탄티노플의 섭정에 대항한 투쟁에서 무엇보다도 트라키아의 귀족들에게 의존했고, 당시와 마찬가지로 이번에도 속주들이 수도에 대해서 승리를 거두게 되었다.

비잔티움은 바야흐로 이 나라의 역사상 가장 어려운 위기 가운데 하나를 겪게 될 운명이었다. 20년대의 내전은 제국을 엄청나게 약화시켰고, 40년대의 내전은 제국에게서 마지막 생명력을 앗아갔다. 이제 외세는 훨씬 강도 높게 비잔티움의 내부 싸움에 개입했다. 게다가 정치적 당파들의 투쟁은 종교적 대립뿐만 아니라 사회적 대립을 통해서도 심화되었다. 비잔티움은 정치적인 위기뿐만 아니라 심각한 사회적 위기도 겪었다. 열심파들의 운동에서 강력한 사회혁명적 흐름이 돌발했으며 정치적, 사회적 투쟁들과 후기 비잔티움 시대의 가장 중요한 종교논쟁인 헤시카슴(Hesychasm) 논쟁이 서로 뒤얽혔다.

비잔티움에서는 이미 아주 오래 전부터 성스러운 고요함(헤시키아[hesychia]) 속에서 엄격한 은둔자의 삶을 사는 수도사들을 헤시카스트라고 불렀다. 14세기에 헤시카슴은 특별한 신비주의적-금욕주의적 조류를 뜻하게 되었다. 이 운동은 간접적으로는 11세기의 위대한 신비주의자였던 '새로운 신학자' 시메온에게 거슬러올라가며 학설과 실천에서 이 인물과 대단히 밀접한 관계가 있었다. 그러나 후기 비잔티움의 헤시카슴은 1330년대에 비잔티움의 여러 지역을 여행했던 시나이의 그레고리오스의 활동에서 직접적인 영향을 받아 발생했다. 이 시나이인의 신비주의적-금욕주의적 학설들은 비잔티움 수도원들에서 아주 강력한 반향을 얻었다. 특히 아토스 산에서의 열광은 대단했다. 그리하여 그리스 정교의 가장 성스러운 진원지인 이 아토스 산은 헤시카슴 운동의 중심지가 되었다. 헤시카스트의 최고의 목표는 신성한 빛을 보는 것이었다. 이 환영에 도달하는 길을 열어주는 것은 특별한 금욕적 실천이었다. 고독한 은둔 속에서 헤시카스트는 이른바 예수 기도문("하느님의 아들 주 예수 그리스도여, 저에게 은혜를 베푸소서")을 외우는데, 이 기도문을 외우는 동안에는 언제나 숨을 멈추어야 했다. 그렇게 기도를 되풀이하노라면 점점 말로 표현할 수 없는 축복의 느낌이 기도자에게 다가오고, 기도자는 자신이 현세를 초월한 신성한 빛의 광채에, 예수의 사도들이 타보르 산 위에서 보았던 그 창조되지 않은 빛의 광채에 에워싸이는 것을 보게 된다고 했다.

그렇지만 타보르의 빛을 영원히 볼 수 있다는 믿음은 반대에 부딪쳤다. 특히 헤시카스트가 추종한 방법은 조롱 어린 반대를 불러일으켰다. 칼라브리아에서 온 수도사 바를람이 헤시카슴에 대한 공격을 개시했다. 바를람은 대단히 박식하지만 독선적인데다가 투쟁벽이 있었으며, 서방의 오만과 진정으로 그리스적인 논쟁열이 결합되어 가만히 있지를 못하는 인물이었다. 그는 비잔티움 학문의 등불과 같은 권위자들과 겨뤄보기 위해서 콘스탄티노플로 왔으나, 백과사전적으로 해박한 니케포로스 그레고라스와의 한 공개적인 논쟁에서 무릎을 꿇었다. 그도 그럴 것이 아리스토텔레스적 토대에 기초한 그의 합리주의적 사고방식은 비잔티움 청중에게 반향을 일으키지 못했기 때문이다. 자존심을 다친 칼라브리아인의 논쟁열은 아토스 수도사들의 신비주의 쪽으로 향했다. 이는 그에게 가장 몽매한 미신의 정수로 보였다. 그런데 여기에서 헤시카슴적 신비주의의 옹호자인 대(大)신학자 그레고리오스 팔라마스가 그에게 맞서며 뜨거운 논쟁이 일었다. 바를람의 냉소주의가 공격하고 있던 우선적인 표적은 헤시카스트들이 사용하는 금욕주의적 방법들의 문제였다. 그러나 이 문제는 곧 헤시카슴 학설의 철학적-신학적 핵심문제 뒤로 완전히 물러났다. 바를람은 다음과 같이 타보르 빛의 가시성에 대해서 이의를 제기했다 : 타보르의 빛이 신과 동일하지 않는 한 영원한 존재를 가질 수 없고, 신의 모든 피조물과 마찬가지로 유한하다. 그러나 영원한 빛의 존재를 가정한다면 그것은 다름 아닌 신성 자체일 것이다. 신성만이 영원하고 불멸이기 때문이다. 그러나 신은 볼 수 없는 것이기에 이 빛을 인식하는 것은 불가능할 것이다. 이와 같은 바를람의 주장에 반해서 팔라마스는 초월적인 신적 실체와 세상에 작용하고 인류에게 계시되는 신적 현실태(에네르게이아)를 구별했다. 그는 주장하기를 그러나 이 현실태는 만들어진 것이 아니라 신의 영원한 작용이라고 했다. 팔라마스는 신성한 실체의 작용이 없다면, 내재적 세계와 초월적 신성 사이에는 아무런 관계도 성립할 수 없을 것이라고 보았다. 신적 현실태는 다름 아닌 지혜와 사랑, 신의 은총이며, 사도들이 타보르 산에서 보았고 신비적인 깨달음을 통해서 영원히 볼 수 있는 빛도 신성한 현실태라는 것이 팔라마스의 견해였다. 바를람이 영원한 것과 유한한 것 사이에 절대적인 분리선을 긋는 반면, 그레고리오스 팔라마스의 체계에서는 신에서 출발하여 인간에게 전달되는, 신과 인간 사이의 중간자와 매개자가 등장한다. 그리하여 헤시카슴 체계는 과거에 이미 그리스도론 논쟁과 성상 숭배를 둘러싼 투쟁에서 비잔티움 교회의 자세를 규정했던 그리스적 종교성의 가장 원래적인 동경, 곧 현세와 피안 사이의 간극을 메우려는 동경을 표현하는 수단이 되었다. 그렇기 때문에 로마는 헤시카슴 교리를 날카롭게 거부했지만 비잔티움 교회는 이를 따뜻하게 받아들였던 것이다.

그렇지만 비잔티움에서도 헤시카슴은 상당히 오랜 투쟁 후에야 비로소 입지를 관철할 수 있었다. 왜냐하면 처음에는 비잔티움 교회에서도 새로운 듯이 보이는, 그러나 근본적으로는 아주 오래된 이 학설에 대한 강력한 반대가 존재했기 때문이다. 1341년 6월 10일, 안드로니코스 3세가 의장을 맡은 종교회의에서는 물론 팔라마스가 명백한 승리를 거두었다. 그러나 그후 며칠 지나지 않아서 황제가 죽었고, 바를람은 공격을 재개했다. 슬라브인 거주지역인 프릴레프에서 온 그레고리오스 아킨디노스도 처음에는 두 논쟁자들을 중재하고자 시도하다가 팔라마스의 학설에 반대했다. 그렇게 되자 그 역시 대도메스티코스인 요안네스 칸타쿠제노스가 참석한 한 종교회의에서 오류 판결을 받았다(1341년 8월). 그러나 그후 곧 정치적 변화가 일어나면서 상황이 바뀌었다. 팔라마스의 단호한 반대자였던 총대주교 요안네스 칼레카스는 점점 더 격렬하게 반(反)헤시카슴적 태도를 취했다. 팔라마스는 총애를 잃고 나중에는 감옥에 갇혔으며 심지어는 파문을 당하기까지 했다. 헤시카스트들과 대립황제 요안네스 칸타쿠제노스와의 결속은 그만큼 더욱 밀접해졌다. 비록 칸타쿠제노스의 모든 지지자들이 다 헤시카슴을 옹호한 것은 아니며, 그의 모든 적들이 팔라마스 교리에 대항한 것은 아닐지라도, 종교적 분쟁은 제국을 두 개의 적대적 진영으로 쪼개놓은 정치적 투쟁과 아주 밀접하게 얽혀 있었다.

사회적인 균열은 이보다도 훨씬 더 깊었다. 아니, 제국의 사회적 분열이야말로 터져나온 내전으로 인한 황폐화를 가중시키게 한 진정한 원인이었다. 증대하는 경제적 곤궁은 사회적 대립을 심화시켰다. 제국이 약화되고 빈곤해지는 만큼 지방에서도 도시에서도 광범한 인민 대중의 곤궁은 악화되었다. 지방에서처럼 도시들에서도 재산소유는 극소수 귀족계층의 수중에 집중되었고, 영락한 대중의 분노는 이들에게로 향했다.

전성기의 비잔티움 절대주의는 고대 자치도시 행정의 폐허 위에 전능한 관료기구를 수립했고, 도시생활을 포괄적인 중앙집권제에 종속시켰다. 그러다가 중앙권력이 약화되면서 지방세력들이 다시 강력하게 대두했고, 도시들의 독자성도 다시 소생하는 듯이 보였다. 그러나 비잔티움에서 도시의 자율권이 부활한 것은 봉건세력으로 인해서 약화된 중앙권력의 무기력 때문이지, 새로운 사회세력의 등장 때문은 아니었다. 비잔티움 후기의 도시를 지배한 것은 서방에서처럼 융성하는 상공업자 계급이 아니라, 지방의 토지소유 귀족층이었다. 우리는 이 차이에 주목해야 한다. 14세기 중반, 비잔티움의 도시생활에 일대 혁신을 불러일으켰던 사건들이 동시대의 이탈리아 혹은 플랑드르 도시들의 역사에서 일어난 변화들과 많은 점에서 서로 닮아 있고 이 시대 유럽 도시들에서 일어난 사회 투쟁의 일반적인 테두리 안에 포함될 수 있다고 해도 그렇다. 바로 이러한 근본적인 차이가 있었기 때문에, 한때 주도적이었던 비잔티움의 경제력이 이탈리아의 상업도시들에게 그토록 급속하고도 완전하게 추월당했던 것이고 마지막에는 완전히 무력해졌던 것이다.

콘스탄티노플의 섭정과 귀족층의 지도자 칸타쿠제노스 사이의 대립은 제국에서 내연(內燃)하고 있던 사회적 적대감을 불붙게 했다. 칸타쿠제노스와의 투쟁에서 알렉시오스 아포카우코스는 자기의 정적을 지지하는 귀족세력에 대한 사회적 반란의 정신을 부추김으로써 대중의 지지를 얻어냈다. 아드리아노플에서 지방귀족에 대한 반란이 터졌을 때 점화되기 쉬운 이 소재는 과연 큰 불길이 되어 타올랐다. 이 화염은 곧 트라키아의 다른 도시들도 사로잡았다. 귀족 및 부유한 가문들의 대표자들, 권귀 칸타쿠제노스의 지지자들은 도처에서 타도되었다.

가장 큰 규모이면서 가장 통렬한 계급투쟁은 테살로니카에서 일어났다. 이곳, 다채로운 민족들이 살고 있는 이 거대한 항구도시에는 가장 풍요로운 부와 가장 뿌리 깊은 빈곤이 혼재하고 있었다. 제국에서 특별한 지위를 유지하면서 오래 전부터 자유의 대망을 간직하고 있던 테살로니카는 튼튼한 조직과 다소 명료한 정치적 이데올로기를 지닌 강력한 민중파 세력을 두고 있었다. 바로 열심파였다. 그리하여 여기서는 반귀족주의 운동이 단순히 민중감정의 원초적 폭발이라는 형태로 발현된 데에 그치지 않고 1342년 열심파가 권력을 장악한 때부터는 한동안 지배적인 체제가 되었다. 칸타쿠제노스의 지지자들을 추방한 후 열심파는 테살로니카에서 독자적인 정부를 수립했다.

총독 테오도로스 시나데노스는 이 도시를 도망치듯이 떠나야 했다. 다른 귀족대표자들도 안전을 찾아 도망쳤다. 그들의 재산 일체는 압류되었다. 보수적 종교계에서 바를람과 아킨디노스의 제자로 간주되던 열심파들은 칸타쿠제노스의 동맹자인 헤시카스트들과도 격렬하게 대립했다. 원래 정치적 열심파는 종교적 열심파의 적대세력이었다. 그렇지만 열심파는 독특한 정통주의를 사회적 혁명노선과 결합시켰다. 칸타쿠제노스의 적이었던 그들은 정통 황제 요안네스 팔라이올로고스를 인정했다. 아니, 그 정도가 아니라 이 반귀족주의 당의 가장 유명한 지도자들은 팔라이올로고스 가문의 구성원들이었다. 콘스탄티노플로부터 임명된 한 총독과 열심파 지도자들이 테살로니카의 행정책임을 나누어 맡았는데, 결정적인 영향력을 가진 쪽은 열심파 지도자들이었다. 그리하여 테살로니카는 사실상 다른 모든 관계 당국으로부터 거의 완전히 독립하여 독자적인 법에 따라서 살았다. 제국의 제2도시인 이 도시는 7년 동안 혁명적인 반귀족주의 당의 지배 아래 놓여 있었다. 이 당은 대단히 단호하게 자신들의 세력을 유지했고, 적들을 가차없이 제거했다.

테살로니카에서 콘스탄티노플에 이르기까지 귀족의 세력은 곳곳에서 분쇄되었다. 칸타쿠제노스는 끝장이 난 것처럼 보였다. 그의 가장 가까운 지지자들, 심지어 시나데노스마저도 그와 관계를 끊었다. 그것이 생명과 재산을 구하는 유일한 수단이었기 때문이다. 민중봉기로 말미암아 제국에서 모든 지지세력을 빼앗긴 칸타쿠제노스는 약 2,000명의 부하들과 함께 세르비아의 국경으로 후퇴하여 스테판 두샨에게 구원을 청했다. 비잔티움 내전에 개입하는 것은 세르비아 왕을 위시하여 정복욕에 사로잡힌 세르비아 귀족들이 품고 있던 팽창계획에 전적으로 부합되는 것이었다. 세르비아의 왕과 왕비는 프리슈티나에서 비잔티움의 대립황제를 대단한 예우로써 맞아들였다(1342년 7월). 칸타쿠제노스는 상당히 오랫동안 세르비아에 머물렀다. 두샨 및 세르비아 유력자들과 그와의 협상은 동맹의 체결로 이어졌다. 이를 수단으로 그들은 각자 자신의 목적을 추구했다. 그러나 1342년과 1343년에 견고한 요새도시 세레스에 대해서 동맹자들이 가한 공격은 아무런 성과가 없었다. 칸타쿠제노스의 수행원들은 500명으로 줄어들었다. 그러나 그때 테살리아가 그를 황제로 인정한다는 전갈이 도착했다. 이리하여 대지주들의 땅이 비잔티움 귀족의 지도자에게 가세했다. 칸타쿠제노스는 이 속주를 자신의 오랜 친구이자 친척인 요안네스 앙겔로스에게 평생 동안 다스리라고 주었다. 요안네스 앙겔로스는 이제 절반의 독립을 얻어, 그러나 자기 군주의 종주권을 충실하게 인정하면서, 에피로스에서 아카르나니아 및 아이톨리아에 이르는 지역뿐 아니라 테살리아까지 다스렸다. 얼마 있지 않아서 그는 테살리아에서 카탈루냐인들의 영토를 잠식해 감으로써 그렇지 않아도 상당한 규모이던 자신의 세력권을 한층 더 확대시킬 수 있었다. 칸타쿠제노스는 제국의 옛 영토에서는 쫓겨났을지라도, 최근에 다시 얻은 그리스 지역들은 그에게 남아 있었다. 그는 언제나 이 지역들에 특별한 주의를 기울여왔었다. 그리고 이 지역을 제국과 재통일시킨 것은 근본적으로 그의 업적이었다.

비잔티움 대립황제의 이러한 성과는 세르비아 통치자와의 결렬을 촉진했다. 비잔티움의 어느 한 파가 승리하도록 도와주는 것은 두샨의 의도가 아니었다. 그는 칸타쿠제노스를 포기하고 열렬히 자신의 호의를 구하는 콘스탄티노플 섭정에게 손을 내밀었다. 두샨의 아들이자 왕위계승자인 우로슈는 젊은 황제 요안네스 팔라이올로고스의 누이와 약혼했다(1343년 여름). 이제 칸타쿠제노스에게 두샨은 전우가 아니라 강력한 적이 되었다. 그러나 칸타쿠제노스에게는 또다른 동맹동지가 있었다. 그는 아이딘 왕조의 에미르인 우무르 1세였다. 대립황제는 그와는 이미 안드로니코스 3세 때부터 특별히 밀접한 협력관계를 맺고 있었다. 이미 1342년 말경 칸타쿠제노스는 우무르에게 구원을 요청했다. 그때부터 칸타쿠제노스는 계속해서 투르크인들——처음에는 셀주크, 다음에는 오스만인들——의 지원이라는 즐거운 상황을 누렸다. 이 지원으로 그는 반대파보다 우세해졌고, 또한 비잔티움 내전도 마침내 군사적으로 결정이 났다고 할 수 있었다. 물론 칸타쿠제노스는 우무르의 도움을 받고서도 테살로니카는 점령할 수 없었다. 이 도시는 대립황제에게 격렬한 저항으로 맞섰다. 그리고 도시를 위협하는 외부의 위험은 열심파 정부의 급진주의를 더욱 강화시켰을 뿐이다. 그리하여 칸타쿠제노스는 테살로니카를 포기하고 마케도니아의 나머지 지역을 두샨에게 양보할 수밖에 없었다. 그러나 그는 셀주크인들의 지원을 받아서 트라키아를 정복하기 시작했다. 이미 1343년 초에 우무르는 디디모테이코스로 밀고 들어갔다. 그러나 이 성공의 대가로, 점령된 지역들은 투르크 군대에게 사나운 약탈을 당했다.

콘스탄티노플의 섭정정부는 그들대로 남슬라브인들의 지원을 받았다. 그들은 두샨 외에도 불가리아 차르 이반 알렉산다르를 자기편으로 끌어들였다. 처음에 우무르 및 칸타쿠제노스와 동맹을 맺었던 용감한 하지두크 몸칠로 역시 섭정 편으로 넘어왔다. 그는 자기 군사들과 함께 비잔티움과 불가리아의 국경지역에 정주하고 있었다. 그렇지만 슬라브인 통치자들의 우정은 정통 황제에게 그다지 큰 쓸모가 없었고, 오히려 비잔티움 국가에 막심한 희생을 치르게 했다. 상황은 점점 더 암울해졌다. 칸타쿠제노스의 동맹자들이 비잔티움의 땅을 유린하고 있는 동안 아포카우코스의 동맹자들은 제국의 영토를 크게 앗아갔다. 1343년이 경과하는 동안 두샨은 보데나와 카스토리아와 레린을 점령했고, 알바니아의 정복을 끝냈다. 알바니아는 앙주 가문 지배하의 디라키온만 제외하고 이제 두샨의 지배 아래로 들어갔다. 불가리아 차르는 필리포폴리스와 스타니마코스를 포함하여 마리차 강 상류에 있는 상당히 넓은 지역을 양도받음으로써 자기가 제공하는 우정의 대가를 치르게 했지만, 아무런 생각 없이 그러한 양보에 동의했던 비잔티움 정부를 손톱만큼도 도와주지는 않았다. 몸칠로는 여러 번 편을 바꾼 후 남부 로도피에 자신의 지배권을 건설했다. 그곳에서 이 대담한 모험가는 인근 전역을 불안하게 했다. 칸타쿠제노스는 그에게 세바스토크라토르 칭호를 부여했고 황태후 안나는 심지어 데스포테스의 칭호를 부여했다. 그러다가 결국은 우무르가 그를 굴복시키고 처형했다(1345년).

1345년 여름, 칸타쿠제노스는 이미 전 트라키아를 복속시켰다. 콘스탄티노플에서조차 그의 반대파는 혹독한 패배를 겪었다. 그들의 가장 강력한 인물, 메가스 둑스인 알렉시오스 아포카우코스는 1345년 6월 11일에 종말을 맞았다. 그는 황궁에 있는 감옥을 시찰하러 나갔다가 죄수들에게 습격을 받아 뭇매를 맞고 살해되었다. 이때 테살로니카에서도 열심파의 지배에 대한 최초의 반동이 일어났는데, 그러나 이는 처음에는 혁명적 세력을 더 강력하게 끓어오르게 했을 뿐이다. 특기할 만하게 이 반란은 제국의 총독에게서 비롯되었다. 그는 다름 아닌 콘스탄티노플의 독재적 통치자 알렉시오스 아포카우코스의 아들이자 대(大)프리미케리오스인 요안네스 아포카우코스였다. 그의 임무는 물론 테살로니카에서 반귀족주의 정부를 지원하는 것이었는데, 그러나 그는 곧 열심파 및 그들의 지도자, 다시 말해서 도시의 주인이 되어 있던 미카일 팔라이올로고스와 불화하게 되었다. 그는 열심파의 지도자를 살해하게 한 다음 단독 총독으로서 통치의 고삐를 쥐었으며, 자기 아버지가 콘스탄티노플에서 살해된 후 공개적으로 칸타쿠제노스의 편에 섰다. 그러나 이제 열심파는 안드레아스 팔라이올로고스의 지휘 아래 반격을 시작했다. 요안네스 아포카우코스는 제압되었고, 약 100명의 지지자들과 함께 잔혹한 죽음을 당했다. 차례차례 도시의 성벽에서 떨어뜨려진 포로들은 아래 쪽에 모여 있던 열심파에 의해서 토막이 났다. 그후 보다 높은 신분의 대표자들에 대한 무차별적인 사냥이 시작되었다. 그들은 "노예처럼 목이 밧줄로 묶여서 거리로 끌려다녔다. 여기서 하인이 주인을 질질 끄는가 하면, 저기서는 노예가 그를 샀던 주인을 끌고 갔다. 농부가 스트라테고스를 치는가 하면, 농장 일꾼들이 무인(즉 프로노이아르)을 때렸다." 다시 열심파의 지배가 수립되었고, 그후 거의 완전한 독립성을 유지하며 몇년을 더 버텨냈다. 이로써 테살로니카와 제국의 다른 지역 사이의 끈은 더욱 느슨해졌다.

이런 사건들에도 불구하고 칸타쿠제노스는 승리를 확신할 수 있었다. 메가스 둑스인 알렉시오스 아포카우코스가 실각한 후에는 더욱 그러했다. 그는 경제적으로나 정치적으로 가장 강력한 분자들을 등에 업고 목적을 향해서 부단히 나아갔다. 반면 콘스탄티노플 섭정 정부의 세력은 눈에 띄게 약화되었다. 물론 대립황제는 이제 옛날만큼 친구 우무르의 도움을 누리지는 못했고, 그것도 곧 완전히 잃어버릴 운명이었다. 왜냐하면 우무르는 서방세력 연합과 전쟁을 벌이느라 주의가 딴 곳으로 쏠려 있었기 때문이다. 연합세력은 다시 행동을 개시하여 이미 1344년에 스미르나를 점령했다. 성패가 엇갈리는 변화무쌍한 투쟁은 우무르의 시간과 정력을 크게 빼앗았고, 결국 그는 여기서 죽음을 맞았다(1348년). 그러나 칸타쿠제노스는 오스만의 술탄 오르한이라는 훨씬 강력한 동맹동지를 찾아냈다(1346년). 그는 망설이지 않고 술탄에게 딸 테오도라를 아내로 주었다. 그러고 보면 시대가 정말 변해 있었다. 옛날에는 아무리 위대한 기독교도 통치자라고 해도 비잔티움 공주의 남편이 될 만한 자격이 있다고 여겨지지 않았다. 그런데 지금은 비잔티움의 공주가 투르크족 술탄의 하렘에 모습을 나타낸 것이다.

칸타쿠제노스는 승리를 확신하며 1346년 5월 21일 아드리아노플에서 황제의 관을 썼다. 예루살렘의 총대주교가 그를 위해서 대관식을 거행해주었다. 그의 대관은 1341년 내전이 시작되는 신호였던 디디모테이코스 선언을 합법화하려는 것이었다. 황태후 안나의 세력범위는 수도와 그 주변으로 줄어들었다. 그렇지만 이 야심찬 여인은 투쟁을 포기하지 않았다. 그녀는 투르크인들을 자기편으로 끌어들이고자 했고 마침내 목적을 달성했다. 1346년 여름, 사루한(Saruchan) 에미르국으로부터 6,000명의 셀주크인들이 나타났다. 그러나 그들은 칸타쿠제노스에 대항하여 출정하는 대신, 불가리아를 침공했다. 황폐화된 트라키아보다 불가리아에서 더 풍부한 전리품을 기대했던 것이다. 게다가 그들은 돌아오는 길에는 콘스탄티노플 인근 지역을 사나운 약탈로 뒤덮었다. 황태후는 마지막 순간에 헤시카스트에게 손을 내밀었다. 총대주교 요안네스 칼레카스를 파면시키고(1347년 2월 2일) 팔라마스를 감옥에서 석방한 후, 그의 지지자 이시도로스를 주교의 자리로 불렀다. 그러나 아무 소용도 없었다. 1347년 2월 3일, 칸타쿠제노스에게 콘스탄티노플의 성문들이 열렸다. 도시의 수비대는 그의 편이 되었고, 황태후 역시 곧 저항을 포기할 수밖에 없었다. 칸타쿠제노스는 황제로 인정받았다. 그가 10년 동안 제국을 통치한 다음에야 정통 군주 요안네스 5세 팔라이올로고스가 국정에 참여하게 될 터였다. 칸타쿠제노스는 그에게 딸 헬레네를 아내로 주었다.

5월 13일, 새로운 대관식이 거행되었다. 이제 칸타쿠제노스는 콘스탄티노플 총대주교의 손에서 황제의 관을 받았다. 왜냐하면 단지 수도의 주교가 거행한 대관식만이 완전하고 논란할 수 없는 법적 효력을 가지고 있기 때문이다. 칸타쿠제노스와 팔라이올로고스 가문은 정신적인 친척관계에 있다고 선포되었다. 이렇게 함으로써 새로운 군주의 위치가 정통적인 것이 될 수 있다는 기대에서였다. 칸타쿠제노스는 이를테면 죽은 안드로니코스 3세를 대신하는 존재였다. 그는 안드로니코스의 "정신적" 형제이자 요안네스 팔라이올로고스와 자기 자식들의 "공동 아버지"였고, 따라서 황가의 수장이었다.

칸타쿠제노스의 승리는 잠정적으로 내전을 종식시켰다. 테살로니카에는 아직 열심파가 버티고 있었다. 그들은 칸타쿠제노스를 인정하기를 완강하게 거부했고 콘스탄티노플에서 내려오는 일체의 지시를 물리쳤다. 그러나 그들의 몰락은 단지 시간문제였을 뿐이다. 그들 자신도 그것을 알고 있었으므로 열심파는 이 도시를 칸타쿠제노스보다는 차라리 세르비아의 통치자에게 내어주기로 결심하고 스테판 두샨과 협상을 시작했다. 그러나 1349년 말 그들의 지배는 와해되었다. 열심파의 지도자 안드레아스 팔라이올로고스가 세르비아로 도망쳤고, 총독 알렉시오스 메토키테스는 칸타쿠제노스에게 호소를 외쳤다. 1350년, 칸타쿠제노스는 요안네스 팔라이올로고스를 대동하고 자신에게 가장 오랫동안 가장 완강하게 반항했던 이 도시에 성대한 절차를 갖추어 입성했다. 테살로니카의 수도대주교로 임명되었으나 열심파로부터 취임을 방해받았던 그레고리오스 팔라마스 역시 이제 성 데메트리오스의 도시로 입성했다.

칸타쿠제노스가 콘스탄티노플의 제위에 앉음으로써 헤시카스트 운동의 승리가 확인되었다. 물론 종교적 대립이 계속되었던 것은 사실이다. 예전에 바를람과의 학문적 대결에서 승리한 적이 있는 저 박식한 니케포로스 그레고라스가 이제 반헤시카슴파의 지도자로 등장했다. 그렇지만 1351년 블라케르나이 궁전에서 열린 종교회의에서 헤시카스트가 정통 신앙임이 엄숙하게 인정되었고, 바를람과 아킨디노스에게는 파문이 내려졌다. 비록 그후에도 당분간 싸움이 계속되기는 했지만, 이제 헤시카슴은 그리스 교회의 공적인 이론으로 간주되었다. 그레고리오스 팔라마스는 죽은 후(1357/58년) 곧 성자로 추대되었고 헤시카슴 이념들은 향후 그리스 교회의 발전에서 기초적 요소를 이루었다. 뛰어난 신비주의자인 니콜라오스 카바실라스, 박식한 교회법 학자인 테살로니카의 시메온, 15세기에 로마 주도의 교회통합에 대항한 정교 옹호자인 마르코스 에우게니코스 등이 헤시카슴의 신봉자였다. 비잔티움 제국의 입장에서는 헤시카슴을 받아들이는 것은 종교적인 믿음뿐만 아니라 문화적인 신념도 받아들인다는 뜻이었다. 12세기와 13세기에 강력한 라틴화를 겪은 후 비잔티움에서는 14세기 전반에 보수적인 그리스 노선이 지배권을 쥐었다. 이는 로마 교회뿐만 아니라 서방 문화에 대해서도 단호한 거부의 태도를 취했다. 마누엘 1세 콤네노스와 미카일 8세 팔라이올로고스가 친라틴 노선의 대표자들이었다면, 안드로니코스 2세와 요안네스 6세 칸타쿠제노스(그는 노[老]안드로니코스의 적으로 등장했으나 여러 면에서 그의 가장 충실한 추종자였다)는 보수적인 정교적 비잔티움주의의 대표자들이었다.

비잔티움 내전으로 가장 큰 이득을 얻은 것은 세르비아의 통치자였다. 비잔티움 제국을 훼손하고 파괴했던 내전에서 두샨은 위대한 군주로 떠올랐다. 테살로니카를 제외한 전 마케도니아가 그의 왕홀 밑으로 들어왔다. 그도 그럴 것이 공격을 거듭한 끝에 1345년 9월 25일, 마침내 강력한 세레스가 그의 손에 들어왔고 이어서 메스타(네스토스)에까지 이르는 넓은 지대 역시 두샨의 지배 아래로 들어갔기 때문이다. 그후 곧 스테판 두샨은 황제의 존칭을 취하고, 향후 세르비아인과 그리스인들의 황제로 자칭했다. 이는 옛 비잔티움 제국을 새로운 세르비아-그리스 제국으로 대신하려는 의도를 명백하게 보여주는 것이었다. 옛날 시메온이 그랬듯이 두샨에게서도 비잔티움과의 세력투쟁은 황제권을 요구하는 데서 절정에 달했다. 황제권은 비잔티움의 정치적, 정신적 패권의 최고 상징이었다. 그 옛날의 불가리아에서처럼 이제 세르비아에서도 차르좌와 나란히 그리고 차르좌와 밀접한 관련을 맺으면서 독자적인 총대주교좌가 탄생했다. 1346년 4월 16일 부활절 일요일에 새로운 세르비아 총대주교는 스테판 두샨에게 장엄한 황제의 대관식을 베풀어주었다. 콘스탄티노플의 동의는 당연히 얻을 수 없었지만 트르노보의 총대주교, 오흐리드의 독립수장교회 대주교, 아토스 산 수도원들의 대표자들이 이 대관식에 참석했다. 어쨌거나 아토스 산도 세르비아 차르의 세력권에 들어 있었거니와, 세르비아 차르 자신도 그리스 정교의 가장 성스러운 중심지인 이 아토스 산의 총애와 인정을 얻어내기 위해서라면 그 무엇이라도 마다하지 않았다. 그는 성스러운 산을 상당히 오랫동안 방문했으며, 유서 깊은 이 신성한 수도원들에 토지를 하사하고 특권을 퍼부었다. 아토스 수도원들이 스테판 두샨의 치하에서처럼 그렇게 광범위한 면세권을 누린 적은 한번도 없었다. 황제의 대관식이 거행된 지 3년 후인 1349년 5월 한 국경일에 스코피예에서 새로운 차르 제국에 확고한 법 토대를 부여하는 두샨의 법전이 공포되었으며 그후 1354년 세레스에서는 동일한 목적으로 더욱 확대된 내용의 법전이 반포되었다.

비잔티움인들이 내부 투쟁을 멈추고 있다고 해서 세르비아의 진군이 중단되지는 않았다. 오히려 두샨은 칸타쿠제노스의 통치 초기에 에피로스의 정복을 끝맺고, 테살리아도 정복했다(1348년). 물론 칸타쿠제노스는 테살로니카의 열심파를 굴복시킨 후 마케도니아를 공격하여 베로이아와 보데나를 점령할 수 있었다(1350년). 그러나 이 요새들은 곧 두샨에게 되돌아갔다.

두샨은 거의 힘들이지 않고, 탁 트인 들판에서 단 한 번의 대규모 전투도 벌이지 않은 채 비잔티움 제국에 남아 있던 영토의 절반 이상을 강탈했다. 그리하여 그의 제국의 영토는 거의 두 배로 늘어났다. 군사작전들은 대체로 개개 도시들의 포위로 한정되었다. 대부분의 도시들은 세르비아의 통치자에게 별로 오랫동안 저항하지 않았다. 그의 세력은 이제 도나우 강에서 코린트 만까지, 아드리아 해안에서 에게 해안까지 이르렀다. 그의 차르 제국은 사실상 그리스 제국의 절반에 달했다. 그의 제국은 대부분 그리스 땅 및 그리스어 사용지역들이었고, 새로운 제국의 무게중심도 바로 그리스 땅들에 있었다. 두샨은 세르비아인과 그리스인의 황제로서 자기 제국 가운데서도 주로 그리스계 지역인 남부는 자신이 직접 다스렸고, 북쪽에 있는 세르비아 본토의 통치는 아들 우로슈 왕에게 맡겼다. 두샨의 제국은 궁정과 행정질서, 법제도를 수립하면서 비잔티움의 모범을 대폭 따랐는데 비잔티움 제국의 옛 영토였던 남부 지역에서는 특히 그러했다. 이곳에서 비잔티움의 행정기구들과 사법기관들은 그대로 자신의 직무를 계속했으며, 그리스인 집정관(archon)이 세르비아의 통치자에게 복무하는 일도 드물지 않았다. 그러나 정복된 그리스 지역들에서도 가장 중요한 위치를 차지한 것은 주로 세르비아 귀족의 대표자들인 두샨의 전우들, 그러니까 그의 성과혁혁한 정복전쟁의 주요 수익자들이었다. 이들은 비잔티움의 명예칭호들로 치장했다. 근본적으로 이곳 주민들은 옛 법에 따라서 살았고, 바뀐 것은 단지 지배계층뿐이었다.

혹독한 내전이 끝난 후, 그리스 귀족층은 비잔티움 제국 가운데 여전히 남아 있는 부분에 대해서는 지배권을 행사할 수 있었다. 그러나 그들은 외적과의 투쟁에서 패했고, 넓은 지역에서 그리스 귀족층은 승승장구하는 세르비아 귀족에게 자신들의 세력과 재산을 상실했다. 그뿐 아니라 비잔티움의 나머지 영토들도 위협을 당했다. 자신을 라틴어로 "거의 전(全) 로마 제국의 지배자(fere totius Imperii Romani dominus)"라고 칭하던 세르비아 통치자는 바로 마지막 목적지 앞에 서 있는 듯이 보였다. 마지막으로 한 번만 더 힘을 쓰면 콘스탄티노플에 진입하여 황도를 점령하고 큰 꿈을 실현할 수 있을 것 같았다. 그러나 옛날 시메온과 마찬가지로 두샨에게도 이 최후의 승리는 허락되지 않았다. 그에게도 함대가 없었다. 함대가 없이는 콘스탄티노플 정복은 생각할 수 없었다. 베네치아의 도움을 얻으려는 그의 모든 시도는 아무 결실도 거두지 못했다. 베네치아인들은 허약한 비잔티움 제국 대신에 강력한 세르비아 차르를 앉히고 싶은 의사가 추호도 없었다.

바다에서도 내전은 제국에 새로운 손실을 가져다주었다. 제노바인들은 1346년에 키오스를 재점령했고, 이 섬은 곧 주스티니아니 무역회사의 주요 본거지가 되었다. 주스티니아니 회사는 이곳에서 16세기 중반까지 자신의 지위를 고수했다. 안드로니코스 3세 치하에서 그토록 큰 희생을 치르고 재건되었던 비잔티움의 함대력은 내전기에 쇠락해버렸다. 제국은 육지에서 오스만 투르크와 세르비아 사이에서 그러한 처지에 빠졌던 것처럼, 바다에서도 제노바와 베네치아 사이에서 더할 나위 없는 굴욕적 무기력 상태에 처해 있었다. 비잔티움의 세력영역은 트라키아와 에게 해 북쪽 섬들 그리고 스테판 두샨의 정복사업으로 인해서 다른 모든 지역을 잘려버린 채 남아 있던 불안정한 테살로니카와 멀리 떨어진 펠로폰네소스의 일부로 제한되었다.

영토의 손실보다 더 곤란했던 것은 비잔티움 국가의 경제적, 재정적 파괴였다. 주민들은 더 이상 조세를 납부할 수 없었다. 왜냐하면 제국의 주된 영토였던 트라키아의 농경은 내전기 동안 중단된 것이나 마찬가지였기 때문이다. 사회적 투쟁의 공포에 이어서 투르크인들 떼거리의 가공스런 유린에 내맡겨졌던 이 땅은 황무지와도 같았다. 비잔티움의 무역은 위축되었다. 갈라타에서 제노바 세관이 연간 20만 히페르피론을 징수하는 동안 콘스탄티노플의 연간 세입은 겨우 3만 히페르피론으로 내려앉았다. 그뿐 아니라 히페르피론 자체도 가치가 대단히 모호했다. 당대인들의 주장에 따르면 이 화폐의 구매력은 나날이 줄어들었다. 14세기 초의 비잔티움 국가세입만 하더라도 옛날 예산과 비교할 때 대단히 적은 규모였다고 하는데(389쪽 참조), 지금에 이르러서는 제국의 수입은 안드로니코스 2세 시대의 그 빈약한 예산보다도 훨씬 더 적었다. 정말이지 이제는 정규 예산을 짠다는 말조차 아예 할 수 없을 지경이었다. 그도 그럴 것이 비교적 큰 규모의 지출을 해야 할 경우, 정부는 재산소유층의 희생적 의지에 호소하든가, 외국에서 차입이나 희사를 받든가, 아무튼 특별한 수입원에서 나오는 소득에 의지했기 때문이다. 내전 초기에 이미 황태후 안나는 3만 두카트를 빌리기 위해서 황관의 보석을 베네치아에 저당잡혔다. 베네치아인들은 무역조약을 갱신할 때마다 제국측에 이 채무를 상기시켰으나 채무는 결국 상환되지 못했고, 제국의 보석들은 산 마르코 바실리카의 보물로 머물렀다. 1350년 무렵 모스크바의 대공은 하기아 소피아의 개축을 위해서 자금을 보냈다. 그러나 그런 목적을 위해서 외국에서 돈을 받아야 하는 것으로는 부족해서, 비잔티움 정부는 러시아 대공의 경건한 희사물을 흡사 횡령하듯이 해서는 이교도들에게 탕진해버렸다. 즉 투르크인 원군 부대를 모집하기 위해서 그것을 써버린 것이다. 이 모든 것에서 비잔티움이 얼마나 곤궁해졌는지가 드러난다. 한때 온통 사치와 부에 탐닉했던 황궁에서조차 요안네스 칸타쿠제노스의 대관식을 축하하는 잔치에서 금과 은으로 된 술잔이 아니라 납과 도토로 된 잔을 쓸 정도로 극심한 빈곤이 지배했다. 불행의 정도를 완전하게 하려는 듯 페스트가 1348년 제국을 휩쓸었다. 이는 특히 수도에서 가공할 황폐화를 야기했고, 그후 전 유럽으로 퍼져나갔다.

기이하게도 제국의 판도는 형편없이 쪼그라들었는데도 이에 아랑곳없이 최고 권력을 분할하려는 욕구는 점점 더 강해졌다. 그토록 약소한 영토인데도 더 이상 단일한 중앙정부의 통치를 받지 않게 되었으며, 황제의 단독 통치는 평화로운 약정을 통해서 혹은 내전에서의 적대적인 분리를 통해서, 통치자 가문의 여러 구성원들에 의한 가문통치로 바뀌었다. 요안네스 칸타쿠제노스 치하에서 황가 구성원들 사이의 분할 통치가 국가체제가 되었다. 칸타쿠제노스는 펠로폰네소스 반도에 있는 모레아의 비잔티움 영토를 둘째아들 마누엘에게 맡겼다. 그에 반해서 맏아들 마타이오스는 이제는 세르비아와의 접경지대가 된 서(西)트라키아에서, 그러니까 디디모테이코스에서 크리스토폴리스에 바싹 근접한 곳에 이르는 지역에서 자신의 지배영역을 얻었다. 물론 칸타쿠제노스의 경우에는 정통 통치자 가문인 팔라이올로고스 왕조에 맞서서 자신의 새로운 왕조를 강화시키려는 노력이 동시에 작용했을 것이다. 그러나 앞에서 말한 것과 같은 영토분할 조치를 내리게 된 데에는 강력한 가문통치를 수립하지 않고는 서로 떨어져나가려고 하는 제국의 부분들이 더 이상 응집될 수 없다는 사실이 결정적으로 작용했을 것이다. 칸타쿠제노스식의 지배체제는 이미 지나간 시대에도 수많은 단초들을 찾아볼 수 있는 체제였으며, 그를 이어서 팔라이올로고스 가문 출신의 후계자들에 의해서 유지되고 계속 확대되었다. 통치자는 대(大)봉건영주들에 맞서서 자기 가문의 구성원들에게 의존하여 권력을 유지하는 길을 모색했다. 그도 그럴 것이 봉건국가에서 지배왕조는 근본적으로 서로 경합하는 수많은 대귀족가문들 사이에서 가장 강력한 가문에 불과하기 때문이다.

칸타쿠제노스의 대외정책은 괄목할 만한 연속성을 보여준다. 안드로니코스 3세 치하에는 대(大)도메스티코스로서, 내전 시기에는 대립황제로서 그리고 통치군주로서 그는 본질적으로 같은 원칙들을 추구했다. 이는 그가 마지막까지 고수했던 투르크인들과의 협력정책에서도 드러났으며, 때로 약간의 동요를 일으키기는 했지만 그의 정치적 자세의 유다른 특징으로 존속했던 반(反)제노바 노선에서도 나타났다. 그러나 제노바인들의 우세에 대응할 수 있기 위해서는 자체의 함대력이 필요했다. 다시 함대의 건설이 최우선적이고 시급한 과제로 대두했다. 국고가 텅 비었기 때문에 칸타쿠제노스는 사유재산에 호소했다. 그러나 사유재산들 역시 공포스러운 내전기에 크게 축소되었으며, 재산소유계층의 희생적 의지도 미미하기만 했다. 이런 식으로 해서 가까스로 5만 히페르피론을 모아서 선박 건조에 사용했다. 황제는 보스포루스 해안에서 거두어들이는 관세수입 가운데 거의 87퍼센트가 제노바인들에게 흘러들어가는 것을 마땅찮아하며, 이 명예롭지 않은 상황을 종식시키고자 했다. 그는 대부분의 수입품에 대해서 콘스탄티노플의 관세율을 낮추었다. 그리하여 점점 더 많은 무역선들이 제노바인들 지배하의 갈라타를 피하고 비잔티움 항구로 들어와 정박하게 되었다. 예상대로 이 때문에 손해를 입은 제노바인들이 무기를 들었다. 대비책을 강구했음에도 불구하고 제국은 이 역부족의 투쟁에서 패했다. 비잔티움 함대는 1349년 초봄에 절멸당했다. 온갖 노력과 희생도 모두 헛된 것이 되어버렸다. 제국은 더 이상 제노바인들의 후견에서 해방되지 못하게 되었다.

비잔티움과 갈라타 사이의 전쟁이 끝나자마자, 비잔티움 해역에서 제노바와 베네치아 사이에 새로운 전쟁이 터졌다. 그것은 제노바가 흑해 무역 전체를 통제하려고 했기 때문에 빚어진 일이었다. 제노바인들은 외국 선박들의 통과를 차단하려고 했고, 통제를 벗어났던 여러 베네치아 무역선들을 카파에 억류시키는 데까지 나아갔다(1350년). 베네치아는 아라곤의 페드로 4세와 협력했고, 투쟁의 결과에 대한 불확실성에서 처음에는 결정을 내리지 못했던 칸타쿠제노스도 마침내 이 동맹에 가담했다. 1352년 2월 13일, 보스포루스에서 대규모 해전이 벌어졌다. 한편은 제노바의 배들이었고, 다른 한편은 베네치아 및 아라곤의 배들과 마치 보잘것없는 그 부속물이기라도 한 것처럼 배치되어 있는 14척의 비잔티움 선박들이었다. 이 비잔티움의 배들은 베네치아의 도움으로 겨우 무장을 갖출 수 있었다. 전투는 밤까지 계속되었지만 결판이 나지는 않았다. 그리하여 양쪽 다 자기네가 승리했다고 주장할 수 있었다. 서쪽 해역에서 투쟁이 계속되었으나 양쪽은 다 같이 기진맥진해져버렸고, 이에 따라 두 적대진영은 1355년에 평화조약을 체결하여 이 상태에 종지부를 찍기로 결정했다. 보스포루스 전투 후에 베네치아와 아라곤 함대가 퇴각함으로써 칸타쿠제노스는 어려운 처지에 놓이게 되었다. 고립된 그는 제노바인들과 평화조약을 맺어야 했다. 제노바인들이 이번에는 오르한과 동맹을 체결했기 때문에 그 같은 필요성은 더욱 절실했다. 그러나 이 부득이한 편바꾸기는 결과적으로 베네치아인들과 요안네스 5세 팔라이올로고스를 협조하게 만들었다. 칸타쿠제노스에 대항하기 위해서 팔라이올로고스는 베네치아로부터 2만 두카트의 차입금을 얻었고, 대신 그는 테네도스 섬을 공화국에 양보하겠다고 약속했다. 막강한 세르비아 차르도 그에게 칸타쿠제노스와의 결렬을 촉구했다. 비잔티움은 새로운 내전의 문턱에 서 있었다.

정통 황제 주위에 처음부터 칸타쿠제노스의 모든 적들이 모여들었다. 나이를 먹으면서 요안네스 5세 자신도 홀대를 거부하기 시작했다. 칸타쿠제노스는 노련한 작전을 통해서 갈등을 제거하고자 시도했다. 마타이오스 칸타쿠제노스가 통치하던 로도피 지역이 팔라이올로고스에게 맡겨졌고, 반면 마타이오스는 아드리아노플을 중심으로 하는 훨씬 더 중요한 분립통치령을 얻었다. 그렇지만 이러한 협화는 오래가지 않았다. 이 모든 것에도 불구하고 결렬이 불가피해지자, 요안네스 팔라이올로고스와 마타이오스 칸타쿠제노스의 자치 지배령들 사이에는 전쟁이라는 흔하지 않은 형식으로 적대관계가 시작되었다. 요안네스 5세는 베네치아의 자금지원을 받아 1352년 가을, 소규모 군대의 선봉에서서 처남의 영토로 밀고 들어갔다. 그는 전혀 아무런 저항도 받지 않았다. 아드리아노플조차도 정통 황제에게 성문을 열어주었고, 이에 반해서 마타이오스는 도시의 아크로폴리스에 틀어박혔다. 그렇지만 요안네스 칸타쿠제노스가 황급히 투르크인 부대를 이끌고 달려오자, 상황은 신속히 복구되었다. 칸타쿠제노스의 손에 떨어진 다른 도시들과 마찬가지로 아드리아노플 역시 투르크인들의 혹독한 약탈이라는 벌을 당하고 있을 수밖에 없었다. 심각한 궁지에 빠진 팔라이올로고스는 불가리아인들과 세르비아인들의 도움을 요청했고, 동생인 데스포테스 미카일을 스테판 두샨에게 볼모로 보낸 대신 두샨으로부터 4,000명의 기사대를 얻었다. 그러나 오르한도 친구 칸타쿠제노스를 버리지 않고, 그에게 자신의 아들인 술레이만이 이끄는 적어도 1만 명에 달하는 새로운 소집군을 보냈다. 그리하여 비잔티움 황제들의 반목이 어떤 결과로 끝날지는 오스만인들과 세르비아인들의 손에 달려 있게 되었다. 그리고 우세한 투르크인들이 승리를 거뒀다. 막강한 투르크 군사들이 접근함에 따라서 불가리아인들이 퇴각하는 동안, 세르비아 군대는 요안네스 5세의 그리스인 병력과 함께 디디모테이코스 부근에서 완패했다(1352년 말).

칸타쿠제노스는 사실상 10년 전부터 팔라이올로고스 왕조와 투쟁을 벌이고 있긴 했지만, 이제까지는 정통성의 원칙을 지키고자 노력해왔었다. 그렇지만 지금은 자기 가문의 세력을 보다 확고한 토대 위에 세우고 정통 황제를 궁극적으로 제외시킬 순간이 왔다고 생각했다. 마타이오스 칸타쿠제노스는 1353년에 아버지의 공동황제이자 제위계승자로 승격된 반면, 요안네스 5세 팔라이올로고스는 이제 교회 기도문이나 공적인 축제 때의 환호에서 더 이상 이름이 불려서는 안된다는 명령이 떨어졌다. 요안네스 칸타쿠제노스는 총대주교 칼리스토스의 항의를 무시했고, 종교회의를 통해서 이 순종치 않는 교회 지도자를 파면시키고, 대신에 필로테오스를 들어앉혔다. 1354년, 마타이오스는 블라케르나이 교회에서 황제와 새로운 총대주교의 손으로 황제의 관을 받았다.

그렇지만 칸타쿠제노스 가문의 승리는 오래가지 않았다. 반대세력이 점점 더 강력하게 대두했다. 요안네스 팔라이올로고스와 마타이오스 칸타쿠제노스 사이에 벌어졌던 전쟁의 경과 자체가 이미 제국에서의 강력한 분위기 변전을 분명하게 보여주고 있었다. 투르크인들 덕택에 요안네스 칸타쿠제노스는 다시 한번 정적들에게 승리했다. 그러나 투르크인들의 도움은 양날 무기인 셈이었다. 투르크인들의 산발적인 약탈의 시대는 종말에 가까워지고, 오스만인들이 유럽의 땅에 확고히 정착하는 시대가 시작되었다. 오스만인들은 이미 1352년 칼리폴리스(겔리볼루) 근처 침페 요새를 점령했고, 1354년 3월 ― 비잔티움인들을 그 지역에서 쫓아낸 끔찍한 지진이 있은 후 ― 오르한의 아들 술레이만이 칼리폴리스 자체를 차지했다. 칸타쿠제노스는 오르한의 우정에 호소했지만 허사였다. 나라의 궁핍에도 불구하고 그는 오르한에게 고액의 돈을 주며 점령된 도시에서 철수할 것을 제안했다. 그러나 오스만인들은 앞으로 있을 트라키아 정복전 수행에서 뛰어난 작전기지가 되어줄 이 요새를 반환할 생각이 없었다. 콘스탄티노플 주민들은 경악스러운 공포에 사로잡혔다. 사람들은 수도가 직접 투르크인들의 위협을 받고 있다고 생각했다. 칸타쿠제노스의 위치는 불안해졌고, 상황은 정변이 일어날 만큼 무르익었다.

요안네스 5세는 그 사이에 칸타쿠제노스의 오랜 적인 제노바인들과 협력하여 어렵지 않게 그들의 호의와 지지를 얻었다. 노획물과 모험을 좇아 에게 해를 누비고 다니던 두 척의 갤리선의 소유주, 즉 제노바의 사략선(私掠船) 선장인 프란체스코 가틸루시오가 팔라이올로고스를 선조들의 옥좌로 안내할 인물이었다. 요안네스 5세는 그에게 공을 세우는 대가로 누이 마리아를 아내로 줄 것이며 그 지참금으로는 제국에 아직 남아 있는 섬들 가운데 가장 크고 중요한 레스보스 섬을 주기로 약속했다. 1354년 11월, 모반자들이 콘스탄티노플로 들이닥쳤다. 요안네스 칸타쿠제노스는 강제로 폐위되어 수도사복을 입었다.

그는 수도사 요아사포스가 되어 거의 30년을 더 살았다. 그러나 속세를 완전히 단념하지는 않았다. 그는 유명한 역사서를 썼고, 헤시카슴 학설을 옹호하는 신학적 저술들을 썼을 뿐만 아니라, 콘스탄티노플과 모레아의 정치활동에 끊임없이 활기차게 개입했다. 쇠약해지고 있는 제국과 끊임없는 반목으로 양분된 황가에 그가 끼치는 영향력은 그의 죽음과 더불어 비로소 사라졌다. 그는 1383년 6월 15일, 펠로폰네소스에서 사망했다.

칸타쿠제노스 가문의 세력과 역사적 역할 역시 그의 실각 이후에도 지속되었다. 대립황제 마타이오스는 한동안 더 로도피 지역에서 버티고 있었으며 심지어 여기서 인근 세르비아 지역으로 쳐들어가기도 했다. 그렇지만 그는 필리피 부근에서 세르비아인들에게 붙들려 요안네스 5세 팔라이올로고스에게 인도되었다. 이로써 그는 마침내 지배권을 단념해야 했다(1357년). 그에 반해서 마누엘 칸타쿠제노스로부터 모레아에 대한 지배권을 빼앗아오려던 시도는 실패했고, 팔라이올로고스 정부는 결국 이 유능한 데스포테스를 인정했다. 마누엘은 1380년 죽을 때까지 펠로폰네소스의 이 비잔티움 영토를 다스렸다. 실각을 당하고 모레아로 온 형 마타이오스가 그의 뒤를 이었다(1382년까지). 마누엘 칸타쿠제노스는 그의 긴 치세기간 동안 모레아의 모든 상황을 정비하고 투르크인들의 습격에 맞서서 성공적으로 투쟁함으로써 그리스인들의 지배를 확실히 했다. 비잔티움 세력이 절망적으로 몰락해가던 이 시대에 욱일상승하는 그리스 지배령 모레아는 유일한 희망의 등대처럼 보였다. 그러나 이 땅은 칸타쿠제노스 가문의 자율적인 지배하에 있었기 때문에 상당히 오랫동안 팔라이올로고스 왕조의 중앙권력으로부터 사실상 분리되어 있었다.

이제 비잔티움 제국은 칸타쿠제노스가 콘스탄티노플의 제위에 올랐을 때보다 훨씬 더 무기력해졌다. 제국의 영토는 더욱 파편화되었고, 경제적, 재정적 곤궁은 더욱 절망적이 되었다. 한 세대를 거치는 동안 세 번의 내전을 치렀던 제국에게는 이제 구원은 없었다. 과거에 비잔티움 국가의 세력을 지탱하던 기둥은 풍부한 재력과 뛰어난 행정기구였다. 그러나 이제 비잔티움 국고는 텅 비었고, 행정체제는 완전히 해체된 상태였다. 화폐본위제는 몰락했고, 모든 수입원은 고갈되었으며, 옛 보물들도 대부분 벌써 탕진되었다. 비잔티움 속주행정 및 중앙행정의 등뼈였던 테마와 로고테테들의 부서는 단지 이름만 남아 있었다. 가장 중요한 직책들은 텅 빈 칭호가 되어버렸고, 옛날의 기능에 대한 기억마저 사라졌다. 뿐만 아니라 재정력이 와해되고 행정기구가 해체되면서 비잔티움 제국이 실존할 수 있는 확고한 지반이 상실되었다. 몰락의 과정은 아직도 오랫동안 더 계속되었다. 비잔티움은 끝까지 놀라운 강인함을 유지했기 때문이다. 그럼에도 불구하고 비잔티움의 마지막 100년의 역사는 다름 아닌 끊임없는 몰락의 역사였다.

3) 오스만인들의 발칸 반도 정복 : 투르크의 가신국가로서의 비잔티움

1354년 8월 6일, 콘스탄티노플에 파견되었던 베네치아의 사신 바일로는 투르크인들과 제노바인들의 위협을 받고 있는 비잔티움은 곧 다음 세 세력 가운데 어떤 세력에든 굴복할 태세가 되어 있다고 도제 안드레아 단돌로에게 보고했다. 그것은 베네치아가 될 수도 있고, 세르비아 통치자 혹은 헝가리 왕이 될 수도 있었다. 1355년 4월 4일, 마리노 팔리에로는 베네치아 공화국에게 제국을 그냥 합병하라고 충고했다. 그렇지 않으면 제국이 처한 곤궁한 처지에 비추어볼 때 투르크인들에게 넘어가리라는 것이었다. 비잔티움이 몰락에 직면해 있다는 것은 공공연한 비밀이었다. 단지 제국의 잔존세력이 투르크인들에게 떨어지느냐, 기독교 세력에 떨어지느냐 하는 문제만이 남아 있는 것처럼 보였다.

그런데 비잔티움의 유산을 차지할 만한 가장 유망한 후보 가운데 한 사람은 아주 빨리 떨어져나가고 말았다. 1355년 12월 20일, 스테판 두샨이 한창 나이에 죽었던 것이다. 그리고 그와 함께 그의 위대한 업적 역시 무덤 속으로 가라앉았다. 젊은 차르 우로슈 4세(재위 1355-71년)는 아버지의 권위도 정력도 소유하지 못했고, 느슨하게 결합되어 있는 차르 제국의 이질적인 부분들을 응집시켜 유지할 능력이 없었다. 두샨이 강력한 손으로 너무나 황급히 이어붙여 놓았던 차르 제국은 산산조각이 났다. 도처에서 독립적인 혹은 반(半)독립적인 왕조들이 일어났다. 두샨의 그리스-세르비아 차르 제국의 폐허 위에 다채로운 소국들이 들어섰다. 그렇지만 세르비아 제국이 붕괴되었다고 해서 비잔티움인들의 현실이 조금이라도 나아진 것은 아니었다. 비록 두샨의 죽음은 그들을 막강한 적으로부터 해방시켜주었지만 제국은 너무나도 약화되어 있어서 세르비아 차르 제국의 해체에서 이득을 끌어낼 수도 없었고 옛날 비잔티움 땅들을 다시 점령하려는 진지한 시도를 감행할 수도 없었다. 물론 대(大)스트라토페다르코스* 직을 가진 알렉시오스와 대(大)프리미케리오스** 직을 가진 요안네스는 요안네스 5세에게 복무하면서 스트리몬 강 어귀의 크리소폴리스까지의 해안지대를 점령했다. 그렇지만 형제의 공세는 곧 저지되고 말았다. 그들은 해안도시들을 유지했다. 그에 반해서 내륙은 확고하게 세르비아인들의 수중에 남아 있었다. 통치자의 자리에서 쫓겨난 에피로스의 니케포로스 2세는 잃어버린 선조들의 유산을 되찾기 위해서 상당한 규모의 출정을 감행했다. 그는 에피로스에서뿐만 아니라 테살리아에서도 중요한 성공을 거두었으나 1358년 알바니아와의 싸움에서 전사했다. 그렇지만 두샨 제국이 몰락한 후 투르크인들에게 정복당할 위험은 더욱 커졌다. 이제 전 발칸 반도에는 몰려오는 오스만인들과의 싸움을 감당할 수 있을 만큼 강력한 세력이 더 이상 존재하지 않았기 때문이다.

이 일은 요안네스 5세에게 맡겨야 한다. 그는 상황의 심각함을 경시하지 않았다. 물론 이제 착각은 더 이상 가능하지 않았다. 투르크인들은 어쨌거나 제국에 남아 있는 유일한 속주인 트라키아의 문턱에 와 있었다. 시시각각으로 몰려드는 위험의 방향을 돌리기 위해서 황제는 팔라이올로고스 왕조의 시조가 한때 대단히 능숙하게 다루었던 교회통합 협상이라는 검증된 수단에 손을 뻗쳤다. 그렇지만 당시 상황과 현재의 상황 사이에는 근본적인 차이가 있었다. 미카일 8세 치하에서 제국을 위협하는 것은 교황권이 정신적으로 영향을 미칠 수 있는 서방세력들이었다. 그에 반해서 요안네스 5세는 군사력에 의해서만 맞대응할 수 있는 이교도들을 상대로 하고 있었다. 게다가 얼마 전, 에게 해에서 교황의 후원을 받는 기독교 연맹세력에게 겪었던 경험들은 결코 고무적이

* 스트라토페다르케스는 원래 군사령관이라는 뜻으로 한때는 스트라테고스와 동의어로 쓰이기도 했으나 비잔티움 말기에는 군부와 무관하게 고위 관직자의 한 명칭으로 사용되었다.

** 프리미케리오스는 군사, 민간행정, 궁정, 교회의 직책자들 무리의 우두머리를 가리키는 용어였으며 그 역할은 다양했다. 비잔티움 말기에는 대(大)프리미케리오스는 대(大)로고테테보다도 더 높은 최고위 관직자를 가리키는 명칭이었다.

지 않았다. 교회통합의 약속은 비잔티움의 정치적 게임에서 황제 궁정이 걸핏하면 빼내들곤 하던 으뜸패였다. 리옹의 통합이 실패한 후, 로마와의 협상은 만 40년 동안 중지되었다. 그렇지만 안드로니코스 2세조차도 내전의 어려운 시기에는 일시적으로 그것에 손을 뻗친 적이 있었다. 그후 안드로니코스 3세 치하에서도 그러했지만, 또한 황태후 안나 치하에서는 그야말로 유례 없을 만큼 열심히 이 수단이 추구되었고, 시절이 극도로 험난해지자 심지어는 요안네스 칸타쿠제노스 치하에서조차 다시금 교회통합에 대해서 협상이 벌어지곤 했었다. 그렇지만 그동안에는 구체적인 결과는 전혀 없었다. 이제 요안네스 5세는 이 과제를 진지하게 다루었다. 그는 대단히 열렬하게 교회통합을 위해서 노력했다. 가톨릭 교도인 어머니의 영향을 받으며 자란 그는 교회통합에 진정한 애착을 가지고 있었다. 1355년 12월 15일, 즉위한 지 꼭 1년 후에 그는 아비뇽으로 상세하고도 아주 순진한 편지를 보내, 교황에게 5척의 갤리선과 15척의 수송선을 1,000명의 전사 및 500명의 기사와 함께 보내달라고 부탁했다. 그 대신 그는 자기 백성을 6개월 안에 로마 교회의 신앙으로 개종시키겠다고 약속했으며 이 약속을 이행한다는 보증으로, 아무리 제국의 곤궁 때문이라고 해도 그렇게까지 할 수 있을까 싶을 만큼 광범위한 약속을 교황에게 제시했다. 무엇보다도 황제의 둘째아들 마누엘, 그러니까 당시 대여섯 살이 된 어린 아이를 교황의 궁정에 볼모로 보내어 교황으로부터 교육을 받게 하겠다고 하면서, 이 약속이 이행되지 않는 경우에는 황제는 통치에서 물러날 것이라고 했다. 그렇게 되면 교황이 기른 마누엘이 제국을 통치하되, 마누엘이 성년이 될 때까지는 양부인 교황이 제국의 통치권을 맡게 될 것이라는 것이 요안네스 5세의 약속이었다. 아마도 인노켄티우스 6세는 이 엄청난 약속들을 전적으로 진지하게 받아들이지는 않았던 것 같다. 아무튼 그는 회신에서 요안네스 5세의 세부적인 제안들은 전혀 다루지 않고, 고작해야 황제의 뜻을 아주 따뜻한, 그러나 아주 일반적인 표현으로 칭찬하며 비잔티움에 사절을 보내는 것으로 그쳤다. 황제 역시 곧, 적어도 지금 당장은 비잔티움의 전 백성을 교회통합으로 인도할 상황이 아님을 교황에게 알려야 했다. 그 이유인즉 교황의 사절이 오기는 했지만 무장한 갤리선들을 데려오지 않았기 때문에 자기가 원하던 만큼의 설득력을 가지고 있지 않았으며, 게다가 여러 신민들이 자기의 지시를 들으려고 하지 않는다는 것이었다. 그후 교회통합의 협상은 여러 해 동안 중단되었다.

황제가 서한에서 암시한 신민들의 반대는 실제로 아주 강했다. 물론 비잔티움에도 박식한 수사학자 데메트리오스 키도네스를 탁월한 대표로 하는 신망 있는 친교회통합파가 있기는 했다. 그러나 비잔티움의 성직자와 인민의 압도적인 다수는 예전의 교회통합 협상에서와 마찬가지로 지금도 옛 신앙의 전승을 요지부동으로 고수하고 있었다. 요안네스 5세가 친정을 시작한 후 다시 콘스탄티노플의 주교좌에 오르게 된 총대주교 칼리스토스는 칸타쿠제노스의 개인적인 적으로서 엄격하게 보수적인 인물이었고, 자신의 총대주교직에 결부된 특권을 유지하는 데에 온갖 신경을 쏟고 있었다. 그리스 교회는 무기력한 황제권에 비해서 자기 권리를 더 잘 유지할 수 있었다. 칼리스토스는 이미 첫번째로 교회수장직을 맡고 있는 동안 자력으로 성립한 세르비아 총대주교좌를 파문에 붙였었다. 그리고 이제는 불가리아 총대주교에게 콘스탄티노플 총대주교좌의 종주권을 인정하라고 요구했다. 트르노보에서는 향후 교회 기도에서 콘스탄티노플 총대주교의 이름이 제일 먼저 거명되었다. 뿐만 아니라 그렇게 되면서 세르비아 교회와의 갈등도 제거되는 방향으로 들어섰다. 비잔티움 교회는 다시 자신의 지위를 얻은 반면, 비잔티움 국가는 자신의 지위를 하나씩 차례차례 상실했다.

술레이만이 칼리폴리스에 정착한 직후 투르크인들은 발칸 땅들을 체계적으로 정복하기 시작했다. 1359년, 콘스탄티노플은 처음으로 그 성벽 밑에 오스만인들의 무리가 나타난 것을 보았다. 기진맥진해 있는 제국은 저항할 수가 없었다. 강력한 방어시설을 갖춘 수도에는 아직 직접적인 위험이 닥치지 않았다고 해도, 내전들로 인해서 최후의 생명력마저 빼앗겨버린 넓은 트라키아는 적에게 내맡겨지고 말았다. 도시가 하나씩 차례로 함락되었다. 이미 1361년에 디디모테이코스가 투르크인들에게 궁극적으로 함락되었으며, 약 1년 후에는 아드리아노플마저 같은 운명에 처했다.

무라드 1세(재위 1362-89년) 치하에서 오스만인들에 의한 발칸 땅들의 정복은 결정적인 단계로 접어들었는데 그것은 그리스 땅뿐 아니라 아주 특기할 만하게도 남슬라브인들의 지역까지도 포함하는 과정이었다. 비잔티움과 마찬가지로 남슬라브인들도 우세한 적의 돌진에 대해서 무기력했다. 세르비아 제국은 두샨이 죽은 후 해체되는 중이었고, 불가리아의 상황은 이보다도 훨씬 더 암울했다. 여러 분립국들로 쪼개진 채 심한 경제적 곤궁과 종교적 분쟁으로 마비되어 있던 불가리아는 완전히 굴복하고 말았다. 유능한 장군 랄라 샤힌은 1363년, 필리포폴리스로 진입하여 여기서 루멜리아 최초의 투르크 태수로서 자리를 잡았다. 술탄 자신도 거주지를 발칸으로 옮겼다. 그는 우선 디디모테이코스에 궁정을 정했고, 다음에는 (1365년 무렵부터) 아드리아노플에 궁정을 정했다. 그리하여 오스만인들은 유럽에 확고하게 발을 붙였다. 더욱이 투르크인들의 돌진은 체계적인 주민정착 조치들을 수반했기 때문에 더욱 그러했다. 토착주민들 대다수는 노예가 되어 소아시아로 끌려갔고, 정복된 지역들에는 투르크인 이주민들이 정주했고 투르크인 유력자들, 무엇보다도 술탄의 장군들에게 풍부한 봉토가 수여되었다.

투르크인들의 돌진의 위력에 눌려 위축된 불가리아는 자신들의 안녕을 위해서 막강한 정복자에게 의존했고, 그 때문에 헝가리뿐만 아니라 비잔티움 제국과도 불화하게 되었다. 1364년, 비잔티움과 불가리아 사이에는 무력충돌까지 일어났다. 비잔티움 황제는 흑해의 항구도시 안키알로스를 점령할 수 있었다. 이 전쟁은 시기에 맞지 않았으나 비잔티움인들에게 적어도 한 가지 보상만은 안겨주었다. 다시 말해서 비잔티움인들은 불행에 휘둘리고 있는 자기네 제국보다 더 허약한 나라가 있음을 알게 되었던 것이다.

로마로부터 원조를 받을 수 있으리라는 희망이 실망으로 변하자, 비잔티움 황제는 돌진하는 투르크인들에 대항할 수 있는 다른 동맹동지들이 있는지 주위를 둘러보았다. 총대주교 칼리스토스가 직접 세레스로 가서 두샨의 미망인을 만났다. 그러나 그는 곧 갑작스러운 병으로 사망하고 말았다. 이탈리아 해상공화국들과의 협상에서도 손에 잡히는 성과는 전혀 없었다. 그리하여 황제는 다시 아비뇽으로 방향을 돌렸다. 이 당시 서방은 진지하게 십자군 원정을 준비하는 것처럼 보였다. 실제로 1365년 가을에 키프로스의 왕 피에르의 지휘 아래 원정이 행해졌다. 그러나 그들은 방향을 이집트로 잡았다. 그리하여 요안네스 5세의 희망은 다시 한번 실망으로 변했다. 요안네스 5세는 정력이 부치는 사람은 정말 아니어서 일이 이렇게 되자 막강한 로요슈 대왕의 도움을 얻기 위해서 1366년 초봄, 친히 헝가리로 출발했다.

비잔티움 황제가 군대의 선봉에 선 사령관으로서가 아니라 도움을 구하는 청원자로서 외국에 간 것은 처음 있는 일이었다. 그렇지만 모든 것이 허사였다. 로마 교회의 원칙은 그대로였다. 즉 먼저 개종을 해야 도움을 줄 수 있다는 것이었다. 여기서 헝가리 왕은 로마 교황 자신보다도 더 완고했다. 그는 비잔티움의 황제가 로마의 신앙으로 넘어올 뿐만 아니라 로마의 의식에 따라서 다시 세례를 받을 것을 요구했다. 요안네스 5세는 빈손으로 물러났다. 돌아오는 길에 새로운 불행이 그를 덮쳤다. 헝가리에 점령된 비딘에 이르렀을 때 그는 여행을 중단해야 했다. 불가리아인들이 황제가 자신들의 땅을 통과하는 것에 반대했기 때문이다. 분명히 이 사건은 그의 아들, 즉 불가리아 공주와 결혼했던 안드로니코스 모르게 일어나지는 않았을 것이다. 어쨌든 아들은 아버지를 풀어주기 위해서 아무런 행동도 하지 않았다. 사보이의 "초록 백작" 아마데오의 개입이 있고서야 비로소 불행한 통치자는 곤궁한 처지에서 풀려났다. 황제의 사촌인 이 초록 백작은 1366년 여름에 십자군과 함께 비잔티움의 해역에 나타났다. 그는 단숨에 투르크인들로부터 칼리폴리스를 빼앗았고, 다음에는 불가리아로 향해 황제의 석방을 강제했을 뿐만 아니라, 투르크인들에게 메셈브리아와 소조폴리스로부터 퇴각할 것을 강요했다. 그리하여 흑해 서해안에서 비잔티움의 지위는 상당히 공고해졌다.

어쨌든 십자군 원정은 사보이의 아마데오에게도 교회통합 계획들과 불가분의 관계로 엮어졌다. 그의 청에 따라서 교황의 사절 파울루스가 그와 동행했고, 그들은 교회통합에 대한 회담을 위해서 1367년 6월, 교회 및 국가의 고위 대표자들이 참석한 자리에서 비잔티움 황가 구성원들의 영접을 받았다. 그리스측의 대변자는 다름 아닌 폐위된 요안네스 칸타쿠제노스, 즉 현재 통치하고 있는 황제의 "아버지"였으며, 그의 강력한 개성이 이 회의를 완전히 지배했다. 칸타쿠제노스는 콘스탄티노플에서 전(全) 기독교 교회 공의회를 소집할 것을 요구했고, 교황의 사절에게서도 이에 대한 동의를 얻어낼 수 있었다. 그렇지만 그의 요구는 로마에서는 아무런 반향도 얻지 못했다. 개종을 각오한 요안네스 팔라이올로고스와 직접 합의를 하는 편이 교황에게는 더 의미가 있었고, 또한 마침내 양자는 합의에 도달했다. 1369년 8월, 요안네스 5세는 나폴리를 거쳐 로마에 도착했다. 그의 수행원 가운데는 국가의 여러 고위 관직자들이 보였다. 그러나 비잔티움 성직자들의 대표는 보이지 않았다. 칸타쿠제노스가 비잔티움 교회를 대표하여 제기한 요구들이 거부됨에 따라서 비잔티움 교회는 완전히 뒤로 물러서 있었다. 황제가 로마에서 선조들의 신앙을 버리겠다고 맹세하는 동안, 칸타쿠제노스의 친구이자 칼리스토스가 죽은 후 또다시 콘스탄티노플의 교회수장 자리에 부름받은 총대주교 필로테오스는 비잔티움 주민들뿐만 아니라, 제국의 경계선 저편에 있는 시리아와 이집트 그리고 남슬라브 국가들과 러시아의 정교 기독교도들에게도 글과 경고문을 통해서 그들의 신앙에 대한 충성을 강화하고자 시도했다. 그리하여 요안네스 5세는 1369년 10월, 대단히 엄숙하게 로마 신앙으로 개종했으나, 이는 황제 개인에게만 해당되는 의식으로 머물렀다. 교회통합은 전혀 성공을 거두지 못했고, 두 교회 사이의 관계는 전혀 변화되지 않았다. 또한 이 여행의 정치적 결과는 완전히 부정적이었다. 서방의 도움에 대한 모든 희망은 오산이었음이 드러났기 때문이다.

이렇듯 이 여행과 개종의 진정한 목적은 달성되지 못했다. 그렇지만 요안네스 5세는 즉시 집으로 돌아오지 않고 1370년 초봄, 베네치아로 향했다. 재정적인 곤란이 그를 압박했기 때문이다. 그는 이제 제국을 위한 군사적 도움을 구한 것이 아니라, 적어도 약간의 자금이나마 얻어보려고 했다. 그러나 베네치아에서의 오랜 체류는 그에게 단지 새로운 환멸과 새로운 심한 굴욕감을 안겨주었을 뿐이다. 물론 약정이 이루어지기는 했다. 요안네스 5세는 베네치아 공화국이 열망하는 테네도스 섬을 물려주고 떠날 준비가 되어 있었고, 그 대신 베네치아는 그에게 그의 어머니로부터 30년 전에 저당잡은 비잔티움 제관의 보석들을 반환하고 나아가 여섯 척의 수송선과 2만5,000두카트를 현금으로 주기로 약속했다. 이 일은 결정된 듯이 보였다. 황제는 요구대로 4,000두카트를 선불받았다. 그렇지만 그가 없는 동안 콘스탄티노플에서 섭정을 맡았던 안드로니코스는 테네도스를 베네치아에 넘겨주기를 거절했다. 왜냐하면 이 섬은 다르다넬스 해협으로 들어가는 길목에 위치하고 있어서, 그의 친구들인 제노바인들도 이를 열망하고 있었기 때문이다. 그리하여 요안네스 5세 황제는 극히 곤란한 처지에 처했다. 그는 고향으로 돌아갈 돈도 없었고, 그의 채무와 선

불금을 돌려줄 능력도 없었다. 그러나 안드로니코스는 급박한 도움의 요청을 냉정하게 물리쳤다. 그는 백성들이 교회의 보물에 손을 대지 못하게 한다고 핑계를 댔다(하지만 명백히, 다른 보물은 더 이상 없었다). 이제 요안네스 5세는 1355년에 자기가 세웠던 계획들이 아직 종이 위에만 남아 있고, 어린 마누엘을 당시 그가 의도했던 대로 아비뇽에 볼모로 보내지 않았던 것을 하늘에 감사해야 할 판이었다. 왜냐하면 테살로니카를 통치하던 마누엘이 서둘러 아버지를 구하러 달려와 그를 궁지에서 풀어주었기 때문이다. 1371년 10월, 어려운 시련을 겪은 황제는 2년이 넘는 부재 후에 아무런 성과도 거두지 못한 채 마침내 콘스탄티노플로 돌아왔다. 이러한 상황에서 그는 백성들을 교회통합으로 인도하려는 가망 없는 시도를 전혀 하지 않았던 것으로 보인다. 이 불행한 여행에서 불행한 황제와 동행했던 데메트리오스 키도네스에 따르면 그것은 "우리 조국에 아무런 이득이 없는 헛수고"였다.

요안네스 5세가 구하려고 했으나 허사로 돌아간 도움이 얼마나 절박하게 필요한 것이었는지는, 그 사이에 투르크인들이 거둔 새로운 강력한 승리가 보여주었다. 오스만인들이 트라키아에 확고히 자리를 잡은 후 세르비아령 마케도니아는 가장 직접적인 위협을 받았다. 처음으로 "사악한 무슬림에 대항하여 무기를 잡은" 사람은 세레스를 다스리던 데스포테스 요안 우글리예샤였다. 그는 최초로 정복자들에 대해서 상당한 규모의 반격을 조직하고자 했고, 비잔티움을 향해 "공동의 적에 대항하는 공동 투쟁"을 호소했다. 그는 비잔티움인들의 비위를 맞추기 위해서 아주 열심히 노력하여, 두샨의 황제 즉위와 세르비아 총대주교좌의 수립을 가장 날카로운 표현으로 비난하고 자신의 지배지역에서 콘스탄티노플 총대주교좌의 권리들을 인정할 정도였다. 그렇지만 그에게 가세한 사람은 그의 형인 부카신 왕뿐이었다. 형제는 군사를 이끌고 아드리아노플로 출정했고, 마리차 강변의 체르노멘에서 적과 마주쳤다. 여기서 그들의 병력은 1371년 9월 26일, 투르크인들에게 절멸당했다. 우글리예샤와 부카신 자신도 죽음을 맞았다. 이로써 당시 발칸에서 가장 강력한 두 인물은 제거되었고, 이 파국이 있은 후 마케도니아 땅들은 독립성을 상실했다. 부카신의 아들이자 세르비아 민요 속의 영웅인 크랄리예비치 마르코까지 포함하여 지방 제후들은 술탄의 종주권을 인정하고 조공의 지불과 종군을 약속해야 했다. 그들 제후령들뿐만 아니라 다른 발칸 땅들의 궁극적 항복은 다만 시간문제였을 뿐이다.

마리차 강변에서 오스만인들이 거둔 승리는 1453년 이전에 거둔 승리들 가운데 가장 크고 중대한 결과를 초래한 것이었으며, 비잔티움도 비록 전투에 참여하지는 않았지만 이로 인해서 뼛속까지 뒤흔들렸다. 마누엘이 테살로니카에서 멸망한 우글리예샤의 영토로 돌진하여 세레스에 진입한 것(1371년 11월)은 작은 위안이 되었지만 일시적인 소득에 불과했다. 비잔티움 제국의 상황도 얼마나 위급해졌는가는 나중에 마누엘 자신이 작성한 보고에서도 잘 드러난다. 그의 보고에 따르면 황제의 정부는 당시, 그러니까 "세르비아의 데스포테스, 고(故) 우글리예샤가 죽은 직후" 비잔티움 수도원들로부터 소유지의 절반을 빼앗아 프로노이아 봉토로 수여하기로 결정을 내렸다. 그것은 "극도로 어렵고 지리한" 투르크 침공에 대한 방어력을 강화하기 위해서였다. 아니, 사실은 그 이상이었다. 마리차 강변의 전투 직후 비잔티움 자체도 공식적으로 오스만인들의 대군주에게 종속하게 되었고, 그에게 조공의 지불과 종군을 약속했다. 이 시기에 불가리아도 투르크의 종주권을 인정했다. 그리하여 오스만인들이 유럽 땅에 처음으로 정착한 지 20년도 채 안 되어, 비잔티움 제국뿐만 아니라 그의 옛 강적이었던 불가리아 차르 제국까지도 투르크의 가신국이라는 지위로 떨어졌다.

이미 1373년 초봄에 황제 요안네스 5세가 가신으로서의 의무를 다하기 위해서 소아시아 원정에 술탄과 동행한 것이 확인된다. 그러나 그가 콘스탄티노플에 없는 틈을 이용하여 안드로니코스는 이제 공공연하게 그에게 반기를 들었다. 그는 오스만 왕자 사우드지 첼레비와 연합했고, 그리하여 기이하게도 비잔티움 왕자와 오스만 왕자가 공동으로 아버지들에게 반란을 일으키는 일이 일어났다(1373년 5월). 그렇지만 무라드는 이 반란을 신속하게 진압했다. 그는 사우드지의 눈을 멀게 하고, 요안네스 5세에게도 똑같은 방식으로 아들을 징벌하라고 요구했다. 황제는 술탄의 명령을 거역해서는 안 되었다. 그러나 사우드지가 잔인한 모욕을 당하는 동안, 안드로니코스와 그의 어린 아들 요안네스에 대한 처벌은 보다 온건한 방식으로 행해졌다. 그들은 시력을 완전히 잃지는 않았고, 앞으로도 계속해서 ── 제국으로서는 큰 손해가 되는 일이었지만 —— 중요한 역할을 수행할 수 있었다. 반역자는 체포되어 제위계승권을 박탈당했고 그 대신에 마누엘이 제위계승자의 지위를 넘겨받았다. 그는 1373년 9월 25일, 공동황제의 관을 얻었다.

비잔티움 황가의 반목은 곧 테네도스 섬을 둘러싼 베네치아와 제노바 간의 분쟁에 얽혀들게 되었다. 요안네스 5세가 이 섬을 베네치아에 주기로 약속하자, 제노바인들은 당장 콘스탄티노플의 정부를 교체하여 무역정책상으로나 전략적으로나 중요한 이 섬이 베네치아에 넘어가는 것을 막자는 결심을 했다. 그들은 체포된 안드로니코스가 갈라타로 도망치도록 도와주었고, 이 제위계승 요구자로 하여금 요안네스 5세에 대항해서 그리고 궁극적으로는 베네치아에 대항해서 행동을 취하도록 했다. 안드로니코스 4세는 1376년 8월 12일 투르크인들의 지원까지 함께 받아가며 32일간의 긴 포위공격 끝에 콘스탄티노플로 진입하여 아버지와 동생을 체포했다. 며칠 후 그는 테네도스를 제노바인들에게 넘겨주었다. 투르크인들에게는 10년 전에 사보이의 아마데오 덕분에 비잔티움이 다시 획득했던 칼리폴리스를 넘겨주었다. 그렇지만 제노바인들은 테네도스를 소유할 수는 없었다. 이 섬은 요안네스 5세에게 충성을 지켰고, 1376년 10월 베네치아인들의 차지가 되었다. 제노바인들은 당연히 이런 사태에 만족할 수 없었다. 그리하여 그로부터 1년 후 이 문제의 섬을 놓고 전쟁이 벌어졌다.

요안네스 5세와 마누엘 2세는 베네치아의 도움으로 감옥에서 빠져나온 후 투르크의 동의를 얻어 잃어버린 제관을 되찾을 수 있었다. 인민들은 그들 쪽에 호의를 가졌던 듯이 보인다. 그러나 이제 인민의 호의라는 요인은 부차적인 일에 지나지 않았다. 제국의 운명을 결정짓는 데에는 이제 내부적 세력분배 같은 일은 더 이상 중요하지 않았다. 모든 것이 외세의 작용에 달려 있었다. 그도 그럴 것이 이제 비잔티움은 동방에 관심을 둔 강대국들, 즉 두 이탈리아 공화국과 오스만 제국의 정치 게임에서 단지 하나의 객체에 불과했기 때문이다. 황제의 관을 둘러싼 그들의 싸움에서 요안네스 5세와 안드로니코스 4세는 근본적으로 베네치아와 제노바의 대립적인 이해관계를 대표하는 것에 불과했다. 그러나 그들의 싸움을 결정지은 것은 결국은 술탄의 뜻이었다. 요안네스 5세와 마누엘 2세는 투르크인들의 지원을 받아 1379년 7월 1일, 콘스탄티노플로 입성했다. 그 대가로 그들은 다시 술탄에게 종군과 조공의 지불을 약속했다. 마누엘은 해마다 정해진 조공과 원군을 이끌고 술탄의 궁정에 도착했고, 오스만인들이 출정할 때 대군주가 명령하는 곳이면 어디든지 그와 동행해야 했다.

그러나 테네도스를 둘러싼 베네치아와 제노바 사이의 전쟁은 계속되었다. 양쪽 다 점점 더 격렬한 투쟁을 전개했지만, 결판은 나지 않았다. 마침내 기진맥진한 두 적대국은 사보이 백작 아마데오의 중재로 1381년 8월 8일, 토리노에서 평화조약을 체결했다. 베네치아와 제노바는 타협에 이르렀다. 이에 따르면 테네도스는 베네치아에도 제노바에도 귀속되어서는 안 되며, 그 요새의 시설은 철거하고, 주민들은 크레타와 에우보이아로 이주시키고, 군사시설이 철거된 섬은 사보이 백작의 전권에 맡기기로 했다. 이 모든 일에서 비잔티움은 마치 이 섬이 한번도 자신의 소유가 아니었던 것처럼 게임 밖으로 완전히 밀려나 있었다. 그러나 베네치아인인 테네도스의 바일로는 이 섬을 넘겨주기를 거절했으므로 조약의 규정들은 1383/84년 겨울에야 비로소 실행되기에 이르렀다. 그후에도 베네치아인들은 오랫동안 이 섬을 함대의 기지로 이용했다.

복위한 요안네스 5세는 최근의 사건에도 불구하고 안드로니코스 4세와 그의 아들 요안네스 7세를 합법적인 후계자로 인정하고 그들에게 셀림브리아와 헤라클레이아, 라이데스토스와 파니도스를 넘겨주어야 했다. 이들을 이런 식으로 인정해주는 것은 마누엘을 무시하는 처사였으며, 결과적으로 통치자 가문의 새로운 알력을 초래하는 것이었으나, 1382년 11월 2일 공식적인 조약으로 확인되었다. 그후 아직 남아 있는 비잔티움 제국의 영토는 여러 분립통치령들로 세분되었고 각각을 황가의 구성원들이 다스렸다. 콘스탄티노플은 요안네스 5세가 다스렸다. 마르마라 해안에서 제국에 남아 있는 도시들은 안드로니코스 4세의 수중에 들어갔지만, 그는 자기 아버지보다는 술탄에게 더 좌우되었다. 권리가 무시된 마누엘은 이제 자력으로 테살로니카의 자기 옛 통치지역을 다스렸다. 그리고 모레아는 1382년부터 황제의 셋째아들 테오도로스 1세가 다스렸다.

이렇게 하여 팔라이올로고스 가문은 펠로폰네소스의 비잔티움 영토를 칸타쿠제노스 가문으로부터 빼앗아올 수 있었다. 이것은 이 암울한 시대에 팔라이올로고스 왕조가 기록할 수 있었던 유일한 성과였다. 테오도로스 1세(재위 1382-1406년)는 술탄의 종주권을 인정할 수밖에 없었는데 처음에는 순종적인 가신으로서 국내외 반대자들에 맞서서 투르크인들의 지원을 얻을 수 있었다. 지방귀족층 및 인접한 라틴계 소국들과 투쟁하면서 그는 모레아에서 비잔티움의 통치를 상당히 강화시킬 수 있었다. 그는 남쪽으로 돌진하는 알바니아인들을 비교적 큰 규모로 받아들여 정착케 함으로써 이 땅에 새로운 힘을 불어넣었다. 그에 반하여 비잔티움 중앙의 상황은 점점 더 절망적으로 보였다. 외부로부터의 시달림은 점점 더 격렬해졌고, 황제와 맏아들 사이의 외견상의 평화도 오래가지 않았다. 안드로니코스는 다시 무기를 잡았고, 셀림브리아에서 콘스탄티노플로 가는 길목에 있는 요새를 정복하려고 했다. 요안네스 5세는 하마터면 자신의 생명을 빼앗아갈 뻔한 격전을 벌인 후에야 공격을 격퇴할 수 있었다. 그후 곧 안드로니코스 4세는 죽음을 맞이했다(1385년 6월).

오스만인들과 기독교를 신봉하는 발칸 국가들과의 투쟁에서 다시 일대 결전의 순간이 가까워왔다. 세르비아는 여전히 가장 강력하게 저항할 수 있었다. 두샨의 차르 제국에서 남은 부분을 지배하던 군주가문들 가운데 당시 가장 강력하고 중요한 정치가로 두각을 나타낸 것은 라자르 영주였다. 네마냐 가문의 마지막 직계 후손인 차르 우로슈가 죽은 후(1371년), 라자르 영주는 라스키아의 지배권을 가로챘다. 그는 지방 권력자들의 일부를 자신의 편으로 얻을 수 있었고, 일부는 강제로 자신의 영향력 밑에 두었다. 그렇지만 목전에 둔 투쟁에서 가장 중요한 요인은 라자르가 바야흐로 세력이 급상승하고 있던 보스니아의 트브르트코 1세와 결속한 것이었다. 트브르트코는 네마냐 가문의 방계 후예로서 1377년에 왕관을 쥐었고, 헝가리의 로요슈가 죽은 후(1382년)에는 크로아티아와 달마티아로 신속하고 활기차게 돌진하기 시작했다. 이로써 비록 단명하기는 했지만 거대한 남슬라브 왕국이 성립했으며, 그는 당시 발칸의 기독교 군주들 가운데 가장 막강한 군주가 되었다. 트브르트코는 세르비아 땅도 자신의 왕국에 합병했지만, 그렇다고 두 군주 사이의 협력이 방해받지는 않았다. 비잔티움과의 관계 역시 라자르의 외교적인 수완 덕분에 더욱 우호적인 모양새가 되었다. 1375년, 페치에 독자적인 힘으로 세르비아 총대주교좌가 수립됨으로써 교회분쟁이 야기되었으나, 이것이 화해의 과정에서 무마되었기 때문이다. 그리하여 세르비아 교회에 지워진 파문이 해제되고 그 수장에게 총대주교의 서열이 인정되었다.

오스만인들의 공격은 점점 거세졌고, 그리스인들에게나 슬라브인들에게나 점점 더 손실이 커졌다. 마누엘 2세가 1382년 테살로니카에서 투르크인들에 대한 공격을 개시하기는 했다. 그것은 자신의 봉건영주인 오스만 군주에 대항하는 명백한 반란이자, 콘스탄티노플에 있는 아버지의 정책에 대립하는 대담한 도전이었다. 그러나 이 공세는 중요한 성과도 지속적인 성과도 거둘 수 없었다. 투르크인들이 우위를 유지하고 있었고, 1383년 9월 19일에는 세레스가 궁극적으로 그들의 손에 떨어졌다. 그 직후 테살로니카에 대한 포위공격이 시작되었다. 이 강력한 항구도시는 3년 이상 저항했지만, 1387년 4월에 결국 오스만인들에게 성문을 열어주어야 했다. 마누엘은 도시가 함락되기 얼마 전에 테살로니카를 떠나 레스보스 섬으로 도망쳤다.

그러는 사이에 소피아(1385년경)와 니슈(1386년)도 함락되었다. 하기야 라자르는 니슈가 함락된 후에 플로치니크 부근에서 무라드의 병력을 소탕하기도 했고, 1388년에는 보스니아로 침투한 투르크 군대가 보스니아의 군관구장(보이보데) 블라트코 부코비치에 의해서 빌레차 부근에서 완패를 당하기도 했다. 하지만 그러자 무라드가 대규모의 군사를 이끌고 남슬라브인들과의 결전을 위해서 출발했다. 최초의 타격은 불가리아 차르가 맞았다. 그는 라자르의 저항에 용기를 얻어, 술탄에게 감히 반항하며 그에게 조공 지불을 거절했다. 오스만인들은 불가리아로 밀고 들어갔고, 차르의 저항을 진압하고 그에게 항복을 강요했다(1388년). 그런 다음 술탄은 세르비아로 향했다.

영주 라자르는 세르비아 및 보스니아 군대와 함께 코소보 폴레("지빠귀 들판")에서 그를 맞았다. 여기서 1389년 6월 15일, 역사적인 전투가 벌어지게 되었다. 이 전투는 마리차 강변에서의 파국이 있은 후 오스만인들의 발칸 반도 정복에서 가장 중요한 기념비적 사건을 뜻했으며, 중세 세르비아 역사에서 중심이 되는 사건으로서 인민의 의식 속에 계속 살아 있게 되었다. 처음에는 행운의 여신이 세르비아인들에 호의를 가진 것처럼 보였다. 술탄 자신도 살해되었다. 그러나 술탄위 계승자 바예지드의 지휘 아래 우세한 오스만 군대가 마침내 승리를 거두었다. 영주 라자르는 포로가 되어 수하의 유력자들과 함께 처형되었다. 그의 후계자들은 승자에게 굴복하고 오스만의 종주권을 인정해야 했다. 이로써 비교적 강력한 마지막 저항의 중심지가 파괴된 것이다. 이제 이렇게 된 후부터 투르크인들의 정복은 더욱 빠른 속도로 전 발칸 반도로 확대되었다.

비잔티움 황제와 불가리아 차르들과 마찬가지로 세르비아 봉건영주들도 하나씩 차례로 술탄에게 종군과 조공 지불을 약속하지 않을 수 없었다. 투르크의 조세는 비잔티움에서도 남슬라브 국가들에서도 전 주민에게 부과되었다. 예전의 특권들에 대한 일체의 고려를 배제한 채 나라 전체에 걸쳐 그리고 모든 토지소유자들에 대해서 부과된 투르크의 하라지(kharaj)는 당시 그리스와 슬라브 나라들에서 가장 중요한 동시에 가장 무거운 지불의무였다. 그 땅의 지배자조차도 자기가 해당자의 조세 납부를 대신해줄 작정이 아닌 한 그 누구의 조세도 면제시켜줄 수 없었다.

코소보 폴례 전투와 바예지드 1세의 술탄위 승계 이후 비잔티움에 대해서도 오스만의 압력은 이전보다 훨씬 혹심해졌다. 제국의 상황은 점점 더 비참해졌고, 술탄에의 종속은 점점 더 커졌다. 술탄은 인근 땅 전역을 다스렸을 뿐만 아니라, 모든 독립의 움직임을 싹부터 짓누르며 다름 아닌 황도 자체까지 자신의 의지하에 종속시키는 데에 성공했다. 젊은 요안네스 7세는 그의 도구로 이용되었다. 요안네스 7세는 누가 안드로니코스 4세의 아들이 아니랄까봐 자신의 제위계승권을 관철시키고자 했고 그 와중에서 술탄의 술수에 놀아났다. 바예지드는 그에게 지원을 약속했고, 1390년 4월 14일 요안네스 7세는 수도와 황제의 관을 거머쥐었다. 1376년 안드로니코스 4세의 찬탈에 제노바와 베네치아가 주요 역할을 했다면 이번에 콘스탄티노플 제위의 소유 문제에 대한 결정은 전적으로 술탄 한 사람이 내린 것이었다. 이에 반해서 테네도스 전쟁으로 기진맥진한 이탈리아 해상공화국들, 그중에서도 특히 내부 동요로 약해진 제노바의 영향력은 쇠퇴했다. 주목할 만한 일은 어쨌든 콘스탄티노플에 요안네스 7세를 지지하는 사람들이 있었다는 점이다. 그리하여 그는 쉽게 수도에 입성하여 제위에 오를 수 있었다.

요안네스 7세의 등극은 술탄이 콘스탄티노플을 점령하기 위한 첫걸음에 불과한 것처럼 보였다. 당시 콘스탄티노플에 사절을 보낼 준비를 하던 베네치아 원로원은 자신들의 전권 위임자가 콘스탄티노플에서 "무라드의 아들"을 발견할 때를 대비하여 그에게 특별지시를 내렸다. 어쨌든 요안네스 7세의 통치는 오래가지 않았다. 렘노스로 도망쳤던 마누엘이 반격을 준비한 것이다. 두 차례의 공격은 성공하지 못했으나, 그는 1390년 9월 17일 콘스탄티노플로 밀고 들어가서 적수를 쫓아내고 자신과 아버지의 지배를 복구시키는 데에 성공했다. 그러나 콘스탄티노플에서는 이제 누구나 술탄의 뜻에 저항 없이 순응하고 그의 모든 요구들에 굴복하는 사람만이 황제의 관을 쓸 수 있다는 것을 알고 있었다. 요안네스 5세가 콘스탄티노플에서 외견상의 통치를 하고 있는 동안, 마누엘은 고분고분한 가신으로서 모든 굴욕을 감수하며 술탄의 궁정에 머물고 있었다. 물론 그와 그의 아버지는 이미 무라드 1세를 위해서도 종군을 한 적이 있었다. 그러나 당시에는 술탄의 옆에서 셀주크인들에 대항하여 싸웠었다. 지금 마누엘은 바예지드의 옆에서 비잔티움령 필라델피아를 향해 출정했고, 소아시아에서의 마지막 비잔티움령 도시를 정복할 때 비잔티움인 부대와 함께 술탄을 거들어야 했다. 같은 시기에 콘스탄티노플에서 노(老)황제가 당했던 굴욕도 그보다 덜하지 않았다. 그는 이제 황도 자체마저 위험하다는 인식에서 새로운 요새를 세웠으나, 바예지드의 명령에 따라서 이를 다시 허물어야 했다. 요안네스 5세는 1391년 2월 16일, 그의 고뇌에 찬 생애를 마감했다.

아버지의 사망소식을 들은 마누엘은 야심찬 조카 요안네스 7세를 앞질러 제위를 확보하기 위하여 브루사를 빠져나와 서둘러 콘스탄티노플로 향했다. 마누엘 2세(재위 1391-1425년)는 개화되고 여러 면에서 재능 있는 군주였다. 그는 예술과 학문에 대한 감각이 있었으며, 즐겨 그리고 솜씨 있게 붓을 놀렸다. 인간적으로 그는 비잔티움 후기 시대에 가장 큰 호감을 불러일으키는 인물의 하나이다. 운명의 여신이 그에게 술탄 궁정에서 억지로 굴욕적인 지위를 감수하게 했음에도 불구하고 그의 행동거지는 심지어 투르크인들에게조차 존경심을 불어넣었다. 바예지드는 그에 대해서 이렇게 말했다고 한다. "그가 황제임을 모르는 사람일지라도 그의 풍모를 보면 황제임을 알아차릴 것이다." 비잔티움 역사에서 가장 암울한 순간에 그는 통치자로서 보스포루스 해안의 도시로 입성했다.

이제 황도는 제국과 동일시되었다. 그도 그럴 것이 모레아를 제외하고 육지에서 비잔티움인들이 소유하고 있는 것은 그들의 오래된 수도밖에 없었기 때문이다. 수도가 투르크의 정복지에 에워싸인 채 존재를 계속 연장할 수 있었던 것은 오로지 튼튼한 성벽 덕택이었다. 그러나 수도 역시 빈곤해지고 황폐해졌다. 주민의 수는 4만 혹은 5만으로 떨어졌다. 바예지드는 콘스탄티노플과 모레아의 겁먹은 가신들을 이용하고 그들에게 굴욕을 주는 것만으로 더 이상 만족하지 않았다. 곧 그는 여기서도 다른 곳에서와 마찬가지로 공공연한 적대적 태도로 넘어갔다. 그는 1393/94년 겨울, 슬라브 가신들뿐만 아니라 비잔티움 가신들도 세레스로 오라고 불렀다. 이 극적인 회합은 격변을 예고하는 것이었다. 그는 그런 다음 육지로부터 콘스탄티노플에 이르는 모든 통로를 차단함으로써 이 도시에 대한 봉쇄를 선언했다. 이미 몇십 년 전부터 점점 더 무겁게 짓누르던 비잔티움 수도의 곤궁과 식량 위기는 이제 절정에 달했다. 게다가 모레아도 투르크인들의 습격에 내맡겨져 황폐화되었다.

이미 1393년, 위대한 장군 에브레노즈-베이는 테살리아를 점령했고, 그후 오스만인들은 남은 그리스 지역으로 향했다. 그곳을 다스리던 권력자들의 불화가 그들의 작업을 쉽게 해주었다. 그리스에서 카탈루냐인들의 지배는 벌써 과거지사에 속했다. 이미 1379년에 카탈루냐인들은 나바라 중대에게 테베를 빼앗겼다. 그러나 아티카는 아테네의 대공 네리오 1세 아차주올리(재위 1388-94년)가 지배하고 있었다. 그는 14세기 중반부터 그리스에서 중요한 역할을 했고, 이미 상당히 오래 전부터 코린트를 다스리고 있던 저 피렌체 상인가문의 대표자였다. 네리오와 그의 사위인 데스포테스 칭호의 소유자 테오도로스 팔라이올로고스의 관계는 우호적이었다. 그에 반해서 이 두 군주와 베네치아의 관계는 빈번하게 흐려졌고, 미스트라의 비잔티움 황자 테오도로스 팔라이올로고스와 아카이아의 나바라 일족과의 사이에는 거의 끊임없이 분쟁이 벌어졌다. 그러다가 네리오가 1394년 9월에 죽고 그의 거의 전 소유지가 둘째 사위인 케팔레니아 백작 카를로 토코에게 귀속되자, 무시를 당했다고 느낀 테오도로스는 그와도 격력하게 대립하면서 운좋은 상속자로부터 무력을 써서 코린트를 강탈하려고 시도했다. 그러자 카를로 토코는 오스만인들에게 도움을 요청했다. 에브레노즈-베이의 군대는 코린트의 성벽 아래서 팔라이올로고스에게 패배를 안겨주었고, 비잔티움령 모레아로 밀고 들어가서 나바라 일족의 열렬한 지원을 받으며 비잔티움의 요새 레온타리온과 아코바를 점령했다(1395년 초).

발칸 반도의 북쪽에서도 같은 속도로 오스만인들의 정복이 진행되었다. 이미 1393년에 불가리아 차르 제국은 최종적으로 무릎을 꿇었다. 차르의 도시 트르노보는 7월 17일 거센 포위공격 끝에 함락되었고, 정복자들의 무자비한 유린에 내맡겨졌다. 이렇게 된 다음부터는 남은 땅들도 급속도로 투르크인들의 손에 떨어졌다. 거의 500년 동안 계속하여 불가리아는 오스만 제국의 한 속주가 되었다.

투르크인들로서는 왈라키아 대공인 노(老)미르체아가 보다 힘든 상대였다. 그는 헝가리에 강력한 배경을 두고 있었다. 로비니 평원에서 1395년 5월 17일에 혈전이 벌어졌다. 코소보의 영웅의 아들이자 후계자인 스테판 라자레비치, 부카신의 아들이자 프릴레프 주위의 작은 지역을 소유하고 있던 마르코, 그리고 마누엘 2세의 장인이자 동(東)마케도니아를 다스리던 콘스탄틴 드라가슈와 같은 세르비아 영주들도 가신으로서의 의무를 이행하며 오스만인들 편에서 싸웠다. 마르코 왕과 콘스탄틴 드라가슈는 이 전투에서 죽음을 맞았다. 미르체아는 군사적으로 승리를 거둔 것으로 보인다. 그럼에도 불구하고 그는 술탄의 세력에 굴복하고 조공 지불을 약속해야 했다. 최근 몇십 년 동안 불가리아의 분립국이었으며 미르체아가 얼마 전에 자신의 세력권 안에 합병시켰던 도브루자는 이제 오스만인들의 소유가 되었고, 도나우 강안의 도항지들은 투르크 수비대가 차지했다.

가장 최근에 오스만인들이 거둔 성공들은 서방에도 강력한 인상을 심어주었다. 불가리아가 굴복하자 헝가리는 직접적인 위협을 받게 되었다. 그리스의 라틴계 제후령들 역시 투르크인들의 정복 충동의 중압을 아주 가까이서 느끼게 되었다. 이제까지는 비잔티움의 원조 요청을 무시하고 교황의 경고들을 흘려들었지만, 이제는 기독교 인민들이 공동으로 투르크의 위험에 대한 대응조치를 취해야 할 필요가 있음을 통찰하기 시작했다. 헝가리 왕 지기스문트의 호소에 여러 유럽 국가의 기사들이 응했다. 특히 십자군 사상에 쉽게 달아오르곤 하는 프랑스의 기사들이 누구보다도 앞장을 섰다. 베네치아 역시 상당히 오래 망설이다가 연합세력에 가담하게 되었으며, 그리하여 다르다넬스 해협도 지킬 겸 헝가리에 집결된 십자군과 비잔티움의 관계도 수립할 목적에서 해협으로 소함대를 파견했다. 그러나 이 전도유망한 작전은 완전히 실패로 돌아갔다. 이 강력하지만 극도로 이질적인 군대는 헝가리인 병력과 프랑스인 병력 사이의 응집력 부족으로 말미암아 1396년 9월 25일 니코폴리스 전투에서 투르크인들에게 절멸당하고 말았다. 지기스문트 왕은 도주하여 포로 신세를 면했고, 성 요한 기사단의 단장 및 여러 독일 기사들과 함께 배를 타고 콘스탄티노플에 도착했다. 그는 여기서 에게 해와 아드리아 해를 돌아 고향으로 가고자 했다. 그가 다르다넬스 해협을 통과하는 동안 해안에서는 패배한 왕을 모욕하기 위해서 술탄이 세워둔 기독교인 포로들의 애처로운 비명소리가 계속 그의 귓전을 때렸다.

이 새로운 파국을 당한 후 발칸 국가들의 상황은 한층 절망적이 되었다. 당시 마지막 불가리아 지역인 비딘의 분립국 역시 오스만인들의 손에 떨어졌다. 그것이 어떠한 결과를 초래하는 것인가는 그리스에서까지 분명히 드러났다. 1397년, 아테네가 일시적으로 투르크인들에게 점령되었고, 비잔티움령 모레아 역시 새로운 침략으로 황폐화되었다. 투르크인들은 이스트모스를 건넜고, 베네치아령 아르고스를 습격하고, 비잔티움 데스포테스의 군대를 쳐부쉈으며, 비잔티움 영토를 남해안까지 불태우고 약탈하며 통과했다. 콘스탄티노플의 곤란은 절정에 달했다. 투르크인들에게 봉쇄당한 황도의 함락은 바로 코앞의 일로 보였다.

4) 비잔티움의 멸망

지난 몇십 년간의 사건들로 인해서 비잔티움의 황제권은 정치적 지위뿐만 아니라 위신도 밑바닥까지 뒤흔들렸다. 전통에 충실한 모스크바 대공국조차 투르크의 가신국이 된 제국을 콘스탄티누스 대제의 상속자이자 정교 세계의 정신적 수장으로 간주하기를 거부했다. 타타르인들을 격파한 승리자 디미트리 돈스코이의 아들인 대공 바실리 1세는 러시아 교회에서 비잔티움 황제를 언급하기를 거부했다. 이때 그는 그 근거로 다음과 같은 구절을 남겼다. “우리에게 교회는 있지만, 황제는 없다." 그리스 교회의 종주권은 그에게 불가침한 것으로 남아 있었지만, 이 욱일상승하는 러시아 국가의 통치자는 가련한 비잔티움 황제의 정신적 지상권은 더 이상 인정할 수 없다고 생각했다. 지난 몇십 년 동안의 비잔티움 역사에서 이미 자주 드러났듯이, 정교 국가들에서는 비잔티움 국가의 위신보다 비잔티움 교회의 위신이 더 확고하다는 것이 여기서도 다시 한번 확인되었다. 비잔티움은 곧 항의를 표명했다. 그러나 발언을 한 사람은 황제가 아니라 콘스탄티노플의 총대주교였다. 옛날 비잔티움 교회가 외부세계에 대해서 막강한 국가의 권위에 의존했듯이, 이제 몰락하는 비잔티움 황제권의 세계적 위신은 콘스탄티노플 총대주교의 권위를 통해서 뒷받침되었다. 역할이 바뀐 것이다. 국가가 교회를 비호하는 것이 아니라, 교회가 국가를 비호했다. 총대주교 안토니오스는 바실리 디미트리예비치 대공에게 보내는 편지에서 이렇게 썼다. "내 아들아, '우리에게 교회는 있지만, 황제는 없다'는 말은 전혀 좋은 이야기가 아니다. 기독교인이 교회를 가지면서 황제를 가지지 않는다는 것은 있을 수 없는 일이다. 황제권과 교회는 하나의 통일체 겸 하나의 공동체를 이루기 때문이다. 둘을 서로 분리하는 것은 전혀 불가능하다.……사도들의 군주 베드로의 말을 들으라. 그분은 '베드로의 첫째 편지'에서 '신을 두려워하라, 제왕을 공경하라'라고 말씀하신다. 그분은 여러 개개 민족들의 이른바 황제들을 생각하지 않도록, '황제들'이라고 복수형을 쓰지 않고 '황제'라고 단수형으로 말씀하신다. 그것은 이 세상에는 단 한 사람의 황제만이 존재한다는 것을 보여주기 위해서이다.……몇몇 다른 기독교인들이 황제의 이름을 채용했다고 해도, 그것은 폭정과 압제를 통해서 일어난, 자연과 법칙에 반하는 일이었다. 대체 어떤 교부들, 어떤 종교회의들, 어떤 교회법의 규정들이 이런 황제들에 대해서 말하던가? 언제 어디서나 그들은 단 한 사람의 당연한 황제를 이야기한다. 오직 그분의 법과 규정, 지시들만이 온 세계에 법적 효력을 가지고 있다. 기독교인들은 어디에서나 다른 어떤 사람도 아닌 바로 그분만을 언급한다."

투르크인들에게 봉쇄된 콘스탄티노플로부터 모스크바로 총대주교가 보낸 이 서한에서보다 더 힘찬 표현과 더 열렬한 능변으로 전체 기독교 세계의 황제에 관한 이론이 제시된 적은 아직 한번도 없었다. 마지막까지, 그 무엇에도 불구하고, 비잔티움인들은 자신들의 통치자가 유일한 합법적 황제이며, 바로 그렇기 때문에 전체 기독교 세계의 당연한 수장임을 고집했다. "비록 지금 신의 뜻에 따라서 이교도들이 황제의 제국을 포위하고 있다고 하더라도, 황제는 오늘날까지 교회로부터 똑같은 축성과 똑같은 영예, 똑같은 기도를 받는다. 그리고 성스러운 향유로 기름부음을 받으며, 로마인들 즉 모든 기독교인들의 황제이자 단독 통치자로서 축성된다." 비잔티움은 한때 동방세계를 정신적으로 지배했던 이 이념들에 매달렸다. 그러나 냉혹한 현실은 가혹하게도 이 이념들로부터 지반을 앗아가버렸다. 니코폴리스의 전투가 있은 후 비잔티움 황제권의 상황은 더욱 암울해졌다. 이미 1398년에 러시아 분립공국의 제후들, 그중에서도 특히 바로 이 모스크바 대공 바실리에게 "투르크인들의 포위 속에서 곤궁과 곤란으로 여위어가는" 콘스탄티노플의 기독교 형제들을 위해서 지원해주고 희사해줄 것을 바라는 청원이 보내졌다.

실제로 14세기의 막바지에 오면 비잔티움의 곤궁은 극에 달하여, 황제로서는 외부세계를 향하여 새로운 도움을 호소하는 절규를 내보내는 것밖에는 다른 방도가 남아 있지 않았다. 마누엘 2세는 러시아는 물론이고, 교황, 베네치아의 도제, 프랑스와 영국 및 아라곤의 왕들에게도 도와달라는 요청을 보냈다. 그러는 사이에 요안네스 7세는 비잔티움 제위에 대한 자신의 권리를 프랑스 왕에게 팔려고 했는데, 이는 마누엘 2세가 도움을 구하는 것에 못지 않게 제국의 상황을 잘 드러낸다. 요안네스 7세는 그 대가로 프랑스의 성 하나와 연금 2만5,000플로린을 요구했다. 그렇지만 샤를 6세는 염가로 제공된 이 황제권을 그다지 중요하게 여기지 않은 것 같다. 반면, 마누엘의 부탁에는 귀를 기울여, 부시코 원수의 지휘 아래 1,200명의 무인으로 구성된 정예군을 비잔티움으로 보냈다. 이 용감한 원수는 콘스탄티노플로 돌파하는 데에 성공하여 용맹하게 투르크인들에게 대항하여 싸웠다. 그러나 당연하게도, 아무리 유격이 성공적이었다고 해도 이렇게 작은 병력으로는 투르크인들의 위험으로부터 제국을 해방시킬 수 없었다. 그리하여 마누엘은 친히 서방으로 가서 그곳에서 직접 자신의 불행한 제국을 도와달라고 요청하기로 결심했다. 그가 이런 결정을 내리게 촉구한 부시코는 또한 비잔티움의 두 대립황제들 사이에서 의견의 일치를 이끌어내는 데도 성공했다. 마누엘이 없는 동안 요안네스 7세는 콘스탄티노플 황제로서 통치하기로 되었다. 그러나 마누엘은 황도의 상황에 대해서 거의 아무런 환상도 품지 않았다. 둘 사이에 화해가 이루어졌음에도 불구하고 남겨둔 섭정에 대한 신뢰는 너무도 미약해서, 그는 아내와 아이들을 모레아에 있는 동생 테오도로스의 거처에 묵게 하는 것이 바람직하다고 판단했을 정도였다.

1399년 12월 10일, 마누엘은 부시코를 대동하고 여행을 시작했다. 우선 그는 베네치아로 향했다. 또한 다른 여러 이탈리아 도시들을 방문했고, 그후 파리로 여정을 잡은 다음 그곳에서 런던으로 향했다. 도처에서 그는 경의에 찬 영접을 받았고, 사람들은 황제의 방문과 존경심을 불러일으키는 그의 인격에 깊은 인상을 받았다. 그의 방문이 불러일으킨 감정 및 생각들은 아마도 당대 잉글랜드의 역사가이자 학자였던 한 인물의 격정적인 말이 가장 잘 재현해줄 것이다. "나는 마음속으로, 머나먼 동방의 이 위대한 기독교 군주가 이교도들의 위협에 억지로 떠밀려 그들에 대항할 도움을 구하기 위하여 멀리 떨어진 서방의 섬들을 찾아와야 했다는 것이 정녕 얼마나 잔혹한 일인지를 생각했다. 오 하느님! 오랜 영광의 로마여, 그대는 어디 있는가? 오늘날 그대 제국의 위대함이 무너졌도다. 진정 그대에게는 예레미야의 말을 적용할 수 있으리라. '이교도들 사이에서 여군주이자 열국의 여왕이었던 그대가 이제 노예가 되었도다.' 한때 숭고한 옥좌 위에서 온 세계를 통치하던 그대가 이제 기독교 신앙을 도와줄 힘도 없을 정도로 깊은 곤궁으로 떨어질 줄을 그 누가 믿었으리오." 황제와 그의 수행원들이 서유럽 중심지들에서 이렇게 체류한 것은 문화사적으로 중요한 의미를 가지고 있었다. 그것은 그들의 이 체류 덕분에 초기 르네상스 시대에 비잔티움 세계와 서방 세계 사이에 보다 가까운 접촉이 가능해졌기 때문이다. 그러나 마누엘의 지원호소 여행은 그 직접적인 목적은 달성하지 못했다. 황제는 단지 구속력이 없는 약속들만을 얻었을 뿐인데 그나마 이 약속들은 끝내 실현되지 않았다. 그는 놀라울 정도로 오랫동안 자신의 제국에서 멀리 떠나 있었다. 그러는 동안 그의 정적 요안네스 7세는 점점 더 술탄 수중에 놀아나면서 제멋대로 제국을 다스렸다. 마누엘은 마치 더 이상 고향으로 돌아갈 힘을 추스리지 못하는 것처럼, 돌아가는 길에 다시 한번 파리에 머물렀다. 그는 이 체류의 무익함을 모를 리 없었음에도 불구하고 그곳에서 거의

2년을 머물렀다. 그러나 그때 바예지드 병력이 앙고라 전투에서 티무르가 이끄는 몽골인들에게 패했고, 비잔티움이 투르크의 위험으로부터 벗어나게 되었다는 구원의 전갈이 왔다.

티무르는 징기스칸 이래 가장 위대한 몽골의 지배자이자 세계사에서 가장 위대한 정복자 가운데 한 사람이다. 그는 투르키스탄의 작은 투르크 영주가문의 방계 출신으로서, 징기스칸의 거대 제국의 재건을 목표로 삼았고, 또 오랫동안의 혈투 끝에 이 목적을 대폭 실현했다. 그는 중앙 아시아를 정복하고 남부 러시아의 금장한국을 굴복시킨 후, 1398년 인도를 향해 강력한 원정을 감행했고, 이어서 페르시아와 메소포타미아 그리고 시리아를 건너, 마침내 소아시아의 오스만 제국을 공격했다. 그의 행로에는 가장 끔찍한 약탈들이 수반되었다. 그의 무리가 떠나간 고장들은 생명 없는 황무지와도 같았다. "그곳에서는 개 짖는 소리도, 가금이 우는 소리도, 어린애의 울음소리도 들리지 않았다."

이 엄청난 정복의 돌풍은 이제 바예지드의 세력까지 진압했다. 1402년 7월 28일 앙고라의 결정적인 전투에서 티무르는 오랜 격전 끝에 오스만 군대를 격파했다. 위대한 술탄은 승리자의 손에 떨어졌고 몽골의 감옥에서 목숨을 마감했다. 물론 티무르는 이미 1403년 초에 소아시아 지역을 떠났고, 2년 후 이 백발 성성한 만 백성의 정복자는 중국 원정 중에 세상을 뜨기는 했다. 그럼에도 불구하고 서아시아의 운명에서 그의 짧지만 강력했던 개입은 광범위한 결과를 가져왔다. 그는 오스만인들의 세력을 꺾었고, 이를 통해서 비잔티움 제국의 목숨을 반세기나 연장시켰다.

패배한 오스만 제국에는 심각한 혼란이 터졌다. 비잔티움은 오스만 제국의 자체분열 덕분에 생긴 이 숨돌릴 틈을 온전히 활용하지는 못했던 것이 사실이다. 내적으로 완전히 무력해진 비잔티움 제국은 이미 부흥을 이룰 힘이 더 이상 없었기 때문이다. 그러나 동쪽 지역의 상황은 완전히 변하여, 비잔티움으로서도 그야말로 훨씬 더 살기 편한 형편이 찾아들었다. 유럽 지역에 정착한 바예지드의 맏아들 술레이만 첼레비는 소아시아를 다스리던 자기 형제들과 투쟁 중이었다. 술레이만은 비잔티움, 세르비아의 데스포테스 스테판 라자레비치, 해상세력인 베네치아와 제노바 그리고 로도스와 조약을 맺었다(1403년).

비잔티움은 가신의 의무에서 벗어나, 투르크인들에 대한 조공 지불을 중지했다. 심지어 비잔티움은 테살로니카와 그 광범위한 인근 지역을 다시 얻었고, 또한 아토스 산까지 포함한 칼키디키와 스키아토스-스코펠로스-스키로스 제도 그리고 흑해 및 마르마라 해의 중요한 해안지대를 다시 얻기까지 했다.

다른 한편, 비잔티움인들은 술레이만과 우호조약을 맺음으로써 투르크 술탄위 계승 요구자들의 내부 투쟁에 휘말려들어갔다. 세르비아 군주들 역시 남동쪽의 전 사건 진행을 지배했던 이 투쟁에서 멀리 떨어져 있을 수 없었다. 술레이만은 성패가 엇갈리는 전쟁을 치른 후 동생 무사에게 패했다(1411년). 술레이만의 몰락은 제국을 새로운 위기로 몰아갔다. 그도 그럴 것이 무사는 술레이만의 동맹동지에게 잔혹한 복수를 했고, 심지어는 콘스탄티노플을 포위공격하기 시작했기 때문이다. 그렇지만 형제간의 투쟁에서 최종적인 승리를 얻은 것은 메메드 1세였다. 그는 황제 마누엘과 데스포테스 스테판 라자레비치의 지원을 받아 1413년, 무사를 제압하고 오스만 제국의 술탄이 되어 통치를 시작했다. 이것으로 내전은 끝났고, 오스만 제국의 가장 심각한 위기는 극복되었다. 오스만 세력은 새로운 부상을 꾀할 수 있는 준비가 되었다. 메메드 1세(재위 1413-21년)는 자기 제국의 내적 체제 공고화와 소아시아에서의 세력 안정에 주력했고, 비잔티움 황제와의 협화를 고수했다. 그의 통치가 이어지는 동안에는 비잔티움과 오스만 제국의 관계는 대체로 양호했다.

비잔티움 사람들은 새 술탄의 평화적인 태도를 그야말로 철저히 확신했다. 그래서 마누엘 2세는 메메드가 등극한 후 곧 수도를 떠났을 정도였다. 그는 상당히 오랫동안 테살로니카에 머물렀고, 그후 1415년 초 펠로폰네소스로 갔다. 외압이 완화되었음에도 불구하고 비잔티움의 중심부는 천천히 시들어갔던데 반해서 미스트라는 생명력을 발산하고 있었다. 당시 인문주의자 게오르기오스 게미스토스-플레톤은 이곳에서 이상향에 대한 자신의 구상을 집필했다. 그는 남부 그리스에서 그리스 문화의 재생을 희망했고, 플라톤의 『국가(*Politeia*)』를 모범으로 새로운 국가조직의 이상적 형태를 구상했다. 또한 이 신플라톤주의 국가철학자는 황제와 미스트라의 데스포테스에게 제출한 진정서에서 조세제도를 단순화하고 용병 대신 토착군대를 형성하기 위한 실천적인 조언들도 제시했다. 이곳 비잔티움령 펠로폰네소스에서, 비잔티움 제국의 몰락 전야에 그리스 문화를 소생시키고 새로운 국가를 수립하려는 의지가 표출되었던 것이다. 모레아는 그리스 정신의 피난처였다. 그리스 정신은 이곳에서 자신의 위치를 보존할 수 있을 뿐만 아니라 확대시킬 수도 있는 것처럼 보였다. 이 귀중한 소유지를 보호하기 위해서 황제는 코린트의 이스트모스에 이른바 헥사밀리온(Hexamilion)이라는 견고한 성벽을 다시 세우게 했다. 마누엘이 펠로폰네소스에서 체류한 것도 이 땅의 내적 상황의 형성에 영향을 미치지 않을 수 없었다. 왜냐하면 그가 있음으로써 지방귀족들의 원심분리적인 노력들을 견제하고 정부의 권위를 고양시킬 수 있었기 때문이다. 1416년 3월, 황제는 펠로폰네소스를 떠났고, 맏아들 요안네스가 그 자리를 대신했다. 요안네스는 그후 오래지 않아 역시 테살로니카를 거쳐 모레아에 도착했다. 자기 동생인 데스포테스 테오도로스 2세가 이 땅을 통치하는 것을 도와주기 위해서였다. 요안네스의 명령 아래 비잔티움 군대는 라틴계 아카이아를 향해 승리에 찬 진군을 시작했다. 아카이아의 군주 첸투리오네 자카리아는 자기 영토의 대부분을 상실했고, 다만 베네치아의 개입 덕에 겨우 그의 지배권이 결정적으로 와해되는 사태만은 뒤로 연기되었을 뿐이다.

운명의 여신이 비잔티움에 선사했던 숨돌릴 틈은 메메드 1세의 죽음과 그 아들 무라드 2세(재위 1421-51년)의 즉위로 끝났다. 오스만 세력은 재수립되었고, 새로운 술탄은 바예지드의 공격적인 정책을 재개했다. 모든 것은 앙고라 전투 이전의 상황으로 돌아갔다. 1421년 1월 19일에 공동황제의 관을 쓴 요안네스가 술탄위 계승 요구자 무스타파를 사주하여 무라드 2세에 대항하고자 했지만 허사였다. 무스타파는 자기가 승리할 경우에 이행해주겠노라면서 비잔티움인들에게 가장 유혹적인 약속을 했다. 그러나 비잔티움은 게임에서 졌고, 오스만 통치자의 노여움만을 샀을 뿐이다. 왜냐하면 무라드 2세는 술탄위 계승 요구자를 무찌른 후, 젊은이의 성급함으로 콘스탄티노플을 습격했기 때문이다. 1422년 6월 8일, 이 도시에 대한 본격적인 포위공격이 시작되었다. 튼튼한 방어시설이 다시 한번 비잔티움의 수도를 구했다. 무라드에 대해서 새로운 술탄위 계승 요구자인 그의 동생 무스타파가 반기를 들자 술탄은 성공을 거두지 못한 콘스탄티노플 공격에서 물러났다. 결정적인 타격은 30년 후에야 수행될 수 있을 터였다. 그러나 1422년의 콘스탄티노플 습격과 더불어 비잔티움 제국의 마지막 사투가 시작되었다고 해도 결코 틀린 것은 아니다.

1423년 초, 투르크인들은 다시 한번 남부 그리스로 침입했다. 마누엘이 엄청나게 많은 비용을 들여서 세운 이스트모스의 헥사밀리온 성벽이 파괴되고, 모레아 전체가 황폐화되었다. 마침내 황제정부는 다시 조공의 지불을 약속함으로써 무라드 2세와 평화조약을 체결하는 데에 성공했다(1424년). 그리하여 비잔티움은 앙고라 전투 후에 일시적으로 벗어났던 봉건적 속국의 위치로 되돌아갔다. 제국을 이 종속성으로부터 다시 구해줄 수 있는 것은 아무것도 없었고, 이런 관계는 마지막까지 계속되었다.

테살로니카도 곧 최후를 맞게 되었다. 투르크인들에게 혹독한 시달림을 받고 있던 이 굶주린 도시는 마누엘의 셋째아들인 데스포테스 안드로니코스의 지배를 받고 있었다. 상황이 너무나 절망적으로 보이고 시달림이 너무나 심하게 여겨지다보니 안드로니코스는 1423년 여름에는 이 도시를 베네치아에 넘겨줄 지경까지 되었다. 해상공화국은 시민들의 권리와 관습을 존중하겠다고 약속하면서 도시의 방어와 부양을 떠맡았다. 그러나 충분히 예견할 수 있었던 대로 이 약정은 이 도시를 자신의 확실한 노획물로 생각하고 있던 오스만 대군주의 불쾌감을 일깨웠다. 베네치아는 물론 그의 양해를 얻고자 했다. 그들의 제안은 해가 지남에 따라서 그리고 투르크인들의 압력이 점점 더 증가하고 테살로니카 도성 내 식량의 곤궁이 증대함에 따라서, 점점 더 통이 커져갔다. 처음에만 하더라도 베네치아는 그저 마지못해하며 해마다 10만 아스프라(aspra)를 지불하겠다고 자청했을 뿐이다. 이는 이미 비잔티움의 데스포테스가 오스만에게 지불했던 액수였다. 그랬던 것이 협상이 계속되면서 액수는 15만으로 올라갔고, 마지막에는 심지어 30만 아스프라로까지 올라갔다. 그러나 모든 행동과 협상은 무위로 돌아갔다. 단 7년간의 짧은 통치를 끝내고 베네치아는 다시 테살로니카를 상실했다. 무라드 2세는 몸소 대규모 병력을 이끌고 나타났고, 짧은 돌격 후 1430년 3월 29일 이 도시를 점령했다.

아들이 공동황제로 즉위하고부터 마누엘 2세는 정사에서 물러나 있었다. 정신적으로나 육체적으로 쇠약해진 백발의 통치자는 수도사 마타이오스로서 1425년 7월 21일에 세상을 떠났다. 로마인들의 바실레우스이자 아우토크라토르로서 이제 요안네스 8세(재위 1425-48년)가 콘스탄티노플과 그 인근 지역을 다스리게 되었다. 마르마라 해안과 펠로폰네소스에 있는 비잔티움 제국의 나머지 조각 영토들은 독립적인 왕조들로서 그의 형제들이 다스렸다. 경제적으로, 재정적으로 파편화되고 무력해진 제국은 완전히 폐허가 되었다. 이미 마누엘 2세 치하에서도 금화가 주조되는 경우는 드물었다. 요안네스 8세 치하에 오면 비잔티움의 금화 주조는 완전히 중단되었고, 사실상 은화 주조로 넘어갔다.

비잔티움의 사태 전개에서 아직 단 하나 밝게 트인 지점이 있다면 그것은 모레아였다. 모레아는 당시 황제의 세 형제들인 테오도로스, 콘스탄티노스, 토마스가 나누어 통치했다. 1423년에 투르크인들의 무지막지한 습격을 받고도 꺾이지 않았던 비잔티움령 모레아는 인접한 라틴계 소국들에 대해서 승승장구의 투쟁을 계속했다. 1427년, 한 해전에서 비잔티움인들에게 패배했던 카를로 토코 백작이 협조의 길로 들어섰다. 그는 데스포테스 콘스탄티노스에게 조카딸을 아내로 주면서 그 지참금으로 펠로폰네소스에 남아 있는 그의 나머지 영토를 넘겨주었다(1428년). 1430년 초, 콘스탄티노스는 오랫동안의 포위공격 끝에 파트라스로 입성했고, 2년 후에는 라틴계 아카이아 제후령이 종말을 맞았다. 남서부에 위치한 코론과 모돈의 베네치아 식민지, 동쪽의 나우플리아와 아르고스를 제외하고 전 펠로폰네소스가 이제 그리스의 지배하에 들어섰다. 이로써 미카일 8세 때 시작되어 그동안 거의 중단 없이 계속되었던 그리스인과 프랑크인 사이의 투쟁은 ── 투르크에게 정복당하기 바로 전에 ── 그리스인들의 승리로 끝났다. 이 마지막 성공에서 주된 공훈을 세운 것은 젊은 콘스탄티노스였다. 그는 20년 후에 비잔티움의 마지막 황제로서 콘스탄티노플을 둘러싼 투쟁에서 목숨을 잃게 될 바로 그 인물이었다. 죽어가는 비잔티움 중심지와 팽창의 기쁨에 찬 남부 그리스 속주 사이의 대조는 마누엘의 시대보다 더 두드러졌다.

투르크인들에게 극도로 시달리면서 요안네스 8세 황제는 절망 속에서 다시 한번 교회통합 협상을 시작하기로 했고, 그래서 비잔티움 교회가 로마 밑으로 들어가되 그 대가로 서방이 그렇게 자주 약속했던 도움을 얻어 투르크인들에게 대항하기로 결심했다. 물론 이제까지의 경험으로 보아서 이는 그다지 고무적인 일은 아니었다. 비잔티움과 로마는 그렇게 자주 협상을 벌여왔지만, 협상은 빙빙 겉돌기만 했고 양측은 서로를 속이거나 자기기만에 빠지곤 했다. 비잔티움 정부는 로마가 자신들을 투르크의 위험으로부터 구해주기를 기대했고 그 대가로 비잔티움 인민의 분위기를 볼 때 전혀 실현될 수 없는 과제였던 교회통합을 약속했다. 로마는 우선적인 전제로서 자신의 지상권을 인정하기를 요구하고 그 대가로 투르크에게 대항하는 데에 도움을 주기로 약속했다. 그러나 로마는 동방의 로마-가톨릭 세력들을 도와주는 것조차 아주 제한적인 정도로밖에 할 수 없는 처지였다. 그래서 경험 많은 마누엘 2세 황제는 교회통합의 이념을 냉랭하게 회의했고 죽기 직전에 아들에게 교회통합의 기대들에 대해서 분명하게 경고했다고 한다. 그는 그리스인과 라틴인 사이의 합의는 결국 불가능하며, 교회통합 시도를 통해서 교회의 분열은 더욱 첨예화될 것이라고 그 이유를 밝혔다. 그러나 아무리 일반적으로 비잔티움인들이 교회통합에 대해서 강한 반감을 품고 있었다고 하더라도, 콘스탄티노플에는 언제나 어려운 시기에 로마와 관련하여 구원을 생각하는 영향력 있는 친교회통합파 세력이 있었다. 이 조류의 선두에 이제 요안네스 8세가 나섰다. 1422년 콘스탄티노플이 포위공격을 받고 났을 때 이미 그는 제위계승자로서 서방 궁정들을 찾아가 도움을 구한 적이 있었다. 그리고 1431년부터는 교회통합의 체결을 목표하는 새로운 협상이 진행 중이었다. 에우게니우스 4세와 바젤 종교회의 사이의 대립 때문에 이 회담은 장기화되었지만, 마침내 이탈리아에서 종교회의를 소집하기로 합의되었다. 황제는 이 회의에 친히 참석해야 했으므로 동생 콘스탄티노스를 콘스탄티노플로 불러 자기가 없는 동안 섭정을 맡겼다. 그리하여 모레아를 통치하는 황제 형제들 사이에 벌어졌던 무익한 분쟁도 휴전상태에 들어갔다.

1437년 11월 24일, 요안네스 8세는 수도를 떠나, 자신의 아버지가 거의 40년 전에, 그리고 할아버지가 거의 70년 전에 했듯이 서쪽으로 향했다. 그러나 마누엘처럼 단지 도움을 찾기 위해서만이 아니라, 요안네스 5세의 모범에 따라 로마 교회 신앙으로의 개종을 실현하고, 나아가 자신의 백성과 그리스 성직자들을 교회통합으로 이끌기 위해서였다. 동생 데메트리오스, 총대주교 요세포스, 여러 수도대주교, 수많은 주교 및 수도원장들과 함께 그는 1438년 초 페라라에 도착했다. 4월 9일, 이곳에서 종교회의가 열렸다. 그리스인들의 어쩔 수 없는 처지를 볼 때 결정은 이미 분명히 내려진 것이었음에도 불구하고 처음에는 페라라에서 그리고 그 다음에는 피렌체에서 아주 오랫동안 논쟁이 계속되었고, 거듭해서 격론이 벌어졌다. 무엇보다도 에페소스의 수도대주교 마르코스 에우게니코스가 로마 교회와 비잔티움의 친교회통합파에 대해서 통렬히 반대했기 때문이다. 1439년 7월 6일에야 피렌체 대성당에서 추기경 줄리아노 체사리니와 니카이아 대주교 베사리온에 의해서 라틴어와 그리스어로 교회통합이 포고되었다. 물론 교황의 수위권에 관한 명제는 상당히 모호한 용어로 표현되었고, 그리스인들은 자신들의 교회의식을 유지하기로 했지만, 그러나 모든 논제들은 로마 교회측에서 뜻하는 바대로 결정되었다.

표면상 교회통합의 이념은 리옹 공의회 때보다도 더 큰 승리를 얻어낸 것처럼 보였다. 왜냐하면 이번에는 황제가 친히 회의에 모습을 나타냈기 때문이다. 그리고 그와 함께 비잔티움 교회의 최고위 대표자들 역시 로마 교회 신앙으로의 개종을 고백했다. 그러나 현실적으로는 피렌체의 결의사항들로는 아직 아무것도 이루어지지 않았다. 교회통합의 결의는 분열의 첨예화에 기여할 뿐이라는 말은 사실로 입증되었다. 비잔티움 백성들은 광신적인 열정으로 페라라와 피렌체의 약정들에 반대했다. 친교회통합파들의 모든 경고는 아무런 효과도 거두지 못했던 반면에 마르코스 에우게니코스의 불을 토하는 설교들은 도처에서 강력한 반향을 일으켰다. 피렌체의 교회통합은 리옹의 교회통합보다도 생명력이 훨씬 더 뒤떨어지는 것으로 드러났다. 팔라이올로고스 왕조의 시조 미카일 8세만 하더라도 요안네스 8세에 비해서 반대자들에게 훨씬 강력하게 자신의 뜻을 강제할 수 있었다. 더욱이 1274년의 교회통합은 그 목적이 비잔티움을 서방의 정복 돌풍으로부터 보호하려는 것이었기에 손에 잡히는 정치적 소득이 있었지만, 비잔티움을 투르크의 위험으로부터 구해야 할 목적을 지닌 1439년의 교회통합은 전혀 그런 소득을 얻을 수 없었다.

이번의 교회통합은 외적에 대항하는 도움을 가져오는 대신, 비잔티움을 내부 투쟁으로 몰아넣었다. 비잔티움 주민들 사이에는 적대와 골육간의 증오의 씨앗이 심어졌고 비잔티움 저편의 슬라브 세계에서는 제국이 그나마 가지고 있던 마지막 위신마저 상실되어버렸다. 다름 아닌 비잔티움 자신이 정신적으로 지도한 결과로 로마에 대한 증오심을 품게 되었던 모스크바 대공국은, 비잔티움의 곤궁에서 멀리 떨어져 있어서 그렇기도 했겠지만, 황제와 콘스탄티노플 총대주교의 개종을 보면서 도무지 이해할 수 없는 배신이라고 생각했다. 러시아의 수도대주교로 임명된 그리스인 이시도로스는 교회통합파의 탁월한 대표자였는데, 피렌체에서 돌아온 후 바실리 2세 대공에 의해서 파면되어 감옥에 갇혔다. 향후 러시아는 자국의 수도대주교들을 스스로 선출했다. 러시아는 '올바른 신앙'을 배반함으로써 정교 세계에서 지휘권을 잃어버린 배신자 비잔티움에 등을 돌렸다. 이렇게 비잔티움은 러시아를 잃었고, 비잔티움 자체 내에서도 격노한 분쟁이 들끓고 일어났다. 그러나 로마로부터는 아무것도 얻은 것이 없는 것과 마찬가지였다. 서방에 기대했던 구원의 행동은 오지 않았다. 이와 마찬가지로 콘스탄티노플에서도 교회통합이 관철되지 않았다. 예나 지금이나 로마-가톨릭 교회와 그리스-정교회는 서로 대립하고 있었다. 비잔티움 인민들이 변함 없이 자신들의 신앙을 고수하고 있는 동안 교회통합의 가장 중요한 최일선 투사들은 아예 손털고 로마 쪽으로 완전히 넘어가버렸다. 그리스 교회통합파의 지도자인 박식한 베사리온과 러시아 감옥에서 도망친 이시도로스는 로마 교회의 추기경이 되었다. 페라라와 피렌체의 협상들은 긍정적인 정치적 결과를 초래하지도 못한 채 무라드 2세의 의심만 불러일으켰다. 요안네스 8세는 이제 이 협상들이 오로지 종교적인 목적을 지녔을 뿐임을 알림으로써 술탄의 마음을 누그러뜨려야 했다.

오스만 세력이 정말로 어려운 일을 겪은 것은 다른 쪽에서였다. 바예지드 치하에서처럼 이번에도 발칸 반도에서 투르크인들의 전진은 헝가리를 싸움터로 불러냈다. 트란실바니아의 영웅적인 군관구장 야노슈 코르비누스 후냐디는 세르비아와 왈라키아에서 투르크인들에게 빛나는 승리를 거뒀다. 이는 도처에서 열광을 불러일으켰고 새로운 희망들을 일깨웠다. 교황은 기독교 민족들에게 십자군 원정을 호소했다. 야기에우오 왕조 출신의 젊은 국왕으로서 폴란드와 헝가리의 통일왕국을 이룩한 부아디수아프 3세와 후냐디 그리고 투르크인들에게 영토를 빼앗기고 쫓겨난 세르비아의 데스포테스 조르제 브란코비치의 지휘 아래, 헝가리 남부에 약 2만5,000명 병력의 혼성군대가 순식간에 집결했다. 1443년 10월 초, 무라드 2세가 소아시아에서 카라마니아의 에미르에 대항하여 싸우는 동안, 십자군은 세멘드리아(스메데레보) 근처에서 도나우 강을 건넜다. 그들은 빠른 속도로 세르비아 땅들을 통과했다. 여기서 전위대를 이끌던 후냐디가 니슈 위쪽에서 루멜리아의 투르크인 총독의 군대에 또다시 압승을 거두었다. 십자군은 방해받지 않고 불가리아로 진입했고, 소피아를 점령했다. 그들은 여기서 트라키아로 돌진할 작정이었다. 그러나 여기서 투르크인들의 저항이 격렬해졌을뿐더러, 끔찍한 겨울 추위가 닥쳤기 때문에 기독교인들의 군대는 돌아가지 않을 수 없었다. 퇴각하는 중 1444년 벽두에 그들은 오스만인들에게 다시 한번 무거운 패배를 안겨주었다.

정세가 바뀌는 듯이 보였다. 얼마 전까지만 해도 승승장구하던 오스만인들은 수세에 몰렸고, 그것도 여러 방면에서 그러했다. 이미 몇년 전부터 반란이 일어날 조짐이 보이던 알바니아에서 대담한 스칸데르베그(제르지 카스트리오타)가 반란을 일으켰다. 그의 지휘 아래 해방운동의 범위는 괄목한 만한 정도가 되었다. 오랫동안(1443-68년) 그는 "알바니아의 대장"으로서 우세한 오스만인들에 대해서 영웅적인 투쟁을 전개했다. 이 투쟁은 기독교도들에게 대대적으로 열광적인 경이를 안겨주었다. 데스포테스 콘스탄티노스는 남부 그리스에서 공세를 취했다. 그는 마르마라 해안에 있는 자기 영지를 모레아에 있는 테오도로스의 통치지역과 바꾸었고, 1443년부터 미스트라를 중심으로 하여 펠로폰네소스의 가장 중요한 부분을 다스렸다. 반면 토마스는 여전히 덜 중요한 부분인 자신의 옛 영토를 유지했다. 콘스탄티노스의 첫번째 업적은 1423년에 투르크인들에게 파괴된 이스트모스의 헥사밀리온 성벽을 재건한 것이었다. 그 다음, 그는 중부 그리스로 돌진하여 아테네와 테베를 점령했다. 이제까지 투르크인들에게 조공을 바치던 대공 네리오 2세 아차주올리는 미스트라의 데스포테스의 종주권을 인정하고 그에게 조공 지불을 약속할 수밖에 없었다.

변화된 상황에서 무라드 2세는 적들과 타협을 시도했다. 그는 6월에 아드리아노플에서 부아디수아프 왕, 조르제 브란코비치, 후냐디의 사절들을 맞았고, 그들과 10년 기한의 휴전협정에 합의했다. 이에 따라 세르비아의 데스포테스는 자신의 땅을 다시 얻게 되고, 오스만은 왈라키아에 대한 통제를 어느 정도 완화하게 될 터였다. 술탄은 약정된 사항을 맹세하고 소아시아로 물러난 다음, 부아디수아프 왕의 비준을 얻기 위하여 전권 위임자를 헝가리로 파견했다. 7월 말, 세게드에서 부아디수아프 왕은 이 조약에 서명하고, 이를 준수할 것임을 서약했다. 이 약정은 의심할 여지 없이 발칸 반도에서 투르크인들의 세력을 크게 제한하는 것을 뜻했으며, 기독교도들에게는 10년 동안의 휴식이 보장되었다. 그럼에도 불구하고 이것은 기독교 진영에서 실망을 불러일으켰다. 특히 로마 교황청에서 그러했다. 최근의 성과들에 감명을 받은 로마 교황청은 베네치아가 약속한 함대 지원을 믿어서이기도 했지만, 투르크인들을 유럽에서 완전히 몰아낼 것을 희망하여, 성공적으로 시작된 전쟁을 속개하라고 재촉했다. 줄리아노 체사리니 추기경은 망설이는 젊은 왕을 얼마 전에 맺은 서약으로부터 풀어주었고, 이미 9월에 기독교인들의 군대는 다시 진군을 시작했다. 그렇지만 이 당시 그들의 힘은 크게 줄어들어 있었다. 무엇보다도 이번에는 세르비아의 도움이 없었다. 체결된 약정에 만족한 조르제 브란코비치가 이 일에서 완전히 손을 뗐기 때문이다. 베네치아 함대의 도움을 기대하며 십자군의 대열은 흑해로 방향을 잡았고, 힘든 행군 끝에 불가리아 지역을 통과하여 해안에 도달했다. 두브로브니크에서 두 척의 갤리선들도 베네치아 함대에 합세했지만 이 함대들로는 소아시아에서 들어오는 투르크인 부대를 막아낼 수 없었다. 무라드 2세가 강력한 군대를 이끌고 달려왔다. 1444년 11월 10일, 바르나에서 열전이 전개되었다. 이는 기독교도들의 자부심 넘치는 일체의 희망을 순식간에 끝장나게 했다. 변화무쌍한 격전이 있은 후 기독교도들의 군대는 전멸했다. 부아디수아프 왕은 전사했고, 이 불행한 새로운 십자군 원정의 진정한 창시자였던 체사리니 추기경 역시 목숨을 잃었다. 과거 니코폴리스의 패배보다 지금 기독교도들의 패배는 훨씬 더 중요한 결과를 가져왔다. 그도 그럴 것이 투르크인들의 정복에 대항한 전체 기독교 세계의 마지막 구원 시도가 이와 더불어 좌절되었기 때문이다. 니코폴리스 당시보다 기독교 진영의 낙담은 훨씬 더 깊었다. 콘스탄티노플의 가엾은 황제는 승자에게 축하의 말과 경의의 선물을 보냈다.

이에 반해서 콘스탄티노스는 바르나의 파국 후에도 그리스에서 원정을 계속했다. 그는 다시 보이오티아에 모습을 드러냈으며, 포키스와 여타 그리스 땅을 거쳐 핀도스에 이르기까지 자신의 지배권을 넓혔다. 마지막 순간에 옛 그리스 지반 위에서 죽어가는 비잔티움의 상속자로서 새로운 그리스 제국이 일어나는 듯이 보였다. 그렇지만 오래지 않아 바르나의 승자가 이 대담한 데스포테스에게 복수의 손을 뻗쳤다. 무라드 2세는 대군을 이끌고 1446년 그리스로 침입하여 빠른 속도로 중부 그리스 땅들을 통과했다. 비잔티움의 데스포테스는 헥사밀리온 성벽에서 처음으로 저항다운 저항을 해볼 수 있었다. 그러나 투르크인들의 포화는 이 장애물마저도 파괴해버렸다. 1446년 12월 10일, 헥사밀리온이 공략되었고 전쟁은 승패가 결정되었다. 투르크인들은 모레아를 습격하여, 비잔티움령 도시들과 마을들을 황폐화시켰고 6만 명이 넘는 포로들을 끌고 갔다. 그렇기는 하지만 조공 지불을 약속한 대가로 비잔티움 데스포테스에게 평화가 허락되었다. 술탄 역시 스칸데르베그와 후냐디에 맞서 싸워야 했기 때문이다. 바르나 전투의 후주곡(後奏曲)이기라도 한 것처럼 무라드 2세와 후냐디는 1448년 10월, 코소보 폴례에서 만나게 되었다. 과거 세르비아의 운명이 결정되었던 이곳에서 후냐디는 열전 끝에 우세한 오스만인들에게 굴복하고 말았다. 그러나 스칸데르베그는 알바니아 산악지방에 머물렀고, 그 후로도 오랫동안 정복당하지 않았다.

그런 한편 데스포테스 콘스탄티노스는 그리스에서의 부흥작업이 좌절된 후 곧 콘스탄티노플의 제위로 불려가게 되었다. 1448년 10월 31일, 황제 요안네스 8세가 자식 없이 죽고, 그 얼마 전에 테오도로스 역시 죽었으므로 용감한 데스포테스 콘스탄티노스 드라가세스가 그뒤를 이어서 황제의 자리에 올랐던 것이다. 드라가세스라는 이름은 동마케도니아의 세르비아 영주가문 드라가슈 집안 출신인 그의 어머니 헬레네의 성을 따른 것이었다. 1449년 1월 6일, 모레아에서 황제로 즉위한 콘스탄티노스 11세는 두 달 후 수도에 입성했다. 모레아는 토마스와 데메트리오스가 나누어 통치했다. 투르크인들의 지원을 받아 황제의 관을 얻으려고 거듭 시도했던 데메트리오스는 모레아에서도 다시금 투르크인들의 지원을 받으며 곧바로 형 토마스와 격하게 대립하게 되었다.

비잔티움 마지막 황제의 용기도, 정치인으로서의 정력도, 몰락이 확실한 제국을 구할 수는 없었다. 무라드 2세가 죽은 후(1451년 2월) 그의 아들 메메드 2세가 술탄위에 오르자, 제국의 최후의 시간이 다가왔다. 비잔티움 제국의 콘스탄티노플은 오스만 제국의 아시아 영토와 유럽 영토를 나누면서, 그들 영토의 심장부에 있었다. 이 이물질을 제거하고 콘스탄티노플을 홍기하고 있는 오스만 제국의 확고한 국가 중심지로 삼는 것이 젊은 술탄의 최우선 목표였다.

그는 끈질긴 정력과 몸에 밴 신중함으로 황도의 정복을 준비했다. 황도가 정복되는 날, 그의 선임자들의 과업이 자연히 종결지어질 것이었다. 오스만인들의 의도를 비잔티움 궁정이 모를 리는 없었다. 특히 술탄이 보스포루스 해안에서 황도와 아주 가까운 곳에 강력한 요새(루멜리 히사리)를 세우게 한 후에는 더욱 그러했다.

형 요안네스 8세와 마찬가지로 황제 콘스탄티노스 11세 역시 자신의 모든 희망을 서방의 도움에 걸었다. 실현 가능성은 약했지만, 다른 희망은 전혀 없었다. 그리하여 마지막 순간에 그는 실패했던 교회통합 작업을 다시 부활시키고자 시도했다. 한때 러시아의 수도대주교였던 이시도로스 추기경이 교황의 사절로서 콘스탄티노플에 도착했다. 1452년 12월 12일, 황도가 몰락하기 다섯 달 전에, 그는 하기아 소피아에서 교회통합을 포고하고 로마식의 미사를 올렸다. 엄청난 격앙이 비잔티움 백성들을 사로잡았다. 그들은 가장 긴박한 궁지에서 그 어느 때보다 더 확고하게 자신들의 신앙을 고수했고, 자신들의 종교적 감정이 손상된 데 대해서 그 어느 때보다 더 열정적으로 반응했다. 절망과 라틴인들에 대한 화해할 수 없는 증오의 분위기를 당시 황제의 최고위 관리의 한 사람이 간결한 말로 표현했다. "나는 이 도시의 한복판에서 라틴인의 주교관을 보느니 차라리 투르크인의 터번을 보고 싶노라." 몰락의 시간이 가까워옴에 따라 비잔티움에서는 투르크인들과의 화해를 주장하고, 오스만의 지배를 로마에의 굴복보다 덜 치명적인 재앙이라고 생각하는 흐름이 강해졌다.

그렇지만 서방이 콘스탄티노플을 도와주지 않은 것은 결코 비잔티움 주민들이 교회통합을 적대시했기 때문만은 아니었다. 서방세력들의 서로 상충되는 이해관계는 원래부터 비잔티움을 위한 효과적인 원조 제공을 불가능하게 했다. 당시 지중해의 가장 막강한 군주로서 아라곤과 나폴리를 지배하던 알폰소 5세는 비잔티움 제국의 마지막 시기에 과거 이탈리아 남부를 지배한 노르만인, 독일인, 프랑스인 선임자들이 비잔티움에 대하여 옛날부터 추구했던 것과 똑같은 정책을 추구하고 있었다. 그는 콘스탄티노플에 새로운 라틴 제국을 건설하고 자신이 황제의 관을 쓰기를 열망했다. 어쨌든 교황 니콜라우스 5세(재위 1447-55년)가 콘스탄티노플을 투르크인들로부터 방어하기 위해서 쓰려고 생각한 약소한 자금은 나폴리 왕의 정복 충동에 삼켜지고 말았다. 나폴리 왕은 로마에 끊임없이 돈을 요구했는데, 이 요구가 아무 이의 없이 충족되었던 것이다. 어쨌거나 서방이 콘스탄티노플에 적극적으로 개입했더라도 그것은 비잔티움 제국의 구원을 목적으로 하지는 않았을 것이다. 그렇지만 동방에 새로운 라틴인들의 지배권을 건설할 수 있는 가능성도 전혀 없었다. 물론 비잔티움이 투르크인들에게 귀속될 것인가, 혹은 라틴인들에게 귀속될 것인가를 물을 수 있는 시간은 있었다. 이 문제는 지난 15세기의 사태 전개에 의해서 결정되었으며 비잔티움 제국 자체는 이 문제의 결정에서 거의 아무런 역할도 하지 못했다. 제국의 운명을 결정지을 큰 사건들은 제국의 사정거리 밖에서, 제국이 간여하지도 못한 채 벌어졌다. 그도 그럴 것이 이미 오래 전부터 비잔티움은 다른 세력들의 정치적 획책의 일개 객체에 지나지 않았기 때문이다. 내적으로 소진되고 마비된 채 일개 도시국가로 전락한 비잔티움은 이제 투르크인들의 소유로 떨어졌다.

1453년 4월 초에 메메드 2세는 도시 성벽 밑에 막강한 군대를 집결시켰다. 비잔티움측에서는 불과 약 5,000명의 그리스인 수비대 및 약 2,000명의 외국인 수비대가 메메드 군대에 맞서고 있었을 뿐이다. 서방측 파견병력의 주력을 이루고 있었던 것은 700명의 제노바인들이었는데, 이들은 주스티니아니의 지휘 아래 포위공격 개시 직전에 두 척의 갤리 선을 타고 콘스탄티노플에 도착하여 비잔티움인들을 대단히 기쁘게 해주었다. 공격자들의 병력이 방어자들의 병력보다 열 배가 넘었으리라고 추정해도 잘못이 아닐 것이다. 콘스탄티노플의 강점이 되어주고 있던 것은 영웅적이기는 하지만 수적으로 너무도 불충분한 수비군들이 아니라, 수도의 비할 데 없는 입지와 성벽의 튼튼함이었다. 그것을 유지하기 위해서 요안네스 8세뿐만 아니라 콘스탄티노스 11세도 최선을 다했던 것이다.

유리한 전략적인 위치와 시벽의 튼튼함은 이미 전에도 종종 비잔티움을 구했었다. 그렇지만 그와 같은 이점은 비잔티움이 군사기술 면에서 외부세계보다 탁월했기 때문에 제대로 발휘될 수 있었다. 그러나 이번에는 투르크인들이 기술적으로도 우월했다. 메메드 2세는 강력한 무장을 시도했고, 무엇보다도 서방 기술자의 도움을 받아 강력한 포병부대를 형성했다. 투르크인들은 콘스탄티노플의 공략에 전에는 상상조차 하지 못했을 정도로 엄청난 규모의 신무기를 사용했다. 당대의 한 그리스인의 말에 따르면 "대포가 모든 것을 결정했다." 콘스탄티노플인들이 사용했던 작은 대포들은 투르크인들의 거대한 대포에 필적할 수 없었다.

4월 7일, 본격적인 포위공격이 시작되었다. 주된 공격은 무엇보다도 육지 쪽에서 시벽을 향해 퍼부어졌다. 특히 펨프톤 성문이 집중적인 공격목표였다. 투르크인들은 이것이 비잔티움 요새선에서 가장 취약한 지점임을 알아차렸다. 골든 혼은 무거운 사슬로 봉쇄되었는데, 투르크인들은 아무리 노력해도 이를 폭파할 수 없었다. 그런 폭파 시도의 하나로 4월 20일, 해전이 벌어졌다. 여기서 황제의 함대가 승리를 얻었다. 이 승리는 콘스탄티노플에서 감격을 일으켰고, 방어자들에게 새로운 용기를 불어넣었다. 그러나 포위된 도시는 이것으로도 현실적으로 쉬워진 것이 하나도 없었다. 오히려 메메드 2세는 4월 22일, 상당수의 선박을 육지를 거쳐 골든 혼으로 운반하는 데에 성공했다. 이제 도시는 육지에서뿐만 아니라 골든 혼으로부터도 포격을 받았다. 소규모 수비대의 무리는 결사적인 용기를 보이며 이제는 돌이킬 수 없는 운명에 저항했다. 황제 자신의 불굴의 단호함은 전사들에게 뛰어난 본보기가 되었다. 마지막 순간까지 그는 자신의 위치를 지켰다. 마치 자신의 사명이 좌절된다면 결코 살아남지 않으려고 결심한 사람 같았다. 여러 차례 대규모 공격이 실패하면서, 적의 자신감이 사라지기 시작했다. 그러나 포위된 도시의 성벽들 역시 7주일 동안의 공격을 받은 후에는 심하게 갈라진 틈을 드러냈다. 이제 마지막 결판이 목전에 있었다.

5월 29일, 메메드 2세는 총공격을 개시했다. 그 전날 밤, 술탄이 내일의 싸움을 위해서 그의 군사들을 정렬하고 있는 동안, 기독교인들인 그리스인들과 라틴인들은 하기아 소피아에서 마지막 예배를 보았다. 엄숙한 시간이 끝난 후 전사들은 자신들의 자리로 돌아갔고 황제는 밤 늦게까지 방어선을 시찰했다. 신새벽에 습격이 시작되었다. 그것도 삼면에서 한꺼번에 도시에 공격이 가해졌다. 그렇지만 영웅적인 용기의 방어자들은 상당히 오랫동안 공격을 견뎌냈고, 모든 공세를 물리쳤다. 그러자 술탄은 주요 예비부대인 친위보병, 곧 예니체리들을 싸움에 투입했다. 오스만 군대의 이 정예부대는 격전 끝에 성벽을 오르는 데에 성공했다. 결정적인 순간, 황제의 편에서 싸우던 주스티니아니가

치명상을 입고 실려나가야 했다. 그가 없어짐으로써 수비군의 대열에 혼란이 일었다. 이는 투르크인들의 진입을 가속화했다. 도시는 곧 그들의 손에 떨어졌다. 콘스탄티노스 11세는 마지막 순간까지 싸웠고, 이 싸움에서 그가 원했던 죽음을 맞았다. 사흘 낮과 사흘 밤 동안 약탈이 계속되었다. 술탄은 마지막 공격을 준비하면서 자국 병사들의 가라앉는 용기를 부추기기 위해서 약탈을 허락했다. 값을 따질 수 없는 재화들, 예술품들, 귀중한 필사본들, 성상들, 교회기물들이 파괴되었다. 메메드 2세는 정복된 도시로 장엄하게 입성했다. 콘스탄티노플은 오스만 제국의 수도가 되었다. 이제 비잔티움 제국은 더 이상 존재하지 않았다.

콘스탄티누스 대제 치하에서 보스포루스 해안에 황도가 건설되면서 비잔티움 제국이 시작되었고, 마지막 콘스탄티노스 (11세) 황제 치하에서 도시가 함락되면서 비잔티움은 무덤 속으로 가라앉았다. 물론 남부 그리스 모레아와 트레비존드 제국은 콘스탄티노플의 함락보다 몇년을 더 버텼다. 그러나 그들의 항복은 투르크인들에게는 아무 문제도 아니었다. 콘스탄티노플을 정복함으로써 오스만인들은 아시아에서 유럽 영토로 넘어가는 다리를 갖추게 되었다. 이로써 오스만 제국은 통일을 수립하고, 그들의 정복력은 새롭게 비약했다. 강력한 투르크 제국은 빠른 속도로 나머지 그리스 영토와 발칸의 라틴 및 슬라브 영토들을 흡수했다. 1456년 아테네가 오스만인들의 손에 떨어졌다. 그리고 1,000년 전부터 성처녀의 교회였던 파르테논은 투르크인들의 모스크가 되었다. 1460년, 비잔티움령 모레아도 목숨을 마감했다. 토마스는 이탈리아로 도망쳤고, 라틴인들의 적대자였던 데메트리오스는 술탄의 궁정으로 들어갔다. 1461년 9월에는 트레비존드 제국 역시 함락되었고 이로써 그리스 땅의 마지막 조각이 투르크 지배하에 들어갔다. 세르비아의 데스포테스령은 이미 1459년에 굴복했고, 그에 이어서 1463년에는 보스니아 왕국이 굴복했다. 세기가 끝나기 전 다른 슬라브 땅들과 알바니아 땅들도 아드리아 해에 이르기까지 투르크인들의 소유가 되었다. 그곳에 다시 메소포타미아에서 아드리아해까지 펼쳐지면서 콘스탄티노플을 자연스러운 중심으로 하는 제국, 곧 투르크 제국이 탄생했다. 이 나라는 비잔티움 제국의 폐허 위에서 솟아올라 옛 비잔티움 땅들을 수세기에 걸쳐 다시 한 번 통일국가의 테두리 내에 통합할 수 있었다.

비잔티움은 1453년에 몰락했다. 그러나 그 정신적, 정치적 전통들은 계속 살아남았고 옛 비잔티움 땅뿐만 아니라, 유럽의 민족들의 국가 및 문화생활을 풍요롭게 하면서 제국의 옛 경계 저편에까지 영향력을 미쳤다. 유난히 그리스적인 특징을 지닌 기독교인 정교는 비잔티움 정신의 정수이자 동시에 로마 가톨릭의 대응물로서, 그리스인들은 물론 남슬라브인들과 동슬라브인들에게도 성스러운 것 중에 가장 성스러운 것으로 남았다. 투르크인들이 지배한 몇 세기 동안 그리스인들과 남슬라브인들에게 정교 신앙은 그들 고유의 정신적, 민족적 특성의 표현이었다. 정교는 발칸 민족들을 투르크인들의 홍수 속에서 해체되지 않도록 지켜주었고, 이를 통해서 그들의 국민적-국가적 재생을 가능하게 해주었다. 정교는 또한 러시아 인민들의 통일이 이루어지고 모스크바 공국이 강국으로서의 지위에 도달하는 온 과정을 지켜준 정신적 정기(旌旗)이기도 했다. 비잔티움 제국 및 남슬라브 제국들이 몰락한 직후 모스크바는 마침내 타타르인들의 멍에를 벗어버리고 정교 신앙을 지키는 유일한 독립적 세력으로서 정교 세계의 자연스러운 중심이 되었다. 러시아 땅의 위대한 통일군주이자 해방자인 이반 3세는 데스포테스 토마스 팔라이올로고스의 딸, 그러니까 비잔티움 마지막 황제의 조카딸과 결혼했다. 그는 비잔티움 황실의 문장인 쌍두의 독수리 문장을 넘겨받았고, 모스크바에 비잔티움의 관습을 도입했다. 곧 러시아는 동방 기독교 세계에서 이전에 비잔티움의 황제권이 누렸던 지도자의 역할을 맡았다. 콘스탄티노플이 새로운 로마였다면, 모스크바는 "제3의 로마"가 되었다. 비잔티움의 정신적인 유산, 그것의 신앙과 정치적 이념과 정신적 이상은 수세기 동안 러시아 차르 제국에서 계속 살아 있었다.

뿐만 아니라 비잔티움 문화는 이보다도 더 큰 발산력을 가지고 있어서, 동서 양쪽 땅에 깊이 침투해갈 수 있었다. 비잔티움의 영향력이 라틴계 나라들과 게르만계 나라들에서는 슬라브인들의 땅에서처럼 결코 그렇게 포괄적이지 못했던 것은 사실이지만 그러나 비잔티움은 서방도 문화적으로 기름지게 해주었다. 비잔티움 국가는 그리스-로마의 고대 문화가 수세기 동안 계속 살아 있었던 그릇이었다. 그렇기 때문에 비잔티움은 주는 쪽이었고, 서방은 받는 쪽이었다. 특히 고대 문화에 대한 동경이 굉장한 힘으로 인류를 사로잡았던 르네상스 시대에, 서방세계는 비잔티움에서 고대의 문화적 재보들이 흘러나오는 원천을 발견했다. 비잔티움은 고대 유산을 보존했고, 이를 통해서 세계사적 사명을 완수했다. 비잔티움은 로마 법과 그리스 시, 철학, 지식을 몰락으로부터 지켰고, 그런 다음 이를 받아들일 수 있을 만큼 성숙해진 유럽인들에게 이 위대한 유산을 물려주었다.

비잔티움 및 주변국의 통치자

1. 비잔티움 제국

324–337	콘스탄티누스 1세
337–361	콘스탄티우스 2세
361–363	율리아누스
363–364	요비아누스
364–378	발렌스
379–395	테오도시우스 1세
395–408	아르카디우스
408–450	테오도시우스 2세
450–457	마르키아누스
457–474	레오 1세
474	레오 2세
474–475	제논
475–476	바실리스쿠스
476–491	제논(복위)
491–518	아나스타시우스 1세
518–527	유스티누스 1세
527–565	유스티니아누스 1세
565–578	유스티누스 2세
578–582	티베리우스 1세 콘스탄티누스
582–602	마우리키우스
602–610	포카스
610–641	헤라클레이오스
641	콘스탄티노스 3세와 헤라클로나스
641	헤라클로나스
641–668	콘스탄스 2세
668–685	콘스탄티노스 4세
685–695	유스티니아노스 2세
695–698	레온티오스
698–705	티베리오스 2세
705–711	유스티니아노스 2세(복위)
711–713	필리피코스
713–715	아나스타시오스 2세
715–717	테오도시오스 3세
717–741	레온 3세
741–775	콘스탄티노스 5세
775–780	레온 4세
780–797	콘스탄티노스 6세
797–802	이레네
802–811	니케포로스 1세
811	스타우라키오스
811–813	미카일 1세 랑가베
813–820	레온 5세
820–829	미카일 2세
829–842	테오필로스
842–867	미카일 3세
867–886	바실레이오스 1세
886–912	레온 6세
912–913	알렉산드로스
913–959	콘스탄티노스 7세
920–944	로마노스 1세 라카페노스
959–963	로마노스 2세
963–969	니케포로스 2세 포카스
969–976	요안네스 1세 치미스케스
976–1025	바실레이오스 2세
1025–28	콘스탄티노스 8세
1028–34	로마노스 3세 아르기로스
1034–41	미카일 4세

1041–42 미카일 5세
1042 조에와 테오도라
1042–55 콘스탄티노스 9세 모노마코스
1055–56 테오도라(복위)
1056–57 미카일 6세
1057–59 이사키오스 1세 콤네노스
1059–67 콘스탄티노스 10세 두카스
1068–71 로마노스 4세 디오게네스
1071–78 미카일 7세 두카스
1078–81 니케포로스 3세 보타네이아테스
1081–1118 알렉시오스 1세 콤네노스
1118–43 요안네스 2세 콤네노스
1143–80 마누엘 1세 콤네노스
1180–83 알렉시오스 2세 콤네노스
1183–85 안드로니코스 1세 콤네노스
1185–95 이사키오스 2세 앙겔로스
1195–1203 알렉시오스 3세 앙겔로스
1203–04 이사키오스 2세(복위)와 알렉시오스 4세 앙겔로스
1204 알렉시오스 5세 무르추플로스
1204–22 테오도로스 1세 라스카리스
1222–54 요안네스 3세 두카스 바타체스
1254–58 테오도로스 2세 라스카리스
1258–61 요안네스 4세 라스카리스
1259–82 미카일 8세 팔라이올로고스
1282–1328 안드로니코스 2세 팔라이올로고스
1328–41 안드로니코스 3세 팔라이올로고스
1341–91 요안네스 5세 팔라이올로고스
1347–54 요안네스 6세 칸타쿠제노스
1376–79 안드로니코스 4세 팔라이올로고스
1390 요안네스 7세 팔라이올로고스
1391–1425 마누엘 2세 팔라이올로고스
1425–48 요안네스 8세 팔라이올로고스
1449–53 콘스탄티노스 11세 팔라이올로고스

2. 콘스탄티노플의 라틴 제국

1204–05 보두앵 1세 플랑드르
1206–16 앙리 드 플랑드르
1217 피에르 드 쿠르트네
1217–19 욜랑드
1221–28 로베르 드 쿠르트네
1228–61 보두앵 2세
(1231–37 장 드 브리엔)

3. 에피로스 제국

1204–05 미카일 1세
1215–24 테오도로스
1224말 테살로니카에 병합, 황제 대관

테살로니카

1224–30 테오도로스, 황제
1230–37경 마누엘
1237경–44 요안네스
1244–46 데메트리오스
1246 니카이아의 요안네스 바타체스에게 정복

테살리아

1271–96 세바스토크라토르 요안네스 1세
1296–1303 콘스탄티노스
1303–18 요안네스 2세
1318 해체
1348 스테판 두샨에게 정복

에피로스

1231경–71 미카일 2세
1271–96 니케포로스 1세
1296–1318 토마스
(섭정 안나 팔라이올로기나–칸타쿠제네, 약 1313년까지)
1318–23 니콜라오스 오르시니
1323–35 요안네스 오르시니
1335–40 니케포로스 2세
(섭정 안나 팔라이올로기나)
1340 비잔티움에게 정복
1348 스테판 두샨에게 정복

4. 불가리아

제1차 불가리아 제국

681–702 아스파루흐
702–718 테르벨
718–725 알려지지 않음
725–739 세바르
739–756 코르미소슈
756–762 비네흐
762–765 텔레츠
765–767 사빈
767 우마르
767–772 토크투
772 파간
772경–777 텔레리그
777–803경 카르담
803경–814 크룸
814 도쿰, 디체브그
814–831 오무르탁
831–836 말로미르
836–852 프레시안(아마도 선임자와 동일 인물)
852–889 보리스 1세 미카일
889–893 블라디미르
893–927 시메온
927–969 페타르
969–971 보리스 2세

마케도니아 제국

976–1014 사무일
1014–15 가브리엘 라도미르
1015–18 요안 블라디슬라프

제2차 불가리아 제국

1186–96 아센 1세
1196–97 페타르
1197–1207 칼로얀
1207–18 보릴

1218–41	이반 아센 2세
1241–46	콜로만 아센
1246–56	미하일 아센
1257–77	콘스탄틴 티흐
1277–79	이바일로
1279–80	이반 아센 3세
1280–92	게오르기 1세 테르테르
1292–98	스밀레츠
1299	챠카
1300–22	테오도르 스베토슬라프
1322–23	게오르기 2세 테르테르
1323–30	미하일 시슈만
1330–31	이반 스테판
1331–71	이반 알렉산다르
1371–93	이반 시슈만
(1360경–96	비딘에서 이반 스트라치미르)

5. 세르비아

9세기 중반	블라스티미르
891까지	무티미르
891–892	프르보슬라프
892–917	페타르 고이니코비치
917–920	파벨 브라노비치
920–924경	자하리에 프로보슬라브예비치
927–950 이후	차슬라프 클로니미로비치

제타

10세기말–1016	요안 블라디미르
1040경–52경	스테판 보이슬라프
1052경–81	미하일로, 1077년부터 왕
1081–1101경	콘스탄틴 보딘

라스키아

1083경–1114경	부칸

그 이전의 대(大)주판의 연대는 더 자세히 규정되지 않는다. 비교적 중요한 주판들로는 우로슈 1세, 우로슈 2세, 데사, 티코미르(네마냐의 형) 등이 있다.

1166경–96	스테판 네마냐
1196–1228경	최초의 왕 스테판, 1217년부터 왕
1228경–34경	스테판 라도슬라프
1234경–43	스테판 블라디슬라프
1243–76	스테판 우로슈 1세
1276–82	스테판 드라구틴
1282–1321	스테판 우로슈 2세 밀루틴
1321–31	스테판 우로슈 3세 데찬스키
1331–55	스테판 두샨, 1345년부터 차르
1355–71	차르 스테판 우로슈
(1365–71	왕 부카신)
1371–89	영주 라자르
1389–1427	스테판 라자레비치, 1402년부터 데스포테스
1427–56	조르제 브란코비치, 1429년부터 데스포테스
1456–58	라자르 브란코비치, 데스포테스

6. 이슬람 통치자

(뮌헨의 한스-게오르크 베크의 정리)

예언자(무함마드)의 직계 후계자

632-634 아부 바크르
634-644 우마르 1세
644-656 우스만
656-661 알리

우마이야 왕조

661-680 무아위야 1세
680-683 야지드 1세
683-684 (?)무아위야 2세
684-684 마르완 1세
685-705 압둘-말리크

705-715 왈리드 1세
715-717 술레이만
717-720 우마르 2세
720-724 야지드 2세
724-743 히샴
743-744 왈리드 2세
744 야지드 3세
744-750 마르완 2세
744 이브라힘

아바스 왕조

750-754 아불-아바스 앗-사파흐
754-775 알-만수르
775-785 알-마디
785-786 알-하디
786-809 하룬 알-라시드
809-813 알-아민
813-833 알-마문
833-842 알-무타심
842-847 알-와티크
847-861 알-무타와킬
861-862 알-문타시르
862-866 알-무타즈
866-869 알-무흐타디
869-892 알-무타미드
892-902 알-무타디드
902-908 알-무크타피
912-932 알-무크타디르
932-934 알-카히르
934-940 알-라디
940-943 알-무타키
943-946 알-무스타크피
946-974 알-무티
974-991 앗-타이
991-1031 알-카디르
1031-75 알-카임

아바스 왕조의 기타 칼리프들은 비잔티움의 역사에서 거론할 가치가 별로 없다. 아바스 왕조는 1258년에 단절된다.

룸(이코니온)의 셀주크 술탄

1077/78-86 술레이만 1세
1092-1107 킬리지 아르슬란 1세
1107-16 말리크-샤
1116-56 마수드 1세
1156-92 킬리지 아르슬란 2세
1192-96 카이코스루 1세
1196-1204 술레이만 2세
1204 킬리지 아르슬란 3세
1204-10 카이코스루 1세(복위)
1210-20 카이카우스 1세
1220-37 카이쿠바드 1세
1237-45 카이코스루 2세

1246–57 카이카우스 2세
1248–65 킬리지 아르슬란 4세
1249–57 카이쿠바드 2세
1265–82 카이코스루 3세
1282–1304 마수드 2세
1284–1307 카이쿠바드 3세
1307–08 마수드 3세

콘스탄티노플 정복까지의 오스만 술탄

1288–1326 오스만
1326–62 오르한
1362–89 무라드 1세
1389–1402 바예지드 1세
1402–10 술레이만
1402–21 메메드 1세(1413년부터 단독 통치)
1411–13 무사
1421–51 무라드 2세
1451–81 정복자 메메드 2세

지도

지도 1. 565년경 유스티니아누스 1세의 제국

안 타 이
아 바 르
알 라 니
게 피 다 이
슬 라 브
아 바 스 기
라 지 카
이베리아
페르시아 제국
사산 왕조
드네스트르 강
드네프르 강
돈 강
티소 강
도나우 강
흑 해
케르소네수스
시르미움
싱기두눔
비미나키움
도로스톨룸
(실리스트리아)
니코폴리스
오데수스
메셈브리아
소조폴리스
안키알로스
데벨토스
하드리아노폴리스
나이수스
세르디카
마르구스 강
에브루스 강
필리포폴리스
디디모테이코스
도클레아
스쿠피
악시오스 강
펠라고니아
대살로니카
세레스
베로이아
올론
부트로톰
칼리폴리스
렘노스
카산드레이아
라리사
데메트리아스
아드라미티온
니코폴리스
프텔레온
테베
에우보이아
키오스
레스보스
나우팍토스
아테네
안드로스
케팔레니아
파트라스
코린트
자킨토스
아르고스
나우플리아
사모스
에페소스
이카리아
낙소스
코스
로도스
칸닥스(칸디아)
크레타
키지코스
니카이아
브루사
도릴라이온
아비도스
페르가몬
포카이아
스미르나
사르데스
필라델피아
밀레토스
아모리온
아르코이논
안티오케이아
이코니온
아탈레이아
시노페
아마스트리스
헤라클레이아
니코메데이아
칼케돈
콘스탄티노플
할리스 강
앙키라
아마소스
다지몬
세바스토폴리스
세바스테이아
트라브존
콜로네이아
데프리케
마르티로폴리스
멜리테네
아미다
다라
니시비스
카이사레이아
게르마니케이아
사모사타
에데사
유프라테스 강
티아나
아나자르보스
아다나
모프수에스티아
타르소스
셀레우케이아
안티오케이아
라오디케이아
오론테스 강
키프로스
트리폴리스
에메사
베이루트
시돈
다마스코스
티로스
아콘
나자렛
티베리아스
카이사레이아
야파
예루살렘
아랍의 라흠 왕조
(사산 왕조 치하)
아랍의 가산 왕조
(비잔티움 치하)
다미에타
알렉산드레이아
헬리오폴리스
멤피스
나일 강
옥시린코스
테오도시오폴리스
쿠사이
파노폴리스
프톨레마이스
콥토스
디오스폴리스
오아시스 테바나
필라이
홍 해

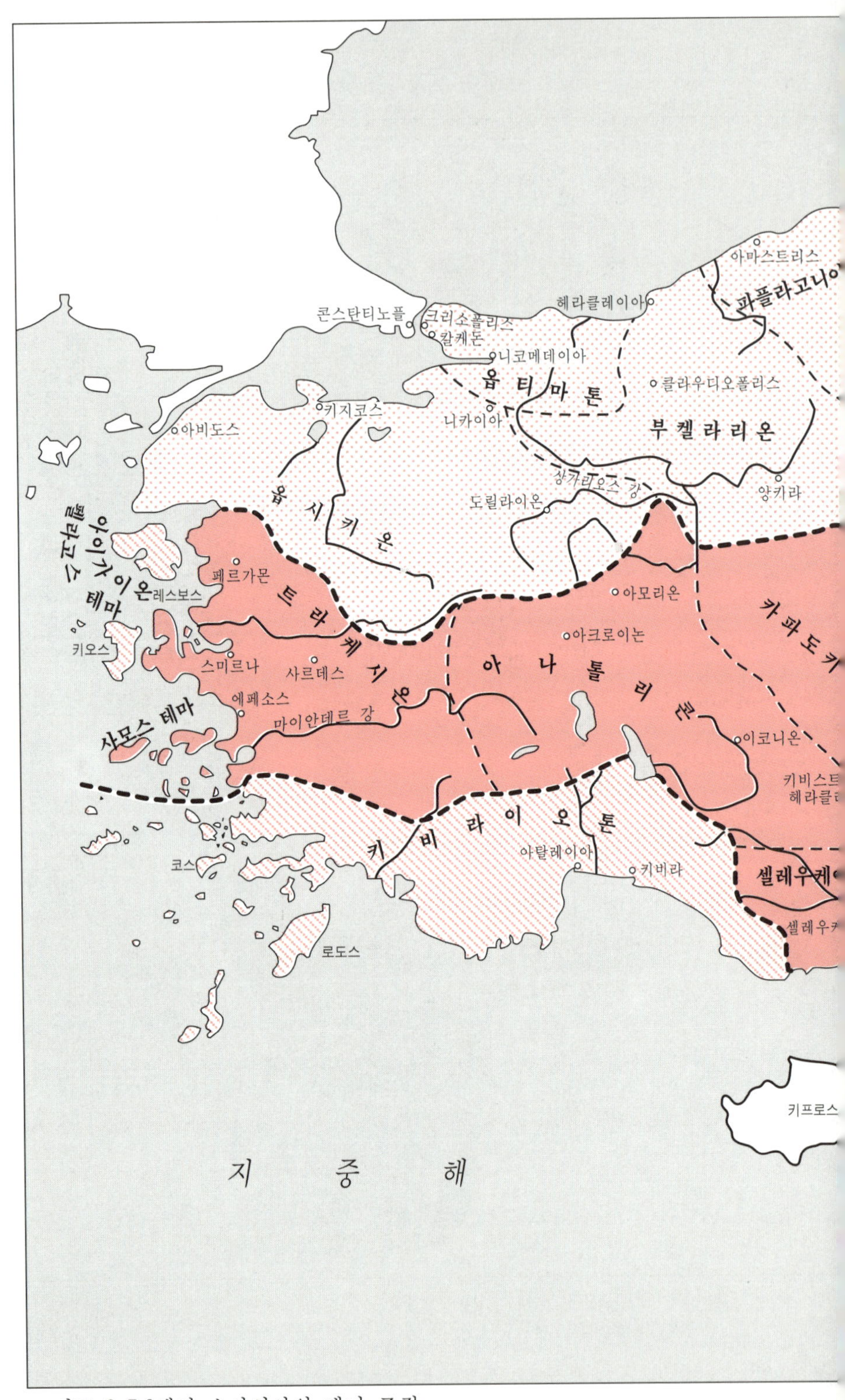

지도 2. 7-9세기 소아시아의 테마 조직

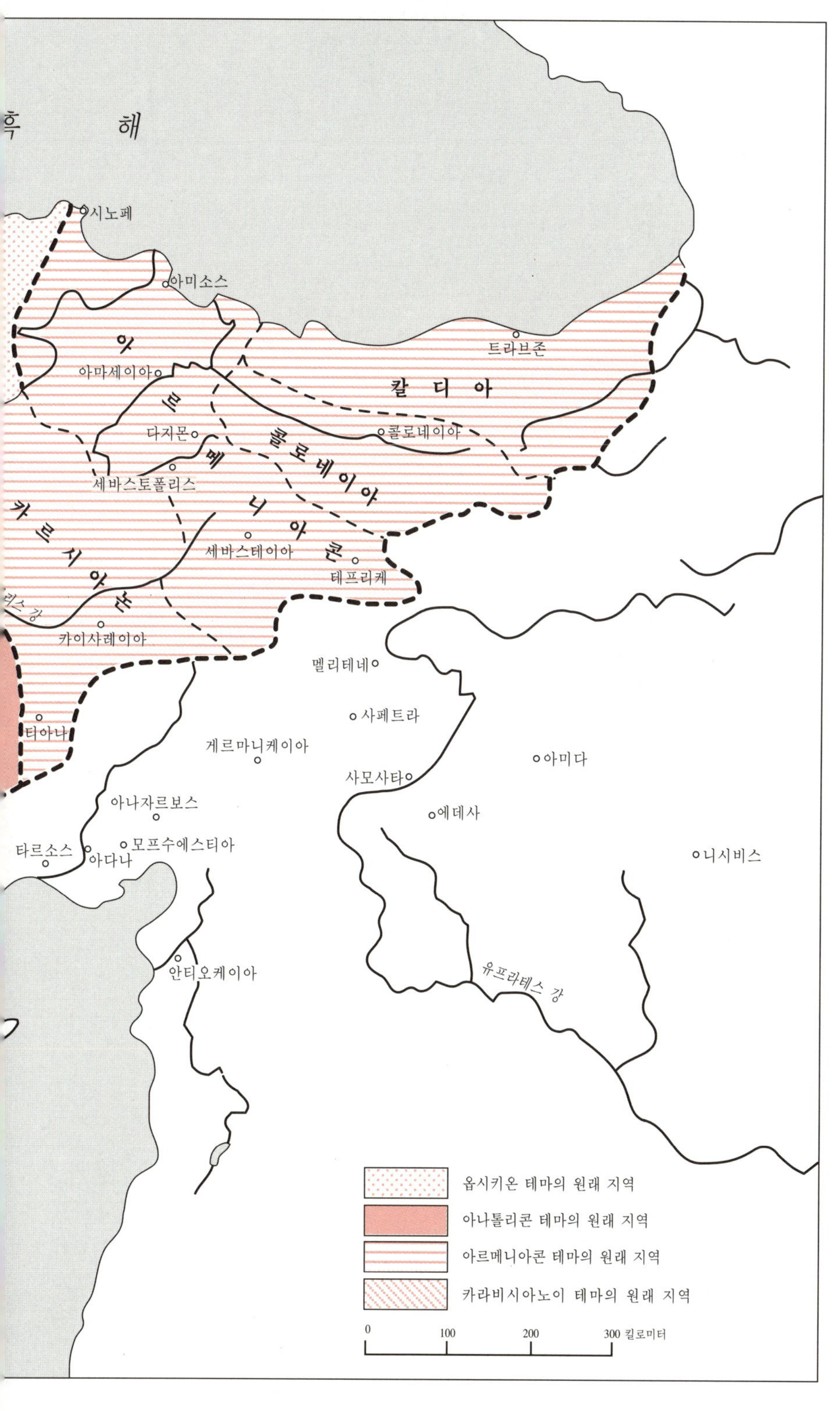

흑 해
시노페
아미소스
아마세이아
트라브존
칼 디 아
아 르 메 니 아 콘
다지몬
콜로네이아
콜로네이아
세바스토폴리스
카 르 시 아 논
세바스테이아
테프리케
카이사레이아
멜리테네
사페트라
티아나
게르마니케이아
아미다
사모사타
아나자르보스
에데사
니시비스
타르소스
모프수에스티아
아다나
안티오케이아
유프라테스 강
옵시키온 테마의 원래 지역
아나톨리콘 테마의 원래 지역
아르메니아콘 테마의 원래 지역
카라비시아노이 테마의 원래 지역
0
100
200
300 킬로미터

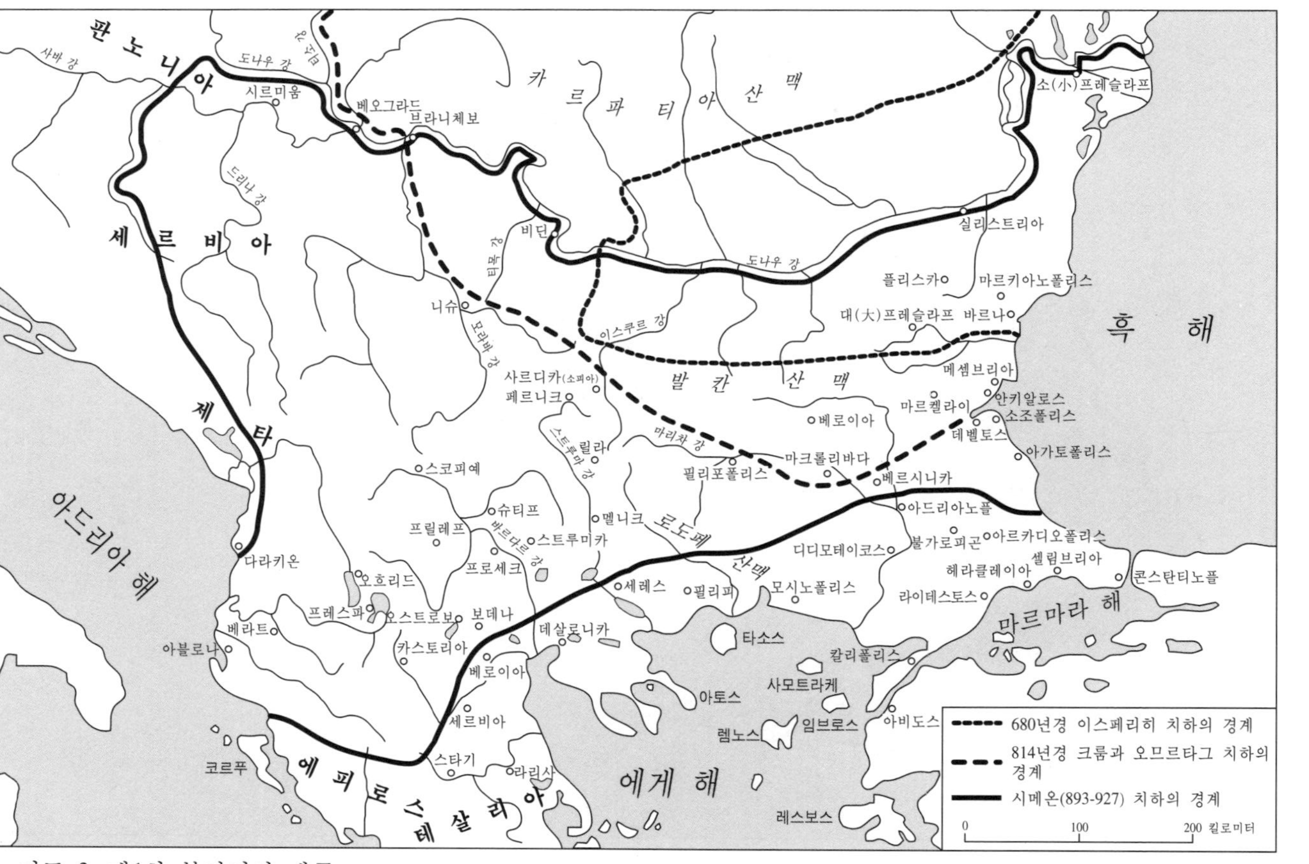

지도 3. 제1차 불가리아 제국

지도 4. 1025년경 바실레이오스 2세의 제국

케르손 테마
테오도시아(카파)
케르손
카프카스 산맥
흑해
시노페
아마스트리스
파플라고니아
아르메니아콘
칼디아
트라브존
카르스
아니
(1045년 이후)
드빈
이베리아
테오도시오폴리스
아락세스 강
다지몬
콜로네이아
테오도시오폴리스
바스푸르칸
앙키라
카르시아논
세바스테이아
콜로네이아
세바스테이아
테프리케
메소포타미아
타론
만치케르트
할리스 강
카이사레이아
멜리테네
멜리테네
마르티로폴리스(마자파르킨)
아모리온
리칸도스
아라비소스
자페트라
유프라테스도시
아미다
이코니온
티아나
하다트
게르마니케이아
사모사타
(1032년 이후)
라반
니시비스
티그리스 강
킬리키아
아나자르보스
텔루크
에데사
하란
아다나
타르소스
모프수에스티아
텔루크
모술
셀레우케이아
셀레우케이아
안티오케이아
알레포
라오디케이아
안티오케이아
키프로스
라파네아
유프라테스 강
트리폴리스
에메사
베이루트
바알베크
시돈
다마스코스
아콘
티베리아스
카이사레이아
나자렛
예루살렘
1025년경 비잔티움 제국의 경계
1025년 이후 획득한 지역들
헬라스 테마의 이름들
0 100 200 300 킬로미터

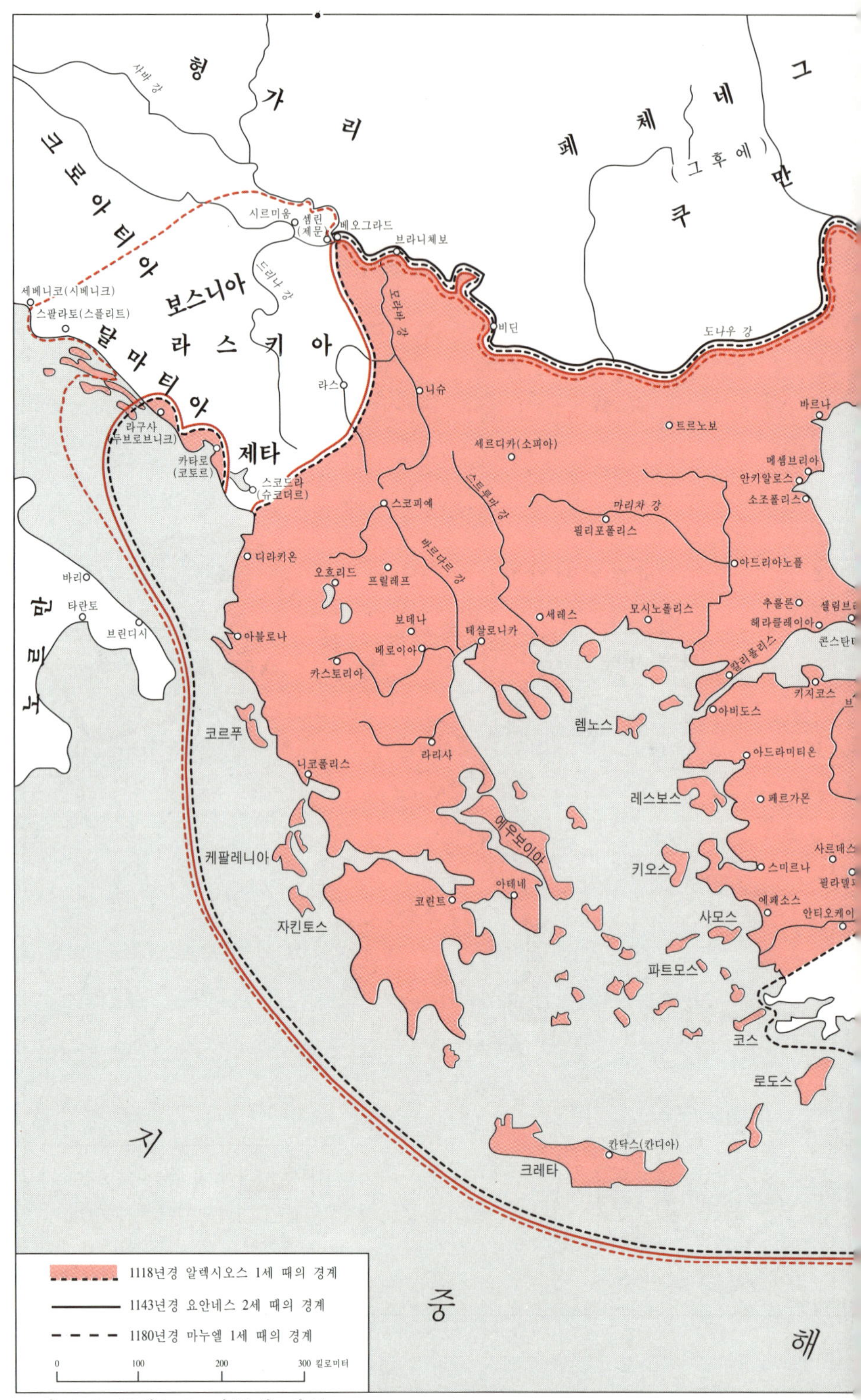

지도 5. 콤네노스 가문의 제국

흑 해
타마타르카
테오도시아(카파)
케르손
시노페
아마스트리스
헤라클레이아
트라브존
니코메데이아
상가리오스 강
앙키라
도릴라이온
아모리온
필로멜리온
미리오케팔론
이코니온의
룸 술탄국
테오도시오폴리스
(에르제룸)
세바스테이아
할리스 강
카이사레이아
멜리테네
티아나
사모사타
소조폴리스
이코니온
게르마니케이아
(마라슈)
에데사
헤라클레이아
아나자르보스
아다나
모프수에스티아(마미스트라)
타르소스
하란
아탈레이아
셀레우케이아
안티오케이아
알레포
유프라테스 강
라오디케이아
오론테스 강
콘스탄티아
키프로스
에메사(힘스)
트리폴리스

지도 6. 라틴인들의 콘스탄티노플 지배시대

흑 해
바르나
메셈브리아
시노페
아마스트리스
헤라클레이아
추룰론
콘스탄티노플
헤라클레이아 (베네치아령)
라이데스토스 (베네치아령)
니코메데이아
키지코스
니카이아
프루사
제 국
포이마네논
니카이아 제국
상가리오스 강
할리스 강
앙키라
마그네시아
님파이온
마이안데르 강
안티오케이아
이코니온 (룸) 술탄국
이코니온
아탈레이아
소아르메니아
키프로스 (뤼지냥 가문령)
요안네스 바타체스(1222-54)가 정복한 지역들
테오도로스 앙겔로스(1215-30)가 정복한 지역들
1230년 이전의 불가리아 제국
이반 2세 아센(1218-41)이 정복한 지역들

지도 7. 네마냐 왕조 시대의 세르비아 왕국

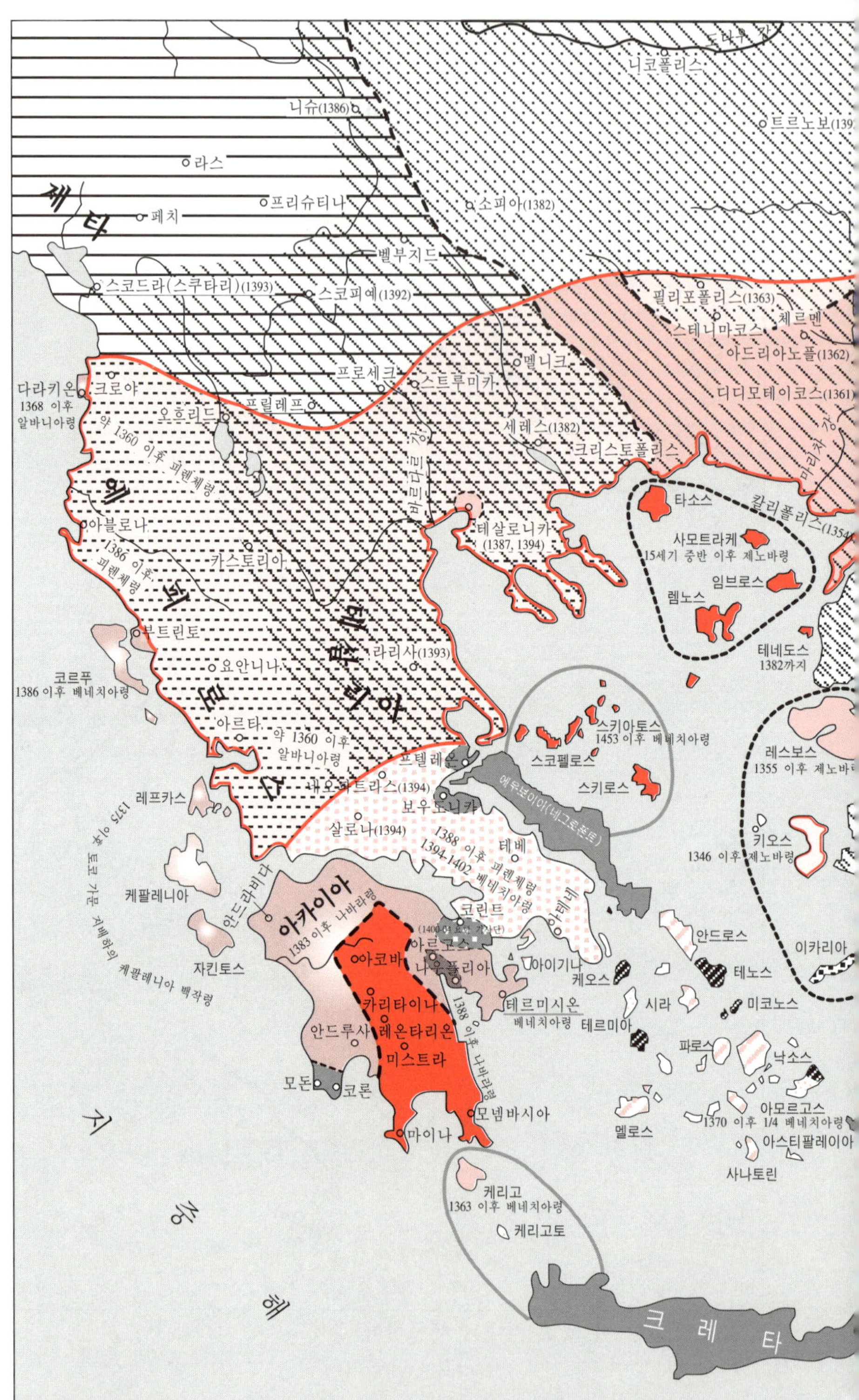

지도 8. 14세기 비잔티움 제국의 몰락

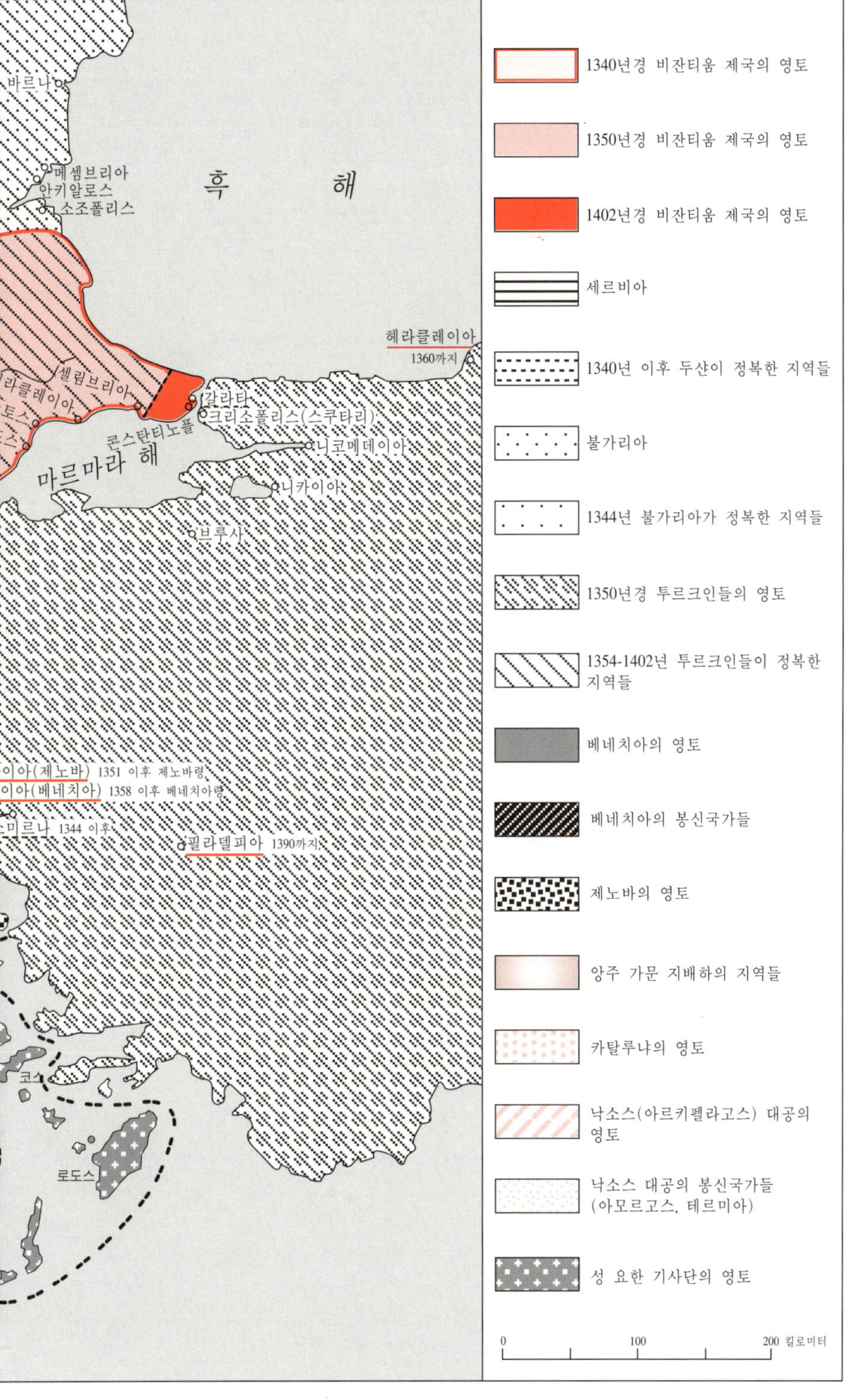

바르나
메셈브리아
안키알로스
소조폴리스
흑 해
헤라클레이아
1360까지
셀림브리아
헤라클레이아
갈라타
크리소폴리스(스쿠타리)
콘스탄티노플
니코메데이아
마르마라 해
니카이아
브루사
카이아(제노바) 1351 이후 제노바령
카이아(베네치아) 1358 이후 베네치아령
스미르나 1344 이후
필라델피아 1390까지
코스
로도스
1340년경 비잔티움 제국의 영토
1350년경 비잔티움 제국의 영토
1402년경 비잔티움 제국의 영토
세르비아
1340년 이후 두샨이 정복한 지역들
불가리아
1344년 불가리아가 정복한 지역들
1350년경 투르크인들의 영토
1354-1402년 투르크인들이 정복한 지역들
베네치아의 영토
베네치아의 봉신국가들
제노바의 영토
앙주 가문 지배하의 지역들
카탈루냐의 영토
낙소스(아르키펠라고스) 대공의 영토
낙소스 대공의 봉신국가들 (아모르고스, 테르미아)
성 요한 기사단의 영토
0
100
200 킬로미터

연표

324 콘스탄티노플 건설 시작
325 니케아 공의회
330 콘스탄티노플 완공
343 고트족 울필라스가 주교에 임명됨. 고트족을 비롯한 여타 게르만족들이 기독교화함(아리우스파)
378 고트족이 아드리아노플에서 로마 군대를 절멸시킴(발렌스 황제 사망)
395 테오도시우스 1세가 제국을 분할함. 아르카디우스가 동쪽을 얻고, 호노리우스가 서쪽을 얻음
425 콘스탄티노플 대학 창립
431 에페소스 공의회
438 『테오도시우스 법전』 발간
451 칼케돈 공의회
457 레오 1세가 총대주교의 손으로 대관한 최초의 황제가 됨.
482 제논의 『헤노티콘』. 로마와 콘스탄티노플 사이에 30년간의 분열(시스마)이 시작됨
493 동고트족 테오도리쿠스가 이탈리아의 왕이 됨
529 『유스티니아누스 법전』 공포. 아테네의 아카데미아 폐쇄
532 콘스탄티노플에서 니카의 봉기. 이어서 하기아 소피아 건설 시작
533 「학설휘찬(판덱타이)」 발간
533-534 북아프리카에서 반달 왕국 멸망
535-555 이탈리아에서 동고트 왕국 멸망
562 유스티니아누스 1세와 호스로우 1세의 평화조약
582 이후 아바르족과 슬라브족이 발칸 반도에 침입함(펠로폰네소스까지)
611-619 페르시아가 거의 전 서아시아(614년 예루살렘)와 이집트를 정복함
626 아바르족과 페르시아인들이 콘스탄티노플을 포위. 아바르족이 승리함
627 헤라클레이오스 1세가 니네베 근처에서 페르시아에 승리함. 옛 비잔티움 영토를 전부 반환받음
636 아랍인들이 야르무크 강에서 비잔티움에 승리함
638 칼리프 우마르가 예루살렘을 정복함
640 아랍인들이 이집트와 북아프리카 정복을 시작함
655 아랍인들과 비잔티움인들 사이에 최초의 해전이 벌어짐(아랍인들이 승리함)
678 콘스탄티노플에 대한 아랍 함대의 최초의 공격이 실패함("그리스 화약!")

680	불가르족이 비잔티움에 승리한 후 도나우 강 하류의 남쪽 지역으로 이주함
697	아랍인들이 비잔티움으로부터 카르타고를 빼앗음
718	콘스탄티노플에 대한 아랍 함대의 두번째 공격이 실패함
730	성상 파괴 시작
751	롬바르드족이 비잔티움의 라벤나 총독구를 정복함
787	니케아 공의회. 성상 적대 운동에 유죄 판결을 내림
805	파트라스 근처에서 슬라브족에게 승리함. 펠로폰네소스에서 비잔티움의 세력이 재건됨
811	불가리아의 칸 크룸이 승리하고 니케포로스 1세를 살해함
826	아랍인들이 비잔티움으로부터 크레타를 빼앗음
827 이후	아랍인들이 이제까지 비잔티움 영토였던 시칠리아를 정복함
843	성상 숭배가 엄숙하게 재수립됨. 성상 논쟁이 최종적으로 종결됨
860 이후	비잔티움과 러시아 사이에 최초의 관계가 수립됨
863	"슬라브족의 사도" 콘스탄티노스-키릴로스와 메토디오스가 모라비아에서 선교함
864	불가리아의 기독교화
867	총대주교 포티오스가 교황 니콜라우스 1세를 파문함
896	불가리아의 통치자 시메온이 불가로피곤에서 비잔티움에 승리함
902	아랍인들이 시칠리아의 마지막 비잔티움 거점인 타오르미나를 정복함
904	아랍인들이 테살로니카를 약탈함
944	비잔티움이 아랍인들로부터 에데사를 탈환함
961	비잔티움이 크레타를 재정복함
968	니케포로스 2세 포카스가 시리아를 정복함
975	요안네스 1세 치미스케스가 팔레스티나까지 진격함
988	키예프 공국의 기독교화
1014	"불가르족의 학살자" 바실레이오스 2세가 차르 사무엘(1010년 사망)의 군대와 제국을 멸망시킴
1054	동방과 서방의 교회 분열(최종적인 시스마)
1071	셀주크 투르크인들이 만지케르트에서 로마노스 4세를 격퇴함. 로베르 기스카르가 바리를 정복함. 비잔티움이 남부 이탈리아 전체를 상실함
1077	셀주크인들이 예루살렘을 점령함
1080	술레이만 1세가 룸 술탄국(수도 이코니온)을 창건함
1081	로베르 기스카르가 비잔티움 제국을 공격함. 디라키온을 정복하고 마케도니아와 테살리아까지 진격함
1082	비잔티움과 베네치아의 통상조약. 동방에서 베네치아의 상업세력이 흥기하기 시작함

1091 비잔티움과 쿠만족이 레부니온 산맥 기슭에서 페체네그족의 군대를 절멸시킴
1096-99 제1차 십자군 원정. 니카이아 점령(1097), 안티오케이아 점령(1098), 예루살렘 점령(1099)
1122 페체네그족의 종말
1147-49 제2차 십자군 원정. 소아시아에서 실패함
1185 테살로니카가 노르만족의 손에 떨어지고 약탈당함. 모시노폴리스에서 패배한 노르만족이 그리스에서 철수함
1186 불가리아가 비잔티움에서 떨어져나감. 발칸에서 비잔티움의 우세가 영원히 사라짐
1187 술탄 살라흐-앗-딘이 하틴(갈릴리 소재)에서 라틴인 병력에 승리함
1189-92 제3차 십자군 원정. 성과는 없음. 비잔티움은 뤼지냥 가문에게 키프로스를 상실함
1195 비잔티움이 독일 황제 하인리히 6세(1197년 사망)에게 조공을 지불함
1202-04 제4차 십자군 원정. 1204년 콘스탄티노플 점령. 라틴 제국 건설
1205 불가리아 차르 칼로얀이 아드리아노플에서 라틴인들에게 승리함. 수도를 니카이아로 하는 새로운 비잔티움 국가가 탄생함
1224 에피로스의 테오도로스 앙겔로스가 테살로니카의 라틴 왕국을 정복함
1225 니카이아의 요안네스 바타체스가 라틴인들로부터 거의 전 소아시아를 획득함
1261 미카일 8세와 제노바 사이에 님파히온 조약이 체결됨. 동방에서 제노바 세력이 건설됨
미카일 8세가 콘스탄티노플에 입성함. 라틴 제국의 종말
기욤 2세 빌라르두앵이 미스트라를 비롯하여 펠로폰네소스의 요새들을 미카일 8세에게 넘겨주고 떠남
1282 시칠리아의 만종 학살사건으로 앙주가의 카를로의 비잔티움 공격이 수포로 돌아감
1300 무렵 거의 전 소아시아가 오스만 투르크인들에게 함락됨. 1326년 브루사가 그 수도가 됨
1311 카탈루냐 중대가 프랑스 기사들에게 케피소스(보이오티아)에서 승리함. 아테네가 70년 동안 카탈루냐인들에게 할양됨
1330 세르비아가 벨부지드에서 불가리아에 승리함. 세르비아의 우세가 시작됨 (1331-55년 스테판 두샨)
1352 오스만인들이 유럽 지역을 침략함
1365 아드리아노플이 오스만인들의 수도가 됨
1371 마리차 강 전투에서 오스만인들이 승리함
1387 오스만인들이 테살로니카를 정복함
1389 코소보 폴례("지빠귀 벌판") 전투. 세르비아가 오스만인들에게 패배함

1393 오스만인들이 불가리아를 항복시킴
1396 오스만인들이 니코폴리스에서 기독교도 군대를 섬멸함
1402 앙고라(앙카라) 전투. 티무르가 바예지드에게 승리함
1430 테살로니카가 궁극적으로 정복당함
1432 라틴계 아카이아 공국의 종말. 거의 전 펠로폰네소스가 다시 그리스 지배하에 들어섬
1439 피렌체에서 로마 교회와 비잔티움 교회 사이에 통합이 포고됨
1444 무라드 2세가 바르나에서 기독교도 군대를 격퇴함
1448 무라드 2세가 코소보 폴례에서 야노슈 코르비누스 후냐디에게 승리함
1453 메메드 2세가 콘스탄티노플을 정복함. 비잔티움 제국의 종말
1456 아테네가 오스만인들의 손에 떨어짐
1460 오스만인들이 미스트라 시와 함께 펠로폰네소스를 점령함
1461 그리스 땅의 마지막 부분이었던 트레비존드 제국이 오스만인들에게 정복됨

비잔티움 왕조 계보

(고딕체는 황제의 이름, ∞는 결혼한 사이를 뜻한다)

1. 헤라클레이오스 왕조 610-711

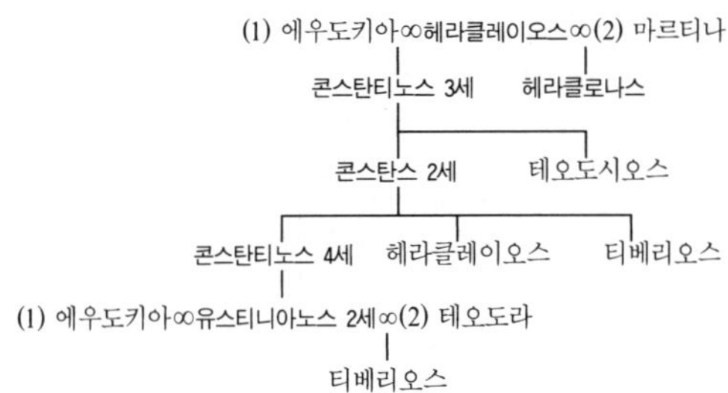

2. 이사우리아 왕조 717-802

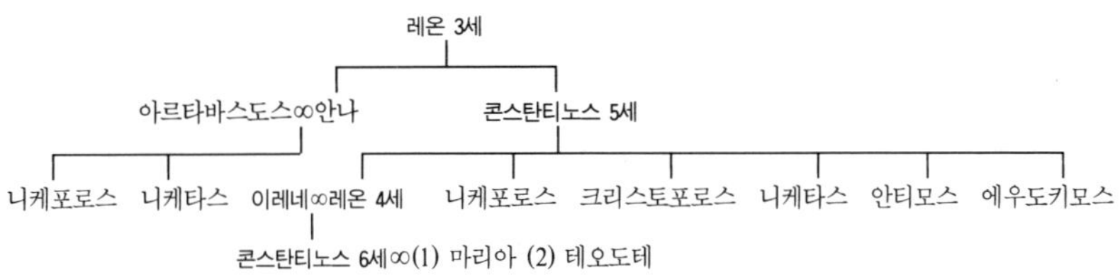

3. 아모리아 왕조 820-867

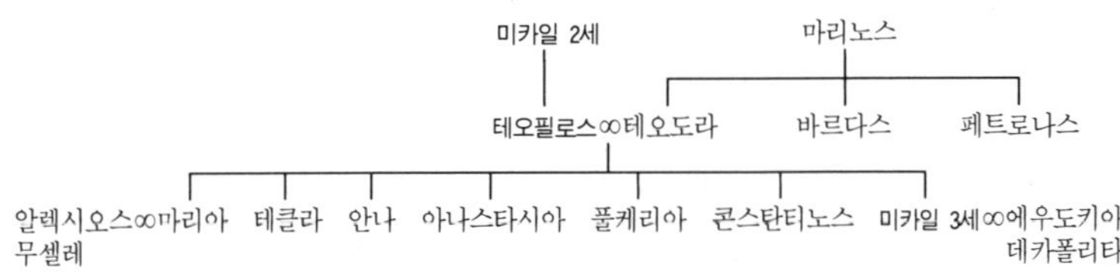

4. 마케도니아 왕조 867-1056

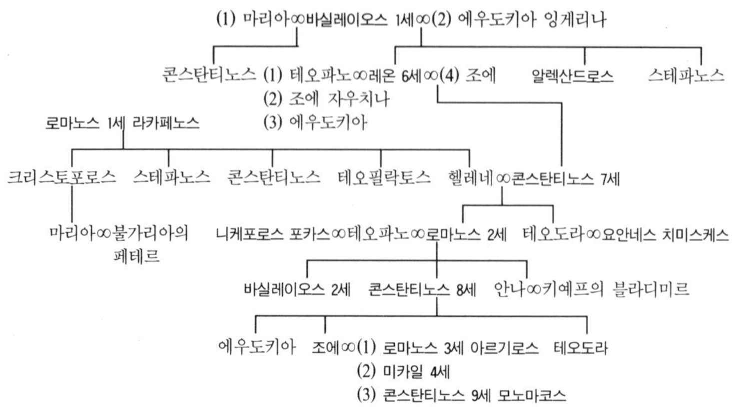

5. 두카스 왕조 1059-78

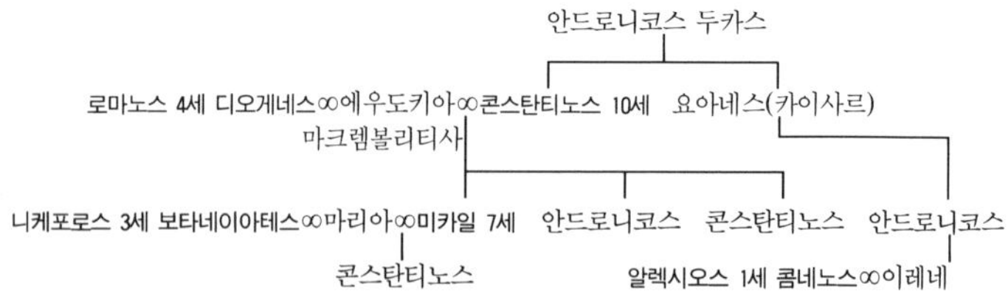

6. 콤네노스 왕조 1081-1185

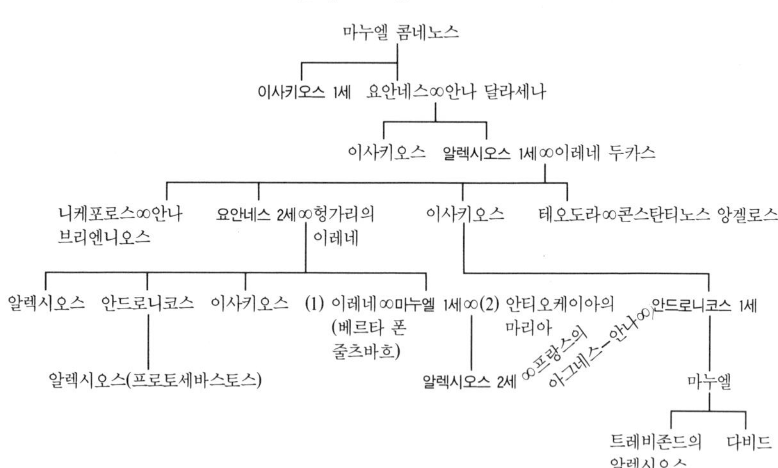

7. 앙겔로스 왕조 1185-1204

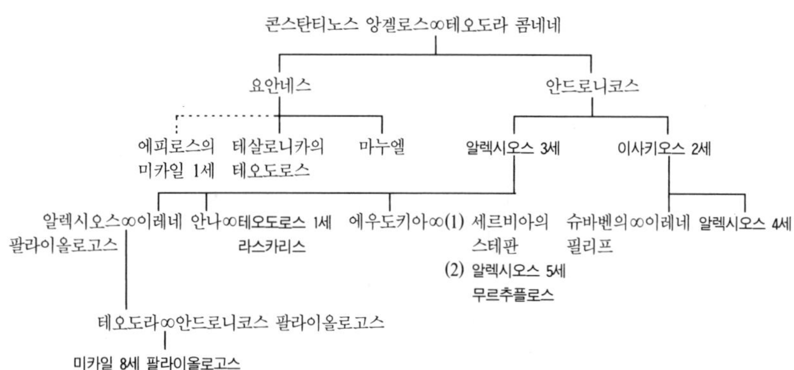

8. 라스카리스 왕조 1204-61

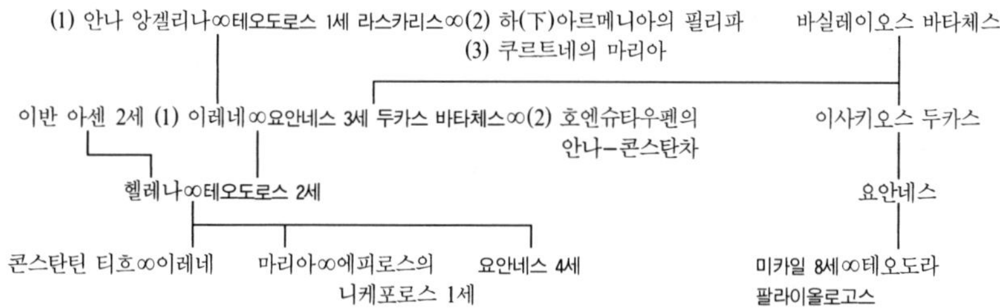

9. 팔라이올로고스 왕조 1261-1453

9. 팔라이올로고스 왕조 1261-1453

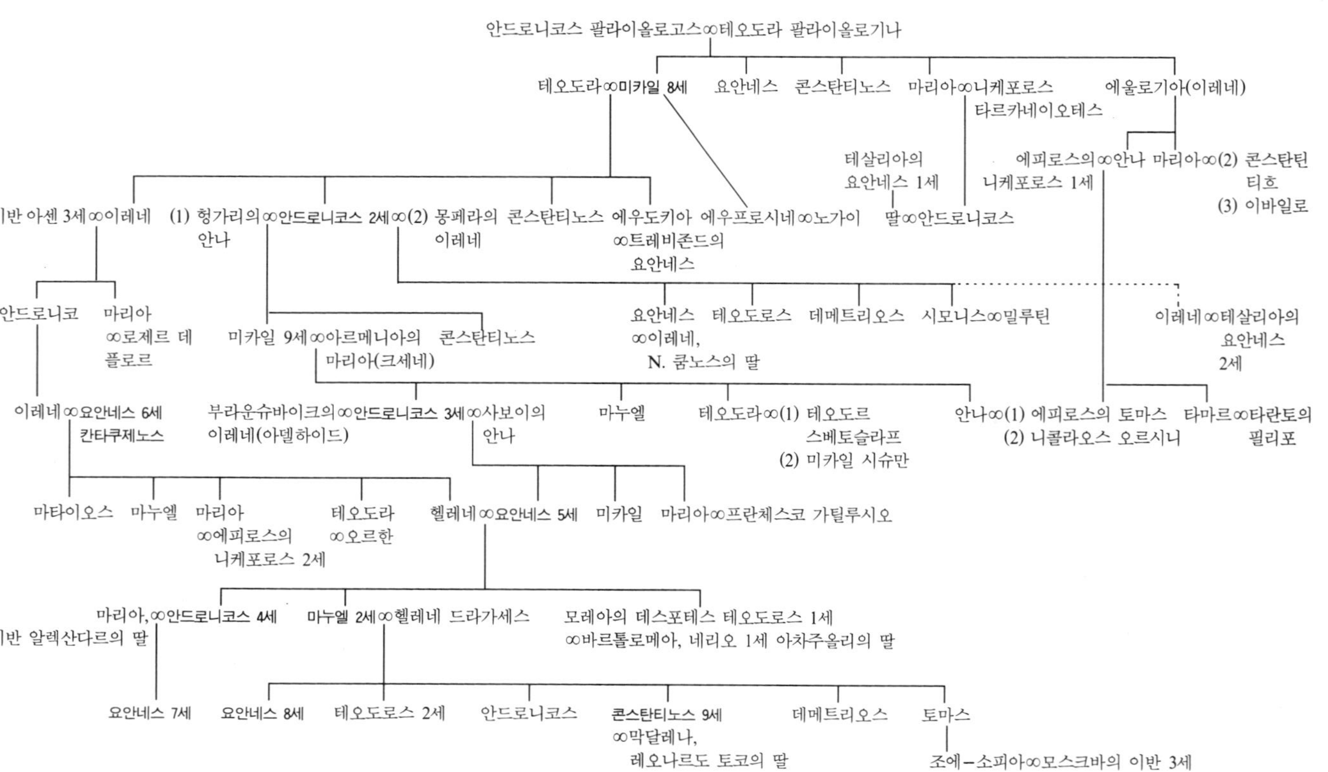

역자 후기

이 책은 게오르크(게오르기예) 오스트로고르스키의 *Byzantinische Geschichte 324-1453*(C.H. Beck, 1965)의 한국어 번역본이다. 오스트로고르스키는 1902년 제정 러시아의 수도 뻬쩨르부르그에서 태어나 1976년 유고슬라비아의 베오그라드에서 사망한 20세기 최고의 비잔티움 역사가 가운데 한 사람이며, 이 책의 정본인 『비잔티움 국가의 역사(*Geschichte des byzantinischen Staates*)』는 1940년에 제1판이 출판된 이래 오늘에 이르기까지 전문가들 사이에서 비잔티움 역사의 개관서로서 가장 표준적인 저서라는 일치된 평가를 받고 있다. 이번 번역본은 『비잔티움 국가의 역사』 제3판(1963)의 별쇄판을 텍스트로 삼았다. 서문에서도 소개되어 있다시피, 별쇄판은 정본의 원문 내용은 그대로 둔 채 전문연구자들을 위한 연구사 개관, 전거(典據) 및 참고 문헌 소개, 각주 등을 생략하여 일반 독자들도 좀더 쉽게 비잔티움 역사에 접근할 수 있게끔 한 것이다. 지금까지 비잔티움의 역사에 대한 본격적인 학술적 연구성과의 소개가 대단히 빈약하고 연구자의 수가 극히 제한되어 있는 한국 학계의 실정에 비추어볼 때 우선은 정본보다는 별쇄판을 번역하는 편이 여러모로 더 적합하지 않은가 하는 생각이 들었다. 그러나 별쇄판의 이용은 어디까지나 한시적인 의미만을 가지는 것이고, 언젠가는 정본이 번역되어야 하리라고 생각한다.

동로마 제국, 곧 비잔티움 제국의 역사는 동서양의 역사학계에서 오랫동안 부당하게 홀대받고 낮게 평가되어왔던 분야이다. 비잔티움 제국과 관련하여 일반적으로 떠올리는 것은 고전고대 문화의 모방과 화석화, 정체와 후퇴, 생명력과 역동성의 결여 등등의 이미지이다. 비잔티움 사회와 관련하여 구체적으로 거론되는 특징들도 예를 들면 압도적인 황제권력, 국가생활 전체의 종교화와 이로 인한 정신적 침체, 중세 후기 이래 발전하고 있던 서방의 도시 및 상업과는 달리 자율적 부르주아지와 도시가 결여되어 있던 경제와 사회, 생동감이 결여된 예술, 의고주의(擬古

主義)로 흐른 학문과 문학 등 대개 부정적인 내용의 것들이다. 고전고대에 비해서 뿐 아니라 서유럽 중세 사회에 비해서도 비잔티움 역사와 사회 전체가 훨씬 열등한 것이었던 양 평가하는 경향이 생기게 된 데에는 몇 가지 결정적인 요인들이 작용했다. 첫째로, 동-서 교회의 분열 이후 서방교회의 정신적 영향권 아래 놓여 있던 서유럽인들이 비잔티움 문명에 대한 대결의식에서 이 문화를 의식적으로 낮추어본 것을 들 수 있다. 그러나 비잔티움 제국이 멸망한 후 제국의 고전학자들이 서유럽으로 몰려들고 이것이 고전고대 문화적 유산의 부활에 큰 기여를 한 후로는 서유럽 각국에서 비잔티움 연구가 활발하게 이루어지기 시작했다. 그리스어로 쓰여진, 비잔티움 사가들의 역사서술과 각종 사료들이 16세기 이래 라틴어로 번역되었으며, 17세기부터는 고고학, 문헌학, 지형학, 주화학 등 각 분야로 연구가 확대되었다. 이와 같은 활발한 연구경향이 타격을 받고 비잔티움의 역사에 대해서 다시 부정적인 인식이 확산된 것은 계몽사상 시대의 역사가 에드워드 기번의 압도적인 영향 때문이다. 그는 자신의 유명한 『로마 제국 쇠망사』에서 동로마 제국의 역사를 쇠퇴와 타락의 과정으로 그려내고 있다. 서로마 제국의 멸망 자체를 로마 사회의 기독교화로 인한 건강한 기풍의 쇠퇴 탓으로 돌리고 있던 이 합리주의자, 반교회론자는 동로마 제국의 역사 전체도 고전고대의 문화가 몰락하고 종교가 승리함으로써 인간정신의 발랄한 기풍이 죽어버린 시기로 파악했다. 기번이 역사서술가로서 너무나 탁월한 인물이었고 계몽사상 시대에 그의 역사해석이 서유럽의 정신계에 미친 영향이 너무나도 압도적이었기 때문에 그가 내린 부정적인 평가가 비잔티움사 연구에 찬물을 끼얹고 만 셈이다. 동로마 제국이 고대 로마 제국에 비해서 열등한 제국, 곧 저제국(低帝國, le Bas-Empire)이라고 칭해져왔던 것도 바로 이처럼 극도로 부정적인 인식을 반영하고 있는 것이다. 제국주의 시대 이래 세계사 인식을 좌우해왔던 것이 서유럽인들의 역사인식이었으므로 서유럽 중심주의에 매몰된 비서유럽 사회의 역사인식도 자연히 이 같은 경향을 추종할 수밖에 없었던 터인데, 한국의 역사학계에서 비잔티움사가 받고 있는 대접을 보아도 그 정도를 실감할 수 있을 것이다. 그러나 그런 중에도 정작 서유럽의 전문학계에서는 19세기부터 이와 같은 부정적 비잔티움관이 어느 정도 극복되고 비잔티움 역사에 대한 객관적 연구가 다시 활발하게 이루어지기 시작했다. 독일, 프랑스, 러시아, 영국 등은 그리스와 더불어 비잔티움사 연구를 선도해온 나라들이었다. 그리고 대략 20세기 중반부터는 미국에서도 상당히 활발한 비잔티움사 연구가 이루어지고 있다.

오스트로고르스키는 20세기 중반까지 집적된 비잔티움 역사 연구의 성과에 바탕을 두고 이 문명의 역사를 살아 있는 사람들의 삶의 집결체로서 우리 눈앞에 제시하고 있다. 그의 서술을 통해서 비잔티움의 역사는 단순한 정체와 후퇴의 과정으로서가 아니라, 영광으로 가득찬 상승에 이어지는 빛나는 번영의 시기와 침체 및 위축의 시기를 골고루 겪다가 결국 인간적 어리석음들과 피할 길 없는 운명의 작용에 의해서 비극적으로 몰락해간 한 대제국의 변화무쌍한 발자취로서 다시 태어나고 있다. 원서의 정본 제목이 『비잔티움 국가의 역사』라는 데에서도 알 수 있듯이 그의 역사서술은 정치사를 중심으로 하고 있으며 이른바 "국가행위"의 추적이 중요한 부분을 차지하고 있다. 그러나 그것은 통치자들의 행위가 서술의 연대적 골격을 이루고 있다는 의미이지 결코 좁은 의미의 정치사 자체만이 이 역사서술의 대상이라는 이야기는 아니다. 저자는 오히려 비잔티움 문명 전체의 세계사적 의의와 그 사명을 규명하는 데에 역점을 두고 있는 것으로 보인다. 앞에서 소개한 대로 러시아에서 태어난 오스트로고르스키는 러시아 혁명 후 국외로 망명했으며 그중에서도 독일을 자신의 학문적 수련의 요람으로 삼아 이곳에서 비잔티움 전문가로 성장하게 되었다. 그는 20세기 중반까지 독일 역사학계를 지배한 정치사, 법제사 위주의 학풍의 영향도 분명히 받았을 것이나, 모스크바는 콘스탄티노플에 이은 "제3의 로마"라고 여기며 비잔티움 제국의 후계자를 자처하고 있던 러시아인들의 선민의식에서 비롯된 문명사적, 정신사적 문제의식에도 단단히 뿌리를 두고 있었다. 오스트로고르스키는 독일학계의 탄탄한 실증사학의 토대에다, 정교권 출신인 자신의 문화적 정체성에서 비롯되는 종교사상사적, 정신사적 관심과 이해를 접목시키고, 이에 더하여 한 사회의 흥기와 쇠망에 대한 사회경제사적 통찰을 결합시키고 있다.

비잔티움 제국의 흥망을 설명하는 열쇠로 흔히 지적되고 있는 것은 서유럽과 유라시아 평원 및 서아시아에서 경쟁세력들이 출현하고 있던 상황 속에서 이 나라가 물적인 토대를 갖추지도 못한 채, 고대 로마가 구현하고자 했던 보편제국의 이념에 계속 집착했다는 점이다. 이 점에서는 전통적인 정치사가들이나 최근의 유물사관에 입각한 역사해석이나 큰 차이를 보이지 않는 것 같다. 예를 들면 비잔티움 전문가는 아니지만 비교사적 시각에서 서유럽 역사와 비잔티움의 역사를 견주어보고 있는 영국의 마르크스주의 역사가 페리 앤더슨은 그의 저서 『고대에서 봉건제로의 이행』에서, 고대 로마 제국 팽창의 원동력이었던 노예제라는 고전고대적 생산양식의 토대가 이미 상실된 상태임에도 불구하고 자국의 역량을 넘어서는 영토 팽창에 주력했던 것에서 비잔티움 역사의 특징을 찾고 있다. 곧 유스티니아누스 대제, 마케도니아 왕조의 황제들, 마누엘 콤네노스 황제와 같은 정복군주들은 사회경제적 토대가 결여된 상태에서 전력을 다하여 팽창정책을 시도했으며 그 결과 일시적으로 영토는 확대되었으나 그 직후 그에 대한 대가로서 비잔티움 국가는 다시 경련적으로 전 단계보다 훨씬 더 심하게 수축되었으며 이와 같은 과정이 멸망에 이르기까지 반복되었다는 것이다. 오스트로고르스키도 물론 비잔티움의 정치사 및 군사사와 물적인 토대를 긴밀하게 연관시켜가며 전체 역사를 살펴보고 있다. 그러나 적어도 그는 비잔티움이 고대 로마와 동일하지 않은 조건에서 동일한 과제를 추구했기 때문에 처음부터 경련적 팽창과 그보다 더 긴 위축의 과정만을 되풀이한 것으로 보지는 않는다. 오히려 그는 노예제가 아니라 소농민의 상대적 안정에 바탕을 둔 사회체제로도 군사적 성공을 거두고 이를 비교적 오랫동안 유지할 수 있다고 해석하고 있다. 즉 그는 마케도니아 왕조 치하에서 잘 기능했던 테마 제도와 소농 보호가 비잔티움의 대내외적 번영의 바탕이었던 것으로 파악하고 있고 비잔티움이 서유럽과 인근 지역의 소국들에 대해서 압도적인 우위를 차지할 수 있었던 것은 바로 이와 같은 사회경제적, 군사제도적 토대 덕분이었음을 지적하고 있다. 또한 니카이아 제국의 요안네스 바타체스 황제가 콘스탄티노플의 수복과 비잔티움 제국 복구의 터전을 닦을 수 있었던 것도 역시 보편제국의 재현이라는 허망한 이념에의 집착이 아니라 신중하고 현명한 사회경제 정책, 무역 정책에 힘입은 것이었음도 이 황제 개인에 대한 저자 자신의 유례 없는 애정과 함께 설득력 있게 서술되고 있다. 오스트로고르스키는 비잔티움 사회가 봉건화되기 시작한 이른바 "아류의 시대"부터 비잔티움 제국의 긴 하강의 역사가 시작되는 것으로 보는데, 이때야말로 제국정부의 소농 보호가 실패하고 사회 상층부와 기층민의 유리가 더욱 심화되기 시작한 시점인 것이다.

오스트로고르스키가 보기에는 비잔티움 제국의 최대의 세계사적 기여는 고전고대의 문화를 보존하여 이를 서유럽에 전해준 것과 정교의 정신적 유산을 슬라브 세계에 남겨준 것에 있다. 사실, 고전고대의 유산의 보존이라는 역사적 기여는 아무리 비잔티움 역사의 생명력 결여를 강조하는 역사가일지라도 최소한 어느 정도는 다 인정할 수밖에 없는 것이겠지만 정교의 유산이라는 점과 관련해서도 비잔티움의 긍정적 기여를 지적할 수 있겠다. 비잔티움 교회사의 특징으로 일반적으로 인식되고 있는 것은 거대한 황제권력과 독립성을 결여하고 있던 교회 사이의 일방적이고 수직적인 관계라는 도식이다. 이에 대해서 오스트로고르스키는 황제교황주의라는 상투적 용어가 잘못 이해되고 있음을 지적함으로써 이와 같은 인식에 수정을 가하고자 시도하고 있다. 1929년 독일의 브레슬라우 대학에 제출한 그의 교수자격 획득 논문의 제목이 『비잔티움 성상 논쟁의 역사』였다는 데에서도 알 수 있듯이 오스트로고르스키는 비잔티움 교회사의 특성 파악에 많은 노력을 기울였고 또한 그만큼 이 분야에 정통해 있었는데, 그가 보기에 비잔티움의 국가와 교회는 결코 일방적인 지배종속 관계에 있지 않았다. 물론 황제들이 일반적으로 교회생활 전반과 교리논쟁에 깊숙이 관여하고 있었던 것은 사실이지만, 교회에 대한 세속권력의 우위 주장 노력은 동-서 교회를 막론하고 중세 기독교 사회에서는 어느 정도는 공통적으로 찾아볼 수 있었던 현상이었고, 이에 대해서 성상 논쟁, 헤카시슴 논쟁, 동-서 교회 통합 논쟁 등 비잔티움 교회사를 좌우한 중요한 논쟁의 국면들에서마다 교회인사들은 법제적인 규정이 어떠하든 간에 황제정부의 결정에 맞서서 독자적인 정신적 권위를 수호하기 위하여 투쟁하는 모습을 보여주었다. 비잔티움의 세속정부가 몰락한 후에도 비잔티움 교회가 살아남고 그리스인들 및 슬라브인들 사이에서 계속 발전할 수 있었던 것은 바로 교회가 이러한 투쟁을 통해서 지켜온 정신적 권위 덕분이었을 것이다. 오스트로고르스키의 서술은 이 점을 무엇보다 생생하게 보여주고 있기 때문에 “세속권력으로부터 독립된 로마 교회-세속권력에 종속된 비잔티움 교회”라는 이분법적 도식을 극복하는 데에 많은 도움을 주고 있다고 생각한다. 비잔티움으로부터 정교를 받아들였던 슬라브권, 특히 러시아 제국 같은 곳에서 그후 교회가 국가권력에 궁극적으로 예속되었던 것은 해당 사회 자체의 역사적 전개과정에 뿌리를 두고 있는 것으로 이를 비잔티움 교회의 정신적 특징 자체에 기인하는 것으로 파악해서는 결코 안 되리라고 본다.

오스트로고르스키는 나치 독일의 박해를 피해서 프라하를 거쳐 유고슬라비아의 베오그라드로 이주한 후에도 비잔티움 역사연구의 최고 권위자로서의 명성을 계속 유지했다. 그는 새로운 역사연구의 성과들에 바탕을 두고 『비잔티움 국가의 역사』를 계속 개정하여 1952년에는 제2판이 빛을 보았고, 이 번역서의 바탕을 이루는 제3판은 앞에서 말한 대로 1963년에 출판되었다. 이 저작은 영어, 불어로 번역되어 오늘날에도 널리 읽히고 있다. 역시 같은 러시아 출신으로 비잔티움사 연구의 대가인 알렉산드르 바실리예프의 『비잔티움 제국의 역사』에 비해서 오스트로고르스키의 저작이 더 높은 평가를 받고 있는 것은 1000년 이상에 걸친 제국의 역사를 압축적으로 다루면서도 개개의 인물이 그 등장에서부터 퇴장에 이르기까지 자신에게 주어진 공간 속에서 실제로 살아 숨쉬고 있다고 느낄 수 있게끔 표현한 그의 뛰어난 서술 솜씨에도 크게 힘입고 있다고 생각한다. 예를 들면 프셀로스에 대한 이 책에서의 몇 군데 표현을 보라. 그에게 할당된 부분은 그리 길지 않지만, 희대의 학문적 재능과 절세의 도덕적 타락 및 인간적 비열함을 한몸에 구현하고 있던 이 특이한 인간의 모습이 몇 마디 인용과 표현에 의해서 생생한 빛을 발하고 있지 않은가?

오스트로고르스키의 역사서술이 보여주는 이러한 장점과 특징들을 인정하면서도 그의 이 책이 몇 가지 점에서 우리의 기본적 관심을 충족시켜주지 못함을 지적해야겠다. 그것은 정치사 위주의 서술이라고 하더라도 문학작품이나 그 유명한 비잔티움의 미술, 건축 등의 문화적 성과라든가, 주민들의 노동과 일상생활, 그들이 느끼고 생각하는 방식 등이 정치사와 맺고 있던 관계는 그것대로 살펴볼 법도 한데 이에 대한 서술이 거의 결여되었다는 점이다. 따라서 그의 저작은 비잔티움 사회 전체의 저변까지 역사가의 세심한 눈으로 알뜰히 들여다보았다는 느낌은 주지 않는다. 거듭되는 개정판의 출현에도 불구하고 이 점에서는 기본적인 개선은 이루어지지 않았는데, 그것은 이 책의 최종판 출현 당시까지 가능했던 연구성과의 한계에서 기인하는 것일 수도 있겠다. 오스트로고르스키의 이 책을 뛰어넘는 진정으로 종합사적인 "비잔티움 문명의 역사"가 언젠가는 서술되어야 할 것이다.

번역 용어와 표기의 문제에 대해서 몇 가지 첨언하겠다. 우선 이 책의 주인공이라고 할 수 있는 나라의 이름은 한국에서 대개의 경우 "비잔틴"이라고 불려왔다. 그러나 이 번역본에서는 본문의 옮긴이 주에서도 언급했다시피 형용사형인 "비잔틴" 대신 명사형을 취하여 "비잔티움"이라고 표기하기로 했다. 비잔티움 제국이라는 말이 콘스탄티노플의 원래 이름인 비잔티움 —— 이 도시는 원래 그리스인들의 도시였으며 그리스어로는 비잔티온이라고 불렸다 ——에서 유래한 것임은 잘 알려져 있다. 동-서 로마의 궁극적인 분리 이후 서방인들이 동로마 제국을 로마 제국으로 인정하기 싫어하여 이 나라를 "비잔티움적인" 제국이라고 칭하게 되었던 것이다. 그것을 영어식으로는 the Byzantine Empire라고 표기하고 있고 한국인 번역자들은 이 영어식 표기를 그대로 따와서 "비잔틴 제국"이라고 부르고 있는 것이다. 그러나 외국어 형용사형과 한자식 혹은 순한글식 단어의 조합은 한국어 어법에 맞지 않는 것으로 보이며, 다른 국가나 역사적 용어를 표기하는 경우에는 그 유례를 거의 찾아볼 수 없다. 예를 들면 러시안 제국이니 로만 제국이니 하는 표기 대신 명사형과 명사형의 조합을 취한 러시아 제국, 로마 제국 등의 표기가 일반적으로 통용되고 있는 것이다. 옮긴이들이 표기방식을 바꾸기로 한 것은 이러한 이유에서이다. 관행적으로 "비잔틴"이라는 영어 형용사형이 사용되어왔던 많은 조합어들(예를 들면 비잔틴 양식, 비잔틴 미술, 비잔틴 문화 등)의 경우에도 그 표기방식이 비잔티움이라는 명사형과 다른 명사들의 조합으로 바뀌어야 하리라고 생각한다.

둘째, 고유명사의 한글표기를 어떻게 할 것인가 하는 문제는 옮긴이들을 크게 고심하게 만들었다. 비잔티움 제국의 역사는 라틴어를 공용어로 하던 시기와 그리스어를 공용어로 하던 시기로 나뉘지만, 그리스어 사용기에도 라틴어로 저작을 하는 사람들도 있었을 뿐 아니라 이런 경우에는 자신의 이름도 라틴어식으로 표기를 하기도 했으므로 문제가 간단하지 않았고, 또한 지명들도 시기마다 혹은 지배국가마다 여러 언어들로 각기 달리 표시되는 경우가 많아 어느 하나의 표기법을 따르기가 상당히 곤란했다. 서양 사람들의 경우 고전고대나 유대 문화권 혹은 비잔티움 문화권의 인명이나 지명을 자기 언어의 체계 속에 흡수하여 고전어의 어미들은 생략한 채 자기네 고유명사의 일부로 삼아버렸기 때문에 고민 없이 어떠한 경우에도 동일한 표기법을 고수할 수 있다. 예를 들면 콘스탄티누스 대제이건 콘스탄티노스 7세이건 영어권에서는 모두 Constantine으로, 독일어권에서는 모두 Konstantin으로 표기해버리면 되기 때문이다. 페트로스라는 이름도 그리스어로는 페트로스이지만 불가리아어와 세르보-크로아티아어로는 페타르가 되고 러시아식으로는 표트르가 되는 것도 그러한 예이다. 그러나 우리에게는 이러한 편리함이 허용되지 않고 있어서 문제가 된 것이다. 결국 옮긴이들은 고유명사의 원음 표기라는 대원칙을 따르기로 결정하고 해당 시기의 공용어가 무엇이었던가에 따라서 표기어미를 취하기로 했다. 그리하여 라틴어가 공용어이던 시기의 고유명사는 라틴어형 어미로, 그리스가 공용어이던 7세기 중반 이후부터는 그리스어식 어미로 표기해주기로 한 것이다. 그러나 어미의 차이에도 불구하고 라틴어형인 콘스탄티누스와 그리스어형인 콘스탄티노스는 동일한 이름으로 간주되기 때문에 일반적으로 콘스탄티누스 대제를 콘스탄티누스 1세로, 그로부터 일곱번째가 되는 콘스탄티노스 포르피로게네토스는 콘스탄티노스 7세로 칭하고 있으며, 이 번역서에서도 그와 같은 범례를 따랐다. 다른 언어의 경우 현지어 표기원칙을 따르고자 했으나, 이민족 출신으로서 명백히 비잔티움화하거나 비잔티움 문화권의 저술에 주로 언급된 경우 등에는 그리스식으로 표기했다. 여러 민족과 문명이 교차하고 합류했던 이 지역의 역사인 만큼 수많은 언어의 고유명사들이 나오는데 일일이 원음을 확인하지 못해서 오류가 생긴 경우도 없지 않을 것이다. 지적을 받으면 기회가 닿는대로 교정할 것임을 약속드린다.

옮긴이들은 누구도 비잔티움 역사의 전공자가 아니다. 독문학을 전공하는 김경연은 비잔티움 문명에 대한 개인적 관심에서 이 책을 읽게 되었고, 러시아 역사를 전공하는 한정숙은 비잔티움 문명이 러시아 역사에 미쳤던 심대한 영향을 고려할 때 이 부분에 대한 연구나 인식이 더 이상 공백으로 남아 있어서는 안 된다고 생각했기 때문에 그리고 나아가서 서유럽 중심주의를 극복하고 세계사에 대한 균형 있는 인식을 확립하는 것이 필요하다고 판단했기 때문에 이 책의 공동번역에 기꺼이 동의했던 것일 뿐이다. 앞으로 국내에서 본격적인 비잔티움 역사 전공자가 배출되어 이 번역이 쓸모없어지는 날까지 세계사의 한 중요한 장을 이루었던 이 문명에 대한 소개서로서 이 책이 제 역할을 할 수 있었으면 하는 것이 옮긴이들의 바람이다.

옮긴이들은 오스트로고르스키의 독일어 별쇄판 원본 외에 『비잔티움 국가의 역사』 제3판의 영역본인 *History of the Byzantine State* (Joan Hussey 옮김, Rutgers University Press, 1969)도 참조했다. 서울대학교 동양사학과의 김호동 교수께서 출판사에 제공했던 이 영역본을 옮긴이들이 우회로를 통해서 입수하여 이용할 수 있었던 것인데 번역과정에서 좋은 참고가 되었다. 그뿐 아니라 김 교수는 중동지역의 전반적 사정에 관한 그의 해박한 지식으로 이 책의 관련 사항들을 번역하는 데에, 아마 자신도 깨닫지 못했겠지만 적잖은 도움을 주셨다. 이 기회에 깊은 감사를 드린다. 까치글방의 박종만 사장님은 이 번역본의 대부라고 할 수 있을 것이다. 번역을 제안하고, 번역 완료까지 참을성 있게 기다려주고, 때로는 그 특유의 고집으로 번역용어들을 선정하고 다듬는 데에 아이디어를 제공하셨던 박 사장님께 이제야 빚을 갚을 수 있게 되었다. 까치글방 편집부의 서혜정 씨는 그의 꼼꼼하고 야무진 글읽기 솜씨로 옮긴이들이 뜻하지 않게 저질렀던 부적절한 표현이나 용어 불일치 등을 교정하는 데에 아주 큰 도움을 주셨다. 좋은 편집자의 중요성이 얼마나 큰 것인가를 새삼 깨닫게 해준 분이다. 아울러 감사를 드린다.

그럼에도 불구하고 여전히 남아 있을 수 있는 오류와 미숙한 표현에 대한 책임은 물론 전적으로 옮긴이들의 몫이다. 독자 여러분들의 관심 어린 비판과 지적을 기대한다.

1999년 12월

역자 씀

인명 색인